企業倫理

Business & Society

Ethics and Stakeholder Management, 6th ed.

Archie B. Carroll 、 Ann K. Buchholtz 著

莊立民 編譯

THOMSON™

企業倫理 / Archie B. Carroll, Ann K.
　　Buchholtz 著 ; 莊立民譯. -- 初版. -- 臺北
市 : 湯姆生, 2006[民 95]
　　面 ; 公分
　　譯自 : Business & Society : Ethics and
Stakeholder Management, 6th ed.
　　ISBN 978-986-7138-55-2(平裝附光碟片)

　　1. 企業倫理

198.49　　　　　　　95014164

企業倫理

Original: Business & Society : Ethics and Stakeholder Management, 6th ed.

By Carroll, Archie / Buchholtz, Ann K.

ISBN:0324225814

Copyright ©2006 by South-Western, a Thomson Learning Company.

The Thomson Learning ™ is a trademark used herein under license.

All rights reserved.

1 2 3 4 5 6 7 8 9 0　COR　2 0 0 9 8 7 6

出 版 者　新加坡商湯姆生亞洲私人有限公司台灣分公司
　　　　　臺北市鄭州路 87 號 9 樓之 1
　　　　　http://www.thomsonlearning.com.tw
　　　　　電話：(02)2558-0569　傳眞：(02)2558-0360

原　　著　Archie B. Carroll 、 Ann K. Buchholtz

編　　譯　莊立民

發 行 人　李自勇

企劃編輯　邱筱薇

執行編輯　吳曉芳

編務管理　謝惠婷

發 行 所　全華科技圖書股份有限公司
　　　　　地址：104 台北市龍江路 76 巷 20 號 2 樓
　　　　　電話：02-2507-1300　傳眞：02-2506-2993
　　　　　劃撥：0100836-1
　　　　　E-mail: book@ms1.chwa.com.tw
　　　　　http://www.opentech.com.tw

書　　號　18025007

出版日期　2006 年 9 月　初版一刷

定　　價　新台幣 750 元

ISBN　978-986-7138-55-2

# 推薦序

目前在台灣有關應用倫理的課程已經有許多大學院校相關系所開設相關的課程了，例如：醫學倫理、會計倫理、企業倫理、電子商務倫理、工程倫理、環境倫理、媒體倫理、法律倫理等。應用倫理學之所以會如此受到重視的原因主要是：第一，正確的倫理道德觀需要後天的學習，因此倫理教育有其必要性；第二，規定、法律、倫理標準的訂定，往往落後於科學、技術以及商業模式的發展（例如：我們能複製動物，但是該做嗎？我們能改造食物的基因，但是該做嗎？）因此倫理教育有其必要性與重要性。本人秉持「肯定人性尊嚴與價值，落實全人教育理念」的治校理念帶領長榮大學永續的發展，因此本校向來重視應用倫理學的落實，所有系所的學生都必須修習與倫理相關的課程，以培養正確的價值觀及符合市場需求的專業人才。

本書分為五篇共十九章，第一章探討企業與社會的關係；第二章探討企業公民權：社會責任、社會回應和社會表現；第三章探討利害關係人的概念。這三章的內容則是之後所有理論的基礎，重點在探索企業與社會關係的背景。第四章探討策略管理和企業公共事務；第五章探討議題管理與危機管理兩大問題。第六章在建立企業倫理的基本原理；第七章討論個人倫理和組織倫理；第八章則探討企業倫理和科技這一類的新話題；第九章討論全球或國際範疇的企業倫理議題。在第十章的內容中，主要在探討政府所扮演的關鍵性角色，在第十一章中，則進一步討論企業如何影響政府和公共政策；第十二、十三章討論消費者利害關係人的問題。第十四章則探討有關自然環境的利害關係人；第十五章探討企業與社區利害關係人之間的關係問題。第十六章探討員工和重要的工作場所問題，第十七章詳細分析員工隱私、安全和健康等問題；在第十八章中討論雇佣歧視的問題。第十九章主要在討論公司治理，以及管理與利害關係人之間的關係等議題。

本書編譯者莊立民老師，目前任教於長榮大學經營管理研究所，教學認真、治學嚴謹，並積極參與學術活動，是一位相當投入學術本務的學者。多次教授「企業倫理」而且已榮獲兩屆管科會與信義文化合辦「企業倫理紮根計劃」的補助，相當專注於「企業倫理」的教學與研究。作者 Carroll 和 Buchholtz 是國外企業倫理領域的大師，其內容之豐富與系統性的分析，極適合有心學習企業倫理的讀者。加上莊立民老師學有專精，因此，本書承襲了原著內容之精隨，並以中文平

舖直敘的將原味呈現，加上練達的文辭和清晰的架構，讓讀者一目了然並瞭解其
精華所在。

　　本人有幸能就此譯著先睹為快，加上個人在學校也教授「生物科技倫理」等
相關的課程，閱讀本書倍感親切。本書相當適合大專院校之學生、研究生或企業
界的人士仔細品嘗與閱讀。願本書之出版對於想要一窺「企業倫理」領域堂奧的
人士能有所助益，特為之序。

長榮大學校長

譯者序

　　自從1980年以來，美國等西方國家開始廣泛地研究「企業倫理」（business ethics），許多較為具體的研究成果陸續問世。在西方這股洪流中，社會責任（social responsibility）與倫理原則（ethical principles）被一一提出，作為現代企業倫理理論基礎與倫理判斷等重要內涵。傳統企業的觀點是針對「利害關係人」（stakeholder）的角度來定義，也就是說過去企業認為它們必須為顧客、股東以及員工謀取最大的利益，並維持三者之間互動的均衡，當然從更廣的層面來看，企業存在的宗旨除了賺取利潤或是滿足上述三類利害關係人的需求之外，還應該將所謂的利害關係人的觀點擴大到政府、供應商、下游通路商、社區團體等等。由於企業全球化的結果，使得企業責任的問題變得更為複雜。耐吉公司所遇到的問題與因應策略正說明了國際化的企業該如何善盡企業公民責任的意義，同樣的也說明了企業全球化的結果將使得值得討論的議題更加廣泛且複雜。綜合以上的說明可知，現代企業在全球經濟體中應該扮演優良企業公民的角色，並認知到許許多多的挑戰都是全球性的，特別是在一個相互依賴的年代中，各國企業應該嘗試著共同承擔責任進行合作與競爭，也就是說企業若採取無國界的觀點之後便形成所謂的「利益共同體」（a community of interest），各國企業已經形成「全球互賴」（global interdependence）的態勢，而且愈來愈明顯。

　　本書分為五篇共十九章，第一章探討企業與社會的關係；第二章探討企業公民權：社會責任、社會回應和社會表現；第三章探討利害關係人的概念；這三章的內容則是之後所有理論的基礎，重點在探索企業與社會關係的背景；第四章探討策略管理和企業公共事務；第五章探討議題管理與危機管理兩大問題；第六章在建立企業倫理的基本原理；第七章討論個人倫理和組織倫理；第八章則探討企業倫理和科技這一類的新話題；第九章討論全球或國際範疇的企業倫理議題。雖然倫理的問題貫穿本書，但是企業倫理重要的議題則必須落實到對管理倫理的層次。在第十章的內容中，我們主要在探討政府所扮演的關鍵性角色，因此我們必須特別關心企業與政府的關係以及政府管制的議題；在第十一章中，我們將進一步討論企業是如何影響政府和公共政策；第十二、十三章討論消費者利害關係人的問題。第十四章則探討有關自然環境的利害關係人；第十五章探討企業與社區利害關係人之間的關係問題。第十六章探討員工和重要的工作場所問題，而在第

十七章中則詳細分析員工隱私、安全和健康等問題；在第十八章中，集中討論雇佣歧視的問題。第十九章是本書的最後一章，主要在討論公司治理，以及管理與利害關係人之間的關係等議題。當然，本書最具特色的地方就是附上了四十二篇個案，老師或學生可以根據章節所指派的討論個案，進行深入的討論，相信這樣會使得學習效果更加事半功倍。作者Carroll和Buchholtz不愧為企業倫理領域的泰斗，其內容之豐富與系統性的分析，適合大專院校之學生或企業界的人士仔細品嘗與閱讀，對於有心學習企業倫理的讀者來說，本書實為一本不可多得的好書。

筆者有幸翻譯本書，心懷如履薄冰的心情，儘量本著嚴謹、戒慎的態度完成本項艱辛的任務，譯著的過程中力求與原文書的內容精神一致，文筆力求通暢、本土化，以提高本書之可讀性與流暢性，然猶恐未逮。筆者才疏學淺，書中必定尚有未臻完美之處，加上倉促付梓，雖已盡心，若仍有錯誤、不妥或遺漏之處，尚請各位讀者與先進不吝指正。此外，Thomson公司工作同仁的鼎力協助與包容，也是本書出版最大的推手，特在此一併申謝。

謹識於 長榮大學 經營管理研究所

 ## 前言

　　《企業倫理》第六版以利害關係人管理為架構，著重探討企業對內外部利害關係人群體的社會與倫理責任。利害關係人的觀點貫穿本書的兩大主題：企業倫理和利害關係人管理。倫理問題之所以至關重要，組織之所以要重視倫理，這是因為考慮倫理或道德因素是組織在面臨公眾問題時，能否能有效解決的基礎。此外，經濟和法律議題也存在倫理議題，不過，這兩類議題在其它的企管相關課程會再詳細並深入的探討。

　　利害關係人管理的觀點極為重要，這是因為此觀點要求管理者既要確認各類在企業活動、決策及實務上有關的利害關係群體或個人，同時，也要將這些利害關係人所關心的事務納入企業的策略計劃和作業活動中。藉由利害關係人管理，有助於決策者在工作中實踐合乎倫理的行為。

　　本書即將出版之際，時值紐約世貿中心和華盛頓五角大廈遭受恐怖攻擊，因此，本書立即將相關的議題——危機管理、全球性倫理問題、企業與政府的關係以及對內外部利害關係人的影響等議題，也納入本書進行討論。我們會銘記2001年9月11日所發生的這起事件。然而，我們想提醒讀者：當你通讀全書並對書中的內容進行思考時，請記住——當今的世界與以往的世界存在著極大的不同。

■本課程簡介

　　本書適合的大學課程，例如：「企業與社會」、「企業與其環境」、「企業與公共政策」、「企業的社會問題」、「企業、政府及社會」、「利害關係人管理」以及「企業倫理學」，都可以選用本書作為教科書。倫理和全球性議題；政治、社會及法律的影響；環境和科技的議題；多元化對組織的影響，這些與企業有關的教學內容，都是「美國商學院促進協會」（Association to Advance Collegiate Schools of Business）所要求的。開設的必修課程或選修課程中如有涉及這些內容，也都可以選用本書作為教材。本書主要是供大學生課程教學之用，如果輔以其它教材，也可作為研究生教學用書。

■ 本課程教學目標

　　本書有五個基本的教學目標，可提供選用本書作為教學用書的教師參考：

(1) 應該使學生明白利害關係人對企業的需求及其在企業中所處的位置。

(2) 作為未來的管理者，學生需要瞭解與利害關係人在社會、政治、環境、科技及全球問題上進行互動時，企業應如何給予適當的回應並採用合適的管理方法。

(3) 學會分析倫理問題，瞭解倫理問題對管理決策、管理行為、管理政策以及管理實務的影響。

(4) 在全球化的社會背景之下，企業的合理性與合法性關係重大，而且必須從企業和社會兩方面思考如何處理。

(5) 以策略觀點思考社會問題、倫理問題、公眾問題以及全球性問題，這是本課程教學的關鍵所在。

■ 第六版新增的主要內容

　　本書第六版所做的更新和修改包括新增最新的研究發現、法規、和個案。更新的內容包括：

- 各章節最新的研究結果與個案；
- 本書有關2000年代早期的倫理醜聞案以及對企業和社會的影響；
- 新法案的討論；
- 更新各章節「倫理的實踐」的內容；
- 增加「企業倫理和科技」一章，重點討論資訊科技和生物科技；
- 環境問題和利益相關者合併為一章；
- 新增了廣告泛濫和廣告倫理問題；
- 在企業慈善事業這一議題上做更新的討論；
- 許多章節裡都提及了2001年911慘案及其對企業與社會的影響；
- 包含42個個案，使學生吸收更加容易，老師授課更加方便；
- 修訂和更新了本書上一版的個案。

■ 「倫理的實踐」之特色

本書第六版各章中仍設計「倫理的實踐」這一項小專欄。這個專欄中的所有小短文都是我們為了讓學生在課堂上可以進行討論而撰寫的，描述他們在兼職或全職工作中所碰到與倫理有關的情況或兩難的問題。這些學生自願將這些文章奉獻出來。我們很高興他們允許我們使用這些文章，並對他們對本書所做出的貢獻表示感謝。當某一章的教學時間較為緊湊，不能在課堂上安排大型的案例討論時，教授們可以將章節中的這些專欄作為課堂討論用的小型個案。

■ 本書的結構

第一篇所討論的是和企業與社會主題和議題有關的入門性內容，著重在討論企業社會回應是如何從企業社會責任中逐漸形成，以及企業社會責任和企業社會回應如何演變為關心企業的社會表現和企業公民行為。此外，還闡釋利害關係人管理的概念。

第二篇探討的是回應利害關係人的策略管理。策略管理的觀點是很有幫助的，因為這些議題對整個組織都有影響，特別值得高階管理者謹慎處理。本篇還著重在企業公共政策、危機管理以及公共事務管理的探討。根據課程教學的具體需要，有些教授可以選擇在第四篇和第五篇討論之後再去討論第二篇。對那些使用本書做為企業倫理教科書或不想在策略管理觀點花較多時間的教授，這種做法可能更為合適。

第三篇包含四章，專注於探討企業倫理的主題。在現實生活中，企業倫理無法脫離各式各樣利害關係人所關心的事情。第三篇特別討論企業倫理基礎、個人倫理、組織倫理、企業倫理與科技，以及全球化領域中的倫理議題。第四篇的主題是外部利害關係人議題。本部分的關鍵議題包括：企業與政府的關係、企業與消費者的關係、企業與環境的關係以及企業與社區的關係。

第五篇的主題是內部利害關係人議題。在這一篇中，探討有關工作場所的議題，以及員工權利、雇傭歧視、防止並糾正歧視的積極措施等三個主題。第五篇還探討了所有權者利害關係人議題。公司治理是所有權者利害關係人最為關注的主題。

■■個案研究

　　本書光碟提供的42篇個案涉及的主題和決策情境非常廣泛。這些個案的篇幅長短不一。這些個案旨在為教授和學生提供實際的教材，以利進一步分析書中相關的議題和主題。我們有意將這些個案附於光碟，就是要使教師能夠根據其課程教學中的實際情況自由地加以選用。幾乎所有的案例都可以跨章節使用。最後，感謝為本書的出版而做出貢獻，付出關心的所有人！

Archie B. Carroll

Ann K. Buchholtz

 **關於作者**

Archie B. Carroll

　　Archie B. Carroll是著名的管理學教授。1972年以來,一直在喬治亞大學特里商學院從事教學和研究工作。他在塔拉哈西的佛羅里達州立大學獲得了三個學位。

　　Carroll教授發表了許多著作和文章。他的論文刊登在 *Academy of Management Journal, Academy of Management Review, Business and Society, Journal of Business Ethics, Business Ethics Quarterly*以及其他許多刊物上。

　　卡羅爾教授在教學、研究及顧問諮詢上的興趣主要集中在企業與社會、企業倫理學、企業社會表現、全球利害關係人管理及策略管理,是*Business and Society, Business Ethics Quarterly, Journal of Management*以及*Journal of Public Affairs*的編輯委員會成員,曾任管理學會社會議題管理(SIM)分會主席,是企業社會學會的創立人之一和南方管理研究會會員。

　　1992年,卡羅爾教授榮獲管理學會社會議題管理分會授予的Summer Marcus卓越成就獎;1993年,因其在企業社會表現、企業倫理學和策略規劃等領域長達20年的辛勤耕耘,榮獲喬治亞大學特里商學院領發的卓越研究獎。

　　1995~2000年,擔任喬治亞大學管理系主任;1998~1999年,擔任企業倫理協會會長。2000年擔任特里商學院非營利組織管理和社區服務規劃研究室主任。2003年榮獲特里商學院頒發的卓越服務獎。

Ann K. Buchholtz

　　Ann K. Buchholtz是喬治亞大學特里商學院的策略管理學助理教授。1997年以來,她一直在喬治亞大學任職。Buchholtz在教學、研究和顧問諮詢的興趣集中在企業倫理學、社會議題、策略領導及公司治理等領域。她的文章刊登在 *Business and Society, Business Ethics Quarterly, Academy of Management Journal, Academy of Management Review, Academy of Management Executive, Organization Science, Journal of Management, Business Horizons, Journal of Managerial Issues, Journal of General Management*及*Human Resource Management*

Review。她也是 *Journal of Management, Journal of Managerial Issues* 以及許多國內外研討會的評論人與編輯。她也是管理學會社會問題管理的理事。在進入學術界之前，Ann K. Buchholtz博士主要為殘疾人士的教育、就業和居住提供協助。她曾在許多組織工作，除了擔任管理工作，也為許多公立和私營企業做過顧問諮詢的工作。

簡明目錄

目 錄

輔助教材光碟

Part **1**

企業、社會和利害關係人

第一章
企業和社會關係

本章學習目標

▶ 閱讀完本章後，你應該能夠：

1. 描述何謂企業與社會，以及二者之間的內在關係。

2. 描述多元性的屬性、長處和弱點。

3. 闡述我們所處的多元社會如何轉變成特殊利益的社會。

4. 闡明、討論並明白指出導致企業遭受批評的主要因素為何。

5. 說明企業最常面對的批評，以及企業一般都如何回應。

6. 探討本書最重要的主題：管理取向、倫理取向以及利害關係人的管理。

過去數十年來，發生了無以計數的社會與倫理事件，這些議題無形中造成了企業與社會之間的互動關係，然而有許多關於企業的報導卻都是負面的評價。

2001年許多企業爆發了一連串的醜聞事件，延燒至今仍尚未平息。恩隆（Enron）案在公司被宣告破產之後才真相大白。事件影響波及了許多的投資人、員工以及社會大眾。恩隆案的發生並不是單純的事件，許多的高階主管、銀行、會計師、信用調查、律師、股票分析師都牽涉在其中。

恩隆案中被起訴最嚴重的大概就是 Arthur Andersen 會計師事務所。Arthur Andersen 的會計師們，何嘗不是聰明才智之士？但是 Arthur Andersen 在查出恩隆公司的不法情事後卻隱而不彰，反而與恩隆公司的高層勾結，最後紙包不住火，東窗事發終至不可收拾。直到2002年世界通信（World Com）公司、美國全球光網（Global Crossing）公司、泰科（Tyco）、艾德爾菲（Adelphia）都被揪出涉案在恩隆事件中，至今有許多股票分析師仍然無法理解這些公司衰敗與破產的原因。在發生這些弊案之後，其它的公司便開始重視「公共信任」（public trust）以及「公司倫理」（corporate ethics）等相關的

議題，例如：Martha Stewart、Rite Aid、ImClone、HealthSouth以及
Parmalat，都已經相當重視企業倫理相關的議題了。美國《商業週刊》曾經
譏諷：「2002年企業的高階主管上法院似乎已經成為一種風潮，不足為
奇」。當然，這股風潮至今仍然持續發燒中。

除此之外，許多其它商業的議題也不斷的衍生出來，例如：SUV（多功
能運動車）是否安全、講手機是否會令人分心而產生安全上的問題、對速食
業的訴訟、泛士通輪胎所產生的問題以及雇用非法移民等問題。這些問題常
常不斷的發生，正突顯了企業與社會之間的緊張關係，而這些緊張關係似乎
可以追溯自某些意外、事件或是趨勢。

除了這些特殊事件外，有許多日常性的議題也都會突顯出企業與社會之
間的密切關係，例如：高階主管薪資福利的問題、企業縮編遣散員工的問
題、工作場合性騷擾的問題、濫用公司權力的問題、有毒廢品排放的問題、
測謊儀使用的問題、少數民族權利的問題、工作場所中愛滋病和吸煙的問
題、藥物試驗的問題、內線交易的問題、不法情事揭露的問題、產品責任的
問題、胎兒保護的問題以及企業透過政治行為影響立法結果等相關問題。

這些特殊的公司事件以及有關企業與社會各類的新聞報導，都可以在報
紙、雜誌、電視和網路上獲得充分的資訊。我們所關心的企業、社會以及兩
者之間的互動，幾乎都是每天的頭條新聞，緊緊抓住社會大眾的目光。

這些公司所發生的事件大部分都是以下的情況：公司做錯了某些事情、
公司對某些個人或群體不公平的對待、公司違反了某些重要的法規。這些企
業行為是否得當的事件、問題，不論在社會責任面或是倫理面，都經常會發
生。在這些不同的情境中，倫理問題特別受到重視。現今的社會是一個社會
知覺覺醒的環境，企業會漸漸發現它們總是居於守勢。換言之，一旦企業採
取了某些行動或是某些行動有所缺失，則它們將會被大加撻伐，有時候甚至
無關事情的對錯。力量強大的群體有時候會透過其合作媒體，經常對企業施
壓，進而在公眾輿論中發揮重要的影響力，使得企業不得不採取或不採取某
些特別的行動。

在其它的情境當中，企業所處理的多是廣為社會所關切的議題（例如：
爭取權利的運動、工作場合中的歧視以及工作場所中愛滋病等相關議題）。
企業必須權衡這些議題正反兩方的看法，以便採取最適當的態度與回應方
式。通常我們無法明確的定義什麼是正確的回應。但是企業面對各種情境都
必須有所回應，同時也應該勇於承受各種可能發生的結果。

　　通常我們探討企業在社會中所扮演的角色時，都是以一般性的角度來探討，並不會過度的苛責。本書對於以下的議題有相當多的論述：企業在社會中應該扮演什麼樣的角色？政府在社會經濟體系當中又該負起何種職責？管理者該如何做才會被視為具有倫理觀？美國企業在全球市場中該如何善盡全球公民的責任？上述這些議題的答案一點也不抽象，企業只需要立即採取行動、明確定義行動方案即可有效的達成目標。當然，這些執行面所衍生的問題，後來也變成企業如何善盡社會責任的爭議性話題。

　　面對未來十年，企業與社會面臨了許多經濟、法令、倫理以及科技的問題。這個時期是動盪的，國際關係在經濟、社會以及科技方面面對了前所未有的挑戰。企業與社會之間的關係只會日益複雜與惡化，我們必須進一步思考未來該往何處去？如何去？

1.1 企業與社會

　　本章將深入探討企業與社會這些相關熱門話題的一些基本概念，例如：多元論、特殊利益社會、企業所受到的批判、公司權力和公司對利害關係人的回應。我們首先要定義是兩個重要的關鍵詞：企業與社會。

1.1.1 企業的定義

　　「企業」（business）可以定義為：「私有、商業導向（利潤導向）組織的集合」，小到「個人業主」（Aqua Linda飯店、Gibson男裝和Zim's 麵包店），大到像Johnson & Johnson、BellSouth、Coca-Cola、GM以及UPS這樣的大企業。在這兩個極端的類型之間，當然就是為數眾多具中型規模的「獨資企業」、「合資企業」以及「股份有限公司」。

　　當我們以「集合」的概念來探討「企業」的意義時，企業是泛指各種規模分散在各種產業的組織。然而，由於諸多原因，當我們進一步探討企業與社會時，通常只會鎖定在某些特殊產業、規模較大的企業。其原因可能是因為大企業比較引人注目。此外，一般人經常會認為規模與權力是正相關的，而且權力大的企業可能會受到較為嚴密的監督。雖然小企業的數目顯著的多於大企業，但是大企業的影響力、滲透力、支配力和能見度顯然都較獲得認同。

　　就不同的產業來看，有一些產業比起其它產業更容易引人注目，而且會產

生更多的社會問題。例如：比起同業，某些製造業的公司特別容易產生空氣和水的污染。當然，這一類的公司比起壽險公司（因為這一類的公司不容易產生明顯的污染），比較容易遭致企業倫理議題上的批評，汽車業就是一個明顯的例子。GM汽車和其它汽車製造商之所以會飽受批評，主要就是因為它們是汽車製造商，而且它們所生產的產品和產品普及率（幾乎每一個家庭都擁有一部或更多部的轎車）是空氣污染的重要來源，這似乎也是不爭的事實。

某一些產業能見度相當高，主要是因為拜產品廣告之賜，使得曝光率偏高（例如：Johnson & Johnson、Sony、Anheuser-Busch以及Home Depot）。有一些產業（例如：香菸、玩具和食品）則必須接受嚴格的監督，主要是因為這一類的產品有可能會危害到人體的健康，況且有一些產業是直接與身體健康有關的（例如：藥品業），企業不可草率視之。

因此，當我們深入探討企業與社會的關係時，有可能特別關注某些特定產業的大企業，但是也不能無視中小企業存在的重要性。事實上，在過去的十年中，中小企業也必須同樣遵守政府加諸在大企業的許多法規與要求。然而，在許多情境中，中小企業並沒有多餘的資源，來因應上述大企業所需承擔的社會責任。

1.1.2 社會的定義

「社會」（society）可以定義為：「具有共同傳統、價值觀、風俗、集體活動與利益的社區、國家或廣泛組成的一群人」。基於這項定義，當我們論及企業與社會的關係時，有可能是指：「企業與當地社區（企業與亞特蘭大）、企業與美國、或是企業與一群特定的人（顧客、少數民族以及投資人）」。

當論及企業與整個社會時，我們通常會把「社會」看做是由「無數利益群體」、「正式組織」（程度上可能會有所差異）以及「針對某些特定目的所形成的機構」所組成的。這些群體、組織和社會機構都是有目的群眾的集合體。針對某些特定的問題，這些人可能會基於共同的利益、共同的信念，因而凝聚在一起。有關利益群體與特定目的的組織，我們可以舉出許多例子，例如：地球之友（Friends of the Earth）、公民行動組織（Common Cause）、商會（chamber of commerce）、全國製造商協會（National Association of Manufacturers）、人道對待動物組織（PETA）和雨林行動網路（Rainforest Action Network）等等。

1.2 以總體環境的角度來探討社會

在瞭解企業與社會關係的過程中，社會環境是一個相當重要的概念。如果以較廣義的角度來看，環境應該是指「總體環境」（macroenvironment），其範疇包括企業外部的所有環境。「總體環境」是組織存在的整個社會脈絡。從某種意義上來說，總體環境的概念是對社會進行思考的另一種途徑。事實上，早在商學院裡，「企業與社會」課程有時就稱之「企業與環境」（現在仍然有這種說法）。然而，「總體環境」的概念有助於我們以不同的理解和觀點來思考企業與社會的關係，所以對於界定和瞭解整個企業的脈絡背景來說，這項概念是相當有用的。

曾經有學者針對「總體環境」提出相當有用的概念性架構，可以分成四個組成要素，分別是：社會、經濟、政治和科技。

第一個組成要素是所謂的「社會環境」（social environment），這項要素的內涵包括：人口統計變項、生活型態以及社會價值觀。其中最值得探討的就是上述要素究竟如何影響企業的組織與運作。「經濟環境」（economic environment）重點在探討企業營運的過程中所面對的經濟發展方向與本質。重要的變項包括：國民生產毛額、通貨膨脹、利率、失業率、外匯波動、全球貿易、國際收支平衡以及其它不同面向的經濟活動。在過去十年，超競爭環境以及全球經濟對於經濟環境具有顯著的影響。

「政治環境」（political environment）重視法令的通過與否、官員選舉的程序、以及企業、政治程序與政府之間交互作用的各個面向。在「政治環境」這一項要素上，企業將會特別重視政府管制的過程、以及在不同的時間點上企業該如何因應不同的管制政策。最後，「科技環境」（technological environment）係指發生在社會上所有有關科技的發展或進步。與這項因素相關的議題包括：新產品、新流程、新材料，以及科學理論與應用相關的發展及知識。其中，科技變革的流程近年來特別受到重視。最近幾年，資訊科技與生物科技更是影響科技環境變化最重要的推手。

以總體環境來探討企業與社會之間的關係，有助於我們進一步瞭解到企業在運作過程中，可能遭遇到的各種情境。詳讀過本書之後，讀者將能夠深刻的體會到管理者所面對的壓力，因為這些管理者一方面除了致力於提升組織效能之外，一方面又要處理動盪環境所形成的挑戰。許多不同的利益群體與各類型的組織構成了多元化的社會，而多元化的社會必定歸屬在上述的四

種環境類別上，因此，瞭解並區別這四類的環境因素對於讀者來說是相當重要的。

1.3 多元化社會

社會多元化的本質使得企業與社會之間的關係更加有趣而且新奇。「多元性」（pluralism）是指權力分散在社會許多的群體和組織之中。曾經有學者針對「多元性」提出以下的定義：「多元化的社會存在著廣泛的分權以及權力集中的多樣性」。這項定義有助於我們進行更深入的探討。

上述定義的關鍵詞是「分權」（decentralization）和「多樣性」（diversity）。換言之，權力是分散的。權力不是由任何一個機構（例如：企業、政府、工會或軍隊）或少數群體來掌握。幾年前，在 *The Federalist Papers* 中 James Madison 推斷多元性是一種正義體制與系統的表現。他認為社會上存在無數的組織主要是因為多元性所導致的結果，圖表 1-1 說明了多元社會的優點。

圖表 1-1　多元社會的優點

▶▶ 多元社會能夠……
- 預防權力集中在少數人手中。
- 使得言論及行動自由極大化，並尋求一元主義與無政府狀態之間的平衡。
- 分散個人對群體的忠誠度(a)。
- 創造員工對組織忠誠度的多樣化，並儘量降低領導者帶領組織運作所造成的失控風險 (b)。
- 提供一系列有系統的檢測與均衡，群體之間不需一個組織（企業、政府）來支配或是過度介入，彼此之間就能夠相互影響。

資料來源：(a)Keith Davis and Robert L. Blomstrom, *Business and Society: Environment and Responsibility*, 3d ed.(New York: McGraw-Hill, 1975), 63. (b)Joseph W. McGuire, *Business and Society*(New York: McGraw-Hill, 1963), 132.

1.3.1　多元性的優點和缺點

所有社會系統都有其優點和缺點，多元性系統自然也不例外。多元社會不僅避免權力集中在少數人手上，而且還相當重視言論與行為的自由。多元性提供一系列有系統的檢測與均衡。如此一來，就沒有某一個群體可以居於

主導支配的地位。相反的，多元社會的缺點在於它創造了一個不同機構追求自身利益的大環境與氛圍，因此個人所追求的目標將會有所差異，很難建立一致性的方向。多元性的另外一個缺點是：群體或機構的快速成長將使得組織目標產生重覆的現象，為了達成這些組織（群體或機構）的功能性目標，組織成員將會有所混淆。由於多元性強調自治群體的重要性，而且希望落實每一個群體達成自身的目標，多元性就不免會引起公眾的關注並造成了不必要的衝突。基於上述的考量，多元性系統有時候也會產生效率不彰的現象。

　　然而，根據過去歷史與經驗顯示，多元性的優點是不證自明的，社會中大多數人還是比較偏愛多元性社會所形成的情境。實際上，多元性對於「美國人的生活型態」和「重要機構的主導權力」之間已經形成了一股均衡的力量。

1.3.2　多元的公眾群體、社會體系和利害關係人

　　社會是由許多「不完全自主」和「完全自主」的群體所組成的，有些人可能會問：「我們是否能夠具體且明確的針對某些社會議題進行討論，並獲得一致的共識？」。在實務上，我們必須透過「專有名詞」來說明某些概念，進而達成共識（除非能具體的定義某些特殊的社會子群體或子系統）。否則，我們對於「社會」的看法可能會有相當大的出入（包括構成社會的所有個人、群體和機構）。這種現象正好說明了一個重點：當我們談到企業與社會的關係時，一般而言，不是針對特定的社會階層或子群體（消費主義者、婦女、少數民族、環境保護主義者和青年人），就是指企業和社會中的某一種系統（政治、法律、風俗、宗教和經濟）。這些個人或群體也可能以某種機構的形式（例如：企業與法院、企業與公民行動組織、企業與教堂、企業與美國勞聯—產聯（AFL-CIO）、企業與聯邦貿易委員會）來展現。

　　圖表1-2以圖的方式說明了企業和多元公眾群體、社會體系和利害關係人之間的關係。而所謂的利害關係人則是指與組織交互作用或相互依存的某些群體或個人。本書將在第三章針對利害關係人的概念詳加說明。值得注意的是，利害關係人群體可以進一步分為更多特殊的子群體。

　　從圖表1-2可以看出來，企業與社會各層面之間的關係是非常複雜的。為了便於理解，我們詳細標示出所有利害關係人的示意圖，但是並沒有繪出與圖表1-2類似的圖形。然而，所有企業的管理者都不能迴避企業與社會之間複雜關係的議題，因為管理者每天都必須與這些各式各樣的利害關係人打交道。

圖表 1-2　企業和某些利害關係人之間的關係

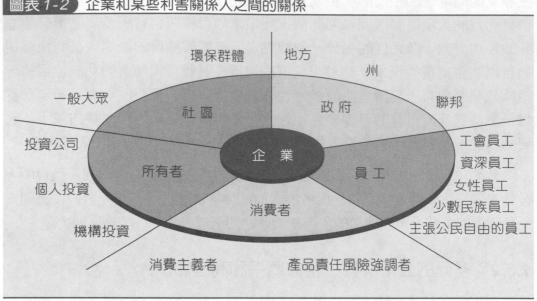

1.4 特殊利益社會

我們所處的多元化社會已經變成「特殊利益社會」（special-interest society）了。換言之，我們已經把多元化的思想發展到極致，數以千計的特殊利益群體致力於追求自己的目標利益。然而，追求一般目的利益的組織還是存在的，例如：公民行動組織以及美國商會。過去二十年來利益群體日益專業化，當然這些利益群體背後都代表著社會各層面（消費者、員工、投資大眾、社區、自然環境、政府以及企業本身）的利益。某一家報紙的標題曾經這樣寫：「每一項目標或是事業，都有群體願意付出與支持」。特殊利益群體不斷的增多，而且愈來愈活躍、充滿熱情，對於許多特殊的議題都相當關心，這些特殊利益群體愈來愈願意投入某些特定的事業或是目標。

專業化的結果使得每個特殊利益群體都能夠吸引一批追隨者。當某些群體熱烈的追求特定目標時，如果參與的成員還不斷的擴大，這意味者他們追求的目標相當具有意義，而且該群體已具備相當明確的活動重點了。這些群體各自致力於追求特定的目標，這意指統一的目標並不存在。上述的現象將使得與利益群體互動的重要機構（例如：企業、政府）其運作過程更加複雜。

1.5 企業所遭受的批評與企業的回應

在多元的、特殊利益的社會中,許多重要機構(例如:企業和政府)將會組成社會,然而這些重要機構將有可能成為眾矢之的。我們並不打算大費周章的探討「企業遭受批評之後,會如何影響企業與社會之間的關係」。要不是許多的個人或群體老是喜歡批評企業,我們或許根本不需要在某本書或是某個課程上再度探討這個主題。或許企業遭受批評之後,企業與社會之間的關係根本不會受到影響。但是,倘若企業與社會之間的關係有所變化(儘管很微小),則瞭解企業所遭受的批評似乎還是必要的。在第二章的內容中,我們將深入剖析企業對批評所產生的回應,此外,第二章將更完整的介紹企業所遭受的批評,以及針對批評產生回應之間所產生的循環。

圖表1-3將指出社會環境中有哪些因素會形成批評企業的氛圍。在本章中,我們將深入探討,當企業與社會之間的社會契約關係發生變化時,企業該如何回應?這些因素都值得企業特別重視。

圖表 1-3 社會環境因素、企業所遭受的批評以及企業的回應

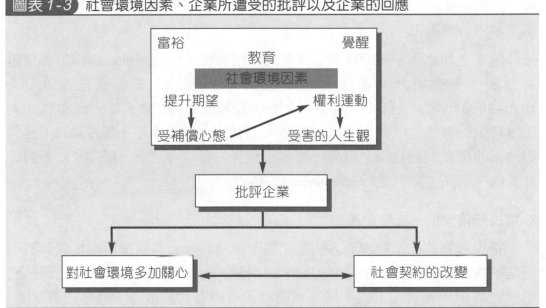

1.5.1 社會環境中的因素

社會環境中有許多因素會促成「批評企業氛圍」的形成。這些因素的發生,有一些是獨立的;有一些則與其它因素密切相關。簡言之,促成「批評企業氛圍」的影響因素彼此之間存在相關性或是牽引性。以下就針對環境中的因素提出詳細的說明。

1. 富裕和教育

「富裕」和「教育」通常是兩個一起發展的因素，這兩種因素之間的關係相當密切。當社會變得更為富裕，而且國民都接受良好的教育時，自然會對於重要的機構（例如企業）提出更高的期望。

「富裕」（affluence）是指社會的財富水準、可支配所得以及生活水平。曾經有學者針對美國的生活水平進行衡量並提出研究報告，研究結果指出最近十年來，美國的生活水平不斷的提高（儘管有些美國人認為美國的生活水平已經停滯不前了）。根據 Conference Board 的研究報告指出：「過去幾年，經濟時好時壞，但是現在大多數美國人的生活要比過去好很多，而且變好的狀況相當明顯」。Conference Board 指出：「總體來看，1970~1990 年這段期間是美國經濟迅速擴張、平均生活水平顯著改善的年代」。1990 年代末期到 2000 年代初期，美國經濟擴張的速度雖然有減緩的現象，但是 Conference Board 進一步評論道：「現今年紀較輕成年人的生活水平，比起他們的父執輩的生活水平大約高出兩倍，美國人生活水平提高的現象將會不斷的持續下去」。事實顯示，美國民眾的平均每人所得不斷的攀升，這也是創造高生活水平最大的原動力。

隨著生活水平不斷的提高，民眾的正規教育（formal education）得以迅速發展。美國統計調查局（U.S. Census Bureau）的調查報告顯示：1970~2000 年間，美國成年人中，中學畢業生的比率由 55％提升到 83％，大學畢業生的數量也從 11％上升到 24％。當民眾的教育水平不斷提高時，他們對生活的期望同樣也隨之提高。富裕和教育二者結合起來，構成了社會對重要機構（例如企業）進行批評最主要的基礎。

2. 電視所帶來的知識與覺醒

正規教育與公眾覺醒能力密切相關。雖然許多人喜歡閱讀報紙與雜誌，但是事實上電視卻是一種影響力更大的媒體，而且電視的影響力早已深植整個社會當中了。透過電視，民眾更能輕易取得有助於提升「批評企業氛圍」的相關資訊。

首先，我們必須重視電視的流行趨勢和影響力。根據 A.C. Nielsen 公司所彙整的資料顯示，每個家庭每天花在看電視的時間，在 1950 年代是 4.5 小時，到了 2001 年，A.C. Nielsen 的研究報告顯示這個數字已經增加到 7.5 小時了。正如某個作家所寫的：「試想典型的美國家庭一天幾乎可以劃分為三等

分：8小時睡覺、7小時看電視、9小時花在工作或學校，包括路途往返的時間」。在美國，98％的家庭擁有彩色電視機，絕大多數美國人的家裡擁有兩台或更多的電視機。這些統計數字顯示，在我們的社會中，電視的確是一個相當具有影響力的媒體。

(1)新聞報導和新聞調查節目

　　出現在電視上進而引發對企業批評的資訊管道至少有三條。頭一條是新聞報導節目（例如：二十四小時有線新聞網、晚間新聞）和新聞調查節目。主要的新聞節目是否公正地對待企業常引發爭議。某個重要的研究指出：有73％的受訪企業其主管認為在電視新聞中涉及企業以及金融的新聞報導往往都是對企業有偏見的。電視民意調查人Lou Harris指出：電視新聞處理題材往往過於簡化，一家公司要是上了晚間新聞，通常都是對公司不利的報導。根據過去Enron、WorldCom、Tyco等公司過去所犯的錯誤，我們可以推論非倫理的行為以及媒體的評論對於公司的聲望往往會造成很大的影響。

　　針對企業新聞和政治新聞報導中有關「懷疑主義的現象」，James Fallows的書中寫道：「別再輕易相信新聞了，因為媒體嚴重破壞了美國社會的民主」。媒體作家Howard Kurtz聲稱「新聞界衝勁十足」，所有的機構都可能被新聞報導搞得聲名狼藉，Fallows對這種說法則不以為然，並加以嘲諷。Fallows還認為媒體熱衷炒作，往往只是一味地報導事情的衝突面，而不是事情的全部真相。

　　雖然許多企業的領導人相信新聞媒體誇大事實，過分突顯問題，是存心要跟他們過不去，但記者們不這麼認為，他們反駁說：「企業主管試圖逃避他們，當被問及重大問題時總是推託以對，對那些可能反映出公司問題的議題，企業總是設法輕描淡寫、搪塞了事」。最終的結果可能造成雙方相互對抗，當然也會造成某些不合適的新聞報導產生。

　　企業必須面對新聞報導的問題，同時還得應付許多新聞調查節目，例如：「60分鐘」、「20/20」、「Dateline NBC」及「第一現場時間」等節目。這些節目主要在探討企業的不法行為以及可議的倫理問題。新聞報導節目必須加強其客觀性，而調查節目對企業過於嚴苛。這些節目相當受到歡迎而且深具影響力，當記者與攝影師出現在企業的工作現場時，許多企業往往會感到侷促不安。

(2)電視節目的黃金時段

　　在電視上批評企業的第二條管道是電視節目的黃金時段。在電視上對企

業進行批評不禁讓人想起詭計多端的J. R. Ewing，他以暗中傷人惡作劇的方式來主持節目，他的節目獨霸電視收視黃金時段超過10年的時間（1978~1991年），不過後來節目遭到停播。商界人士常常被電視形容成假笑的、搞陰謀的、欺騙人的、使壞的「壞傢伙」。美國商會中某一位副總裁曾經說道：「娛樂電視有一個傾向，那就是把商界人士描繪成有錢、不誠信和不當牟利而發財的人，這完全是不正確的」。

企業以及商界人士很少有機會在電視節目的黃金時段暢言可取的社會價值觀念。相反的，有時候商界人士反而被視為邪惡和貪婪的社會寄生蟲，他們致力於獲利的觀念常常受到無情的譴責，甚至受到許多的阻撓。這種說法源自於許多不同的觀點。有些人認為對企業的本質是斤斤計較的，有些人則認為電視記者常常會對國家發展方向不滿，記者堅信他們自己在改革社會的過程中扮演著重要的角色。很明顯，他們認為嚴屬的批判企業有助於社會的變革。

在好萊塢未必是透過電視來評論企業，有時候也會透過電影。《富比士》雜誌的作家Dan Seligman認為影星湯姆克魯斯所主演的「不可能任務第二集」對於企業就有很深刻的描繪，片中他扮演一位英雄，阻止了恐怖份子、惡質製藥商以及致人於死的化學毒素對世界的破壞。

(3)商業廣告

促成電視批評企業的第三種管道是透過商業廣告。這可能是企業本身所引起的錯誤。企業在電視上沒有誠實和確實地描述其產品和服務，這樣的做法，等於是企業在自毀信譽。商業廣告就像是一把雙刃劍。一方面，有助於企業在短期內賣掉更多的產品；另一方面，如果公司在促銷產品時有詐欺的傾向，則企業的長期信譽將會毀於一旦。不可諱言的，電視已經深深的影響了整個社會，然而現代的電視似乎過分強調商業化，甚至已經將商業的概念生活化了。

上述的內容提到了三種特殊的管道：新聞報導、電視節目的黃金時段以及商業廣告。在這些管道中，由於電視的影響力無遠弗屆，為觀眾帶來了許多的知識與覺醒的機會。我們應該釐清，媒體並不是特別針對企業所發生的問題進行責難。假如不是因為某些企業的行為確實有問題，媒體不可能自己去創造「批評企業氛圍」的環境。因此，企業應該重視媒體，因為媒體有助於企業為自己在某個環境中定位。

3.提升期望的革命

除了富裕、正式教育和電視帶來的覺醒之外，還有其它的社會發展活動也會促成「批評企業氛圍」的形成。這些因素引發了「提升期望革命」（revolution of rising expectation）。所謂「提升期望革命」可被定義為一種態度與信念，並深信下一代應該有一個比上一代更高的生活水準，因此對於企業的期望將會相對提高。基於這種思維邏輯來思考，企業之所以會遭受批評，主要是因為社會大眾對企業表現的期望，超過了企業能夠執行的能力。這種情況在過去的二、三十年中不斷的發生。因此，企業發現自己面臨了很大的問題。

「社會問題」（social problem）被定義為：「在某種程度的社會條件下，社會期望和社會現實之間的差距」。從企業的角度來看，社會問題的產生是由於社會對企業表現的期望與企業實際的社會表現之間產生了差距。如果社會提高了期望，而企業無法實現，那麼將會引發社會大眾對企業的不滿，進而產生批評，企業將因此而面臨更大的危機。圖表1-4說明了現今企業所面臨嚴重的「社會問題」，因為「社會期望」與「企業實際的社會表現」之間產生了很大的落差。

雖然「提升期望」似乎已經成為一種發展趨勢，但是如果經濟發展蕭條時，「提升期望革命」的速度就應該放慢。總體來說，就業狀況、健康、家庭生活以及生活品質都不斷地在提升。但是許多社會問題的惡化，例如：犯罪、貧困、無家可歸、愛滋病、環境污染、酗酒、藥物濫用以及恐怖主義無處不在等問題，往往都會使得「提升期望革命」駐足不前。

圖表 1-4　社會期望與企業實際的社會表現

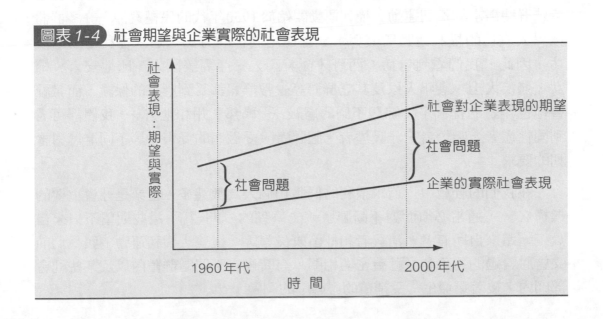

4.受補償的心態

「提升期望革命」衍生了所謂的「受補償的心態」（entitlement mentality）。幾年前，公共關係協會進行了一項有關社會大眾期望的調查研究，該研究特別重視社會大眾對於「被補償」這項概念的看法。社會大眾之所以會贊同「被補償」這項概念，主要是因為他（她）認為他（她）是社會的一員，因此應該得到某些東西（例如：工作、教育、健康照護）。該研究在全美進行調查，研究結果顯示：社會大眾對於他們「應得的」和「實際擁有的」之間的認知存在著很大的落差。他們要的或許只是「生活水準的提高」、「一個能勝任而且有保障的工作」、「安全對人健康無危害的產品」。

在20世紀初，工作、保險、退休方案以及健康照護都是「受補償的心態」所討論的熱門話題，這些議題對於企業來說都是不可忽視的重點。

5.權利運動

提升期望的革命、受補償的心態以及以上所提到的所有因素，基本上都可以稱之為現今社會的「權利運動」（rights movement）。《人權法》是美國憲法的一部分，幾乎都是後來才加上去的，實際上已經有一個多世紀沒有派上用場了。但是，在過去的幾十年中，美國最高法院一直在審理有關「是否給予某些群體多種權利」的案件，這些案件除了數量龐大之外，更是當年美國開國元老作夢也想不到的事情。

隱私權、合法訴訟程序權等權利，所有的公民幾乎都會認為是相當基本的權利。然而，除了這些基本的權利之外，在美國社會還一直存在某些滿足特殊群體需求的權利運動。權利運動開始於1950年代的民權案件。許多群體被黑人成功的權利運動所鼓舞，一直運用同樣的方法來追求權利運動的成功。因此，我們看到包括：西班牙裔美國人、亞裔美國人、印地安人、婦女、殘疾人士、老年人以及其它群體等少數群體都受到應有的保護，而且社會地位相對的提高了。綜觀不同的層級——聯邦、州和地方——我們都可看到同性戀者、吸煙者、非吸煙者、肥胖者、愛滋病的受害者等不同群體對權利的要求。

在我們的社會中，追求權利的群體和個人為數甚多。企業是社會重要的機構之一，通常必須面對不斷膨脹、一系列的「期望」。這些期望不只來自員工，還來自所有者、消費者和社區成員等等。這些「權利運動」與我們前文曾討論過的特殊利益社會密切相關，有時候在不同的群體內以及某些社會部門內，接著還發生「受補償的心態」的問題。

　　John Leo是一位《美國新聞與世界報導》的專欄作家，他主張權利應該可以用不著那麼渲染。他認為到處都有「創造」權利的建議方法，甚至在早餐盒上都可以輕易的見到。他舉了這樣的一個例子：Post Alpha-Bits這種早餐盒上就印有包括七種權利的「年輕人的人權法案」。其中有兩種權利，一種是關於世界公民的權利（身為世界公民，你有受關注、表達想法和被尊重的權利）；另一種則關於穀類食品購買者追求世界和平以及無污染的權利（你有權要求世界是和平的以及環境不被污染）。他認為當所有的「目標、需要、希望或熱望」都被視為是一種權利時，企業將會面臨相當嚴苛的挑戰。

6.受害的人生觀

　　在1990年代早期，有一些觀察家漸漸的體認到有愈來愈多的個人或群體認為他們自己為社會所害。1991年，《紐約》雜誌特別刊載一篇主題為「受害的新文化」、副標題為「不要譴責我」的文章。Esquire想要搞清楚什麼叫「抱怨者聯盟」。Charles Sykes論文的研究主題為《國家的受害者：美國人特性所造成的腐敗》。除了Charles Sykes之外，還有其他觀察家也會同意以下的觀點：美國正在迅速成為一個「受害者的社會」。

　　有趣的是一般社會大眾都普遍有「受害的人生觀」。這些作者認為，受害的心態在社會的許多群體中都可能存在，但是這樣的心態與種族、性別、年齡等因素並沒有多大的關連。Sykes評論道：以前的權利運動都可以視為「提升期望革命」，而當前的權利運動則可以視為「提升敏感度革命」。

　　在存在受害者的社會裡，情感比起理智是比較佔上風的，人們會漸漸地發覺他們正遭受到社會機構不公正的「傷害」。有一個案例值得我們參考：在芝加哥有一個人向美國律師事務署的少數群體權利司抱怨，麥當勞違背平等保護法，因為其餐館的座位不夠大，不能裝下他那肥大的臀部。正如Sykes所評論的：「新文化的訴求不只是要同情他人，還要利用他人的忿怒轉化社會改良的原動力，同時也要綜合考量不足之處以及他人是否得到應有的社會尊重」。

　　正如前例所闡明的，受害的人生觀與權利運動密切相關，有時候這兩者與受補償的心態還分不開。總而言之，如何看待某個員工所面臨的困難處境（例如：某人感受到不公平的對待），這將是未來企業管理者所面臨的艱困挑戰。

　　總之，富裕和教育、電視所帶來的知識與覺醒、提升期望的革命、受補償的心態、權利運動以及受害的人生觀這些都是社會批評企業的背景因素。顯

然，這裡並沒有把出現在社會環境中的所有問題都列入考量。但是，上述內容所分析出來的因素卻有助於我們瞭解為何企業如此容易引發批評。以下，我們將深入探討企業所受到的批評內容為何，以及這些批評將會產生哪些結果。

1.5.2 對企業的批評：權力的行使和濫用

在過去的幾年中，有許多批評是針對企業的，例如：規模太大了、太有勢力了、污染環境、過度剝削員工、過度利用員工與消費者、未告知實情等等。如果我們想要在本章將所有批評企業的事項都羅列出來，那麼篇幅可能過多。如果我們想要針對有關「對企業的批評」這項議題找出共同點，那大概就是企業行使和濫用權力的問題了，基本上，這一個熱門議題的討論似乎未曾停止過。2000年9月11日，《商業週刊》刊登了一篇題為「企業的權力太大嗎？」的封面故事。在這篇特寫文章中，《商業週刊》揭露了公眾看待企業權力的調查結果。絕大多數的美國人認為美國企業對於國家貢獻良多，居功厥偉。儘管是這樣的情況，72%的美國人仍然認為企業在他們生活中扮演著重要的角色，但是卻擁有過大的權力。2003年10月6日，美國《商業週刊》又提出另外一個封面故事「Wal-Mart的權力是否過大？」，這正好說明了「企業權力」是一個持續發燒的熱門話題。

企業與社會大眾之間出現某些摩擦，基本上與企業的權力有一定的關係。這些問題像是：執行長的薪酬、投資者的損失、對於汽油和藥物高價格的氣憤和失望、航空公司差勁的服務、保健組織（HMO）撤銷醫生所做的決定、品質不佳的輪胎、攔截式推銷、學校商業化的行為、全球化、金援政治人物、待遇與條件差的小工廠、市區建設缺乏計劃以及工資待遇太差等。在深入探討企業權力之前，我們應該注意到，除了企業濫用權力之外，比較嚴重的批評大概就是企業對利害關係人所做出不符合倫理的行為。

然而，什麼是「企業權力」（business power）呢？企業權力是指對於某種情境或是某些人產生影響效果的能力或力量。基本上，權力有正面的效果，也有負面的效應。然而，在企業遭受批評的背景因素中，許多人都會認為權力是過度濫用的。也許沒有人會質疑「企業具有很大權力」的概念，但是權力有沒有過度濫用則是相當值得爭議的議題，在這裡我們暫時不去深入探討這項爭議，但是企業濫用權力的主題將會是下文所要深入探討的核心題材。

倫理的實踐

酒能白喝嗎？

過去在某一家餐館當女服務員的時候，我曾經注意到一個看起來很普通但是頗具爭議的現象。在繁忙的商業區，對於員工來說，不守規則而且還不會受到處罰並非難事。管理者手裡要忙的事情很多，他們不得不信任自己的員工。不幸的是，並不是每位員工都值得信任。在我們的餐館裡，上菜員和酒保都擁有一份「酒單」，他們應該把營業過程中銷售任何的酒(特別是那些名貴的酒)都記在那張單子上。

當員工在顧客附近穿梭服務時，顧客或多或少都會消費酒，酒單就是餐館入帳的依據。剛開始在那裡工作的時候，我發現晚間營業結束之後酒單上的數字都是不真實的。員工，尤其是直接負責酒的酒保，可能整個晚上都讓他們的朋友白喝，然後把這些喝掉的酒記錄為溢出的損耗。

酒保可能用某個牌子的啤酒招待他們的朋友，但是他們會佯稱那個牌子的啤酒摔破了。他們也有可能聲稱某一瓶白酒摔破了，但是實際上這瓶酒是給他的朋友喝掉了。其他員工也可能幫忙承攬一些酒單的責任，這樣將使得酒保的說法可信度更高。

我也有幾次被請去為假酒單承攬責任。應該說，那些員工開假酒單就是為了招待他們的朋友，並沒有什麼其它的不良意圖。如果假報出去的酒水沒有超出某個數量，主管也沒有懷疑，那些員工就一直免費請朋友喝酒。倘若該餐館的管理沒有進一步的改善，則主管永遠不會知道被瞞騙的事實。

(1)當餐館的員工普遍存在這些問題的時候，他們遵循的標準是什麼？是「受補償的心態」所引起的嗎？

(2)假如你是其中一名員工，遇到上述的情況時，你會向上級呈報呢？還是不發一語，裝做不知道呢？當你被酒保要求幫忙承攬某一些酒單，並且還必須佯稱摔了一瓶酒，你會如何做？為什麼？

(3)假如你的主管批評你，而且還質問你，為什麼摔破那麼多酒，你認為你會保護其他員工不說出實情，還是把實情全盤托出？在你的認知裡面哪一種作法比較合乎倫理的規範？

1.權力的層次

如果想要瞭解企業的權力，我們必須認知到權力可能展現在一些不同的層次上。Epstein指出權力有四個層次：宏觀層次、中觀層次、微觀層次以及個人層次。宏觀層次是由國家所屬企業所組成的系統，也就是所有的企業組織。這個層次的權力來自於國家企業組織系統的規模、資源與支配力量。中觀層次則是指公司群體，他們共同致力於某一個理想的結果與行動，例如：提高價格、控制市場、控制採購者、催生某個議題以及通過和阻撓立法等。

最典型的例子是航空公司、電力公司、銀行、石油輸出國組織、製藥公司和追求共同利益的合夥組織，因此，公司結盟行動是相當有意義的作法。微觀層次的權力通常是指某一家個別企業的層次，它指的是某大公司行使權力或影響力，這樣的公司例如：Microsoft、Wal-Mart、Procter & Gamble、Nike等等。最後則是個人層次，它是指企業領導人行使個人的權利—Ted Turner、Donald Trump、Michael Eisner（Disney）、Carly Fiorina（HP）Bill Gates（Microsoft）以及Anita Roddick（The Body Shop）。

當我們在分析企業權力的時候，應該注意以下幾個要點：一是思考企業權力在不同層次的表現形式，二是判斷企業權力是否過大或被濫用。值得注意的是，要正確判斷企業權力是否過大、是否被濫用，並非易事。因此，每一層次的企業權力都必須仔細的審視與評估。

2. 權力的範圍

除了探討權力的層次之外，我們還必須瞭解權力存在的範圍或領域。圖表1-5是Epstein所提出的權力層次以及權力範圍。經濟權力和政治權力是人們經常提到的兩個權力範圍，但是企業還有一些其它更詳細的權力範圍，例如：社會權力/文化權力、個人權力、科技權力以及環境權力。

圖表 1-5　公司權力的層次與範圍

範圍＼層次	宏觀層次（所有企業組成的系統）	中觀層次（某些企業）	微觀層次（單一企業）	個人層次（主管個人）
經濟				
社會/文化				
個人				
科技				
環境				
政治				

企業權力過大嗎？企業濫用權力嗎？針對這兩個問題，或許許多人表面上持肯定的態度。然而，如果要認真回答這兩個問題，就必須仔細確認某一個層次權力與某一個範圍權力的交叉關係，儘管已經這樣做了，有時候我們仍然不容易得到一個令人滿意的答案。有趣的是，有時候權力的產生並非刻意的，而是某種狀況之下的結果。

3. 權力和責任之間的平衡

企業是否濫用其權力？企業是否對濫用權力視而不見？這是貫穿本書的核心議題。但是權力無法獨立於責任之外，而且權利與責任的關係是「公司社會責任」（corporate social responsibility, CSR）的基礎。Davis和Blomstrom對這個問題相當重視，並提出「責任鐵律」（Iron Law of Responsibility）的觀點：「長遠來看，那些擅長於運用權力但是並不想對社會負責的公司，終究會喪失其權力」。換句話說，一旦權力和責任之間的關係失去了平衡，自然會出現一股力量促使這兩者之間保持平衡。

當權力與責任之間失去平衡時，將會出現許多股力量迫使企業對社會承擔更多的責任，並且對於企業所遭受的批評提出更多的回應。有一些外在的影響力是強而有力的，例如：政府採取行動、加強管制或是制定新的法律。新聞媒體對於上述管制或是法律的進展、相關利益群體的行動都非常感到興趣。在上述援引的《商業週刊》封面文章中，曾經提出這樣的觀點：「公司權力和責任之間的不平衡，助長了社會大眾對公司的不滿」。

有許多產業濫用權力，長久以來就受到社會大眾的詬病，菸草業就是一個相當好的例子。這些年來，人們一直強烈抱怨該行業生產具有危害性、使人上癮的產品，並對年輕人強力進行促銷。「美國食品和藥品管理局」（FDA）一直爭取對香菸製品的管轄權，試圖通過強而有力的監管對菸草公司進行管控。管理局不斷試圖控制菸草業的努力，最後終於有了結果，那就是預計花25年的時間、耗資3,680億美元所擬定的協議，在這個協議中，管理局規定菸草公司應該解決訴訟問題、遵守新的法規並且在美國落實減少抽煙人口的嚴格目標。雖然該產業一直無法達成這項目標，甚至仍然對抗政府的管制措施。然而，可以預料的是：到了2022年之後，美國社會的抽菸人口將會顯著的減少。

西元2000年至2002年有許多公司的高階主管連續犯下許多惡行，最終導致企業的敗亡，2002年7月30日美國布希總統簽署「沙賓法案」（Sarbanes-Oxley Act of 2002），這一項革命性的法案適用於「上市公司」

（public company），而這些公開上市公司必須在美國證券交易法（Security Act of 1934）第12條以及交易法（Exchange Act）第15(d)條註冊。「沙賓法案」必須包含財務報表的證明、新的公司管制辦法、公開揭露資訊以及遵守規定。「沙賓法案」指出公司的執行長以及財務長必須確認每一項報告都涵蓋公司的財務報表，這項確認的動作代表執行長與財務長已經仔細閱讀過這一份報告了。在審閱的過程中，高階主管必須證實資訊的正確性或是檢查是否遺漏了重要的資訊。而且高階主管應該揭發所有的詐欺行為、財務報告的缺點、審計人員與委員會指出公司內部控制所發生的問題。最後，高階主管還必須注意可能影響內部控制的改變因素。如果權利與責任之間失衡導致主管違反了此項法規，企業將會付出相當大的代價。

1.5.3 企業回應：對企業環境的關心以及持續變化中的社會契約

對於企業愈來愈多的批評以及權力與責任之間的平衡，使得企業對於利害關係人的環境會更加關注，當然此時社會契約也起了很大的變化。我們曾經在前面提到「社會環境」是由許多因素所構成的，包括人口統計變項、生活方式和社會價值觀等因素。「社會環境」同時也是一連串的狀況、事件與趨勢，足以反映人們的價值觀以及他們如何思考與行動。當企業覺察到社會環境對企業的期望產生變化的時候，企業就意識到它們自己也必須做出相對的改變。

「社會契約」（social contract）是指處理主要機構之間關係的雙向協議。在本書所謂的主要機構是指企業和社會。社會契約不斷的在變化，而這些變化是社會環境重要性不斷提高所導致的結果。社會契約的變化反映了社會對企業的期望有所改變，特別是企業在社會中的表現以及企業對於倫理的態度。

企業與社會之間的社會契約如圖表1-6所示，其中有兩個重點值得深思：

(1) 企業必須在社會制定的法律和管制架構內進行運作。
(2) 某一群體與另一個群體之間要相互瞭解，必須雙方對於彼此的期望都有深入的瞭解。

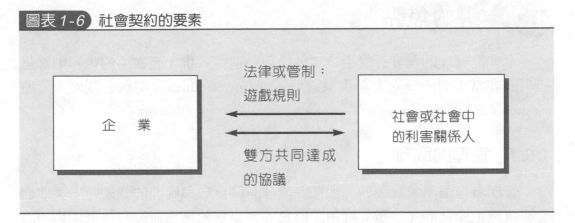

圖表 1-6　社會契約的要素

企　業

法律或管制：
遊戲規則

雙方共同達成
的協議

社會或社會中
的利害關係人

　　毫無疑問的，法律和管制形成了企業的「遊戲規則」。但即使達成一定的協議，雙方之間還是有可能存在不少的分歧和爭議。就某種意義上來說，這些協議反映了簽訂雙方對於角色、責任和倫理方面的期望，而這些期望可能並沒有對對方明確說明，因為它是非正式的、需要對方仔細去體會的。這些沒有明確說明的社會契約，後來在 Donaldson 和 Dunfee 的催生之下規範了企業與社會之間的關係（也就是社會契約的關係中，雙方所「應該」去做的）。

　　在某一位教授的課堂上，教授與他的學生之間所存在的關係，正好可以說明企業與社會之間的社會契約關係。大學的規章制度和課程教學大綱詳細規定了學生與教授之間的正式關係。至於他們之間的非正式協議，沒有必要正式說明彼此之間的期望（因為一般都能夠相互瞭解）。舉例來說：關於「公平」的期望，學生期望這位教授在分配作業、要求水準以及打作業分數上面都應該要公平。同樣的，教授也希望學生在進行教學評量時能夠持平的評分、希望學生不要抄襲他人的作業等等。

　　《商業週刊》上有一篇文章探討現代企業與社會之間的關係，該文章對於「社會契約」有很精闢的評論，茲說明如下：

　　今天，社會和企業之間的社會契約其內容比起以前有顯著的差異。企業常被要求對社會承擔比以前更重大的責任，以便對建立廣義的人文價值有所助益。……因此，我們認為企業存在的目的是為了服務社會，企業的未來將取決於管理者對公眾的期望。

　　2000 年《商業週刊》有一篇評論「新社會契約」的文章，文章說道：「所有美國的公司，請注意聽著：美國人民正在嚴肅地討論著你們在他們生活中的影響與問題」。這篇重要評論是針對在 2000 年公司初次對於濫用權力而寫的。這句話促使我們繼續關注企業與社會契約關係的變化趨勢。

1.6 本書的焦點

本書從管理的角度針對企業和社會現狀進行分析，而書中的內容則聚焦在兩個非常重要的議題上：企業倫理（business ethics）和利害關係人管理（stakeholder management）。

1.6.1 管理的取向

管理者是很講求實際的，他們在處理有關社會和倫理的議題時，與他們處理傳統企業功能（生產、行銷、財務等）事務的作法並沒有什麼兩樣，因為同樣都是基於理性、系統性和嚴格性的原則。對管理者來說，如果以管理的取向看待社會大眾所關注的議題，並且理性和公正地予以處理，則許多棘手的問題就可能變得單純多了。儘管如此，管理者同時還必須把傳統經濟、財務上的考量，與倫理或道德上的考量結合起來。

如果我們透過管理取向來處理企業與社會之間的關係，則管理者本身將會面臨許多問題，例如：

● 當社會發生變化並且要求企業積極處理特定的社會和倫理問題時，社會對企業的期望將會發生什麼變化？

● 本公司是不是與其它企業一樣，都會碰到社會和倫理方面的問題？

● 社會變化對企業有什麼影響？我們應該如何應付這些影響？

● 我們能否透過管理取向化解並有效地處理大量的社會問題？

● 既然存在這些社會和倫理方面的問題，我們還能夠有效的處理事情嗎？

● 何謂特殊問題？解決這些問題的方案為何？採用管理取向來處理這些社會問題又是指什麼？

● 為了處理與企業相關的社會問題，我們應如何做好規劃和組織方面的工作？

如果我們從管理快速回應的觀點來探討，管理所關心的社會議題可以廣泛的分成兩類：第一類是突現或危機性的問題，對於這一類的問題，管理者必須快速做出反應。這些問題都是短期性的，可能是管理者從來沒有遇過的，也可能是碰過但是沒有時間去處理的問題。舉一個典型的例子：某抗議群體有一天突然出現在公司總經理的門前，吵著要求公司撤銷安排在下週播放的某個節目（因為該節目是由某個暴力性節目電視台所贊助的）。

第二類問題是較長期性的，需要管理者花時間解決的。這些問題包括：環境污染、雇用歧視、產品安全以及職業安全與健康。換言之，這些問題一直存在著長期以來為社會所關注。對於這些問題，管理者必須代表組織做出有說服力、深思熟慮的回應。這類問題可能有一定的特殊性，往往需要立即回應，有時候則需要等待有利的時機出現。如果企業想要處理社會問題，除了必須提高組織的社會表現績效之外，更需要具備速戰速決以及打持久戰的能力，這兩方面的能力，管理者都應該用心培養。

管理取向是否有效？本書認為管理者應該可以透過管理取向的作法，而不是採取「臨時編組」的觀點來改善組織的社會績效。當然，採取管理取向的時候，組織必須兼顧快速回應與謹慎回應之間的平衡。

倫理的實踐

Ethics in Practice

上司

幾年前，我在紐約一家健身器材店工作。我們賣維生素、體重計、健康食品、運動器材和運動服。我在一位經理的手下工作，她總是早早就下班，而且要求我們當高階主管來電的時候必須幫她掩護，基本上她是一個相當懶散的人。

這位經理負責記錄我們的工作時間，她總是給自己記上每週40個工作小時。但是，她每週大多只工作30個工作小時，而且她經常要求我們替她看管這一家商店。不管我在商店裡工作有多晚，我每週加班的時間再多，工作時數也總是固定不變的，因為我必須把自己的超額工時撥給她。她外出處理私事仍然有酬勞。我該不該把她的情況告訴別人？我真的左右為難，拿不定主意。她是我的上司，而且還是一位經理。自己提早下班本身就是錯誤的，還要求我們替她撒謊，這顯然不符合倫理的規範。

(1)這個案例中，有沒有涉及倫理的議題？是哪些倫理問題？

(2)應不應該告知高階管理階層這位經理的行為？為什麼？

(3)假如你是我，你將會怎麼辦？

（由 Terence O'Brien 提供）

1.6.2　企業倫理的議題

管理者應該務實的來探討社會的議題以及社會對企業的期望，因為倫理問題基本上是不可能避免的。一般人對於倫理（ethics）的看法，大概就是對、錯、公平以及合法與否相關的問題，企業倫理則是指商業領域中出現的相關倫理問題。所有問題的對、錯、公平以及合法與否都必須仔細的討論，

無論實務上會遇到多大的困難，當企業試圖與重要的利害關係人群體——員工、顧客、所有人、政府和社區——有效地互動時，這時候許多企業的活動就必須考慮到企業倫理的議題。特別是近年來企業醜聞頻傳，倫理似乎已經成為企業與社會關係中最重要的討論議題了。

管理上重要的任務不只是「以合乎倫理的方式與利害關係人打交道」，同時也應該兼顧「企業和利害關係人群體之間的利益衝突」。牽涉到利害關係人以及與倫理有關的企業決策活動時，都少不了上述所謂的「管理上重要的任務」。除了要公正對待與企業相關的利害關係人之外，管理上另外一項重要的任務是培養組織重視企業倫理的氣候。如此一來，所有員工在制定決策的時候才能夠兼顧到公眾的共同想法以及組織的利益。否則，不僅企業聲譽受損，有時候整個企業的形象也會因此而被拖垮。

1.6.3 利害關係人管理的議題

在本章的內文中經常出現「利害關係人」（stakeholder）這一個名詞。利害關係人是指企業內、外的個人或群體與企業之間交互作用因而產生了利害關係。他們也可稱之為「公眾」，但這樣的說法卻隱含著：他們是企業外部的人，應該被視為外部參與者，而不是企業與社會關係中不可或缺的成員。事實上，我們的社會正是由許多各式各樣的利害關係人所組成的。

在本書中，將討論兩類常見的利害關係人群體。首先，討論「外部利害關係人」，包括：政府、消費者和社區成員。我們首先談政府，主要是因為它代表社會大眾。如果想要深入的瞭解企業與其它群體之間的關係，就必須瞭解政府的職責和工作。當然，消費者有可能是企業最重要的利害關係人，社區成員也是至關重要的，他們與許多問題都息息相關。其它兩個主要的社區問題包括：企業捐贈（或公司善舉）和工廠倒閉（包括縮小規模）。這些問題都會對社會大眾造成直接的影響。因此，外部利害關係人中的社會活動份子也應該被視為社區的一員。

第二類的利害關係人是由內部利害關係人所組成。企業所有人和員工是最主要的內部利害關係人。在我們工作的組織內，許多員工認為他們的重要性與投資者或所有人是一樣的。這兩類群體對組織有合理、合法的要求，管理者的任務就是解決他們的需要，使他們的需要與企業的需要、其它利益群體的需要保持平衡。我們將在本書第三章更全面性地闡述利害關係人管理的概念。

1.7　本書的結構

本書的結構可以用圖表1-7來具體說明。

第一篇共有三章。第一章探討企業與社會的關係；第二章探討企業公民：社會責任、社會回應和社會表現；第三章探討利害關係人的概念。這三章的內容則是之後所有理論的基礎，重點在探索企業與社會關係的背景。

第二篇共有兩章。第四章探討策略管理和企業公共事務；第五章探討議題管理與危機管理兩大問題。

第三篇則聚焦在討論企業倫理與管理。第六章在建立企業倫理的基本原理；第七章討論個人倫理和組織倫理；第八章則探討企業倫理和科技這一類的新話題；第九章討論全球或國際範疇的企業倫理議題。雖然倫理的問題貫穿本書，但是企業倫理重要的議題則必須落實到對管理倫理的層次。

第四篇主要在探討企業的外部利害關係人。在第十章的內容中，主要在探討政府所扮演的關鍵性角色，因此必須特別關心企業與政府的關係以及政府管制的議題；在第十一章中，我們將進一步討論企業是如何影響政府和公共政策；第十二、十三章討論消費者利害關係人的問題。第十四章則探討有關自然環境的利害關係人；第十五章探討企業與社區利害關係人之間的關係問題。

第五篇主要在探討員工和企業所有人。第十六章探討員工和重要的工作場所問題，而在第十七章中則詳細分析員工隱私、安全和健康等問題；在第十八章中，集中討論就業歧視與平權措施的問題。第十九章是本書的最後一章，主要在討論公司治理，以及管理與利害關係人之間的關係等議題。

教師可以根據課程教學中的需要，把第二篇提前或延後學習，也可在第五篇之後學習。

本書主要的用意在於幫助讀者瞭解企業與社會之間的關係，探索社會和倫理問題的性質，瞭解與管理必須發生在相互作用的利益相關群體之間，掌握這三個目的是本書相當重要的基本概念和思想。本書將較為深入地探索企業內、外部的利害關係人。

圖表 1-7　本書的結構和流程

企業、社會和利害關係人

Part 1
1. 企業和社會關係。
2. 企業公民：社會責任、社會回應和社會表現。
3. 以利害關係人的取向來探討企業、社會與倫理規範。

公司利害關係人績效之策略管理

Part 2
4. 策略管理和企業公共事務。
5. 議題管理與危機管理。

企業倫理與管理

Part 3
6. 企業倫理的基礎。
7. 個人和組織倫理。
8. 企業倫理和科技。
9. 全球舞台中的倫理問題。

外部利害關係人的相關議題

Part 4
10. 企業、政府和管制。
11. 企業對政府和公共政策的影響。
12. 消費者利害關係人：資訊議題與回應。
13. 消費者利害關係人：產品與服務議題。
14. 自然環境也是利害關係人。
15. 企業與社區利害關係人。

內部利害關係人的相關議題

Part 5
16. 利害關係人：員工及工作職場問題。
17. 員工利害關係人：隱私、安全與健康。
18. 就業歧視與平權措施。
19. 所有利害關係人與公司治理。

個　案

 **本章摘要**

　　在美國，多元化的企業系統存在著一些優點，也存在某些缺點。在這樣的背景之下，企業必須與眾多的利害關係人以及日益增多的特殊利益群體打交道。許多對於企業的批評影響了社會大眾對企業的看法。有一些社會環境因素催化了對於企業批評的聲浪，這些社會環境因素包括：富裕、教育、經由媒體（尤其是電視）促成的社會覺醒、提升期望的革命、權利運動以及受補償的心態。然而，如果企業的實務產生了錯誤，則企業很有可能會成為箭靶，甚至受到嚴厲的批評。並不是所有的企業都會有過失，但是一旦發生過失將會導致社會對企業界負面的看法。

　　對企業比較常見的批評就是企業濫用權力。如果我們想要瞭解權力的意涵，則必須清楚瞭解權力可能展現在四個不同的層次上：宏觀層次、中觀層次、微觀層次以及個人層次。宏觀層次是由國家所屬企業所組成的系統，也就是所有的企業組織；中觀層次則是指公司群體，他們共同致力於某一個理想的結果與行動；微觀層次的權力通常是指某一家個別企業的層次，它指的是某大公司行使權力或影響力，最後則是個人層次，它是指企業領導人行使個人的權力。此外，企業權力還可能表現在經濟、政治、科技、環境、社會和個人等領域。企業是否濫用權力並不容易評估。但是，企業的確擁有相當大的權力，它應該謹慎地運用權力。有權力就得承擔相對的責任，這就是近年來對企業回應呼聲這麼高的一個重要原因。社會對企業的期望導致企業環境不斷的變化，當然也引起了社會契約關係的改變。

 **關鍵字**

affluence 富裕

business 企業

business ethics 企業倫理

business power 企業權力

economic environment 經濟環境

education 教育

entitlement mentality 受補償的心態

ethics 倫理

Iron Law of Responsibility 責任鐵律

macroenvironment 總體環境

pluralism 多元化

political environment 政治環境

revolution of rising expectations 提升期望的革命

rights movement 權利運動

social contract 社會契約

society 社會

special-interest society 特殊利益的社會

stakeholder management 利害關係人管理

stakeholders 利害關係人

technological environment 科技環境

victimization philosophy 受害的人生觀

問題與討論

1. 有關企業與社會的討論中，為什麼有些人說：「該議題討論的重點與趨勢都集中在大型企業，而不是中小企業」？2000年所發生的企業醜聞與弊案是否會對中小企業產生影響？如果是的話，這些公司被影響的途徑為何？

2. 在多元化的社會中，有什麼優、缺點？它對企業而言，是有利的還是有害的？

3. 試說明並解釋社會環境中有哪些因素會形成批評企業的氛圍？這些因素之間有什麼關聯性？

4. 請就本章所討論「權力的四個層次」、「企業權力的範圍」各舉出一例加以說明。

5. 用你自己的話解釋何謂「社會契約」、「責任鐵律」。身為消費者或員工的你，如何與企業達成共同一致的想法，請舉例說明。此外，您認為2002年所簽署的「沙賓法案」（Sarbanes-Oxley Act of 2002），是否會受到2000年發生的企業醜聞與弊案所影響？

個案評述

本書附贈的光碟提供了許多個案，與本章相關的個案有個案1、個案2A、個案2B、個案3A以及個案3B，您可以搭配本書第一章的內容探討以下的個案：

個案1「Wal-Mart：小鎮商人的噩運」

這一個個案主要在探討零售業大亨Wal-Mart的故事，主要在探討地主國企業與社會之間的關係。該個案特別著墨在有關企業權力、企業如何影響社區、社會責任等相關議題。Wal-Mart究竟有何權力來影響社區？Wal-Mart所發揮的影響力是否符合社會責任的標準？

個案2A「The Body Shop國際有限公司」以及個案2B「The Body Shop的廣告」

這兩個有關The Body Shop的個案主要在探討社會契約如何影響具有「社會知覺」的企業，這些個案也談到企業受到批判以及企業如何回應批判的議題。個案2B「The Body Shop的廣告」則是在探討Anita Roddick沒有對其支持者信守承諾的議題。

個案3A「The Body Shop的形象受損」以及個案3B「The Body Shop國際有限公司(1998~2004年)」

主要在探討有關公司權力、社會責任、利害關係人以及企業論理的議題。個案中也說明了當公司的實際作法與經營策略有所出入的時候，將會產生兩難的窘境。

第二章
企業公民：社會責任、社會回應和社會表現

本章學習目標

▶▶ 閱讀完本章後，你應該能夠：

1. 說明公司社會責任（CSR）這一個概念是如何形成的，而公司社會責任的內涵則包含：經濟責任、法律責任、倫理責任和慈善責任等四個層次。
2. 舉出實例說明公司社會責任和企業公民。
3. 分辨企業公民、社會責任、社會回應以及績效之間的差別。
4. 說明「公司社會表現」（CSP）的概念。
5. 瞭解「社會表現」與「財務績效」之間的關聯性。
6. 詳述社會回應與投資的演進。

過去三十年來，企業接受來自社會大眾的嚴厲監督。因此許多與社會責任有關的議題日益受到重視，例如：收費沒有考慮到消費者的能力、對社會秩序的惡化一點都不關心、對於什麼是合理的行為沒有基本的認識、對少數族群和環境的問題漠不關心，這些議題所受到的關切之聲不絕於耳，因此社會對於公司社會責任（corporate social responsibility，CSR）的倡議之聲甚囂塵上。最近，許多學者更進一步將「公司社會責任」廣義化，稱之為「企業公民」（corporate citizenship）。「公司社會責任」的概念廣義來講還應該包括：「企業社會回應」（corporate social responsiveness）和「企業社會表現」。就目前來說，許多企業主管比較偏愛使用「企業公民」這一個用語，因為這一個用語的範圍涵蓋了與「社會責任」有關的所有重要議題。

對企業來說，公司社會責任似乎已經成為最熱門的話題之一，特別是在1992年「企業社會責任協會」（Business for Social Responsibility，BSR）組織成立之後，這項趨勢更加明顯了。「企業社會責任協會」是一個全球型的企業組織，專門提供落實公司社會責任的資訊、工具、訓練與顧問服務，協助會員企業展現其倫理價值並制訂符合社會倫理要求的政策。根據「企業社會責任協會」的報導，2004年該組織共有1,400多家企業成為該協會的會

員，這些會員不乏知名的企業，例如：Levi Strauss、Stride Rite、Ford、GM、Reebok、Honeywell、Coca-Cola、Liz Claiborne、Timberland等等。此外，「企業社會責任協會」也出版了許多的報告，例如《公司社會責任：企業最佳實務與引導》這一份報告就對於全球的會員企業提供了不少的協助。

本章中我們打算以不同的面向來探討公司社會責任的議題，並深入探討公司社會責任的意義以及公司該如何實踐與落實。我們打算以一整章的篇幅來探討公司社會責任的議題與概念，因為公司社會責任與本書主要的內容及核心觀念有相當密切的關聯性。

2.1 公司社會責任的概念

在第一章中，我們曾深入探討企業為何會遭受批評，以及企業面對這些批評時如何改變社會契約，以及如何正視社會環境的快速變遷。「公司社會責任」這一概念的形成，源自於上述第一章所提到的這些內容。在開始進行歷史回顧之前，首先必須對「公司社會責任」這個概念有初步的瞭解。

早期對於CSR的看法是：「公司社會責任是認真思考公司行為對社會的影響」。另外一個定義是：「社會責任的思想……要求個人就整個社會系統去考慮他（或她）的行為，對自己在該系統內的所作所為負責」。

這兩個定義使我們對於社會責任的觀點有了初步的瞭解，當然更有助於瞭解這一個觀點簡單的發展歷史。圖表2-1是企業受到的批評與社會回應循環圖，該圖說明了我們如何從第一章（有關企業受到的批評、對社會環境日益關注以及不斷變化的社會契約）衍生出公司社會責任的概念。在圖表2-1中可以瞭解：企業對社會責任的承諾，將會使得企業對利害關係人的回應能力提高，進而改善企業的社會表現。這些觀點將在本章進行更全面性的探討。

正如後面要討論的，現代許多學者總是喜愛以「企業公民」的術語來涵蓋有關社會責任的概念。然而，如果想要深入瞭解本章所提到的所有概念，以及這些概念與「企業公民」間的關係，下列的摘要說明與圖示對我們來說是相當有幫助的：

企業公民的概念

公司社會責任─強調義務、責任

↓

企業社會回應─強調行為、活動

↓

企業社會表現─強調產出、結果

由於這些觀念的發展使得社會大眾對企業的滿意度逐漸提高。相對來說，滿意度提高雖然可以減少社會對企業的批評，但是隨之而來的，卻是因為對企業期望提高，進而引發更多的批評。圖表2-1明白地指出這兩種效應。儘管正面的因素與負面的因素不斷的交互作用且相互影響，然而企業最終的社會表現與社會滿意度都隨著時間不斷的提高。如果企業對於社會期望不予以回應，則它們就有可能快速的衰敗，進而導致企業與社會之間的關係產生重大的變化。在2001~2002年之間所發生的企業醜聞，已經引起社會大眾對社會問題產生高度的關切。

圖表2-1 企業受到的批評以及社會回應循環圖

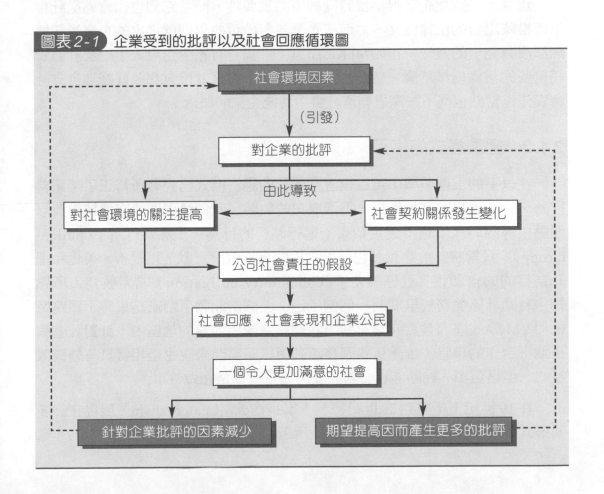

2.1.1 以歷史的觀點探討公司社會責任

如果我們想要深入探究在美國歷史上什麼時候才開始普遍流行「企業責任」的概念，則可能有必要回顧傳統、古典的經濟模式（economic model）。Adam Smith 所提到的「看不見的手」是重要的思想起源。傳統的觀點認為，透過市場機制將能夠決定社會最適的需求。如果企業根據其能力對市場需求予以回應因而得到回報，那麼不斷的追求自利性的回報，就有可能為社會帶來其所需要的一切。因此，市場的那隻「看不見的手」可以將「自我利益」轉化為「社會利益」。可惜的是，企業雖然擅長於生產商品和服務，但是在行動上總是很難確保公平、公正與倫理。

多年之後，法律對企業行為開始有了強而有力的約束力，也就是說「法律模式」（legal model）盛行起來了。社會對企業的期望，已經由經濟面轉向企業所關心的各種面向了，因此後來陸續出現所謂的「社會模式」（social model）以及「利害關係人模式」（stakeholder model）。

實務上，雖然企業很早就贊同經濟的重要性，而且它們也願意遵從社會不斷推陳出新的法律條文。然而，企業界對於這些早期就提出的企業責任概念卻沒有完全的遵守。正如McKie所言：「儘管有不少企業人士對於社會責任重要的信條信奉不渝，然而企業界在思想上從來就沒有想要好好地遵守社會責任，當然也從不去深思經濟社會中傳統企業的概念」。

2.1.2 經濟模式的修正

在以下的三個領域中可以瞭解到傳統的經濟模式已經有所修正了：慈善行為、社區義務和家長作風。追溯歷史的軌跡，我們發現即使在傳統經濟學觀點主導的時代，也不乏企業人士進行慈善的行為。「慈善行為」（philanthropy），只對慈善事業和其它值得付出的事項做出貢獻。以改善、美化和提升為目的的自願性「社區義務」（community obligation）常常較為人所熟知。有關社區義務較早期的一個例子是：美國南北戰爭剛剛結束時，鐵路系統和YMCA（基督教青年會）雙方在鐵路系統所服務的地區內，針對社區服務進行合作的事宜。雖然這些服務活動對鐵路部門來說也是相當具有經濟效益的，但是這項「社區義務」對於雙方而言，都是在做善事。

在19世紀下半期到20世紀初，「家長作風」（paternalism）展現在許多的形式上，一個最顯而易見的例子是所謂的「公司鎮」（company town）。雖

然企業建設「公司鎮」（例如：Pullman/Illionois實驗城）的動機極為複雜，但是企業必須投入相當多的精力來管理公司鎮。因此，這些公司必須接納「家長作風」的社會責任。

19世紀末，大型公司的出現使得「傳統經濟模式」逐漸被揚棄。當社會由小公司（權力較小、而且市場力量主導一切）逐漸成長為大企業（權力較大、而且較具有自主性）時，企業社會的責任問題就會逐漸地突顯出來。

雖然在1920年代公司社會責任的觀念並未發展完全，然而當時的管理者對於自己的角色期許甚高，許多的社區服務常常被視為是最重要的活動。眾所週知的例子是「社區公益活動」，該活動被企業廣為推行與採納。Morrell Heald認為：「企業領導者與其它非政府社區群體結合在一起，在非營利的目標下貢獻出時間與金錢，並試圖提高社區的福祉。自從推出社區公益活動之後，公司社會責任的內涵就更加豐富了」。

1930年代，企業所面對的自由放任經濟已經逐漸轉變成混合經濟。在混合經濟體系中，企業發現自己受到政府愈來愈嚴厲的管制，甚至還應該擔任政府支持者的角色。1920年代到1950年代之間，企業的社會責任不斷的加重，包括：員工福利（例如：退休金和保險計畫）、安全、醫療保健和退休方案等相關議題愈來愈受到重視。McKie認為上述方案之所以會日益受到重視，可能與政府在背後施壓有關，當這些方案日益受到重視時，企業的社會責任也將日益加重。

Neil J. Mitchell在他所著的《慷慨的公司》一書中曾經提到關於公司社會責任如何演進的觀點，這是一本相當有趣的書。Neil J. Mitchell認為，公司社會責任思想體系的建立（特別是慈善責任），主要是因為美國企業領導人為了回應反對者，所提出的一種策略性作法，發展的期間則是介於19世紀末到20世紀初之間。反企業的活動主要是導因於企業的某些特殊舉動而引發的，例如：鐵路部門在價格上敲竹槓。因此，19世紀末期有許多資本家發了大財，例如：Andrew Carnegie、John D. Rockefeller，因而使得社會大眾對他們滋生怨恨，進而產生反對的行動。

當企業領導者逐漸認知到政府有權力干預經濟，而且社會大眾的輿論也會促使政府更加積極干預的時候，大企業可能就會知覺到對社會善盡慈善責任的重要性。因此，Mitchell認為，「企業領導人試圖說服那些受企業權力影響的人，而且企業試圖將他們的權力合理化」。Carnegie在1889年撰寫了

《財富的傳播》一篇文章，文中早就體現了某些先進的思想。這篇文章主張企業必須追求利潤，但是其最終的財富應該運用在建立社會福祉之上。也因此，慈善活動似乎已經變成運用公司財富來建立公眾利益最有效率的方法了。著名的例子像是企業曾經運用 Carnegie 基金，建設了大約 2,500 家圖書館。

在鮮為人知的歷史發展過程中，Mitchell 借助許多特殊的案例，紀實性地描述了：企業如何發展「慷慨的公司」這一項概念以及這一項概念可能為企業產生的優勢（有助於企業獲得中央政府或地方政府的支持、有助於社會的穩定）。Ronald Berenbeim 曾經對 Mitchell 的著作進行評論。在該篇評論中，Ronald Berenbeim 認為，不論是 1900 年代或是 1990 年代，企業進行慈善活動最主要就是與政府保持距離。

內涵的接受和擴大

從 1950 年代到現代為止，公司社會責任這項概念已經廣受認同，其內涵也逐漸擴充。在過去到現在這一段時間內，公司社會責任的概念已經有所轉變，其轉變主要是由「關注社會和道德」轉變為「關注某些特殊的議題」，而這些特殊的議題像是：產品安全、誠實的廣告內容、員工權利、贊助性行為、環境保護和倫理行為以及全球公司社會責任。現代的企業所關心的重點則是放在社會表現以及企業公民等重要議題。當然，如果想要更進一步瞭解現代公司社會責任的內涵，則讀者可能必須多蒐集近年來企業社會責任的相關研究，再進一步探討其內涵與定義。

2.1.3 公司社會責任：演化的觀點

現在讓我們回到最基本的問題：公司社會責任真正的意涵究竟是指什麼？為了淺顯易懂起見，我們將以下列較為簡單的定義來說明：

公司社會責任是指企業認真嚴肅的思考其所作所為與行動對於社會所產生的影響。

雖然上述的定義仍然有點含糊不清，但是也會發現其他人所提出的定義仍然都有其限制，無法面面俱到。因此，可以深刻的瞭解到，如果要為「公司社會責任」下一個放諸四海皆準的操作型定義是相當困難的，因為這項定義涉及到許多的面向，因此一致性的定義並不容易出現，這些不同的思考面向像是：問題發生的原因、如何操作化、定義在管理上的意義、企業的規

模、生產產品的類型、獲利能力和資源、公司對社會與利害關係人的影響等等。基於上述不同面向的考量，公司所需履行的社會責任當然也會有所差異。

可能有人會問：為什麼會是這種情況呢？難道就沒有一些共同的事項是所有企業都必須負責的嗎？答案是有的，而且這些必須共同遵守的社會責任都已經透過法令條文等社會契約來加以規範了。值得一提的是：規範公司社會責任遠比要求企業「守法」還要複雜（雖然遵守法律也不是那麼的簡單）。因為企業的社會責任除了要求守法之外，還有許多更複雜的變項（企業規模、生產的產品類別、所影響的利害關係人等等）需要深入考量。

第二個定義特別值得注意。Davis 與 Blomstrom 對公司社會責任提出以下的定義：

社會責任是決策者在思考本身利益的同時，也有義務採取行動以保護和改善社會福利。

這項定義對於社會責任提出兩個正面的思考方向──保護和改善。保護社會福利意指要避免對社會產生消極的影響，改善社會福利則意味著為社會創造更多的利益。如同公司社會責任的第一個定義，第二個定義中的一些措辭或多或少也都具有模糊的特質。例如這兩個定義中的一些用詞，如：認真嚴肅、思考、保護、改善和福利（社會的）。對於管理者而言，這些字眼很容易流於「各自表述」而曲解了原意。這並不是要對兩個不錯的定義吹毛求疵，主要的目的是希望企業人士或其他人在實踐公司社會責任的概念時，能夠精準的掌握原意而不至於扭曲。

第三個定義是由 McGuire 所提出的，也相當的淺顯易懂。但是與前面兩個定義不同，這個定義是整合經濟和法律的目標來定義社會責任。McGuire 認為：

社會責任的思想主張公司不僅具有經濟和法律方面的義務，在這些義務以外，還應該承擔其它的社會責任。

這一項敘述之所以會相當具有吸引力，主要是因為它兼顧了經濟目標與法令義務，同時也將企業社會責任的概念廣義化了。

第四個定義由 Epstein 所提出，該定義把公司社會責任、利害關係人和倫理結合起來。Epstein 認為：

公司社會責任主要與達成某種結果的組織決策（有一定規範性的）有關，組織決策所造成的結果應該對利益關係人是有利的，而不是有害的。公司社會責任主要關切企業決策所造成的結果之規範性與正確性。

Epstein的定義是相當有用的，因為它關注結果、產品或是公司行動對利害關係人所造成的影響，而上述的議題在其它定義中只是隱約提及。最近幾十年來，公司社會責任的概念有愈來愈多不同的觀點被提出，形成百家爭鳴的現況。

2.1.4 公司社會責任定義中四個重要的部分

前面提到關於公司社會責任的定義都相當具有參考價值。以下將深入探討Carroll提出公司社會責任的定義。該定義涵括了四個重要的部份，這樣的分類有助於改善爭執已久的公司社會責任分類的問題。當然，關注可能引起爭議的公司社會責任類型。Carroll的定義有助於我們瞭解公司社會責任是由哪些方面組成的：

公司社會責任意指某一個特定時期，社會對組織經濟、法律、倫理以及無條件付出（慈善）的期望。

Carroll提出公司社會責任定義中四個重要的部分，主要是想把社會最關注的兩個基本倫理期望：經濟與法律責任，與倫理責任和慈善（自願/無條件付出）責任結合起來。

1.經濟責任

首先，企業需承擔經濟責任（economic responsibility）。把經濟責任視為社會責任看起來有點不可思議，但是，實際上就是如此。美國社會規定企業是一個經濟機構。也就是說，企業應該是一個以生產或提供社會需要的商品與服務為目標，並且能夠以公平的價格進行銷售的機構。公平的價格指的是社會認為企業所制訂的價格確實能夠反映出商品和服務的真正價值，並且能夠回應企業足夠的利潤，以確保企業能夠持續的存在和發展，當然回饋投資大眾也是一個相當重要的任務。當我們深入探討何謂經濟責任時，企業常常會以管理的概念或是財務效益來進行說明，例如：收入、成本、策略性決策以及組織長期財務績效極大化等等概念。在2000年中期時，企業面臨超競爭的環境，這也使得經境責任日益受到重視，然而，僅有經濟責任顯然還是不夠的。

2. 法律責任

其次，則是所謂企業的法律責任（legal responsibility）。既然社會已經允許企業必須負起之前提到的生產者的角色，並履行相關的社會契約，那麼社會就會相對應的制訂一些基本規則——法律，同時希望企業在法律的規定內發展相關的商業活動。法律責任反映出社會的「條文式倫理」，這也體現出立法者對於公平進行企業活動的基本看法。因此，遵守法律是企業基本的社會責任，假如企業不認同這些已經通過或正準備通過的法律，則他們可以藉由政治程序這項機制來表達自己的意見與看法。過去的30多年，在我們的社會中，有許多的法律和法規其主要目的在控制企業的行為。之後的章節我們會更詳盡的探討企業與社會之間的關係。

當我們談論到法律責任的內容時，必須注意：法律責任無法涵蓋社會對企業的所有期望。雖然法律存在，但仍存在力有未逮之處，其原因有三：其一，法律無法應付企業所面臨的所有話題、狀況或問題，例如：企業網際網路、電子商務、基因工程食品等新的話題不斷湧現；其二，法律的制訂往往與新行為或新觀念有時間落差，例如：當新技術出現而且可以針對環境污染進行更精確的衡量時，依據舊技術測量出來的結果所制訂的法律就顯得不合時宜；其三，法律是由立法者所制訂的，有時候，法律制訂會受到立法者本身利益、動機或是政治立場所影響，此時適當的倫理判斷就有可能產生偏頗與扭曲。一位哲人曾說過：「永遠不要去看香腸或法律是如何製作而成的」。因為，這兩個場景都沒什麼看頭。雖然立法的精神總是聚焦在「什麼才是對的」。但是政治力的介入或是影響將會使得這種精神產生變化。

3. 倫理責任

法律是重要的，但是永遠不夠用。倫理責任（ethical responsibility）包括：社會大眾所期望、禁止、尚未形成法律條文的相關活動與做法。倫理責任反映出消費者、員工、股東與社區所認同的公平、正義的規範、標準以及期望，當然，同時也必須能夠尊重並保護利害關係人的精神權利，上述內容都屬於倫理責任的範疇。

在某種意義上來說，倫理規範或價值觀的改變會發生在制訂法律之前。因為這些規範與價值觀有可能是造就某些法律與管制的驅力。舉例來說：公民權、環境保護和消費者運動都反映了當時社會價值觀的變化，而這些變化也造就了之後的法規制訂與管制行動。換句話說，儘管倫理責任可能反映出

比時下法律所要求還要高的行為規範與準則。因此，倫理責任往往不容易界定，而且其合法性必須接受社會大眾不斷的檢視，當然其中也存在著許多的爭議，所以，要求企業認同倫理責任就不是那麼容易的事了。不管如何，企業應該迅速的回應倫理實務上不斷推陳出新的新觀念。

由於社會大眾以及利害相關人對倫理有較高的期望，因此一般的倫理原則以及道德哲學（例如：正義、權利和功利主義）將無法滿足他們的要求，也因此他們對於倫理績效的要求將會較高。

由於倫理責任相當重要，因此本書的第三篇（包括四章的內容）將針對此議題進行深入的討論。目前我們只能把倫理責任視為是社會需要的某些道德觀點或是原則性的表現，而這些觀點和表現還無法說明得很清楚，而且也尚未納入法律條文中。

倫理的實踐

覺得「舊了」

當年上大學的時候，我在一家舊書店工作了幾年的時間。我們賣的書多數是從學生、個人、舊書批發商那裡買進的舊書。當我把書往架上擺的時候，我可能碰上一些印有「教師用書」、「樣書－非賣品」字眼的書。我問老闆這些都是些什麼書。他告訴我那是一些免費提供給老師的書，既然我們從其他人那裡購得這些書，那麼我們賣這些書就是完全合法的。我覺得他所說的也頗有道理，當然也滿足了我的好奇心。

之後不久的某一天，我的老闆給我一捆這樣的樣書，告訴我說，拿上彩色的色紙，把「樣書」等字眼覆蓋掉。我問為什麼要這麼做，老闆告訴我說，雖然我們能合法的賣這些書，而且這些書的內容與正式出版的書完全一樣，但是那些字眼有時候會使顧客失去購買這些書的興趣。我接著問道，教師用的書被認為是不可以賣的書，我們是怎麼得到的呢？

他告訴我，出版公司免費送給教授們這些書，讓他們讀一讀，做一下評論，是希望他們能作為教材使用。教授們把他們的樣書賣給我們或某家舊書批發商，我們就可得到這些書。大學校園裡有很多人自稱為「購書人」。這些購書人在校園裡到處遊蕩，從教授手中買到書後就轉手賣給舊書批發商。我的老闆還表明，既然內容是一樣的，我們就不會去考慮它們是否為正式出版品的事了。此外，我們賣的書的定價與正式出版書的定價是一樣的。

(1)對一家購入並出售這些贈書的書店而言，這是不是一種符合社會責任的做法？

(2)書店隱瞞那些書為教師用書或樣書這樣的事實，是否合乎倫理？

(3)自己從不需要卻在大學校園內到處遊蕩，並從教授們手中買到贈書，這類購書人的所作所為是否合乎倫理？

(4)教授們把別人給他們的贈閱本賣掉，這樣的做法合乎倫理嗎？

4.慈善責任

第四類是企業自願/無條件付出或是慈善責任（philanthropic responsibility）。企業自願、無條件付出以及慈善活動與行為之所以會被視為責任，主要是因為這些概念反映了社會大眾對企業的新期望。這些活動都是自願性的、非強制性的、非法律要求的，也不僅僅是企業對倫理的期望。不過，社會確實期望企業多行善，慈善從而成了企業與社會之間契約關係中的重要構成因素。這樣的活動像是：企業捐款、贈送產品與服務、義務工作、與當地政府和其它組織的合作以及企業與員工自願參與社區或其他利害關係人的活動。公司履行慈善責任的例子很多，例如：

- 速食餐廳Click-fil-A自1985年以來舉辦了許多的夏令營，截至目前為止已經超過21,000個孩童參與過這項活動，而且該公司也提供優厚的獎學金，目前已經超過16,500個學生受惠了。
- 藥物界巨擘Merck公司強力支持紐澤西州羅韋市的科學教育活動。
- IBM對全美國各地學校贈送電腦，並免費提供電腦的培訓。
- UPS 提供一個為期兩年的「自願者出發行動」方案，並撥款200萬美元，以協助非營利組織開發創新的方法來招聘、培訓和管理志工。
- Agilent Technologies相當支持員工從事慈善行為，其作法是：從事社區服務工作每個月4小時以上的員工，公司都會給予一定的補助。公司員工可以透過公司的資料庫，找尋從事社區志工工作的機會。
- 成千上萬的公司把錢、服務和義務工作時間捐給教育事業、年輕人、衛生保健組織、藝術和文化事業、週遭環境的改善、少數群體相關的事務以及殘障人士的協助等等。

倫理責任與慈善責任是有區別的，後者一般不是道德或倫理上的要求。通常社區總是期望企業針對人道主義的目的或精神，奉獻金錢、設備以及員工的時間。然而，如果企業無法在這些方面滿足社區的話，也不至於會被認為缺之倫理精神。雖然社會總是期望企業負起慈善責任，但總體看來，這類責任是由企業自由決定要不要額外承擔的。也因此，善盡慈善責任通常會被稱之為好的「企業公民」。

一般來說，公司社會責任的定義其實涵蓋了經濟、法律、倫理和慈善四個方面的責任。公司社會責任是指某一段時間內社會對組織在經濟、法律、倫理和慈善方面所寄予的期望，圖表2-2提供了清楚而簡要的說明。換言之，企業對於上述四項期望是應該善盡責任，而上述的定義更使我們明確的

瞭解到企業的期望往往是多樣化的。企業總體的社會責任是由這四類具體而且不可或缺的責任所組成的，我們也因此更深刻的瞭解到社會寄予企業期望的重要內涵。對於那些普遍認定公司社會責任就是經濟責任的人而言，這一項定義有助於消除他們認知上的偏誤。

圖表2-2 瞭解公司社會責任四個重要部分的定義

責任類別	社會期望	案例
經濟的	社會對企業的要求	獲利、盡可能擴大銷售、盡可能降低成本、制訂正確的決策、關注股息政策的合理性。
法律的	社會對企業的要求	遵守所有的法律、法規，包括環境保護法、消費者權益法、員工保護法以及沙賓法案。遵守所有的契約合同，重視授權以及各項保證。
倫理的	社會對企業的期望	避免各種問題的發生，對於法律的實質精神和字面條文做出回應，並認知到法律能夠左右企業行為。做正確、公平和正義的事，發展領導倫理。
慈善的	社會對企業的要求/期望	成為一個好的企業公民對外捐助，支援社區教育、支持健康/人文關懷、文化與藝術。針對城市建設的發展提供協助，幫助社區改善公共環境，而且自願為社區服務。

5.公司社會責任金字塔

Carroll的公司社會責任的定義可以用一個四層次的金字塔圖來加以說明。公司社會責任金字塔如圖表2-3所示。

該金字塔圖描繪了公司社會責任的四個層次。經濟責任是基本責任，位於金字塔的底部。同時，企業也應該遵守法律。法律是社會大眾對於是、非、對、錯行為相關法規的集成。再上一層就是企業倫理責任這一個層次。這一個層次主要在探討企業有義務去做那些正確、正義、公平的事，以及如何避免對利害關係人（員工、消費者、環境等）造成負面的損害。金字塔的最上層，則是探討企業如何成為好的企業公民，這也就是期望企業自願/無條件付出履行慈善責任，改善社區的生活品質，以及無私的奉獻財務資源和人力資源。

圖表2-3　公司社會責任金字塔

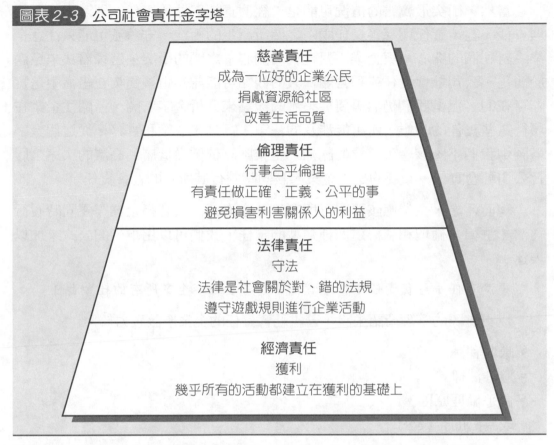

慈善責任
成為一位好的企業公民
捐獻資源給社區
改善生活品質

倫理責任
行事合乎倫理
有責任做正確、正義、公平的事
避免損害利害關係人的利益

法律責任
守法
法律是社會關於對、錯的法規
遵守遊戲規則進行企業活動

經濟責任
獲利
幾乎所有的活動都建立在獲利的基礎上

資料來源：Archi B. Carroll, "The Pyramid of Corporate Social Responsibility:Toward the Moral Management of Organizational Stakeholders," *Business Horizons* (July-August 1991), 42. Copyright© 1991 by the Foundation for the School of Business at Indiana University, 獲得授權。

　　沒有一種象徵是完美的，公司社會責任金字塔圖當然也不例外。金字塔圖只能說明企業的社會責任是由一些具體的責任所組成，把這些不同類別的責任整合在一起，就是企業的總體社會責任。為了討論方便起見，我們將公司社會責任的組成要素加以細分，並且將這些概念視為獨立。實際上，每一項責任之間並非完全獨立，經濟責任與其它責任也不是並列的關係。然而，公司社會責任的細分可能有助於管理者認識到不同類別責任之間所存在的持續性與動態性衝突。

當然，衝突最厲害的情況可能是：經濟責任與法律責任、經濟責任與倫理責任、經濟責任與慈善責任兩兩之間所產生的衝突。守舊派可能只注意企業「對利潤的關心」與企業「對社會的關心」之間的衝突，這種看法未免過於簡化。公司社會責任或利害關係人的觀點可能認為這些衝突在組織中是實際存在的，但是我們仍然需要從整體的觀點來分析金字塔圖，並關注企業在履行這些責任的時候，所可能涉及的決策、行動、政策和實務。從這個金字塔圖中我們不應該產生這樣的認知：企業應該依循從低層到高層的次序來履行公司社會責任。重要的是：企業應該同時履行其所有的社會責任。

總而言之，企業應該要履行所有的社會責任，這意指企業需要同時履行經濟、法律、倫理和慈善這四種類型的責任。我們可以用下列的公式來加以表達：

經濟責任＋法律責任＋倫理責任＋慈善責任＝企業所有的社會責任

以更實際的管理術語來說，善盡社會責任的企業應該致力於：

- 賺取利潤。
- 遵守法律。
- 合乎倫理原則。
- 成為好的企業公民。

需要特別指出的是，Carroll公司社會責任定義和公司社會責任的金字塔圖相當於利害關係人模式。在這個模式中，每一類責任對應著不同的利害關係人。經濟責任對企業所有人和員工影響最大（這是因為如果企業的財務營收不佳，企業所有人和員工的利益將直接受損）。對於企業所有人而言，法律責任肯定是最重要的。在當今社會中，對企業構成訴訟威脅的主要來源是來自於員工和消費者等利害關係人。倫理責任影響所有的利害關係人。但是，如果我們仔細分析現今企業所面對的倫理問題，就不難看出與消費者和員工的慈善行為對其員工的士氣扮演著重要的角色。圖表2-4提出一個以利害關係人觀點來探討公司社會責任的分析表，而且還列出不同利害關係人對社會責任的排序與看法。表格中的數據都是實證的結果僅供參考，如果研究者提出更多的利害關係人，則排序可能將會有所差異。

圖表2-4 以利害關係人的角度來分析公司社會責任

企業社會責任的構成要素	所打交道和受影響的利害關係人群體				
	所有人	消費者	員工	社區	其他利害關係人
經濟責任	1	4	2	3	5
法律責任	3	2	1	4	5
倫理責任	3	1	2	4	5
慈善責任	3	4	2	1	5

注：表格中的數字代表利害關係人對公司社會責任重視的優先次序，這樣的優先次序您同意嗎？試討論之。

在本書第二部分與第三部分的相關章節中，將深入探討與企業有關的社會議題。在這些討論之中，我們將瞭解Carroll公司社會責任模式，對於分析公司社會責任相關的議題提供了一個很好的分析架構。企業與社會之間契約關係究竟如何確立，主要取決於企業與社會雙方對於Carroll公司社會責任模式中的每一類責任能否達成共識，以及達成什麼樣的共識。然而，就現代的企業而言，能否善盡倫理責任和慈善責任似乎更為社會大眾所關注。當然，經濟責任和法律責任是最基本的倫理，我們必須充分的重視。

2.2 反對和支持公司社會責任觀點之爭

為了正確認識公司社會責任，我們必須對過去提出反對和支持意見的論點進行分析。然而，在開始分析之前應該先提出以下的說明：那些反對公司社會責任的人，在他們的思考邏輯中並沒有考慮到我們之前所提出的公司社會責任定義和模型。相反地，這些反對者在外人看來，對公司社會責任問題的思考視野較為狹窄，只注意到企業為達成社會、非經濟/不關法律的（用我們的話來說，就是慈善社會責任）目標所做的努力。因此，仍然有一些評論家只認定公司社會責任就是企業的慈善責任。特別要說明的是，現在只有很少的企業界人士和學者繼續反對公司社會責任的基本觀點。企業人士之間現在爭議的議題大都集中在公司社會責任的類別、責任大小以及棘手的倫理問題，而不是專注在探討企業是否應該對社會負責這種基本的問題上。在學者

當中，經濟學家和金融學家最有可能被認為是反對企業追求社會目標的群體。然而，他們之中有許多的學者已經不再以經濟學理論來否定公司社會責任了。

2.2.1　反對公司社會責任的觀點

首先，讓我們探討過去反對公司社會責任學派的思想與看法。其中最引人注目的是古典經濟學派的觀點。這個傳統的觀點認為，管理當局有使自己企業所有人或股東利潤極大化的責任。這一個傳統經濟學派的領導人物是Milton Friedman，他主張社會問題不是企業人士所要關注的，而應該由自由市場體系中自由的市場機制來解決。這個觀點認為自由市場如果不能解決社會問題，就應該由政府和立法機關來加以處理。Friedman表達他的觀點認為：「管理就是要盡量賺更多的錢，但是要遵守社會規則，這兩者都體現在法律條文中和倫理慣例中」。從Friedman的表述中可以看出，他接受Carroll有關公司社會責任定義中的三類社會責任──經濟責任、法律責任和倫理責任。但是他的敘述中並沒有提及自願或慈善這一類的社會責任。一般來說，以經濟的觀點來說明公司社會責任，其內涵有可能比我們所熟知的公司社會責任模式還要狹窄。

反對公司社會責任的第二個主要觀點是，企業的存在並不是為了處理社會活動的問題。這個觀點認為管理者的工作是以財務和營運為主要目標，他們沒有必要具備過多的「社會技能」（針對社會問題進行決策）。在某些時候，這樣說可能是有道理的，但是如果以現代管理者的角度來剖析似乎就不太具有說服力。不贊同公司社會責任的第三個主要觀點與第二個觀點緊密相關：假如管理者打算確實地履行社會責任，就有可能忽略了企業經營的主要目標。這個反對意見想表達這樣的意思：「履行公司社會責任，可能造成企業將主要的力量運用在與『正確的目標』不相干的議題上」。

第四個反對公司社會責任的觀點是：「企業在經濟、環境和技術方面已經有足夠大的影響力。那麼，我們為什麼還要給它更多的權力呢？」我們得承認，現今的企業的確擁有這種社會權力。一旦接受這種觀點，企業就有可能忽視了對公眾有益的活動。

另一個值得一提的觀點是：如果鼓勵企業承擔社會責任，就有可能削弱了企業的國際競爭力。因為企業在承擔了社會責任之後，它們必須把原本可轉嫁給社會的成本吸收掉（這些成本像是：空氣污染、不安全產品、歧

視）。相對之下，產品的成本提高，價格必然也較高，而產品在國際市場上的相對競爭優勢也就降低了。當然，這也可能造成原本借助技術進步所取得的國際優勢因而喪失。社會責任不單被美國的企業所關注，這項議題正迅速成為全球性關注的議題，從這項趨勢看來，反對公司社會責任的觀點似乎說服力已經沒那麼強了。

從以上反對公司社會責任主張的觀點來看，起初人們對公司社會責任的概念是較為狹窄的。其中許多論點從表面上來看頗有道理，但可能無法經得起推論或是檢驗。有時候社會大眾價值之所趨，就會成為社會責任議題發展的方向。然而，上述的某些反對意見，在某些時候還是具有正確性的，至今仍然發揮著重要的影響力。

2.2.2　支持公司社會責任的觀點

許多管理者都支持以下兩種看法：(1)工業社會面臨著嚴肅的人性與社會的問題，而這些問題大都源自於大公司不斷的產生所致；(2)管理者在執行公司所有的事務時要能夠解決或至少舒緩這些問題。履行公司社會責任的理由是相當充分的。實際上，企業為了自身的長期利益本來就應該向社會負責。有兩點特別要提出來說明，首先，今天社會出現的許多問題與企業本身的所作所為脫離不了關係；其次，企業應該在解決這些問題的過程中發揮本身的作用。Thomas Petit這位學者的觀點使我們對公司社會責任有更進一步的瞭解。從Thomas Petit的觀點可以得知，假如企業打算在未來追求生存和發展，就有責任遏止社會倫理道德的惡化。

上述這項著眼於長期自我利益的觀點認為假如企業打算將來生存在一個健全的環境當中，現在就必須採取具有可行性的長期行動。這個觀點所採取的邏輯是：「假如企業不去回應社會對自己的期望，則企業在社會中的角色將會被社會大眾所取代。例如：政府可能出面干預、其它的商品生產、服務與配銷系統將會取而代之」。

對於偏好短期目標取向的管理者而言，我們將無法瞭解他們在經濟與社會系統中所扮演的角色，因為他們有許多的權利和功能都是直接由社會來決定的。不論企業管理者是採取長期導向或是短期導向的觀點，企業都應該想辦法回應社會的長期性期望。

企業為什麼要對社會負責，最實際的理由是：要避開將來可能出現的政府干預和管制。今天，政府花費了高昂的成本、煞費心思成立了管理的機構，主要是要推動企業採取社會責任的相關行動，政府以此種方式介入其領域不勝枚舉。企業所制訂的政策中必須包含自律的規範和方針，如此就不會出現那麼多的政府干預，而且企業在決策上將會擁有較大的自由度。基於以上的理由，企業就應該主動制訂一些高標準的行為規範，關於這一點，下文還會進行詳細的分析與討論。

另外，也有支持公司社會責任觀點的學者提到「企業擁有資源」、「讓企業去做吧」這兩個觀點與主張，由於企業擁有管理才能、職能專長和資本，有時候許多其它不同類型的組織並沒有能力解決社會上不斷發生的問題。因此，企業應該適時的協助其它組織解決相關的社會問題。有一些社會問題，例如：工作場所的公平性、提供安全的產品、合理合法地製作廣告，這些都適合企業來解決。所以，上述的兩個觀點具有一定的價值。基本上，政府在解決這些社會問題上扮演著相當重要的作用，但是，最後還是要透過企業來決定如何處理與執行。

另一個支持公司社會責任的觀點是「主動尋求改變比被動反應好」。這個觀點認為，企業總是在事態嚴重之後才動手解決，企業應該選擇主動尋求改變（預測並著手處理），而且現代企業面臨變化快速的環境，它們也不得不採取預應式的觀點。從長遠來看，治理環境的最明智辦法，首先是阻止環境的惡化。最後一個贊同公司社會責任觀點是社會大眾支持企業對社會負責任。2000年，《商業週刊》上刊載的哈里斯民意調查報告顯示，95%的社會大眾認為公司不應該只關注股東的利益，還應該對自己的員工、所在社區負責，為了善待所有的利害關係人，公司甚至要奉獻某些利潤，來回饋相關的利害關係人。圖表2-5說明了企業為何要善盡社會責任的理由。

2.2.3　千禧年公司社會責任的民意調查

當我們仰望千禧年的第一個十年時，或許可以先深入瞭解有關公司社會責任的民意調查結果。這個有代表性的調查是由Environics, International、Prince of Wales Business Leaders Forum以及Conference Board所發起的，受訪者人數高達1,000人，樣本分布在六大洲共計二十三個國家，內容揭示了世界公民對公司社會責任重要性的看法。以下是受訪者對21世紀大企業的期望，這只是調查報告中的部分內容。

圖表2-5 落實公司社會責任的企業個案

成為最善盡社會責任企業的十大理由

理由	受訪者同意的比率
提高聲望	90％
競爭優勢	75％
節省成本	73％
產業趨勢	62％
執行長以及董事會的承諾	58％
顧客需求	57％
企業社會責任投資（SRI）的需求	42％
頂線（top-line）的成長	37％
股東的需求	20％
資金的取得	12％

社會責任的益處

公司如果善盡社會責任將會獲得什麼好處？（請任選最重要的三者）

較好的公眾形象與聲望	75％
較佳的顧客忠程度	51％
較具生產力的勞動力	37％
較少的管制或是法令問題	37％
在市場長期生存的能力	36％
為了社區更好或是更健全	34％
增加收益	6％
較低的資金成本	2％
獲利	2％
更容易進軍國外市場	2％

資料來源：十大理由：PricewaterhouseCoopers 2002 *Sustainability Survey Report*, reported in "Corporate America's Social Conscience," *Fortune*(May 26, 2003), S8. ©PricewaterhouseCoopers LLP.

社會責任的益處：The Aspen Institute, Business and Society Program, "Where Will They Lead? 2003 MBA Student Attitudes About Business & Society" (May 2003), http://www.aspenbsp.org.

21世紀的企業責任

在21世紀裡，人們希望大企業能做到下列這些事情：

- 透過行動表明他們是信奉社會價值觀的，並願意在人文、環境和經濟方面對社會做出貢獻。
- 努力使得社會不再遭受公司營運活動、產品以及服務的負面影響。
- 與包括股東在內的主要利害關係人共享公司活動所帶來的利益。
- 企業能夠透過做正確的事（有些時候是透過企業策略的再造），去賺取更多的錢。公司能夠「以正確的方法，做正確的事」，可以使得利害關係人確信企業的行事作風。

調查研究結果顯示公司社會責任早就已經是全球人民對企業的期盼了，當然企業也必須提出策略性的回應。倫理規範和公司社會責任早已經成為企業的核心價值了，當然這必須落實在許多面向的執行，才有可能成功。

2.3 企業社會回應

在上文中，我們討論了公司社會責任的由來、社會責任的模型以及一些反對和支持社會責任的觀點。現在我們需要對「結合責任與回應的概念——企業社會回應」進行探討。「企業社會回應」（corporate social responsiveness）是關於公司社會責任的另一種表達用語，其概念主要是指行動導向的公司社會責任。

在過去的幾十年中，有一個常見而又廣為大眾所討論的觀點。該論點認為，責任一詞會讓人聯想到「責任」或是「義務」。因此，用它來描述企業回應社會需求的意願和活動（義務除外）是不夠全面與透徹的。Ackerman和Bauer曾經對「公司社會責任」一詞提出以下的評論：「責任的內在涵義是坦承義務的過程」。他所強調的是動機而不是行為。他們又說道：「為了回應社會的需求常常會決定企業的實際作為」。當然，企業決定實際的作為之後，接下來就會形成管理任務。他們認為「社會回應」基本上就是社會活動舞台的一個重要元素。

他們所提出的觀點相當受到肯定，而且難能可貴的是他們首先提出了這個觀點。從字面上來看，責任確實意味著承擔一些義務，回應則意味著動態、目標導向的行動。然而，我們也不應該忽視，企業過去所做的以及現在正在做的多是出於承擔義務的動機，義務可能是政府指派的，也可能是企業

自願承擔的。在某些情況下，企業不能接受某種義務或獨立依靠自己的力量承擔某項義務，因此把義務稱為責任看起來有點不可思議。不管怎麼說，引起社會回應的動機是存在的，在某些情況下，這並不是導致承擔責任或義務的動機。圖表2-6總結了其他專家對於企業社會回應的觀點。

　　從以上許多有關社會回應的觀點可知，企業的社會回應應該具體落實在行動的階段，也就是透過具體的管理作為來回應社會。從某種意義來說，確認企業社會回應的目標，組織就不會被複雜的社會責任定義所混淆，當然企業就更能夠合理地解釋並履行自己的社會責任。組織在採取任何行動之前，應該充分瞭解有哪些責任是應該真正履行的。

　　有人曾經針對加拿大和芬蘭的一些林業進行企業社會回應相關的研究。研究結論顯示：企業社會回應是分階段來進行的，管理者傾向回應最有影響力的利害關係人。而該研究也顯示：社會回應是一個過程，利害關係人的權力以及責任的意識，都會影響社會回應的歷程。

圖表2-6　企業社會回應的各種觀點

▶▶ Sethi的三階段說

　　Sethi的三階段說將公司行為區分為三類：社會義務、社會責任、社會回應。社會回應認為公司最重要的行動應該是「預防」，三階段說所關心的是：長期來看，企業在一個動態的社會系統中究竟扮演著何種角色。

▶▶ Frederick的CSR_1、CSR_2、CSR_3

　　CSR_1意指傳統的公司社會責任，CSR_2則強調企業社會回應，它意指公司回應社會壓力的能力，它包含實際的回應行為以達成對社會應有的交代，企業回應社會的壓力有許多不同的機制、程序、模式，CSR_3則強調社會的公正，主要焦點在探討公司所採取的政策與行動是否符合倫理的準則。

▶▶ Epstein的歷程觀點

　　回應是公司社會責任與政策歷程的一環，這一項理論主要在強調社會回應的歷程觀點。這項歷程觀點同時重視個人與組織的歷程。當內外部利害關係人提出多元而差異的問題與期望時，公司必須有能力回應、預應與管理這些議題。

資料來源：S. Prakash Sethi, "Dimensions of Corporate Social Performance: An Analytical Framework," *California Management Review* (Spring 1975), 58-64; William C. Frederick, "From CSR_1 to CSR_2: The Maturing of Business-and-Society Thought," Working Paper No. 279 (Graduate School of Business, University of Pittsburgh, 1978). See also William Frederick, *Business and Society* (Vol. 33, No. 2, August 1994), 150-164; and Edwin M. Epstein, "The Corporate Social Policy Process: Beyond Business Ethics, Corporate Social Responsibility and Corporate Social Responsiveness," *California Management Review* (Vol. XXIX, No. 3, 1987), 104.

2.4 企業社會表現

在過去幾十年裡，社會問題、倫理問題愈來愈受到重視。我們剛剛討論過的企業社會回應就是這個趨勢的一部分。人們所關心的某些社會問題、倫理問題也可以切入對企業社會表現（corporate social performance，CSP）的思考邏輯中。企業社會表現特別關注企業所要落實的目標，而這裡所謂的目標則是指他們對社會責任接受的程度，以及回應外部環境所採用的政策與哲學。當我們發展企業社會表現（CSP）的概念性架構時，除了必須說明公司社會責任的本質（經濟責任、法律責任、倫理責任和慈善責任）之外，也應該定義特別的回應哲學、類型、模式或策略。最後，我們還必須關注所有利害關係人的相關議題以及對利害關係人的責任問題。關於利害關係人的相關問題是如何逐漸形成的，現在似乎沒有必要深入分析與探討。人們現在重視的是那些不斷變化，特別是有關組織利益、涉及社會責任的利害關係人的相關問題。隨著時間的發展，企業必須應付的社會問題範圍也會隨之擴大或是產生變化。關於這方面的探討，我們在第八章中將會有更詳細的論述。

2.4.1 Carroll的企業社會表現模型

圖表2-7列出Carroll的企業社會表現模型，它把我們已經討論過的三個主要構面（公司社會責任、企業社會回應和利害關係人問題）整合起來。

(1) 社會責任類別：經濟責任、法律責任、倫理責任和慈善責任。
(2) 社會回應的哲學（或模型）：例如反映、防禦、適應和主動應變。
(3) 相關的社會（或利害關係人）問題：消費者主義、環境、歧視等。

這個模式所定義的第一個構面是關於公司社會責任的內涵，包括：經濟、法律、倫理和慈善這四個方面的責任；第二個構面則是一個關於社會回應的連續帶。雖然有一些作者認為當人們考慮社會責任的時候，可能更關注這一個連續帶，但是圖表2-7的模型主張，要達成優良的企業社會表現，社會回應則是額外加入的面向；第三個構面則探討社會或利害關係人的議題（例如：消費者主義、環境、生產安全以及歧視等問題）。

圖表 2-7　Carroll的企業社會表現模型

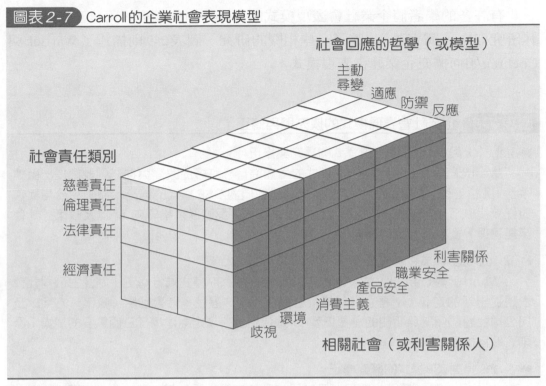

資料來源：Archie B. Carroll, "A Three-Dimensional Conceptual Model of Corporate Social Performance," *Academy of Management Review* (Vol.4, No.4,1979), 503. Reproduced with permission.

　　企業社會表現模型對於學術界和管理者都有一定的用處。對學術界而言，該模型可以作為概念分析的工具，有助於他們區分現有文獻中各種公司社會責任的概念。前文介紹了許多有關公司社會責任的不同定義，本書將它們整合為企業社會表現的三個構面。可以說，該模型對學者的主要用處是協助他們瞭解公司社會責任並進行歸納。該模型不是什麼權威的理論，但是對於想要瞭解企業社會表現核心概念與內涵的人而言，這是一個不可或缺的重要模式。

　　這一個概念性模式有助於管理者形成以下的認知：社會責任與經濟績效是密不可分的。這一個概念模型將經濟因素整合到社會表現的分析架構中。另外，它把倫理和慈善面的期望融入合理的經濟準則和法律規範當中。該模型可以協助管理者系統性地思考重要利害關係人的問題。雖然它並沒有告訴企業應該如何具體的實踐，但是卻提供了一個管理社會表現的思想與概念。該模型還可以作為規劃、診斷和解決問題的工具，同時也有助於管理者確認與組織具體相關的社會責任類型。

　　有許多的學者將企業社會表現模式的內涵不斷的擴充、再修正或是修正其研究取向，圖表2-8彙整了一些相關的研究，圖表2-9則描述了Wartick與Cochran如何擴充企業社會表現模式。

圖表2-8 企業社會表現模式的擴充與再修正

▶▶Wartick與Cochran對CSP模式的擴充與修正

　　Wartick與Cochran對CSP模式的內涵進行了許多的改變與擴充，他們提出所謂「社會議題管理」的構面，以下三個構面是他們對CSP模式的擴充：原則（公司社會責任，反映了哲學導向）、歷程（公司社會回應，反映了機構導向），以及政策（社會議題管理，反映了組織的導向）。

▶▶Wood對CSP模式的擴充與修正

　　Wood針對Carroll、Wartick與Cochran的CSP模式進行修正，她針對公司社會表現提出新的定義：「是企業組織社會責任原則、歷程、社會回應、政策、方案以及與公司社會關係結果相關的一種構型」，她運用這一項定義建構了三個重要的要素：原則、歷程以及結果。

▶▶Swanson對CSP模式的擴充修正

　　Swanson基於原則、歷程以及結果的動態本質，重新修正了Wood的模式。這一個模式植基於公司文化的概念，將企業社會表現模式與高階主管個人的價值觀及倫理觀結合。她認為高階經理人的道德觀高度的影響了環境評估決策、利害關係人管理、議題管理、員工管理的政策與方案。換言之，組織可以透過「節約」（相同的產出較少的投入）與「重視生態」（與社區協調）來影響社會。

資料來源：Steven L. Wartick and Philip L. Cochran, "The Evolution of the Corporate Social Performance Model," *Academy of Management Review* (Vol. 10, 1985), 765-766; Donna J. Wood, "Corporate Social Performance Revisited," *Academy of Management Review* (October 1991), 691-718; D. L. Swanson, "Addressing a Theoretical Problem by Reorienting the Corporate Social Performance Model, " *Academy of Management Review* (Vol. 20 No. 1, 1995), 43-64. Swanson, D. L. "Toward an Integrative Theory of Business and Society: A Research Strategy for Corporate Social Performance," *Academy of Management Review* (Vol. 24 No. 3, 1999), 596-621.

圖表2-9　Wartick、Cochran對企業社會表現內涵的擴充

原則	歷程	政策
企業社會責任	企業社會回應	社會議題管理
(1)經濟責任	(1)回應	(1)問題確認
(2)法律責任	(2)防禦	(2)問題分析
(3)倫理責任	(3)適應	(3)擬定回應對策
(4)慈善責任	(4)主動尋變	
針對	針對	針對
(1)企業的社會契約	(1)對於變化的環境予以回應	(1)避免產生意外
(2)以企業作為道德的載體	(2)擬定回應策略的管理方法	(2)擬定有效的公司社會政策
哲學導向	機構導向	組織導向

資料來源：Steven L. Wartick and Philip L. Cochran, "The Evolution of the Corporate Social Performance Model," *Academy of Management Review* (Vol. 10, 1985), 767.

2.5 企業公民

最近幾年，企業界人士和學術界都同樣以「企業公民」（corporate citizenship）這一個術語來說明公司社會責任。但是，企業公民的意義究竟為何？它與之前討論的公司社會責任、企業社會回應和企業社會表現這三個概念有什麼區別？如果我們仔細對企業公民的概念進行分析，我們就可以知道它是一個頗為有用而且能夠引人注意的術語，除非作者試圖賦予某些較為特殊、狹義的意義，否則企業公民與上述三個概念在實質的意義上並無不同。如果有人將企業看作是所在國家的公民，則企業公民意味著這些組織如果是好的企業公民，它們必須履行一定的社會責任。Altman和Vidaver-Cohen就曾說過：「企業公民並不是一個新的概念，但是現在是進行討論的好時機」。

1.廣義的觀點

企業公民被某些人描述為廣義、涵蓋面廣的用語，公司社會責任、企業社會回應以及企業社會表現都包含在企業公民的概念之中。例如：Graves、Waddock與Kelly就把好的企業公民定義為：「盡心盡力為所有的利害關係人

效勞」。Fombrun也提出一個廣義的企業公民概念，他認為企業公民包含三層意涵：(1)它是關於道德和倫理的共同原則看法；(2)它是使個人融入工作群體的工具；(3)它主張企業對自我利益的追求要適當考慮到所有利害關係人的要求，並著眼於長遠的發展。

Davenport的研究也指出廣義企業公民的概念：堅持合乎倫理的企業行為、平衡利害關係人之間的需要、致力於保護環境。Carroll也重申了他的企業社會四種責任就可以視為企業公民的四個分析構面──經濟、法律、倫理和慈善。企業公民就是每個構面或每一項責任的綜合表現。Carroll下結論說：正如期望居民負起個人責任一樣，社會也期望公司履行該有的社會責任。

2.狹義的觀點

Altman只從企業社區關係這一個較狹義的角度來探討企業公民。在他看來，企業公民的作用是體現在與企業相互影響社區內的非營利組織、民眾群體和其他利害關係人身上。有許多企業公民的定義則是採取介於廣義和狹義之間的觀點來說明。不管公司在什麼地方發展經營活動，都希望其行為要得當，當然也有人提出全球性企業公民的看法。

好的企業公民可給利害關係人帶來利益，這是不言而喻的。但是好的企業公民對企業自身又有什麼好處呢？某項探討企業公民的研究在深入分析一些個案後指出：

- 企業公民有助於改善與員工之間的關係（例如：有助於招聘員工和留住人才；有助於提高員工的倫理水準、積極性以及對企業的忠誠度；有利於提高生產力）。
- 有助於改善與消費者之間的關係（例如：有利於提高顧客對企業的忠誠度），在其它條件不變的情況下，對顧客購買決策具有決定性的影響，有利於提升品牌的形象。
- 有助於提升企業能力（例如：提高收益、擁有競爭優勢、促進跨功能活動的發展）。
- 有助於市場行銷活動的發展（例如：有利於建立企業形象和提升企業聲譽、有助於提高價格、有利於參與政府事務）。

企業公民這一個術語，具有特別的吸引力，因為它十分強調企業努力發展回應社區的活動。我們深信過不了幾年，這一個概念將獲得廣大的迴響。總體來說，我們所指的公司社會責任、社會回應和社會表現，都涵蓋在企業公民所描述的那些活動之中。

2.6 社會表現和財務績效

在對企業社會表現進行思考時，我們常常會產生一個疑問，那就是企業的社會責任或表現與企業財務績效之間是否存在顯著的相關性？遺憾的是，如果我們想要探討這兩個變項之間的關係，則必須先確認這兩個變項的衡量方式，而這兩個變項似乎不怎麼好衡量。而且衡量財務績效和社會責任的定義、構面與指標存在極大的爭議性。即使公司社會責任的定義取得一致的共識，如何將該定義落實，似乎也是一件複雜的任務。

多年來，有關公司社會責任與企業財務績效間關係的研究結果，看法相當分歧。Preston 和 O'Bannon 兩位學者曾經進行一系列的研究。他們分析美國 67 家大企業在 1982~1992 年之間所有的數據，進而得到以下的結論：「就美國大公司來說，社會表現和財務績效之間存在顯著的正相關」。Waddock 和 Graves 在研究結論中指出：「企業社會表現與過去和未來的財務績效之間存在顯著的相關性」。在對化學產業所進行的研究中，Griffin 和 Mahon 發現企業社會表現與財務績效之間存在一定的關係。但總體而言，這些研究結果仍然不怎麼一致。Hayibor 和 Agle 重新分析 Griffin 和 Mahon 的原始資料，得到以下的結論：「大多數的研究都認為良好的社會責任不可能導致不佳的財務績效」。他們認為大部分的研究結果都顯示企業社會表現與企業財務績效之間呈現顯著的正相關。在探討企業社會表現與企業財務績效間關係的研究中，先後出現三種不同的觀點或假說。

1. 觀點一

其中最流行的一個觀點就是我們下面要談的觀點一。這一觀點確信對社會負責任的企業其營利能力是最強的。對於那些主張社會表現概念的人而言，他們當然願意這樣想：社會表現能夠提高財務績效的企業聲譽。假如能夠證明這　點──對社會負責任的企業，其財務狀況和聲譽一般都較佳。企業社會表現觀點的正確性進一步得到驗證，連一些對這個觀點持反對意見的人也不得不信服。

人們對觀點一進行了大量的研究。絕大多數研究都致力於證明這種關係是成立的，令人遺憾的是，這些研究結果不是在研究方法上存在缺陷，就是不能使人信服。不少研究極盡所能，但還是不能得到有說服力的結論。儘管是這種情況，還是有些人聲言他們已在企業社會表現和企業財務績效之間發現並建立關係。例如：Covenant Investment Management 是芝加哥地區的一

家投資公司，就在其研究報告中指出：關心社會是能夠得到回報的。這項長達5年的研究（1988~1992年）認為全面履行社會責任而且排名前200名企業的業績水平比標準普爾股票指數500的還要好。由於被認為是可取的結果，人們對Covenant這項研究在立場上不得不進行仔細的研究。觀點一的問題在於透過判斷來得到正向關係的結論基本上是存在的，然而，研究者如果想要驗證變項間的因果關係，則存在相當高的難度。

2. 觀點二

　　人們對觀點二也進行了大量的研究。這一個觀點認為企業的財務績效對企業的社會表現有推動作用。這個觀點在某種程度上是基於這樣一個觀點——社會責任是一個對大家都公平的概念。也就是說，當時勢過好和營業收入可觀時，我們就可以看到企業具有較佳的社會表現。在Preston 和O'Banno的研究中，他們認為有強而有力的證據顯示，財務績效與社會表現呈現顯著相關性（同時出現或先後出現）。這一證據支持了這個觀點：社會表現和財務績效之間的相關性，已經在多數的樣本中獲得驗證。這項結論與前文提到的Waddock和Graves的研究是一致的。

3. 觀點三

　　觀點三認為社會表現、財務績效和企業聲譽這三者之間是相互影響的。根據共生互賴的看法，這三個重要因素是相互影響的，而且由於它們之間是那麼密切相關，因此有時候很難確定哪一個因素的作用最大。客觀來看，上述每個觀點都主張企業社會表現扮演著重要的作用，都期待研究者在今後繼續探討這三個不同的觀點。圖表2-10則深入探討這三個觀點的基本內涵。

　　最後，應該指出的是，Husted的權變觀點主張企業社會表現應該被視為特定策略、結構以及社會議題間是否能有效配適的概念。他認為社會問題是由企業與利害相關人各自所認為的和（或）各自應該會有的相互間的期望差距來決定。他還認為好的企業社會表現是透過適當的策略和結構來縮短這些期望差距，進而實現目標。

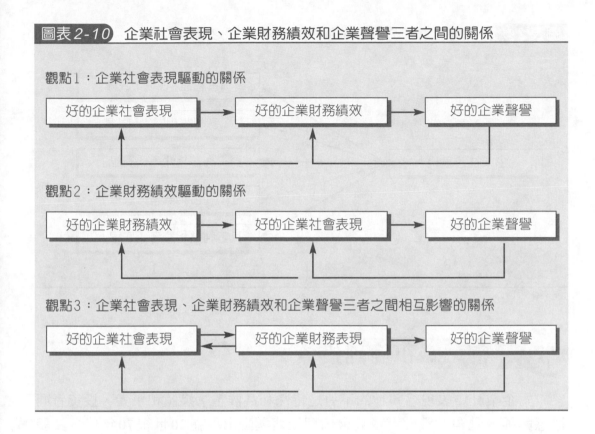

圖表2-10　企業社會表現、企業財務績效和企業聲譽三者之間的關係

觀點1：企業社會表現驅動的關係

好的企業社會表現　→　好的企業財務績效　→　好的企業聲譽

觀點2：企業財務績效驅動的關係

好的企業財務績效　→　好的企業社會表現　→　好的企業聲譽

觀點3：企業社會表現、企業財務績效和企業聲譽三者之間相互影響的關係

好的企業社會表現　→　好的企業財務表現　→　好的企業聲譽

2.6.1　多類底線觀點

　　上述三個觀點都有一個基本前提，那就是只存在這一類底線——與利害關係人或企業所有人打交道時，或進行投資時企業堅持的一條底線。另一個可以選擇的觀點是企業從自己的社會表現中受益的底線有許多種類。這個觀點可以稱為利害關係人底線觀點。該觀點只考慮到企業財務底線這個因素，無法對企業社會表現影響或利益做出全面性的衡量和評價。

　　要確實從利害關係人的觀點考慮發展經營活動，企業需要接受多重底線這一個觀點。除非我們也注意到企業社會表現對利害關係人（如消費者、員工、社區和其他利害關係人群體）的影響，並對其影響加以評估，否則就不能說已經全面性的瞭解企業社會表現。研究者們可能從來就無法證明企業社會表現和財務績效之間的關係。假如利害關係人觀點能夠為大眾所接受，那麼可以說，這一個觀點更有利於直接評價企業社會表現對多類利害關係人底線的影響。企業社會表現和利害關係人底線之間的關係，如圖表2-11所示。

圖表2-11　企業社會表現和利益相關者的多類底線之間的關係

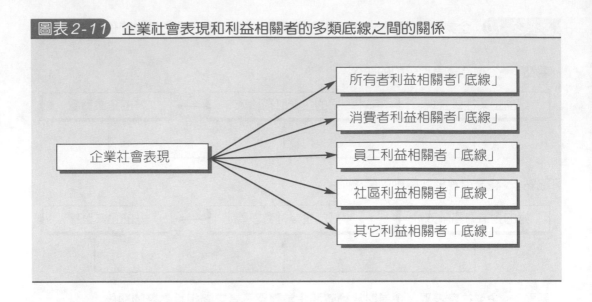

企業社會表現 →
- 所有者利益相關者「底線」
- 消費者利益相關者「底線」
- 員工利益相關者「底線」
- 社區利益相關者「底線」
- 其它利益相關者「底線」

2.7 社會意識和倫理投資

　　對企業社會表現感興趣的不只是特殊利益群體、媒體和學者，投資者同樣感興趣。社會意識投資或社會倫理投資運動出現在20世紀70年代，其發展趨勢是不斷成長的。進入新世紀以來，社會投資包括的活動內容十分廣泛，諸如：社會及環境稽查、利害關係人行動主義和社區投資。根據社會投資論壇的說法，美國近30年來的社會投資額高達2兆美元。

　　社會責任投資的歷史可溯及100年前，那時候教堂拒絕用獲得的捐款來購買「有罪過」的股票——當時是指菸草、酒類以及提供賭博類服務等公司的股票。在20世紀60年代至70年代初期越戰期間，反對戰爭的投資者拒絕投資與軍隊簽合同關係的企業。20世紀80年代初期許多大學、市政府和基金組織將其所持有的那些在南非發展業務活動的公司的股份出售，以表示對南非種族隔離制度的抗議。到了20世紀90年代，社會責任投資得到應有的承認。近幾年來，社會投資或倫理投資終於成為當今美國社會主流的一個重要組成要素。

　　現在，在養老基金、共同基金以及市政、私人投資組合中的社會意識投資額已超過2.2兆美元。然而，社會意識基金的管理者在決定應該對哪些公司投資時，並非僅依據倫理及社會標準，他們一般將一家公司的財務良好狀況視為投資決策的首要依據。而且有愈來愈多的經紀人、財務規劃師和投資組合的管理者隨時都可以幫助人們評估其對社會有影響的投資。

社會稽核的概念是社會也是投資運動的核心內容。尋求將資金投資到對社會負責任的企業投資者，希望他們將對社會不負責任的企業撇開，而對社會負責的企業積極投資。因此，就有正面社會稽核與負面社會稽核之分。最近幾年所運用的一些對負面社會稽核的要素包括：避免對菸酒製造商、賭場經營者、軍備或軍火合同商以及與南非有生意往來的企業進行投資。然而，在1994年，隨著南非種族隔離制度的正式撤銷，許多企業就不再把它當作需要進行的負面社會稽核。

進行正面社會稽核可以說是更為困難或更具挑戰性的。這是因為這種稽核要求某位潛在投資者做出以下的判斷：什麼樣的社會表現水準應視為可接受的或好的投資標準。決定對某家企業投資與否，從該企業的社會表現來判斷可選用的正面稽核或負面稽核的標準，例如：該企業以往是否公平提供雇佣的機會、是否重視環境保護、如何對待員工、企業公民（廣義上的）行為的落實以及如何對待動物。

社會意識基金會的財務績效表明了投資者並不一定要放棄獲利能力的投資原則。最近的數據顯示，投資者希望從社會投資中得到有競爭力的收益。應該指出的是，儘管到目前為止仍然沒有明確和始終如一的證據可以說明社會意識基金的收益會等於或超過那些沒被嚴格甄選過基金的收益，然而那些對公司投資組合社會表現相當在意的投資大眾，還是非常看好各種社會意識基金，並願意把錢放到基金會中作為風險投資。最近一項研究指出機構投資者將以組織的社會表現作為投資決策的依據，如此並非對自己有什麼不利。良好的社會表現事實上容易吸引大量擁有特定資源的機構投資者。CEP指出社會投資或倫理投資暴增的原因還不只下列三項：

(1) 當今對企業社會表現的研究比以往更具有說服力、更深入細緻。

(2) 採用社會標準作為投資決策依據的投資企業收益良好，而且投資者並沒有一定要放棄投資獲得經濟收益的投資原則。

(3) 具有社會意識，在20世紀60年代出生的那一代現在掌握著投資決策權。

近幾年，隨著愈來愈多的公民員工自己管理個人退休帳戶和401退休計畫，人們在個人投資決策上比過去要精明的多。而且有更多的人將社會投資視為在考量收益和考量社會之間取得平衡點的首選投資途徑。

本章摘要

　　本章探討的重要概念包括：企業公民、公司社會責任、企業社會回應和企業社會表現。歷史上對公司社會責任的概念有許多的討論。公司社會責任的概念是由許多不同的觀點發展而來的，即使到今天也沒有達成一致的共識。Carroll主張公司社會責任包括：經濟責任、法律責任、倫理責任和慈善責任。這四方面的責任可以使用公司社會責任金字塔的圖形來加以表示。

　　對於公司社會責任的關注引起了對企業社會回應的熱烈討論。企業社會回應所討論的內容更具有行為導向性，主張企業不僅需要承擔其基本的責任，同時也必須研究並確定應該如何對這些責任加以回應。企業社會表現模型把公司社會責任和企業社會回應這兩項問題的內容加以整合，以明確對社會問題或利害關係人的問題加以通盤考慮。對社會問題不斷進行確認的結果將形成「議題管理」或「利害關係人管理」等新領域。

　　現在不僅僅是學術界對公司社會責任感到興趣。《財富》雜誌每年都以不同面向的企業社會表現針對企業主管為研究對象進行民意調查，其中一項最重要的面向就是社會責任。一家名為「公司社會責任協會」的組織曾經承諾，要盡其所能的去推動公司社會責任的實踐。企業公民這一術語含意甚廣，涵蓋企業許多面向的社會意識導向活動和做法，這一個術語在企業界相當普及。

　　社會意識投資或倫理投資運動看起來相當普及，這表示有愈來愈多的投資者對企業的社會表現和倫理表現（還有財務績效）愈來愈關注，而且探討社會責任和經濟績效之間的關係也愈來愈多。在社會責任和經濟績效之間關係的研究仍然沒有形成一致的結論，但是社會大眾仍然希望企業對社會奉獻更多的努力。對於企業及企業界人士而言，其社會努力都是有價值的。本章最後分析了正確的企業社會（利害關係人）表現與多類底線效應之間的關係，該效應使得許多不同的利害關係人都感受到企業的底線是不斷的在提高的。

關鍵字

Business for Social Responsibility (BSR)企業社會責任

community obligations 社區義務

corporate citizenship 企業公民

corporate social performance(CSP) 企業社會表現

corporate social performance model 公司社會績效模式

corporate social responsibility 公司社會責任

corporate social responsiveness 公司社會回應

economic responsibilities 經濟責任

ethical responsibilities 倫理責任

legal responsibilities 法律責任

paternalism 家長作用

philanthropic responsibilities 慈善責任

philanthropy 慈善行為

Pyramid of Corporate Social Responsibility(CSR)社會責任金字塔

socially responsible or ethical investing 社會意識和倫理投資

Triple Bottom Line 多類底線

 問題與討論

1. 請說明何謂公司社會責任金字塔？並且請針對該金字塔的每一個層級舉例說明，並討論該金字塔各層級之間所存在的矛盾。

2. 依你看，哪一個觀點是對公司社會責任思想最有力的反證？哪一個觀點是對公司社會責任思想最有利的支持？請簡要解釋並說明之。

3. 公司社會責任與企業社會回應有什麼區別？請針對這兩個定義各舉一個例子來加以說明。

4. 關於企業社會表現、企業財務績效和企業聲譽這幾個概念，哪一個觀點最令人信服？請說明你的理由。

5. 依你看，社會意識投資或社會倫理投資是否合乎情理？社會意識投資是否可以引起公民個人對公司社會責任的關切？請說明。

個案評述

本書附贈的光碟提供了許多個案,與本章相關的個案有個案1、個案2A、個案2B、個案3A、個案3B以及個案17,您可以搭配本書第二章的內容探討以下的個案:

個案1「Wal-Mart:小鎮商人的噩運」

這一個個案主要在探討零售業大亨Wal-Mart的故事,主要在探討地主國企業與社會之間的關係。該個案特別著墨在有關企業權力、企業如何影響社區、社會責任等相關議題。Wal-Mart的所作所為符合社會責任的標準嗎?或者它是「小鎮商人的噩運」?

個案2A「The Body Shop 國際有限公司」以及個案2B「The Body Shop的廣告」;個案3A「The Body Shop的形象受損」以及個案3B「The Body Shop 國際有限公司(1998~2004年)」

這四個有關The Body Shop的個案主要在探討社會契約如何影響具有「社會知覺」的企業,這些個案也談到企業受到批判以及企業如何回應批判的議題。個案2B「The Body Shop的廣告」則是在探討Anita Roddick沒有對其支持者信守承諾的議題。請問這些個案有沒有探討到企業公民的概念?若有,有哪些具體的作為?The Body Shop是一家優良的企業公民嗎?

案例17「Nike」

這個個案主要在探討企業如何在全球的競爭環境中成為良好的企業公民,當企業全球化之後如何善盡社會責任?如何成為一家優秀的「全球公民企業」?有可能會遇到什麼困難?Nike對於員工或是外包契約廠商有善盡全球企業公民的責任嗎?

第三章
以利害關係人的取向來探討企業、社會與倫理規範

本章學習目標

▶▶ 閱讀完本章後，你應該能夠：

1. 說明權益和利害關係人的定義，並敘述這兩個概念的由來。

2. 分辨企業的生產觀點、管理觀點及利害關係人觀點。

3. 分辨利害關係人理論模型的三種價值觀。

4. 探討利害關係人管理的概念。

5. 探討利害關係人管理的五大問題。

6. 探討利害關係人管理（SMC）的概念。

企業組織的活動曾經是相當簡單的。首先，必須有出資創立企業的投資人。在公司組織形式出現之前，可能只有一個人或幾個人對企業提供資金。其次，業主需要一批員工從事該企業生產性的活動。由於業主通常是管理者，因此企業需要另外一群人，也就是所謂的員工，從事企業的營運與運作。最後，必須從供應商那裡購入原料並進行生產活動，當然最希望的就是擁有大量的顧客來購買企業所提供的產品或服務。整體看來，該時期的企業活動並不複雜，利害關係人在這個時期對企業的期望極低，即使有，也被視為是理所當然的。

如果我們要說明企業如何從相對簡單的時期，走到今日較為複雜的過程，可能需要花費相當多的篇幅才能說明清楚。這一項社會變革的潮流是由我們在第二章中所討論過的許多因素所驅動的。然而，在社會大眾或社會看來，導致社會變革最重要的因素是：「企業組織的財產和收益已經不再只屬於創業者、創業者家族或是某一位股東集團的」。

今日的企業組織，尤其是現代的公司，是一個複雜社會中最引人注目的機構。我們現今的社會是由許多利害關係人所組成的，他們為各種類型的組織提供許多權益、並且試圖滿足各種類型的期望和需求。企業不斷的對社會

所寄予的期望進行回應。我們也都瞭解社會與企業之間的關係不斷在變化。我們還看到：「只要符合經濟上的利益，企業對於社會大眾以及各類法律、倫理、慈善等社會期望與要求，還是願意付出努力的」。商品製造、服務和配銷系統曾經被視為只是創造利潤的手段，但是現代的企業已經變成滿足多重目標的社會機構，它是許多人謀生、過富裕生活和自我實現的地方。

現代的社會不斷改善生活方式，而且有愈來愈多的社會群體要求改善生活水準。這時候就需要企業組織對個人和各類群體的期望以及要求予以回應，而不能像過去那樣，認為他們勢單力薄是弱勢團體，就不會向企業提出更多的要求。通常，我們把這些個人和群體稱之為利害關係人。

在20世紀90年代，有許多研討會的議題都集中在探討關於利害關係人的理論和思想。之後，企業利害關係人的概念就變得愈來愈重要而且更具意義了。已去世的多倫多大學學者Max Clarkson在1993年、1994年先後召開了兩次有關利害關係人相關理論的研討會。1994年，Juha Nasi在芬蘭舉辦了一個關於利害關係人思想議題的研討會。這個會議達成了以下的共識與看法：管理利害關係人的方法是一個值得探討的議題，而且有待進一步的發展，尤其是在企業與社會這一領域中。在學術界，利害關係人理論說明了利害關係人核心概念的內涵。

1996年，利害關係人的觀點被進一步正式提出。當時英國工黨領袖Tony Blair呼籲企業必須發展以「利害關係人資本主義」為特徵的經濟，而不是發展「傳統的股東資本主義」為特徵的經濟。當時，在世界各地人們開始重新討論這個傳統的議題：公司屬於誰？為了誰的利益而管理公司？這些討論將美國人和英國人傳統企業的經營觀點，與日本人和歐洲大陸國家所特有的企業觀點做一鮮明的對比。在前者的觀點中，企業首要的目標是使股東利潤極大化，而後者的觀點則認為企業的義務內容較為廣泛，必須在股東利益與其他利害關係人（特別是員工、供應商、顧客和較大範圍的「社區」）之間尋求利益上的均衡。

Wheeler和Sillanpää基於利害關係人資本主義的背景，提出了「利害關係人公司」理論模型。該模型將在本章的後文中加以討論。他們兩位作者認為「凡事都想到利害關係人」是21世紀公司成功的關鍵。最近，Steven Walker和Jeffrey Marr出版了《利害關係人權力》一書。在該書中，他們提出「如何培養利害關係人的忠誠，並推動公司發展」的內容。

上述討論所得到的結論是：假如企業想要維持持續性的發展，則他們必須滿足利害關係人合理、合法的需要和期望。由於企業必須與利害關係人打交道，所以他們就必須採取合乎倫理的作法。利害關係人具備應該予以尊重的要求、權利和期望，利害關係人地取向不斷地促成這種認知。基於上述這些原因，利害關係人的概念及導向也就成為企業、社會和倫理規範這一個領域中不可或缺的思想和詞彙。

3.1 利害關係人概念的由來

在瞭解企業與社會的關係時，利害關係人的概念是一個相當重要的觀點。「利害關係人」（stakeholder）這一個專有名詞與大家所熟悉的「股東」（stockholder）這個字眼是有所差異的。舉例來說：私人可能擁有房子、汽車或錄音機，一位股東就是在一家或更多家企業擁有股份，而股東們正是企業和組織必須與之打好關係的合法利害關係人之一。

3.1.1 何謂權益？

為了深入瞭解利害關係人概念，我們有必要先瞭解一下「權益」的概念。權益（stake）指的是在某一項活動或某一組織中所擁有某項利益或一定的股份。如果某一個群體打算在晚間外出吃飯或看表演，該小組的每位成員在該群體決策中都具備某一種權益或利益。錢還沒花出去，但是每位成員都明白不同的決策對他們的利益（例如：偏好、興趣、排序）將會有不同的影響。權益也是一種權利，權利是指「理應」或「有權利」得到某種東西，也就是說，對應有或自己認為應得的某種東西的要求。所以，我們大家也都知道，業主或股東意味著他們在某一家企業擁有利益和所有權。

因此，我們可以將權益定義在兩個極端，一極端是在某件事上擁有利益，另一極端是對所有權的合法要求，在這兩極端的中間都是對某項東西擁有「權利」，而這些權利則可以視為是權益。對某項東西擁有權利，可能是指某種程度的合法權利，但是並不一定就是指所有權（如股東所有權）。合法權利可能包括：受到公平對待的權利（如不受歧視）或隱私權（不使某人的隱私受到侵犯或剝奪）。這種權利可被認為是一種道義上的權利，正如某一位員工這麼說道：「我之所以擁有不被企業解雇的權利，就是因為我在這裡工作了30年，我把最美好的年華歲月奉獻給這家企業」。又譬如一位消費

者這麼說：「我掏錢買了這件產品，我當然有權利要求買到一件安全、品質又高的產品」。圖表3-1將權益歸納出以下幾種不同的類別。

3.1.2 何謂利害關係人？

利害關係人（stakeholder）是指在一家企業中擁有一種或多種權益的個人或群體。利害關係人可能被企業的行動、決策、政策或作法所影響，這些利害關係人也能夠影響企業的行動、決策、政策或作法。企業與利害關係人之間是互動、交互影響的關係。簡言之，我們可以這樣定義利害關係人：「企業透過行動、決策、政策、作法或目標進而影響的個人或群體。反過來說，這些個人或群體也可能影響企業的行動、決策、政策、作法或目標」。

圖表3-1 權益的類別

	興趣	權利	所有權
定義	當某人或某群體被某個決策所影響時，這代表他們對這項決策感到興趣。	(1)法令權利：當某人或某群體對於某些特定的財產具有法令上的處置權時，此時這項權利將受到應有的保護。	某人或是某一個群體對某類資產或是某種財產擁有合法的所有權。
案例	這一家工廠倒閉將影響其所在的社區。 我是一位女性，但是我看到電視廣告卻不斷的貶低女性。 我很關心下一代所面臨環境的變遷。	員工雇用的程序、隱私權的保護、顧客或是債權人所擁有的合法權利。	這一家公司是我的，是我創辦了它，而且我還擁有它。在這一家公司我持股1,000份。
定義		(2)道德權利：某一個人或某一個群體認為自己在道義上擁有某種被對待的權利，或是認為自己擁有某種特定權利。	
案例		公平、正義與平等	

3.2 誰是企業的利害關係人？

在今天競爭激烈、企業全球化運作的環境中，許多個人和群體都是企業的利害關係人。從企業的管理部門看來，某一些個人和群體本身擁有正當、合法的權利。換句話說，在企業營運的過程中，這些個人或群體擁有合理、合法的利益要求。最明顯的利害關係人群體就是股東、員工與顧客。在高度多元化的社會中，除了這三類利害關係人群體之外，競爭者、供應商、社區、特殊利益群體、媒體，乃至整個社會或全體社會大眾，也都是利害關係人。Starik 還認為：「自然環境、人以外的生命物種以及將來幾代人也都應該是企業重要的利害關係人」。

3.2.1 公司的生產、管理與利害關係人觀點

利害關係人概念的進展與企業的發展史是同時並進的，早期傳統的觀念為「公司生產的觀點」（production view of the firm），這個時期的企業主認為所謂的利害關係人是指提供資源或是購買產品與服務的個人或群體。隨著時間的流逝，公司的經營權與所有權逐漸分開，企業主對於企業的控制形式有所轉變，企業開始與主要的組成群體有所互動，因此，這時候漸漸進入「公司管理觀點」（managerial view of the firm）的革命。最後，企業面對了內外部環境變化的衝擊，管理者必須接受新的革命性概念，也就是說他們必須知覺到企業所面對的利害關係人組成是日益複雜的，其中錯綜複雜的關係更是令企業難以想像，這時候就已經進入所謂的「公司利害關係人的觀點」（stakeholder view of the firm）。然而，實務上有許多的管理者尚未察覺到利害關係人需求的重要性，但是我們相信利害關係人觀點的重要性將會日益突顯。圖表3-2說明了公司的生產與管理觀點，圖表3-3說明公司利害關係人的觀點，其中包含了企業內、外部環境中許多不同的個人與群體。

在公司的利害關係人觀點中，管理者必須體認到利害關係人不只是包括對公司具有某些「權益」的外部關係人，此外，還包括對於公司具有某些「權益」的內部關係人。這些基本的觀念都只是個開端而已，因為具備了上述的基礎之後公司才會開始去思考不同利害關係人的權力與合法的訴求。值得注意的是，每一組利害關係人背後都有可能由許多的小群體所組成。舉例來說，政府利害關係人群體還包括，聯邦、州以及地方政府等利害關係人。

圖表3-2 企業的生產觀點和管理觀點

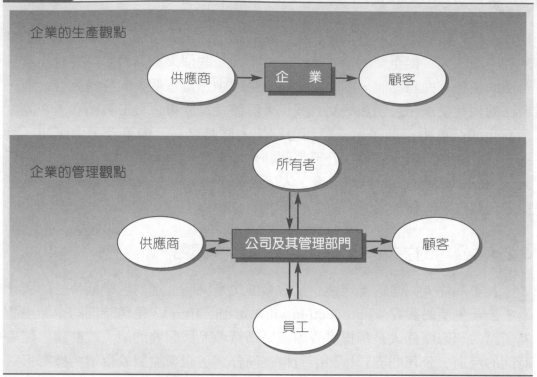

圖表3-3 企業利害關係人觀點

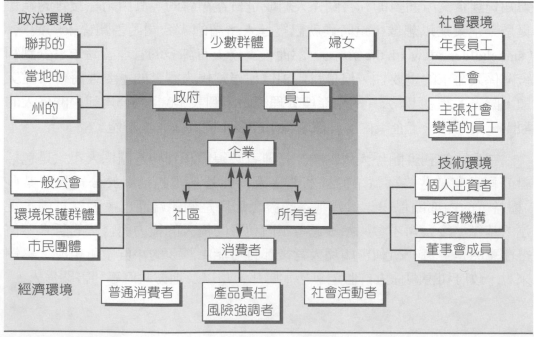

3.2.2　主要和次要的利害關係人

Wheeler和Sillanpää提出了一個有助於分析利害關係人的方法，他們運用主要和次要、社會和非社會類別劃分法，將利害關係人分類如下：

主要的社會利害關係人包括：

- 股東和投資者。
- 員工和管理者。
- 顧客。
- 當地社區。
- 供應商和其它合作企業。

次要的社會利害關係人包括：

- 政府和監管機關。
- 市政機關。
- 社會壓力群體。
- 媒體和學術評論者。
- 貿易團體。
- 競爭者。

主要的社會利害關係人（primary social stakeholder）在企業中擁有直接的權益，對企業的成功具有直接的影響作用。次要的社會利害關係人（seconday social stakeholder）對企業也有極大的影響力，特別是在企業聲譽和社會地位方面。比起直接的權益，次要利害關係人在企業中的權益更能代表社會大眾以及某些特殊的利益。企業對次要利害關係人所負的責任往往較小，但是這些利害關係人群體對企業可能產生十分重要的影響，而且頗能代表社會大眾對企業的看法。

主要的非社會利害關係人包括：

- 自然環境。
- 未來世代的人。
- 非人類物種。

次要的非社會利害關係人包括：

- 環境保護壓力群體。
- 動物福利組織。

應該記住的是，次要的利害關係人能夠迅速變成主要利害關係人。這種情況往往存在於媒體或是特殊利益群體中，尤其是當某一種情況甚為緊急（例如：抵制或示威中的要求），甚至超越合理性與合法性時。在今日的企業環境中，甚至有一些媒體只要透過晚間新聞報導就能夠立即改變某一群利害關係人的社會地位。為了討論的方便，我們有必要將利害關係人分為主要和次要這兩類，然而，我們應該認知到──這兩種類別的利害關係人之間，相互交換是很容易而且迅速的。

3.2.3 核心、策略以及環境的利害關係人

還有一些其它有關利害關係人的分類方法。例如：利害關係人還可以被分成三類──核心、策略以及環境利害關係人。「核心利害關係人」（core stakeholder）是對組織生存具有決定意義的策略利害關係人中的一種子分類。「策略利害關係人」（strategic stakeholder）是指當組織在某一個時間點面對某些特殊的威脅與機會時，與企業息息相關的利害關係人群體。「環境利害關係人」（environmental stakeholder）是指組織環境中除了核心、策略利害關係人以外的其他所有利害關係人。我們可以借助以下的方法來說明這三類利害關係人之間的關係：繪出幾個同心圓，核心利害關係人在中間一圈、第二圈是策略利害關係人、最外圈是環境利害關係人。

不論利害關係人是核心的、策略的還是環境的，都有其自身的特性或屬性，例如：合法性、權力和緊急程度。因此，利害關係人能夠動態、順暢地從某一種類別進入另外一種類別。所以我們可以說，利害關係人這一種分類是相當有意義的，因為它在某種程度上體現了實際情境中必須考慮到的權變性以及動態性。

3.2.4 利害關係人的分類基礎：合法性、權力和緊急程度

如果我們想要闡述利害關係人的分類基礎，則合法性、權力以及緊急程度這三種特質的探討將是不可或缺的，Mitchell、Agle以及Wood提出了一種基於這三個特質所進行的利害關係人分類。當這三個特質重疊時，圖表3-4就可以歸類出七種利害關係人的分類。

如果我們深入瞭解合法性、權力和緊急程度這三個特質，將有助於我們更進一步瞭解不同利害關係人的思考角度以及分析方法。「合法性」（legitimacy）指的是企業對於某一類利害關係人具備特定權益要求的正當性和適合性。由於

所有人、員工和顧客與某一家企業具有明確、正式和直接的關係，所以，這也意味著他們的要求可能較具備正當性。與企業關係較為疏遠的利害關係人，例如：社會活動團體、競爭者或媒體，他們的要求可能正當性較低。

「權力」（power）指的是造成某種結果（也就是說其它方法做不到，但是透過權力卻可以達成）的才幹或能力。因此我們也可以說：不論某一群利害關係人的要求是否具有合法性，其權力都意味著利害關係人能夠影響該企業。例如：借助媒體的幫助、重要的社會活動團體，都能夠對企業施加極為強大的影響力。人道對待動物團體（People for the Ethical Treatment of Animals，PETA）就是這樣一個團體。

「緊急程度」（urgency）指的是利害關係人需要企業對他們的要求給予高度的關注或回應的程度，緊急程度也意指某件事情是至關重要的，而且必須馬上或在一定的期限內完成。舉例來說：公司高階主管在面對工人罷工、消費者抵制、社會活動等危機事件時，在公司總部大樓外設置糾察人員將會被視為是緊急事件來加以處理。

我們舉一個有趣的例子來說明利害關係人的行動與作為，特別是針對利害關係人的權力以及緊急性這兩個特質。我們以美國居家用品商店家得寶（Home Depot）為例：在家得寶公司的每一家商店中，內部通話系統竟然播放出這樣怪異的聲音：「請購物者注意了，你將在第七通道找到從亞馬遜流域中心地帶砍伐的紅木」。錯愕的管理者趕緊跑到第七通道，試圖抓住躲在背後操縱這一舉動的環境保護主義者。很顯然，這些環境保護主義者已掌握了這些商店內部廣播系統的使用密碼。在該環境保護主義團體作怪了幾個月之後，家得寶公司屈服了該團體的要求，宣佈它將不再銷售破壞森林所砍伐的木材，並改為銷售經森林管理委員會（Forest Stewardship Council，FSC）認證的木材產品。家得寶公司以前根本不知道還有這一個委員會，突然間，該公司不得不銷售需經FSC認證的木材。

許多學者認為，管理者與利害關係人打交道時，必須針對這些利害關係人相互矛盾的諸多要求，就合法性、權力和緊急程度三方面來進行判斷。在圖3-4中三個圈重疊區內的利害關係人（例如：第4、5、6、7類利害關係人，都具有二、三個特性頗為「醒目」，應該予以優先關注）。

圖表 3-4　基於三個特質所劃分的利害關係人

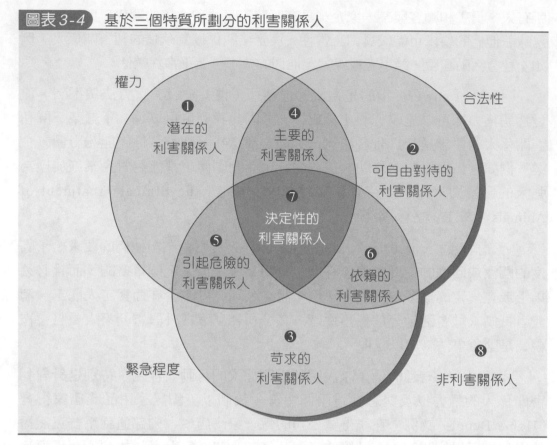

資料來源：Reprinted with permission of Academy of Management, PO Box 3020, Briar Cliff Manor, NY 10510-8020. *Stakeholder Typology: One, Tow or Three Attributes Present* (Figure), R.K. Mitchell, B.R. Agle, and D.J. Wood, *Academy of Management Review*, October 1997. Reproduced by permission of the publisher via Copyright Clearance Center, Inc.

3.3 策略性觀點、多維基準觀點以及綜合性觀點

　　利害關係人取向的議題面臨一個極大的挑戰，那就是我們應該更有效地來管理利害關係人？還是應該更合乎倫理地對待這些利害關係人。Goodpaster針對這項議題將研究取向分為三種，分別是：策略性觀點、多維基準觀點以及綜合性觀點。

1.策略性觀點

　　企業存在的目的往往是為股東追求利潤，因此，策略性觀點往往被視為在管理公司或是為利害關係人爭取利潤時最重要的因素。這個觀點認為，管

理者往往將利害關係人視為首要的考量因素，因為不這樣做的話，未獲得利益的利害關係人將可能採取反制或是報復的行動（例如：透過政治行動、抗議或抵制）。這項策略性的觀點將利害關係人視為企業追求策略目標的工具，也因此我們稱這項觀點為「工具性的觀點」。

2.多維基準觀點

多維基準觀點認為利害關係人有可能是個人也可能是群體，他們也往往擁有行使經濟或法令的權力。這個觀點認為，管理者對利害關係人有一種受託的責任，就像對其股東有責任一樣。這項觀點認為，傳統上我們總認為管理者的受託責任主要是對股東負責，然而現代管理者的義務不斷擴大，管理者不單受股東的委託，還包括其他利害關係人的委託。而且，管理者、股東與其他利害關係人的關係，基本上是相同的。因此，在眾多的受託人中，股東與其他利害關係人的關係是一樣重要的。

3.綜合性觀點

Goodpaster建議企業不要只仰賴這兩種極端的態度，而應該去探索一種新的利害關係人綜合性觀點。這一項新觀點認為企業對利害關係人的確負有道義責任，但是道義責任不應該被視為受託責任的一部分。因此，管理者對股東的基本受託責任是使股東不會受到損害，但是股東也希望管理者合乎倫理標準，履行對他們應負的基本受託責任。這一項倫理責任要求管理者對股東不損害、不威脅、不欺騙、不詐取。由此可以看出，多維基準觀點和利害關係人綜合性觀點的結論是一樣的，但是其理由或背景是不同的。

如果我們再持續深入探討利害關係人管理，我們會發現採取公平客觀的觀點對利害關係人進行管理是相當重要的原則。這項平衡性的觀點建議我們應該融合策略性觀點以及綜合性觀點。同時，也應該兼顧策略性與道德性的意涵。利害關係人取向是管理上的較佳方法，它應該也是一種更合乎倫理的管理方法。

3.4 利害關係人模式的三種價值觀

Goodpaster針對這項議題將研究取向分為三種，分別是：策略性觀點、多維基準觀點以及綜合性觀點。Donaldson和Preston將企業的利害關係人模式分成三個價值觀來進行分析，這三種價值觀彼此相關但是仍然存在顯著的

差異。他們將利害關係人的理論與模式分成描述性、工具性和規範性三種面向來進行分析。

1.描述性（descriptive）

首先，利害關係人理論模式是描述性的。也就是說，這個模型有效的描述了公司或組織常用的用語和概念。公司通常會由一群相互合作且相互競爭的利益群體所組成，當然這些群體都兼具工具性價值以及內在價值。如果我們從這個角度來瞭解組織，就能對組織如何運作做出更為完整的描述與解釋。透過利害關係人理論中的相關用語將有助於我們對組織有更加深入的瞭解。

2.工具性（instrumental）

其次，利害關係人模式之所以具有價值，主要是因為其具備高度的工具性。該模式有助於確認利害關係人管理以及達成企業績效目標之間的因果關係。然而，其基本前提是：對利害關係人進行有效的管理將有助於組織目標（例如：獲利能力、穩定性和成長性）的實現。

3.規範性（normative）

最後，利害關係人模式是規範性的。從規範性的角度來看，不論組織內是否具有共同的利益，不同的利害關係人將會以他們的觀點來追求各自的利益。因此我們可以說，所有的利害關係人都有其內在價值。不論利害關係人對管理者會產生什麼作用，利害關係人都會被視為是具有價值的。利害關係人理論的規範性觀點通常會被視為利害關係人理論的道德觀點或倫理觀點。因為它所強調的是組織應該如何看待利害關係人的問題。

總而言之，Donaldson 和 Preston 所提出的利害關係人理論著眼於管理的觀點，而且是採取廣義的管理觀點，廣義的管理觀點就是對利害關係人管理所需要的態度、組織結構和實際作法進行描述和預測，並提出相關的建議。如此一來，管理者需要在確定組織結構和制定政策時，對相關的利害關係人的利益都予以考量。

3.5 利害關係人管理的五個關鍵問題

　　企業的管理者負有建立企業總體發展計畫（如策略、目標和政策）的職責，而且必須掌控這些計畫的實施情況。因此，管理者就不僅負有長期性的責任，還必須面對許多緊急的狀況並加以處理。過去利害關係人的環境還沒有像現今如此的動盪和複雜，組織結構與管理任務也相對的簡單，當然外部環境也就相對較為穩定。隨著我們對利害關係人的觀點瞭解日深，就能夠瞭解前面兩章所描述的內容（特別是有關趨勢與發展的內容）將會形成明確的管理任務。

　　當管理者發現許多群體對公司目標的實現仍然不夠滿意時，利害關係人管理的問題就會變得日益重要了。毫無疑問的，我們必須以最大的利潤來回報股東，但是，也必須深入瞭解有愈來愈多的利害關係人對企業有著許多不同的要求，公司當局應該試圖去瞭解該如何滿足他們的需求。

　　因此，利害關係人管理最大的挑戰在於如何確認誰是他們的首要利害關係人？如何滿足這些首要利害關係人？而且還必須兼顧其他利害關係人的需求，並符合倫理上的要求，最重要的是企業還必須獲利，這就是所謂傳統「雙贏」的概念。雙贏的局面並不會常常出現，但就管理者而言，為了保護企業最佳的利益，確定雙贏的目標卻是勢在必行。管理上的次佳選擇就是固守主要利害關係人的利益，並認知到投資者的重要性。管理者必須瞭解，企業如果沒有在經濟上獲利，則所有利害關係人的利益也不可能同時存在。

　　瞭解了上述的觀點之後，我們必須進一步探索利害關係人管理的概念，而且管理者應該有能力透過利害關係人的資源來獲得相關的知識，以便進一步預測利害關係人的行為及動向。我們如何與利害關係人打好交道呢？簡單來說，就是要合乎倫理並有效的實現利害關係人所關心的目標。因此，利害關係人管理的重要功能就是清楚的描述、瞭解、分析以及管理利害關係人。

　　如果要清楚的剖析利害關係人管理的內涵，我們可以從社會、倫理以及經濟等面向來進行分析，而且規範性及工具性的目標是基本的要素。如果要做好利害關係人管理，我們必須能夠回答以下五個重要的問題：

(1) 誰是我們的利害關係人？
(2) 我們的利害關係人必須擁有哪些權益？
(3) 我們的利害關係人給企業帶來哪些機會？造成了哪些挑戰？

(4) 企業對其利害關係人負有哪些責任（經濟、法律、倫理以及慈善責任）？

(5) 企業應採取什麼策略或措施，來面對利害關係人的挑戰和機會？

3.5.1　誰是我們的利害關係人？

　　我們已經扼要的描述了每一類的企業組織都可能會面對不同的主要利益和次要利益相關群體。為了有效地管理他們，每一家企業及其管理當局都必須對這個問題予以重視：「誰是我們的利害關係人？」。為了完整地回答這個問題，管理者必須確認的不僅僅是一般的利害關係人群體，還有那些具體的利害關係人子群體。一般的利害關係人包含廣泛的群體，例如：員工、股東、環境保護團體或消費者。每一類的群體都可能包括一些或許多具體的子群體。圖表3-5列出的是某一家超大型組織利害關係人的群體以及其具體的利害關係人子群體。

圖表3-5　某一家大型企業的利害關係人一覽表

所有人	員工	政府	顧客
信托基金機構	年輕員工	聯邦政府	企業購買者
基金	中年員工	・EPA	政府購買者
共同基金	老年員工	・FTC	教育機構
董事會成員	女性員工	・OSHA	特殊利益群體
持股的管理者	少數群體	・CPSX	網路購買者
員工撫卹基金	殘疾員工	州政府	
個人所有者	特殊利益群體	地方政府	
	工會成員		

社區	競爭者	社會活動團體
一般集資	企業A	拯救人道人士團體（PUSH）
基督教聯合會	企業B	地友會
基督教男青年會/	企業C	反對酒後駕駛的母親團體（MADD）
基督教女青年會	全球競爭	全美公民自由聯盟
中學		消費者社團
小學		人道對待動物人士團體（PETA）
附近居民		
社區的其他居民		
居住區社團		
當地媒體		
商會		
環境		

　　為了說明確認利害關係人的過程，我們先來看一看麥當勞公司曾經歷的過程及事件，這項過程導致利害關係人大量暴增。90年代末期，聲稱擁有70萬成員「人道對待動物人士團體」（PETA）這一個社會活動團體，決定以打廣告和在汽車保險桿上黏貼標語的方式，來表示對漢堡巨人麥當勞的某些作法表示不滿。PETA覺得麥當勞對待動物有欠妥當，因此他們決定對其採取反制行動。PETA宣佈了其將在維吉尼亞州諾福克市（PETA總部所在地）傳播廣告標語：「那些動物今天應該休息了」、「麥當勞：還在虐待動物」。PETA的抗議活動不是貿然的，而是PETA與麥當勞針對「動物權益」一事談判破裂所致。從上文所介紹相關概念看來，PETA是一個次要的社會利害關係人或是次要的非社會利害關係人。因此，其要求的合理性較低。然而，由於該組織還搭配一個媒體組織配合其進行相關的報導，所以對麥當勞而言，PETA仍然具有相當大的威脅性，所以其影響力很大、緊急性很高。

　　來年會發生什麼事雖然不完全確定，但是有一點可以肯定的，那就是PETA會繼續施壓，而且力度還會增強。基於此，在2000年秋季，麥當勞公司鄭重要求其鴨肉和鴨蛋供應商必須改善鴨隻的飼養條件：保證每隻鴨的生存空間達到48至72平方英吋，供應商也被要求停止「強迫換羽」的作法（即為了使母鴨多下蛋，在兩週時間內不給母鴨飼料和水，即中斷食物供應和燈光數天至數週，讓雞群換羽提高產蛋率）。

　　果然就在2000年，PETA不斷的對公司施壓。PETA開始在麥當勞各分店的兒童遊戲場地發送印有「令人不快餐食」字眼的盒子，每個盒子內的東西與麥當勞發給兒童的「開心兒童餐」差不多一樣，只多了以下幾樣東西：一張被宰殺動物的圖畫，例如，畫面有一隻正在淌血的牛，還揶揄地配上大家都很熟悉的快餐宣傳用語——「你是不是需要用牠進行燒烤」，一身沾血、手持餐刀，與Ronald McDonald小丑極像的「眾恩之子」玩偶；而且還有一些喉嚨都被切斷的農場動物玩具。

　　從這個例子中我們可以看出，麥當勞公司必須應付所有的利害關係人（從傳統的利害關係人到諸如PETA這樣強大的利害關係人）。在媒體的協助之下，特別是一些重要的報章雜誌，PETA在麥當勞的經營活動中很快地從次要的利害關係人成為首要的利害關係人。

　　2001年，PETA成員和佛羅里達動物權益基金會又開始對漢堡王採取攻擊行動。這項攻擊行動與麥當勞的攻擊行動如出一轍。他們用印有「漢堡王：殘酷的國王」字眼的橫幅和語錄牌擺在漢堡王新上任執行長面前，同時

還出示一盒PETA希望該公司別再殘酷對待一些動物的影像資料。這兩家公司組織還計畫在《邁阿密先驅報》上用一整版的廣告來呼籲這位新執行長採取實際的行動，以減少供應該公司肉類和雞蛋的那些農場裡的鴨、豬、牛和其它動物所遭受的苦難。這是PETA發動的「反屠殺之王」最近的活動之一。在這次活動之前，該組織在十個國家和美國各州都先後發動了幾百次反對漢堡王的示威活動。

上述討論的目的在說明「誰是我們的利害關係人」這個問題。實際上，利害關係人的確認是一個相當開放的過程。不認同利害關係人觀點似乎不免會遭受到失敗的命運，利害關係人觀點的重要性與價值有許多的企業早就已經深刻的體會到了。麥當勞要是早就把PETA當做利害關係人，在對相關事務的處理上可能就會有效率多了。

許多企業對其一般利害關係人群體都沒有仔細的深入分析，當然也就談不上仔細的劃分利害關係人群體了。然而，這些深入的分析與探索是企業必須做到的。管理者甚至還應該深入思考另一個問題：「我們的利害關係人具備哪些權益？」。

3.5.2　我們的利害關係人具備哪些權益？

利害關係人一旦確認清楚，下一步要做的就是回答這個問題：「我們的利害關係人擁有哪些權益？」。即使在一般利害關係人群體的內部，也往往有著互不相同的特殊興趣、關切點、對權利的期望以及認知。這一個階段，管理要解決的問題是：如何確認某一群利害關係人群體權益的合法性，以及該群體對組織可能構成的影響力，此外，還有我們前面提到的另一個至關重要的要素——緊急程度。

1. 確定某一個群體權益的性質以及權益的合法性

讓我們舉個例來說明不同權益的利害關係人。假設我們將公司的所有者視為某一類的利害關係人群體，並假設該公司的規模很大，而發行的股票有幾百萬股之多，那麼，該公司全部的所有人將會由下列的利害關係人子群體所構成：

(1) 機構所有人（信託基金機構、基金、教會和大學）。
(2) 大型共同基金組織。
(3) 擁有股份的董事會成員。

(4) 擁有股份的管理者。

(5) 成千上萬的個人股東。

　　對於這些群體來說，其利害關係人的性質決定了他們對公司擁有所有權。這些群體都擁有某種合理的權利——他們都是所有者。

2.確定群體權益的權力

　　當我們仔細分析權力時，就能夠知道權力其實是有很大差異的。在前文所列舉的群體中，哪一個群體最有權力呢？照常理來推斷應該不是那些成千上萬的個人股東，除非他們能夠有效地組織起來，並發揮更大的影響力與權力。因此，我們可以推斷權力較大的利害關係人應該是：(1)機構所有者和共同基金組織，因為他們的投資額很大；(2)董事會和管理者股東，因為他們既擁有所有權又履行經營權。

　　然而，假如個人利害關係人具有某種共同的利益，而且形成一定的聯盟，則他們就能夠針對管理決策，發揮重要的影響力並掌握權力。在現今的社會中，持有不同看法的利害關係人群體會針對股東的訴訟並提出解決方案。這些利害關係人提出的解決方案包含的內容相當豐富，除了他們提出的許多要求之外，也能反映出他們諸多的不滿，例如：抱怨主管人員得到的報酬過多、要求企業修改環境保護的政策或停止對違法活動的捐助。

3.確定一般群體中的特殊群體

　　現在，讓我們看一看賓夕凡尼亞州某一家製造商所面對的一般利害關係人，在這些一般環境利害關係人中可能包括下列特殊的利害關係人群體：

(1) 居住在該工廠周圍15英里內的居民。

(2) 該城市的其它居民。

(3) 那些生活在廢棄亂象（包括加拿大的某些地區）、受酸雨影響的居民。

(4) 環境保護局（聯邦政府）。

(5) 賓夕凡尼亞州環保署（州政府）。

(6) 地友會（社會活動團體）。

(7) 反荒漠協會（社會活動團體）。

(8) 賓州反高煙囪煙氣排放的人們（社會活動團體）。

　　該企業假如希望處理好與環境利害關係人的關係，對於群體性質、合法性、權力以及緊急程度的狀態就應該特別加以注意。而且我們還應該強調，

各家公司都應該深入瞭解其利害關係人的合理要求，即使有些利害關係人對其管理當局並沒有多少影響力。

回顧一下上述麥當勞公司的例子，我們就能得到這樣的結論：作為一個重視特殊利益、關注動物權益的群體，PETA對麥當勞公司的要求確實沒有充分的合理性。PETA只是把動物的權益和對待動物的態度，當做一個道德的問題來處理罷了。然而，由於他們所提出的那些關切之事具有相當的代表性，也因此具備了一定的合理性。對於PETA而言，其遺憾之處在於並不是所有的社會大眾都與他們一樣關注那些問題。但是，PETA擁有不可低估的影響力，提出的要求也頗具緊急性。由於PETA採用了對麥當勞不利的廣告形式，喚起了媒體對其所發動的活動有所注意，因而造成的影響力就很可能促成麥當勞公司不得不調整其相關的政策。

3.5.3 利害關係人給企業帶來的機會和挑戰

就利害關係人而言，機會和挑戰在許多時候既意味有利的一面，也可能是不利的因素。大體上來說，與利害關係人建立良好、建設性的工作關係就是所謂的機會；而挑戰則意味著企業在處理與利害關係人的關係上有欠妥當之處，或說明企業在某方面可能對利害關係人造成了傷害。例如：財務績效（短期或長期）上存在的問題，或在業界內的形象和聲譽欠佳。所以，我們一般強調的是從利害關係人那裡所引起的挑戰，而不是所帶來的機會。

這些挑戰一般表現為利害關係人對企業不同程度的期望或需求。在多數的情形下，這些挑戰的出現是由於利害關係人認為其要求沒有得到適當的回應。有時候，當利害關係人群體認為所發生的某一危機完全是企業方面的責任，或因企業某些緣故而造成了某些危機時，所謂的挑戰也就會出現。以下所舉的例子就是近十年來利害關係人所引發的危機：

● 可口可樂公司。1999年6月，可口可樂公司面臨一個重要危機——一些正式報告說，許多歐洲的消費者喝了可口可樂的飲料而生病。也由於這些報告，法國、比利時、盧森堡和荷蘭等國家的政府指示禁止銷售可口可樂的相關產品。可口可樂公司高階主管後來指出，問題出在比利時的可口可樂企業集團掌管的瓶裝系統產生問題。當時可口可樂公司的銷售很不好，恰巧又發生了這個危機，這一事件對該公司而言可謂是雪上加霜。隨後巨量的產品損害了該公司在歐洲市場的聲譽。

● 家得寶公司。在1998~1999年期間，總部位於亞特蘭大的這家連鎖經營公司，由於保護熱帶雨林行動等社會活動團體的施壓以及抗議者推出「行動日」等活動，答應不再銷售由原始森林砍伐林木所製作的產品。這些環境保護活動份子威脅，假如這家公司不答應這麼樣做的話，他們就要利用報紙刊登抗議性廣告、經常派出糾察人員和發動公眾逕行抵制等活動，進而給該公司難堪。

● 德士古公司。1996年由於高階管理者發表種族歧視的言行被人拍錄下來，從而引起了對該公司的全國性抗議，後來雖然法院以判定該公司賠償1.76億美元暫時了事，但由此所帶來的危機，讓公司花了好多年的時間才得以克服。

機會和挑戰既可能帶來合作，也可能潛伏著威脅。Savage和他的同事認為，如此去看待合作和威脅則是十分重要的，這樣，管理者就可以明確的瞭解如何從策略上處理好與其利害關係人的關係。從潛在的威脅來說，Savage等人明確指出，管理者需要考慮各類利害關係人的相對影響力以及各類利害關係人與組織面臨特定問題的相關性。至於合作的可能性，他們認為管理者必須對各利害關係人所具有的影響力與優勢充分的瞭解。

Savage和他的同事還用以下的例子作為他們的引證，即羅斯實驗室（阿博特實驗室的一個分支機構）如何發展它與在第三世界國家銷售嬰兒奶粉持批評意見者之間的合作關係。羅斯實驗室和阿博特實驗室說服了這些利害關係人群體（聯合國兒童基金會和世界衛生組織）參加他們主辦的提升嬰兒健康的活動。雀巢公司等其它公司則由於對合作方面的發展潛力不足，而遭到來自消費者的抵制。

來自某一利害關係人那裡的威脅既可能增加也可能減少，與某一利害關係人的合作既可能增強也可能削弱，而這些方面的情況究竟如何，與在圖表3-6中所列出的由Savage及其同事所界定的那些因素都有密切的關係。透過詳細分析這些因素，管理者應該能夠更精確地評估來自利害關係人的潛在威脅，或與利害關係人進行合作的可能性。

圖表 3-6　影響潛在利害關係人威脅及合作可能性的影響因素

	利害關係人方面可能構成的威脅性	與利害關係人進行合作的可能性
利害關係人控制關鍵的資源（組織所需要的）	增強	增強
利害關係人沒有控制關鍵的資源	減少	既不增強也沒減少
利害關係人比組織更有影響力	增強	既不增強也沒減少
利害關係人與組織勢均力敵	既不增強也沒減少	既不增強也沒減少
利害關係人比組織的影響力小	減少	增強
利害關係人很可能採取行動（對組織具有支持作用）	減少	增強
利害關係人很可能採取不支持的行動	增強	減少
利害關係人不可能採取任何行動	減少	減少
利害關係人很可能與其他利害關係人進行聯盟	增強	既不增強也沒減少
利害關係人很可能與組織進行聯盟	減少	增強
利害關係人不可能形成任何聯盟	減少	減少

資料來源：Grant T. Savage, Timothy W. Nix, Carlton J. Whitehead, and John D. Blair, "Strategies for Assessing and Managing Organizational Stakeholders," *Academy of Management Executive* (Vol. V, No.2, May 1991), 64. Reprinted with permission.

3.5.4 企業對其利害關係人負有什麼責任？

　　一旦我們確認利害關係人所可能產生的威脅和機會，下一個問題可能就是：「企業對其利害關係人應該負起哪些責任？」這裡所指的責任就是第二章中曾經介紹過的那些責任。管理者對於每一類的利害關係人應該負起經濟、法律、倫理和慈善的責任嗎？由於企業絕大多數的經濟責任主要跟企業本身有關，所以企業該對其利害關係人負什麼責任？這一個問題的分析重點主要還集中在法律、倫理和慈善等議題上，而法律和倫理的問題如果分析不當，則可能帶來極為嚴重的威脅。

　　然而，我們應該強調，當企業在追求經濟利益的同時也應該重視倫理和

法令的相關議題。舉例來說：Johnson & Johnson（J&J）當年面對了泰諾膠囊遭到摻毒的事件，因此公司立即採取合乎法律規定與倫理規範的具體行動和決策，同時還必須考慮採取召回的行動是否會影響公司的經濟利益。Johnson & Johnson（J&J）公司當時可能是這樣判斷的：「召回泰諾膠囊不單是應該採取的合理行動，也是維護企業聲譽與確保消費者健康及幸福之所需」。圖表3-7列出了當企業在評估對其利害關係人的責任時，管理者所必須面對的利害關係人責任以及許多相關的議題。管理者可以利用這一個矩陣表對利害關係人及其責任進行系統性的思考。

圖表3-7　利害關係人和責任矩陣表

利害關係人	責任的類型			
	經濟責任	法律責任	倫理責任	慈善責任
所有者				
顧客				
員工				
社區				
社會大眾				
社會活動團體				
其他利害關係人				

3.5.5　應該採取什麼策略或行動？

　　一旦責任明確之後，企業則必須擬定與利害關係人打交道的策略和行動方案。在每一種決策情境中，管理者都應該擬定出一系列可供選擇的行動方案，然後再選擇其中一種或是若干個看起來可行的最佳方案。MacMillan和Jones主張：「企業管理者在與其利害關係人打交道之前，必須制訂相關的策略和措施」。以下所列出的問題特別需要加以重視：

- 我們是直接還是間接與利害關係人打交道？
- 我們在與利害關係人打交道時，是主動出擊還是採取防守呢？
- 對於利害關係人所提出的建議，我們是接納、協商、處理還是反對呢？
- 對於以上的策略構想，我們是綜合思考來形成一個方案呢？還是只採用某個行動方案？

　　Savage等人認為具體策略的擬定可以建立在對利害關係人分類的基礎上，對利害關係人進行分類，是依據對利害關係人所可能產生的威脅來進行區別。假如我們從合作與威脅這兩個角度對利害關係人進行分類，就會出現四類利害關係人以及四種相對應的策略。這四類利害關係人以及應該採取的四種策略如圖表3-8所示。

　　利害關係人類別1──支持型利害關係人（the supportive stakeholder）。與這一類利害關係人進行合作的可能性較高，而且他們構成威脅的可能性較小，這一類利害關係人是屬於最理想的形態。對於管理制度完善的組織而言，能提供助益的利害關係人包括：董事會、管理者、員工和顧客、供應商以及服務提供者。對於這類利害關係人，企業可以採取參與型策略來搭配，例如：採取參與式管理或是分權的利害關係人參與策略。

　　利害關係人類別2──無足輕重型利害關係人（the marginal stakeholder）。與這一類利害關係人進行合作的可能性較低，而且他們構成威脅的可能性較小。對大公司而言，這些利害關係人可能包括：員工社團、消費者利益團體或股東，尤其是那些沒有組織起來的股東。而組織所採取相對的策略就是監督這類利害關係人。監督的目的是要使這一類的利害關係人不會對組織產生不利的影響。嚴格的監督可以避免日後出現問題。

　　利害關係人類別3──非支持型利害關係人（the nonsupportive stakeholder）。與這一類利害關係人進行合作的可能性較小，而且他們構成威脅的可能性也相當高。例如：競爭對手、工會、聯邦或其它層級的政府機構以及媒體等等。對於這一類的利害關係人，學者推薦採取防範型的策略，也就是說，應對這些非支持型的利害關係人加以防範。

　　利害關係人類別4──利弊兼具型利害關係人（the mixed blessing stakeholder）。與這一類利害關係人進行合作的可能性較高，而且他們構成威脅的可能性也比較高。例如：在一個管理完善的組織當中，這一類利害關係人可能包括：臨時工、客戶或顧客。因此，我們可以採取與利害關係人合作的策略。透過與他們的完美合作，取得這一類利害關係人支持的可能性就相對提高了。

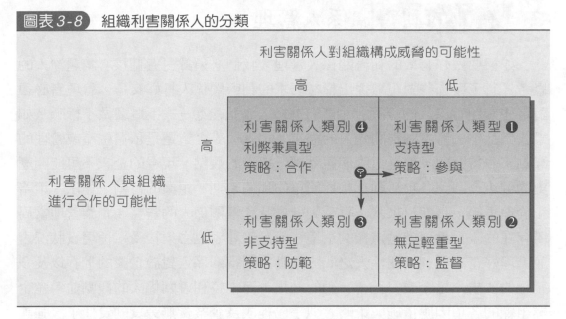

圖表 3-8　組織利害關係人的分類

資料來源：Grant T. Savage, Timothy W. Nix, Carlton J. Whitehead, and John D. Blair, "Strategies for Assessing and Managing Organizational Stakeholders," *Academy of Management Executive* (Vol. V, No.2 May 1991), 65. Reprinted with permission.

　　對於這些不同類別利害關係人所採取的態度，某些學者做了以下的歸納與整理：

　　……管理者對於無足輕重型利害關係人只要給予最低限度的滿足即可，要盡可能滿足支持型和利弊兼具型利害關係人的需要，並努力促成利弊兼具型利害關係人對組織的支持。

　　對利害關係人所做的四種分類以及所建議的四類策略，再次說明了本章前文中提及對利害關係人「有利」的觀點。但是，我們是不是就可以認為透過對利害關係人需要的瞭解，就有能力以合乎倫理的標準對待他們呢？所以，我們還不能停留在只單純的考慮利害關係人需求而已。管理者對利害關係人還負有倫理上的責任，也就是說，管理者還需要採用更合乎倫理的管理方法。在第六到九章中，我們將對企業倫理責任的問題進行更全面的闡述與深入探索。

3.6 有效的利害關係人管理

如果要做好有效的利害關係人管理，我們必須針對五個核心議題深入的思考。為了與那些對組織提出權益要求的利害關係人打好交道，管理者必須對這些問題有深入的瞭解。可能有許多人會這麼想——不這麼做不行嗎？如果我們都不去考慮利害關係人的需求，那就代表企業還是依循生產或管理的觀點來看待問題，但是這兩個觀點都是過時的觀點。現今的企業不可能開歷史的倒車，回到各項活動都相對簡單的那個時期。企業的行動、作法、策略和倫理規範，長期以來就一直受到社會及利害關係人的監督。企業管理當局所存在的現實世界就是這樣的情境，而且管理者也必須接受這種現實狀況，並處理好企業與利害關係人之間的互動。利害關係人對於企業的批評以及多元化的要求，是企業與社會互動的結果，而維持利害關係人的觀點並考慮企業組織的各項因應措施與策略，似乎已經成為企業責無旁貸的責任了。強調基業常青與永續經營的企業應該拋棄過時的觀點，並強調企業適應所有利害關係人要求已經是企業的一種基本能力了。

我們也應該公道地指出，利害關係人管理取向本身也存在相當多的侷限，而且對於利害關係人取向的看法批評者也不在少數。主要的批評意見就是該取向本身的複雜性以及利害關係人權益的要求該如何明確化、評價並迅速予以回應，有時候這些作法是需要花很多時間的，因為此種取向涵蓋相當繁多的作業流程與方法。重要的是，對利害關係人的權益與要求進行排序並非易事。某一些管理者只會從股東的角度來思考問題，因為這樣做比較容易且單純。從所有利害關係人的角度來思考策略與活動，無疑的會增加決策的複雜度。而且在某種特定情形中，究竟哪些利害關係人權益應優先予以考慮並回應，這樣的決策對於管理者而言是件苦惱不堪的工作，儘管利害關係人取向具有相當高的複雜性，但話又說回來，利害關係人管理觀點最符合企業目前所面對複雜環境的情境。

3.7 利害關係人管理能力

另外一種思維方式，就是從發展某一個組織的利害關係人管理能力（stakeholder management capability，SMC）來分析組織的利害關係人管理。利害關係人能力這個名詞是由 Freeman 提出的。以下所提到的不同層次，意味著各層級複雜性逐層增加，而每一個層級都隱含著不同利害關係人能力的概念。

1. 層次 1──理性層次

在這個層次中，公司勢必要辨識誰是利害關係人，以及這些利害關係人在公司裡擁有哪些權益。這是一個將利害關係人都羅列出來的層次。「理性層次」（rational level）是描述性的，同時也具有可分析性，這一個層次試圖針對利害關係人的權益、權力、影響力以及緊急程度進行確認。這意味著這一個層次的利害關係人管理能力是較弱的。絕大多數的組織或多或少都分析過「誰是利害關係人」這一類的問題。但是，並不是所有這一類的組織都針對利害關係人的權益或權力做過分析。Starik 參考 Freeman 提出此層次的內容──「熟悉」與「綜合」兩個概念。因為在層次 1 這個階段，管理者要做的事情就是熟悉利害關係人，並且發展一個綜合性的評估模式來確認所有利害關係人的相關權益。

2. 層次 2──過程層次

在過程層次（process level）上，組織要做的事情比其在層次 1 要做的事情還多，而且必須發展和執行組織的各種過程（途徑、程序、政策以及各項實務）。透過這個層次的活動，組織就可以對其環境進行觀察，並蒐集到利害關係人相關的資訊，而這些資訊則有助於高階主管的決策。在這一個層次上一些常用的方法包括：組合分析、策略回顧以及環境偵查法。這些方法也可運用到策略管理的過程上，進而給管理者極大的協助。當然，還有一些其它的方法，例如議題管理或危機管理（見第五章），也可以視為利害關係人管理層次 2 所運用的方法之一。Starik 把這一層次的工作內容稱為綜合性規劃，因為管理部門確實將工作精力集中在利害關係人的規劃上，並且在做決策的時候將利害關係人的觀點考慮進去。

3.層次3──交易性層次

交易性層次（transactional level）是這三個層次裡最高級和最需要發展的層次，它是利害關係人管理中最重要的層次。在這個層次上，管理者才真正開始發展與利害關係人之間的往來，或者說真正開始發展與利害關係人的關係。在這一個利害關係人管理的最高級層次上，管理者在與利害關係人互動的過程中，都必須主動採取行動，Starik把這一層次稱為溝通層次。這一層次的特徵是溝通的主動性、互動性、誠摯性、滿意性以及資源使用的適當性。資源使用的適當性意指管理者真正的將資源花費在與利害關係人的業務往來上。

Steven Walker與Jeff Marr他們的《利害關係人影響力：培養利害關係人忠誠以促進企業發展致勝的策略規劃》書中指出，公司應該透過無形資產來進行競爭，而這裡所謂的無形資產可能包括：公司與顧客、員工、供應商和股東之間建立起無價且珍貴的合作體系。兩位作者曾經就許多聲望頗高的企業（例如LensCrafters、DHL和愛迪生國際公司）進行個案研究和市場調查，這兩位作者提出一個將利害關係人管理與公司策略密切結合的模式，而且透過不斷的創新、學習和獲利成長獲得報酬。由此可知，Steven Walker與Jeff Marr也是從層次3，也就是利害關係人能力的交易性層次上著手來進行分析。

三菱集團與總部設在舊金山的雨林行動網路（Rainforest Action Network，RAN）組織最近達成了一個協議，這一個事件可視為是層次3的一個例子。在經過與RAN長達5年的談判與協商過程之後，三菱承諾減少其對環境的污染並對雨林進行保護。假如這兩家組織都沒有意願各退一步，則這樣的協議幾乎是不可能達成的。

3.8 利害關係人公司

利害關係人的最佳取向或利害關係人管理的最佳形式可能是「利害關係人公司」（stakeholder corporation）。Wheeler與Sillanpää提出「利害關係人公司」這一個概念頗具信服力。這項概念最基本的思想是「利害關係人包容性」（stakeholder inclusiveness）。這兩位者認為：

在將來，對於有效的商業活動和成功的企業而言，發展與顧客、員工、股東以及其它利害關係人的忠實關係會成為最重要的決定因素之一。假如你的公司能夠處理好與股東的所有關係，就十分有利於股東發揮其作用。

利害關係人公司的擁有者很可能主張「利害關係人互利關係」（stakeholder symbiosis）。由許多組織所組成的聯合團體——最佳全球競爭實務（Best Practices for Global Competitiveness Initiative，BPI）在其創立年度所舉辦的一系列活動中，對「與利害關係人互利關係」這一種概念提出了廣泛的討論。這一個團體是在1997年由美國生產力和品質中心、歐洲品質管理基金會以及安達信等組織發起並創立的。利害關係人互利關係這個概念的核心思想是：「所有的利害關係人若要獲得成功以及良好的經濟收益，就必須互相依賴」。對這個概念不認同的主管可能無法將企業帶到「利害關係人公司」的境界。

3.9 發展利害關係人關係的四個步驟

基於以上這些觀點，Steven Walker與Jeff Marr在其《利害關係人影響力》一書中，對如何評價每一類利害關係人群體的忠誠度以及如何透過某些途徑影響利害關係人群體，提出了一個實用的模式。Walker與Marr認為，公司在與潛在的利害關係人群體往來時應採取主動的態度，如此一來，這些群體就有意願發展與公司的關係。他們認為透過瞭解利害關係人以及採取不同的發展策略，可以使企業與利害關係人的關係朝向良性的發展。他們還認為成功的發展與利害關係人的關係，包括如下四個步驟：更多的觀察、增進彼此的瞭解、贏得讚賞、採取行動。

第一個步驟是更多的觀察與察覺。察覺意味著人們知道某些東西或某人是存在的。這一步驟似乎是明確的、沒有疑問的。然而Walker與Marr認為有些「隱藏的利害關係人」企業往往沒有察覺到，而這些「隱藏的利害關係人」背後還可能存在一些對企業決策具有影響力的利害關係人。所以，管理者應該思考企業是否有能力察覺這些沒有被注意到的利害關係人。

第二個步驟是增進瞭解。增進企業與利害關係人之間的瞭解，不僅僅是促進利害關係人更瞭解企業的產品和服務，還應該使他們瞭解到企業的特性與本質，譬如：企業的價值觀、文化、誠信和傳統等等。在第二個步驟上，顧客可能瞭解到企業的產品和服務對他們具有適用性，員工可能瞭解到企業

的價值觀、使命、策略和主張,社區則可能瞭解到企業是做什麼的以及如何做的。

第三個步驟是贏得讚賞。藉由觀察和瞭解這兩個步驟發展與某一類利害關係人的關係之後,組織就可贏得該利害關係人的讚賞。為了能夠走到這一個步驟,利害關係人方面必須對企業逐漸形成責任感,最後形成對企業的忠誠度。Walker與Marr認為這一個步驟是「巴結」利害關係人最好的時期,也就是說經由這一個步驟可以促進企業與利害關係人發展更深度的關係,從而使得兩造之間有更深的信任。

第四個步驟是採取行動,透過與利害關係人進一步發展合作關係之後,企業就能夠建立起與利害關係人之間的互利合作關係。在這一個步驟中,企業就可能從顧客、員工、投資者和供應商那裡獲得利益。舉例來說,投資者願意購買企業的股票、供應商與企業形成真正的合作關係,進而對企業有真正的信任感。當然,包含上述四個步驟的模型,其關鍵在於與所有類別的利害關係人進行有效的溝通,一步一步地發展與他們之間強而有力、具體可行的合作體系。

3.10 利害關係人管理原則

根據過去多年來的觀察和研究,有學者提出「利害關係人管理原則」(principle of stakeholder management)這一系列的看法,這些原則也稱為「克拉松原則」(The Clarkson Principles)。這些原則主要提供給管理者一套關於如何對待利害關係人的指導方針。圖表3-9是這些原則的歸納表。這些原則用到許多的關鍵詞,這些關鍵詞主要在說明與利害關係人建立關係時應該保持的態度,包括:尊重、監督、傾聽、溝通、採用、認可、協同合作、避免、認知到衝突。

圖表3-9　利害關係人管理原則——克拉松原則

原則一　管理者應該尊重而且積極的監督利害關係人對企業的合理要求，而且在決策及實施的過程中也應該考慮到所有利害關係人的利益。

原則二　管理者應該多方面傾聽各利害關係人的想法，除了瞭解他們的要求與貢獻之外，更應該誠懇的與他們溝通。

原則三　管理者應該基於每一類利害關係人的需求，採用適合的管理程序與行為方式。

原則四　管理者應該認可利害關係人可以各憑本事透過發展各種活動來獲得利潤與報酬，對他們在企業活動中所擔負的責任與利益的分配上，努力做到公平。此外，更應該注意到在各項活動中所可能遭遇到的風險或是損害。

原則五　管理者應該與利害關係人或是各類群體協同合作，並使得風險與損失最小化，若無法避免也應該給予補償。

原則六　管理者與利害關係人應該避免對生存權有所威脅，換言之，應儘量避免可能產生的風險。

原則七　管理者應該認知到以下幾點，因為這幾點本身就是存在某些潛在的衝突：(1)管理者本身也是公司的利害關係人；(2)管理者必須儘量的滿足各類利害關係人的需求，以滿足法令與倫理的社會責任，當衝突產生的時候管理者必須透過溝通、適當的報告、激勵系統，必要的話還必須引進第三者來進行協調。

資料來源：*Principles of Stakeholder Manaement* (Toronto: The Clarkson Centre for Business Ethics, Joseph L. Rotman School of Management, University of Toronto, 1999), 4.

 本章摘要

我們通常認為利害關係人就是指某一家企業擁有某些權益或更多權益的個人或群體，因此利害關係人可以影響企業組織。反過來說，他們也受到組織活動、政策、作法以及決策的影響。企業的利害關係人觀點不同於傳統的企業生產觀點、管理觀點。利害關係人已經被證明是涵蓋面甚廣的概念，與組織的運作以及成功與否休戚相關。從管理者的角度來看，主要和次要的利害關係人以及非社會的利害關係人，都扮演著相當重要的角色。本書所介紹的利害關係人分類方法主要以下列三種特質來加以區分：合法性、權力和緊急程度。

策略和綜合觀點有助於我們對利害關係人形成正確的看法。利害關係人綜合見解之所以廣受推崇，就是因為它強調企業利害關係人的倫理責任。此一企業利害關係人理論模型有三個重要的價值觀：描述性、工具性和規範性。

認識清楚以下五個關鍵問題，有助於管理者有效發展利害關係人管理活動：(1)誰是我們的利害關係人？(2)利害關係人的權益有哪些？(3)利害關係人給企業帶來哪些挑戰或是機會？(4)企業對其利害關係人應當承擔哪些責任？(5)企業對於利害關係人應該採取什麼策略或行動？利害關係人管理能力闡明了企業如何成功發展利害關係人管理。雖然利害關係人管理方法本身是相當複雜的，運用起來也相當費時，但它是企業組織對當今複雜環境的有效管理方法。利害關係人公司是一個有關利害關係人思想最先進的理論模型。

關鍵字

core stakeholders 核心利害關係人
environmental stakeholders 環境利害關係人
legitimacy 合法性
managerial view of the firm 公司管理觀點
power 權力
primary social stakeholders 主要的社會利害關係人

principles of stakeholder management 利害關係人管理原則
process level 過程層次
production view of the firm 公司生產的觀點
rational level 理性層次
secondary social stakeholders 次要的社會利害關係人
stake 權益
stakeholder 利害關係人

stakeholder corporation 利害關係人公司

stakeholder inclusiveness 利害關係人包容性

stakeholder management capability(SMC) 利害關係人管理能力

stakeholder symbiosis 利害關係人互利關係

stakeholder view of the firm 公司利害關係人的觀點

strategic stakeholders 策略利害關係人

transactional level 交易性層次

urgency 緊急程度

? 問題與討論

1. 用你個人的見解解釋權益及利害關係人的概念。你個人擁有哪些類別的權益及利害關係人？請討論之。

2. 試說明某一企業主要、次要的社會利害關係人以及該企業主要和次要的非社會利害關係人。

3. 請定義核心利害關係人、策略利害關係人和環境利害關係人。上述每一類利害關係人群體會受到哪些因素的影響？

4. 用你自己的話解釋公司的生產觀點、管理觀點與利害關係人觀點之間的不同。

5. 圖表3-7利害關係人和責任矩陣表中列有一些利害關係人群體，請你選擇其中某一群體，說明某家企業對利害關係人群體所負有的四類責任。

6. 請說明利害關係人管理能力的第三層級——「交易性層次」的意涵？

7. 利害關係人公司這一項理論看法是否具有現實性？在21世紀中，利害關係人公司是否愈來愈多？理由為何？

個案評述

本書附贈的光碟提供了許多個案，與本章相關的個案有個案1、個案2A、個案2B、個案3A、個案3B、個案24以及個案25，你可以搭配本書第三章的內容探討以下的個案：

個案1「Wal-Mart：小鎮商人的噩運」

這一個個案主要在探討零售業大亨Wal-Mart的故事，主要在探討地主國企業與社會之間的關係。該個案特別著墨於有關企業權力、企業如何影響社區、社會責任等相關議題。Wal-Mart利害關係人有何權益？Wal-Mart的消費者利害關係人是否比社區利害關係人還要重要？有哪些因素不符合合法性、權力和緊急程度的標準？Wal-Mart是否應該更努力致力於利害關係人管理？

個案2A「The Body Shop國際有限公司」以及個案2B「The Body Shop的廣告」；個案3A「The Body Shop的形象受損」以及個案3B「The Body Shop國際有限公司（1998~2004年）」

這兩個有關The Body Shop的個案主要在探討社會契約如何影響具有「社會知覺」的企業，這些個案也談到企業受到批判以及企業如何回應批判的議題。主要在探討有關公司權力、社會責任、利害關係人以及企業論理的議題。個案中也說明了當公司的實際作法與經營策略有所出入的時候，將會產生兩難的窘境。The Body Shop利害關係人的利益為何？

個案24「Firestone與Ford經歷一場輪胎胎紋崩裂的慘劇」

當道德問題或社會問題真正發生的時候，人們總是很機警的去瞭解。這樣的問題是發生在案件確定發生之前嗎？這樣的問題是發生在某個經理確認事件的發生並透過紀錄向他的上司報告的時候嗎？這樣的問題是發生在媒體掌握訊息並掀起民眾瘋狂注意的時候嗎？這些問題都在2000年秋天Firestone——Ford的輪胎胎紋破裂事件被提了出來，並成為當時熱門的商業新聞，一直持續到今天。公司如何做好利害關係人管理？

個案25「舉世聞名的咖啡傷人案」

　　1992年2月27日早上，Stella Liebeck與她的外孫Chris Tiano開車送她的兒子Jim去60英里遠的新墨西哥州Albuquerque機場。由於要很早出門，她和Chris都沒吃早餐。Jim在機場下車之後，祖孫倆開車到一家麥當勞餐廳打算吃早餐。Chris去停車。這個曾是百貨公司售貨員的Stella，是個精神奕奕的79歲老太太，她點了一份麥當勞早餐，準備在她的咖啡裡加些牛奶和糖。接下來發生的就是舉世聞名的咖啡濺傷案。一杯濺出的咖啡、嚴重的灼傷、一個法律訴訟和最終圓滿解決，使得Stella Liebeck成為1995年國會激烈的侵權法案改革討論的「封面女郎」。10年過去了，此訴訟仍持續出現於新聞中，也注定會被繼續討論。誰是麥當勞的利害關係人？有哪些因素不符合合法性、權力和緊急程度的標準？麥當勞對於利害關係人的社會責任為何？

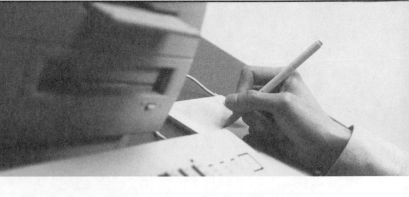

Part **2**

公司利害關係人績效
之策略管理

第四章
策略管理和企業公共事務

本章學習目標

▶▶閱讀完本章後，你應該能夠：

1. 解釋企業公共政策的概念及其與策略管理的關係。
2. 闡述四個主要的策略層次，並解釋企業層次的策略。
3. 試說明社會審計觀點在策略控制上的運用。
4. 說明公共事務部門的主要活動。
5. 試說明公共事務功能的主要發展趨勢。
6. 試說明公共事務與組織特性之間的關係。
7. 請說明如何將公共事務納入每一位管理者的工作之中。

在本章及下一章的內容中，我們將會更深入的探討從管理的角度來看，企業該如何回應前文中闡述過的社會、倫理和利害關係人的問題。本章，我們首先說明如何將社會、倫理和公眾等問題納入企業的「策略管理程序」（strategic management process）。其次，我們還將介紹「企業公共政策」這一個術語，以及與「公共政策」有關的管理決策。最後，我們還要討論公共事務、公共事務管理以及組織如何處理這些相關議題的方法。本章重點在探討動盪變化社會/倫理利害關係人環境中的規劃問題，以及策略管理程序、環境分析與公共事務管理。

4.1 企業公共政策的概念

「社會－倫理－公眾－利害關係人」的環境對於企業組織的影響日益重要。我們可以這麼說：多元化的企業環境已經變得動盪而多變；而少數實際發生的個案則不斷的提醒我們，有時候環境對企業的影響是相當戲劇化、始料未及的。例如：Procter & Gamble公司召回其Rely牌衛生棉條、Firestone

輻射狀輪胎的慘痛失敗、福特汽車公司Pinto煤氣罐問題、Johnson & Johnson公司受污染的泰諾膠囊，這些經典事件告誡人們：「社會問題可能會對某一家企業的產品市場供需造成直接的影響」。另外，我們還可以舉出社會問題對高階管理者造成重大影響的許多例子：Exxon石油公司Valdez號油輪溢油事件、Dow Corning公司注定沒有好結果的硅酮乳房植入品，以及菸草業與州政府及聯邦政府在捲煙產品對人體危害的論戰。這些例子都涉及管理高層在作出決策的過程中沒有處理好相關的倫理問題。最近，可口可樂公司在比利時、法國損失慘重的軟性飲料大量召回，發生在美國等國家的Bridgestone-Firestone輪胎胎面裂紋等事件都給了我們一個啟示：「企業高層決策人士對於倫理問題的處理必須小心翼翼」。

由於社會問題及社會責任意識不斷的強化，才有了後來對社會回應與社會表現的關注。進入新世紀之後，重視倫理規範、利害關係人以及企業公民將成為一種重要的趨勢。「企業公共政策」（corporate public policy）這一術語大概在20年前由「企業社會政策」（corporate social policy）衍生而來。雖然這兩個概念的基本概念是類似的，但是本文傾向選擇使用「企業公共政策」這一個用語，因為它與企業界最近的用語較為一致。今天，從公司的角度來看，涉及企業公共政策的事情就是與企業公民有關的事情。

4.1.1 企業公共政策的定義

何謂「企業公共政策」呢？「企業公共政策」（corporate public policy）是一家企業從公眾、社會及倫理等觀點對待其利害關係人以及行使職責時所持的態度、立場、策略或定位。我們打算在本章的內文中探討企業如何正式進行企業公共事務」（corporate public affairs）或公共事務管理。企業的日常活動經常會涉及公眾以及倫理的議題。其中某些問題存在已久，而且這些問題也都透過社會大眾進行過激烈的爭論，例如：性騷擾的問題、工作場所中愛滋病的問題、平權措施（affirmative action）、產品安全以及員工隱私權等問題。其它的問題則更為基本、持久而且更具哲學意義，例如企業在社會中所扮演的角色、公司治理的問題以及為了整體社會的發展企業與政府發展方向之間的均衡。

企業公共政策背後隱含的觀點是，企業必須特別重視正確、錯誤、公平或公共政策等特別的議題。在過去的40年中，利害關係人環境產生了許多動態性的變化，最近10年則特別明顯。然而，企業活動所處的社會環境曾一度被認為是相對不變的。今天，這些問題成了企業必須特別關注的議題，所有

階層的管理者都必須正視這個問題。企業公共政策的制訂與實施就是所有管理者處理這些問題的過程。

4.1.2 企業公共政策乃是策略管理的組成部分

　　企業公共政策應如何納入策略管理並與其整合呢？在回答這個問題之前，我們首先簡單的介紹一下什麼是策略管理。「策略管理」（strategic management）指的是企業依據所處的環境因素所進行自我定位的完整過程。企業透過提供本身所生產的產品或提供的服務以及所選擇的目標市場與其所處的環境所發生的各種關係。從企業高階主管的角度來看，策略管理就是對企業實施總體性、綜合性的管理。這意味著，策略管理將引導企業各功能的執行與運作，而企業的發展方向則是正式透過企業功能運作而得以明確與落實。

　　當一家企業根據實際的環境情境來進行自我定位時，高階管理團隊必須因應相當多的問題。一般來說，比較傳統的問題與產品及市場決策有關——絕大多數企業把它們視為主要的決策目標。其它的決策則與市場行銷、財務、會計、資訊系統、人力資源、運營、研究與發展及競爭等議題有關。企業公共政策是企業總體策略管理中專門處理公眾、倫理及利害關係人問題的部分，而這些問題又是企業營運和決策過程中所必須面對的。因此，正如一家企業需要制訂人力資源、生產運營、市場行銷以及財務管理的政策一樣，企業也需要制訂企業公共政策，以便主動地應對本書之前所提過的一大堆問題。

　　加拿大國民銀行就認為公司需要正式的企業公共政策。自從1997年開業以來，該銀行一直致力於樹立企業社會責任的良好聲譽。該銀行的管理者認為他們的銀行不只需要制訂出一些開明的政策，還需要確立「把好事給做好」的系統性行動方案以及所需的基礎。加拿大國民銀行按照以下的步驟展開這方面的工作：首先，制訂出一些正式的倫理政策書面指導原則，並藉此把該銀行的活動引導到落實社會及環境承諾上。其次，為了貫徹政策和追蹤政策的落實情況，該銀行還專門設立了「遵從倫理政策」這樣的機構。加拿大國民銀行這方面主動的行動顯示愈來愈多公司逐漸體認到正式企業公共/倫理政策的重要性。

4.1.3　倫理規範與策略管理的關係

在企業公共政策的討論中，雖然隱含著對倫理規範的考量，但是我們應該更明確的針對倫理規範與策略管理的關係更明確的釐清。這些年來，愈來愈多的學者也都在探討並強調這一點。例如Kenneth R. Amdrews就是以強調企業策略必須結合道德要素而聞名的學者。他特別強調——面對著不斷提高的道德和倫理標準，如何制訂未來策略就是對管理者領導能力的考驗。他認為，在策略決策中涉及道德問題的抉擇有可能是最費心思的任務。對那些從來就不講道德的公司來講，結合策略與倫理是一項相當沉重的任務。

Freeman和Gilbert在他們《公司策略和追求倫理規範》一書中，特別強調倫理規範與策略的關聯性。這兩位作者認為，如果試圖想讓企業倫理規範不淪為浮誇說教言論，則必須將其與企業策略聯繫起來。有了這種關聯性之後，一些管理問題就可以在合乎倫理的標準之下來進行處理。他們建議，企業策略的概念本來就應該體現企業倫理規範的思想。在下一節中，我們將詳細討論企業策略的概念。

要深入地理解「企業公共政策」的概念以及倫理和策略之間的關聯性，我們必須對以下兩個問題進行深度的思考：(1)四個關鍵層次的策略決策；(2)策略管理程序的幾個步驟。

4.2　四個關鍵策略層次

組織是有層級的，所以策略管理也有層次，企業的策略決策是在不同的組織層次所制訂的，換言之，企業的策略管理程序也是發生在不同層次上的。企業策略的多元層次包括：最具概括性或最高的層次（這一層次上的具體策略形式如使命、願景、目標、決策和政策等等，其具有較高的風險性、時間幅度較大、主觀性較強而且不確定性也比較大等特點）以及最低層次（如特殊功能領域的計畫活動，其具有時間幅度較小、所需的資訊複雜性不大、不確定性較小等特點）的策略型態。最普遍為大家所接受的策略層次有以下四類：企業層次策略、總公司層次策略、事業部層次策略以及功能性層次等策略。

4.2.1　四個策略層次

　　社會層次策略或企業層次策略可看作是最具概括性的策略管理層次。人們用了相當長的時間才清楚的認識這一層次的策略。「企業層次策略」（enterprise-level strategy）是至關重要的策略型態，主要在回答以下的問題：「本組織在社會中的作用是什麼?」、「我們的主張是什麼?」。企業層次策略，正如我們在後文中想要詳加討論的，包括企業公共政策的研究制訂和發展。倫理規範能否與策略有效結合起來主要取決於這一層次的策略作法。不久以前，總公司層次策略還被認為是最具概括性的。從某一種意義上來講，或從傳統的觀念來看，這種認知是符合實際情況的，因為「總公司層次策略」（corporate-level strategy）所處理的問題是：「我們是從事什麼來營生的？我們應該在什麼行業發展呢？」。對於該組織來說，往往是最需要明確說明的。由於「事業部層次策略」（business-level strategy）所關心的問題是：「我們應該如何在哪一個特定的事業或行業裡競爭？」。因此，這就不難看出它是追隨總公司層次策略一種較低階的策略層次。因此，如果某一家企業具備多個事業部，而且這些事業部分別在每個產品或市場領域中都佔有一席之地，而且競爭激烈。則該事業部所採取的競爭策略就有可能是低成本的策略、差異化策略或是集中化策略。最後則是「功能性層次策略」（func-tional-level strategy）。這一個層次的策略所要回答的問題是：「一家公司應該如何協調其不同的功能活動，如何根據這些不同功能領域（財務、市場行銷及生產等）的協調合作關係產生企業營運的綜效？」。

　　將策略區分為這四個層次的目的在闡明企業公共政策主要是企業層次策略的一個組成部分。反過來說，企業公共政策只不過是企業最高層次策略決策的產物。從圖表4-1可以看出，企業層次策略最具一般性，而其它層次的策略在概念上都是較狹義的；企業層次策略則是其它三個層次策略的源頭。

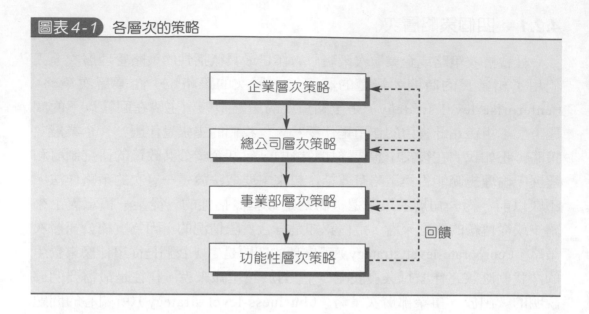

圖表 4-1 各層次的策略

企業層次策略

總公司層次策略

事業部層次策略

回饋

功能性層次策略

4.2.2　強調企業層次策略

　　企業層次策略和社會層次策略這兩個術語可以交互使用。企業界對這兩個術語沒有任何固定的用法。雖然許多企業都需要處理與這一個層次策略有關的問題，但這一個策略用語主要是在學術界使用的。假如企業打算對今天複雜、動態變化的利害關係人環境予以回應，也可試著利用此用語來描述這一層次的策略思考，而這種思考被愈來愈多的觀察家們認為是有必要的。現在，許多組織在這一個層次的策略主要都是透過使命、願景或價值觀加以體現，而另外一些組織則是透過一系列的行為準則來表達這一層次的策略。

　　Ansoff 認為在企業策略層次上所討論的是該組織政治上的合法性與合理性的問題。此後，Ansoff 在其它的場所與討論中則用了「企業的社會策略」（society strategy for the business firm）這一個詞彙，而不再使用「企業層次策略」這樣的表達方式。Hofer 和其他人則把「企業層次策略」改稱為「社會層次策略」。

　　Freeman 認為，企業層次的策略需要將「對社會與倫理的關注」與傳統的「對企業的關注」更加緊密的結合在一起。在為企業確立發展方向時，管理者必須瞭解企業策略變化對企業的基本價值觀的影響以及對新利害關係人關係的影響。Freeman 認為，企業層次的策略需要釐清的首要問題就是「我們主張什麼」。因此，在企業界策略層次上，確定策略方向的這個任務就是

要釐清企業本身在社會上的作用以及企業與其它社會機構的關係，其中所涉及的重要問題應包括：

- 我們的企業在社會上扮演何種角色？作用是什麼？
- 我們的利害關係人如何看待我們的企業？
- 我們的企業提倡哪些原則或價值觀？
- 對於整個社會來說，我們擁有哪些責任？
- 上述四個問題與我們當前的事業組合及資源調配有哪些關係？

迄今，許多企業仍然無法全面或針對情境權宜地解決這五個問題。然而，企業層次策略實質上特別強調企業界要努力、特別而且連貫統一地解決這些問題，唯有這樣才能制訂出切實可行的企業公共政策。

企業究竟應該如何解決這些問題呢？企業層次的策略思想及企業公共政策究竟應該透過哪些形式來加以表達呢？不同的公司有沒有不同的企業層次的策略思想及公共政策？比方說，一家企業面臨公共危機時應該如何應對呢？企業對其利害關係人應該持積極、建設性和敏感的態度，還是應該持消極、自衛和漠不關心的態度來加以回應呢？稍微內行的人就可以從企業本身的行動中看出該企業是否制訂確實可行的企業層次策略。我們透過某公司是否具有以及是否貫徹其倫理準則、行為準則、使命陳述、價值觀陳述、公司信條、願景陳述及其它政策性導向的準則和陳述，也可看出該公司對公共問題的傾向與態度。

Borg-Warner就是一家十分關注上述問題的公司。在《請相信Borg-Warner公司是透過共同價值觀進行管理的》這份文件中，該公司董事長James F. Bere提出並回答了以下這些問題：

- 我們到底是什麼類型的公司？
- Borg-Warner公司主張什麼？
- 我們信奉什麼？

圖表4-2說明了「Borg-Warner公司的信念」，這份文件清楚的表明了企業層次策略和企業公共政策。

圖表 4-2 Borg-Warner 的信念：努力做的更好

　　任何企業都是社會系統的一員，享有權利，並承擔社會責任。企業從事經濟活動的自由為法律和自由市場的各種力量所約束或引導。企業應該提供社會需要的商品和服務、參與公平競爭、儘量不造成傷害，這些要求對企業來說已經算是很低的了。對於某些公司而言，能夠按照上述要求進行經營活動，應該就算不錯了。但對 Borg-Warner 來講，這樣做還是不夠的。我們還必須給自己確立一個責任——那就是實際做的必須比這些最低的要求還要好。我們確信：透過我們的支持對整個社會做出更大的貢獻，受益的不僅僅是社會，同時也是我們自己受益。

這就是我們的信念

▶▶ 我們主張個人是有尊嚴的

　　一家企業不管規模有多大，活動有多複雜，它的工作仍要透過人與人之間打交道來完成。在企業工作的每個人都有自尊、自我需要、自己的價值觀，都在發揮個人的作用。為了 Borg-Warner 公司的成功，我們必須形成一種開明和信任的工作氛圍，從而使得我們每個人都能主動地給予其他人我們自己也重視的尊重、協調和合作。

▶▶ 我們主張我們對大眾的利益負有責任

　　Borg-Warner 公司既是一個經濟組織，也是社會的一員，所以我們對公眾所負的責任是重大的。競爭的鞭策和符合法律規定是引導我們行動的兩個重要指標，但僅依照這兩個指標行事將無法使我們成功。我們還必須注意聽取他人的聲音。而我們目前所面對的挑戰是：提供給消費者具有優質使用價值的產品和服務、給我們的員工提供有意義的工作、努力提高人們的生活水平、把我們的才能和財富貢獻給我們共同擁有的這個世界，推動人類社會不斷的進步。

▶▶ 我們主張追求卓越是無止盡的

　　雖然我們今天的生活可能比我們昨天的生活還要好，但應該承認我們做的還不夠好。Borg-Warner 公司立志要在這三個方面的工作——顧客服務、技術開發、以及回報那些對公司投入時間、錢財和信任的人們——做的十分出色，成為行業中的領先者。我們每個人都不甘平庸，永遠不會滿足已經取得的成就，我們將不斷進取。

▶▶ 我們主張不斷革新

　　一家公司只有努力進取，才會存在和繁榮。過去的收穫是我們現在發展的基礎。為了追求我們對未來的願景，我們必須釐清促成我們成功的傳統和不再有助於我們常規慣法這兩者之間的不同，並有勇氣採取此種認知行事。大多數是在某些變化出現之後才打算去適應該變化，只有少數人能夠預測變化並有意識地去影響變化——我們必須努力成為後一類的人。

▶▶ 我們主張 Borg-Warner 公司及其員工是一個利益共同體

　　Borg-Warner 公司開展多種業務活動，是一個由人所組成的社會。我們的目標是維護我們每個人所需要的自由，滿足個人需要，以團結生成力量。滿足個人的利益需要並不足以形成真正的團結，真正的團結還需要擁有共同的價值觀和理想。除了上面所表述

的一些信念之外，諸如恪守我們的政治、經濟和精神傳統，對我們的工作和公司感到自豪，忠誠是基本的，權力應該共同擁有，也都是我們的信念。當我們把這信念加以統一堅持時，我們的公司以及我們自己的前途都將十分光明。

　　企業層次策略的另一個例子是Johnson & Johnson公司的信條，如圖表4-3所示。值得注意的是，Johnson & Johnson公司所表述的信條特別重視對利害關係人群體責任的表現。該公司依照下列順序列出利害關係人群體的重要性：

- 醫生、護士、病人、父母親（消費者）。
- 員工。
- 社區。
- 股東。

核心價值觀的重要性

　　由Alcoa公司（Aluminum Company of America）董事長Paul H. O'Neill所推行的「核心價值觀」（core values）方案是另一個說明企業層次策略的好例子。O'Neill就任Alcoa公司董事長不到三個月，就著手制訂了一系列體現新思維的決策方案。此後四年間，O'Neill將其新思維萃取出Alcoa公司的六個「核心價值觀」。

　　O'Neill提出Alcoa公司的六個「核心價值觀」後，由該公司總裁C. Fred Fetterolf 和10位高級主管用100小時的時間進行深入思考與討論，最後形成的核心價值觀方案稱為「願景、價值觀和里程牌」。該方案以下列六個核心價值為基礎，提出了新的倫理重點：

(1) 誠信。
(2) 安全和健康。
(3) 追求工作品質。
(4) 善待人。
(5) 有責任感。
(6) 能夠獲利。

圖表4-3 Johnson & Johnson 公司的信條

我們的信條

我們相信：我們首先要對使用我們產品和接受我們服務的醫生、護士和病人、父母親和其他人負責滿足他們的需要，我們的產品與服務應該是高品質而且價格合理的，我們必須不斷努力降低成本，服務要及時和準確並使得我們的供應商和經銷商獲得合理的利潤。

我們要對在世界各地為Johnson & Johnson公司工作的男女員工負責，每個人都是獨立的個體，我們必須重視他們的自尊，認可他們的優點。他們在工作中應有安全感、付給他們的薪酬必須是公平和足夠的、提供的工作條件也必須是乾淨、整潔和安全的，我們必須留心那些能夠幫助員工擔起家庭責任的做法，要讓員工覺得他們有各抒己見的自由以確保他們享有被雇用、發展和升遷的平等機會，我們必須提供稱職的管理，員工的行為必須是正當的和合乎倫理的。

我們應該對我們所居住和工作的社區以及人類社會負責，我們必須成為好的公民，支持正義的事業和慈善活動、依法納稅。我們必須積極支持市政建設，推動衛生健康和教育事業的發展，我們必須愛護我們有權使用的財產，保護環境和自然資源。

最後，我們要對股東負責賺取合理的利潤、我們必須對新想法予以試驗、並且不斷進行研究、開發創新性的方案、勇於坦承失誤的責任並注意購進新設備、提供新設施、開發新產品要有一定的儲備以應不時之需，如果我們能夠按上述原則行事，股東一定會得到合理的回報。

Johnson& Johnson

資料來源：Reprinted with permission from Johnson & Johnson. For more information, see http://www.jnj.com/community/policies/index.htm.

在某種程度上，O'Neill和Fetterolf是出於他們個人堅定的宗教信仰從而把價值觀作為他們公司文化的核心內容。他們認為與聖經中的原則如誠實、同情和管理工作，不應該只在工廠大門外面存在。他們說他們正努力把公司變成團結、和諧的企業，還認為這樣的企業才能適應未來全球市場的生存和競爭。

Alcoa公司是如何落實其核心價值觀方案呢？首先，以放電影、辦培訓班以及召開部門會議等做法在員工群體中宣傳這些價值觀。接著，著手評價員工，瞭解他們在工作中運用這些核心價值觀的具體情況。與所有金屬製造商一樣，Alcoa公司經濟上也多次出現困難，但O'Neill認為，不管業務經營狀況好壞與否，公司都要推行倫理規範方案。O'Neill曾說道：「我並不認為為了取得經濟上的成功，我們就得在價值觀上做出讓步」。

波音公司「誠信的承諾」的敘述中（如圖表4-4所示）也體現了有關企

業層次策略的思考。Boeing公司的「誠信的承諾」反映出該公司的價值觀，也說明了這些價值觀是如何落實到全面顧客滿意的目標中。傑出的製藥商Merck公司，其企業層次的策略就是在其所表述的價值觀中產生的，而其價值觀的表述又是其使命表述的重要內容。Herman Miller是一家辦公家具製造商，其企業層次策略就反映在它的「公司夥伴關係藍圖」中。Herman Miller公司的「藍圖」中列出其所信奉的一些主張：

我們的主張是：

- 對我們的顧客做出有意義的貢獻。
- 發展夥伴關係，培養參與精神，重視人的發展。
- 為員工、所有者和其他利害關係人創造經濟價值。
- 透過設計和創新對變化做出反應。
- 誠信圖存，保護環境。
- 建設有特色的公司。

1998年，Herman Miller公司被《財富》雜誌評選為「最受讚賞」並履行社會責任的大公司。該公司這方面的排名一直名列前矛。

有些公司的企業層次策略是由董事會或高級管理委員會（比如，公共政策或公共問題委員會、倫理規範委員會、社會審計委員會、公司慈善委員會以及處理特殊公共問題的臨時委員會）來思索機構的未來。公司的公共事務功能部門也可擔任一定的企業層次策略機構任務。一家公司的公共事務功能部門在該公司的企業層次策略機構工作上能有多大作為與下述情況有關：該公司是否組織公共事務辦公室、公共事務經理向誰報告、公共事務在總公司層次決策中所能發揮作用的大小、公共事務管理者在企業策略規劃中是否擁有正式的地位。

一家企業若是試圖辨識並分析社會或公共問題，並把這些問題放到其策略管理程序中加以考慮，那就可以認為這家企業對企業層次的策略有一定的想法。我們即將討論的就是企業公共政策與其策略管理程序結合的問題。

圖表4-4　誠信的承諾

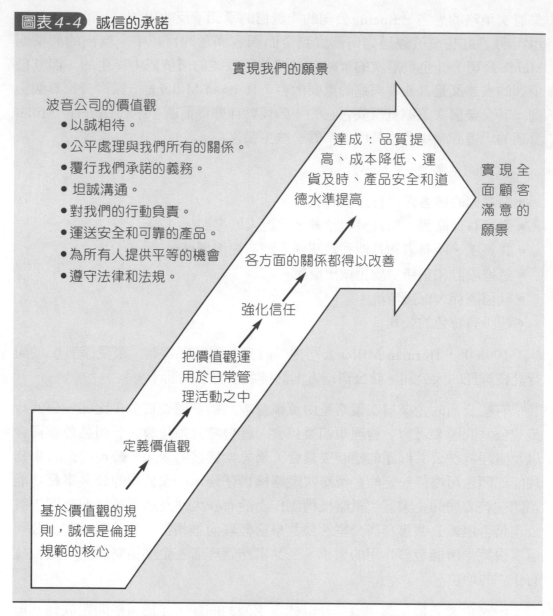

實現我們的願景

波音公司的價值觀
- 以誠相待。
- 公平處理與我們所有的關係。
- 覆行我們承諾的義務。
- 坦誠溝通。
- 對我們的行動負責。
- 運送安全和可靠的產品。
- 為所有人提供平等的機會
- 遵守法律和法規。

達成：品質提高、成本降低、運貨及時、產品安全和道德水準提高

各方面的關係都得以改善

強化信任

把價值觀運用於日常管理活動之中

定義價值觀

基於價值觀的規則，誠信是倫理規範的核心

實現全面顧客滿意的願景

4.3 策略管理程序

我們必須瞭解企業公共政策只不過是管理決策系統的一部分,因此我們有必要先瞭解企業策略管理程序的主要步驟。人們對企業策略管理程序的認知並不一致,其中的有些說法都有其道理。曾經有學者提出策略管理六步驟的概念,如圖表4-5所示。他們認為策略管理程序包括以下六個步驟:(1)目標確立;(2)策略形成;(3)策略評估;(4)策略實施;(5)策略控制;(6)環境分析。值得注意的是,環境分析步驟的工作內容包括對利害關係人環境中新趨勢、事件及問題等資訊的蒐集。所蒐集到的這些資訊要回饋到策略管理程序的其它步驟去。另外要注意的是,本章對策略管理程序的任務或步驟雖按先後順序進行討論,但這些任務或步驟實際上卻是相互作用的,並不一定依循這些次序發生。圖表4-5表示策略管理程序與企業公共政策之間的關係。在下文中,我們首先討論前五個步驟,然後再分析環境問題。在進行環境分析時,應把利害關係人環境放到整個組織環境中予以考慮。

圖表4-5 策略管理程序與企業公共政策

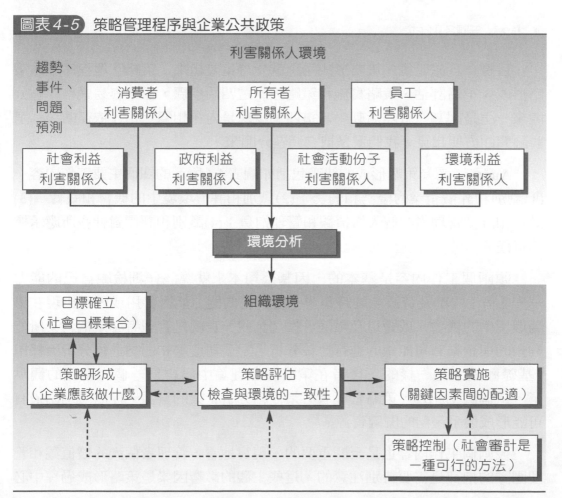

4.3.1 目標確立

對於一個組織而言，目標確定是一項複雜的任務。它涉及機構目標和優先目標的選擇這兩個方面的工作內容。目標確定過程中往往是體現政治意圖的過程，體現管理者或所有者個人的價值觀、想法、態度和權利。在目標確定的過程中，經濟或財務上的目標最受重視，然而，公眾、社會、倫理方面的目標也日益受到關注。消費者產品安全、職業安全和健康、企業慈善和環境保護，這些特殊領域，往往是擬定公共政策目標的方向。而且，現在人們看的愈來愈清楚：經濟目標和社會目標相互之間並非不能共容；把這兩類目標整合起來考慮，企業及其利害關係人的利益必須都可以得到很好的滿足。

策略管理程序是一個決策工作系統。透過這一系統的工作，組織目標將界定得更為精確，也就是說，較高層的目標是籠統的，但是往下延伸就會逐漸具體化了，正如我們在圖表4-1所顯示的，每一個層次都有其對應的目標。

4.3.2 策略形成

目標一旦確定後，策略形成過程就變得重要起來。策略管理程序中的策略形成、策略評估、策略實施和策略控制這四個步驟，並不容易嚴格的區分開來，這是因為在實際活動中，這四個步驟是內在相關、相互依存的。為了討論問題方便起見，我們還是把它們區分開來。

Andrews認為策略形成的決策包括如圖表4-6所示的四個主要工作內容：(1)識別和評價企業的優勢和弱勢；(2)識別和評價環境中的機會和威脅；(3)識別和評價管理者的個人價值觀和管理抱負；(4)識別和評價對社會所應承擔的責任。

頭兩個工作內容是基本的，因為公司本來就應該仔細檢視自己的能力──優勢、弱勢及資源，同時還要考慮自己的能力能否善用或因應出現在市場環境中的機會、威脅以及風險。換句話說，也就是管理者必須把企業所能夠做的與企業有可能做的進行比較分析。對公司優勢和弱勢進行分析與採用「基礎觀點」是一樣的，後者在策略管理理論中已經是一個大眾化的觀點了。這個觀點認為，策略管理者必須仔細分析企業的資源，從而識別出最有可能形成競爭優勢的關鍵資源。

後兩個工作內容也是至關重要的。現實地看，管理者個人的價值觀和管理團隊的抱負是需要特別注意的。這些主觀的影響因素是策略形成過程中必

圖表4-6　策略形成的四個組成要素

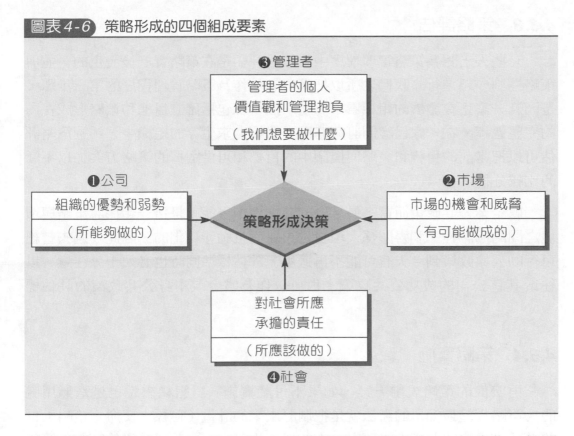

須要考慮到的。第(3)個工作內容──管理部門想要做什麼──能當作一個關鍵因素加以考慮，那麼，最後的策略選擇上就不會忽略社會或倫理方面的議題。當然，第(4)個工作內容──就企業對社會應承擔的責任──也是不可或缺的。

　　第(4)個工作內容是制訂策略中涉及企業公共政策的工作內容，這是因為如果某一家企業的組織特徵與市場特性不配適，該企業就無法永續生存。然而，在今天的經營環境中，成功的企業會把這幾個方面的工作交互進行，看看有哪些新出現的需要或問題，然後逐步有效地解決或處理。

　　確立目標和策略形成階段這兩個階段的工作主要是為了確立企業的使命和願景。今天，許多組織就是藉由其所陳述的使命和願景來表達其總體策略意圖。有一些作者認為，未來最成功的公司將是那些能夠表達清楚其「追求崇高理想」的公司。他們指出一些最受愛擁戴的公司正在奮發使自己成為其它公司效仿的「偉大榜樣」。例如：默克公司主張「企業的使命是維持和改善人類生活」、英國石油公司最近宣佈自己的品牌經營應「超越石油」，這代表該公司將帶頭推動人類文明走出礦物燃料的時代。

4.3.3 策略評估

有些人士認為策略管理程序中的策略評估是在策略實施後發生的,並與策略控制一起進行。我們之所以把策略評估作為策略管理程序的第三步驟,是因為一家正在發展的組織看來,這一個步驟包括確立目標和策略形成在內的完整過程。在一家已經制訂策略而且繼續力求生存的組織中,透過策略評估可以把當前的目標和策略與擬議中的目標和可供選擇的策略方案加以不斷的比較分析。

就企業公共政策而言,最重要的評估標準可能就是這一類探討策略與環境之間的協調性。利害關係人環境是複雜而且動態變化的,因此,過去曾經可行的公共政策到今天有可能不再適用,評估標準同時也必須十分注意。以往或其它公司的成功公共政策,也可以作為當今或本身公共政策的評估標準。

4.3.4 策略實施

再宏偉的策略規劃方案,如果不付諸實施,對組織來說也是毫無用處的。策略實施最簡單的辦法就是把制訂出來的計畫(目標、使命、策略)付諸執行,這意味著組織必須在一定的目標規劃之下去落實計畫的實施。策略的實施意味著不同的組織活動過程必須透過協調才能產生作用,以確保策略實施成功。

為了使策略能夠成功的實施,麥肯錫7S理論所界定的七個變項之間就必須合作無間彼此協調。這七個變項是策略(strategy)、結構(structure)、系統(system)、風格(style)、人員(staff)、技能(skill)和共享價值觀(shared value)。

麥肯錫7S理論本來是為了全面思考組織效能而建構的模式,但它也對策略實施過程相關的因素提供了很好的思考邏輯。企業公共政策最重視的就是所謂的「共享價值觀」。應該指出的是7S理論中的共享價值觀指的是「企業文化」的共同價值觀,並非我們這裡所指的倫理回應或是社會回應的共同價值觀。許多研究都曾經指出組織倫理文化的重要性。

成功運用7S理論的關鍵是使所有的變項之間相互「配適」起來。「配適」並非一蹴而就,而是一個過程,也是一種狀態。在這一個過程或狀態中,尋求組織與環境的動態結合,並在這種結合之下權宜應變地調配內部資源。我

們可以這麼說：「起碼的適配」是在競爭環境中繼續生存下去的必要條件，而「完美的適配」則需要企業長期的耕耘。

4.3.5　策略控制（藉由社會審計來進行）

作為管理的一項功能，策略控制是要嚴格掌控並保證組織循著正確的方向營運，並達成其目標、完成使命、實現其策略。在本節中我們所討論過的確立目標、策略形成和策略評估這三項步驟，對於嚮往成功的企業來說，都是不可或缺的。沒有控制，計畫工作就不能算是完成了。控制的目的在使管理活動按照原來的規劃依序展開。

控制管理包括三個基本步驟：(1)確定衡量績效的標準；(2)把實際績效與規劃（標準）進行比較；(3)假如需要的話，考慮結合這兩個步驟採取適當的修正行動。因此我們可以說：除非企業不斷的監督以及評估關鍵策略因素的進展，否則其規劃系統將無法獲得預期的結果。此外，公司還必須特別注意某些特殊的策略發展方向以及環境因素的動盪變化，進而檢核和控制企業的「策略方向」。

1.社會審計的定義闡釋

企業社會表現或企業公共政策中所指的「社會審計」（social audit）或「社會表現報告」（social performance report），是一種控制技術，而且行之有年了。雖然社會審計通常是指包括不同類型的社會表現報告等活動，但是我們還是對它下了一個這樣的定義：

社會審計是系統性的識別、衡量、監控及評價一個組織的社會活動、目標與計畫。

這一個定義中隱含著這麼一個意義：社會表現規劃已經實際發生了。我們雖然是把審計看作是一種控制過程來加以討論，但也可以把社會審計看作是一個規劃與控制的系統。

在策略控制的背景下，社會審計所扮演的角色如圖表4-7所示。該圖表與圖表4-5極為相似，但是前者更著重的是社會目標、企業社會表現、社會審計以及策略控制過程的前三個步驟。

雖然企業社會審計在今天的美國產業界運用的還不夠廣泛，但是它值得企業付出更多的心力來關注，因為它有可能對規劃、控制與溝通有所幫助。今天，愈來愈多的群體希望公司公開其在下列領域中的社會表現，這些領域

包括：環境、對工作場所條件的改善、以公正與誠實的態度與供應商往來、社區及慈善活動的介入以及在開發中國家的企業實務。期望獲得這些資訊的群體，包括各式各樣的社會活動群體，當然其中也包括共同基金、機構投資者等投資群體，一時之間似乎也很難全然道盡。

社會審計的具體工作內容包括：識別、衡量、監控和評價。識別是該定義所規定的一種功能，因為經驗告訴我們，公司往往並不完全清楚其當前在

圖表4-7 策略控制背景下的社會審計

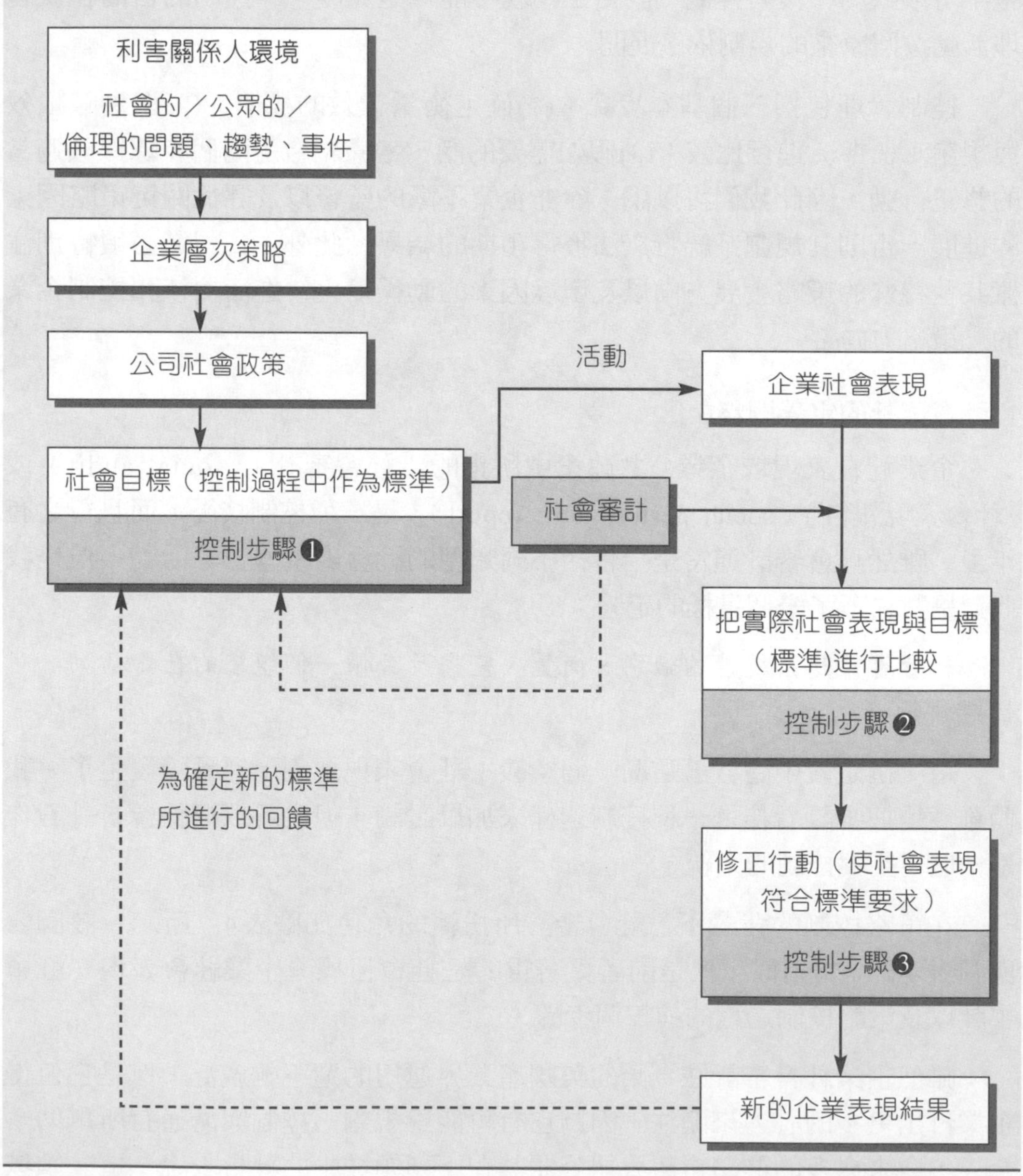

利害關係人環境
社會的／公眾的／倫理的問題、趨勢、事件

企業層次策略

公司社會政策

社會目標（控制過程中作為標準）
控制步驟❶

活動

企業社會表現

社會審計

把實際社會表現與目標（標準)進行比較
控制步驟❷

修正行動（使社會表現符合標準要求）
控制步驟❸

為確定新的標準所進行的回饋

新的企業表現結果

公眾、社會或倫理領域中的所作所為。但是要對一家公司目前的作為進行認真的判斷與剖析，都需要借助某些衡量標準，這樣才能對其表現加以報告、分析及比較。監控和評估是連續進行的，而且要為公司達到其標準或目標提供某些控制的手段。企業社會表現報告中的情況也愈來愈需要溝通，這成為我們必須誠心面對的一項重要問題。人們對公司現在有一種嚮往，就是希望他們的社會工作情況是「透明」的，而且對於公司來說，經常傳播這一類的資訊才有理由讓人相信，公司投入了相當多的時間與資源來開發許多對社會有益的活動。

　　社會審計這一種說法並非沒有爭議。最重要的反對意見是該術語暗示著公司的社會表現是一個獨立的行動或結果。然而，這種獨立性一般是不存在的。在會計人員看來，審計這一術語通常是指由外部的某一團體對企業產出進行稽核進而完成報告。由於社會審計一般是由組織內部的某些人員或組織所聘請的諮詢人員來進行的。很顯然的，這就是提出該反對意見所根據的理由。社會審計這個說法之所以遭致批評還與下述情況有關，即尚未形成一套被普遍接受的社會會計原則或規範，也沒有一批為社會所認可專門從事社會審計工作的專職人員，同時，企業社會表現客觀的衡量指標也還沒有達到基本的共識。儘管存在著這些批評意見，社會審計這一術語仍然被廣泛的使用。另外，企業也一直使用「倫理規範審計」、「利害關係人審計」等方法來審查本身的社會、倫理及利害關係人方面的表現。

　　另一個術語——社會會計，也經常被用於社會審計中。我們可將社會會計定義為：「關於一個實體與其活動對社會形成影響的內外部資訊、衡量與報告」。不難看出，這些定義之間差別並不大。截至目前為止，對於我們所描述過的控制功能來說，只有「企業社會表現報告」這一術語尚未受到批評。然而，某些跡象顯示，該術語已不再流行了。儘管如此，我們仍將交叉使用上述的這些術語，並請讀者記住我們對每個術語所說明的意義，特別是社會審計的要義。下文中我們用的最頻繁的術語之一就是社會審計，因為不論是在現有文獻中，還是社會表現衡量與報告的實踐，該術語都被廣泛的使用。

2.社會審計與報告的沿革

　　作為衡量、監控和評價企業社會表現的社會審計概念，其歷史可以追溯到50年前的20世紀40年代。在1940年的國家臨時經濟委員會的一份出版刊物中，就有一篇由Theodore J. Kreps所撰寫題為〈企業社會表現之衡量〉的

論文。社會審計發展的另一個里程碑是Howard R. Bowen於1953年出版的一本書。Bowen的社會審計概念是由一組的審計人員每五年進行一次，然而又是高水平、獨立評估活動中所使用的概念。這些審計人員的報告是建議性的評估報告，供被審計的企業管理者在內部參考使用。

與這些早期的社會審計理論性描述不同的是，20世紀70年代的社會審計試圖集中討論以下的社會表現議題：少數民族員工、污染與環境、社區關係、消費者問題以及慈善捐助。當時只有幾家個別的公司主動將社會審計作為控制的手段來加以運用，而要這樣運用則意味著必須具備某些可供比較的實際表現目標和標準。在那個時期，社會審計被一些公司用來審查企業本身在特定的領域中做了哪些事情，用以評價或評估公司本身的社會表現，並用以確定公司認為自己應該追求的社會活動計畫，或僅用於對管理者進行社會觀點的一般性宣傳或灌輸。

20世紀80年代，社會審計不受重視。然而，在20世紀90年代和本世紀初，人們對社會表現、倫理規範和價值觀的審計和報告又有了一定的興趣，美體小舖就是社會審計工作表現很出色的一家公司。該公司的創意者Anita Roddick就曾說過：「審計不應該只是對會計而言的，一家公司本質性的東西應該如同其帳簿一樣是公開的」。

3.一些社會審計的例子

全面開展社會或倫理審計的公司之一是生產護膚產品的美體小舖。美體小舖於20世紀90年代早期啟動了倫理規範審計的過程。該過程產生了一些重要的報告，其中一份最全面的報告是《1997年度價值觀報告》。

這份報告篇幅達200頁之多，詳細敘述了該公司倫理審計過程的目標、方法及結果。這份報告包含該公司公共政策的主要內容：使命陳述、創辦者聲明、1995~1997年度的社會和生態發展綱要、倫理審計的方法、1995~2000年度的工作目標，在重要利害關係人群體方面表現的報告以及其它報告。美體小舖還制訂有「社會審計和揭露的參照準則」，其目的是要透過週期性審計活動的發展，進而不斷的改善。

美體小舖澳大利亞公司（美體小舖的一個子公司），在2001年透過網路發佈了社會審計報告。為了完成這份報告，美體小舖澳大利亞公司採用面談、焦點群體訪談和調查等方法，從包括員工、顧客、供應商和接受公司培訓的客戶等利害關係人那裡蒐集意見和相關的資訊。這一份審計報告最初是

請一家顧問公司來執行的，後來則邀請了社區與學術機構的負責人對這份報告進行審查。

　　社會審計日益普及的另一個表現是顧問公司和研究機構願意幫助公司發展審計方面的工作。比如，SmithOBrien諮詢服務公司就推出了名為「企業社會責任審計」這一項主要服務。該公司聲明其所推出的審計服務意在「對公司營運中給利害關係人造成消極、被忽視的影響進行識別和消除，以避免出現與法律有關的問題曝光，降低生產活動的低效率以及降低聲譽上受損的風險」。有些公司希望更瞭解其對重要利害關係人群體的影響，印第安那波利斯的沃克資訊研究所就可以為這些公司提供相應的評估服務。該研究所提供的這一項服務也是與社會審計有關的。沃克資訊的「對聲譽和利害關係人評估」是一種衡量和管理利害關係人關係的綜合性做法。沃克研究所藉助這一項評估過程，從諸多利害關係人群體那裡蒐集訊息，基於此，給服務的公司提供一份關於這些群體是如何看待和評價公司聲譽的「計分卡」。配合其它方法，公司就可以把自己的聲譽得分情況與競爭對手以及其它世界級領先企業的聲譽得分情況進行比較分析。

　　顧問公司在社會審計領域裡所推出的諸多重要舉措中，位於倫敦的KPMG顧問公司於1998~1999年間設立了社會審計諮詢小組可算是最著名的。KPMG公司的主要顧客包括：美體小舖、皇家殼牌公司和合作保險公司。在本書的第三章中，我們曾經介紹了Wheeler與Sillanpää兩位作者在其《利害關係人公司》一書中所推出的方法。藉助這種方法，具體來說明與公司內外部各群體的對話，瞭解他們的想法，從而就有可能改善公司的社會表現並促進公司的環境與財務績效的提高。KPMG社會審計模型就是參照這一個方法制訂的。Wheeler認為社會審計市場剛剛興起，他預計在未來公司對這種服務的需求將會大量增多。

4.全球永續性報告推動計畫團體

　　社會審計推行的最大障礙之一是社會報告的做法缺乏標準化。由超過300家全球性組織一起創立的全球永續性報告推動計畫（Global Reporting Initiative， GRI），自創辦以來就一直把標準化當作一個極需解決的問題。GRI是總部設在美國環境保護責任經濟聯盟（Coalition for Environmentally Responsible Economies，CERES）的一家分支機構，該機構開發了許多為社會所認可的環境報告指南。儘管GRI希望所有的公司都採用它的指南，是不是所有公司都能採取如GRI所願的行動，應該說現在還無法加以判斷。但可

倫理的實踐

特殊的管理者

　　我曾經在一家高爾夫球場工作過。我的同事和我的工作職責很簡單——收顧客的錢，給他們一小籃高爾夫球，確保高爾夫球的供應夠顧客用，將球座挪到顧客容易得分的場地上。對家庭成員，偶爾也對好朋友，送幾籃不收費的球給他們玩，這樣做包括我們主管在內的所有工作人員都是心照不宣的。當高爾夫練球場上來了一位新的職業球員，就不應該免費送球了。

　　有一位新來的高爾夫職業球員，在我們這裡工作了兩個月之後，他發現這裡的所有工作人員，或至少可以說有那麼一些工作人員仍在送免費球。當時，我們的那位主管還有作為其下屬的我們，仍都這麼做，只不過這位職業球員還不知情而已。他走到我們的主管那裡，告訴他說他應該把那位還在送免費球的員工解雇掉。

　　我們這家練習場的工作不多，每個人工作都很自在，所以幾乎每天都可以遲到那麼一會兒。我們主管的行為更過分，他經常遲到15~30分鐘。自從這位職業球員提出解雇那位員工的要求之後，不到一個星期，我就注意到那位在我們這裡工作最久的員工被解雇了。這位員工剛從我們這裡捲鋪蓋走人，我們的主管就在辦公室的牆上增加了一套他新制訂的規則，其中的第一條就是：「不能免費提供球！所有人都不例外！」。唸這條規則的當時，我就在心裡想著這位員工被解雇可能是送免費球的事被那位職業球員抓住不放的緣故。後來我對那位被解雇的員工談起這件事，他告訴我，主管解雇他的理由是他嚴重的遲到問題。

(1)在這個案例中，假如有人的話，那麼是誰的行為方式不合乎倫理？假如他們的行為方式都不合乎倫理，這又該如何解釋？

(2)當時我是否應該將這一些情況的來龍去脈告訴那位高爾夫職業球員？假如我這樣做，對我和其他員工有什麼影響？

(3)被解雇的那位員工是否有採取進一步行動的合理理由？

以預料，許多公司將會使用某類「最佳實務」的文件作為標準。GRI在其網頁裡陳述了該團體的活動宗旨：

　　全球永續性報告推動計畫是一個國際性、由眾多組織一起創立的團體。該團體致力於制訂一套非官方、共同參照的標準，以供組織評估並報告其活動在經濟、環境及社會上的影響。全球永續性報告推動計畫團體的使命是對全世界一貫的報告做法從可比較性和可信度方面進行評估。

　　GRI創立於1997年的下半年，1999年發行了指南草案，2000年修訂其指南草案，到2002年，GRI成為一個長期存在、獨立和國際化，並形成一個

諸多利害關係人治理結構的團體。參加這個團體的美國公司包括：Agilent、Baxter International、Ford、Nike、GM和Texaco等公司。

只要企業開發其企業層次策略和公共政策，企業對社會和倫理審計需求的可能性就比較大。社會審計之所以深受歡迎，不單是利用它可對社會表現進行單獨、定期評估的原因，更因為它構成了我們這裡所討論的整個策略管理程序不可或缺的組成部分。只要企業管理者有評估其企業社會表現的意願，他們就需要改善計畫和控制，這樣，他們也就需要透過諸如社會審計這樣的方法進行策略上的控制。而這樣堅持運用和改進下來最終的結果就是企業社會表現水準得以提高，企業的可信度在利害關係人和公眾眼裡也就相對提高了。

4.4 公共事務

公共事務（public affairs）和公共事務管理（public affairs management）是兩個總括性的術語，企業用來描述如何使企業公共政策正式化和制度化的管理過程。流行的公共事務功能是我們先前討論過的策略管理總體過程的一個組成部分。作為一個總體性的概念，公共事務管理包括前文討論的企業公共政策，還有我們在第五章中將要詳細討論的議題和危機管理（issues and crisis management）。確實，議題管理和危機管理的許多方案是由公共事務部門（public affairs department）提出的，或與公共事務專業人員有直接的關係。企業公共事務還包括與政府的關係及企業溝通活動。

為應對利害關係人環境所進行的種種管理努力，可用許多不同的術語加以概括表達。這就容易出現問題，而且對這些術語的詞義究竟是什麼並不容易掌握。產生這種困惑的部分原因是對同樣內容的工作功能，不同的組織採用的稱謂是不同的。比如，「公共事務/外部事務」、「公共政策/企業社會責任」、「企業溝通」和「公眾問題管理/公共事務管理」這些術語，有的組織取這個稱謂，有的組織又用那個名詞，但是工作功能的內容並沒有多大的區別。另外，有些組織單獨設立公共事務部門，而又不處理策略管理問題，或不涉及企業層次的策略。

4.5 公共事務：策略管理的一個組成部分

在綜合性的管理系統中，策略管理的一個重要活動就是開發企業層次策略。企業層次策略所提的問題是「我們主張什麼？」，回答這個問題有助於組織形成其企業公共政策。企業公共政策所要表達的是一種對公眾、社會或利害關係人的環境，或是對這類環境中特定問題的較為明確的態度。一些企業把企業的公共政策稱為公共事務策略。企業公共政策的兩種重要計畫方法是議題管理和危機管理。議題管理和危機管理通常要建立在環境分析的基礎上，或是說它們與環境分析有關。某些企業組織把這些過程歸併到企業公共政策功能上去。從部門的角度來看，這些過程是由公共事務部門來發展的，公共事務管理是一個經常被用來形容所有這些過程或活動的術語，圖表4-8有助於說明這些過程中間的可能關係。

我們現在要思考以下幾個問題：企業公共事務功能是如何逐漸發展起來的？公共事務部門當前面對的問題有哪些？如何把公共事務思想活動貫徹到所有管理者的工作上去。最後這個問題很重要，這是因為公共事務管理要做好的話，最好要把它看做是每位管理者不可或缺的一部分，而不能把它只看做是負責公眾問題或利害關係人事務的專業人員或部門的職責。

圖表4-8 企業公共事務若干重要概念之間的關係

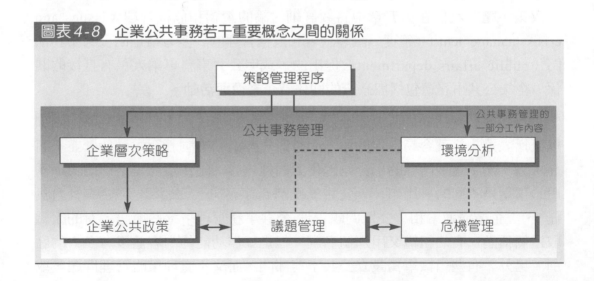

4.6　企業公共事務功能的演變

公共事務協會前主席Richard Armstrong認為，公共事務在美國得以長足發展是在20世紀60年代。主要原因有以下幾個：(1)政府的影響為何其重要性逐漸突顯出來；(2)政治系統不斷變化的性質，表現尤為鮮明的是，原先是贊助導向的，逐漸發展成問題導向；(3)企業認為，在許多政治事件上自己沒多少發言權，終究的結果多是於己不利；(4)政治上的公共事務需要更積極進取，而不光是介入諸如交響樂團、藝術博物館等傳統與社區活動有關的公共事務。

因此，我們今天所知道的公共事務功能是以幾十年前出現的社會活動主義發展而來的。20世紀70年代初期，為了因應歧視、環境保護、職業健康和安全、消費者安全等問題，一些重要聯邦法律得以通過，許多公司對於政府的這些立法行為給予積極的反應與高度的肯定，並紛紛發展公共事務活動，著手設立各自的公共事務部門。企業公共事務部門或機構完全是過去35年的產物。

4.6.1　公共事務活動/功能

作為一項管理功能的公共事務，是個別企業主動發展下述的一些活動而發展起來的，例如：改善與社區的關係、企業慈善和捐獻活動、與政府有關的事務、遊說、發展基層活動、履行企業責任以及發展公共關係活動。在某些企業中，公共關係人員所處理的問題包括與外部溝通的問題，據此可知，公共事務功能都是由公共關係活動中逐漸形成的。公共關係和公共事務之間的界限並不是很明顯，這與一些實際情況有關，那就是某些企業公共關係主管換了一種頭銜叫做「企業公共事務主管」，但是他們履行的還是原來的功能。

公共事務協會前主席認為，公共關係（public relations，PR）和公共事務（public affairs，PA）之間還是有差別的，以他們各自的工作重點、利害關係和發展方向就可以看出。他認為這兩個術語都很重要，但他們之間還是存在以下的主要差別：(1)公共關係處理的是與政府的關係，政府只是諸多社會組織的一類，而公共事務專業人員也可能是政府方面的專家；(2)公共事務要履行諸多的溝通職責，公共事務所處理的則是議題管理如何發揚企業良心的作用。

現代公共事務這一項功能活動雖然是以早期的公共關係活動和公司其它各項活動中發展起來的，但今天的公共事務包括公共關係，後者只是諸多功能中的一個。最近對企業公共事務所做的一項重要調查顯示，接受調查的公司中64％的公司都發展了公共關係活動。

4.7 企業公共事務的現代觀點

公共事務協會是一家總部位於華盛頓的專業協會，它對企業公共事務定義是：

企業公共事務是一類管理功能，這類功能著眼於監測和解釋企業的非商業環境，並對企業這類環境中的各種因素予以回應。

這個定義是相當廣泛的，包括很多的活動。為了更深入地認知該定義所定義的兩類活動，有必要瞭解一下公共事務的調查結果。這個調查請接受調查的企業指出他們的公共事務功能中包括哪些具體活動。所歸納的出的具體統計數字在圖表4-9中列出。該圖表可以看出，企業所發展的公共事務活動中最多的是這幾類：處理與聯邦、州及當地政府的關係、處理與社區的關係、發展企業並捐助慈善事業活動。

關於當今組織的公共事務功能，Post和Kelley提出了一個非常完善的觀點。他們這樣說道：

公共事務功能可以擔任窗口的作用：由內向外看，該組織能夠觀察到正在變化的環境；由外向內看，處於該環境中的利害關係人就可觀察、瞭解該組織並與該組織發生交互作用。

對公司公共事務有所瞭解之後，就容易理解Post和Kelley為何斷定公共事務部門的「生產活動」就是調節與外部利害關係人的關係，而且對組織的特定問題進行管理。

Martin Meznar 和Douglas Nigh對公共事務提出了另一個重要的看法。他們主張公共企業事務活動可分為兩類：一類是對組織與其社會及政治環境之間產生「緩衝」作用的活動；另一類則是對組織與其社會及政治環境之間產生交互作用的活動。

Meznar 和 Nigh發現，當組織面對的環境不確定性不斷增強時，具緩衝作用的公共事務活動也會相對增多。他們斷言，在組織與具有不確定性的外

圖表4-9　當前發展的公共事務活動

所發展的活動	所有接受調查企業中發展此類活動企業數（以％計）	所發展的活動	所有接受調查企業中發展此類活動企業數（以％計）
與聯邦政府的關係	75	與公共利益群體的關係	51
與州政府的關係	75	與教育有關的事務	44
與社區的關係	71	社會管制的介入	43
與當地政府的關係	69	志願者計畫	41
捐助/慈善	69	廣告	39
民眾事務	68	國際公共事務	35
問題管理	67	環境保護事務	29
與媒體的關係	66	與利害關係人的關係	24
政治行動委員會	66	與機構投資者的關係	23
公共關係	64	消費者事務	17
與員工溝通	58		

資料來源：James E.Post and Jennifer J.Griffin, *The State of Corporate Public Affairs* (Foundation for Public Affairs and Boston University School of Management, 1997), Figure 3.1. For similar data see J. J. Griffin, C.S. Fleisher, S.N. Brenner, and J. J. Boddewyn, "Corporate Public Affairs Research: Chronological Reference List," *Journal of Public Affairs* (Vol. 1, Issue 1, 2000), 9-32.

部環境之間能否發揮作用，與該組織高階管理者所持的管理哲學具有高度的關係。發揮作用的立場是一種主動應對的立場，持有利害關係人導向觀點的公司最有可能採取這種立場。

今天，對於公共事務專業人員來說，他們所面對的一個重大挑戰就是合乎倫理的發展工作。實際上，有問題的作法中，特別是在政治行動、與政府的關係、溝通等領域裡，存在著許多改進的機會。因此，獲悉公共事務的人們有了可依循的行為準則或一套倫理指南是值得開心的。下面就讓我們看一看圖表4-10所列出的這一套指南吧！應該說，這套指南值得研究一番。

4.7.1　國際公共事務的不斷增多

現在，我們有必要對國際公共事務做一些評論。30年前，公共事務協會把國際公共事務確定為一個新的企業功能，並建立一個團隊，對國際公共事務有關的情況和問題進行調查。這個調查最後形成的結論有三：(1)公共事務上愈來愈嚴重的挑戰和問題是發生在全球這個舞台上，並對公司構成了更重

圖表4-10 公共事務專業人員的倫理指南

▶▶ 公共事務專業人員……

……建立在誠信和真實資訊的基礎上維持職業關係,因而:

(1)對政府、員工、股東、社區利益團體和其他的利害關係人準確地陳述其組織在經濟和政治事務上所持的政策。

(2)產生一個可靠的作用,提倡對複雜的公共問題以各種不同觀點進行討論。

(3)承認制訂和實施公共政策過程中存在有不同的觀點,並且對問題有不同的看法是不可避免和健康的。

▶▶ 公共事務專業人員……

……努力維護組織公共政策過程和政治的統一性,因而:

(1)公開承認他在組織公共政策過程中作為一個正當參與者的作用,批露法律要求的與工作有關的資訊。

(2)瞭解、尊重和遵守適用於遊說與公共事務活動有關的聯邦和州的法律法規。

(3)瞭解並尊重法律規定的競選撥款和其它的政治活動,並嚴格遵守這些法律。

▶▶ 公共事務專業人員……

……理解企業利益與更為重要的公眾利益之間的相互關係,因而:

(1)涉及社會需要的負責任的觀點和各種外部利益,都要力圖使在企業決策過程中得以確實考慮。

(2)對於那些可帶來的社會利益與其他利益之間衝突的公共政策,要擔起以管理上進行審查的責任。

(3)承認自己本身具備雙重的責任,即既要擁護雇主的利益,也要維護民主過程的公開性和統一性。

(4)就可能影響企業運作的政治和社會現實情況對雇主提供準確的評估意見。

資料來源:The Public Affairs Council (Washington, DC),*1998 Annual Report*, 32. Reprinted with permission.

大的影響;(2)具有較強公共事務能力的企業為數不多,即使今後一段時期也不會太多;(3)所有存在的內外部挑戰,往往使得國際公共事務規劃的實施要比國內公共事務規劃的實施要困難得多。

要恰當地發揮國際公共事務的功能,與國際公共事務有關的內部活動及外部活動之間必須保持良好的平衡。以外部來講,關鍵的挑戰是處理好公司與業務所發展的關係,所要求做到的包括瞭解和滿足地主國的需要,與當地顧客、支持者、社會和政府打好交道。以內部來講,必須制訂國際公共事務規劃,而且在其配套規劃的實施上落實協調工作,並對公司高級主管傳授管理公共事務的技能,盡最大的努力支持公司與發展、推出活動並進行形象提

升的改善工作。根據Post和Griffin對企業公共事務所做出的調查顯示，國際公共事務是發展最快的公共事務活動領域之一。

4.7.2　對公共事務的其它研究

公共事務基金會在1992年曾對企業公共事務狀況進行調查，調查結論由James Post報告。這一項有關組織公共事務部門的調查基本上支持了Post之前發展過某項調查的結論，但也揭示了另外一些值得注意的動向。

從大型公司公共事務部門所強調的活動來看，環境事務、教育事務以及基層選民事務是新的公共事務責任領域裡發展最快的領域。該調查揭示出另一個重要的動向是公司內部公共事務責任的重組。這個動向是朝向公共事務功能更集中化的趨向發展。至於對政治事務的參與，愈能夠看出公司主要採取以下三種辦法介入：對政要人員的訪問、發揮政治行為委員會的作用以及與候選政要人員的會面。

這一項調查顯示：最近幾年，組織與各類利害關係人在公共政策問題上的溝通增多了。在過去的10年間，組織從獨自進行政治分析和採取政治行動、採用更具整合性的問題管理辦法，這些趨勢變得愈來愈明顯。這一項調查還證實了：作為公共事務部門的組織工作概念——議題管理，它的興起已是個不爭的事實。該調查的報告中還提到了國際公共事務變得重要起來，而且許多公司寧願把國際公共事務看做是在特定國家發展經營所涉及的政治事務，而這些事務由當地管理者去管理是最合適的。最後要說的是，絕大多數被調整的公司都對其公共事務活動進行測量和評估。

當組織對他們在公共事務活動上面的投入與開支變得愈來愈敏感時，勢必要加強對公共事務管理的評估能力。在這個話題上的一項重要研究中，Craig S. Fleisher發現測量和評估所使用的方法很不一樣。他斷定通常採用的三種評估方法主要與下列三個因素有關：(1)公共事務評估政策或系統的性質（可從政策或系統在不做評估到及其正規化評估這一連續帶上處於什麼位置去認知其性質）；(2)所採用的評價方法的性質（可以從某方法處於最具分析性這一連續帶上處於某個位置去認知其性質）；(3)所利用的資訊的性質（從該資訊於最客觀到最主觀這一連續帶上的某個位置去認知其性質）。評估和測量愈來愈明顯的趨勢是公開化。Craig S. Fleisher將其定義為：「一個不斷進行、系統化的方法，藉助這個方法，公共事務機構將自己與高水準和世界一流公共事務標竿管理的概念進行衡量和比較，以得出或推出自身對於公共

事務角色、做法、過程、產品、服務及策略問題的瞭解和行動,從而達成公共事務工作績效的進一步提升」。標竿(benchmarking)管理的概念源自於全面品質管理運動。

調查結論和發展趨勢

為了更有效地發展企業公共事務活動,有必要瞭解一下Post和Griffin在1996年對公共事務管理所做的一項調查研究所得出重要的結論。這些研究者認為是各種力量,尤其可能是因為競爭壓力而推行的組織再造及縮減規模,才引起了這麼多重要的變化。他們發現標竿管理的推行力度相當大,將近一半的公司都回答說上一年度他們發展了標竿管理活動。之所以呈現出這一發展趨勢,與執行長的授權和組織致力於不斷的自我改善也有密切的關係。公共事務協會、華盛頓辦公機構、議題管理過程和慈善活動中,對標竿管理的研究所做的最多。

這一個調查瞭解到這種情況以及最近幾年一大批公共事務高級職員對他們的部門進行了局部或徹底的重組。看起來有如下幾個關鍵的趨勢:(1)組織關係的變動,往往是由前任公共事務高級人員退休和沒有人接替所引起的;(2)與內部顧客的聯繫上出現了新的變化,例如:公司的每一個事業部都配備了主管,各事業部的公共事務都由其公共事務主管負責;(3)有一些趨勢之間是相互矛盾的,例如:有的組織外部公共事務功能是統一的,有的組織外部公共事務功能則是分離的。

其它的趨勢包括運用利潤中心的概念,對公共事務活動中的成本和收益進行衡量。公共事業部門透過審慎而又積極地發展與政府的關係(例如:透過公共事業部門的工作,立法或法規要是能夠得以調整或修訂,政府購買更多公司產品或服務的可能性就愈大),尋找更多的市場機會,力圖對組織做出更多的貢獻。技術應用上的趨勢包括更多利用網路和互動式電腦系統已經發展出各類的公共政策工作。

基於20世紀90年代後期環境中所發生的這些變化,作為企業公共事務家的Craig Fleisher提出了「新公共事務模式」。Fleisher認為新的公共事務組織應該是這樣一個組織:

(1) 對公共事務的管理是持續發展、長年進行的過程,既著眼於外部,也著眼於內部。

(2) 大力開發並努力擁有與利害關係人持久不衰的良好關係。

(3) 認識到管理基層群眾的重要性。

(4) 以相互協調的方式進行溝通。

(5) 不斷地將組織的價值觀和策略與公眾的利害關係結合起來。

(6) 幫助組織系統性、主動地發展競爭活動。

　　Fleisher提到了一些實際上這樣做的非營利組織，例如：美國退休人員協會（AARP）、全美教育協會、美國醫學會（AMA）和基督教聯盟。他說這些組織透過推行這一新公共事務模型，其公共政策工作十分出色。

　　儘管今天的公共事務專業人員對自己的本質工作十分熱愛，並努力試圖透過自己的工作對組織做出更大的貢獻，然而，在企業紛紛進行瘦身和重組的年代，那些對公共事務認識不清的高層主管，很可能首先削減公共事務部門的開支預算。還有就是要求公共事務專業人員多推出一些創新性的工作措施，對於組織做出更高的貢獻。圖表4-11所介紹的就是一個可實施於企業公共事務品質改進的方案。

圖表4-11　公共事務品質改善方案的推出

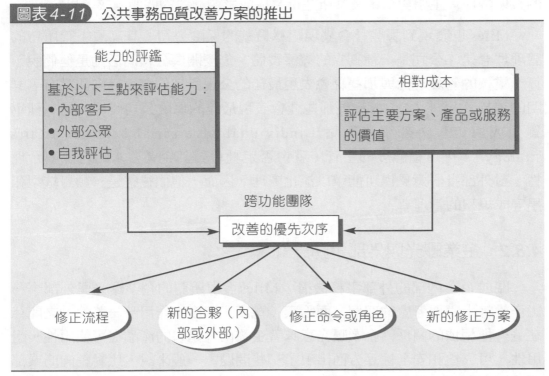

資料來源：Peter Shafer, *Adding Value to the Public Affairs Function: Using Quality to Improve Performance* (Washington, DC: Pulic Affairs Council, 1994), 44.

4.8 公共事務策略

我們並不打算全面討論公共事務策略問題，然而由Robert H. Miles主持的一項重要研究結論以及他的《對企業社會環境的管理》一書中我們想要詳細的介紹。Miles的研究集中在保險業，但他的許多結論對其它企業也有應用意義。

4.8.1 企業外部事業功能設計與企業社會表現

Miles對於大型保險公司的外部事務策略（也稱為「公共事務政策」，public affairs strategy）做了研究，旨在釐清企業外部事務功能的策略與設計和企業社會表現之間有哪些關係。他發現那些社會表現最佳的保險公司，其高階管理者所持的管理理念是制度導向的。也就是說，高階管理者會把其企業視為一個社會機構，去適應一個不斷變化的社會則是這個機構的職責，這家公司因而也就需要一種合作型/解決問題型的外部事業策略。合作型或解決問題型策略（collaborative/problem-solving strategy）強調發展與外部支持者的長期關係，主張對企業及其所在行為構成影響社會的問題應該予以解決。

Miles也發現到那些社會表現紀錄最差的保險公司，其高層主管所持的管理理念是：公司是一種獨立的經濟實體，怎麼開展公司的活動是他們說了算。這樣的管理理念與那些社會表現最佳的公司所持的制度導向觀點有著鮮明的差異。另外，Miles發現那些社會表現最差的保險公司使用的是一種單獨型或對抗型外部事務策略（individual/adversarial external affairs strategy）。持這種態度的主管，就會否定社會對其企業要求的合法與合理性，對外部批評意見僅可能予以淡化處理。因而，他們往往是一類對抗型和墨守成規型的管理者。

4.8.2 企業曝光與外部事務設計

關於企業內部的外部事務機構，Miles發現所謂的企業曝光與外部事務工作設計上需要考慮的四個方面因素（寬度、深度、作用及一體性）之間存在著一種相依的關係。企業曝光意味著企業向外銷售的產品在可使用性、耐用性、可靠性和安全性等方面出現了一些問題。一般來說，比對銷向商業部門或工業部門的產品，銷向消費者的產品更易被曝光。Miles發現曝光率高的企業要求配設工作功能較複雜的外部事務機構，而曝光率低的企業，工作功能簡單的外部事務機構就可滿足發展相關工作的需要。

應該講，Miles的研究並不夠深入，但是，我們還必須指出，他這一項研究努力對公共事務策略和組織設計的研究產生了極大的推動作用。Miles的研究給我們的啟示是，一家企業的社會表現（還有其產業活動、合法性可行性和經濟績效）是企業曝光、高階管理者所持的理念、外部事務策略以及外部事務設計等因素交互作用影響而成。圖表4-12為Miles關於企業社會表現的理論，至今仍具參考價值。

公共關係策略上的其他舉措包括將公共事務整合進企業策略計畫，從策略管理的角度對公共事務加以審計、對公共事務活動設計出一個公平客觀評估辦法，對公司聲譽進行管理，以及對企業社會表現的管理將有助於企業核心競爭力的提升。

圖表4-12 Miles的企業社會表現理論

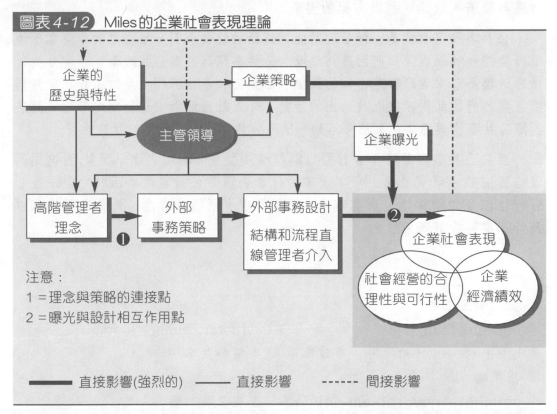

資料來源：Robert H. Miles, *Managing the Corporate Social Environment: A Grounded Theory* (Englewood Cliffs, NJ: Prentice-Hall, Inc., 1987), 274. Reprinted with permission.

本章摘要

　　企業公共策略是一家企業從公益、社會、理論方面對待其利害關係人以及行使其職責時所持的態度和立場。策略管理是企業層次策略的一個組成部分。企業層次的策略是涉及內容最廣、具決定性作用的策略，它關注的是組織在社會中的作用。其它層次策略包括：總公司層次策略、事業部層次策略和功能性層次策略。

　　策略管理程序包括六個步驟。在策略管理的每一個步驟中，都可能需要關注社會、倫理與公眾的問題。環境分析這一工作步驟中要應對的公益問題最多。環境分析這一步驟又是由考察、監測、預測和評估這四個階段所構成。在整個環境分析過程中，對社會、倫理、公益的問題考慮的同時，還要考慮到經濟、政治、技術方面的因素。

　　公共事務可看成是一種管理功能，這種功能負責對一家企業的非商業環境進行監控和解釋以及如何回應該環境。公共事務與企業公共政策、環境分析、議題管理及危機管理有著密切的關係。當今公共事務部門主要的工作功能包括處理與政府的關係、採取政治上的行動、介入社區活動、進行問題管理、開展國際公共事務與組織企業慈善活動。國際公共事務有了長足的發展。

　　至於公共事務策略，合作型或問題解決型策略表現出比單獨型/對抗型的策略更有效。研究表示，一家企業的社會表現，包括其產業活動的合法性、可行性以及經濟績效、企業曝光、高階管理者所持的理念、外部事務策略以及外部事務設計等因素。

關鍵字

benchmarking 標竿	corporate public affairs
business-level strategy 事業部層次策略	企業公共事務
	corporate public policy
collaborative/problem-solving strategy 合作型或問題解決型策略	企業公共政策
	enterprise-level strategy
core values 核心價值觀	企業層次策略
corporate-level strategy 總公司層次策略	functional-level strategy
	功能性層次策略

Global Reporting Initiative(GRI)
全球永續性報告推動計畫
individual/adversarial external
affairs strategy 單獨型或對抗型
外部事務策略
issues and crisis management 議
題和危機管理
public affairs (PA)公共事務
public affairs department 公共事
務部門
public affairs management 公共
事務管理

public affairs strategy
公共事務策略
public relations (PR)公共關係
social audit 社會審計
social performance report 社會表
現報告
strategic management 策略管理
strategic management processes
策略管理程序
value shift 價值轉換

 問題與討論

1. 解釋企業公共政策與策略管理之間的關係。

2. 四個策略層次中哪一個策略層次與社會、倫理或公共問題關係最為密切？討論關於這個層次策略的特徵。

3. 策略管理程序包括哪些步驟？其中哪一個步驟最關注社會問題計畫？請解釋。

4. 何謂社會審計？為什麼說它是策略控制的一種工具？

5. 環境分析包括哪四個階段？請對四個階段分別予以簡單的解釋。

6. 公共關係與公共事務之間有什麼區別?這兩個概念之間為什麼存在著一定的混淆？

7. 你認為國際公共事務是否有長足的發展？你的理由是什麼？

8. 合作型/解決問題型策略與單獨型或對抗型策略有何不同？其中的哪一個策略看起來對企業公共事務最有效？

個案評述

本書附贈的光碟提供了許多個案，與本章相關的個案有個案1、個案2A、個案2B、個案3A、個案3B以及個案42，您可以搭配本書第四章的內容探討以下的個案：

個案1「Wal-Mart：小鎮商人的噩運」

這一個個案主要在探討零售業大亨Wal-Mart的故事，主要在探討地主國企業與社會之間的關係。該個案特別著墨在有關企業權力、企業如何影響社區、社會責任等相關議題。Wal-Mart究竟有何權力來影響社區？Wal-Mart所發揮的影響力是否符合社會責任的標準？Wal-Mart在進行策略規劃與管理的時候該如何將公共事務管理的概念整合進來？如何執行？Wal-Mart如何進行社會審計？公共事務執行長該如何協助公司？

個案2A「The Body Shop國際有限公司」以及個案2B「The Body Shop的廣告」；個案3A「The Body Shop的形象受損」以及個案3B「The Body Shop國際有限公司（1998~2004年）」

兩個有關The Body Shop的個案主要在探討社會契約如何影響具有「社會知覺」的企業，這些個案也談到企業受到批判以及企業如何回應批判的議題。個案2B「The Body Shop的廣告」則是在探討Anita Roddick沒有對其支持者信守承諾的議題。主要在探討有關公司權力、社會責任、利害關係人以及企業論理的議題。個案中也說明了當公司的實際作法與經營策略有所出入的時候，將會產生兩難的窘境。The Body Shop如何進行社會審計？The Body Shop需要公共事務執行長嗎？他該做哪些事？

案例42「社會改革還是利己行為？」

Raise Hell and Sell Newspapers是一本關於Alden J. Blethen的傳記，他於1986年收購了《西雅圖時報》。這本書以編年體的形式記述了Alden在貧困的環境中成就偉大事業的盛衰歷史。在遭遇了一連串的企業破產之後，Alden向家人借款買下岌岌可危的《西雅圖每日時報》報社。Alden於1915年去世，他的遺願是這個經營卓越的報社要掌握在自己家人旗下。Frank Blethen是運用出版商的力量提出社論觀點，還是利用《西雅圖時報》滿足其私慾？請評估公司的社會政策與公司層次策略。

第五章
議題管理與危機管理

本章學習目標

▶▶ 閱讀完本章後，你應該能夠：
1. 分辨慣用的議題管理方法和策略管理方法。
2. 瞭解和概述議題管理過程的每個具體階段。
3. 描述危機的定義，並定義危機的四個階段。
4. 列出並探討對企業危機進行管理的主要階段。

本書主要探討公眾領域中已經成為爭議對象的社會及倫理問題。在企業中所發生的一些嚴重事件或危機，目前有的已經成為代名詞了，例如：愛之運河（Love Canal）（美國化學廢料污染事件）、三哩島（Three Mile Island）（大都會愛迪生公司在該島經營之核電廠持續12小時核能輻射外洩事件）、泰諾（Tylenol）膠囊中毒事件、聯合碳化物公司（Union Carbide）印度珀帕爾毒氣外洩事件、埃克森Valdez號油輪漏油事件、歐洲可口可樂飲料回收事件、普利司通/福特輪胎胎紋龜裂事件等。2001年9月，美國紐約雙子星（世界貿易中心）大廈遭受恐怖攻擊，造成兩棟辦公大廈中的企業，以及其它相關企業造成了前所未有的危機。這個象徵著對全球資本主義國家發動恐怖攻擊的衝擊影響，將造成今後無法磨滅的記憶，而此慘絕人寰的事件及接踵而至的問題，將迫使日後企業更加重視及關注「危機管理」的問題。

此外，包括：員工權利、性騷擾、產品安全、職場安全、工資低條件差之工作、行賄、腐敗、職場抽菸、欺詐廣告等長期以來所形成的社會及倫理問題，雖然沒有嚴重到被視為「危機」，但也十分棘手，因此，企業還是必須處理。

「議題管理」（issues management）與「危機管理」（crisis management）的管理決策過程是企業應付事件時所依循的兩種重要方法。當運用到這兩種方法時，意味著企業環境已變得十分動盪，同時隱含著社會大眾十分重視企業如何處理及回應動盪環境中所產生的問題。在理想的情況下，「議題管理」與「危機管理」是企業經營策略和企業公共政策在推動過程中自然而然發展出來的，但是能夠擁有此能力的企業畢竟還是少數。有些企業根本就沒有針對社會及倫理問題認真深入的思考過，至於如何推動執行企業經營策略和企業公共政策就更談不上了。因此，對於這些企業而言，為了應付社會環境中危急的情況，最直接了當的作法就是發展議題管理與危機管理。

整體而言，有些企業是幸運的。Johnson & Johnson 公司的泰諾膠囊中毒事件、聯合碳化物公司印度珀帕爾毒氣外洩事件、Procter & Gamble公司的 Rely 衛生棉條事件、道康寧公司接受乳房植入物的調查、ValuJet Flight 592號班機和環球航空公司800號班機墜毀事件，以及世貿大樓攻擊事件，雖然此類事件危機並沒有打擊到大部分的企業，但它們一定清楚知道類似的危機事件要是真的發生在自己身上，那絕對是災難。因此，這些企業是到了應該關心議題管理及危機管理的時候了。

所有的計畫過程均具有雷同的一面，也有差異的一面，議題管理與危機管理之間也不例外。為了方便說明起見，我們還是把兩者的特點分開來探討。在探討之初，應該提及的是議題管理與危機管理之間存在著一個共同的基礎，即兩者都是關注改善利害關係人的管理方針，都是為了使企業對利害關係人的期望能夠給予更符合倫理標準的回應。為使議題管理與危機管理更具成效，就必須加強對利害關係人的社會回應以作為這兩類管理領域的基本目標。這兩類管理之間有一定的關聯性，有效的議題管理可使管理部門更有效率的發展危機管理活動。也就是說，透過主動與認真的發展議題管理活動，可以預測並避免某些危機。

5.1 議題管理

「議題管理」之過程為：先確認利害關係人之問題；接著分析問題與組織的關聯性，並列出回應問題的優先順序；再者是制訂回應問題的計畫；最後進行回應並對回應結果予以控制。考慮議題管理時可以利用前一章所介紹的一些概念，例如策略管理過程、企業經營策略、企業公共政策及環境分

析。策略管理和環境分析過程均要求對相關的經濟、科技、社會及政治等問題進行全面性的考量，而企業經營策略及企業公共政策則是關注社會與倫理問題，議題管理則是廣義的概念運用。

5.1.1　議題管理的兩種方法

「議題管理」的重要方法有二：(1)狹義的方法：該方法偏重關注社會或倫理問題；(2)廣義的方法：此方法主要關注策略問題及策略管理過程。Liam Fahey認為議題管理的第一種方法為傳統法，第二種方法為策略管理法。

「傳統議題管理法」（conventional approach to issues management）具有以下的特點：

- 公共政策或公共事務管理領域內的相關議題。
- 對企業或企業公共政策制訂可能構成影響的任何趨勢、事件、爭議，均可視為問題。
- 於社會、政治、監管及司法環境中所產生的問題。

「議題管理策略管理法」（strategic management approach to issues management）為少數公司所採用，主要特點是：

- 議題管理一般是高層管理部門或策略計畫人員的職責。
- 該方法中的問題確認比傳統法中的問題確認更具重要性。
- 議題管理被視為一種對公司策略、計畫及假設的管理方法。

H. Igor Ansoff 與 William R. King 這兩位管理學大師也是議題管理策略管理法的倡導者。圖表5-1就是Ansoff所描述的策略議題管理。請注意，我們在前一章中所間接提到的「策略」特徵——威脅/機會與優勢/弱勢。

冒著過於簡化的風險，我們還是要探討一下議題管理的「傳統法」和「策略法」的主要區別：前者重視社會大眾的議題；後者基本上包括了所有的問題。另外，傳統法可作為一個獨立的決策過程來加以運用，而策略法則與整個策略管理過程有密切的關聯性。經營管理者或策略計畫人員往往採用的是策略法，而公共事務工作人員往往採用傳統法。這可能也是一種區隔所在，除了這些區隔之外，還有不少共同點。

圖表5-1 策略議題管理

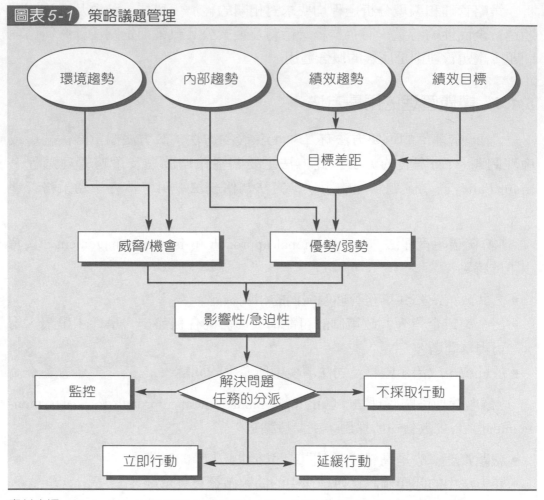

資料來源：H. Igor Ansoff, "Strategic Issue Management," *Strategic Management Journal* (Vol. 1, 1980), 137. Reprinted by permission of John Wiley & Sons, Ltd.

本章重點在探討傳統法，因為本書集中探討的是公眾、社會和倫理的利害關係人問題。然而，我們應該指出的是，前一章的目的是要表達此一思想，即社會問題應被視為解決策略管理過程的一個重要考量因素。因此，必須把環境分析視為一個一般性的現象加以考量，如圖表5-1所述。

由此看來，我們對議題管理的這兩個方法應該是比較容易理解的。其中特別應該注意的是，傳統法可被視為策略法的配套方法，但是，許多公司並沒有認知到這一點。就某種意義上來說，這兩種方法是不可分割的；組織想要有效運作，就應該同時採用這兩種方法。然而，我們的探討重點還是放在傳統法上。

5.1.2　變化中議題的組合

過去的20年內所出現的「公司議題管理小組」和「議題管理者」都是管理者不得不處理，進而演化出來的結果。經濟和財務的問題是企業經營過程中永遠要面對的，隨著國際市場的擴張以及激烈的競爭而成為一個重要的問題，這兩類問題的複雜度也隨之提高。由於技術進步特別是網際網路技術的發展，企業將面對其它更多複雜的問題。在所有的公眾、社會、倫理和政治問題所佔的比例不僅最高而且格外引人矚目，同時也引起媒體和特殊利益關係群體的關注。我們還必須注意到，近年來這些問題之間的關聯性不斷提高。

對於大多數的企業來說，社會、倫理、政治和科技的問題同時也是經濟的問題，這是因為企業成功的處理這些問題，並直接改善了財務狀況和增加經濟收益。隨著時間的演進，各類問題所佔的比例就會產生相對的變化；當這些問題產生了累積效應時，管理者將面對更加嚴峻的挑戰。

5.1.3　問題定義與議題管理過程

在描述「議題管理」的過程之前，我們應該簡要討論一下問題是怎麼形成的，以及對於議題管理我們應該提出哪些假設。「議題」（issue）可被視為是雙方或多方之間的爭議。爭議一般會引發解決的爭論、辯論或意見上的相左。在某些時期，組織只需要就尚未解決的事項做出決策，但是，處理某些問題所做出的決策並非意味著該問題得以解決。一旦成為公眾問題時，將會由公眾輿論來決定或被媒體曝光，而對該問題的解決就會更加困難。特別是那些出現在社會和倫理領域裡的問題，將會持續的出現，且必須不斷予以回應。

《議題管理》（*Issues Management*）一書的作者Joseph Coates等人認為，一個「新興問題」（emerging issue）具有以下的特點：

- 用詞的爭論尚未釐清。
- 涉及價值觀與利益衝突。
- 並非專家就能找出解決辦法。
- 往往需要用含義明確的用詞來加以表達。
- 妥協是必要的。

對於同樣一個問題，看法可能是多樣化的，John Mahon對這種現象進行觀察，並認為問題本身的定義是錯綜複雜的，而且更進一步的指出：在任何特定的管理情境中都有著諸多利害關係人與動機。而個人權益時常是重要的因素，但往往被忽視或沒有被考慮到。例如：一些當事人深知這種問題與他們自身關係重大，因此，即使面對可以明確反駁他們觀點的具體證據時，均不願做出讓步或放棄其立場。由此可知，組織問題的解決並非易事。

當決定採用議題管理方法時，我們應該做出哪些假設呢？Joseph Coates等人提出以下的假設：

- 應該比以往更早、更全面、更有依據地確認問題。
- 儘早預測並集思廣益考慮解決問題的方案。
- 儘早預測並全面分析問題的影響範圍。
- 儘早預測並確實解決問題的目標。
- 儘早確認組織的利害關係人。
- 儘早及主動的面對有影響力的社會輿論，以便更容易理解相關問題。

議題管理僅有假設是不夠的，還應該在議題管理過程中貫徹這些假設，並使組織能得以更有效的發展。

1.議題管理過程模型

如同策略管理過程一樣，議題管理過程亦具有連貫性與關聯性的步驟或階段。圖表5-2所示是一個值得深入討論的議題管理過程模型。這個模型既包括計畫方面的工作內容（問題的確認、分析、排序以及回應措施制訂），也包括實施方面的工作內容（回應措施的落實及其結果的評估、監測及控制）。

2.問題確認

在不同時期，問題確認過程有不同的用詞，例如：社會預測、未來研究、環境考察及公共問題考察等。問題確認過程所運用的方法不少，這些方法或技術之間儘管都差不多，但每一種方法或技術都有其特點，都需要對環境加以考察並確認那些可能被認定為與組織有關聯性或對組織有影響力的問題或趨勢，這則是方法或技術之間的兩個共同點。

問題確認最基本的做法是指派某人不斷地瀏覽各種出版刊物——報紙、雜誌、專門刊物和網路資訊，並整理出一份問題清單。這往往是由同一個人或同一個小組去查閱公開文件、聽證會紀錄及其它諸多相關的資訊來源。要

圖表 *5-2*　議題管理過程

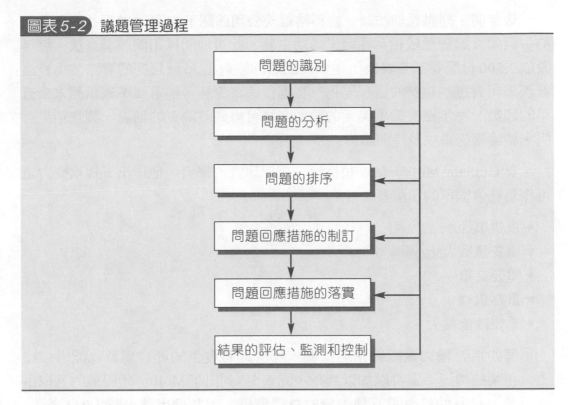

把查閱蒐集的資訊整理成可供組織內部運用的內部報告或內部資訊。接下來的工作步驟為出資購買由私人或顧問公司所提供或發行的相關動態資訊服務或時事資訊。

　　有兩個預測未來趨勢的服務機構頗具盛名，其中一位是知名作家兼顧問的 John Naisbitt，他的暢銷書《大趨勢》（*Megatrends*）令他聲名大噪；另一位是揚科洛維茨公司（Yankelovich）（正式的名稱應是揚科洛維茨—斯凱利—懷特公司），這是一家總部設在紐約的社會研究公司。這些專業人員或顧問公司為企業提供他們所蒐集的資料，每年的服務費收入相當可觀。這些服務機構對企業所提供的服務內容有內部通訊資料、週報、月刊、電話簡訊以及各季趨勢探討。趨勢預測者並非萬能，但在事實上他們的確在預測未來變化時，會比顧客心理的抵觸或障礙還要少。

　　John Naisbitt 聲稱他與許多趨勢預測者不同。他的主要觀點為：「真正重要的事件會先在國內某地醞釀。一般而言，地方上會發生的事件，將來全國也會發生」（此為爭議觀點）。因此，按照 Naisbitt 的說法，確認問題最可靠的辦法是看看人們正在做什麼，而不是聽人們正在說什麼。Naisbitt 一直致力於確認公眾問題，他在這上面的努力可以從他的《2000年大趨勢》一書中看出端倪。

幾年前，經過長期訪談，揚科洛維茨公司確認了35種具普遍性的社會趨勢，例如：摒棄權威和女性職業成功主義。此後他們採用問卷調查法，每年發放2,500份問卷調查表格，並請受訪者回答對這35種趨勢的看法。揚科洛維茨公司對這些趨勢的盛衰變化一直進行追蹤瞭解，揚言要準確預測未來五年的趨勢。每年繳交數萬美元的贊助商將可得到該調查的結論、調查結果說明、結論報告書以及特別諮詢。

T. Graham Molitor是一位從事未來學研究的學者，他提出五種重要力量可作為社會變革的預測者：

- 重要事件。
- 重要權威人士/倡導者。
- 重要文獻。
- 重要組織。
- 重要政治權力。

假如這五種力量能夠密切監測，那麼即將發生的社會變革就能得以確認，在某些情況下還可以加以判斷。圖表5-3列出了Molitor所歸納的五種重要力量，也有助於說明五種力量的具體事證。因為列出該表時「911事件」尚未發生，因此，毫無疑問的，在預測重大社會變革的重要事件中，應該必須再加上紐約世貿中心恐怖攻擊事件。

Molitor是公共政策預測公司的創辦人兼總裁，Molitor說他每年大概買1,000本書，他個人的圖書館藏書量達3萬多本；為了發現對政府和企業有意義的趨勢及問題，他每天瀏覽的出版品多達60份。在長達40年為《財富》500大的一百多個組織團體做未來十年、甚至下世紀的變化預測，並提供建議及看法，Molitor所累積建立的知識庫大到令人吃驚。

有些專業服務機構得耗費數萬或數十萬美元，但有些公司的意願並不高，也有些公司幾乎完全依賴這類機構作為問題確認的資訊來源，而有些公司則耗費較少的費用參與非正規的預測。

3.問題分析

以下兩個步驟（問題的分析和排序）是密切相關的。分析一個問題，意味著對該問題加以研究、分析、分類、組合，進而掌握該問題的性質及與特點；分析一個問題，不僅要考慮問題的外在表現，並且要努力瞭解問題的由來、發展過程、當前的性質以及組織未來潛在的關聯。William King認為，

圖表 5-3　主導社會變革力量之案例

重要力量	例子	公共問題領域
事件	三哩島事件/車諾比爾核電廠爆炸	核電廠安全
	珀帕爾毒氣洩漏	工廠安全
	地球保護日（每年的4月份）	環境
	泰諾膠囊摻毒事件	產品
	愛之運河	有毒物質排放——環境
	Rely牌衛生棉條事件	產品安全
	伊凡·波伊斯基醜聞	內線交易
	湯馬士聽證會	性騷擾
	瓦爾迪茲（Valdez）號油輪溢油事件	環境
威權人士/倡導者	拉爾夫·納德爾	消費者保護運動
	雷切爾·卡森	殺蟲劑與基因工程
	馬丁·路德·金恩	民權
	傑西·傑克遜	黑人權利
	科林·鮑威爾將軍	自願兵制度
文獻	《寂靜的春天》（雷切爾·卡森）	殺蟲劑與基因工程
	《任何車速都不安全》（拉爾夫·納德爾）	汽車安全
	《大趨勢》（約翰·奈斯比）	問題識別
組織	地友會	環境
	山脈俱樂部	環境
	兒童電視節目法案（ACT）	與兒童有關的廣告
	反酒後駕駛母親會（MADD）	高速公路安全/酗酒
政治權力	密西根州——保護「吹哨者」法案	員工言論自由
	特拉華州	公司治理

譯注：吹哨者指的是將公眾利益置於個人或組織利益之上，敢於公開揭發或指控錯誤、有害和非法行為的人。

在分析與利害關係人有關的問題時要注意：

- 誰（利害關係人）受該問題的影響？
- 誰在這個問題上有利害關係？
- 誰對這個問題可能有影響力？
- 誰對這個問題發表過意見？
- 誰應該關注這個問題？

一家顧問公司（人力資源網絡）則認為在進行問題分析時，關鍵在於：

- 誰是該問題的始作俑者？（歷史觀點）
- 現在誰與該問題有密切關係？（目前觀點）
- 將來誰與該問題有密切關係？（未來觀點）

首先，先瞭解各項問題分析，以便於管理部門對這些問題進行排序或確定優先順序，進而對待決問題的緊迫性也有較清楚的瞭解。

4.問題排序

對問題做仔細分析並有相當的認知與瞭解，接下來就有必要根據這些問題對組織的重要性或相關程度進行排序。因此，應該注意到，某些議題管理系統是把這一步驟的工作放在問題分析之前。而打算淘汰掉一些相關性不高或不值得分析的問題時，就有必要將問題排序步驟往前移。

進行問題排序時，比較簡單的辦法就是依據緊急程度將問題加以歸類，複雜一點的做法就是運用較為複雜的評分法。以下兩個例子將有助於說明問題分類的技術。Xerox所使用的程序是將問題分成三類：(1)十分需要考慮的問題（管理部門必須確切瞭解問題）；(2)最好應該瞭解的問題（令人感興趣但並非關鍵及緊急的問題）；(3)有疑問的問題（除非發生了其它事件，否則有可能不構成問題）。PPG Industries則把需要考慮的問題分成三類：A類（需要執行長採取行動和加以審視的關鍵問題）；B類（需要部門經營者或管理者密切關注的問題）；C類（只具有潛在影響，並由公共事務部門監控的問題）。

「可能性－影響矩陣」（probability-impact matrix）是一種可供問題排序之複雜方法。這種方法要求管理者一方面對問題發生之可能性（大、中、小）做評估，另一方面則為該問題對公司的影響（大、中、小）做出評估。當然，每個問題發生的可能性與每個問題對組織影響的評量級數還可加以細分，例如：兩造雙方均分為10級，其區間為1~10，發生的機率為0~1。

圖 5-4　問題的篩選和排序

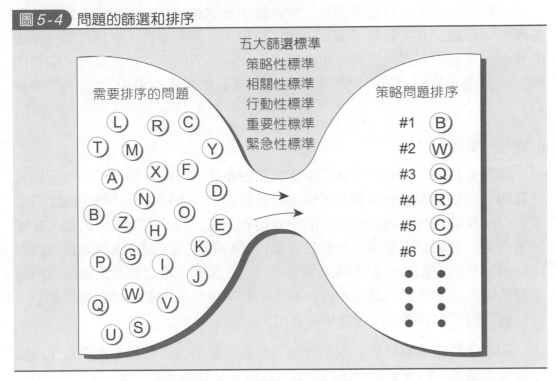

五大篩選標準
策略性標準
相關性標準
行動性標準
重要性標準
緊急性標準

需要排序的問題

策略問題排序

#1　B
#2　W
#3　Q
#4　R
#5　C
#6　L

資料來源：William R. King, "Strategic Issue Management," in William R. King and David I. Cleland(eds.)*Strategic Planning and Mangement Handbook* (New York: Van Nostrand Reinhold, 1987), 257. Reprinted with permission.

　　William King 提出了一個精心設計的問題排序方案。其建議篩選問題時可採用以下五個標準：策略性標準、相關性標準、行動性標準、重要性標準以及緊急性標準。具體做法為：每個問題按照這五個標準分別給分，而每個標準之最高分值為 10 分；據此再加以評定而得出每個問題的總分；接著對問題進行排序與篩選。圖表 5-4 所示的就是 William King 的篩選/排序過程。問題的確定、分析與排序，而其它的技術包括：民意測驗法/調查法、專家群體法、內容分析法、德爾菲法、趨勢推測法、情境建構法、趨勢推導法等。

5.問題回應措施的制訂及實施

　　問題分析與排序之後，即著手確定處理問題、制訂決策與實施決策中可能用上的備案。策略制訂不僅為企業該採取什麼行動方案，同時建立了企業整體策略及實施（如：積極實施或逐步實施，或是選擇性實施）的行動方案。而問題回應措施形式很多，可能是目標，也可能是計畫，也可能是程序或規劃，或是其它形式，但所有更具體的問題回應措施（計畫）均為策略制訂過程的組成部分。

處理問題措施一旦制訂之後，實施就成為關鍵所在。問題回應措施的實施牽涉到組織工作的諸多方面，例如：措施本身的明確性、實施措施所需要的資源、高層管理者的支持、組織結構、技術能力以及時機的掌握。關於問題回應措施實施的其它考慮，可參見第四章我們對麥肯錫7S理論架構的探討。

6.評估、監測和控制

議題管理過程中的三個具體步驟與第四章所探討的策略管理過程步驟是一致的。評估、監測與控制等步驟意味著企業必須不斷地評估問題回應的結果，以確保回應行動與原先確定的回應措施一致。特別需要指出的是，在這個階段中，應對利害關係人的意見加以仔細監測。利害關係人審計是第四章中社會審計的一部分，而且可以加以應用。在議題管理過程之最後階段所蒐集到的資訊必須回饋到該過程的前幾個階段，以便做出必要的變更與調整。評估資訊對於每個過程階段均相當有用。

因此，將議題管理過程視為一個完整的系統來加以介紹。實際工作可以依據具體情況，再以不同程度的正式性或非正式性來加以運用。

5.1.4 議題管理是危機管理的一個橋樑

從理論上而言，企業發展議題管理活動是為了應付危機管理。也可說明發展議題管理的企業，對計畫工作一般都做得較為細緻，而有水準的計畫工作將可避免即將發生的危機；而且有許多危機是存在問題當中或是由問題所引發的，在有效運作的議題管理過程中，問題是能夠被預測且詳細研究的。因此，問題將得以避免或有效解決，如此一來危機產生的可能性將減小。因此，議題管理可被視為危機發生前的計畫工作。議題管理旨在幫助組織對可能爆發的危機進行預測與計畫，但並非所有危機經過計畫工作後都得以避免，然而，經過有效議題管理規劃之後，將有許多危機是可以被預測的。

5.2 危機管理

「危機管理」之專業名詞主要為20世紀80至90年代的產物。這20年當中出現了許多極為嚴重的危機：聯合碳化物公司印度珀帕爾洩毒災難，死了兩千多人；Johnson & Johnson公司的泰諾膠囊中毒事件，導致無數人死亡；

Procter & Gamble公司的Rely衛生棉條對人體產生毒害症狀；紐約世界貿易中心的恐怖攻擊，導致將近4,000人的死亡。此時期之其它重大危機還包括：

- 佛羅里達大沼澤地的ValuJet Flight 592號航班飛機墜毀事件，機上110人全部罹難。
- 堪薩斯市海厄特‧里金斯賓館兩座人行天橋坍塌。
- 環球航空公司從紐約到巴黎的800號班機於長島附近上空爆炸，機上230名機組人員和乘客全部罹難。
- 施旺冰淇淋公司因爆發產品在39個國家中被檢驗出沙門菌，而必須負有一定的責任。
- 星基斯特食品公司被指控輸出大批變質發臭的金槍魚罐頭。
- 道康寧公司接受食品與藥物署對其矽膠乳房填充物的調查。
- Sudafed膠囊被氰化物污染，而導致兩個人死亡。
- Perrier Water的苯事件導致其產品下架回收。
- 赫里凱恩‧安德魯在南佛羅里達的經營慘敗。
- 德克薩斯州基林市盧比自助餐館的24位顧客在午餐時間遭槍擊致死。
- Intel公司配送有缺陷的Pentium電腦晶片，而導致經營危機。
- 1995年奧克拉荷馬市聯邦大樓爆炸，導致100多人死亡。
- 可口可樂公司在法國及比利時歷經其飲料與致病有關的危機。
- 普利司通公司和福特公司由於問題輪胎而導致胎面爆裂及翻車死亡事故，因此大量回收輪胎。

　　Ian Mitroff《危機發生前就應加以管理》（*Managing Crises Before They Happen*）的作者指出：於1982年所發生的泰諾膠囊中毒事件使得危機管理「聲名大噪」。也就是說，這個事件代表著企業中危機管理的修煉。Johnson & Johnson公司當時回收3100萬瓶泰諾藥品並非受到外界壓力，而是自願為其產品承擔責任；在當時能夠主動執行的組織，Johnson & Johnson堪稱第一家。因而可以說，危機管理的歷史至多只有20年之長。

　　由上述的危機事件中可觀察出，我們在上一節中討論過的議題管理和本節所要探討的危機管理中，有著重大的不同。問題是需要經過一段時間才會逐漸形成，議題管理是一個對可能出現問題所進行確認並準備予以回應的過程；而危機則是突然發生的，而且並非所有危機均能預料或預測得到。有些危機是由於某些問題而產生，而也有許多危機的出現並非與某些問題有關。

然而，當議題管理與危機管理之間具有關聯性時，那麼這兩者均關注組織如何才能有效應付其利害關係人環境中的不確定性。

5.2.1 危機的性質

危機的類型並不少。而上述所提及的危機均牽連到重要的利害關係人而且關係重大。顧客受害或死亡、損害員工利益、股東受害及不公正的做法等都是現代危機管理所關注的焦點。雖然不是所有的危機均涉及社會大眾或倫理問題，但這些類型的危機幾乎都牽涉到一類問題，即合法權益的保護問題。而大公司萬一出現危機事件，尤其是當事件無法妥善處理時，將導致嚴重的傷害。

何謂危機？詞典裡把危機（crisis）解釋為「更好或更壞的轉折點」、「能夠引起情感衝動的重大事件」或「決定性時刻」。所有人均認為危機會造成情感波折，但並非一味將危機視為「更好或更壞的轉折點」。而是認為危機是一個具有決定意義的時候──假若這樣管理，事情可能更糟糕；如果那樣管理，事情可能會更好些。即使做出危機處理決定，但因管理危機的方式、方法不同，危機所造成的結果也將會有很大的差別。

從管理的角度來看，問題與危機之間還是有所區隔的。當然，企業內存在問題是正常的，但危機並不多見。Laurence Barton 對危機所下的定義將有助於認識危機概念。他認為：

危機是重大、不可預測的，並有著潛在負面結果的事件。而且其後果可能嚴重損害到某一個組織及其員工、產品、服務、財務狀況與聲譽。

Pearson 和 Clair 提出的另一定義亦有助於把握危機概念的核心意義：

組織危機指的是出現機率小但關係重大的事件，並對該組織的發展構成威脅，而且該事件的原因、結果、解決辦法以及必須做出迅速決策之基本信念均不明確。

簡單舉個例子：星基斯特食品旗下亨氏公司的一家子公司曾遇到一個危機管理的個案。Gerald Clay 被任命為亨氏公司加拿大子公司的總經理，並受命為該子公司制訂為期五年的發展策略。在他剛剛抵達加拿大的時候，即面臨一個危機：加拿大廣播公司指責其公司所出貨的 100 萬頓金槍魚罐頭變質發臭。而被媒體稱為「金槍魚門」的危機一直持續了好幾個星期。儘管加拿大總理命令查封這批金槍魚，但在亨氏公司的授意下，Gerald Clay 還是選擇

保持沉默。然而沉默換來的卻是沉痛的代價，據Gerald Clay的老闆說：「媒體把我們批得體無完膚」。這家曾經佔據加拿大一半金槍魚市場的公司親眼目睹了自己的收入重挫90%。因而使Gerald Clay的老闆感受到公司前途渺茫。最近所發生的普利司通輪胎爆裂慘劇使得不少觀察者非常擔心，該公司在經歷了這場危機的摧殘之後，其輪胎品牌是否能夠劫後餘生。就深陷這場輪胎爆裂爭論的另一方福特公司而言，該公司一直奮力挽救其探險者SUV型汽車的品牌形象。

為危機做好準備已成為愈來愈多公司的主要活動，其中的一些準備就是要對有關危機的性質有所瞭解。Steven Fink就這一項問題曾對《財富》500大公司做過大量的研究調查，並編寫了最早的危機管理叢書。Fink的研究調查顯示，有89%的高級主管認同「危機在現今的企業中就如同破產和稅收一樣，都是不可避免的」，但卻有50%的高級主管承認他們無法預先準備危機方案。現在，有不少企業都在為危機做準備，但危機準備的效用卻大不相同。

5.2.2　危機的類型

Fink所研究調查的主管人員認為，較容易產生危機的情況包括：產業事故、環境問題、工會問題/罷工、產品回收、與投資者關係、惡意併購、代理之爭、謠言/媒體披露、政府管制、恐怖主義攻擊以及貪污腐敗等。其它常見的危機有竄改產品、綁架主管人員、與工作相關的謀殺、惡毒的謠言以及辦公室火災等自然災難。自從2001年「911」之後，我們還是不得不把恐怖主義活動列為危機。

Mitroff和Alpaslan認為可以將危機分為以下幾種類型：

- 經濟危機──工人罷工、市場崩潰、收入大幅下降。
- 資訊危機──專有資訊遺失、假資訊、竄改電腦紀錄。
- 人力資源危機──核心主管流失、人事或工作場所動亂。
- 聲譽危機──篡改、詆毀企業標識。
- 心理危機──篡改產品、拐騙、劫持人質。
- 自然危機──地震、火災、龍捲風。

5.2.3　危機的四個階段

危機演變階段的劃分法有諸多類型。Steven Fink認為一個危機包含四個不同的階段：(1)早期危機階段（prodromal crisis stage）；(2)急性危機階段

（acute crisis stage）；(3)慢性危機階段（chronic crisis stage）；(4)危機解決階段（crisis resolution stage）。

1.早期危機階段（prodromal crisis stage）

這是一個警告階段，也可被認為是一個徵兆階段。儘管這一時期被稱為「前危機」階段，但這是知道一個危機將要來臨的先決條件。早期的徵兆可能很明顯，例如：一個社會團體警告某公司的管理當局，如果某一問題不能得到解決，將進行抵制該公司。另一方面，徵兆亦可能較為隱性，如：公司生產產品的不良率極為緩慢上升。

2.急性危機階段（acute crisis stage）

在此階段中，危機確實出現了。而事故一旦發生就不可能逆轉，而且事故已經造成損失就到了管理者應該處理或遏制損失的時候。如果早期階段被視為是前危機時期，那麼，急性危機階段就是實際危機時期。情況將變得更糟還是有所好轉，均將在此做出決策判斷。

3.慢性危機階段（chronic crisis stage）

這是危機遲遲不消的階段。調查、審計或深入的新聞報導都會在這一階段接踵而至。管理者可能將這一階段視為恢復、自我分析或自我懷疑時期。在對大型公司的調查中，Steven Fink發現，在此階段中沒有危機管理方案公司的危機所持續的時間往往是那些有危機管理方案公司的兩倍半。

4.危機解決階段（crisis resolution stage）

這是危機演變的最後一個階段，也是所有危機管理努力的目標所在。Steven Fink認為，如果可以發現早期危機而作預警，則管理者就應該果斷地採取控制措施，制訂出最為直接和應急的解決方案。如果在第一階段中未能注意到有關的警告跡象，那麼管理者的目標就該加快各階段的危機進程，並設法使危機快速進入最後階段。

圖表5-5所表示的就是危機演變的四個階段。應該注意到，這些當中有些階段是同時發生，且每一階段在強度和時間持續上又有所不同。因此，希望管理者要從危機中吸取經驗教訓，以使今後能夠有更好的準備，並更容易的處理未來可能出現的任何危機。

圖表 5-5　危機管理的四個階段

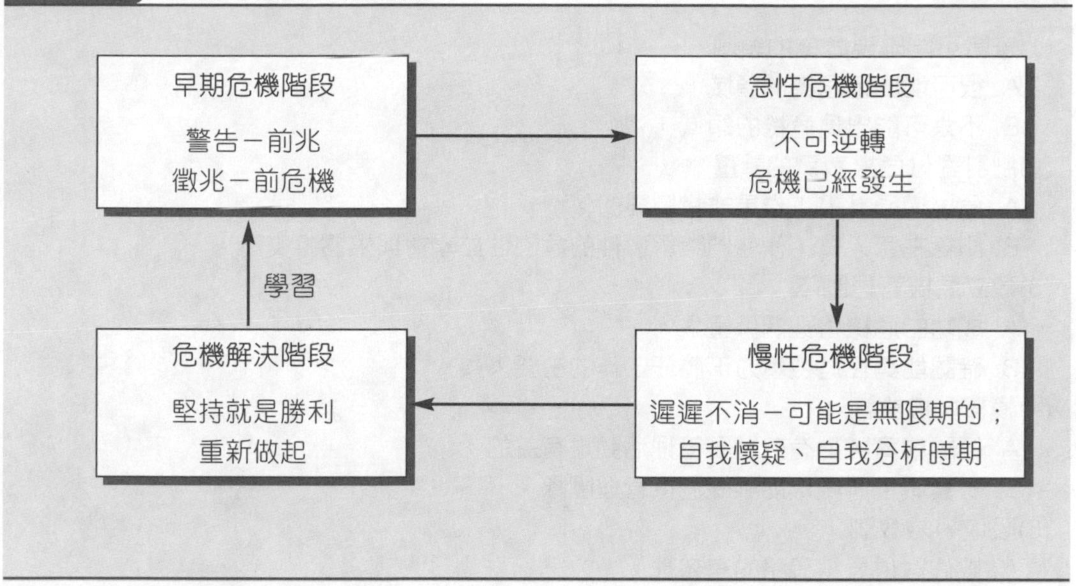
早期危機階段
警告－前兆
徵兆－前危機
急性危機階段
不可逆轉
危機已經發生
學習
危機解決階段
堅持就是勝利
重新做起
慢性危機階段
遲遲不消－可能是無限期的；
自我懷疑、自我分析時期

5.2.4　對企業危機的管理

1.Steven Fink的三階段模型

Steven Fink提出一個簡單的模型，認為在危機管理中有三個關鍵階段。

(1) 確認危機。
(2) 隔離危機。
(3) 管理危機。應該果斷處理一切。

2.《商業週刊》危機管理的五個實際步驟

一個更為全面的危機管理觀點認為危機管理必須採取五個步驟，如圖表5-6所示。這五個步驟是由《商業週刊》雜誌以公司所經歷過危機的實證經驗所總結出來的。

3.Augustine危機管理的六個階段

作為上述所介紹的兩個危機管理系列階段或步驟的一種運用，Lockheed Martin Corporation前任總裁Norman Augustine提出危機管理六步驟。從某種程度而言，Augustine這六步驟與Fink的三階段以及《商業週刊》的五個步驟之間有些相似。Augustine將應該避免危機作為其第一步驟：

圖表5-6 危機管理的步驟

(1)辨識可能出現危機的領域
   A. 很可能出現危機的領域。
   B. 不太可能出現危機的領域。
(2)制訂對付危機威脅的計畫
   A. 危機溝通計畫工作是非常重要的。
   B. 訓練主管人員，使他們瞭解事件的危險性並學會與媒體打交道。
(3)建立危機管理團隊
   A. 成功的危機管理關係重大。
   B. 確認能夠在危機壓力下勝任工作的主要人員。
(4)模擬危機訓練
   A. 經驗或實踐對有效發展管理活動是有益的。
   B. 「實戰」危機最能訓練危機管理團隊。
(5)吸取經驗教訓
   A. 評估對付危機策略的有效性。
   B. 由單純的應付轉向未雨綢繆。

資料來源："How Companies Are Learning to Prepare for the Worst," *Business Week* (December 23, 1985), 76.

步驟1：避免危機的發生。
步驟2：為管理危機做準備。
步驟3：確認危機。
步驟4：遏制危機。
步驟5：解決危機。
步驟6：從危機中受益。

我們應該指出，Pearson和Mitroff已準確的描述了有效的危機管理需要根據企業所在的產業、經營環境和危機管理經驗而制訂規劃。優良的危機管理者會懂得影響危機管理的重要因素可能因不同情境而產生變化，如：危機的類型（如：自然災害或人為因素引起的危機）、危機所處的階段、有影響力的系統（如：人、技術、文化）以及利害關係人。管理者無法杜絕危機，然而，管理者可以培養敏銳的危機意識，進而做到善於覺察易發生危機之所在，並持續推出危機管理方案同心協力去辨識並降低出現危機的可能性。

 **本章摘要**

　　議題管理與危機管理是兩類重要的方法，借助它們，企業可以對動盪不安的利益關係環境制訂計畫。這兩類方法通常是企業公共事務部門所運用的。議題管理為企業藉以識別利益關係環境中問題的過程，也是問題對企業的相關性，進而成為進行分析和排序過程的依據，同時還是一個對這些問題如何做出回應而進行計畫的過程，最後是一個評估與調控問題回應計畫執行結果的過程。議題管理有兩種方法，即傳統法及策略管理法。議題管理要求瞭解的是變化中的問題組合、議題管理過程及企業如何才能推行議題管理。議題管理可對危機管理產生啟發的作用。

　　如同議題管理一般，危機管理也不是企業的萬靈丹。儘管管理者竭盡所能的努力，但並非所有危機都能按照企業的意願而得以解決。然而，只要管理者努力降低危機發生的可能性。就眼前而言，從短期或長期來觀察，管理者均需要有所準備來處理危機。一個危機有許多不同的演變階段。危機管理是一個過程，該過程也由一些關鍵的步驟組成。把議題管理和危機管理協同起來運用，將有助於管理者履行其對利害關係人的經濟、法律、倫理和慈善責任。

 關鍵字

acute crisis stage 急性危機階段

chronic crisis stage 慢性危機階段

conventional approach to issues management 傳統議題管理法

crisis 危機

crisis management 危機管理

crisis resolution stage 危機解決階段

emerging issue 新興問題

issue 議題

issues management 議題管理

probability-impact matrix 可能性－影響矩陣

prodromal crisis stage 早期危機階段

strategic management approach to issues management 議題管理策略管理法

問題與討論

1. 你認為議題管理過程中的哪些階段最為重要？你的理由是什麼？

2. Naisbitt 認為重要公眾問題都是從一些獨立、當地事件發展起來的，你是怎樣看待Naisbitt這一觀點的？

3. 就本章所列的事件、權威人士/倡導者、文獻、組織和政治權力各舉出一個例子。

4. 就你的生活中或你所認識某人生活中所發生的一個危機，按早期、急性、慢性及解決這四個階段予以簡述。

5. 紐約世界貿易中心遭受恐怖主義攻擊，對企業組織會產生什麼影響？請就此論題進行探討。請列出成功和不成功的危機管理案例？對於某家企業而言，恐怖主義就可能是危機，那麼，該如何準備應對呢？

個案評述

　　本書附贈的光碟提供了許多個案，與本章相關的個案有個案3A、個案4以及個案24，你可以搭配本書第五章的內容探討以下的個案：

個案3A「The Body Shop的形象受損」

　　The Body Shop如何致力遵從企業社會責任四原則？你如何評論The Body Shop對《商業道德》報導的回應？The Body Shop是否欺騙其利害關係人？若的確如此，The Body Shop說了什麼謊？Jon Entine等人指責The Body Shop對批評者施壓，這種批評是否合理？The Body Shop應該聘請Hill Knowlton公關公司嗎？在這個案例中，眾多事件是否損害The Body Shop的聲譽？該公司應該如何改善其聲譽？案例中提到The Body Shop的反應之一是聘請廣告代理商，你認為這對改善商譽是利還是弊？你所認為Gorden Roddick和Anita Roddick在The Body Shop的運作所扮演的角色為何？股東、消費者、供應商和企業員工會怎麼評價Roddick家族所扮演的角色？

個案4「遭遇一場爆炸事故」

　　Hermann Singer應該怎樣做？為什麼？他應該重建工廠還是應該退休？如果他要重建工廠，他應該要選擇一個工資較低的地方嗎？Singer應該為工人做什麼？為社區做什麼？如果你是Singer，你會怎麼做？

個案24「Firestone與Ford經歷一場輪胎胎紋崩裂的慘劇」

　　這篇個案中主要的和次要的道德問題是什麼？誰是利害關係人？他們的利益是什麼？合法、權利和緊急因素是如何影響他們的利益？這些公司關心消費者權益嗎？請討論。做一個Firestone和Ford的CSR分析。為履行他們的各種社會責任，他們怎麼做才算合格？在輪胎胎紋破裂的爭論中是誰的錯？是Bridgestone/Firestone、Ford汽車公司，還是NHTSA？Firestone品牌受損了嗎？或者你認為它能夠重新贏回形象嗎？Ford Explorer型汽車能維持其為最流行SUV的領導者地位嗎？民眾對事件是健忘的嗎？Ford對於其認為不安全的輪胎自行汰換。你認為Firestone有付Ford 30億美元（或6億美元）的道德責任嗎？蒐集一下Bridgestone/Firestone和Ford的最新情況。自從案件結束之後又發生了什麼事情？

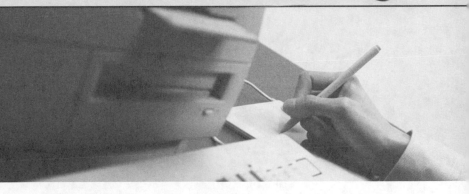

Part **3**

企業倫理與管理

第六章
企業倫理的基礎

本章學習目標

▶▶ 閱讀完本章後，你應該能夠：

1. 描述社會大眾如何看待企業倫理。
2. 為企業倫理下定義，並且能基於倫理的複雜性來做正確的判斷與評價。
3. 以傳統的方法來解釋企業倫理。
4. 透過Venn模式分析經濟、法律和倫理等觀點。
5. 評估和討論四個重要的企業倫理問題。
6. 定義並解釋管理倫理的三個模式。
7. 描述Kohlberg所提出的道德判斷三層次。
8. 定義並討論道德判斷的各種要素。

如果我們以當代企業（大約是過去的30年）的觀點來看，社會大眾對企業倫理的興趣，也許集中在兩個結論上：第一，在過去30年中，社會大眾對企業倫理的興趣不斷提高；第二，重要、轟動性的醜聞似乎也激發了社會大眾對企業倫理的興趣。當然，整個社會對企業倫理的興趣一直起起落落。但是，直到最近這種興趣似乎已經發展成為一種先入為主的偏見了，或者就像有些人所說的，成為一種迷思。發生在20世紀早期的這些醜聞，有些人認為這就是「倫理產業」的開端，因為這些內涵幾乎是可以被學習的。

在90年代，有幾件企業倫理的醜聞曾經引起社會大眾的關注。在意料中，1991年美國判決委員會為了有計畫地制止組織罪行，因此制訂了新的聯邦判決指導方針，藉由給予企業一些激勵措施，讓他們舉發違法的行為以及承擔違法行為所帶來的責任。

1993年發生了一起倫理案例。在NBC的新聞節目「NBC最新消息」中，播放了一則讓人信以為真的消息，通用汽車的卡車油箱發生爆炸，但是NBC的官員後來承認使用了玩具火箭引擎作為「點火裝置」，以確保電視播出時，其碰撞所導致爆炸的效果會更好。NBC是奇異公司的成員之一，後來

他們也為了不實的報導表示道歉，並同意賠償通用汽車大約200萬美元（花在調查NBC的報導），通用汽車同意撤銷NBC對其名譽誹謗罪的起訴。奇異公司更麻煩的是發生在1994年的大事件，其中涉及它旗下的Kidder、Peabody公司，二者均捲入了債券交易的醜聞。Kidder公司的政府債券主管Joseph Jett被指控在幾年間虛報了3.5億美元的假利潤來掩蓋其損失。Kidder開除了否認指控的Jett。Jett聲稱Kidder公司知道其交易，並極力使他成為代罪羔羊。這起醜聞的結果使得公司最優秀的經理人大量離職，並帶走了大約20億美元的客戶交易。

可以肯定的是，在90年代與21世紀早期，企業倫理的醜聞一直存在。然而，美國在這一段時期有一個特別值得注意的變化是：一般社會大眾常用社會規範、道德和價值來評論美國的企業。這些討論的例子有：1992年《新聞週刊》的封面故事題目「誰的價值觀？」。美國最流行的暢銷書作者之一William J. Bennett 1993年的《美德書》（*The Book of Virtue: A Treasury of Great Moral Stories*）。1994年《新聞週刊》發表了題為〈美德政治學：反對美國道德淪陷的改革運動〉的封面文章。在這篇文章中，《新聞週刊》報告了社會大眾對於民意測驗的反應：「你認為美國在道德上或精神上下降了嗎？」。對這項全美民意測驗的受測者中，有76%的人回答「是」，只有20%的人回答「否」。

在20世紀90年代的中期，企業的許多倫理醜聞涉及種族歧視和性騷擾的指控。具有這些經驗的著名公司有Home Depot、Mitsubishi、Coca-Cola和Texaco。其中Texaco的案件更引發了反對種族歧視的訴訟以及1,96億美元的賠償，該案主要起源於員工為了爭取平等報酬以及獲得提拔的機會。在石油公司的案子中，Bari-Ellen Roberts帶領原告來加以對抗，而且在她1998年《Roberts與Texaco：種族和美國公司的真實故事》一書中揭示了美國公司的黑暗面。

在20世紀90年代後半期，另一個受到廣泛批評的行業是煙草行業。食品和藥品管理局一直在打擊菸草行業。1998年，食品和藥品管理局會同國會試圖制訂並通過劃時代的菸草法規，這使得菸草行業的主管們開始思考去解決過去幾年來沒有想過的問題，這個問題一直持續到今天。

在21世紀的前10年，企業倫理醜聞仍然是頭條新聞。Archer Daniels Midland（ADM）為其制訂固定價格的陰謀，使消費者為不含酒精的飲料與清潔劑多付幾百萬美元高價的罪名進行辯護。ADM最終同意付1億美元的罰

金。荷蘭皇家殼牌公司撕毀了其沉沒北海石油裝備的計畫，因為環保學家說他們污染環境。他們後來被指控和尼日政府勾結鎮壓Ogoni人民，並且沒有反對對其領導人之一執行死刑。在2001年，Bridgestone/Firestone和福特汽車公司為致命的輪胎向消費者道歉，儘管他們為失敗互相責備。差不多每年都有些大公司會捲入倫理醜聞中，這使得社會大眾對大公司產生了不信任感。

直到最近，最有名的倫理醜聞案就屬2001年的Enron醜聞。Enron和幾個公司的領導人：前財務長Andrew Fastow、前執行長Jeffrey Skilling、現任執行長Kenneth Lay都被牽連在公司欺騙、扭曲財務資訊以及各種犯罪行為等重大的指控。Enron醜聞爆發了大量欺騙與腐敗的指控，而且最後宣佈破產倒閉。今天，仍然有許多的罪行正在審判處理當中。在Enron醜聞案末期，會計師事務所Arthur Andersen也被牽連在內，而且它參與共謀導致事務所也跟著陷入困境。隨後，其它企業的醜聞案也陸續發生：WorldCom、Global Crossing、Tyco、Adelphia和HealthSouth。圖表6-1彙整了2001年開始發生且持續到現在的一些重要的企業倫理醜聞案。這些公司和董事都主張他們是無罪的，並且指控和審判都發生在不同的階段。

最近的幾項民意調查顯示社會大眾和員工對社會與工作單位道德的重視。根據Barna研究團隊在2001年對美國成人的調查顯示，3/4的人對美國的道德狀況感到擔憂。這是對美國這樣一個國家在倫理上所做出的評論。2000年，道德資源中心在華盛頓進行了全美企業倫理調查，以顯示人們對於倫理議題關注的程度，在這個調查中，我們有以下的發現：

- 1/8的員工對於達到公司的道德標準感到壓力很大。
- 2/3感受到壓力的員工，認為這種壓力來自於內部的群體：管理者、高階主管以及同事。
- 大約有1/3的員工在工作中看到過瀆職的現象。
- 最常見的五類瀆職現象是：撒謊、謊報資訊、威脅謾罵員工、隱瞞實際的工作時間和歧視。
- 大約有1/3的員工擔心假如他們揭發了瀆職和其它的道德問題，將會遭到主管和同事的報復。
- 員工說他們繼續在公司工作的一個主要原因是公司重視道德問題。

圖表6-1 最近發生有關企業倫理的醜聞

涉案的公司	牽涉的公司主管	法律與道德上的控訴
Enron	Andrew Fastow, Leffy Skilling, Kenneth Lay, Richard Causey, Ben Glissan, treasurer	有價證券的詐欺,透過通貨膨脹藉以獲利的陰謀以及貪腐的組織文化。
WorldCom	財務長Scott Sullivan 執行長Bernard J. Ebbers	會計帳目的詐欺、謊言與編列錯誤的財務報告書。
Arthur Andersen	Entire firm; David Duncan, lead auditor for Enorn	會計帳目的詐欺、有罪的利益輸送與障礙。
Tyco	財務長Mark Schwartz 執行長Dennis Kozlowski	逃漏營業稅、貪污、股票詐欺、未經認可的獎金紅利與貸款。
Adelphia	John Rigas, sons Timothy and Michael; Michael Mulcahey; James Brown	會計帳目的詐欺、掏空公司、貪污。
Global Crossing	董事長Gary Winnick	令人迷惑「以貨易貨」的交易。
Dynegy	稅務規劃主管Jamie Olis, Gene S. Foster 會計師Helen C. Sharkey	會計帳目的詐欺。
HealthSouth	執行長Richard Scrushy與十四位前任高階主管	膨脹收入、維持錯誤的帳目與記錄、詐騙提出擔保品的陰謀。
Boeing	財務長Michael Sears	不道德的行為、違反公司政策與瀆職。
Martha Stewart	Martha Stewart	同謀詐欺保證金與阻礙公正。
Parmalat(Italy)	執行長Calisto Tanzi等人	組織管理的瑕疵。

　　經由2003年道德資源中心的國家企業倫理調查結果顯示:員工在他們組織內的倫理觀變得更加積極且強烈。根據員工轉述,公司管理當局正在商議更多有關企業倫理的議題,並要求公司全體員工遵守以實現公司對企業倫理責任的承諾,企業倫理的觀念遠比2000年時更加的頻繁且落實。從2000年的調查報告之後,調查結果顯示員工瀆職與遭受迫害的事件有逐漸下降的趨

勢，儘管企業倫理的觀念逐漸受到正視，然而公司在面對企業倫理與社會責任的相關議題時，卻會發現企業所受到的責難與挑戰卻日益嚴苛。2004年早期，又有一個調查結果顯示：

- 大部分惡名昭彰且違反企業倫理的那些缺乏道德觀之員工或管理者，都會保護他們自己的財富，並讓他們的公司面臨破產、員工面臨失業。
- 在最近發生的企業倫理醜聞案中，最醜陋的事就是對錢的貪婪以及個人價值判斷力太弱。
- 人們雖然關心企業倫理，但是他們會廣泛的定義它，特別是與自身產生利害關係時，企業倫理的標準似乎就會放得較為寬鬆，例如：缺乏工作安全感、或是處理員工與消費者的議題時，企業倫理的標準似乎就相當不一致。
- 許多受訪者認為成功的經營企業與遵守倫理準則是可能並存的。
- 受訪者並不認同媒體與金融新聞是保護公共利益監督者的觀點。

　　這些案例顯示，在千禧年的前10年，美國社會強烈要求把這一段時間討論的重點放在價值觀和道德行為，並且重新加以詮釋，但是這一段時間有關倫理和企業倫理的爭議僅僅是社會道德家關注的一個點而已。企業界是否能夠遵循這些準則以提高企業的聲望，還值得觀察。但有一點是肯定的：人們對企業倫理產生了興趣。在大學中企業倫理的課程不斷增加，再加上企業界景氣的復甦，對於未來我們似乎有了更高的憧憬，因為「倫理產業」的產生是相當令人振奮的。

　　為了進一步深入瞭解企業倫理的各項議題，圖表6-2說明了Josephson倫理機構所發展的「企業倫理議題量表」，從量表中我們可以根據利害關係人的關係把倫理議題進行分類。根據這項背景，我們計畫在本章以及後面三章對企業倫理議題進行具體的討論。在本章中，我們要介紹企業倫理議題的基本背景和概念。在第七章，我們要探討個人與組織倫理，第八章探討企業倫理和科技。最後，在第九章，探討全球或國際範疇的企業倫理議題。

圖表6-2 企業倫理議題量表

　　設計這份問卷主要是為了讓你的公司以及企業界對重要的倫理問題進行思考和討論，以下所列舉的每一個議題，都代表你（們）對倫理問題的看法：
5＝非常嚴重；4＝嚴重；3＝不太嚴重；2＝不成問題；1＝不做評論
第1列＝在一般的企業界；第2列＝貴公司

雇主與雇主的關係

＿＿＿＿	＿＿＿＿	工作倫理—— 為全天工作發放全天工資
＿＿＿＿	＿＿＿＿	佔小便宜（比如偷材料、偷打電話或者是偷用影印機）
＿＿＿＿	＿＿＿＿	對開支帳目作弊
＿＿＿＿	＿＿＿＿	員工收受賣主的禮物或好處
＿＿＿＿	＿＿＿＿	對內部報告進行竄改或作假
＿＿＿＿	＿＿＿＿	在利益上作弊或者誇大（病假、保險等）

雇主與員工的關係

＿＿＿＿	＿＿＿＿	在雇用、升遷或支付工資方面有性別歧視或者種族歧視
＿＿＿＿	＿＿＿＿	性騷擾
＿＿＿＿	＿＿＿＿	侵犯員工的隱私
＿＿＿＿	＿＿＿＿	工作條件不安全或不衛生
＿＿＿＿	＿＿＿＿	阻礙對不公正、非法或者不適當的活動進行批評
＿＿＿＿	＿＿＿＿	對拿工資的全體員工有不公正的要求或期待
＿＿＿＿	＿＿＿＿	忽視對員工的認可、欣賞或進行其它的精神獎勵
＿＿＿＿	＿＿＿＿	為了保護或促使個人的事業發展，不適當地把責任轉嫁於他人或者取得別人的信任
＿＿＿＿	＿＿＿＿	在員工當中進行不健康的、關於任務分配與預算的競爭

公司與消費者的關係

＿＿＿＿	＿＿＿＿	產品定價不公正
＿＿＿＿	＿＿＿＿	欺騙性的行銷/廣告
＿＿＿＿	＿＿＿＿	產品不健康或不安全
＿＿＿＿	＿＿＿＿	不能公正、合法地處理消費者投訴
＿＿＿＿	＿＿＿＿	對消費者不禮貌或傲慢

公司與利害關係人的關係

＿＿＿＿	＿＿＿＿	為高層管理者發放過高的工資
＿＿＿＿	＿＿＿＿	自我保護的管理政策
＿＿＿＿	＿＿＿＿	不能正確管理公司的資產或機會
＿＿＿＿	＿＿＿＿	公共報告或財務聲明扭曲了實際的表現

公司與社區/社會大眾利益

＿＿＿＿	＿＿＿＿	破壞環境
＿＿＿＿	＿＿＿＿	透過遊說議員、或對政治官員施加不適當的壓力與影響力
＿＿＿＿	＿＿＿＿	在外國進行賄賂或收買
＿＿＿＿	＿＿＿＿	在那些沒有人情味或者違反美國政策的國家經商（例如南非、伊朗）

資料來源：Reprinted with permission ©Josephson Institute of Ethics, *Ethics: Easier Said Than Done* (Vol. 2, No. 1, 1989).

6.1 社會大眾對企業倫理的觀點

社會大眾對企業倫理的看法向來都是不夠重視的。Anecdotal的研究結果顯示：很多社會大眾把企業倫理看成是協商過程中的一種矛盾，也是一種矛盾的修飾，換言之，他們認為企業主管和壞蛋之間好像只有一線之隔。而這結論早在一些針對企業倫理的調查報告中就有類似的結果了。雖然企業倫理的醜聞仍持續發生，但是愈來愈多的研究報告結果似乎也在告訴我們事情並沒有想像中那麼糟，而且逐漸好轉當中。現在我們正處於嚴重欺騙與貪污的時代，儘管倫理道德載浮載沉，但是遵循倫理的原則把企業導入正軌似乎已經是當務之急了。

6.1.1 企業倫理真的惡化了嗎？

不幸的是，並沒有科學的方法可以來判斷企業倫理是否真的惡化了。Max Ways曾經進行一項統計分析（現代社會最喜歡的一種調查方法），目的在回答「當公司產生錯誤行為的時候，企業能夠持續的發展與擴張嗎？」，這項問題的分析與探討相當有趣而且具有啟發性。他認為研究人員所取樣的事件可能都是某一段時間內所發生公開違法的事件，他們往往會把這些公開違法行為的總數與企業每日進行的大量交易活動與利潤求算其關聯性。最後，他提出以下的結論：

如果我們假設發生的總交易量是可信的，那麼公開曝光不法行為的總數只是其中的一小部分罷了。這時候，研究人員可能必須放棄以下這個結論：「企業不法行為的發生並不會影響企業的運作」。

事實上，從來沒有人試圖進行過這樣的調查。民意調查也只是蒐集當前企業倫理狀況的最好方法，但這樣的調查結果是可議的。民意調查並無法說明近年來企業倫理是否嚴重惡化，但是我們必須考慮影響社會大眾觀點的其它因素，例如：媒體的報導和社會對企業倫理的期待。

6.1.2 媒體的倫理報導更有力度了嗎？

無庸置疑的，媒體對倫理問題的報導愈來愈頻繁且熱烈了。受到Enron事件與其它近年來醜聞頻傳的影響，過去這幾年來，媒體發現企業倫理相關的議題不但有趣，而且值得大家持續投入時間進行深入的研究。

近年來人們對於有關企業倫理的調查與報導相當感興趣,例如:「60分鐘」、「20/20」、「Dateline NBC」以及「黃金時間直播」這種類型的電視節目都不斷的增加。這一類的調查研究等於是把企業倫理攤在社會大眾的面前進行檢視,這往往使得我們很難評估社會大眾的民意調查是否能夠反映當前企業倫理的現狀,或者只是簡單對每週最新醜聞的報導而已。

6.1.3 社會真的發生了變化嗎?

正如我們在第一章的作法,我們在這裡明確提出推理的論據,很多企業經理人同意這個信念。前美國財政部部長暨Bendix公司的執行長W. Michael Blumenthal就是這種觀點的主要擁護者,他主張:

對我來說,最近暴露的公司不誠實以及許多的非法行為,根本原因可以追溯到社會所發生、遍及世界的快速變化,及很多企業不願意對這些變化有所因應。

他繼續說:「企業中的主管與員工不是忽然變得不道德了,真正發生變化的是公司進行決策的環境、進行企業決策的需求以及企業管理該如何做的本質也發生了變化」。

雖然我們無法去驗證Blumenthal理論的正確性,但是在直覺上我們還是認為這是一個相當吸引人的理論。現今,有相當多企業的行為被認為是不道德的做法,但是這些做法或許曾經是可以接受的。你不必進行冗長的調查就可以認知到這一點。或許有些行為可能社會大眾不曾接受過,但是由於人們不知道這些行為早就有人在做了,因此這些狀況可能不會在社會大眾的心中造成道德的困境。

儘管這些分析並不能對此有所幫助,但不得不相信高階經理人的貪婪已經在新千禧年的前十年被揭露,並且把道德的議題炒熱到最高點。經理人的謊言促成了這問題的產生。雖然企業的管理已經針對企業倫理的議題進行討論,而且這些年似乎已有好轉的跡象,但是仍舊缺乏高階經理人的謹慎監督,至今這也是問題所在。公司的董事會在某些個案中,也對於高階經理人的行為沒有善盡監督的責任,因此也造成了近來某些企業的道德醜聞。

圖表6-3說明了由於社會大眾對企業倫理行為的期望比實際的企業倫理行為還要高,導致現今倫理問題的規模比以前更容易察覺到。圖表中顯示假定實際的企業倫理提高了,但社會大眾對企業倫理的期望可能會提升得更

快。因此，所謂現代企業倫理的問題，主要是因為「社會期望」遠高過於「企業實際行為」所引起的。

圖表6-3 現今的企業倫理對早期的企業倫理

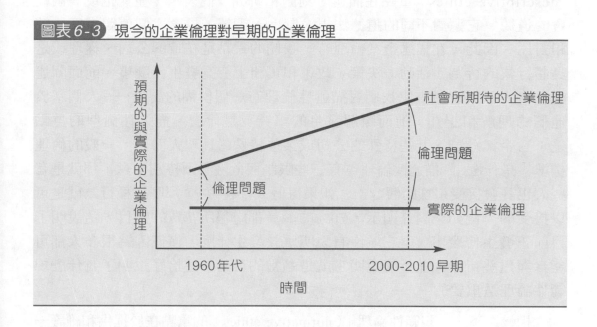

6.2 企業倫理的意義究竟為何？

在第二章中我們探討了企業的倫理責任。我們以經濟、法律、慈善等活來說明倫理的層級，可以肯定的是，我們可能透過第二章對企業倫理的含義有更深一層的瞭解。但是在這裡，我們將針對這個話題進行更深入的探討，對倫理和道德之間的關係進行探討有助於更進一步瞭解企業倫理。

倫理（ethics）是處理對和錯、道德責任和義務的原則，倫理還可以看成是一整套道德原理或價值觀，倫理是一種道德行為說或系統。道德行為是指行為對、錯的原則。然而，在某種程度上，我們認為倫理和道德很相似，在術語表達上，二者是可以互換的。換言之，我們想要研究的是企業活動中的公平、公正、對與錯等相關議題。

因此，企業倫理（business ethics）是指在企業的營運範疇內好的、壞的、對的、錯的等等行為與實務。今天，對與錯的概念愈來愈複雜，而且解釋的層次與構面日益複雜且微妙，其中比較重要的觀念包括：公平、公正與平等。

　　道德哲學或倫理的兩個重要分支是描述性倫理和規範性倫理。因為兩者採取不同的角度，所以對這兩者進行區分是非常重要的。「描述性倫理」（descriptive ethics）重點在描述、刻劃和研究一個人、一種文化或一個社會的道德。它還對不同的道德法規、制度、習慣、信念、價值觀進行比較和對比。因此，在描述企業倫理時，我們的重點是在瞭解公司、經理或是具體行業的行為、活動、決策、政策和實務上究竟發生什麼事。前面闡述的社會大眾民意調查使我們對描述性倫理有一個模糊的認識——人們基於他們的理解和認知，進而瞭解發生的事究竟是什麼。描述性倫理的重點是：對企業社群、某些特殊的公司或某些特殊的經理人而言，一般的倫理標準「是什麼」。描述性倫理也有一些限制與危險必須特別注意，那就是有些人也許會接受這樣的觀念：「如果每個人都在做」，那麼這種行為就是可以接受的。例如：調查顯示，70%的職員都虛報所花費的帳目，這說明了目前正發生什麼事，但它並沒有說明應該發生什麼。僅僅因為很多人都可能參與這些行動，並不能說明它就是適當的行為。這恰好說明了為什麼規範性倫理是重要的。

　　相較之下，「規範性倫理」（normative ethics）的重點在於提供和維護一個一致的思維和判斷體系。規範性倫理致力於揭示、發展和證明有哪些原則可以指導人們的行為、行動和決策的基本道德原則。因此，規範性倫理致力於提出一些在企業環境中區分道德和不道德的原則。它依據公司的行為處理「應該是什麼」和「應該不是什麼」。規範性倫理專注於建立一些能夠指導和判斷企業行為的標準。

　　如果提到企業倫理的研究，我們要永遠留意「描述性倫理」和「規範性倫理」之間的差異，並觀察企業中普遍的具體做法（例如歧視性廣告和欺騙性廣告）。描述性倫理會認為：如果很多人都那樣做（描述性倫理），那麼它就是可以接受的行為，這是極具誘惑性的。規範性倫理堅持，在考慮一個行為是否可以接受之前，以某種倫理原則、論點或基本原理為基礎對該行為進行判斷。規範性倫理需要一個更有意義的道德尺度，而不僅僅是「每個人都這樣做」的說辭。規範性倫理是我們進行討論的基本參照架構，我們要經常把「應該是什麼」和「在現實社會中正在發生什麼」進行對比。

　　本章一直到第七章，我們都將探討思考企業倫理三種主要的取向：

(1) 傳統的取向（第六章）。
(2) 原則的取向（第七章）。
(3) 倫理測試取向（第七章）。

　　在本章，我們將對企業倫理探討傳統的取向，在第七章討論另外兩種方法。

6.2.1　企業倫理傳統取向

　　企業倫理的傳統取向（conventional approach to business ethics）是一種把決策和行為與普遍為人們所接受的標準進行比較的基本方法。我們之所以把它稱為傳統的取向，主要是因為它認為這是傳統社會或一般社會的思維方式。這個取向的主要挑戰是在進行判斷時要回答以下的問題：「我們採用誰的標準？」、「什麼標準是普遍的？」，我們可以透過幾個重要的變項來描述這種取向並進行比較：

　　決策或行為←→可以接受的普遍標準

　　這兩個議題都有相當的變化空間，就採用誰的標準作為倫理判斷的基礎而言，傳統的方法認為那些來自於家庭、朋友、宗教信仰、當地社區、老闆、法律和職業等等的標準是合理的，另外，個人的良心也被很多人看做是倫理標準的正當來源。經典的《福蘭克和愛恩斯特》喜劇利用人們的良心搞笑；首先，牆上的牌子寫著：「今晚的講座：倫理」，然後顯示福蘭克對愛恩斯特說：「我用良心當我的指南，但是我的麻煩已經夠多了！」，接著第二幕，他們在酒吧裡，福蘭克對愛恩斯特說：「我總是使用我的良心來當做我的指南，但是，它似乎是一個很糟的指南」。這些連環漫畫也顯示了通常我們在使用自己的良心做為判斷標準時，它基本上還是存在著一定限制的。

　　圖表6-4說明了一些有關個人標準的來源，屬於傳統的方法可以在各種超越時間的情況下使用。這些來源將會對現在「普遍可接受的標準」有所影響。

圖表6-4 影響個人倫理標準的來源

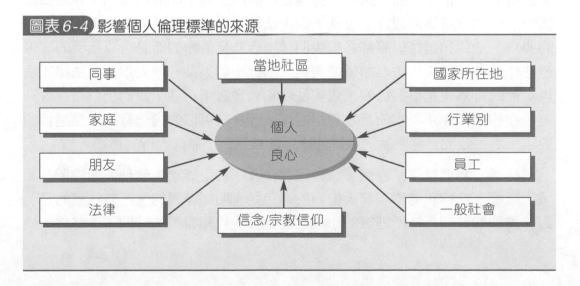

在很多情況之下，傳統的倫理取向也許是有用而且可以應用的。然而，如果某一個來源的標準與另外一個來源的標準發生了衝突，人們該怎麼辦呢？對於什麼行為是適當的，我們的社會文化向我們傳遞了很多而且經常是相互衝突的資訊。我們從電影、電視、音樂以及文化的其它來源中獲得很多資訊。最近，電視出現了一些與倫理道德相關的節目，像是「我要活下去」（Survivor）與「誰是接班人」（The Apprentice）這一類的電視節目。在「我要活下去」的節目中，參與者常常會先組成幾個聯盟，然後為了共同的利益來打敗對方，進而贏得遊戲的勝利。而「誰是接班人」節目，2004年該節目首播，這是一個真實的節目，在企業的關注之下，16位參賽者為了成為 Donald Trump 的最愛、以及進入他的團隊成為 Trump 的「誰是接班人」（apprentice）而競賽，並且在錄取之後將能夠加入身價25萬美元的專案團隊。透過這一系列有關倫理議題的描述之後，企業倫理的概念將深植於企業管理者與員工的心中，甚至成為一種「例行公事」了。

目前，人們從現今社會中所得到的另一個互相矛盾的訊息就是工作場合中的性騷擾。另一方面，目前的電視、電影、廣告和音樂中都充斥著性諷刺和把男人跟女人皆只視為性對象的做法。這顯示出普遍社會都把這類的行為視為是正常、可接受的，甚至是讓人渴望的；另一方面，法律和法院都嚴格禁止職場中的性騷擾和性暗示。

6.2.2 倫理和法律

我們已經多次談到倫理和法律。在第二章中，我們談到倫理的行為的要求通常比法律所要求的行為還要高，這是一種被普遍接受的倫理觀。但我們應該澄清，在很多方面，法律和倫理是重疊的。為了瞭解這一點，你需要認識到法律包含著道德觀念，也就是說，法律可以看成是社會對最低標準行為的要求，法律和道德規範都必須說明什麼行為是恰當的而且可以接受的。但是法律是社會被編成法典的道德規範，因此，如果某一個人違反了法律或法規，他的行為也是不道德的，儘管法律和倫理有所重疊，我們仍然要探討一下，在超出法律所要求的行為界線之外，什麼是可取的道德行為。從最低的要求來看，我們當然要說，遵守法律通常被認為是最低的行為標準。

另外，我們應該注意到，法律沒有涉及那些可能產生倫理問題的所有領域，這樣，法律和道德規範所扮演的角色是有明顯差異的。應該注意的是，對於違法的公司行為所進行的研究已經進行一段相當長的時間了。當然，違

法的公司行為包括那些公開蔑視法律和公共規則的行為。研究集中在兩個主要的問題上：(1)為什麼企業進行違法行為？什麼原因導致它們進行違法行為？(2)違法行為的結果是什麼？但是，我們在這裡的討論不涉及違反法律的研究，我們應該把這方面調查和研究的結果和我們感興趣的企業倫理行為緊密聯繫在一起。

6.2.3　進行倫理判斷

當我們應用傳統的取向探討什麼是道德的（對的、公平、公正）而做出判斷時，在某些方面存在著變化的空間（詳見圖表6-5）。三個傳統因素構成了這樣的決定：第一，我們評價那些已經發生的決定、活動或慣例；第二，我們把這種慣例和那些社會普遍接受的標準進行比較——能被接受的或不能被接受的社會標準及其它標準；第三，我們必須認可這個價值判斷是某人在實際狀態下（實際行為）所做出的反應，還要真正探討普遍接受的標準是什麼。這意味著評價同一種行為是否道德，兩個不同的人把該行為和他們的標準進行對比之後，將會得到不同的結論。探討是否符合倫理道德的標準，難免會使不同的價值觀互相衝突，這將使得問題變得更加複雜。

圖表6-5 進行倫理判斷

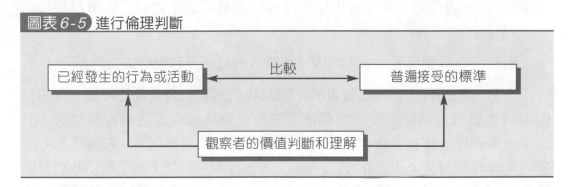

對於某項事物的看法在不同人身上確實存在著差異，因為我們個人的價值觀以及對正確、錯誤的看法，在不同人之間仍然存在著差異。如果我們暫時把這個事物拋在一邊，我們仍然要面臨社會大眾對於企業行為認定標準的棘手任務。總而言之，社會成員通常會在高度抽象的層次上達成共識。然而，當我們把一般的觀念移轉到具體的情境下時，這種共識就有可能會趨於瓦解。

讓我們舉個例子來說明這個問題。我們都同意「你不應該偷拿他人財物」的概念。在高度抽象的層次上，我們都會對此表示同意。但是，當我們考慮

到具體情況時，這個共識也許就會消失了。你能接受把公司的鋼筆、鉛筆、迴紋針、紙、釘書機、電腦磁片、計算機拿回家嗎？你能接受使用公司的電話打個人的長途電話嗎？你能接受私人使用公司的汽油或虛報花費的帳目嗎？如果別人都在這樣做，你該怎麼辦？

在這個例子中有意思的是，我們在原則上比在行動上更可能達成共識。有些嘴上說上述行為不能接受的人，也許私底下就會這樣做。此外，一個連從當地商店偷拿最不值錢東西都不能接受的人，也許會經常把公司的紙和鉛筆拿回家。喜劇《天生的失敗者》的一個片段說明了這一點。在第一場節目中，父親這樣告誡兒子：「你知道我對偷竊是多麼的痛恨，明天我要你把從學校拿回來的所有鉛筆都還回去」。在第二場景中，父親對兒子說：「我從公司帶回了你需要的鉛筆」，這是一個典型雙重標準的例子，它說明旁觀者和參與者對行為的認知是有很大差異的。

因此，在企業倫理的傳統取向中，判斷什麼是道德、什麼是不道德的，至少要根據下列三點：

(1) 所發生的慣例、行為或決定的真實性是什麼？
(2) 社會（或企業）普遍接受的標準是什麼？
(3) 關於行為或行動，某人做出了什麼樣的價值判斷？這個人對可以接受的標準是如何定義的？

因此，在具體環境中，人的因素將導入有關感覺和價值觀的問題。

企業倫理的傳統取向是寶貴的，因為我們都要意識到我們賴以生存的整個環境並對其保持敏感度，我們需要瞭解社會是如何看待倫理問題的。然而，企業倫理的傳統方法有其不足，我們對此也要有所認識。最嚴重的危險是陷入倫理相對論（ethical relativism）的泥沼中。例如：為了證明我們當前的行動是合理的，或者為了強化我們的自由度，我們會選擇希望採用的標準。最近某一部喜劇中的片段也與此有關，在法庭中，證人發誓：「我發誓說實話……就像是我親眼所見」。

下一章，我們將探討傳統取向原則需要加以修正。以道德哲學為出發點的觀點或許更能夠作為倫理決策準則的指導方針，我們也將在下一章提出道德測試的方法，這是一種更實用的方法。

6.3 倫理、經濟和法律：Venn 模式

當我們關注倫理和倫理決策時，我們可以想一下是什麼因素讓我們在進行倫理判斷的時候，會陷入緊張的狀態。在本書第二章中，我們已經介紹過公司社會責任四個層次的定義了，同時也介紹過CSR金字塔。當我們在討論公司的CSR時，可能會討論到所謂的慈善責任。這是因為很多公司都是透過發起慈善活動來展現它們善盡公司社會責任的一面，同時透過公益活動的展示也比較能夠落實企業倫理的實施。然而，在進行倫理決策時，我們都會傾向於把慈善責任先擺一邊，主要專注於經濟（對利潤的追求）和法律倫理的追求。如此一來，在很多的決策情境下，倫理、經濟和法律變成優先考量的核心。為了做出明智的決策，這三者之間的平衡是相當重要的議題。

Venn模式圖可以描述一家公司的經濟、法律和倫理責任。 Venn模式圖描述某些行為、決定或政策如何來滿足一種、兩種或三種的倫理責任。圖表6-6就是所謂的Venn模式圖，說明不同類別的責任可能是互相重疊的。

圖表6-6 進行倫理決策的Venn模式圖

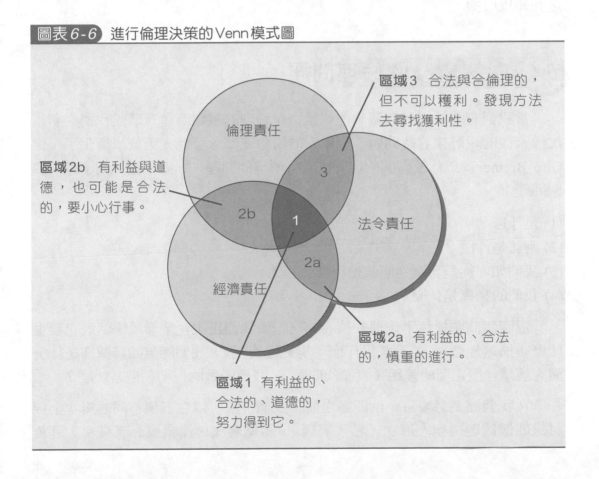

區域3 合法與合倫理的，但不可以穫利。發現方法去尋找獲利性。

區域2b 有利益與道德，也可能是合法的，要小心行事。

倫理責任

法令責任

經濟責任

區域2a 有利益的、合法的，慎重的進行。

區域1 有利益的、合法的、道德的，努力得到它。

在區域 1 中，所做出的決定、行為或行動滿足三個倫理責任的要求，經營管理的指令就是「去追求它！」，這似乎意味著，這個行動是可獲利的、合法的而且符合道德的行為。在區域 2a 中，所要從事的行動是可獲利的、合法的，但是道德狀況也許不確定，需要小心行事。在這種情況下，要認真考慮行為道德的規範。在區域 2b 中，所要進行的行動是可獲利的、道德的，但是在法律上不明確或是比較模糊。如果它是合乎倫理的，很可能它也是合法的，這裡的指導方針還是要小心行事。在區域 3 中，行為是合法的、合乎倫理的，但是不能獲利。然而，如果行為是合法、合乎倫理的，代表正確的事物，也許存在強制性的機制要求採取該行為。Schwartz 和 Carroll 認為 CSR 的這三個層次的企業倫理模式能夠被適當地修正為 Venn 模式，就像如圖表 6-6 所示，他們提供了一些企業的例子來說明 Venn 模式的每一個部分。

藉由除去慈善責任這一個區塊，Venn 模式是一個有用的工具，可以用來思考社會對企業的直接期待，在這種情況之下，倫理扮演著重要的角色。它可以清楚的解釋很多企業的決策為何會在「經濟、法律、倫理」與其它因素之間難以取捨。

6.4 四個重要的倫理問題

當我們有時候提到有關倫理或是企業倫理的議題時，有時候我們必須以比較宏觀的視野來看待問題。哲學家的術語或概念可能太過於學術化了，像 Otto Bremer 就以比較廣闊的視野來看待倫理的問題，一開始他只問了以下四個問題：

(1) 是什麼？
(2) 應該是什麼？
(3) 我們如何從是什麼到應該是什麼？
(4) 我們的動機是什麼？

這四個問題抓住了倫理的核心，它迫使我們正視企業環境中到底正發生什麼（描述性倫理）、應該是什麼（規範性倫理），我們應該如何彌補是什麼與應該是什麼之間的差距（實際的問題），我們所做的一切動機是什麼？

在我們簡要討論每一個問題之前，我們提議可以在五個不同的層次上探討這四個問題：個人層次（私人層級）、組織層次、產業或專業層次、社會

層次、全球或國際化的層次。藉由提出和回答這些問題，有助於更深刻地理解企業倫理的兩難問題。

6.4.1 是什麼？描述問題

「是什麼」這一類的問題迫使我們去思考企業或是某一個特殊的決策與做法會面臨哪些實際的倫理議題。理想上，它是一個依據事實、科學性或者描述性的問題，其目的在幫助我們瞭解企業面臨的環境中實際的倫理行為。正如之前我們在描述倫理決策本質時所討論的內容一樣，我們無法簡單地說出來真正的情況為何，這主要是因為我們是人，當我們感受到眼前正在發生的情況時，我們有時候仍不免會犯錯。而且，我們受個人信念、價值觀以及偏見等情況的影響，這些因素會影響我們的認知和感受。或許我們可以認知到真正的情況是什麼，可是我們無法根據可供替代的選擇或根據「應該是什麼」來思考。鑑於在個人、公司、產業或專業、社會、全球等層次上表述企業倫理「是什麼」可能會有所困難，問題可以改變成：

- 你的個人倫理是什麼？
- 你的組織倫理是什麼？
- 你的產業或專業倫理是什麼？
- 社會倫理是什麼？
- 全球倫理是什麼？

6.4.2 應該是什麼？規範問題

這第二個問題與第一個問題有很大的差異，它是規範性的而不是描述性的。當然，它不是一個科學的問題。「應該是什麼」的問題很少能夠直接回答，特別是在管理的環境下，經理們習慣於確定各種可供替代的選擇，並從中選擇最好的那一個。經理很少從道德的背景或者從決策的「正確、公平、正義」出發去考慮問題。人們經常從某種情況下管理者應該做什麼，來看待「應該是」（在道德意義上）的問題。在企業中，這個問題也許是：

- 我們應該如何對待那些上了年紀、生產能力下降的員工？
- 我們應該如何生產產品才能保證生產的成本不會轉嫁給消費者？
- 我們要達到的是一個清潔程度如何的環境？
- 當公司要裁員或者把工廠遷到國外時，應該如何對待那些老職員？
- 當我們確信要利用中國或印度的外部資源來進行生產時，應該如何面對本國工作機會減少的衝擊？

倫理的實踐

收發室的倫理道德

在我大學時期，曾在一間相當大的公司的收發室做兼職工作，也賺取了一些額外的費用。這間企業每天都要經由收發室送出幾百封的信件。我們收發室全體職員的工作就是負責對所有的信件打包並寄出，然後放上適當的郵資，把它拿到郵局去。我們放郵資在上面的時候，會先使用在收發室內的郵資計費器。這個郵資計費器是用來秤郵件的重量，並在郵件上印上適當的郵資，然後我們的職員會一起支付這項全年的郵資費用。

我們的老闆有時會把他私人的信件與公司的郵件放在一起。當我問他是否要透過計費器來寄發私人郵件，因為這基本上是屬於剽竊公司的郵資了。但是他認為這是不足為奇的，因為他只是使用計費器去寄送自己的法案信件，並且寄發的郵資從不超過60美分。他總是說他已經在這公司工作13年了，這偶爾寄送法案與信件只是用來補償他這些年來的微薄薪資而已。我估計這只是少數的，而且並不會危害到公司，所以便假裝沒有這回事。

(1)你認為在公司工作了13年，就可以利用公司來寄私人信件，並由公司付費，這是正當的嗎？

(2)對於我老闆的低薪資而言，利用公司資源以寄送私人郵件作為公司的最低補償，這是正當的嗎？最後，這並非僅是「平衡外在事務」而已？

(3)我假裝沒有這回事，並且沒有把我老闆剽竊公司錢這件事說出來，即使他在這裡只是少數，這樣是正確的嗎？我應該怎麼做才是對的呢？

幾年前，在一家公司的規劃會議上，會議建議如果你是一家大公司的總經理，要採用社會的眼光看待設立工廠的地點，而不是採用你未來5~10年要達到什麼境界的眼光。你想擁有什麼樣的世界？你的行業或者你的公司如何適應那個世界？一個主管不能在某一天僅僅走進辦公室說：「我昨天晚上有一個幻想」，就希望有很多追隨者。但是，這並不證明這種問題或這個幻想是無效的。它只是表明，我們必須在一種更實際的層次上討論「應該是什麼」的問題，有很多問題可以被應用在管理者的日常生活中，因此，如此虛幻的作法是不必要的。

6.4.3 我們如何從「是什麼」到「應該是什麼」？實務上的問題

關於倫理實務的第三個問題主要在探討「我們在哪裡」以及「我們往哪裡去」之間的差距，以及我們如何彌補這項差距與挑戰。因此，從實務上來看倫理具有行動的導向，而且在管理上也是個相當實務的議題。如果我們以

個人倫理、公司倫理、產業倫理或是社會倫理的角度來探討我們「應該」往哪兒去，則問題可能就會變得相當複雜，甚至會陷入無窮無盡的討論而永無休止之日。如果我們不去考慮個人層次的問題，則我們可能無法去影響或是控制「應該是什麼」的問題了。

當我們面臨這些被我們描述為「應該是」的問題時，我們也許會從實務的觀點發現，我們不能達到我們的理想。這並不意味著我們不該要求原來的問題（原來的倫理標準），「應該是」的問題是我們倫理實務的目標，它們形成了企業倫理的標準核心，成為協助我們衡量基本的道德標準。

在所有管理情境中，我們將面臨協調「應該去做」與「必須或能夠做」之間的平衡，當然這同時也是個挑戰。Leslie Weatherhead 在他《神的意願》一書中所提到的概念將可以說明我們目前所討論的議題。他指出神具有「有意識的意願」、「依照情形的意願」和「最終的意願」三種意願。從管理或倫理的觀點來研究這些概念，我們也許可以根據「我們想達到的」、「情況允許我們達到的」以及「我們最終可以達到的」三個方向去思考。這些概念可以幫助我們在應用企業倫理的過程中，縮小「我們在哪裡」以及「我們要什麼」之間的差距。

這同時也是進行管理決策與擬定策略的時間點。在解決管理問題的過程當中，第一步是確立問題（是什麼），下一步是確定我們想要到哪裡（「應該」的問題），然後是縮減兩者之間的差距。「差距分析」（gap analysis）為具體的企業行動設定了許多不同的階段。

6.4.4　我們的動機是什麼？一個真實性的問題

實際的商人不喜歡仔細研究第四個問題，那就是行善的動機，因為有時候他們會顯露出某種「操縱性」或是「以自我為中心」的動機。在某個層次上，人們也許不願意討論動機，因為它對行動不是特別重要。如果有人向一個慈善組織捐助了100美元，如果我們問這個人為何這樣做的原因，請問這樣公平嗎？(1)因為他確實是出於利他主義的動機；或者(2)只是因為他想減免稅收，或者想在其他人的眼中看起來顯得仁慈（自私的動機）。絕大多數人會同意這一點：對某些人來說，只要向慈善組織捐款，總比不捐款要好，無論是出於什麼樣的動機。

理想上，我們希望行善的人行善是因為在本質上，他們認為行善是一種更好的生活或管理方式，大多數人寧願要哪一種世界（或組織）呢？人們行善是因為有自私的動機或是想以行善為手段？還是人們行善是因為確實相信其所作所為？我們將比較接受前者的說法，但是後者才是更讓人渴望的世界或組織。從長遠來說，如果正確的管理行為是因為瞭解倫理行為的內在價值，若動機是這樣的話，我們的世界將會變得愈來愈好。

這種情況可以和組織的情況對比。在組織環境中，經理試圖刺激他們的員工。如果一個經理只關心獲得更大的生產力，或者以為「關心」員工的福利將有助於達到這個目的，他最好做好準備，面對以下的事實：那就是員工們也許會看穿他的「心機」，並且最後對經理的努力進行抗拒。另一方面，當經理真正關心其福利時，員工會對這種良好的動機做出反應，這在實務當中已經得到了相當有力的證明。你可以看一看，兩家在表面上人力資源制度似乎相同，但是在某一家公司，員工可能會意識到並且感覺到他們被操縱，而另一家公司，員工相信管理者對他們是真正出自於關懷。

雖然我們願意相信，在追求企業倫理行為的過程中，經理們的動機都是好的，但我們必須瞭解並且接受 Andrew Stark 的觀點，那就是我們生活在一個「動機混雜的凌亂世界」中。因此，經理們通常沒有辦法在利他主義和自私自利之間進行判斷。無論是出於什麼樣的動機，管理者還是必須完成結構設計、系統設計、激勵制度設計以及各項流程設計的任務，並且在所有員工之間進行協調。

6.5 管理倫理的三個模式

在試圖瞭解管理倫理的基本概念時，根據重要的倫理模式進行思考是相當有助益的，這些重要的倫理模式描述了在管理世界中所發現不同的管理倫理。這些模式對討論和比較提供了相當有用的基礎。媒體對企業行為的討論多數集中在不道德或不倫理的方面，這使得人們很容易忘記或者是想不到還存在其它的倫理模式與類型。例如：對不道德和非道德之間的差異沒有明確的劃分；同樣的，對於這兩種行為倫理或道德管理之間的比較也是相當缺乏的。

為了更清楚地瞭解描述性模式，以下我們將更深入的描述、比較並對照三種倫理管理模式的差異：

- 不道德管理。
- 道德管理。
- 非道德管理。

我們的主要目的是更清楚地瞭解管理取向的整體範圍。在管理取向中，倫理或道德是一個重要的特徵。透過描述和舉例，使這些方法生動起來，經理們可以站在更高的角度來評估他們的倫理方法以及其他組織成員（上司、部屬和同事）的倫理。

另一個主要的目標是更完善地確定非道德管理模式。非道德管理模式常常被忽視，主要是因為人們總是主觀的將事情劃分為好和壞，道德和不道德。在後面一節中，我們將討論道德判斷的因素。如果想要成功進行道德管理，必須充分瞭解這些因素。為了瞭解領導者是否有意或無意表現出倫理的企圖，我們需要發展更加完善的管理模式，讓我們思考兩個極端的管理取向——不道德管理和道德管理，然後討論非道德管理。

6.5.1　不道德管理

我們可以把「不道德」和「不倫理」當成同義詞。「不道德管理」（immoral management）可以被定義為一種不僅反對倫理原則或訓誡，而且暗示著對倫理採取一種積極的反對態勢。不道德管理決策、行為、行動和實務與倫理原則是不相符的。這個模式認為，管理者的動機是自私的，它只關心或者主要關心自己或公司的利益。如果管理者的行為與倫理完全相反，這代表管理者能夠分清對錯，但仍然是選擇錯的。因此，它的動機被認為是貪婪且自私的。根據這個模式，管理的目的是為了獲利，組織不惜任何代價要取得成功，管理者不關心他人希望被公平對待的主張。

管理者如何看待法律？認為法律是一個最低程度倫理的化身嗎？不道德管理認為，法律標準是障礙，管理者必須繞過這個障礙，或者為了達到其目的必須克服這個障礙。就像不道德或不倫理的行動那樣，不道德管理是一種非法的行為。

經營策略

不道德管理的經營策略主要是公司或個人利用任何機會、任何地方，只要有利可圖，管理者採取偷工減料、走捷徑的手段。因此，不道德管理經營管理的問題主要是：「無論採取什麼行動，這個行動、決策或行為能讓我們

賺錢嗎？」。這個問題隱含的意思是，其它東西都不是那麼重要。圖表6-7的摘要表說明了一些不道德管理者的特性。

圖表6-7 不道德管理者的特性

- 這些管理者故意為非作歹。
- 這些管理者以自我為中心並熱衷於自己的想法。
- 他們只關心自己或組織的利益/成功。
- 他們積極地反對什麼是正確、公平與正義。
- 他們總是不關心他們的利害關係人。
- 他們是「差勁的人」（bad guys）。
- 一堂倫理道德的課程可能無法幫助他們。

6.5.2 道德管理

與不道德管理完全對立的形式是道德管理（moral management）。道德管理遵守倫理行為的最高標準或是專業行為的最高標準，雖然我們無法明確定義流行的倫理標準是什麼，但致力於倫理的道德管理仍然把重點放在較高的倫理標準和行為標準上，其動機、目的和方向傾向於遵守法律和一般的經營決策。

與不道德管理的自私動機相對應，道德管理也渴望成功，但僅限於在合理的倫理規範內——那就是根據標準，例如：公正、公平、尊重權利和適當的過程。因此，道德管理的動機可能被稱為公平、均衡或無私。組織的目的仍然是強調利潤，但只是在符合法律、關心倫理標準並對倫理標準做出反應的範圍內去追求利潤。道德管理要求合法、合乎倫理地去追求其獲利的目標，這是道德管理的要求，也是道德管理希望做到的。道德管理不以法律和合理的倫理為代價去追求利潤。事實上，這裡的重點不僅是字面上的法律，而且是精神上的法律。法律被看成是倫理行為的最低標準，因為道德管理致力於：「在高於法律強制的標準之上，去經營事業」。

道德管理的經營策略

道德管理的經營策略以合理的倫理標準為基礎，只在倫理行為的範圍之內去追求經濟機會。當產生倫理困境時，組織將承擔領導者的職責。道德管理行動、決策和行為的中心問題是：「這種行為、行動、決策或做法對所有相關的利害關係人與公司都是公平的嗎？」。

Lynn Sharp Paine詳細說明了她的「整合策略」，該策略與道德管理模式十分相似。「整合策略」（integrity strategy）的特徵是由一系列倫理觀念作為組織的驅動力量。倫理的價值觀使管理者尋求機會，設計組織制度，並且進行決策。整合策略中的倫理價值觀提供了一個共同的參考架構，並且致力於把各種不同的功能、事業部和員工群體整合起來。這種觀點認為，組織倫理有助於確定組織是什麼、它代表什麼，整合策略包含下列的共同特徵，這些特徵和道德管理模式是一致的：

- 指導的價值觀和責任是有意義的，而且被很清楚地傳播出去。
- 在個人意義上，公司領導是可信的，並且願意採取行動支持他們所推崇的價值觀。
- 把推崇的價值觀整合到管理決策的過程中。
- 組織的系統和架構支持並強化這項價值觀。
- 在日常工作中，所有經理有技術、知識和能力進行倫理的正確決策。

《企業倫理雜誌》每年都會頒發年度的企業倫理獎，瞭解一下這些獎項的標準是相當有幫助的，因為這些標準代表我們正在討論的道德管理。企業倫理獎的標準要求，公司要達到下列的標準，雖然不可能要求達到所有的標準，但至少要達到下列標準的大部分：

- 作為公司的一名領導，要為倫理指引出方向。
- 贊助計畫或首創活動有責任展示出誠實和持續的活力，並且深入到公司當中去。
- 在美國，作為一家重要的公司，公司的倫理行動會產生很大的迴響。
- 公司不必在所有的領域都是完美的，但至少在某一個領域必須能夠脫穎而出。
- 顯示出面對最新挑戰以及誠實克服該挑戰的能力。

必須注意的是，企業倫理不希望公司所有的行動都是完美的。同樣的，道德管理模式認為，一家公司可以藉由正直來克服挑戰，展現出道德管理。

與道德管理相關的是道德領導，借用Stephen Covey的暢銷書《高效能人士的七種習慣》中的語言，Carroll詳細說明了他稱之為「高度道德領導的七種習慣」。作為一種領導取向，這些素養在領導的取向當中已經變成了習慣，這些素養是相當基本的，為了更全面地瞭解如何養成高道德的經理，我們提出了高道德領導者的七種習慣，並歸納說明如下：

- 他們對做正確的事充滿強烈感情。
- 他們在道德上是積極的。
- 他們考慮所有的利害關係人。
- 他們有強烈的倫理特性。
- 他們對公正有一種迷思。
- 他們採用原則性的決策。
- 他們把倫理智慧和管理智慧整合起來。

圖表6-8的摘要是道德管理者的一些特性。

圖表6-8 道德管理者的特性

- 這些管理者遵守高標準的倫理道德或對的行為（品行正直）。
- 他們遵守高層級的個人與專業的標準。
- 道德領導是司空見慣的事。
- 他們的目標也是為了成功，但僅限於合理的倫理規範內（光明正大，正當的過程）。
- 在思考、談話與做事上，展現出高度的正直。
- 這些管理者都是充滿學識以及具備法律特質的人，而法律看起來僅是最低限度的道德標準。他們的標準傾向必須高於法律所規定的。
- 他們擁有敏銳的道德知覺與道德成熟度。
- 道德管理者是「好人」（good guys）。

倫理的實踐

他們不知道什麼將不會傷害他們

在我大學的最後這兩年，我在家鄉的動物醫院工作。在我待在這裡的期間，許多動物在牠們睡眠中或者是不清楚原因的情況之下死去。這是很正常的。由於這種狀況常發生，因此我們的設備提供這些主人驗屍的服務。驗屍過程會讓醫生以外科的方式來瞭解這些動物是否有任何的症狀進而引發死亡。

Johnson女士是我們的客戶，當她在工作時，狗兒不幸死亡。她的狗僅有五歲，而且主人並沒有發現牠有任何的健康問題。沒有人（包含醫生）能夠找出是什麼導致Johnson女士的狗兒死亡。Johnson女士如果要求醫生執行驗屍程序，這樣也許他們便會知道有關於死因的答案。

Johnson女士不想要這樣做，她只想讓我們的設備好好照顧狗的屍體。動物醫院的管理者告訴醫生，他應該讓獸醫系的學生輪流做驗屍程序以學習經驗。管理者說主人將永遠不知道，因為我們有責任處理，所以這不會是問題。

(1)醫生允許讓獸醫系的學生去執行驗屍是符合倫理規範的嗎？
(2)主人是否應該知道事實，假使驗屍的執行影響了醫生的決定？
(3)在這種情境上你會怎麼做？

6.5.3 非道德管理

　　非道德管理不僅僅是介於不道德管理和道德管理的中間地帶。在概念上，非道德管理被定位為介於兩者之間，但它與這兩者是有差異存在的一種狀態。有兩種類型的非道德管理（amoral management）：有意的（intentional）與無意的（unintentional）。

1. 有意的非道德管理

　　第一類是「有意的非道德管理」（intentional amoral management），這種類型的非道德管理沒有把道德思考納入其決策、行動和行為當中，因為這種類型的非道德管理認為企業活動不屬於道德判斷應用的範圍。這些管理者既不是道德的也不是不道德的，他們只是認為在企業管理領域當中所應用的原則，與生活上其它領域所應用的原則是有所不同的。如今，有意的非道德管理屬於明顯的少數，然而，有時候當經理考慮企業行為和倫理之間的平衡時，有些經理會採取此種態度。雖然有意的非道德類型經理屬於少數，但是在今天這個倫理意識不高的世界當中，他們是一種正在消失中的類型。

2. 無意的非道德管理

　　第二類是「無意的非道德管理」（unintentional amoral management），正如有意的非道德經理那樣，無意的非道德經理也沒有從倫理角度去思考企業行為。這些經理只不過是在他們的決策或行動過程中，無意間對他人產生的負面或有害的影響而不自知。這些經理缺少倫理意識和道德知覺，那就是他們只是進行他們的管理工作，而沒有考慮到他們正在做的事情具有某種倫理的涵義。這些經理在意圖上是好的，但是，他們沒有考慮他們的行為對他人的影響，或者太專注於自我，考慮不到他們的行為對別人的影響。這些管理者通常都認為他們自己是道德管理者，但是他們卻經常地無心、下意識或不知不覺地忽略這一方面。

　　有些時候這些經理可能無意識的隱藏自我的偏見。最近，有一些研究者認為許多的企業人士透過外在的幻覺而迷惑了自我的生活。無意識、盲目的偏見將可能導致和我們有意識與外在行為的相互抵觸。雖然大部分經理人認為他們是道德的，甚至有時候大部分善意的人會在不知情的情況下，允許無意識的想法和偏見去影響客觀的決定。四個非故意或無意識的影響來源包括：固有偏見的形式、對團體的其他成員有偏見、利益的衝突以及傾向於過分的信任。

　　無意識的偏見在會計師這個工作領域可能會產生一些會計帳目的醜聞。偏見中包含三個層級架構：模糊、情感和認可。當模糊存在，人們傾向去找尋自私的結論。舉例來說：在可報帳核銷的時候，個人的解釋就有可能會變成是自私的。當有情感的情況發生時，稽核員可能會同意事情並保留有利的恩惠給予客戶，反之則不同意。關於認可，在外部的稽核人員可能重新調查內部稽核人員的工作，當其他人的偏見是被外部稽核人員所認可的時候，自私的偏見可能會變成更加嚴重，尤其是那些評判與自我的偏見結合的情況之下。

　　除此之外，人類天性的三個層面可能會擴大了無意識偏見：親密、不重視和擴大。在親密上，人們較不會去傷害我們個人所認識的（客戶），而比較可能去傷害那些陌生人（不知名的投資人）。某些研究結果也指出那些監督的行動或減少決策不可能有立即的結果。擴大的情況則是發生在當會計師或商人決定去掩飾那些無意識的小錯誤，並允許這些逐漸累積，最後將會變成較大的錯誤。因此，這些小小的忽視將會逐漸擴張，並且由無意識的偏見蛻變成為有意識的腐敗。

　　非道德管理把利潤作為追求的唯一目標，沒有考慮到在他們的追求當中會涉及到道德問題。如果對這些非道德管理存在一種倫理指導方針的話，那就是屬於法律限制的範圍之內（字面上的法律而不是精神上的法律）。非道德經理把法律看成某種參數，在這個範圍之內進行企業目標的追求。

3.非道德管理的經營策略

　　非道德管理不是把經理們約束在某個倫理架構當中，而是允許他們在自由的空間以及人人都能理解的自由企業制度範圍內，具有一定的自由支配空間。個人的倫理也許會定期或者無意地進入到管理決策中，但未必是管理的主要部分；而且，如果決策受到他人的影響而曾經被考慮到的話，決策對他人的影響也是事後的。非道德管理代表一種決策模式，在這個模式當中，在某種程度上，經理的倫理心態是中立的，指導決策的重要管理問題是「我們採取這個行動、決策或行為能賺錢嗎？」。這個問題並沒有對任何一方暗示其活動或意圖是道德或不道德的。

　　Paine 曾經詳細研究過「遵從策略」（compliance strategy），該策略與非道德管理是一致的。與她的整合策略相對照，遵從策略把重點放在遵守法律上，因為遵守法律是這種策略的驅動力量，遵從策略受法律驅動，在導向上

不是趨向於倫理或正直，而是更傾向於遵從現有的法律和刑事法規。這種方法把經理們想像成理性、追求個人利益最大化的人。這些人對他們選擇的個人成本和利益最容易產生反應，但是他們不關心選擇的道德是否正當。在圖表6-9中所呈現的是非道德管理者的主要特性。

圖表6-9　非道德管理者的特性

有意的非道德管理者（Intentionally Amoral Managers）
這些管理者不認為道德與企業應該被混淆（mix）。 企業與道德被視為是分開的。 這些管理者是一種正在消失的種類；在我們生活的世界中，他們是非常少數的。
無意的非道德管理者（Unintentionally Amoral Managers）
這些經理在做決策時，並沒有從倫理的角度去思考。 他們沒有「倫理思考」（think ethically）。 他們可能缺少倫理道德的意識與知覺；他們沒有「倫理的新芽」（ethics buds）可以幫助他們去察覺道德的範圍。 他們在意圖上是好的，但是可能會無心、疏忽或不知不覺地忽略這一方面。 他們的倫理心態是好的，如果他們存在，將會是中立者。

　　圖表6-10總結了非道德管理和其它兩種已經確定和討論過管理模式的主要特徵。它相互比較了這三者在倫理標準、動機、目的、法律導向與運作策略方面的差異。

6.5.4　關於道德管理模式的兩個假設

　　非道德管理的案例非常多，但是多是敘述性的說明。並沒有進行過徹底的研究，為了能夠準確的查明每種模式中管理者所佔的比例，有關於道德管理模式有兩個假設需要進行詳細的說明。

1. 人口假設

　　一個假設是，三種模式的分配趨近於常態分配，非道德群體大部分佔該曲線的中間位置，道德管理和不道德管理佔曲線尾部的一小部分。研究這個問題很困難，如果你問一下經理們對自己的看法以及別人對他們的看法，很可能會產生自我偏見，這樣你就不能得到準確的答案了。另外一個方法是觀察管理者的行動，但這幾乎是不可能的，因為我們不可能長時間的觀察所有的管理行動，因此需要對管理社群的個人決策提出假設。

圖表6-10　管理倫理的三種方法

組織的特徵		不道德管理	非道德管理	道德管理
	倫理標準	管理決策行動和行為暗示著與道德（倫理）形成積極的對立，決策與被接受的倫理原則是不調和的。對道德是一種積極的否定。	管理既不是道德的，也不是不道德的，決策處於道德判斷的應用範疇之外。管理行為處於具體的道德秩序範疇之外，或是超出了該範疇。	管理行動符合倫理標準，或者是正確標準。符合現存的行業行為標準。倫理領導是管理的一個常見部分。
	動機	自私，管理者只關心公司的利潤。	意圖是好的，但動機是自私的，不考慮行為對他人所造成的影響。	管理者希望成功，但必須在合理的倫理規範之內（公正、公平、適當的過程）。
	目的	不惜以任何代價取得利潤，即組織的成功。	營利，不考慮其它目標。	在符合法律和倫理標準的範圍內追求利潤。
	法律導向	管理者為了達到其目的，必須克服的障礙是法律標準。	法律是倫理指南，但該法律是字面上的法律，關鍵的問題是我們所做的事情要合法。	遵守字面上的法律以及精神上的法律。法律是最低標準的倫理行為。寧願在高於法律強制的標準之上進行經營。
	策略	為了公司利益，抓住機會，只要有利可圖，就要偷工減料。	給經理人一定的自由支配空間，個人倫理也許會應用在策略當中，但是前提是經理選擇了個人倫理。如果有要求的話，經理會對法律命令做出反應。	根據合理的倫理標準進行經營。當產生倫理困境時，承擔領導責任。一種進步的自我利益。

資料來源：Archie B. Carroll, "In Search of the Moral Management," *Business Horizons* (March/April, 1987), 8. Copyright © 1987 by the Foundation for the School of Business At Indiana University. Used with permission.

2.個人假設

　　如今在經理人當中，非道德管理是一種常見的現象，這同樣是讓人不安的。在一般的經理人當中，這三種管理模式也許會在不同的時間，在不同的條件下進行。一般的經理人大多數時間是非道德的，但是有時候會進入道德

或不道德的模式中，這主要依賴於一系列的影響因素。像人口假設那樣，這種觀點不可能得到完全贊同，但它給經理們提供了一個值得深思、有趣的角度。這個角度和那個已經存在多時的情境倫理觀點相似。

3.把非道德管理當成是一種嚴重的組織問題

在過去幾年，在現今組織中更嚴重的社會問題是，有一群似乎意圖良好的經理，但卻對非道德管理表示認同；有這樣的現象，主要是來自於這些經理受到利益或者是社會風潮的結果所驅動。他們認為，經濟成功是組織和個人成就的唯一衡量因素。他們基本上是好人，但是，他們把充滿競爭的企業世界當成是一個倫理中立的範圍。在這群經理朝向道德倫理邁進之前，我們將要持續觀察美國的企業和其它一些在過去20年受到關注的企業。

把三種道德管理模式與前面介紹的概念聯繫起來，在圖表6-11中說明了使用這三種道德管理模式的經理們如何看待公司社會責任（第二章）的組成

圖表6-11 道德管理的三種模式和CSR所強調的因素

道德管理模式	CSR定義的組成要素			
	經濟責任	法律責任	倫理責任	慈善責任
不道德管理	✓✓✓	✓		✓
非道德管理	✓✓✓	✓✓	✓	✓
道德管理	✓✓✓	✓✓✓	✓✓✓	✓✓

注：權值標準：✓=象徵性的思考（只是表面的）；✓✓=中等的思考；✓✓✓=重要的思考

圖表6-12 道德管理模式和利害關係人的思考（接受或拒絕）（SHT）

道德管理模式	對利害關係人思考的接受程度（SHT）	對利害關係人思考的態度
不道德管理	拒絕考慮利害關係人：管理是以自我為中心的	拒絕考慮利害關係人，認為這沒有用，接受利益最大化模式，但沒有真正去追求它
非道德管理	以一種狹窄的觀點對利害關係人進行思考（只考慮到最少數量的利害關係人）	盛行的利害關係人手段觀點，認為它有助於管理
道德管理	以一種寬泛的觀點極度地關注利害關係人（考慮到最多數的利害關係人）	利害關係人盛行的描述性觀點，在所有決策當中，充分考慮到利害關係人

部分。在圖表6-12中說明了經理如何運用這三種模式（第三章），我們希望
透過解釋這些概念之間的相互關係，能讓這些概念更容易被大家所瞭解。

6.6 使道德管理可行

在本章討論不道德管理、道德管理和非道德管理的特徵，對管理者進行
自我分析提供了某些有用的判斷標準，因為自我分析和內省最終會使管理者
認識到，有必要從不道德倫理或非道德倫理轉化到道德倫理。很多人建議對
管理者進行企業倫理的培訓，因此，在這裡就不對這個問題進行深入討論
了，雖然這個問題非常重要。倫理道德的訓練將在第七章進行完整的討論。
然而，在高層管理者完全接受道德管理概念之前，在組織文化當中，這種轉
化對道德管理的發展與發達是相當重要的。無論是透過企業倫理培訓還是研
討會，或者執行準則、使命描述、倫理長、更嚴格的財務控制、更關心決策
過程的倫理意義或者領導。最終，高層管理者有領導責任，透過帶領員工從
非道德狀態轉向道德管理，為組織的倫理氣候指引方向。

然而，在些努力之下，我們需要認知到非道德管理的存在，非道德管理
是一種不良的狀態，當然它是可以被改善的，假如這種改善不容易進行的
話，它仍然是可以被改善的。更值得注意的是，組織領導者必須承認，非道
德管理是一種道德空虛的狀態，這種狀態可能很容易偽裝成無知、現實或是
「底線的哲學」（bottom-line philosophy）。然而，在美國管理者認知到非道
德管理到底是什麼之前，以及經理們採取各項步驟克服非道德管理之前，非
道德管理在美國仍然是管理的一種禍害。美國的經理並不像描述的那樣都是
「壞孩子」，但在接下來的幾年中，管理決策在倫理上是中立的概念將會經不
起批判。

6.7 發展中的道德判斷

無論個人是經理還是員工，瞭解一下他們如何進行道德或倫理判斷對我
們是有幫助的。如果我們對這個過程瞭解的越多，也許我們就能夠更瞭解我
們自己的行為以及我們周圍其他人的行為，還有那些我們要管理的人的行
為。而且，如果我們更瞭解職員如何思考倫理，我們就能夠設計更好的獎勵
制度，鼓勵倫理行為。此外，更加瞭解心理學家對個人如何進行道德判斷有

何見解。關於這一點，主要的研究是Kohlberg的道德發展層級（Kohlberg's levels of moral development）。討論過這個問題之後，我們將考慮經理人價值觀的其它來源，特別是那些來自社會以及來自組織本身的來源。

6.7.1　道德發展層次

美國心理學家Lawrence Kohlberg 20多年來所進行的道德發展（moral development）研究結果顯示：在個人學習思考或發展倫理方面，有三個進化層次（每一個層次包括兩個階段）。雖然他的理論沒有被普遍接受，但是在實踐過程當中，大家廣泛運用他的道德發展層次，這表示人們對他的理論即使沒有完全同意，但至少是廣泛同意的。在圖表6-13中描述了Kohlberg的三個層次和六個階段。

圖表6-13　Kohlberg 的道德發展層次

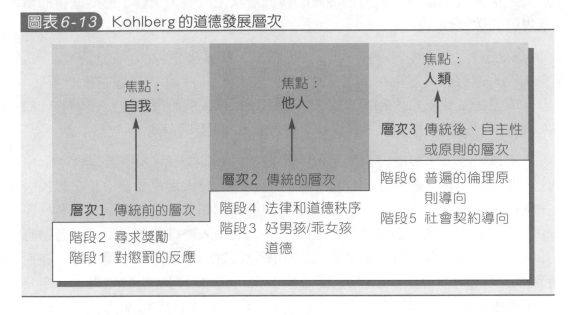

1.層次1：傳統前的層次

在道德發展的傳統前層次，這個層次典型的描述是人在嬰兒期和孩童期如何行事，重點通常是放在自我上面。當嬰兒開始成長的時候，他的主要行為反應是對懲罰和獎勵做出反應。在階段1是對處罰的反應階段。如果你想讓一個小孩在年齡很小的時候做一些事情（比如遠離馬路），有必要打他們的屁股或者責罵他們，在這個階段的導向是避免疼痛。

當小孩逐漸長大，獎勵開始發揮作用了。階段2是尋求獎勵的階段，孩子開始明白「學乖」（那就是做爸爸媽媽希望小孩做的事）和某種隨之而來

的獎勵之間存在關聯。這些獎勵也許是父母的表揚，也許是某種可以觸摸的東西，比如發糖果、讓他們看更久的電視、或者帶著去電影院。在這個傳統前的層次上，孩子們並不真正瞭解「對」或「錯」的道德概念，而是願意根據結果（可能隨之而來的懲罰或獎勵）來學習如何行事。

雖然我們認為孩子的道德發展通常與傳統前層次有密切關係，但是很多在組織中的成人仍對於獎勵與懲罰有很強的影響。所以，傳統前層次的動機可能不僅是觀察小孩而已，還包含對於成人的道德成熟度進行一個相關的探討。

2.層次2：傳統的層次

隨著孩子逐漸長大，他學會了還要考慮別人的想法或幸福。最初，這些別人包括家人和朋友；在道德發展的傳統層次上，個人學會了遵從社會的傳統規範的重要性。

傳統層次包含兩個階段。階段3被稱為「好男孩/乖女孩」道德階段，這些年輕人瞭解到為了生存，還有其它的一些獎勵（例如：接受情感、信任、忠誠或溫暖）是被家人和同事所期待的，所以個人開始學會遵照人們的一般期待做個好兒子、好女兒、好姊妹、好兄弟和好朋友等等。

階段4是法律和道德秩序階段，像在階段3那樣，個人不但學會了對家人、朋友、學校、教會做出反應，而且現在個人認識到在社會中（在學校、在劇場、在商場、在汽車中）還有相當的標準。如果希望社會以一種有秩序的方式來運作，則有必要遵守這些標準，因此個人變得社會化了，或者適應如何做一個好公民。這些生活的規則不僅包括實際的法律（不闖紅燈、在通行燈燈亮之前不會走），而且包括一些不太正式的規則（不會佔線、一定要給服務生小費、在餐館關掉手機）。在階段4，個人把他看成更大社會系統中的一個組成要素，而且，個人要在這個社會中發揮作用，並且被這個社會系統所接納，必須遵守相當多的標準和社會規則。

3.層次3：傳統後的、自主的或原則的層次

Kohlberg認為很少有人能夠達到第3個層次（並且，那些達到這個層次的人要停留在這個層次上也會遇到麻煩）。在第3個層次上，重點不是那些和我們有直接關係的「他人」，重點是全體的人類。在道德發展的傳統後層次上，個人產生了對或錯的觀念，這個觀念比傳統、清晰的觀念更成熟。因此，Kohlberg認為在這個層次上，道德原則被自我接受了，這不僅僅是因為

這些原則被社會所堅持，而是因為個人意識到並且欣然把這些原則當成「正確的」東西來接受。

當考慮到兩個具體的階段時，Kohlberg第3個層次似乎更容易理解。階段5是「社會契約導向」（social-contract orientation）。在這個階段根據一般人的權利或標準來思考正確的行為。這些權利或標準被嚴格的檢查過，而且被社會整體所接受。在這裡，對他人的價值觀有一個清楚而明白的認識。

階段6是統一的倫理原則導向（universal-ethical-principle orientation），在這裡，個人用他自己的良心與自我選擇的倫理原則保持一致，這些原則被認為是統一、綜合、一致的。這些普遍的原則（比如金科玉律）也許把重點放在這樣一些理想上，例如公平、人權和社會福利。

Kohlberg建議在層次3上，個人能夠高於傳統的層次。在傳統層次上，「正確」或「錯誤」是由社會團體來定義的，他以某種更高的標準為基礎為其行為辯護。例如：在我們的社會中，法律告訴我們，我們不應該歧視少數民族，是出於另外一種不同的原因，歧視少數民族是錯誤的，因為它違背人類公平的普遍原則，因此，在層次2和層次3之間的部分差別可以從我們所採取行為的動機當中體察到，這把我們帶回了我們前面所討論的動機上，動機是一個重要倫理問題。

根據上述的討論我們提出以下的建議：在層次1上我們是嬰兒，在層次2上是年輕人，最後在層次3上是成人。這大概接近層次1和層次2之間的年代順序。但重要的一點是，Kohlberg認為，我們大多數成人從來不能超出層次2。但是身為經理人向第3層次邁進是值得提倡的，因為它要求我們以高於被傳統社會的標準所控制的他人、產品和市場。然而，即使我們永遠達不到層次3，層次3督促我們繼續提出「應該是什麼的問題」。前兩個層次告訴我們很多關於道德發展的東西，這些東西對經理來說是有用的。沒有很多經理一直根據層次3的原則來進行經營，有時候經理也許會達到層次3，但只是在某一個問題或某一段時間上。然而，保持這個層次具有相當高的挑戰性。

如果我們根據問題「為什麼經理要做道德的事？」來提出這個問題，我們也許可以從Kohlberg那裡推導出結論，請詳見圖表6-14。

4．Kohlberg研究的女權主義觀點

Carol Gilligan詳細說明了對Kohlberg研究的主要批評。Carol Gilligan認為Kohlberg的結論也許準確描述了男性道德發展的階段，因為他把男性作為

圖表6-14 為什麼管理者會採取倫理的行為

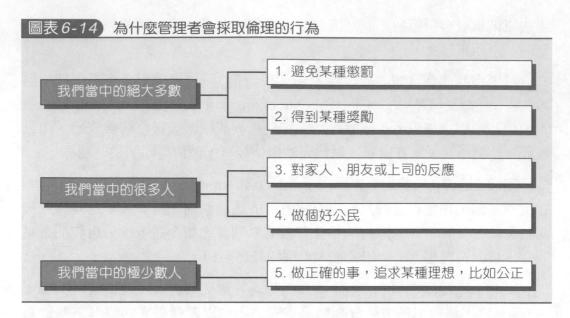

我們當中的絕大多數	1. 避免某種懲罰
	2. 得到某種獎勵
我們當中的很多人	3. 對家人、朋友或上司的反應
	4. 做個好公民
我們當中的極少數人	5. 做正確的事，追求某種理想，比如公正

他的研究目標，但他的發現不能普遍適用於女性。根據Carol Gilligan的觀點，在處理道德問題時，男性趨向於不夾雜個人的情感，是公平或抽象的，這樣的例子也許包括公正的原則和正確的原則。Kohlberg認為在傳統後層次上這些原則是相關的，另一方面，女性認為她們是家庭或朋友關係網絡中的一部分，因此她們更注重保持這種關係。當她們遇到道德問題時，要避免傷害別人。對女性來說，在很多的時候，道德是關心他人，顯示出對那些與她們有關的人的責任，而不僅僅是堅持抽象不夾雜個人情感的原則，比如公正。

根據Carol Gilligan所述，女性在3個道德層次上出入。在第1個層次上，自我是受關注的唯一目標。在第2個層次上，主要是渴望建立聯繫或參與社會生活，換句話說，維持關係或把個人的想法指向他人變得重要起來了。Carol Gilligan說，這是傳統意義上的女性。在第3個層次上，女性認識到她們自己的需要以及他人的需要——那些和她們有關係的人。Carol Gilligan繼續說，女性從來不全然停留在一個層次上。當她們在道德上成熟之後，她們更多是在第3層次上進行思考和做出決策，這個層次要求關心他人就像關心自己那樣。根據這個觀點，道德離開了邏輯、以自我為中心的方法，女權主義說這種方法是傳統倫理的特徵。

有些最新的研究，無法顯示出Carol Gilligan所描述的道德發展上存在的性別差異，然而，這些研究支持了Carol Gilligan的理論，那就是有時需要對道德問題採取不同的角度。顯然，有時男性和女性都會利用不夾雜個人情感的道德原則觀點，有時候他們也會採用關心和負責任的觀點。這種「關心的

角度」仍然是處於早期的研究階段，但是瞭解這些觀點對瞭解Kohlberg的發現是有用的。在下一章我們還會對女權主義的理論進行討論。

6.7.2 經理價值觀的來源

在解釋人如何做道德的事以及為什麼做道德的事的時候，除了考慮道德發展的層次之外，瞭解經理人價值觀的來源也是相當有用的。倫理和價值觀是密切相關的。早期我們所指的倫理是行為的正確或錯誤，倫理也可以被看成是驅動行為的一套道德原則或價值觀，這樣行為的正確或錯誤實際上轉化成個人所堅持的倫理信念。一方面，價值觀是關於個人的價值、公正或是某些概念重要性的觀念。價值觀反映了在較大的體系架構中，個人認為什麼是重要的。因此，一個人的價值觀決定了他的倫理觀。正因為如此，瞭解形成影響經理人和員工的價值觀的力量是非常重要的。

1.組織的外部來源：價值網絡

我們生活在一個愈來愈多元化的社會，這個社會向經理們展現了各種不同類型的價值觀，這導致倫理的多樣化。瞭解經理人價值觀來源的一個方法是，考慮形成這些價值觀的力量。這些力量也許起源於組織之外，也許起源於組織內部。不幸的是，事情並不是那麼簡單，因為很難準確地找出這些來源，然而，這樣的研究可以為我們的討論提供一些參考。

George Steiner曾經說過：「每一個經理都處於價值觀網絡的中心」，有五種影響商人的原則價值觀；這五種包括：宗教的、哲學的、文化的、法律的和職業的價值觀。

(1)宗教的價值觀

在美國社會以及在其他很多社會中，宗教長期是一個基本的道德來源，宗教和道德是相互關聯的。為了下定義，William Barclay把它們相互關聯起來：「倫理是一種告訴我們應該如何行事的宗教」。這種雙重猶太教——基督教的神學傳統形成了現今西方社會所崇尚的大部分價值觀，涉及工作的重要性、公平的概念和個人的正直。其它宗教傳統同樣告訴管理者如何行事和行動。

(2) 哲學的價值觀

哲學和各種哲學體系也是經理人價值觀的外部來源，起源於古希臘的倡

導。哲學展現了給我們提供原則或道德的原因，它以相同的方法給我們提供了數學的原則。John Locke認為道德是可以被具體說明的，雖然他從來沒有解釋過如何具體化。Aristotle用他的金科玉律和他的中間學說，Kant用它的範疇規範，Bentham用他的痛苦和快樂的微積分學說，現代的存在主義者等等，一次又一次向我們說明倫理選擇的各種原因。今天，這些都在在地強烈影響著道德的相對主義與部分現代主義，進而影響到某些人的價值觀。

(3) 文化的價值觀

　　文化是一種來自於日常生活廣泛的社會標準和價值觀。它對經理的思想有所影響。現代文化的例子包括音樂、電影和電視。美國的大染缸文化是各種標準、風俗和規則的混合，很難進行總結。最近幾年，要總結文化向經理們傳達的倫理訊息變得困難起來了。在最近出版的一本書《道德自由：在一個選擇的世界中尋找美德》中，該書的作者Alan Wolfe說，像其他西方國家那樣，美國正在發生一場道德方面的激進革命。從道德上來說，現在是一個新的社會。Wolfe認為，我們的文化尊重權威（教會、家庭、鄰里和市民領導）的傳統價值觀，已經失去了影響他人的能力。

　　他繼續論述道，愈來愈多的美國生活領域已經變得民主了，並且給消費者提供了更多的「選擇」，人們假設他們有權利決定自己如何過一種優美、有品德的生活。Wolfe認為在這種新的道德準則當中，關鍵的因素是非判斷主義，這種主義把社會推向對不道德的行為保留判斷，或者把不道德行為解釋成不是犯罪的錯。這樣，雖然很多美國人在原則上也許堅持古老的美德，在實際中，他們求助於個人的選擇。這很可能影響經理們對企業社會的看法。

(4) 法律價值觀

　　對於經理來說什麼是倫理的，什麼不是倫理的，法律制度一直是，並且將繼續是最有力的力量之一。即使倫理行為的發生率高於法律要求之上，這仍然是真的。正如前面所說的，法律代表社會所認為正確與錯誤的觀念，雖然作為社會的一員，我們對現存的每條法律並不能完全同意，但通常來說，我們對法律的認同比對倫理的認同要多一些，這樣法律就成為「整個社會觀念的一面鏡子」。法律代表最低程度的倫理行為，但不能包含所有行為的倫理標準。法律只對那些很惡劣、違反社會錯誤觀念的行為進行懲罰，這樣的法律就不能很完善地描述什麼是可接受的，什麼是不可接受的，因為法律代表的是官方的倫理，然而，它的影響是廣泛的，並被普遍接受的。

　　最近幾年，我們的社會變成了一個喜歡訴訟的社會。為了求得公正，訴訟他人的傾向對於倫理決策判斷有了明顯的影響，然而，害怕訴訟的威脅也

許使經理們更加小心對待利害關係人。害怕為了錯誤的決策而失去成千上萬的金錢，並且使很多公司和經理恐慌——從來不知道什麼是所追求最好或最公正的行為過程。

(5) 職業價值觀

在某種程度上，這些價值觀包括那些來自於專業組織和專業協會的價值觀，這些組織和協會代表各種工作和職位，這些價值觀本身清楚的表明了那些行業的領導在倫理上是一致的。例如：美國公共關係協會有一套倫理規範，公共關係經理用這套規範來指導他們的行為。全美房地產經理人協會在1913年正式通過了它的「行為準則」。並且在1924年視全體會員的情況，以自願遵從它的準則為優先。而與前面討論過的四種更廣泛的價值觀相比，行業的價值觀對經理的影響更加清晰明確。

總之，幾種來自於組織外部的價值觀來源，最終對於經理人產生了影響。除了上述提到的之外，經理的價值觀還受家庭、朋友、熟人、社會事件和趨勢的影響，如此一來，經理帶著個人哲學來到工作場所，這種個人哲學是由各種相互影響的價值觀所構成的，它形成了他的世界觀、生活觀和企業觀。

2.組織內部的來源

組織外部的力量包括廣泛的背景或社會環境，而經理們或職員的行為與活動便是由此所組成的。它們影響個人的世界觀和個人對企業的觀念，幫助人們瞭解什麼是可接受的、什麼是不可接受的。另外，還有很多不那麼遙遠或者更直接的因素，有助於疏導個人的價值觀和行為，這些成長來自於本身對於具體組織的經驗。經理價值觀的這些內部來源（在企業組織內部）對一個人的行為和決策形成更直接的影響。

當某個人為一個組織工作的時候就產生了社會化的過程，在這個過程當中，個人呈現出主導地位組織的價值觀。為了生存、為了成功，個人對某些標準學得相當快，在企業組織當中有一些重要的標準相當流行，這些標準包括：

- 尊重權威結構。
- 對老闆與組織忠誠。
- 遵守原則與慣例。
- 績效高於其它。
- 結果高於其它。

在每一位職員的內心當中，可能對於組織的每個道德基準都有一些主要的規則存在。事實上，研究建議，在形成企業倫理方面，這些內部來源比我們首先考慮的一系列外部來源發揮更重要的作用。

在歷史上，尊重權威結構、忠誠、遵守、表現和結果對企業的生存和成功是非常重要的。當這些影響共同發揮作用時，它們形成了一套企業倫理，這些企業倫理對個人和群體行為產生更明顯的說服性影響，這些價值觀形成了組織行為和導向的中心主題。

在前面三個標準之下的基礎是以表現和結果為重點。為了瞭解其企業組織的底線（利益），一個人並不需要用很長的時間去學習，這是一種工具的價值觀，似乎處於其它所有價值觀的首位。「現在獲利」而不是「以後獲利」，似乎是對經理和員工的成功發揮同樣的作用，而尊重權威結構、忠誠和遵守變成是一種結果。

6.8 道德判斷的要素

為了使發生的道德判斷發展，有必要瞭解在道德判斷當中所涉及的重要因素。這是從非道德管理狀態到道德管理狀態過渡的一個中心概念。Powers 和 Vogel 表明，有六種主要的因素或能力對進行道德判斷是相當基本且重要的：(1)道德想像；(2)道德識別和排序；(3)道德評估；(4)對道德分歧和涵義模糊的容忍；(5)把管理能力和道德能力綜合起來；(6)道德責任感。在進行道德判斷時，每一個要素都是基本的。

6.8.1 道德想像

道德想像是指把競爭關係網絡同時看成是一個道德或倫理關係網絡。進行道德想像意味著不僅要關心企業決策中的倫理問題，而且同時還要有這樣的看法，那就是準確地找出在什麼地方，人們可能受這些決策或經理行為的不利影響。這是第一個必要的步驟，但也是非常具有挑戰性的，因為評估經理的主要方法是根據基本的結果。無論如何，在其它任何可能會發生的事情之前，這是必要的。

6.8.2　道德識別和排序

道德識別和排序是指有能力去辨別引入決策過程中適合和不適合的道德因素。道德問題是真實或者僅僅是誇張的？在這裡關鍵的問題是具有解決道德問題的能力。一旦道德問題被確定，就必須對道德問題進行排序，正如在決策過程當中要對經濟或技術問題排列出優先順序那樣。一個經理不但必須透過經驗來掌握這種技術，而且必須重複仔細研究這種技術。只有透過重複研究才能掌握這種技術。在排序過程中，經理人可能必須去推斷工人的安全遠比工人的隱私來的重要，雖然這兩樣都是相當重要的問題。

6.8.3　道德評估

一旦道德問題明確並且排列出順序以後，就必須對道德問題進行評估。道德評估是道德判斷的一個實際階段，包括一些基本的技巧，比如連貫性和一致性。在其它背景下，這些技術已經被證明是有效的原則。在這裡，經理需要做的是瞭解明確的原則、權衡道德因素的發展過程及其重要性，並且有能力明確地瞭解決策的道德與經濟結果為何。

在道德評估當中，真正的挑戰是把對他人的關心和對組織目的、計畫和合法性的關心整合起來。雖然在最後的分析當中，經理也許不知道正確的答案與解決方法是什麼，然而，對道德的關注已經注入到過程當中了。最重要的一點是，在決策過程當中，非道德狀態並沒有主導或成為關鍵的驅動力量。

6.8.4　對道德分歧和涵義模糊的容忍

經理經常不得不面臨的一個令人不愉快的道德討論，在進行倫理思考時，要容忍所產生的分歧以及模糊涵義；然而這是必須接受的，因為它是道德討論中的一部分。可以肯定的是，在他們的決策當中，經理人需要終止分歧或者更精確的資訊，正如在很多傳統的背景下以及經理們熟悉的決策背景一樣。但在道德討論的過程中，形勢很少明朗化，例如：根據有限度的銷售測試來推出一個新的產品、為一個重要的職位選擇一個新的主管人員、決定安裝哪一種出色的電腦系統、根據本能進行策略性的決策，這些都是危險的決定。但是，經理們已經習慣做出這樣的決策，儘管在這樣的決策當中存在某種分歧或模糊的涵義。

在真正的意義上，對道德分歧和涵義模糊的容忍只不過是管理的能力與熟練的擴展。在現實裡，這是所有進行決策的經理所必須面對的，但是因為缺少實務經驗，經理們對於這種特別的決策將會更加陌生。

6.8.5 把管理能力和道德能力綜合起來

把管理能力和道德能力綜合起來是我們所討論過的所有問題的基礎。管理過程中，道德問題並不是孤立於傳統的企業決策活動之外的，而是直接存在於這些決策過程當中。因此現在有道德醜聞發生的主要企業，並不僅僅是單獨發生在公司的經濟活動上，這些公司先前在各個領域所做的決策，終究會在最後產生一系列的問題。因此，道德能力是管理能力的一個固有的部分。很多經理正在學習（儘管有些艱難），在很多個人情況中，公司要為他們的非道德行為付出代價。非道德經理把道德決策看成是孤立、獨立的管理決策和能力，但道德的經理把決策的每一個要素看成是一種必須進行整合的倫理觀點。這種放眼未來的觀點是管理的一種基本技術。

6.8.6 道德責任感

我們所討論過所有能力的基礎是道德責任感和正直。這種感覺對決策過程是很關鍵的，但是獲得這種感覺是非常困難的。這種感覺要求直覺的理解或者學習上的瞭解，那就是道德的本質——關心公正、公平、對人、群體和社區應做的事情——被組合進入管理決策當中，並且成為把整個組織整合在一起的內在成分。

這些品質（實際上是自由企業制度的基本先決條件）和我們今天所瞭解的自由企業制度有著完美的一致性。我們可以追溯歷史，回到 Adam Smith 和自由企業制度的基本信條，不難發現不道德或不倫理的實踐是使自由企業制度運作的因素。Milton Friedman 在他提到企業的目的時，都暗示了倫理的重要性。他認為企業是「在遵守社會基本規則的前提下，儘可能多賺錢，這些基本規則在既有法律中是存在的，也存在於道德風俗中」。因此，道德經理所具有的道德責任感和正直是一種黏合劑，它能把決策過程與人類的幸福完美整合在一起。

圖表 6-15 彙整了 Powers 與 Vogel 所確定的進行道德判斷的六個要素，這些要素可以區別非道德的經理或是道德的經理的差異。

圖表6-15 非道德經理和道德經理進行道德判斷的要素

非道德經理	道德經理
道德想像	
把競爭的經濟權利僅看成是一種網絡，對於在什麼地方的人們有可能受到傷害，不關心或是不敏感。	瞭解一系列的競爭經濟網絡，並同時形成一種道德關係網絡。關心在什麼地方人們有可能受到傷害，並且想找出這些地方。
道德識別和排序	
把道德權利看成是易變形的，認為它還不夠確定，沒有把道德識別和其它權利納入某種等級進行排序。	把道德權利看成是相關的和不相關的，就像是對經濟要素進行排序那樣，對道德因素進行排序。
道德評估	
如果倫理得到應用的話，這種應用也是不穩定的。	在標準、合乎規範的推論中，道德評估是一致與連貫的。
對道德分歧和涵義模糊的容忍	
把道德分歧和涵義模糊當成是徹底忘掉倫理的原因。	容忍道德分歧和涵義模糊，忠實地承認決策不會像數學那樣精確，然而最終必須做出決策。
把管理能力和道德能力綜合起來	
把倫理決策看成是管理決策和管理能力的某種孤立、獨立的成分。	把決策當中產生的每一個環節看成是一種必須和管理進行整合的道德角度。
道德責任感	
不具備超出管理職責以外的道德責任感和正直感。	具有某種把決策過程整合起來的正直和道德責任感，在這個決策過程當中，人類的幸福視情況而定。

資料來源：Archie B. Carroll, "In Search of the Moral Manager," *Business Horizons* (March/April, 1987), 15. Copyright ©1987 by the Foundation for the School of Business at Indiana University. Used with permission.

 本章摘要

在過去幾十年中,對企業界來說,企業倫理已經變成一個重要的挑戰。而且在21世紀早期所發生的重大的道德醜聞案,已經影響到社會大眾對於主管以及企業體系的信賴。民意測驗顯示,社會大眾對經理的道德沒有很高的評價,很難說企業的倫理是否已經下降,或者僅是些微降低,因為愈來愈多的媒體對這類事件進行曝光,提升了社會大眾對經理道德的期待。企業倫理涉及正確、錯誤、管理行為的公正性,並且對這些很難做出判斷。為了確定企業行為應該對照哪種標準,很多標準互相矛盾。

本章首先介紹企業倫理的傳統方法,在這個方法當中,經理們要進行倫理判斷。這種方法的一個主要問題是,沒有明確應該使用哪一種標準,因此傳統的方法容易受到倫理相對主義的影響。

當經濟、法律和倫理期待互相競爭的時候,本章提出了進行決策的輔助手段Venn模式圖。四個重要的倫理問題是:(1)是什麼?(描述問題);(2)應該是什麼?(規範問題);(3)我們如何從是什麼到應該是什麼?(實際的問題);(4)我們的動機是什麼?(一個真實性的問題)。這些問題的答案將有助於分析道德的情勢。

管理倫理的三種模式是:(1)不道德管理;(2)道德管理;和(3)非道德管理。非道德管理又進一步被分成有意的非道德管理和無意的非道德管理兩類。關於這三種道德類型在管理人群和個人當中的存在,有兩種假設前提。

一種被普遍的接受的觀點是,道德判斷的發展是根據由Lawrence Kolhberg所提出的模式進行的。關於道德發展,他提出了三種層次:(1)傳統前的;(2)傳統的;和(3)傳統後的、自主性的或原則的。然而,有些研究表示,在處理和解決倫理問題時,男性和女性所採取的角度存在著性別差異。

除了道德成熟時期之外,經理的倫理受價值觀來源的影響,這些來源有組織外部的,也有組織內部的。後一種類別包括:尊重權威結構、忠誠、遵守,並且關注財務的績效和結果。

最後提出進行道德判斷的六種要素。這六種要素分別是:道德想像、道德識別和排序、道德評估、對道德分歧和涵義模糊的容忍、把管理能力和道德能力綜合起來以及道德責任感。如果要實現道德的管理模式,需要去發展這六種要素。

關鍵字

amoral management 非道德管理
business ethics 企業倫理
compliance strategy 遵從策略
conventional approach to business ethics 企業倫理的傳統取向
descriptive ethics 描述性倫理
ethical relativism 倫理相對論
ethics 倫理
immoral management 不道德管理
integrity strategy 整合策略

intentional amoral management 有意的非道德管理
Kohlberg's levels of moral development Kohlberg 的道德發展層級
moral development 道德發展
moral management 道德管理
normative ethics 規範性倫理
unintentional amoral management 無意的非道德管理

 問題與討論

1. 給企業倫理行為下個定義，並解釋進行倫理決策所涉及的因素。從你個人在進行這些決策時所遇到的困難經歷中，舉出一個例子。

2. 從你個人的經歷當中，為管理倫理的三種模式——道德的、不道德的、非道德的各舉出一個例子，談談你對這三個類型的理解。非道德管理是一個嚴重的問題，你同意嗎？請解釋。

3. 根據個人經歷舉例說明 Kohlberg 的層次 1、層次 2 和層次 3。如果你認為你從來沒有達到過層次 3，請舉例說明這個層次可能會怎麼樣。

4. 當你在以倫理的方式行事的時候，把你的動機和圖表 6-14 當中所列舉的那些動機進行比對，圖表當中所給的動機和你個人所評估的動機一致嗎？就圖表 6-14 和你個人評估的動機相似性與差異進行討論。

5. 根據個人經歷，舉例說明你曾經面臨過的一種情況，在這種情況下要求哪一個道德判斷的六個因素。

個案評述

本書附贈的光碟提供了許多個案，與本章相關的個案有個案5、個案6、個案8以及個案10，你可以搭配本書第六章的內容探討以下的個案：

個案5「Martha Stewart：是自由交易還是內線交易？」

這個個案討論的是當瑪莎面對他們的投資在未來可能會遭受損失時，所採取的行動。瑪莎所從事的行為是否是值得懷疑的？她的行為是屬於私人的，還是組織的？在這個個案，什麼樣的道德原則是適合瑪莎的？在這個個案的經營上是屬於道德發展層級的哪一方面？

個案6「關鍵措辭案例（A）」

這個個案是引用一個教授在他的企業倫理課程裡，遇到懷疑有欺騙的情形時，該如何處理。在這個個案中有什麼道德議題？這是個人的或是組織的？這學生的行為是道德的、不道德的還是非道德的？什麼樣的道德原則對於這學生以及這教授去思考什麼是應該做與要怎麼做是有幫助的？

個案8「在高爾夫球場上吹牛，是否意味著在商場上也一定吹牛？」

幾年以前本個案的作者常與某人打高爾夫球，此人有無懈可擊的高爾夫球倫理。可是，在那幾年間他總是吹噓自己如何欺騙聯邦政府，藉此逃漏稅。他常說自己已經五年沒有繳過稅了。有趣的是，此人從不認為自己的高爾夫球倫理與個人倫理是相關的。這個個案裡的倫理議題為何？我們活在「欺騙文化」裡嗎？你同意卡拉漢對現狀的分析嗎？個人在私人生活的欺騙與職場上的欺騙有沒有關係？一個人如何能夠持有兩套倫理標準、並在不同情況確實落實不同標準？以你自身為例舉幾個例子。我們可以說打高爾夫球時不正當的行為只是「遊戲的一部分」，與工作無關嗎？

個案10「虛構的支出」

對於職員來說，為了達成公司的目的而去正確地申請開銷有多重要？如果你面臨保護同仁的壓力，而不得不去用不正確的方式來申請支出時，你會如何反應？當你是職員時，對於你的上司以及同仁有什麼重要的責任？這個個案主要在探討當正當的行為面臨壓力時，應該去用其它的方法。這個案例涉及哪些倫理問題？在那個情況下Jane應該怎麼做？假如Jane真的誠實報告她的花費，那麼會為自己和這個公司帶來什麼後果？假如她聽Ann的話浮報支出，又會有什麼後果？在這裡應該要採用什麼倫理原則？

第七章
個人與組織倫理

本章學習目標

▶▶閱讀完本章後,你應該能夠:

1. 瞭解企業倫理在不同層次中所可能產生的問題。
2. 建構倫理概念以定義其權利及義務之差異。
3. 舉例及探討個人倫理決策與倫理試驗之原則。
4. 明確瞭解影響組織道德風氣的因素,而且有能力提出工作中之實際案例並進行探討。
5. 闡述管理階層為提高組織倫理氣候所須採行之最佳典範或策略。

前企業中的主管必須判決為數眾多且形式各異之倫理議題。此外,現今新聞媒體報導趨勢大多將重點放在著名公司所涉及的「倫理醜聞」上,如恩隆(Enron)、美國世界通訊(WorldCom)、可口可樂(Coca-Cola)、泰科電子(Tyco)、波音公司(Boeing)、亞瑟安達信會計師事務(Arthur Andersen)、麥當勞(McDonald's)、瑪莎‧史都華生活多媒體(Martha Stewart)和其它一些著名的公司都吸引了媒體相當高度之關注。但結果卻導致許多中小型組織企業主管忽略了他們可能面對之倫理難題。

管理者每天均可能遇到進退兩難且相同之倫理問題,最常見之案例為:利益衝突、性騷擾、不當報酬、消費者交易、贈與公司員工不適當的禮物、人事績效的考核以及為了達到個人標準所承受之壓力。

不幸的是,許多管理者每天都會遇到這些倫理困惑,卻苦無參考資料或相關的訓練能夠協助他們解決問題或進行決策。本書作者之一最近進行一項培訓計畫,計畫屬於在職教育訓練,內容為企業倫理學,參與學員為62名經理;當問到他們當中有多少人以前曾經參加過正式的企業倫理培訓時(大學課程或公司教育訓練),結果沒人舉手,因此也印證了上述的說明。

　　事實上，在企業組織中，倫理問題是一項重要的議題，主管階層該如何處理？一份民意研究調查顯示：71%的受訪經理認為「正直」為導致成功之重要特徵。但經理人要如何才能做到正直？身為一位經理，要如何將正直灌輸在組織當中？要如何營造組織具有倫理氣候？這些都是重要的挑戰。例如：如何維持個人倫理？如何避免不道德或非道德行為？為達到倫理道德，可以運用哪些原則或指導方針？於公司或組織中，執行何種策略或方法能夠帶動倫理氣候？

7.1 可能產生倫理問題之層次

　　身為個人和管理者，我們會在各種不同的情境中經歷倫理的壓力與困境，這些壓力與困境發生在不同的層次上，這些層次包括：個人層次、組織層次、產業層次、社會與國際層次，這些層次從個人擴及全球。

7.1.1　個人層次

　　首先，我們均經歷過「個人層次」（personal level）上之倫理挑戰。其中包含一般工作背景之外，日常生活中所必須面對的情況。在個人層次上，我們可能面對的倫理問題包括：

- 我應該作帳增加我的慈善捐款數目，以便減低個人所得稅嗎？
- 我應該將商店多給的襪子歸還嗎？
- 我應該與銀行聯繫，告知其將他人之500美元轉至我的帳戶嗎？
- 我應該於畢業且離開此地時，支付剩餘應付之公寓租金嗎？
- 我支付10美元，而收銀人員卻找我20美元，我應該告知她嗎？
- 我應該與有線電視公司聯繫，告知其將電視纜線連接在我的新公寓嗎？

　　2001年9月，喬治亞州的溫蒂遭遇到個人層次的倫理困境，34歲的溫蒂是位帶著5個小孩子的單身媽媽，她在午間休息時，看到一輛運鈔車掉了一個袋子，袋子裡裝著12萬美元，這對在當地一家醫院當看護工，每小時賺取7.88美元的溫蒂而言，是一個非常大的誘惑。此外，她有一筆銀行貸款，最近為了支付貸款剛典當了電視機，因此，她積極想著清償這筆債務。而那個袋子又只有她發現，她應該怎麼辦？

後來溫蒂向牧師諮詢並感受到上帝的指引，而使她做出了明確的決定──把袋子還回去，於是把錢交給了警察。為此溫蒂後來獲得陽光信託銀行5,000美元的獎勵，並且還得到了運鈔公司一筆獎勵金。

7.1.2　組織層次

於「組織層次」（organizational level）上，無論是管理者還是員工，大家都會遇到倫理問題。當然這類問題大多與我們在「個人層次」上所遇到的問題相似。然而這些問題將影響公司商譽及社會評價，此外，還會影響組織的倫理環境與倫理文化。「組織層次」的倫理問題包括：

- 為了公司利益，即使我知道訂定較高的毛利目標會使得下屬們偷工減料，而我是否還是應該訂定？
- 為了公司的和諧，我是否應該忽視同事與下屬錯誤的做法？
- 我是否應該授權下屬違反公司政策而順利完成交易，進而使得我們兩人都得到獎勵？
- 為了使公司順利完成一筆鉅額交易，我是否應該贈送禮品或行賄？
- 因為瞭解產品法規標準不完善，我是否應該要求產品標準比法規標準更加完善？
- 為了達到產品銷售量，我是否應該造假？

2001年8月，有報導指出1998年間在全美開始出現因食物中毒死亡個案之前，位於美國密西根州莎莉公司（Sara Lee）的食品部門經理早就已經知道，其所供應的產品中熱狗和加工肉品有腐敗現象，而此即為「組織倫理」之兩難問題。這種狀況導致1998~1999年間美國爆發李氏桿菌病毒並造成15人死亡、6名產婦流產以及101人感染病毒。後來證實了確實有員工及經理發現肉製品遭受污染，但卻仍然執意正常供貨。另外一份報告指出，當時有美國農業部（USDA）人員發現並警告該公司此問題將會爆發風險，但是該公司表示：「消費者永遠不會知道是我們的產品出問題，因為李氏桿菌大有約兩週的潛伏期」；迫於內幕被披露，因此聯邦政府以不正當行為罪名控告該公司而且罪名成立，並罰款20萬美元，支付密西根州立大學（Michigan State University，MSU）食品安全檢驗費300萬美元。

當探討「組織倫理」層次時，「倫理實踐」將有效幫助組織內部凝聚「組織倫理」，上述個案說明了「反倫理實踐」事件顯然可能存在於組織當中。最近「倫理資源中心」（Ethics Resource Center）以「何種反倫理實踐事

件無法被管理者與員工所接受？」進行研究，研究調查呈現方式以被提及出現次數百分比排序，其研究調查結果顯示：

- 虐待或逼迫員工（23%）。
- 謊報實際工時（20%）。
- 對員工、顧客、銷售者或社會大眾說謊（19%）。
- 封鎖員工、顧客、銷售者或社會大眾所需的訊息（18%）。
- 對種族、顏色、性別、年齡或同性戀歧視（13%）。
- 剽竊、竊盜或詐欺（12%）。
- 性騷擾（11%）。
- 編列不實財務報表（5%）。
- 行賄或受賄（4%）。

由上述研究結果得知，其實員工對其工作任務內容型態存有質疑與顧慮。

7.1.3 產業層次

第三個層次為「產業層次」（industry level）。於產業層次中可能影響「企業倫理」者有管理階層及組織，例如：證券業、保險業、金融業、房地產業、製造業及汽車工業等。此外，也有以個人專業領域為職業者，例如：醫師、律師、會計師及建築師等。因此，於「產業層次」中可能出現的倫理問題包括：

- 證券營業員開發潛在客戶時所使用的方法是否合理、合法？
- 於自己動手的年代裡，該相信通過合格認證的工程師還是自己可以保障自身的權益及財產？
- 汽車銷售商所採用的契約內容是否真正符合財政機關所頒佈的法規？

2001年夏天，華爾街14家公司成立了證券產業聯會並大力推動「企業倫理」，而其涉及的領域相當廣泛，包括了分析師的工資、股票分析師個人持有的股票、報告的客觀性等。參與這項計畫的主要公司包括美林證券（Merrill Lynch）、高盛證券（Goldman Sachs）及摩根史坦利添惠公司（Morgan Stanley Dean Witter）等。這些公司之所以會加入的原主要是因為有愈來愈多的投資大眾認為華爾街的研究方向及結論發生偏頗、煽動、欺騙或偽造。為了消除投資大眾的疑慮與指控，證券產業聯會採取了提高投資分析師及其它員工倫理標準與產業標準等措施。此正說明了「產業層次」倫理的重要性。

7.1.4　社會和國際層次

對管理者而言，有種迷思認為在「社會和國際層次」（societal and global level）上很難與「企業倫理」產生直接或間接的聯想。然而，歷經了公司、貿易商和產業協會的實際運作，管理者絕對有能力建構產業標準及貢獻。事實上產業、社會及國際層次與管理者之間的認知略有落差。因此，本章將重點集中在個人及組織層次上，而且管理階層必須以身作則建立「企業倫理」風氣。

對社會而言，管理者可能成為重要的倫理典範，並成功的向員工及社會大眾傳遞企業「正直」的重要性。此外，管理者也可以對社會倫理標準產生重大變革，而且可以創新未來企業制度的發展。在第九章中，將進一步探討「全球倫理」問題，此為近幾年來愈來愈彰顯的重要關鍵議題。

7.2　個人和管理倫理

在探討「個人和管理倫理」的觀點時，當個人之行事風格以「倫理」為依據或提升個人及管理倫理標準時，必須謹記每個人都是他人之利害關係人（他人，如：家人、朋友及商業夥伴等，將對個人行為存在利害關係）；因此，個人倫理對他人而言將非常重要。所以本章旨在探討崇尚道德且遭遇困境尋求協助之人士。此外，前幾章所探討的執行倫理判斷時所遭遇到的困難，在此將可以應用。

於層面上而言，個人和管理倫理必須進行判斷，判斷的情形通常會使個人遭遇到利益衝突之情況。當個人必須在個人利益、他人利益或其他群體利益（利害關係人）之間做出抉擇時，將產生利益衝突。

當必須回答「在此情形下，我應該怎麼辦？」之類型問題時，大多數人會對所面臨的情形進行簡單思考，然後憑本能行事。然而，當關係到倫理判斷時，決策方針對那些確實想執行最佳倫理決策的人士將有所幫助。而決策方針指的是什麼呢？

在第六章時，本書曾經提出三種主要倫理或倫理決策方法：(1)傳統方法；(2)原則方法；(3)測試方法。本書於第六章時探討了傳統方法，「傳統方法」包括一系列被普遍接受的決策或行為，同時也討論了「傳統方法」中所包含的內部挑戰。本章將探討其它兩種方法及其它倫理原則、概念。

7.2.1 倫理的原則方法

倫理或倫理決策原則方法為一種概念基礎，此為管理者亟欲將決策建立於比倫理傳統方法更加牢固的基礎之上。幾個世紀以來，隨著道德哲學家和倫理學家試圖組織和建構新思維，已經有幾種倫理的原則演化出來。因此，提出了一個問題：構成企業倫理的原則為何？企業倫理的原則如何運用？而「企業倫理」的原則為一種概念、方針、指南或規則。所以當面臨倫理困境時，「企業倫理原則」將協助倫理做出決策。

「倫理原則」眾多，但必須能確實有效運用於企業環境中之原則方可。因此，將針對三大主要原則進行探討：功利主義原則、權利原則及公正原則。因為，現今社會中這些觀點愈來愈受重視。而這些原則方法將成為未來實踐之基礎概念。因此，管理者將行為、決策和實踐分解為某種原則或倫理概念時，將大幅提升倫理判斷能力。所以必須針對如何應用、調停道德衝突來進行思考。

1.功利主義原則

很多人堅信正確或公正的行為將決定結果，如果結果是好的，那麼此行為或決定將被認定為正確；如果結果是壞的，那麼此行為或決定將被認定為錯誤。因此，「功利主義原則」（principle of utilitarianism）是一種結果原則。並以最簡約的形式——「功利主義」（utilitarianism）來進行判斷，而其論述為「我們總是應該這樣做事情，才會對每個人產生最大的利益，以及最小的傷害」。此外，論述「功利主義」的另一種說法為：選擇該行為將對「最多人產生最大利益」，而支持此項觀點最有影響力的兩個哲學家為Jeremy Bentham（1748~1832）及John Stuart Mill（1806~1873）。

「功利主義」之優點為：它迫使我們考慮大眾利益。它在個人利益之外提出了一個標準，根據該標準來判斷一個行為過程的價值。功利主義亦迫使我們考慮利害關係人（顧及利害關係人），例如：員工、消費者、他人及自身。於決策當中，何種作法能夠產生最大利益？因此，功利主義為決策者提供了一個自由心證的範圍，此範圍當中，它並不承認具體行為本身的善惡、利弊，而是以決策者對環境複雜性之觀點來評斷個人決策。

「功利主義」之缺點為：它忽略行為本身可能有先天錯誤。由於把重點放在行為或決策之結果方面，因此，忽略了方法（決策或行為本身）。正因如此，我們將遭遇到困境，但也許有人會反駁，其運用功利主義的推理結果

來作為判斷方法的正確性及正當性。因此，假如行為或決策導致利小弊大，那麼這種行為或決策令人質疑與不滿。功利主義的批評者認為，以整體而言來評斷利益最大化未必是好的或原本本身就未必是好的，因為其中忽視了利益的主要分佈，這也是一種重要的問題。此外，功利主義的另外一個缺點為當使用這個原則時，很難訂出令人滿意的決策準則。因此，功利主義有其優勢和劣勢。

2.權利原則

　　功利主義的主要問題在於沒有很好的處理權利（rights）問題。此暗示著某些行為在道德上是正確的（如這些行為對大多數人來講，代表最大利益），而事實上，這些行為可能違背了另一個人的權利。「道德權利」（moral rights）是重要、合理的權利。在社會中生存權或不受傷害的權利是一個公正的主張。《獨立宣言》（Declaration of Independence）提及生存權、自由權和追求幸福權。早期John Locke提出私有財產權，而現今所討論的人權當中有些權利是「法律權利」（legal rights），有些是「道德權利」。

　　「權利原則」（principle of rights）的基本概念：權利不可被功利輕忽藐視，權利只能被另一個更基本或更重要的權利所超越。所以應用以功利主義的原則思考此問題，例如：人們接受了人類生命的基本權利，就不該考慮是否為了大多數人的利益而殺害某人。以企業為例：人有權要求獲得平等的待遇（不受歧視），就不須再爭論。但歧視者是否會帶給他人更多利益？然而有些人會說，當我們積極提倡某種行為或政策時，就必須這樣做。

　　「權利原則」從個人或群體的觀點表達道德，而功利主義原則從整體群體或社會的角度表達道德，權利原則的觀點迫使我們在進行判斷時必須思考一個人應得的報酬為何，因為權利原則推崇個人幸福。權利原則的觀點另外還要求社會總利益。然而，難題出在：「什麼是應該受到尊重的法律權利？什麼權利或誰的權利比他人的權利更重要？」。

　　圖表7-1做了一個總結，並列舉當今社會所主張的各種權利。而這些權利中有些受法律保護，有些是道德權利不受法律保護。管理者應該對法律權利和道德權利都給予關注，但是，沒有明確的方向可以幫助某人分辨出哪些道德權利應該受到保護？應受保護的範圍多大？哪種權利比其它權利更重要？

圖表 7-1 當今社會一系列的法律權利和被主張的道德權利

公民權利	吸菸者的權利
少數民族權利	不抽菸者的權利
婦女權利	愛滋病患者的權利
殘疾人權利	兒童的權利
老年人權利	胎兒的權利
宗教信仰權利	胚胎的權利
員工權利	動物權利
消費者權利	焚燒美國國旗權利
利益關係權利	財產處理權利
隱私權利	同性戀權利
生命權利	受害人權利
犯罪者的權利	

最近幾年,有些人曾經指出,我們處於權利革命時代,於這場革命中,有許多的個人和群體試圖敦促社會接受大眾所爭取的權利。因此,主張的權利愈來愈多將可能削弱或降低法律權利的力量。如果每個人都要求受到特別待遇而且又被解釋為合法權利時,管理者把注意力集中在合理的道德權利上,權利方法就會失去效力。而當執法者出於政治原因而不是道德原因時,其所授予的權利將合法化或受到保護。管理者在進行決策分辨何種權利或誰的權利應該受到尊重時,或許會有所偏頗。由於所主張的權利愈來愈擴大,核心道德可能會縮小,因此,決策者很可能會在個人利益和公眾利益之間進行協調時產生愈來愈多的困難。

3.公正原則

正如功利主義原則沒有很好的處理權利,功利主義也無法進行公正有效的處理。考慮「公正原則」(principle of justice)的方法必須表明公平——人人平等。但對任何一個人來說,要如何判定公平?如何決定個人應得權利?人們也許會根據他們的工作性質、工作能力、付出和需求等,提出報酬要求。在某些狀況下,這些標準或許恰當。以往有一些觀點認為有家庭者所獲得的收入會比單身男女還多。然而,如今社會結構不同了,有很多婦女進入職場,有些家庭的結構也產生了變化,而報酬的結構也重新訂定,因此,根據能力發放工資成為現今公正的行為。

當應用公正的原則時必須重視「何謂公正？」，而且公正種類又分為：「分配公正」（distributive justice）指的是利益和負擔的分配；「補償公正」（compensatory justice）指的是由於過去的不公正而進行補償；「程序公正」（procedural justice）指的是公平的決策過程、實踐或協議。

John Rawls 提出了綜合的公平原則。此理論基礎概念為：首先，需先制訂公正的原則且必須能解決衝突再以此原則為依據，而公平原則是其理論基礎，這兩個原則為：

(1) 最廣泛的基本自由方面，每個人擁有平等的權利。
(2) 社會和經濟的不平等是已經存在的，所以他們被認為是人的優勢，並附屬於地位和職位。

在 Rawls 的第一個原則下，每個人應該受到平等的對待。第二個原則較具爭議性，其受兩種人批評。有人認為這個原則太強勢，有些人認為這個原則太軟弱，前者認為只要我們擁有平等的權利，當有些人從他們的工作、技巧、正直或風險中獲得更多利益時，就沒有公平可言。因此，這類的人所得將增多，而且不會為那些弱勢群體創造利益。後者認為，不平等也許會導致真正的不公平，因此有錢人愈來愈有錢，而窮人只不過是變得不那麼窮罷了。

公正原則的支持者主張，該原則保護了基本價值——自由、機會平等與關心弱勢群體等，而這些價值已經根植於我們的道德信念當中。但批評者從各方面提出反駁，而且對 Rawls 原則不感興趣。例如功利主義者認為，為最多人創造最大利益是至高無上的榮耀。

4. 關懷原則

當我們討論過功利主義、權利和公正之後，緊接著介紹關懷倫理或「關懷原則」（principle of caring），因為這種理論經常被認為是「女權理論」。而此對傳統觀點而言是非常重要的。曾有學者將此觀點論述為瞭解世界的宏觀方法，而女權主義或關懷觀點是建立在 Carol Gilligan 的理論基礎上。在前面幾章曾經討論過她對科爾伯格的道德發展理論所做的批評。

關懷觀點堅持傳統的倫理，例如：功利主義原則和權利原則把注意力過於集中在個人身上或把注意力集中在認知的思想過程上。以傳統的觀點而言「他人」也許會被視為威脅，因此，權利則變得重要，進而導致道德理論趨向於法規或合約。

倫理的實踐

誰的權利是對的？

　　1990年，美國唱片產業協會（RIAA）規定，有明確暴力、色情等歌詞之音樂專輯須加貼警示標誌。根據美國唱片行業協會，「父母忠告是通知父母們，貼有此標識之音樂專輯可能含有強烈的語言、涉及關於暴力、性或崇拜物質之描述，請父母們審慎看待」。

　　最近，當我在音樂行工作時，Aftermath娛樂和Interscope發行了馬歇爾·馬瑟斯（阿姆）專輯。該唱片名為The Marshall Mathers LP。根據美國唱片產業協會之規定，該專輯之封面左角必須標有警示以示忠告。

　　該專輯一發行，許多男同性戀、女同性戀、婦女權益組織團體，馬上要求回收該專輯，因為專輯中有些歌曲含有侮辱性的語言和資訊。婦女權益組織非常憤怒，因為該專輯之歌曲強調性與暴力，並描述馬瑟斯先生的妻子和母親受到毆打、強姦和謀殺。同性戀權益組織同樣感到憤怒，因為幾乎每首歌曲都含有反同性戀的侮辱資訊。

　　馬瑟斯聲稱，不必對其專輯歌詞太認真，因為純粹為了娛樂且專輯當中令同性戀權益組織感到憤怒的資訊不是針對同性戀而是貶低所有人的俚語。馬瑟斯的辯護可以從RIAA守則當中的一條規定得到說明，因為任何標有警告標識的專輯經常容易受到誤解。歌詞可能有不同意思且不能單看歌詞。因為伴隨著嘈雜、狂暴的音樂歌詞與伴隨著柔和、舒緩的音樂歌詞將有所不同。

　　然而，這都是小問題，而刪除描述1999年克羅拉多州哥倫拜恩高中槍殺案歌詞才是主要關注原因，為此，Interscope唱片公司才得以發佈該專輯。因為此讓權益組織深信Interscope唱片公司完全清楚歌詞的影響力。事實上，選擇那些歌詞可能是出於經濟考量（賺錢）。The Marshall Mathers LP所帶來的經濟效益超乎想像，而且該專輯成為音樂歷史上最暢銷的專輯。

　　由個案中激起大家好奇心的問題是：

(1)藝術家自由表現和唱片公司社會責任之間的界線應該在哪裡？在類似的商業狀態下，誰的權利比較重要？如何決策？由誰決策？

(2)涉及藝術家的情況，什麼該說？什麼不該說？唱片公司應該負多大的責任？是否該根據消費者需要來認定？

(3)在保護那些與哥倫拜恩槍擊案之相關者權益及個案中其他抗議團體之權利背後，將如何看待唱片公司的理論或邏輯？

(4)在個案中，將如何應用權利原則、公正原則和功利主義原則？

（由Steve Minster提供）

　　「女權理論」建立在完全不同的基礎上，例如：女權主義思想家把人看成是有關聯性的，而不是個人主義。這些思想家不否認自我的存在，但堅持自我和自我存在有著不可分割之關係。此觀點強調關係的道德價值，並且將此觀點擴張至內在責任，而不像傳統倫理著重強調權利。

　　因此，女權道德理論強調關懷而不是公正或權利，曾有幾位學者認為此與利害關係人理論或利害關係人方法是一致的。利害關係人理論的重點在於一種更加合作與關懷的關係。這種理論認為公司應該尋求做出滿足利害關係人之決策，此將造就各方都能獲勝的關係。

　　Jeanne Liedtka曾經質疑公司是否關心女性道德理論觀念。Jeanne Liedtka堅持此種關懷理論，並認為組織應該可以以下列幾種方式作為關懷的依據：

- 完全集中於人，而不是品質、利潤或其它現今所探討的「關懷」概念。
- 把關懷當成是一種目標去承擔，而不是僅僅當成一種到達目標的手段（如品質或利潤）。
- 關懷基本上是有人性的，關懷反映了對其他人的關心。
- 對關心不斷加強，並把關心轉移到開發和運用其能力上。

　　Jeanne Liedtka認為關懷者能結合成為關懷組織，此將同時創造加強效果與組織道德品質的新可能性。關懷原則從不同的觀點指導倫理決策，因此，此觀點被公認為是令人振奮且有價值的。

5.美德倫理

　　上述之主要原則多數是行為導向的，主要為了指導人們行為與決策，另一個經常被稱為「美德倫理」（virtue ethics）的倫理傳統亦值得一提，儘管它不是一個原則但美德倫理出自於柏拉圖和亞里斯多德的思想，主要觀點在於讓人具有美德（忠誠、公平、誠信、慈悲及守法）。

　　「美德倫理」係以個人為中心之思想體系，在目前情況下，美德倫理是以倫理為中心的思想體系。這和我們所討論過的原則形成鮮明的對比，因為其以行為或責任為倫理中心。以行為導向之原則聚焦於執行事件，而美德倫理則強調事件本身，當然，其先決假設為具美德之人其行為也是高尚的。傳統倫理原則之功利主義原則、權利原則和公正原則所關注的問題是「我應該怎麼做？」，美德倫理所關注的問題是：「我應該成為哪種人？」。

　　於美德倫理理論產生的項目有時被稱為「人格教育」（character education），因為此特殊理論強調人格發展。許多觀察家認為當今企業和社會的道德敗壞之原因之一為教育。美國重量級國際品牌成衣商VF公司（VF Corporation）、美國加州約瑟森道德研究中心（Josephson Institute of Ethics）和華盛頓倫理資源中心（Ethics Resource Center in Washington）都發展了人格教育項目。人格教育執行主任Esther Schaeffer認為不僅需要在學校進行人

格教育,在公司同樣也需要人格教育。她堅信公司及企業領導是導入人格教育的重要力量。

　　美德倫理學家造成社會大眾對美德在學校教育及企業培訓之重要性產生了爭議性。忠誠、正直、誠實、信守諾言、公正及尊重他人等美德和我們曾經討論的主要原則完全能夠共存,這些原則再加上美德形成了有效倫理行為及決策基礎。無論美德被看成是人格特徵還是決策原則都不是我們所關注的主要問題,無論出自於何種動機,這些美德才是我們必須關注的。企業倫理學家Oliver Williams和Patrick Murphy強烈呼籲:倡導美德倫理的時代已經來臨。

6. 僕人領導

　　現今企業組織領導和思想方法愈來愈流行「僕人領導」。「僕人領導」(servant leadership)雖然不是一個倫理原則,但它是一個倫理領導和決策的方法,該方法的基礎是先設立為他人服務的道德準則。僕人和領導這兩個角色可以集中於一個人身上嗎?當然可以,例如:管理者。

　　「僕人領導」的基本信條為何?僕人領導為倫理管理模式及倫理決策方法。這種方法的基礎為,首先為他人服務,將他人如:員工、消費者、社區或其他利害關係人置於優先的位置上。根據Robert Greenleaf所指出:「該方法為某人想為他人服務,以自然情感為起點將服務擺在第一」,接下來,自覺的選擇使人渴望領導、關心他人、保證他人需求得到滿足,在這些行為裡展現「僕人領導」。

　　「僕人領導」之現代意涵主要以Robert K. Greenleaf為首,Robert K. Greenleaf被視為啟蒙者。Robert K. Greenleaf在美國電報電話公司(AT&T)工作了38年,退休之後他成立了應用倫理研究中心(Center for Applied Ethics),後來該中心後來更名為格林列弗僕人領導中心(Greenleaf Center for Servant Leadership)。該中心位於印第安那州的首府印地那波利斯。Robert K. Greenleaf第二工作生涯持續至1990年去世前。在這段時間內有很多組織視他為一位有影響力的思想家、作家、顧問和發言人。

　　在Robert K. Greenleaf出版的《僕人領導》(*Servant Leadership*)一書中,Greenleaf將書贈與拿撒勒(以色列北部的古城,耶穌度過少年時代的地方)的牧師,使其象徵性代表僕人概念。雖然受耶穌思想教育洗禮和生涯的影響,但Greenleaf是在讀了Hermann Hesse's的短篇小說《到東部旅行》(*Journey to the East*)之後,他的僕人理論思想才變得明朗化。在Hesse的小

說中，一群人進行一項神秘的旅行，故事的中心人物是Leo，他作為僕人伴隨這些人，做著一些無聊的雜事，但他用其精神和歌聲鼓舞著那些人。Leo是一位具有超常特徵的人。事態的發展一直很好，直到Leo消失之後，旅行的人群陷入了混亂，旅行被中止了。他們沒有僕人Leo的時候，這些人無法完成任何事情。

經過多年之後，該故事的講述者（旅行成員之一）發現了Leo。這個講述者才瞭解到是教團主辦此次旅行，不但如此他更發現他們認為是僕人的Leo實際上是教團的領導，而且是位偉大、高尚的領導。從這個故事當中，Greenleaf所獲得的啟發是：偉大的領導首先應該是一位僕人，這對他的成功是非常重要的。實際上，Leo一直是領導，但他首先是作為僕人，因為做僕人已經深入他的內在精神當中了。

Greenleaf對僕人領導的總結是：「僕人在先」（servant first）。正如同小說當中對Leo的描述情形，這個角色的出發點為首先必須具有想為他人服務的自然情感，然後是渴望領導的自覺意識。這種人和那些「領導在先」（leader first）的人有明顯差異，這也許是由於「領導在先」的人受權利慾望和物質渴望的驅動。當然，「僕人在先」和「領導在先」是兩種極端類型。在這兩種模式之間，還有相當數量的混合類型，它們給予領導的思維留下了無限的思考空間。

Greenleaf僕人領導中心的首席執行長為Larry Spears。Spears以僕人領導主要觀點出了幾本書，例如：《對領導的反思》（*Reflections on Leadership*）。Spears針對Greenleaf的原著進行了多年的研究，他從這些著作當中摘取了10項主要特徵，而這10項主要特徵對建立僕人領導是非常重要的。這10項特徵當中的每一個項目都值得列舉並說明，因為它們是根據領導的行為和特徵建構了僕人領導的模式，這10項僕人領導的特徵茲說明如下：

- 傾聽。
- 遠見。
- 共鳴。
- 概念表達。
- 解決煩惱。
- 幫助人們成長。
- 說服。
- 管理工作。

●識別。

●建立社區。

在僕人領導的10項特徵當中，每一項特徵都以把別人放在倫理原則基礎的首位，無論別人是員工、消費者或其他重要的利害關係人。有些特徵可以被認為是美德，有些可以被認為是行為。因此，僕人領導包含了以前所討論過的倫理觀點。

7.金科玉律

「金科玉律」（golden rule）值得討論，因為可以作為一種基本、有效的倫理生活原則和判斷原則，而且十分流行。有多項研究曾經發現，對管理者而言，金科玉律是最有效且最有用的。金科玉律（己所不欲，勿施於人）是一項相當直率、通俗易懂的原則，而且已成為決策者採取決策之依據，並可對倫理和公平直接判斷做出決策。

金科玉律之精簡論述為如果你希望被公正地對待，那你就要公正地對待他人；如果你想要保護你的隱私，那就要尊重他人的隱私，關鍵是要公正；根據這個原則，我們本身也不能例外。在本質上，金科玉律把企業關係擬人化，並且把公平的理念納入企業的日常思考當中。

也許金科玉律如此流行的原因就是它紮根於歷史和宗教傳統中，是最古老的生活原則。而且它具有普遍意義，不需要求人們有具體的宗教信仰。幾乎是有史以來，宗教領袖和哲學家都曾經以此方式支持金科玉律。因此，人們就可以很容易瞭解為什麼Martin Luther認為金科玉律是「自然法」（natural law）的一部分，因為它是一個不需要有任何特定宗教教養就可以理解和接受的道德原則。在三項不同的研究當中，要求管理者及被管理者根據倫理原則對他們進行研究調查，金科玉律均被排在第一位。

除了我們深入探討倫理原則和理論之外，圖表7-2還特別針對最近幾年所發表的倫理原則進行評比。

結論是在這些原則當中，沒有一種原則是可以放諸四海而皆準的，當人們研究每一項原則時，均會遇到一系列的問題、定義、衡量和普及化。一個愈多人研究的原則，就會產生愈多表現，如果將其定位為指導決策之方針時，則這些原則卻難以運用。此外，提出一項倫理原則有缺陷時，並不是責難該項原則不能解決個人和商業決策的重要問題。我們討論的主要原則和方法改善了個人權利、關懷、人格和公正等重要意識。

圖表7-2 對倫理原則的簡要描述

- 絕對規則：只根據格言而去決策，同時希望這個格言變成一條普遍的法律，換句話說，當某種行為原則能夠恆久不變地被所有人所採用時，你才能採用該原則。
- 傳統的倫理學：只要不違反法律，個人就可以去追求自己的利益。在這個原則下，允許欺騙（撒謊）、允許利用所有合法的機會及普遍接受的行為和風俗。
- 揭發原則：如果將決策完全向熟人、朋友、家人、報紙和電視等曝光時，會感到舒服嗎？如果是的話，那決策可能是正確的。
- 金科玉律：己所不欲，勿施於人。它包括不能故意傷害人。
- 快樂主義倫理：美德包含在每個人認為有意義的事情當中，沒有絕對或普遍的道德原則，如果你覺得好，就去追求。
- 直覺倫理：人們被賦予一種道德感，運用這種道德感，人們能夠理解對與錯，解決道德問題的辦法為在某種特定情況下，你可以判斷對與錯。
- 市場倫理：市場中所有自私行為都是高尚的，因為它有助於經濟運作。在商業交易中，決策者也許採取自私的行為或受個人利益驅動，將必須考慮其行為是否有利於己，如果是的話，那該行為就是符合倫理。
- 方法—結果倫理：用結果來證明方法的成效，如果結果是重要或有美德的，可能會不擇手段地達到該結果。
- 力量等於權利倫理：公平被定義為更強者的利益，倫理是個人優勢和力量所達到的東西，不需考慮一般社會慣例和法律，以優勢去獲取利益。
- 組織倫理：個人的願望和需要應該服從組織（該組織可以是教會、國家、公司、軍隊或大學），當然也應該考慮個人行為與組織的目的是否一致、對組織是否有利。
- 專業倫理：當行為可以在同業委員會裡得到解釋，方才能從事此行為。
- 成比例的原則：無論負責任何事情，「願意」將成為手段或目標。如果手段和目標本身都是良好的，且有執行的原因。在道德上，我也許會冒風險，但該風險是可預測而且不產生副作用的。
- 功利主義倫理：給最多人帶來最大利益。確定行為所帶來的好處超過其所帶來的壞處。如果某種行為利益最大化時，則此種行為就是最佳的選擇。
- 功利主義倫理學：為最多人帶來最大利益，確定一個行為所帶來的利益超過其所帶來的傷害。如果某個行為可以使利益最大化時，則此能夠帶來最大利益的行為就是最佳的選擇。

資料來源：T. K. Das, "Ethical Preferences Among Business: A Comparative Study of Fourteen Ethical Principle," *Southern Management Association* (November 13-16,1985), 11-12. For further discussion, see T. K. Das, "Ethical Principles in Business: An Empirical Study of Preferential Rankings." *International Journal of Management* (Vol. 9, No.4, December, 1992), 462-472.

倫理的實踐

Ethics in Practice

信守諾言與撒謊

在學生時代時，有一年春天，我在一家大公司的票據部門工作。並與票據部門的所有秘書關係互動良好，幾乎無所不談，我們最喜歡談論的話題之一是票據部門的經理。我們都很希望能再找一份工作，離開她，因為我們不喜歡和她共事。在我這部門工作時，我和高級秘書成為了好朋友，並且和她一起在前面的辦公室工作。

同一時間，我的這位秘書朋友到另一家大公司去求職。她告訴了我應聘時的情況，但是她不想讓部門經理知道，以免造成她得不到這份新工作。而我是她的好朋友，所以關於這件事情，我不打算向任何人提起，幾週之後，我的好朋友得到了這個工作，且她立刻接受了這份新工作。在她知道自己有新工作以後，她提前兩週通知了部門經理。事情的發展一直很順利，直到有一天部門經理來找我，問我是否知道該秘書早就有準備離開的打算。我不知道說什麼，我不想對部門經理撒謊，但我也不想打破我對好朋友承諾的諾言。而我該怎麼辦呢？

(1) 這是個人層次的倫理困境？還是組織層次的倫理困境？

(2) 在這種情況下，什麼倫理原則受到損害？

(3) 面臨這種倫理問題的人應該做什麼？

（由Erika Carlson-Durham提供）

8.對倫理衝突的調解

當一位管理者運用我們曾經討論過的倫理原則和方針時，如果發現在這些原則之間發生了衝突，那該怎麼辦呢？例如：如果一位管理者認為一位員工的安全權利和另一位員工的隱私權利發生衝突時，管理者該怎麼辦？衝突應該如何解決？然而此無絕對的調停倫理原則方法，但對此問題進行探討是有幫助的。Shaw 和 Barry 曾經根據 V. R. Ruggiero 所介紹的概念，在發生衝突時必須提出三個共同的焦點：義務、理想及成效。我們將把這些概念和我們正在進行的探討聯繫起來。

首先，我們認為義務是我們日常組織生活的一部分，舉例來說，義務可以是一個書面或口頭的合約，是大家都同意的。公正原則、權利原則和美德原則堅持我們應該尊重義務。其次，作為管理者應該堅持某些理想典範，這種理想典範也許是一些重要的道德目標、原則、美德或值得為之奮鬥的完美觀念，例如：追求公正、保護權利以及在個人目的與群體目的之間做出平衡。最後，代表利害關係人做出行為或決策，我們要關心效果或結果。讓人

感到充滿希望的是，在我們所探討的倫理原則中，義務、目的和效果均涉及這些倫理原則的各個層面。

　　現在存在的問題是，假如我們的義務、目的和效果發生衝突或者產生交互作用時，應該如何處理這種情況？Shaw 和 Barry 提出了三個指導方針：

(1) 當兩個或更多義務發生衝突時，則應該選擇最大的義務。
(2) 當兩個或更多理想典範發生衝突時，或當理想和義務發生衝突時，則應該選擇最重要的理想典範。
(3) 當效果產生交互作用時，則應該選擇能夠產生最大利益或最小損害的行為。

　　這些指導方針只是個大概，因為它們沒有準確地回答出是誰的義務或理想比其它的義務或理想更重要。然而，它們給我們一個解決衝突的大方向或程序。在最後的分析當中，管理者需要認真思考哪一個價值或義務比其它價值或義務更重要。

　　總而言之，倫理的原則是將方法重點放在指導方針、理念或概念上。而制訂這些指導方針是為了幫助人們和公司進行明智、倫理的決策。在我們的探討當中已經對下列重要的原則方法進行過研究：功利主義、權利、公正、關懷、美德、僕人領導和金科玉律。而在個人與組織生活中進行倫理判斷時，這些原則或方法應該引發我們深思。這些原則方法紮根於道德哲學與宗教中。現在我們在一個更實用的層次上，研究一系列倫理測試的方法，這些倫理測試方法構成了我們的第三種倫理方法。

7.2.2　倫理測試方法

　　除了指導個人和管理決策的倫理原則方法之外，還有幾種實用的「倫理測試」（ethical test）值得研究。原則方法幾乎無一例外地由哲學家所制訂。而現在所探討的倫理測試方法更為實用，而且不要求像原則方法那樣進行深層次的道德思考。沒有人能夠簡單回答這樣的問題：「在這種情況下，我應該採取什麼行為或決策？」，然而，每個人也許會發現一個或更多個測試，這能夠幫助我們證實在某一種決策狀態下最適當的行為過程是什麼。對很多學生而言，測試的概念引發了對提出的問題要如何回答的思考與探索。的確，對個人倫理決策時，每一個測試要求將會對涉及的中心問題進行深層次的審議。

1.常識測驗

關於第一項測試，簡單測試題：「我準備採取的行為真的有意義嗎？」，當你考慮行為也許具有倫理意義時，考慮實際的後果是符合邏輯的。例如：如果你能肯定當你在進行一項可疑的行為時，這個行為將不會通過這項測試。當一個人用他的常識考慮問題時，許多不符合倫理的做法將會彰顯出來。而這種測試有嚴重的缺陷，例如：如果你肯定當你從事某種可疑的行為時不會被誤導時，這個測試也許會使你認為這個可疑的行為是可以接受的，但事實上，這種行為是不被接受的。另外，還可能存在其它一些被忽視的常識。

2.完美自我的測試

每個人都有自己的自我概念，很多人對於最完美的自我有個人構想。這個測試要求個人提出問題：「我即將從事的行為或做出的決定與最完美的自我是否相符合？」，這個測試以尊重的概念為基礎。在這個概念上，我們將建立自我或建立期望的類型。自然地這個測試就會對那些沒有很高自尊的人無法產生應有的價值。

3.事件公開的測試

這種測試是最有效的測試。它和圖表7-2所描述的揭發原則相似。如果計畫從事某種可疑的行為時，也許會提出下列問題：「如果別人知道我這麼做，那我該如何反應？」、「如果我的行為或決策在全國性的晚間新聞中被報導出來，並且被全世界的人都看到，那我該有何反應？」，這個測試所提出的問題是：你的行為或決策是否能夠向公眾公開和接受監督。如果你的朋友、家人和同事都知道你的所作所為，那將如何反應？如果你對這種想法感到很舒服，那也許你的立場就是正確的。如果你對這種想法感到不舒服，也許你就要對你的想法三思而行。

向公眾曝光的做法是最有效的。幾年前針對管理者所進行的一項抽樣調查，調查他們認為腐敗行為法案是否能有效制止收受賄賂？大多數的管理者均回答不會。當被問到如何才能夠制止收受賄賂行為時，很多管理者認為向公眾曝光是最有效的辦法。管理者大多認為：「如果社會大眾知道有收受賄賂的狀況時，這種方法將最有可能產生效果」。

4.公開討論的測試

公開討論的概念是：「把你計畫要進行的行為透露給他人，並徵求他人的意見」。如果你能獲得那些也許看不到你行為的人所表示的意見時，這種方法最有效。這個問題關鍵在於你不是將自己孤立，且把難題做切割來尋求他人的觀點。當你獲得他人對你計畫要從事的行為觀點後，你也許會發現，你對這項計畫可能沒有通盤完整的思考。

5.淨化概念的測試

一個概念或行為也許被認為是「淨化」的，也就是被認為是正確的。當一位權威人士說這種行為是恰當的時候，這個人也許是一位管理者、會計師或律師。這個問題關鍵在於：「僅因為有權威的人或有知識的人說明了某種行為是正確的，大家就認為這個行為或決策是正確的，這樣對嗎？」。如果你再認真思考一下，你就會發現律師或會計師會支持任何在言語上正確的觀念。同樣的，僅由於上司說某個行為或決策是道德的，並不能證明這個行為就真的是道德的。即使有人已經支持這項行為或決策，這項行為或決策仍然有可能是有疑慮或錯誤的。這是人們最常犯的一種倫理錯誤。他們必須不斷地被提醒，如果這項行為或決策有疑慮時，其最終責任是要自己承擔。

6.壓制議論自由的測試

這個測試是由路易斯安那州法院的一位法官所提出的，他認為管理者認定某種決策有疑慮或行為太過時，你將阻止這種行為或決策的執行。然而，這項測試只能抓住那些最惡劣的不道德行為，但還是有一些管理者也許需要測試的協助。實際上，這種測試的目的在於幽默大於認真，但它仍然是有某種程度上的幫助。

上述所提及的測試沒有一項能夠完善地回答任何行為或決策是倫理的。如果這幾項測試能夠配合使用，特別是幾種有效的測試配合使用，在從事某種行為之前，這些測試確實是檢視行為最有利的方法。這種測試仍然是假設個人確實想做正確的事，而且為此尋求幫助。對那些根本就不道德的人，這些測試是沒有多少存在價值的。

Phillip V. Lewis進行了一項長達5年的倫理原則和倫理測試研究。根據他的發現，他提出當面臨倫理抉擇時決策者應如何應對。他做出以下的判斷：

事實上，這幾乎是一個步驟接著一個步驟的順序。人們應該注意從受這個決策影響者的角度去看待該問題；努力確定所期待的公正反應為何？並探

討：(1)如果這個決定公諸於世，會有何種反應？(2)這個決定是否和組織的目的相吻合？ 以此種方式執行：(1)在任何類似情形下，該方式對他人都是正確和公正的；(2)都有利於組織。

果真如此，我們將發現Lewis的結論與金科玉律、揭發原則及Rawls的公正原則相互吻合。

7.3 組織倫理管理

至此，我們所探討的內容一直集中在個人和管理決策的原則及方法上。很顯然倫理決策是企業倫理的核心。現在，我們把注意力轉向組織層次上，在這裡我們會介紹進行決策的背景。行為及行為發生的公司文化或風氣對決策同樣重要，因為它能夠達成企業倫理的行為與結果。

在組織管理倫理的過程中，管理者必須認知到組織的倫理氣候是公司文化的一個主要組成要素。當受污染的有毒食品被報導之後，Johnson & Johnson的子公司McNeil實驗室，馬上自動將Tylenol從市場中撤出。有些人好奇為何公司會做出這樣的決定，一種最常見的說法是「這是Johnson & Johnson一貫的做法」。關於公司的倫理氣候，這個聲明傳達了一個重要的資訊。組織與管理決策者應該如何決定決策行為、制訂制度和樹立典範，去處理、瞭解並塑造企業倫理。組織的倫理氣候是一個複雜的概念，在這一節中我們只能對其中的某些方面進行探討。

圖表7-3對幾種倫理氣候的層次、管理者在進行決策時應該考慮到的重要因素進行說明。在這一節中我們的重點是組織的倫理氣候，需要考慮的兩個重要問題是：(1)在組織中，哪些要素對倫理行為有幫助？哪些要素對不道德行為有影響？(2)管理者可以使用哪些行為或決策來提升組織的倫理氣氛？

7.3.1 影響組織倫理氣候之因素

對於營造倫理氣氛之管理者而言，首先必須明白，在組織當中哪些因素將影響其他管理者或員工從事道德或不道德的行為。學者們進行了很多的研究，努力確定組織中影響道德行為的因素，並對這些因素進行排序。

Baumhart所進行的研究是最早的。在研究中，他調查了1,500多名《哈佛商業評論》的讀者（主管、經理）。在這項研究當中，有一個問題是要求

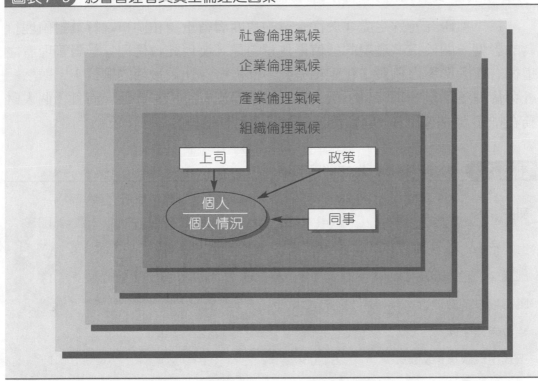

圖表 7-3　影響管理者與員工倫理之因素

被調查者對他們認為影響不道德行為或決策之因素進行排序。在他的研究中被提及之次數排序如下：

(1) 上司行為。
(2) 職業或專業倫理行為。
(3) 組織當中同事的行為。
(4) 正式組織政策（或缺失）。
(5) 個人財務需要。

　　後來，Brenner與Molander針對1,200名《哈佛商業評論》的讀者又重複了Baumhart的研究。在列表當中，又加上另一個因素：社會倫理氣氛。此外，Posner 與 Schmidt又調查了1,400多名經理，再次要求他們根據影響不道德行為的6項要素進行排序。圖表7-4提出了這三項劃時代研究的發現。

　　雖然在順序的排序上，這3項研究有些變化，但有幾個發現是值得注意：

(1) 在這三項研究當中，上司行為都被認為是影響不道德行為最大的因素。
(2) 在三項研究當中有二項，同事行為被排在比較前面的位置。
(3) 在所有三項研究當中，職業或專業倫理行為被排序在前半部分。

(4) 在所有三項研究當中，個人財務需要都被排在最後一位。

這三項研究特殊之處在於從企業的角度看待上司和同事之行為對倫理行為的影響。關於這些發現同樣值得注意的是，發現社會倫理氣候對管理者之道德有重大影響之假設，在兩項研究中都被排在比較後面的順位上。顯然，社會倫理氣候是一種背景因素，對企業倫理沒有直接影響性。而且，個人財務在排序當中處於最後的順位，這對我們也許是種啟發。

圖表 7-4 影響不道德行為之問題因素[a]

研究學者	Posner & Schmidt[b] （人數=1,443）	Brenner & Molander[c] （人數=1,227）	Baumhart[d] （人數=1,531）
上司行為	2.17（1）	2.15（1）	1.9（1）
組織中之同事行為	3.30（2）	3.37（4）	3.1（3）
職業或專業倫理行為	3.57（3）	3.34（3）	2.6（2）
社會倫理氣候	3.79（4）	4.22（5）	e
正式組織政策（或缺失）	3.84（5）	3.27（2）	3.3（4）
個人財務需要	4.09（6）	4.46（6）	4.1（5）

注：a.依影響力大小排序，1=最有影響，6=最沒有影響。
　　b.Barry Z. Posner and Warren H. Schmidt, "Values and the American Manager: An Update," *California Management Rrview* (Spring 1984), 202-216.
　　c.Steve Brenner and Earl Molander, "Is the Ethics of Business Changing?" *Harvard Business Review* (January/February, 1977).
　　d.Raymond C. Baumhart, "How Ethical are Businessmen," *Harvard Business Review* (July/August 1961),6ff.
　　e.Baumhart的研究未包括此因素。

1.上司施加給下屬的壓力

上司和同事行為的一個主要後果是，對下屬或者其他組織成員產生了壓力。作者之一在一項全國性的研究中，調查管理者在什麼情況之下會同意下屬提議：「在壓力下，管理者為了達到公司的目標不得不對個人的標準做出妥協」，而被調查者對這些提議同意的程度是有意義的，結果說明如下：

高階管理者：50%同意
中階管理者：65%同意
低階管理者：85%同意

　　這項研究說明了由於感受到壓力所做出的妥協似乎在低階管理者中最明顯，隨後是中階管理者。在他們隨後進行的研究當中，Posner 與 Schmidt 亦訪問管理者，為了達到組織的期望，他們是否有時候會對員工的個人原則做出讓步？20%的高層管理者對此表示認同，對此表示同意的中階管理者佔27%，對此表示同意的低階管理者佔41%。換言之，在第二項研究當中，也存在同樣的模式。

　　這項研究的合作者提出了另一項問題：「我可以構思一種情況，在此種情況下，自始至終都有合理的倫理觀念，但是由於來自上層的壓力，為了達到預定的結果，下屬不得不妥協」。這項發現和另外兩項發現類似。

　　關於這些發現，特別麻煩的是反應模式。似乎在管理層級當中，地位愈低的管理者對不道德行為所感受到的壓力愈大，雖然這種現象有一些貌似合理的解釋，因為它和作者之一所進行訪談的結論是一致的。這個解釋是高階管理者不清楚他們的下屬為了與老闆相處要承受的壓力。不同層級管理階層所承受的壓力也會有不同的看法，高階管理者不瞭解下層管理者所感受到的壓力。高階管理者對不道德行為所承受壓力的認知和低階管理者的認知似乎有落差。高階管理者不太能瞭解下屬為了要取悅他們須耗費多大力氣，這導致下屬由於真正害怕或假害怕、害怕被報復或偽裝忠誠或扭曲工作觀念，而去從事不道德的行為。

　　在20世紀的90年代末期，美國社會特許壽險業者、金融財務顧問和倫理長協會進行了一項關於工作場合壓力因果關係的研究。這項研究的發現和上述研究結果一致，並且進一步提供了工作場合壓力有害的結果論述。這項研究的重要發現有下列幾項：

- 大多數員工（60%）感覺在工作中有相當大的壓力，超過1/4的員工（27%）感到壓力非常大。
- 前1年到5年中，員工在工作場合裡感受到的壓力明顯增加，40%的員工感到前1年的工作壓力比較大。
- 幾乎一半的員工（48%）聲稱，在過去的一年內，由於壓力使他們從事過一種或多種不道德或者非法的行為，最常被提及的不良行為是在品質管控方面偷工減料。
- 在過去的幾年內，為了應付工作壓力會在品質方面偷工減料，而員工所提到的前五類不道德或非法行為包括：偷工減料、隱瞞事故、撒謊請病假、撒謊或欺騙消費者、對他人施加不當壓力。

- 經常提到的工作壓力來源是「在工作和家庭之間做出平衡」（52%）、「不良的內部溝通」（51%）、「工時過長或負擔過重」（51%）、「不良領導」（51%）。

除了這些研究證明了管理人員感受壓力之外，還有幾個實際的案例顯示為了達到較高的生產目標，員工偷工減料的情況。

例如：密西西比州的Gulfport有一家玻璃工廠，由於工廠的產量落後其它工廠的產量，工廠的經理害怕高階管理者會辭退上年紀的員工，所以，工廠經理開始偷偷修改紀錄，並將工廠產值誇大了33%。當被要求出示出廠證明時這件事才爆發，並把資訊向公司的審計官員報告，此時高階管理者才知道這件事。而這家工廠經理被開除了，而且不願意多做說明。但他的妻子表示為了提高工廠產量，她的丈夫一直處在「持續的壓力」之下。他堅信只要繼續做假，他和同事們就能保住工作。而公司的總經理事後表示如果無法完成生產目標，他並不會開除工廠經理。

另外一個有意思的案例涉及密西根州弗林特市（Flint）的雪佛蘭（Chevrolet）卡車生產廠。在這裡，工廠的三個經理在上司辦公室安裝了一個秘密的控制盒，這樣他們就能夠操縱控制儀錶板，這個儀錶板掌握裝配線的速度。工廠的經理說，他們出於壓力才這樣做，因為高階管理者不瞭解缺勤率高、傳送帶損壞及其它問題，使他們無法達到生產目標。一旦他們使用這個隱藏的控制儀器，他們就能夠完成生產目標，並且還受到上司的表揚。工廠的經理說高階管理者知道工廠的經理對生產線動手腳，並且知道工廠經理這樣做是不道德的，然而，高階管理者對此從來沒有說過什麼，因此，他們認為這種行為是可以被接受的。關於那個秘密的控制盒，工廠經理拒絕透露任何資訊。但此種作法違反了通用汽車公司與聯合汽車勞工聯盟的合約，一旦這件事情曝光，該公司必須付給那些受影響的聯合汽車勞工聯盟成員100萬美元。

因此，管理者對下屬施加壓力背後的動機是以犧牲他們的倫理標準為代價，這似乎受「底限心理」所影響，這是指把經濟的表現放在所有其它標準之上。員工們經常發現，由於壓力使他們必須妥協，這與強調服從權威結構、符合上司期望和符合忠誠的社會化過程有關。

2.上司或同事的其他行為

另外，上司或同事的其他行為也會造成有問題的組織風氣，這些行為包括：

(1) 不道德決策。這包括管理者本身沒有把道德納入行為或決策中思考，這種現象的結果是在領導環境中出現道德真空。

(2) 不道德的行為或做法。有些經理本身就不講道德，這會給其他人帶來壞的榜樣，因為員工們會仔細觀察上司行為，並從中找尋可接受程度。

(3) 把法律接受的行為作為行為標準。有些經理認為如果他們嚴格遵守法律，就是已經盡全力做了應該做的事情了。

(4)「心理底線」和忠誠與遵守的期待。這種行為對做正確的事、關心利害關係人完全不重視。

(5) 倫理領導缺失。這是一種全球性的問題，包括上述已經提到的一些觀點。另外，在做正確的事情方面，經理從來就不會站出來承擔領導者的角色，這反映出道德管理的缺失。

(6) 過於強調利潤的目標和評價系統。如果管理者設定了無法實現的目標或在評估員工時沒有考慮到倫理因素，這有可能造成有害環境的產生。

(7) 不關心下屬為達到目標所感受到的壓力。這與上述的一些觀點有關，管理階層必須對施加給員工的指令和期待保持警覺性，管理者也許總是要問：「如果想讓人們達到這些目標或期待，這是否會被誤解？」。

(8) 沒有足夠的正式倫理制度。這裡的問題也許包括管理者對監督的控制不足，不合理、過分的政策或缺乏明確的行為規範。

7.3.2 改善組織倫理氣候

因為我們已經確定管理者行為將對組織成員的倫理行為產生重要影響。毫無疑問的，在提升組織倫理氣候上，許多行為和策略必須來自高階管理者和其他管理階層。在這一節中我們將探討管理者在提升組織倫理氣候方面所採取的最佳行為。圖表7-5描述了這些能夠營造組織倫理氣候或文化的最佳做法。在這些措施、行為或決策中，高階管理者將處於問題的核心。

1.高層管理領導（倫理管理）

倫理管理已經變成了一種陳腔濫調，但首先必須建立承諾：由高層領導者制訂組織倫理規範，這是因為所有的管理者與員工都將目光放在高層領導者，以探索並瞭解哪些行為是可以被接受的。對此，一位鋼鐵公司的前總裁說得好：「從高層開始，管理者必須為其他人樹立一個可以模仿的典範」。由於高階管理者有能力樹立個人榜樣與制訂政策，處於能見度高的理想典範角色位置上，他們有權力及能力制訂政策，這些政策可以是正式或不成文的規定，這將成為任何組織與領導職位一個重要的發展方向。Treviño、

圖表7-5 為改進組織的道德氣候或文化的最佳實務

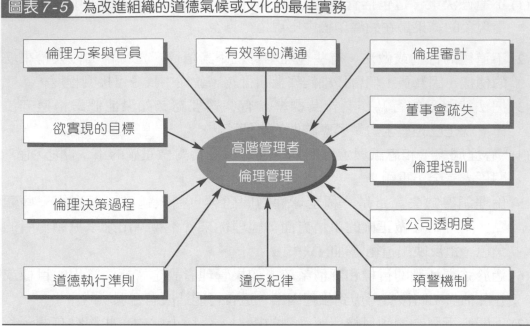

Hartman與Brown將此稱之為「透過可見的行動將角色模式化」。因此,有倫理概念的管理者認知到他們就像生活在玻璃魚缸當中一樣,員工們一直盯著他們,因此他們能夠瞭解什麼是重要的。

(1)「弱勢倫理領導」

　　作者之一在他的顧問經歷當中遇到了一種情況,一家小公司的某一位資深員工被查出在過去15年當中挪用了2萬多美元。當這個員工被問到為什麼這樣做時,她解釋說,由於她的經理經常這樣做,導致她認為這種行為是正確的。她進一步說明,每年秋天當樹葉落滿院子時,她的老闆需要人把樹葉時,就會把公司的員工帶回家打掃。當經理需要現金時,就從公司的小金庫拿或拿飲料販賣機的鑰匙,從硬幣盒子中拿錢。當他需要郵票郵寄個人聖誕卡時,就從公司的郵票盒中拿郵票。這位婦女認為她拿公司的錢是完全正確的,因為她的老闆和經理經常這樣做,因此,她認為對她而言,這也是一種可以被接受的行為及做法。

(2)「強勢倫理領導」

　　關於正面倫理領導案例:一家生產真空管的公司,有一天,工廠的經理被叫去參加一個緊急會議,在會議上,他被通知真空管的樣品沒有通過某一個重要的安全測試,這意味著10,000支真空管在安全和性能上將存在問題。工廠經理大聲喊叫:「現在我們該怎麼辦?」,此時,負責技術工程的副總

展現了高度的倫理領導，他環視所有人，然後用低沉的聲音說：「砸碎它們！」，據一位跟著副總工作的員工說，這個決定為該公司未來幾年奠定了基礎，因為在場的人都知道這些有缺陷的產品是在時間緊迫、預算短缺的狀態之下生產出來的。

這兩個案例說明了在組織中領導者的行為或決策將成為其他員工重要的參考依據，在狀況不明的情況下，大多數員工都會觀察領導者的做法，藉此獲得線索，以便瞭解什麼樣的行為是可以接受的。在第二個案例當中說明了另外一個重要的觀點，當我們深入探討管理者的倫理領導時，我們將發現這樣的情境並不僅限於高階管理者。事實上，副總經理、工廠經理以及所有管理者或領導者都有責任推動倫理領導。

曾經有學者討論到，進行倫理領導的管理者美譽將建立在兩大關鍵因素上。第一關鍵因素是成為一位有道德的人，須具備三項主要特性：特徵、行為及決策判斷。「特徵」：為沉穩的個人品格，如：正直、忠誠、講信用；「行為」：是做了什麼，而不是說什麼，其中包括做正確的事、對他人表示關心、公正、做有道德的人。「決策判斷」：需要反映出一套倫理價值觀和原則。在這項決策當中，管理者應該堅持價值觀，做到客觀、公正，並展現出對社會的關心以及遵守道德判斷的原則。

第二項關鍵因素為成為一位講道德的人，在前幾章我們已經提出這個概念。根據相關研究人員所表示，講道德的管理者感受到積極地把倫理放在倫理議事日程上的重要性，這涉及三個主要的行為。第一，講道德的管理者必須做到將「可見的行動角色模式化」，這裡所論及的重點主要是可看見的行為；第二，講道德的管理者應該對倫理和價值觀進行傳播，這種傳播不是用一種說教的方式進行，而是透過解釋與引導重要的行動價值觀來進行；第三，講道德的管理者需要有效地利用獎勵和懲罰，這是一種有效的方式。它能告訴人們哪些行為是值得提倡的，哪些行為會受到處罰。

邇來，穩固公司文化的重要性愈來愈受到推崇，而倫理領導必須首先強調正直和道德，這是公司文化的主要構成要素。管理者可以以不同的方式和形式做到這一點。綜合言之，管理者需要營造一種重視道德的風氣，無論做什麼事，都必須強調穩固倫理原則和實踐的重要性。卡特彼勒公司（Caterpillar Tractor Company）的前總裁兼執行長提出建議，認為為了做到上述的地步，企業應該推行以下四項具體活動：

(1) 制訂明確、清晰的制度，以確立公司的企業倫理和行為。

(2) 在人員招聘時，只選擇和公司標準一致的人，只與在倫理上和本公司一致的其它公司合作。

(3) 根據倫理行為及信念提拔員工。

(4) 當發現會計交易中有不正當且不符合倫理的現象時，公司的員工必須有義務和機會向上呈報。

因此，企業領導人必須把價值觀和倫理意識注入到組織風氣中，而不是僅突顯個人主義。關於這一點，Steven Brenner 做了最佳的說明，他認為：「倫理方案應該被看成經營管理系統中的一部分，而不是被視為一般組織活動的一部分，如果倫理方案只是組織活動的一部分，則這項計畫就不太可能長期進行下去」。

2.有效率的溝通

從有效率溝通的觀點來看，管理者必須負責承擔倫理領導方面的重要職責。我們已經瞭解對行為、原則和組織風氣進行傳播的重要性，我們將進一步探討溝通的其它面向。例如：樹立現實目標、行為規範和決策過程。在這裡所要強調的是溝通原則、技術和行為的重要性。

經由溝通傳達倫理重要性的方式包括：書面形式、口頭形式。在任何情況下，管理者都應該根據某些重要的倫理原則去運作，坦白直率是最重要的原則。坦白直率要求管理者在溝通的過程當中要直率、正直及誠實。另外，還要求管理者要公正，並在溝通當中免除偏見和惡意。與此相關的原則是忠實，溝通的過程中忠實意味著溝通應該忠於細節，要準確並且避免欺騙與誇大。機密性是應該強調的最後一個原則，在決定應該把什麼訊息透露給別人時，講道德的管理者必須要特別小心。在溝通過程中，如果管理者不特別注意保持高度的機密性，將容易破壞管理者的信用。

3.倫理方案和倫理長

最近幾年來，很多公司開始制訂倫理方案（ethics programs），這些計畫通常由一位倫理長（ethics officer）負責。該官員負責執行組織的倫理措施及制訂倫理方案。安排倫理長是為了應付1991年聯邦判決法令，針對那些被發現違反倫理、有罪的公司，如果該公司有倫理方案，該法令會減少該公司的罰金。因此，一些公司開始進行倫理方案，而倫理方案的概念就是在公司中對倫理措施進行協調的一種努力。公司的措施通常包括：行為規範（或倫理）、倫理熱線、倫理培訓和倫理審計。

其它展開倫理方案的主要公司包括：南方貝爾（BellSouth）、德州儀器（Texas Instruments）、施樂（Xerox Corp.）、波音（Boeing）、麥道公司（McDonnell Douglas）和西爾斯（Sears, Roebuck and Company）。在許多大企業中倫理方案與倫理長數量明顯增加。事實上，在1992年，許多的倫理長共同成立了「倫理長協會」，以幫助他們確立職業和該協會的未來目標。倫理長協會主要有三個目標，這些目標與提升組織倫理氣候一致，這些目標包括：

- 為倫理長之間提供多種機會，使大家能夠相互認識、瞭解和合作。
- 提供一個組織，使大家能夠共享資源及分享一些實際方法，這些方法對解決大家關心的問題有具體幫助。
- 提升企業倫理的研究、學習、教學、共享和實踐的水準。

在2001年，倫理長協會有740多家成員，佔《財富》100大的一半多。在主要的公司中，倫理長促進倫理方案成功的機會，並且不斷地把倫理方案納入高層管理的項目當中，而且使得倫理方案成為不可或缺的一部分。

4.確立明確的目標

與高階管理者所執行的倫理措施及方案緊密相關的是各級管理者有必要確立明確的目標。一位管理者或許不小心偶然創造了一種條件，而這種條件可能引導下屬去從事不道德的行為。舉例來說：一位行銷經理設定明年的銷售目標提高25%，但現實當中即使表現非常突出，也可能只提高15%。在缺乏制訂明確、溝通良好的倫理標準時，部屬就很容易為了達到25%的目標而不擇手段。當目標設定太高時，為了取悅上司，銷售人員將面臨從事不道德行為的窘境。

Fred T. Allen曾經擔任執行長，他強調：「高層管理人員必須制訂實際的銷售和利潤目標，在目前的商業行為當中可以達到的目標。如果在處理不實際目標的壓力下，那些不負責任的下屬經常會採取為了達到主管目標，而採取『什麼都可以』的態度」。

這裡所強調的是，即使是例行性的管理決策也具有倫理含義，例如：設立目標。管理者必須注意他們自己有可能無意中造成了某種條件。而在這種條件之下，他人也許會感到有必要或受到誘惑去做錯誤的事情。

5.倫理決策過程

決策是管理過程的核心，如果有任何行為或過程與管理是同樣的意義時，那麼這個過程就是決策過程。決策通常包含陳述問題、分析問題、確立可能採取的行為過程、評估這些行為過程、做出最佳選擇與執行這些被選擇出來的行為過程。

在某種層面上，決策對管理者是一種挑戰。實際上，管理者面臨了很多涉及倫理的決策或具備倫理的意涵與結果。一旦我們做出不具倫理含義的決策（例如：為了生產某種特殊產品，而使用某一種生產方法），決策就變得複雜，這些決策通常面臨倫理困境。

倫理和決策的特徵和特性，有五個重要的觀點必須特別強調：

(1) 絕大多數的倫理決策有許多的結果，第一層次的結果會產生一系列的效果，對組織內外都有影響，所以在進行決策的時候應該仔細思考。

(2) 很多倫理決策有多種選擇，不是簡單的是或否而已，例如：「我們是行賄還是不行賄？」，這種簡單的二分法將造成鮮明的對比，但這種方法無法說明所有複雜的選擇。

(3) 很多倫理決策有混合的結果。就像選擇那樣，這些後果是複雜、混合的，而不是清晰、明確的。

(4) 很多倫理決策具有不確定的結果，有些結果也許之前沒有發生過，這樣會使得決策所產生的結果不太明確。

(5) 很多倫理決策都是基於個人因素的考量，管理者所面臨的倫理問題不是都與個人無關，但是許多管理者的決策都是基於考量個人的利益或是決策者可能付出的成本。

倫理決策不是一個簡單的過程，而是一個複雜且具多個面向的過程，以上已經描述了這些特徵。對管理者而言，如果已經制訂出了一套倫理原則時，就像插上電源那樣，只需要去執行這些倫理原則就行了。這是最好的，然而，這不是我們所探討的原則情況，而且也不是我們所思考的組織決策狀態，我們要探討的是幫助個人決策。我們前面探討的倫理原則在這裡仍然適用，但沒有簡單的公式。

雖然很難生動地描繪出一幅倫理決策過程圖，但只要我們認識到這種努力不可能抓住整個事實，我們就有可能對倫理決策有更清晰的瞭解。圖表7-6提出了倫理決策過程的概念。在這個模式當中，要求個人確定所考慮的行為、決策或行動，然後明確說明計畫所要執行的各方面行為過程。

接下來，要求個人把這個行為過程提交給「倫理偵查」。「倫理偵查」包括幾個選擇標準，根據這些標準去比對計畫的行為過程。在倫理偵查的圖解中，我們參考以前所討論的傳統方法（標準/準則）、原則方法、倫理測試方法和倫理決策。

在這個模式當中，由個人決定這些方針如何組合，以便用來進行「倫理偵查」。通常，有些方針組合包含在倫理偵查當中，對那些確實想採取倫理決策的管理者有所幫助。如果計畫要執行的行為過程沒有透過倫理偵查，決策者就不應該從事這個行動，而是應該考慮做出新的決策、行為或行動，並再用同樣的過程處理這些新的決策行動。如果計畫要採取的行動過程透過倫理偵查（決策者已經確定它是一項倫理行為過程），他就應該從事這項行動、決策或行為。萬一又面臨新的倫理難題時，再重複該循環。

進行倫理決策的另一個有用方法是，有系統的提出和回答一系列簡單的問題。這些問題和前面幾章所提出的倫理測試方法相似。

「倫理檢查」有一套值得一提的問題。在《倫理管理的力量》（*The Power of Ethical Management*）一書中，很流行這套問題。學者提出了下列倫理檢查問題：

(1) 它合法嗎？我是否違反了公民法或公司制度？
(2) 它是平衡的嗎？對那些短期及長期所關注的問題，它是否公平？它是否是一種雙贏的關係？
(3) 它使我對自己的感覺如何？它是否使我感到驕傲？如果我的決定在報紙上公開發表，我是否感覺良好？如果我的家人知道了這件事，我是否感覺良好？

在企業中如果運用所謂的「快速倫理測試」，是指利用一套簡潔的問題進行倫理決策，此種方法變得愈來愈流行。例如：德州儀器公司在其員工攜帶的皮夾上，印上了七點「倫理快速測試」，該測試的七個問題說明如下：

● 該行為合法嗎？
● 是否符合我們的價值觀？
● 如果你這樣做，你是否感覺不好？
● 如果該行為在報紙上公佈，感覺如何？
● 如果你知道它是錯的，就不該這樣做。
● 如果你不清楚，就要問一下。
● 不斷地問，直到你獲得了一個答案。

圖表 7-6 倫理決策制訂的過程

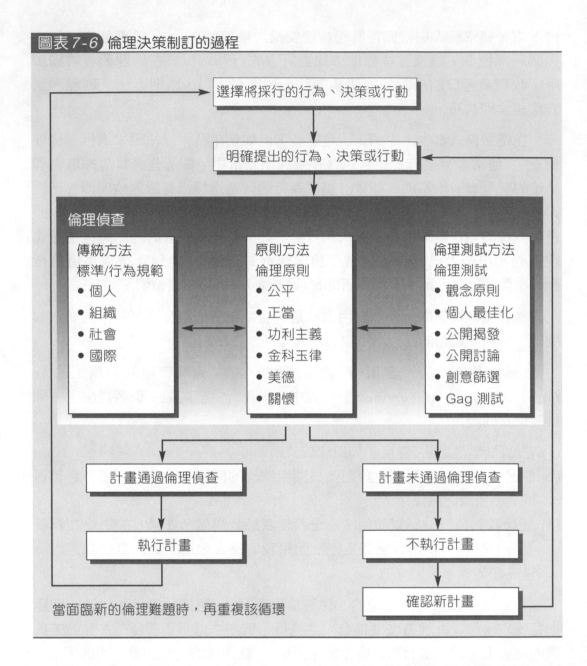

「西爾斯指引守則」在西爾斯公司中將它的商業行為準則提出了五個「進行倫理決策的指南」，這些指南為：

(1) 該行為是合法的嗎？
(2) 是否符合西爾斯公司的信念和制度？
(3) 它是對的/公正的/適當的嗎？
(4) 我是否想讓每一個人都知道這件事？

(5) 我對自己的感覺如何？

　　在這裡提出這套實用的問題目的在創造一個倫理調查的過程，該過程能夠被員工和管理者立刻使用和理解。值得注意的是這裡提到的很多項目和前面提到的倫理測試方法類似或完全相同。這些問題有助於確定應該採取哪些倫理過程（ethical due process）。這些指南沒有告訴我們，我們的決策是否符合道德，但它幫助我們提出適當的問題，並且真誠地希望做符合倫理的事。

6. 倫理執行準則

　　高階管理者有責任制訂行為標準，並且在組織中將標準有效地傳達給所有經理和員工。公司和倫理長員履行這個責任的傳統方法之一就是制訂和利用倫理準則（codes of ethics）或行為準則（codes of conduct）。在過去的25年中，倫理準則是一種現象，如今超過95%的公司制訂了倫理準則。關鍵問題是：管理當局使用這些守則的態度、它們的用途和效果。

　　設在華盛頓的非營利機構倫理資源中心針對公司管理者進行的調查顯示，企業組織執行倫理準則將獲得的幾種價值或益處、公司執行倫理準則達到的結果和主管們陳述原因的百分比，這使我們能夠更清楚地瞭解公司對道德執行準則的真實想法：

(1) 倫理準則對公司是一種法律保護（78%）。
(2) 倫理準則提升了公司的榮譽感和忠誠（74%）。
(3) 倫理準則提高了消費者和公眾的利益（66%）。
(4) 提升了對所受損失的保護（64%）。
(5) 降低了賄賂和回扣（58%）。
(6) 提升了產品品質（14%）。
(7) 提升了生產效率（12%）。

　　倫理資源中心對行為準則內容的研究發現，在行為準則當中，最常提到的一些話題包括：

(1) 利益衝突。
(2) 接受禮品、小費、娛樂。
(3) 保護公司私有的資訊。
(4) 饋贈禮品、款待、娛樂。
(5) 歧視。
(6) 性騷擾。

(7) 回扣。

(8) 日常執行活動。

(9) 員工盜竊。

(10) 合理使用公司資產。

關於組織的行為準則既有成功的報導，也有失敗的案例，關鍵的問題似乎是這些守則是否真的變成了「活的文件」，而不是僅僅放在文件櫃裡等待發放、或是了無新意的公開聲明。對管理者而言，守則也許不是萬靈丹，但如果恰當地制訂和管理，透過守則澄清什麼是倫理行為、透過鼓勵道德行為，將有助於提高組織中的倫理行為。

對於公司制訂準則效果的研究發現：在工作場合中，公司準則和員工的行為有關係，特別是對那些認為這些守則被徹底執行的員工以及守則已經深植於公司文化中的情況。因此，如果公司守則被認真執行，而且已經深深地紮根於公司文化中，不道德的員工行為將會趨向於下降。

由 Mark Schwartz 所進行關於道德執行準則的研究顯示，員工對行為守則的理解有好幾種不同的方式。Mark Schwartz 的研究產生了八項主題或隱喻，將有助於解釋在組織中準則如何影響員工行為的關係。

(1) 作為一個就業規則手冊，行為守則清楚地表明哪些行為是被期待的。

(2) 作為一個路標，守則指導員工向他人請教，或參照公司制度以確定適當行為。

(3) 作為一面鏡子，守則給員工提供了一個機會，以確定他們的行為對公司來說是可以接受的。

(4) 作為一只放大鏡，守則建議員工在行動之前要更加小心。

(5) 作為一個盾牌，守則使員工更容易向不道德行為進行挑戰，並抵抗不道德的行為。

(6) 作為一個煙霧檢驗器，守則使員工試圖說服他人，並對他人的不適當行為進行警告。

(7) 作為一個火警報警器，守則可以使員工與適當的部門聯繫，報告違規行為。

(8) 作為一個俱樂部執行守則，潛在的效果將使員工遵守守則的各項條款。

總而言之，道德執行準則的隱喻使我們瞭解組織成員對守則的不同看法。

7.處罰違規者

　　為了營造所有組織成員都信任的倫理氣候，管理者必須懲罰那些違反倫理標準的違規者。一個主要原因是，如果企業不願意處罰那些違規者，社會大眾甚至許多組織中的員工就會對企業渴望倫理環境的誠意提出質疑。有好幾個案例顯示，高階管理者做了不道德的事，仍然保有他們的地位。在更低的層次上，也有一些情況顯示，高階管理者忽視或對下屬不道德的行為沒有進行懲罰，領導者或董事會又不執行，這將顯示對個人不道德行為的默許。

　　Fred Allen曾經論述道，組織對那些故意違規或違反道德規範的個人應該做出強烈的反應：「從公司金字塔的頂峰一直到基層，應該有唯一的一種行動——解雇。如果個人涉嫌犯罪行為，公司還要和相關執法部門密切合作」。

　　基於他們的研究，Treviño、Hartman與Brown認為：「道德的管理者應該不斷地對公司各級的道德行為進行獎勵，對不道德行為進行處罰，這種行動將有助於建立起標準和規則」。管理者的努力應該切實地傳播給所有員工。透過對違規者的處罰，在組織中不道德行為將成為不能忍受的行為。在很多組織環境中，如果管理者對違規者默許，將會嚴重降低好不容易營造起來的倫理氣候。

8.企業預警機制和「熱線」

　　在組織中，對不道德行為掩蓋的一個主要問題是，當人們看到可疑行為時，人們不知道如何做出反應。當員工有辦法對違規者進行投訴、「吹響哨子」或警告違規者時，一種有效的倫理氣候就產生了（或高階管理者支持他們這樣做）。Allen對此觀點所下的總結為：「員工必須知道在道德環境中，人們對他們的期待是什麼？知道如何對破壞道德行為者做出反應」。

　　如今最常使用的預警機制是「倫理熱線」，例如：在NYNEX和Northrop的員工可以打熱線諮詢公司的倫理準則或報告可疑的錯誤做法。在最近一年，Northrop報告，該公司32,000名員工大約有5%的員工使用過該熱線。NYNEX每年也接到幾千通電話。NYNEX的估計約有一半的打電話者是諮詢或澄清公司準則的訊息。然而，大約有10%的電話是對錯誤行為進行投訴。倫理長認為，在員工可疑行為發生之前努力制止，是一種值得肯定的表現。

　　然而，熱線也有一些負面的作用，倫理學家Barbara Ley Toffler認為，熱線也許會造成傷害，她懷疑許多打熱線所報告的錯誤做法是虛假的指控。如果公司對這些問題不認真處理，將會對道德產生很大的危害。

Xerox公司有一個解決投訴的程序來處理員工的投訴行為。該程序有四個步驟。第一，公司收到投訴時先檢查來源，這個投訴也許來自於熱線，也許來自於外界，例如：商販、消費者、以前的員工、預警人員或執法單位；第二，公司進行調查，由一個小組負責，該小組由一個高階管理者、法律顧問及人力資源主管組成；第三，管理當局對小組的報告進行審查；第四，這最後一步驟涉及解決問題的一部分，首先試圖確定所報告的可疑行為為什麼發生？是如何發生的？Xerox認為，倫理調查的基本要素包括：堅持計畫、良好的管理溝通、致力於確保公平和公正的調查。

除了透過熱線對錯誤行為進行報告之外，有些公司還利用免費電話，員工可以透過該電話諮詢倫理事宜。例如：Sears倫理和企業政策辦公室有一個「倫理協助」項目，員工可以利用該方案打電話諮詢下列事情：

- 對公司制度進行解釋和指導。
- 一般的倫理問題。
- 道德執行準則問題。
- 工作中的騷擾和歧視。
- 銷售行為。
- 竊盜。

9.企業倫理培訓

近幾年來，人們一直在爭論管理倫理能不能受教於他人。有一個學校認為倫理是一種個性，已經與員工或管理者融為一體了，因此，道德是不可改變或無法受教於他人的。另一方面，愈來愈多的學校認為，企業倫理教導應該成為商學院教育、管理培訓、主管發展方案和專題研討會的一部分。

多年來，Kirk Hanson教授一直在講授企業倫理學。有些批評家認為將價值觀念灌輸至大學生頭腦中是一項艱難的任務。Hanson教授對此表示同意，他認為應該把企業倫理課程放在適當的位置上。Hanson相信，我們能夠幫助那些行為端莊、有良好意願的學生，他進一步認為：

如果我們能教導學生技術和策略，幫助他們處理一系列廣泛的企業決策，我們同樣也能教導學生倫理決策或挑戰。在那些情況下要：在個人的價值觀和員工的價值觀之間發現某種配適的結果；處理個人價值觀受到下屬、同事、上司的考驗時；處理來自老闆的不道德的指令；沿襲某種具有強烈誘惑的行為體系，在道德上走捷徑。

　　除此之外，如今美國有多家機構正在進行企業倫理的管理培訓。由倫理資源中心所進行的一項調查發現，在過去的10年，對員工進行倫理教育的主要公司數量明顯上升，到了20世紀90年代中期，將近一半的公司對其員工提供倫理培訓。由Syntex的前副總裁所進行的倫理培訓是一個具體且正面的例子。根據副總裁所說：「對Syntex的經理們來說，我們的倫理專題討論會有明顯的效果。在某種意義上來說，一部分資訊是在培訓過程當中，副總裁願意在倫理問題上花費如此多的時間，證明了公司對倫理行為的重視程度」。

　　這樣的倫理培訓目標是什麼？倫理培訓有可能達到下列目標：

(1) 提高管理者對倫理問題的敏感度。
(2) 鼓勵價值優先的關鍵評估。
(3) 提高對組織現實的意識。
(4) 提高對社會現實的意識。
(5) 增進對公眾形象和公共關係重要性的理解。

　　在這份清單當中，我們也許還可以加上其它一些可行的目標：

(6) 檢查企業決策的倫理面。
(7) 在職場當中帶來更大程度的公正和忠誠。
(8) 對組織社會責任做出更完善的反應。

　　公司在倫理培訓中所採用的教材和形式，通常包括：倫理準則（作為培訓教材）、講座、研討會/專題研討會、案例研究、電影/討論、文章/演講。1997年，一家Lockheed Martin公司在其企業倫理培訓當中導入幽默。它導入了呆伯特的靈感桌子遊戲——「倫理挑戰」作為公司倫理培訓的作法。在玩這個遊戲的時候，參加遊戲的人（員工）圍著桌子移動，回答「案例文件夾」當中的問題，比如「你已經被選中參加在佛羅里達舉行的一個培訓課程，但你只想去那兒度假」。在答案中分別有不同的分數，如：「去，但是不參加會議」（0分），「問一問你的上司，這個會議是否有益」（5分）。呆伯特回答，「帶著耳機去聽課，一整天唱著『畢竟這是個小世界』」。這個會議針對公司的185,000名員工，由上司主持，而不是倫理長主持。

　　根據倫理培訓的效果，Thomas Jones在他的研究當中發現：假如方案時間較長（如10週），在倫理道德提升方面所產生的效果比較明顯；然而，如果企業倫理培訓的時間較短，則產生的效果也較差。因此，倫理教育最終和最持久的價值仍然存在問題。

10.倫理審計和自我評估

如今，愈來愈多的公司開始意識到有必要對他們的倫理措施和計畫進行追蹤。倫理審計（ethics audits）是一些方法或機制，透過這些方法或機制，公司可以評估它的倫理氣候或計畫。倫理審計的目的在於認真檢查一些倫理措施，例如：倫理方案、行為規範、熱線、倫理培訓方案。倫理審計和我們在第四章所探討的社會審計類似。此外，倫理審計的目的在於檢查那些可能增加或減少公司措施的其它管理行為。這也許包括管理者的真誠、溝通效果、激勵和獎勵制度以及其它管理行動。倫理審計可以利用書面的文件、委員會以及員工面談。

愈來愈多的公司評估公司的倫理氣候，並且試圖提升公司的倫理氣候。徒步者資訊是一家研究公司，總部設在印第安那州，它提供了一個「企業正直評估」的方案。該研究公司在全世界各地設有分支機構，利用該公司制訂的方法和工具，企業可以評估它們的倫理文化，測量它們的倫理或評估項目效果，還可以把結果與徒步者所建立的全國性基礎數據進行比較。

綜合了倫理資源中心對提升組織倫理氣候所做出的結論，這些結論以美國2,000家公司的實際調查資料為基礎。這份文件對這個話題不是一個綱領性的文件，但它使我們更加瞭解在實際行為當中，現今大公司在提升其組織倫理氣候方面做了哪些努力。

雖然我們沒有觸及到在公司層次上如何提升或管理企業倫理等相關問題，但我們所提供的一些建議行為代表最好的做法。這些做法能夠使管理者在漫長的道路上提升組織倫理氣候。如果管理當局所採取建議的具體步驟，有很多原來就可能存在問題的行為或決策將可能與領導的倫理標準相吻合。因此，倫理能夠被正面的管理，並且管理者不必把價值關心當成他們完全不能控制和影響的事情；相反的，管理者應該能夠提升組織倫理氣候。

致力於提升組織倫理氣候的主管和經理，從所提交的調查報告當中，應該考慮下列結論，那些認為倫理監督和執行方法非常有效的公司具有下列特徵：

- 成文的準則、制度和指南。
- 把這些制度發放給所有員工，而不僅是發放給管理人員。
- 透過傳播加強效果，包括錄影帶、文章、告示及由公司主管所進行的公開演講。

●在每天的工作當中，針對這些政策的應用進行額外的培訓。

●訊息和忠告的來源，如：行政檢察官及熱線。

●透過公司倫理辦公室和倫理主管委員會監督和加強效果。

　　如果公司的感覺與實際的效果有相互關係，那麼沒有上述要素的公司比具有上述要素的公司在不倫理行為方面將冒更大的風險。

7.4 從道德判斷到道德組織

　　在本部分的最後兩章，我們將討論倫理或道德行為、決策、行動、管理者和組織。雖然倫理措施的目的是建立道德的組織，有時候我們所得到的是獨立的倫理行為、決策或行動，此外，如果我們幸運的話，得到的是獨立的道德管理者。樹立道德地位是我們的目的，無論在什麼層次上都應該達到這個目的。有時我們所能做的一切就是提倡道德行為、決策或行動。更大的目標是產生道德的管理者，關於這個問題，我們在第六章已經探討過。最後，對管理者而言，最高層次的目標就是建立道德組織。

　　最重要的一點是，我們的目標為進行道德決策、任命道德管理者，最終創造道德組織。最理想的狀態是建立由完全進行道德決策（實踐、制度和行為）的道德管理者所掌握的道德組織，但這種狀態很少能夠達到。圖表7-7描述了每個層次的基本特徵。

圖表7-7 從道德判斷到道德組織

道德判斷

由一位管理者或組織的經理所做出的單一或獨立的道德行為、行動、政策、做法或判斷。這些是達到倫理道德狀態最簡單、最基本的形式。

道德管理者

對具備道德管理特徵的管理者或一群管理者而言，這種方法佔據其所有決策過程，這些管理者是倫理領導，並且總佔據道德高層。

道德組織

一個由進行道德判斷的道德管理者佔據領導地位的組織。道德管理已經變成不可分割的文化。道德管理涉及所有的組織、決策、制度和行為。為了達到道德管理文化，此為組織所採取的最佳行為。

 **本章摘要**

　　在不同的層次上提出企業倫理的課題：個人、組織、產業、社會、國際。本章重點還在個人和組織層次上。

　　可以用幾種不同的倫理原則來指導個人決策，主要的倫理原則包括功利主義、權利和公正。在各個機構的研究當中，金科玉律為一種脫穎而出且特別有效的倫理原則，美德倫理被認為是一種愈來愈流行的倫理，並作為一種管理方法，本章提出了僕人領導，這種理論包含一種倫理觀點。本章介紹了解決倫理衝突的一般方法，提出了六個實用的測試，用來幫助個人進行倫理決策：常識測試、完美自我測試、事件公開測試、公開討論測試、淨化概念測試和壓制言論自由測試。

　　本章在組織層次上探討了那些影響倫理氣候的因素，認識到上司和同事的行為以及產業倫理行為是影響一家公司倫理氣候最重要的因素。社會的倫理氣候和個人需要被認為不是那麼重要。提升公司倫理氣候的最佳做法包括：管理階層提供倫理領導、倫理方案、倫理長、樹立現實的目標、把倫理思考納入到決策過程中、利用行為準則、處罰違規者、建立預警機制或熱線、對企業管理者進行企業倫理培訓及採取倫理審計。

　　倫理舉措的目的是達到一種狀態，該狀態不是以孤立的道德判斷為特徵，而是以出現道德管理者以及最終達到道德組織為特徵。

 關鍵字

categorical imperative 行為準則	moral rights 道德權利
codes of ethics 倫理準則	principle of caring 關懷原則
compensatory justice 賠償公正	principle of justice 公正原則
distributive justice 分配公正	principle of rights 權利原則
ethical due process 倫理過程	principle utilitarianism 功利主義
ethical tests 倫理測試	原則
ethical audits 倫理審計	procedural justice 程序公平
ethical officer 倫理長	rights 權利
ethical programs 倫理方案	servant leadership 僕人領導
Golden Rule 金科玉律	utilitarianism 功利主義
legal rights 法律權利	virtue ethics 美德倫理

　問題與討論

1. 從你個人的經歷中舉兩個你個人生活當中面臨倫理困境的例子。舉兩個例子說明你作為一個組織成員曾經經歷過的倫理困境。

2. 利用你在問題1中提供的例子，例舉一個或更多個你認為對解決你的難題最有幫助的個人決策或倫理測試的指南。描述這些指南有何作用。

3. 假如你第一次真正處於管理者的位置上，提出五種你進行倫理領導的辦法。根據這些辦法的重要性對其排序，並解釋你為何如此排序。

4. 你對行為法則的觀念如何看待？為什麼一個組織應該有行為法則？請提出三個原因。為什麼一個組織不應該有行為法則？請給出三個原因。總而言之，你如何看待行為法則？

5. 在商學院能否講授企業倫理學？是否應該講授企業倫理學？對此問題，國內正在開展熱烈的討論。你如何看待這個問題？請認真地解釋你的原因。

個案評述

　　本書附贈的光碟提供了許多個案，與本章相關的個案有個案7、個案9、個案10以及個案11，您可以搭配本書第七章的內容探討以下的個案：

個案7「要不要錄用？」

　　這一個個案主要在探討身為一個人力資源部的經理，指導本公司選擇新員工的程序是工作之一。最近聘用了一個電腦分析師。聘用她的是總監和招聘小組，在眾多應聘者中，她的條件出色，在面試表現優秀。

　　然而，在例行的背景調查中發現，這位應聘者曾在18年前開過偽造的支票。應聘表上有一個問題是「除了違反交通規則以外，你是否還被判過任何刑罰？」這個應聘者的答案是「沒有」。總監知道以後表示她仍然想要聘用這個應聘者，但同時詢問我的意見。而這個職位不會涉及資金處理，應該錄用嗎？

個案9「差旅費陰謀」

　　這一個個案主要在探討公司蒐集大筆機票折扣等差旅費用，而公司沒有把這些折扣回饋給客戶，而據為所有。簡單地說，付錢的客戶不知情，而旅費成為公司獲得利潤的方法。這個案例包含什麼道德議題？案例中的利益關係人是誰？他們的利益為何？

個案10「虛構的支出」

　　培訓課裡強調準確填寫支出憑證的重要性，但為什麼公司的開支報告沒有辦法支付全部的實際花費。而浮報支出是不應該的，但只要大家合作，公司並不會懷疑核銷的問題。但是如果有人只報告實際花費，公司就會調查之間的差距，那麼所有的業務員都會丟掉飯碗。試問這個案例涉及哪些倫理問題？在這裡應該要採用什麼倫理原則？

個案11「家族企業」

　　這一個個案主要探討公司涉及什麼倫理問題？就員工待遇而言，家族企業和其它企業有什麼不同嗎？

第八章
企業倫理和科技

本章學習目標

▶▶ 閱讀完本章後，你應該能夠：

1. 確認科技在企業中所扮演的角色。
2. 對影響企業倫理和利害關係人的科技環境和科技特性有所理解。
3. 確認科技在企業中的助益和副作用。
4. 瞭解社會為何總是沉醉於科技以及造成這種結果的因果關係。
5. 區別資訊科技和生物科技差別與其企業倫理的意涵。
6. 確認生物科技所牽涉的倫理議題與正、反兩方的爭論。

我們生活在科技快速進步的時代。我們都見證了上個世代未曾經歷過的科技進展；科技使我們的生活更加舒適。在許多企業中，不論從事新產品生產、加工製程，或者是提高附加價值的方法，科技都是核心的要素。但是，正如很多人所觀察到的，科技是一把雙面利刃，科技進步產生很多正面的作用。然而，科技進步也帶來了很多新的問題和挑戰。例如未來學家 John Naisbitt 曾經質疑，美國先進的科技是否有可能成為社會中的一股「解放性」或「破壞性」的力量。他曾經說：「好的科技可以支援並改善人類的生活，不好的科技會使人們疏遠、孤立、扭曲和破壞」。

基於上述的說明，科技已成為 21 世紀企業經營不可忽略的一項重要要素。此外，科技進步的結果將導致一些企業和社會的倫理問題。很多人會說，科技發展的速度已經明顯超出社會、政府或企業對其結果或倫理影響的掌控能力。在本章中，我們將對這些議題進行探討，並詳細闡述對特定利害群體的影響。

回想 2001 年在佛州達帕舉行的超級保齡球比賽中監視技術的應用。人們在不知情的情況下進入雷蒙德·詹姆斯體育場，他們不知不覺地加入了「電

子化警察排列檢視系統」，安裝在每個入口處的攝影機記錄了每位入場者的臉孔。當然，如果我們對攝影技術很熟悉，這似乎沒什麼大不了的，結合先進的臉部識別軟體，這些攝影設備有助於迅速對臉孔的每個角度進行測量（例如人眼之間的距離），並且把每張臉簡化成一個數位的密碼，然後把這些密碼與執法部門儲存的罪犯和恐怖份子的數位密碼進行對比。

據開發該項臉部識別軟體的Viisage科技公司的總經理所述，該公司發現觀看超級保齡球賽的人之中，有19個人有犯罪紀錄，結果這19人當時沒有被逮捕，因為這19個人不是警方正在尋找的嫌犯，雖然他們有犯罪紀錄。使用這樣的技術是符合道德嗎？美國公民圖書館聯盟認為這種技術是一種「窺探」。美國公民圖書館聯盟聲明，這只不過是使人們隱私縮小的科技持續性競爭的一個案例罷了。這項科技應用也許不那麼冒犯個人隱私，因為在公共場所，人們對隱私的期望值不高。然而，美國公民圖書館聯盟佛羅里達分部的主管認為，這只不過對社會成員進行更廣泛以及更持久的監督。

在本章中，我們要探討科技和企業倫理的議題。科技已經變成我們工作生活和消費生活中不可分割的一部分，因此，有必要針對這個議題深入的探討。第一，我們要討論科技的意義以及其產生的利益和挑戰；第二，我們要簡要地探討倫理和科技的主題；第三，我們要討論兩個主要科技領域（電腦與資訊科技、生物科技）相關的倫理問題。

8.1 科技和科技環境

科技意味著多種意義，在本章科技（technology）指的是「所有被用來為人類生存和舒適所提供的必要方法」。這也可以視為達到實務目的的科學方法，科技指人們運用發明和發現來滿足其需要和慾望的所有方法。有史以來，人們發明並開發工具、技術、機器及材料來維持生活和改善生活品質，能源也不斷的被發現和開發。總體來說，這些科技進步使工作更容易、生產力更高。因此，企業比起社會的其它部門而言，更善於運用科技。

在第一章中，我們探討了企業的整體環境。這種整體的環境是由一些重要、相互關聯的成分所組成的，這些成分包括：社會、經濟、政治和科技的環境。本章的重點——科技環境（technological environment）代表社會上一系列的科技進步，包括：新產品、新工藝、新材料、新知識以及理論與應用層面上的科技進步。科技環境的變化和複雜的程度，使它對當今企業更具影

響力。舉例來說，現在可以奏出「生日快樂」樂曲的電子賀卡，比1950年世界所存在的電腦功能還要大。如今一台家用的攝影機比老式的IBM360的處理能力還要強，而IBM360卻是那個時代的夢幻機器。電腦幫助科學家在原子的層次上瞭解物質的秘密，並創造令人驚奇的新材料。在資訊科技和萌芽的生物技術領域中，我們如何生存、我們使用什麼產品以及我們正處於什麼樣的過程，所有的一切都在快速變化中。

8.2 科技的特徵

以工業科技為特徵的世界正朝向以資訊科技（information technology）和生物科技（biotechnology）為主導的世界。無論科技如何進步，科技有其正面的利益、負面的副作用以及倫理上的挑戰。

8.2.1 科技的利益

社會已經從科技和創新上獲得很大的利益是無庸置疑的。拜科技之賜，身為員工、消費者及社區成員的我們生活將會過得更好。科技幫助我們控制自然環境，創造文明的生活。多少年來，科技以四種主要的方式對社會有所貢獻。第一，它提高了社會產品和服務的生產量，這對社會是有利的。在19世紀中期，人和牲畜是農場的主要勞動力來源。在20世紀早期，拖拉機、使用汽油和電的機器已經非常普遍。如今，機器幾乎在農場中從事所有的活動，在生產業、採礦業和其它行業也有相同的情況；可供銷售和消費的產品數量大大地提高了。

第二，科技降低了生產產品和服務的勞動力。不僅產品的產量提高，而且使人們有了更多的閒暇時間，這對人們的生活方式有極大的影響。第三，科技不僅使人們用更少的勞動力來生產更多的產品，而且使勞動更加容易、更加安全。第四，節省勞動力的科技所帶來的直接結果是使我們的生活水準更高。如今，能夠運用科技的經濟生活中，人們吃的更好、穿的更好、住的更好，而且享受更健康、更舒適的生活，甚至由於這些因素，人們的壽命也提高了。

8.2.2　科技所帶來的副作用和挑戰

　　科技在很多方面對人類有益，但科技也有意想不到的副作用——在應用科技之前沒有預想到的問題或效果。其中一個主要的原因在於科技被應用之前，人們對科技可能產生的副作用或潛在危險並沒有進行嚴謹的思考。汽車是一個典型的例子，從19世紀晚期到20世紀初，人們認為汽車比馬車更安靜，也不會有馬的臭味。然而，隨著汽車愈來愈普及，汽車很快變成一種明顯、轟鳴的交通噪音，這種噪音比馬蹄的答答聲還要大，汽車所排放的廢氣也比馬糞的味道更具毒性。一氧化碳的難聞氣味污染了空氣，汽車的其它廢氣也威脅著人們的健康。除此之外，我們還經歷了交通堵塞、石油短缺、交通事故，有些是由於使用手機和道路上情緒不穩定造成的。

　　科技的副作用有四種類型。第一是環境污染。在不受歡迎的科技副作用中排名第一。儘管人們努力要解決這個問題，但是很多工業國家仍然面臨嚴重的空氣、水、土壤、固體廢棄物和噪音的污染。此外，由於科技，全球暖化也成為人們關注的話題。第二是自然資源的枯竭，科技的快速發展一直威脅著自然資源的供應，燃料短缺和能源短缺已經成為一種生活方式。第三是技術性失業（最常見的情況），技術替代了人力，正如我們在工業發展的自動化階段所經歷的情況。一般而言，這是人們以前沒有預料到的。在短期，對那些技能有限且被侷限於某種特定工作的人來說是一項威脅。第四，由於科技，造成了人們對工作的不滿，很多技術領域的工作使工人沒有成就感。當工作被分解為小部分時，每一個工人都遠離了完成產品所產生的成就感和驕傲。當工作設計成技術製程時，員工很容易產生單調感和乏味感。

　　新科技對經理人、組織及社會產生了很多挑戰，在所有的挑戰中最難應付的是預先採取行動，並防止科技的副作用。某些科技的副作用無法預測或克服，但我們可以比目前做的更多。克服技術宿命論似乎是社會往正確方向移動最大的驅動力，例如：現今在生物科技領域最重要的議題是複製人的問題，很難讓科學家和研究人員放慢速度討論複製人可能產生的後果（實際的和倫理的）。其中很多人似乎受到這種技術能力所驅動，而不關心倫理、副作用等重要問題。另一個挑戰在於科技利益的推廣。目前，很多科技利益被侷限在已開發國家，開發中國家所享受到的科技利益較少。不過可以預期的是，隨著跨國公司將生產和資源開發逐漸轉移到開發中國家，技術移轉的機會也會大幅度地提高。

8.3 倫理和科技

可以肯定的是，科技對人類有很多益處。然而，最重要的是那些與技術開發和應用有關的倫理問題。這種觀點並不意味著反對科技，只是意味著我們要關心科技開發和使用的倫理意義。就像管理決策和商業全球化那樣，與科技有關的企業行為的倫理涵義都值得討論，管理的目的是在科技方面避免不道德的做法，並且在這方面傾向於道德的管理狀態。

把企業倫理應用到與科技有關的問題上，只是我們對企業倫理探討的延伸。管理人員的目的和企業堅持倫理的目的是要做正確、公平的事，以避免危害他人。在進行倫理決策時，有關科技上普遍被接受的標準，必須經過公平、公正、權利和保護、功利主義等原則的檢驗。目標應該是一致的，並且在「是什麼」和「應該是什麼」之間的差距架起橋樑。

有關企業倫理的三個模式，企業的使命是在產品、加工及應用上，在技術方面避免不道德的做法。技術濫用和錯誤判斷上存在很大的空間，雖然技術對人類來說是個天賜的禮物，但人們很容易忽略其決策和應用上的倫理意義。管理人員應該努力堅持管理行為以及對政策的高標準，對什麼是合法的要謹慎（符合精神上和字面上的法律）的思考，在預測有關科技的倫理兩難方面，展現出倫理上的領導能力。

值得注意的是，現今社會如何沉溺於科技，我們要將重點放在科技的倫理方面上，並且集中精力在那些應該採取的行動上。從 John Naisbitt、Nana Naisbitt 與 Douglas Phillips 最近寫了一本書，題為《高科技、高接觸》，我們可以瞭解科技對我們的影響作用，在這本書中描述了我們目前對科技的沉迷以及這種沉迷的特徵。

8.3.1 沉迷於科技的社會特徵

在《高科技、高接觸》這本書中，Naisbitt 呼籲全體社會成員瞭解科技在我們生活中的地位，並對這種地位提出質疑。Naisbitt 和他的同事認為，我們的社會已經從一個「科技舒適生活」轉向「沉迷科技的生活」。正如 Naisbitt 對世界的分析，他得出結論，說社會沉迷於科技有六個特徵。這六個特徵有些涉及到我們如何為人，有些涉及與科技相關的倫理問題。這六個特徵說明如下：

(1) 我們喜歡快速搞定。無論是關於營養還是關於信仰。當我們體認出這種循環過程，我們在追尋某些事物時，會想快速地得到解決。諷刺的是，Naisbitt 認為技術承諾可以解救我們——簡化我們複雜的生活，減輕我們的壓力，使我們的精神放鬆。然而，這種快速搞定的文化最終只是一場空，科技的承諾誘惑了我們。

(2) 我們害怕和崇拜科技。我們的行為從一時崇拜科技的極端轉向一時害怕科技的極端。由於害怕落在競爭對手和同事的後面，我們接受科技。但是當科技不能滿足我們願望時，我們又感到受挫和惱火。

(3) 我們模糊了真假之間的界線。當技術能夠改造自然時，我們會不斷地問：「那是真的還是假的？」、「它是原創的還是仿冒的？」。

(4) 我們把暴力當作是正常的。對我們來說，科技有可能將暴力以商品的形式包紮進去，並藉由電視或電影的管道出現，這種暴力的東西通常以兒童為目標。

(5) 我們像熱愛玩具一樣熱愛科技。經濟富裕之後，休閒轉向專業化。我們生活在一個消費文化為主導的社會中，休閒通常是被動接受的。當沒有其它事情時，電子娛樂佔用了我們的時間，使我們非常忙碌。問題是真正的休閒是不以消費慾望為基礎的，真正的休閒在讓我們寧靜、安心且專心，而科技很少能夠做到這一點。

(6) 我們過著有距離、困擾的生活。因為網際網路、手機、無線技術將我們與世界聯繫起來，但這種聯繫何時是適當的？何時會困擾我們？雖然，科技的特殊功能非常誘惑，但也使我們相互疏遠，並造成困擾。

對於這種科技沉迷的情況，Naisbitt 提出的解決辦法是進行正確的權衡，也就是我們接受那些保護人類的科技，拒絕那些危害人類的科技。在我們的工作和生活中，我們該瞭解何時應該支持科技，應該知道科技狂熱者和科技抨擊者都是目光短淺的，我們應該關心科技在生活中所扮演的角色。

有明顯的證據顯示：社會愈來愈關心科技倫理問題以及 Naisbitt 提出的科技沉迷問題，對那些渴望以高標準倫理方式運用科技的個人和企業來說，這種資訊是有用的。有三個方面的例證顯示社會對科技倫理愈來愈關注。第一是開始出版一些有關科技和倫理的書籍，比如 Paul Alcorn 出版的《科技世界實用倫理學》。讓人鼓舞的是，這類書籍試圖彌補科技和倫理之間的差距，討論我們目前所處的位置，為我們指明今後的方向。第二是出版專門的百科全書，比如《新科技倫理學百科全書》。這本百科全書致力於應用倫理

學，它是過去10年中出現的眾多百科全書之一。第三是建立了一些關心科技和倫理的新組織，例如：非營利組織、科技和倫理協會（IBTE），它是一個獨特的機構，致力於探索科技、企業和倫理的組合。企業、科技和倫理協會的創辦人之一所關注的主要問題是：科技無意中產生的後果如何導致對倫理的「破壞性」控制。

我們可以在很多領域探討具體的企業倫理和科技問題。研究顯示過去的幾年中，有兩類廣泛的問題值得思考。這兩類問題都是廣泛而深遠的，所以在本章，我們只能以介紹的方式對其進行思考。電腦資訊科技（information technology）和生物科技（biotechnology）這兩類問題都直接或間接地觸及到企業，每一類也都涉及很多科技倫理的問題。因此，我們將把重點放在能夠代表科技倫理的主要問題上。

8.4 資訊科技

電腦資訊科技或統稱的資訊科技（IT），幾乎觸及到各種企業和企業的利害關係人。企業和員工被這種科技所影響，或者直接捲入對這種科技的追求，我們要對這兩個問題進行討論。在這一部分，我們要討論兩個廣泛的領域：電子商務或網路行銷，以及工作場所中的電腦科技，包括電信。這些領域有很大程度上是相互重疊而且是互相依存的，所以我們把這些問題分開，使得討論更加有條理。

8.4.1 作為新興科技的電子商務

電子商務（electronic commerce），經常被稱為e-commerce、e化企業（e-business）或網路行銷（web-based marketing），是現代最具代表性的科技之一。它主要影響消費者、利害關係人和電子商務公司的競爭者。很多專家堅信，網際網路正在快速的重塑全世界的企業營運模式。企業除了在線上銷售產品和服務之外，更將網際網路整合到企業中的各個層面上。

根據Forrester的研究，電子商務在2004年將達到6.8兆美元的營業額，其中有90%來自企業對企業的銷售。到2003年，消費者的交易預計達到1,070億美元。在2000年，幾乎一半的成年人透過網路購買過產品，其中3/4的人在網路尋找過產品和服務的資訊。電子商務的拉力非常強大，愈來愈多

的企業將其經營轉移到網路上。例如：價值107億美元的辦公用品零售商Staples，僅僅在兩年之後，每年的線上銷售就達到5.12億美元。根據一項估計，到2004年，企業在網路購買的供應品將高達28億美元。網路其它的發展包括：知識管理和顧客關係，預計到2004年，各企業將花費100多億美元，藉由網路存儲並共享員工的資訊。到2004年，預計企業將投資122億美元在網路上與消費者進行聯繫、銷售及行銷。簡而言之，電子商務是一個快速發展的行業，而有問題的做法出現的機會也會隨之提高。

　　隨著電子商務的成長，企業倫理的問題也出現了，主要的問題之一是網路詐騙。根據全美消費者聯盟贊助的「網路詐騙監督團體」所述，詐騙高手利用網路的流行，對那些沒有提防的人進行詐騙。例如：在2000年藉由網路進行的詐騙包括線上拍賣、大眾物資銷售、上網服務、提供在家工作機會以及先進的貨款業務等，其它詐騙手法包括信用卡詐騙、旅行和度假詐騙、傳銷和假的投資機會。消費者遭受網路詐騙的平均損失也從1999年的310美元上升到2000年的427美元。

8.4.2　藉由電子商務侵犯隱私權

　　一般人會遇到兩種形式的電子商務：企業對顧客的交易、企業對企業的交易。企業對顧客的交易我們相當熟悉，例如當我們在網路上進行個人交易的時候——購買產品、使用信用卡、瀏覽旅行網站、進行財務業務。企業員工還會遇到企業對企業的交易，這個領域是未來幾年電子商務領域中有希望發展最快的行業。針對消費者、消費者利益相關的網路行銷，主要受資料庫共享、資料偷竊、侵犯隱私權等問題的影響。在所有交易中，侵犯隱私權是一個理應受到關注的問題，然而值得特別注意的是，電子商務或網路行銷應受到特別關注的原因，是因為資料可以用電子形式很容易存儲和傳播。

　　紐約的DoubleClick網路廣告公司的例子能夠說明電子商務有可能侵犯個人隱私，這家公司計畫和一家行銷公司分享顧客的資訊。消費者保護組織對該公司洩露如此秘密的資訊感到憤慨。另一個案例發生在Toysmart.com公司，當它停業時，將其線上顧客名單出售，這違反之前與消費者訂立的契約，侵犯了消費者的隱私。由這種情況產生的問題包括：「當線上公司使用從消費者那裡獲取的資訊時，應該有什麼限度？」、「公司公開透露消費者資訊時有什麼責任？」。

　　藉由網路進行交易的首要倫理問題是可能侵犯消費者的隱私。對現今的企業經理人來說，這是熱門的議題。根據聯邦委員會最近所做的一項調查，在2001年聯邦委員會會議上，討論最多的一個議題是「電子商務的隱私問題」。而一般的消費大眾對此問題同樣地關心。由《華爾街日報》和Harris 互動公司在2001年所進行關於網路隱私的調查顯示，24%的被調查消費者對在網路中他們的隱私受到威脅「非常關心」、49%的人「比較關心」，而且有大約一半的被調查者表示，對隱私的關心使他們停止使用某個網站或放棄線上購買。圖表8-1彙整了隱私擁護者和執法專家對網路威脅隱私的一些憂慮。

圖表8-1　網路的哪種方式對人們的隱私危害最大

身分盜竊	有些人可能使用網路盜竊你的身分資訊。
無意透露資訊	當你在網上遨遊時，你可能無意中透露了個人的資訊。
個人資訊被盜	你提供給一個網站的資訊可能被出售或者被盜竊。
假網站	你向一家網站提供了信用卡號碼和個人資訊，而這家網站可能是一個假網站。
政府傳播個人資訊	政府可能在網路上發佈你的家庭地址、社會保險號碼和其他個人資訊。
藉由網路發佈個人資訊	不喜歡你的公司和個人可能會在網路上發佈你的個人資訊。
成為雇主或配偶偵探活動的受害者	雇主或配偶可能利用你的電腦對你進行偵測活動。
成為陌生人偵探活動的受害者	你不認識的人可能利用你的電腦對你進行偵測活動（例如駭客）。
網路談話者	網路上的談話者可能會對你進行騷擾。

資料來源：摘自"Internet Insecurity," *Time*,(July 2, 2001),46-50.最新消息請查詢Electronic Privacy Information Center 網站http://www.epic.org。

公司侵犯消費者隱私的一些技術方法包括使用cookies和垃圾信件。cookie是網站在我們個人電腦的硬碟驅動器上放置的那些小的識別標籤，所以當上網者者下次造訪他們的網站時，他們能夠識別出重複的上網者。調查顯示，有些消費者不知道cookie是什麼，有些人知道它，但沒有花時間去封鎖它。根據Pew網路與美國生活網調查顯示，只有10%的使用者設置他們的瀏覽器來封鎖cookie，部分原因是56%的網路使用者不知道cookie是什麼。

有些消費者把收到垃圾信件理解成對其隱私的侵犯，打開我們的信箱就能發現大量的垃圾廣告實在讓人惱火，至少對很多人來說是侵犯隱私。有些公司的網頁會自動開啟，而這些網頁難以關閉。有意思的是，有些公司開發了可以保護我們郵件隱私、封鎖cookie、過濾垃圾信件和情色信件的程式，但很少有消費者費心去使用它們。

對個人隱私侵犯最嚴重的電子商務問題可能是蒐集和使用個人的資訊，雖然非網路公司從事這類活動已經有些年了。在我們現今生活的電子世界中，似乎所有的事情都被誇大了。沒有人真正知道在電子商務中，到底蒐集、儲存、交換或出售了多少個人資訊。成千上萬的零售商，從百貨商店到型錄公司，透過詢問消費者的資料來蒐集其姓名、地址、家庭收入，透過儲存的信用卡來蒐集其購買模式的資訊。零售商還交換、共享甚至把消費者的資料庫賣給其它公司。簡而言之，一旦消費者個人的資料被蒐集完整，一般消費者幾乎不能控制企業會如何使用這些資料。特別讓人關心的問題是，身分被竊或篡改個人的財務帳目，其次是推銷的氾濫，包括上線和離線時，這是消費者資訊被擴散所導致的結果，資訊被擴散使其遭受莫大的困擾。

1.政府在網路隱私保護方面的參與

政府已參與保護消費者的隱私權，但這並不完全是個好消息。 1999年的《財務服務現代化法案》是一個劃時代的法律，允許銀行、保險公司和經紀人共同參與。在該法律下，消費者已經有可能從一家公司得到他的信用卡，檢查帳戶、投資、家庭貸款和健康保險。這對消費者而言是非常便利的，然而，這項法律使這些公司擁有消費者特別詳細的資料，例如：他們的收入、資產、負債、健康、消費習慣和其它個人資料，這些敏感的資料逐漸成為一種公共的商品。

制訂這項法案的立法人關心消費者的隱私，所以，他們堅持附上一些保護隱私的條款。關心消費者隱私的特殊利益團體，希望在法律上要求企業在

出售個人資料以前，須先獲得消費者的允許。這項規定被稱為「選擇參加」的方式，在這些規定之下，消費者必須明確地表明「選擇參加」，公司才能在超越原有意圖的情況下，使用其個人資訊。然而，產業的遊說者繼續運作，並且提出一項選擇性的方法，允許消費者從那些使用他們個人資料的公司中「選擇退出」，以此保護自己。有關這種情況的主要問題是：國會沒有要求企業用標準的格式或必須單獨透過郵件郵寄這些通知。

　　結果，從2000年到2001年，消費者受到大量通知的「轟炸」，這些通知通常放在信封裡隨著當月的聲明一起郵寄過來。消費者經常沒有注意到這些通知或讀過即丟到垃圾桶。即使消費者注意到「選擇退出」的通知，這些通知經常以很小的字體來印刷——這使一般的消費者瞭解到這些複雜的政策變得更加困難。不足為奇，在2001年夏天，在每20個消費者當中，大約只有一個消費者寄回「選擇退出」的信件。根據《商業週刊》的作家和前律師Mike France所說，有些公司把消費者的這種反應理解成人們對隱私權並不是非常關注。他認為對「選擇退出」回饋低的真正原因是因為企業設計的這些通知很容易被忽略。

　　在2001年國會召開的立法會議中，關於在網路上保護消費者隱私，委員提出好幾種不同的議案，但是還沒有投票表決。很多立法者仍然不能確定是否需要一個廣泛的隱私保護議案，而且也尚未確定到底應該如何制訂。眾議院提出了兩項議案。《消費者網路隱私與揭示法案》和《2001年線上消費者保護法案》將引導聯邦貿易委員會制訂新的規則，這些規則將規範網路上如何蒐集資訊以及如何共享資訊。其它幾項法案禁止企業在沒有取得明確許可之前，不能共享一些敏感的財務或醫療資訊。隱私權的擁護者希望《2001年商務電子郵件法案》能夠通過以阻止大量的垃圾信件塞滿電子信箱。儘管在國會的會議上，隱私權的問題是一個熱門的科技議題，但許多立法者表明，在支持新的隱私權保護措施之前，需要對這項議題進行研究。

2.企業的創新作法

　　在電子商務中，企業可以有多種方式保護消費者的隱私。

(1) 倫理領導力

　　首先，企業需要體認在電子商務中潛在的倫理議題，並且承諾以道德的方式對待消費者和所有受影響的利害關係人。

(2) 隱私權政策

企業可以藉由精心設計的隱私權政策來保護消費者。與此有關的例子是：也許一家公司決定做的比法律要求的規定更好。FleetBoston財務公司決定通過一項新的政策，在公司和第三方出於行銷目的而共享非公有的個人資訊時，會在使用消費者的財務資料之前，要求有消費者的明確同意（「選擇加入」的政策）。紐約大法官關注公司在沒有向消費者通告之前共享消費者的帳目資訊問題。FleetBoston財務公司的新政策是對此的一種回應。在FleetBoston財務公司的新政策下，如果沒有消費者自願、明確的書面同意，銀行不能共享消費者的個人資訊。

(3) 隱私長

保護消費者隱私的一項創新的作法是：企業任命「隱私長」（chief privacy officer, CPO），在全美主要與科技相關的公司中，隱私長已經加入管理者的行列了。例如：美國運通公司、索尼公司、花旗集團和IBM等公司，已經設置「隱私長」這個職位。最近的一項調查顯示，目前在美國有2,000個這樣的職位，在未來的幾年內，該職位的數量可能會不斷的增加。在其它公司，由資訊長或科技長負責保護隱私的職責。

隱私長的主要職責是：無論是在法庭或公聽會中，保護公司不會惹上麻煩。這些職責包括制訂網路政策、幫助公司避免消費者的訴訟、制訂處理和解決消費者投訴的辦法、評估公司侵犯隱私的行為和做法所產生的風險。在許多公司當中，因為該職位是如此新奇，所以這些被任命的人員仍需努力瞭解到底應該做些什麼。因此，這項工作是具有挑戰性的。隱私長必須在消費者隱私權和公司以營利為目的情況下，對需要的資訊進行權衡。隱私權委員會的執行長Gary Clayton認為，隱私長是一個新職位，他希望在未來的兩三年中有更多的企業設立這樣的職位。

3. 受質疑的企業和行為

在電子商務和網路的使用當中，幾種企業和做法受到質疑。受到質疑的企業包括三類：網路色情行業、網路賭博和網路音樂服務行業。例如：Napster、MusicNet、Pressplay等公司，這同時也產生了關於保護智慧財產權的問題。藉由網路傳播色情資料只是這個行業的某一種作法，其它面向包括：藉由錄影帶出租、商店和旅館房間中的電視播放色情影片，關於這些已經產生了很多倫理問題。網路色情產業引起很大的爭議，以至於目前美國最

高法院正在對該行業是否違反1996年的《兒童色情保護法案》和《適宜傳播法案》進行聽證。Napster和其它公司所提供的歌曲交換服務也產生智慧財產權保護的問題，因為透過網路可以很容易地獲得他人的創意，Napster公司已經停止提供服務，並且準備轉變成付費訂購的服務。然而其它免費的音樂服務已經浮出檯面，並對保護智慧財產權的制度提出質疑。根據Robert Kuttner所說，在保護智慧財產權中，如何制訂保護社會大眾利益和個人利益的制度，網路造成了一些以前的法律沒有預料到的情況。

兩項受到質疑的做法包括：企業向搜尋引擎提供商業付費，保證當消費者進行網路搜索時他們的網頁會率先出現；當消費者使用公司產品時，使用監督技術對其進行監督。由消費者運動家Ralph Nader成立的Commercial Alert集團，要求聯邦貿易委員會對線上的搜尋引擎公司進行調查，這些公司隱瞞了對網路搜尋付特別費用的作法。該集團要求聯邦貿易委員會調查最大的八家網路搜尋引擎公司（例如AltaVista、Lycos、AOL Time Warner和LookSmart）是否違反聯邦反對欺騙性廣告的法律。該集團指控這些搜尋引擎公司放棄傳統確定公司排名順序的客觀方法，對那些出價最高的企業給予最有利的位置，此外，對網路用戶也沒有進行足夠的說明。顯然，為了盈利，搜尋引擎公司已經接受了那些希望在某些搜尋類別中獲得更高排名企業的付費。這產生了一個有趣的網路倫理問題：這是一種不正當的廣告行為嗎？或者這只不過是自由的企業體系運作？

關於監督技術的一個例子是：某人從Acme汽車租賃公司租了一輛汽車。他後來發現，自己不知不覺成了汽車上所設定全球定位系統的受害者。車上的監督裝置記錄了他在三個州以每小時78~83英里的車速行駛，每一次違規都被記錄下來，在他的帳單上自動加上了150美元的罰款。

顯然，對這些企業的行為既有支持者也有批評者，然而，產生這些爭議的倫理問題都與電子商務有關係。

8.4.3　工作場所和電腦科技

儘管電腦資訊科技對與電子商務和網路行銷有關係的消費者造成了一些倫理問題，員工在工作場合中也有很大程度受到這種科技的影響。我們在第十八章將針對這些議題，特別是對員工的隱私權問題進行討論。在此，我們先對這些值得考慮的活動類型、科技和倫理議題進行簡要的說明。

在工作場合中，員工通常對科技的影響有正面的印象。2001年出版的
《今日美國》的民意調查追蹤調查了1998~2001年職員對科技的好處所表現出
來的態度。這些科技的使用者從四個不同的方面列舉了他們體會到的科技利
益，他們認為科技可以：

● 擴展與工作相關的知識。
● 提高正常工作時間的生產力。
● 增進與客戶和消費者的溝通。
● 減輕工作壓力。

在工作場合中，科技的其它好處包括：改進時間管理、擴大專業網絡、
產生競爭優勢、平衡工作和家庭的需要、在工作時間內提高生產效率。

在工作場合中，有哪些科技目前正在被採用呢？以下是最普遍被採用的
科技：

● 桌上型電腦 　　　　　　● E-mall
● 傳真機 　　　　　　　　● 內部網路
● 答錄機 　　　　　　　　● 筆記型電腦
● 語音郵件 　　　　　　　● 掌上型電腦
● 手機 　　　　　　　　　● 視訊會議
● 網際網路 　　　　　　　● 個人電子儲存器
● 光碟機 　　　　　　　　● 機器人
● 傳呼機

當企業在工作場合中使用科技時，倫理問題是如何產生的？監視 （sur-
veillance）一詞涉及企業對員工進行電子化的監督和檢查，當然，主要的倫
理問題是侵犯了個人隱私。員工愈來愈關注他們的雇主在哪些範圍上有權監
督他們與工作相關的行為以及他們個人的生活。監督造成了壓力，壓力接著
又對工作表現和生產效率產生了破壞性的影響。因此，監督還帶來了一些附
加的問題。深入探索企業在監督員工工作時所採用的一些科技或方法是有助
益的。

使用E-mail和網路進行監督

對員工最密集的監督行為是監督他們使用E-mail和網路。不難想像雇
主為什麼要這麼做，因為有證據顯示，員工使用愈來愈多的時間在網路上
收發個人E-mail、購物並探訪娛樂網站。根據美國管理協會的一項研究顯

示，企業對這些行為十分關注，他們使用這些科技檢查員工。在1996年，只有35%的企業對員工的E-mail進行監督，到2001年，有47%的大公司監督員工在上班時使用E-mail。另外，公司對員工所探訪的網站進行檢查也明顯地增加。

雇主監督員工的一個主要原因是這項科技符合經濟效益，並且能夠很容易使用這項科技。如今很多公司不再監測有線電話和書面郵件，因為這種方式太費時間而且成本較高。然而，企業可以使用軟體監督員工對網路的使用，而且每位員工的監督成本少於10美元。這種結果造成對員工進行監督的數量比員工上網的數量大於兩倍的速度在增加。根據Andrew Schulman所說：「科技的驅動力量是我們無法想像的，就好像在馬車時代我們無法想像火車的進步一樣」。

這裡我們提供一個員工濫用E-mail使公司惱火的一個例子：一個年輕、熱衷使用電腦的財務經理濫用E-mail，最後導致被解雇，而且這不是由於公司監督所導致的結果。一個24歲的普林斯頓大學畢業生，到韓國首爾為他的雇主開始了新的工作。到那裡幾天之後，他開始向他在美國的朋友發送E-mail，吹噓他在性行為方面的豐功偉績和豪華的生活方式。他把這些訊息發送給他在紐約時辦公室的11個朋友。這些訊息最後又被轉發給華爾街的上千個人，最後被轉發給他目前的新老闆，這個年輕經理所面臨的選擇是辭職或者被開除。

下面一個例子能夠說明由於監督員工使用E-mail的科技所產生的倫理問題：

一個男子去看醫生，做了一系列的檢查和化驗。醫生得到檢查結果後，透過E-mail把這項結果寄給該名男子：該名男子得了致命的疾病。同時，該男子的公司為確保他使用E-mail是為了工作而監督了他的E-mail，資訊人員閱讀了這名男子的E-mail並將其病情洩漏給同事，而人力資源部門也牽扯進去了。執行長被叫去應付涉及龐大金額的法律訴訟，因為醫療保險公司可能會發現該名男子的問題而考慮予以退保。這名男子遇到了大問題，他的公司也遇到了大麻煩。

根據Interactive Integrity公司的經理Joe Murphy所說，網際網路已經對企業產生了巨大的風險和倫理問題。例如：可能出現性騷擾和競爭對手不正當的聯絡、人們使用聊天室、情色資料、員工透過網路發送私人的資訊等。因此，科技已經把負擔轉嫁給公司，所以企業仍然有必要對工作場所進行監督。

儘管有可能侵犯個人隱私，企業仍然對員工使用E-mail和網路進行監督。監督的方式包括：

- 制訂政策，並禁止員工為個人原因使用網路。
- 使用監督軟體。
- 限制可進入的網站。
- 限制上網的時間。

企業不僅監督員工使用電子郵件和網路，而且也採取行動。由Saratoga Institute/Websense對224家公司所做的調查發現，64%的企業曾因為員工不恰當使用網路而對員工進行處罰，還有1/3的員工因此而被開除。

8.4.4 工作場所中的其它科技議題

所謂的監督可能不限於企業對員工E-mail和網路使用的管制，除了監督E-mail和網路使用之外，還有一些其它的監督方式。包括：監督傳真、在工作場所中使用錄影、藥物測試、進行線上的背景檢查、拍照、對電話進行錄音，我們需要從倫理的角度考量這些方法是否對隱私權構成了危害。

2001年9月11日，由於恐怖分子襲擊紐約的世界貿易中心和華盛頓的五角大廈，運用電腦和科技相關的維安領域已進入了一個新的紀元，人們對隱私權的態度有了一些變化，因為他們意識到，為了防止恐怖攻擊有必要加強安全檢查。這些新出現的安全措施在公共場所中已經開始執行（機場、政府大樓、大型娛樂場所）。由於企業愈來愈關心他們自身的安全，這些安全措施已經擴展到就業場所。已有證據顯示，有些企業使用面部識別技術，「積極地」記錄你在什麼地方，其它一些與科技相關的安全措施，也在工作場所中出現了。

1.使用手機的倫理涵義

儘管使用E-mail和網路經常在工作場所中產生一些倫理問題，但是員工使用手機代表了一個具有明顯倫理和法律意涵、發展速度快速的科技。對許多人來說，使用手機相當方便，許多人似乎想維持現狀。然而目前由於公司認為員工使用手機已經超出了企業的安全範圍，因而這項議題已經變成了企業倫理的議題。

發生在2000年的3月的一個案例能說明這個問題：據《華爾街日報》報導，舊金山的律師Jane Wagner每天工作節奏很快，使用手機變得愈來愈頻

繁。有一天晚上，Jane Wagner駕車應約在十點鐘與一位客戶會面，在開車時她使用手機計算帳單，這對Wagner來說是很平常的行為——在駕車回家的路上透過手機繼續進行業務活動。但是那天晚上情況特殊，當她用手機談話時，她駕駛的馬自達汽車突然轉向，撞上了一個正在路邊行走的15歲少女，並把她的身體撞下了河堤。Jane Wagner後來說，她根本沒有意識到曾經撞過人，直到第二天早上更衣準備上班時，透過新聞才知道撞到人了。她向警方自首承認撞人並且逃逸，這是一項重罪。受害家屬要求Jane Wagner的公司賠償3,000萬美元的傷害費用。

對雇主來說，這種趨勢具有重大的意涵，愈來愈多的員工——銷售人員、顧問、律師、經理和其它人員——在駕駛時使用手機記錄銷售或帳單。68%的人說，他們在駕駛時使用手機，而員工的比例肯定還要更高。愈來愈多的原告主張，在某種程度上，老闆應該受到譴責，因為他們逼迫員工進行遠距離和超長時間工作，而且公司經常在沒有提供安全指導的情況下鼓勵員工使用手機。

另外一個重要的法律案件是在1997年聯邦法庭審判紐約投資銀行公司的一位經紀人，該經紀人在駕車時使用汽車電話並闖紅燈，撞倒了一個摩托車騎士，導致該人死亡。原告認為由於雇主的驅使，在下班以後，該經紀人與客戶聯繫才導致了這起悲劇。該公司最終以50萬美元擺平了這起訴訟，他們不承認有什麼過錯，只是想避免法庭的審判。

這兩起案件都與科技有關。雇主應該對手機的使用予以高度的注意，目前，在手機的使用上，很少有公司有制訂相關的政策。此外，手機無線上網或移動上網也愈來愈流行，這同樣是屬於科技的應用。很明顯，高科技的工具已經擴展到工作場所以外的各方面生活。企業把這些責任完全推給了員工，當員工在使用這些科技時，變得精神不集中、有壓力或者過於關注他們的工作，悲劇就有可能發生。無論是現在還是未來，在工作場所中，對企業來說，科技的應用產生了重要的倫理問題。

2. 與科技有關的員工不倫理行為

上面描述的許多例子中，雇主應該為科技的使用及其涵義負責任。最後值得一提的是：員工應該負責的不倫理行為。這些行為與電腦科技有很大關係。在一項員工的重要研究中顯示，在過去幾年中，受訪的員工曾經從事了一些不道德的行為。以下是這些行為的百分比：

- 在駕車時，由於使用新科技造成了潛在的危險情況（19%）。
- 將員工犯的過錯，錯誤地歸咎到科技上（14%）。
- 為了自己家庭使用，拷貝公司的軟體（13%）。
- 因為個人原因，使用辦公室的設備在網上購物（13%）。
- 使用辦公室的設備聯繫或者尋找另外的工作（11%）。
- 未經他人允許調取私人電腦檔案（6%）。
- 使用新科技侵犯同事的隱私（6%）。
- 使用辦公室的設備上色情網站（5%）。

3. 公司採取的行動

對上面描述的這些倫理問題，企業有很多處理的方法。一項針對《財富》500 大企業非管理職員工所做的調查顯示，管理人員應該確定員工如何以道德的模式使用電腦。這些措施包括：公司管理階層進行決策、使用資訊系統社會的倫理規範、員工和使用者以合作的模式努力形成電腦科技倫理。大約只有一半的受訪者表明公司的規定已經成文，並且得到廣泛的宣導。

我們這裡所討論的科技問題主要是與電腦有關的，因此，在許多其它領域，對員工使用電腦的守則仍有所幫助。有幾家產業協會已經對如何使用電腦提出了一些規定。電腦倫理協會詳細說明了「電腦倫理的 10 條誡律」。這些誡律是有趣且有用的，在圖表 8-2 中總結了這些誡律。

圖表 8-2 電腦倫理的 10 條誡律

電腦倫理協會對下列 10 條電腦倫理的誡律進行了詳細說明，這些誡律對員工和雇主都同樣有用：

- 不能使用電腦傷害他人。
- 不能干擾他人電腦工作。
- 不能使用電腦進行盜竊。
- 不能使用電腦做假證。
- 不能在不付費的情況下，拷貝或使用正版軟體。
- 未經授權或沒有進行適當的補償，不能使用他人的電腦資源。
- 不能盜竊他人的知識產品。
- 要考慮你正在設計的程式所造成的社會後果。
- 保證以體諒他人和尊重他人的態度使用電腦。

資料來源：Reid Goldsborough, "Computers and Ethics," *Link-UP* (Vol.17, No.1, January / February 2000),9.

8.5　生物科技

　　20世紀的資訊科技革命正與21世紀生物科技的革命融合在一起。事實上，Walter Isaacson把21世紀稱為「生物世紀」。這場革命的根源在於1953年James Watson不假思索地告訴Francis Crick：四種核酸成對可以形成一個DNA分子的自我複製密碼。現在，我們正處於最重要的突破當中——解開人類基因的迷團。在我們的DNA分子當中，由30億化學物質成對組成10萬個基因。這個成果將導致下一場醫學革命，這場革命不僅可以提高健康人口的自然壽命週期，而且有助於征服癌症，產生新的血管，阻礙腫瘤的生長，從幹細胞當中製造新的器官，當然還有很多其它的成果。

　　對於企業和企業倫理來說，生物科技領域具有重大意義。事實上，生物科技領域已經產生了一個新興行業——生物科技行業。據麻薩諸塞州Aquila公司的執行長Alison Taunton-Rigby指出：生物科技是「運用生物學來發明、開發、行銷和銷售產品和服務的領域」。如今，生物科技領域包括幾個由風險基金資助的小公司，還有一、二十個更大、更著名的公司。生物科技大多數應用在醫學、製藥行業和農業。

8.5.1　生物倫理學

　　處理生物技術的應用中牽涉到倫理問題領域，因此生物倫理學（bioethics）應運而生。隨著新的生物科技產品的開發，棘手的倫理問題無疑也會出現，例如在醫學領域，也許不久後就能夠確定即將出生嬰兒的遺傳構成基因，這是否意味著那些控制這項科技的人擁有對人口的主導權？這是否意味著那些能花得起錢按照指定基因製造嬰兒的人，不太會產生基因上的突變？這些只是我們在商業領域中思考生物科技應用時所可能遇到的一些倫理問題。

　　最近，關於聯邦政府在資助生物幹細胞研究中應扮演何種角色的問題漸受矚目。布希總統對此採取的行動是，任命生物倫理學家Leon Kass博士擔任生物倫理董事會的主席。在進入生物倫理領域之前，Kass博士是一位醫生和生物化學家。據說他被生物科技研究的副作用所困擾，Kass博士曾經說：「能夠對人類本質觸動如此之深的科技領域，關於此種科技的應用，不能任憑科技宿命論和自由市場來決定」。雖然Kass博士不打算擔任國家的生物倫理警察，但是他說：「我們的任務不是逮捕科學家，我們的任務是澄清問

題，提高社會大眾意識，讓社會大眾瞭解我們正在進行的事情及其倫理意義」。

有些生物科技公司已經運用生物倫理的觀念引導他們的決策。然而，不斷出現的一個問題是：「是否真的產生了生物倫理的決策？或者公司只是出於公關的目的而應用生物倫理？」。Geron公司率先採用生物倫理顧問委員會的做法。當Jones製藥生產協會開始對人類胚胎進行研究時，它採用了生物倫理學者小組的做法。它曾經觀察過許多公司，知道新科技應用的最大障礙是社會大眾有可能對此產生激烈的反彈。

根據在生物倫理方面著述頗豐的William Saletan所述，生物倫理學家應用的主要手段是法律程序，這涉及精心制訂條約，以確保不違反某些傳統的憂慮，例如在知情狀態下的同意。換句話說，問題的焦點是保證決策遵照適當的法律程序，而不是遵照決策的實際倫理內容。然而，公司經理人和科學家是把重點放在如何上，而不是放在為什麼上，把重點放在方法上而不是結果上，人們仍然有所擔憂，因為他們擔心企業經理和科學家欺騙他們的良知。

生物科技的批評者和支持者都認為，生物倫理學家的出現使公司以一種讓人信服的姿態出現，真正的問題是如果這些生物倫理學家支領了公司的酬勞，他們能夠做到真正的客觀嗎？支持者說可以。這些生物倫理學家的作用就像報紙視察官收受報紙的酬勞，去調查報紙的報導內容，並避免潛在的衝突發生一樣，可以做到客觀公正。反對者說不可以，他們認為有金錢交易的情況在表面上很難避免利益的衝突。真正的危險是生物倫理學家的參與可能被理解成通過放行的重要關卡。

Charles Colson曾經觀察到：「生物科技革命在這新世紀蓬勃發展。一方面，生物科技革命在醫學進步、延長人類壽命以及增進人類健康方面給予我們很大的承諾；另一方面，它帶來了我們沒有預料到的倫理問題」。他進一步指出：「受到強大潛在利益的刺激，生物科技革命像蒸汽壓路機那樣向我們駛來，壓碎道路上一切道德的限制」。我們也許還處於生物科技革命的早期，不能瞭解情況到底會如何演變，因此，成本和利益之間進行平衡的重要問題似乎還不能太早給予定論。

生物科技中兩項重要的領域對思考企業倫理的挑戰將有所助益：基因工程（genetic engineering）和基因改造食品（genetically modified foods，

GMFs）。基因工程（主要是人類基因工程）和農業與食品基因工程同樣是基因科學的部分，但為方便討論，我們將分開進行討論。

圖表8-3總結了幾個在網路上可以找到的非營利生物倫理組織的名單。

圖表 8-3　網路上的非營利生物倫理組織

生物倫理學是一個廣泛的話題，有很多不同的機構，特別是社會大眾行為組織，這些組織透過網路提供相關特定主題的資訊，這些網站包括下列：

▶▶ 美國生命倫理與人文協會（American Society for Bioethics and Humanities (ASBH)）（http://www.asbh.org）

美國生命倫理與人文協會是一家由1,500多個人、公司和學會組成的專業團體，主要對生物倫理和人類進行研究的非營利組織。網站建立於1998年1月，目的在於為ASBH的會員和潛在的會員提供資訊，透過提供一些額外的網上資源，並且提供連結，為那些對生物倫理和人類感興趣的人提供資訊，你可以透過網際網路找到相關的資訊。

▶▶ 基因食品預警中心（http://www.gefoodalert.org）

這是一個由食品安全中心贊助建立的網站，它主要關注基因工程食品和與此相關的問題。

▶▶ 國家病人權利聯盟（http://www.nationalcpr.org）

這是由對醫療保健和隱私法律問題感興趣的醫學專業人員和個人組成的非營利機構。

▶▶ 不傷害：美國倫理研究聯盟（http://www.stemcellresearch.org）

該組織是一個全國性機構，由研究人員、醫務人員、生物倫理學家、法律專業人員和其他致力於推進不傷害人類生活的科學和醫療之個人所組成。

▶▶ 基因責任委員會（http://www.gene-watch.org）

該委員會鼓勵對新基因科技的社會、倫理和環境意義進行討論。委員會出版《基因監督》，這是對生物科技的意義進行討論的全國性公報，該網站包括提交給美國國會的證言、立場報告和立法的意見交流場所。

▶▶ 國家人類基因研究院（http://www.nhgri.nih.gov）

該網站代表倫理、法律和社會涵義（ELSI）的研究方案。這個項目圍繞在人類基因工程的研究方面，支持對倫理、法律和社會的問題進行確定和分析，進行基礎和應用性的研究。倫理、法律及社會涵義的研究案是目前生物倫理研究中聯邦政府支持的最多的研究案，每年的預算超過1,200萬美元。

8.5.2 基因工程

有關基因工程或基因科學中，有兩個主要的領域在今日似乎已引起社會大眾的注意：一個是胚胎幹細胞研究，另一個是複製人。這兩個領域都對企業和企業倫理產生了強大且有趣的挑戰。

1.胚胎幹細胞研究

胚胎幹細胞（embryonic stem cells）是在1998年由威斯康辛大學的科學家分離出來。胚胎幹細胞是構造人體的原始材料。自從胚胎幹細胞分離出來以後，關於胚胎幹細胞的研究在世界各地激增。雖然美國歷年來被認為在生物科學領域處於世界領先地位，但有些專家說，由於對生物科技的倫理意義爭論不休，已經導致美國在生物科技方面落在其它國家的後面。

幹細胞來源於胚胎，可以用三種方法獲得胚胎：冷凍胚胎、新鮮胚胎或者複製胚胎。備用的冷凍胚胎也許來自於婦產科診所，由不孕的夫婦所捐獻，後來這些人不需要再利用這些胚胎來懷孕了，大部分倫理原則的研究來自於這方面。新鮮胚胎主要是在婦產科診所特地為研究目的而製作的。當然，不能藉由對人體細胞複製的方式製作胚胎。事實上，關於胚胎幹細胞的研究為何超越了公共的政策，有一個例子可以說明。麻薩諸塞州的一家公司最近使用複製技術製作了人類胚胎，這種胚胎將能夠產生動植物的組織，為病人提供最完美的配對。這項技術被稱為醫療複製，在國會，這項醫療複製技術成為廣泛討論的一個話題。雖然有人認為，禁止這項研究是合法的。但是幹細胞的價值是它對治療某些疾病有很大幫助，例如：癌症、老年痴呆症、帕金森氏症和青少年糖尿病。更進一步，幹細胞可複製一些組織，比如：神經細胞、骨細胞和肌肉細胞，用於病人的器官移植。

2001年，布希總統對支持和反對聯邦政府出資對幹細胞進行研究的觀點進行了思考。在眾多的爭議之後，總統決定繼續進行幹細胞的研究，但是要更加小心謹慎。他下令，允許聯邦政府資助幹細胞研究，但僅限於已經取得豐碩成果的領域；亦即在那些「已經明朗化的領域」，只允許聯邦政府贊助現有的幹細胞研究。總統對那些社會大眾支持的幹細胞研究給予准許。

關於幹細胞研究產生的倫理爭議，已經發生在公共領域而不是商業領域。人們得到的明顯印象是，企業已經做好準備，一旦幹細胞研究的社會爭議明朗化，企業就準備繼續進行幹細胞研究。然而，關於胚胎幹細胞研究爭議的真正危險在於這幾乎是不可抵擋的一種趨勢，即把幹細胞當成一種商品

開發。受益方不是孤立的個人，不僅是病人、老人和身體虛弱的人，尋求資助和名氣的研究所、大學也會從幹細胞研究中受益，生產新產品、尋求投資者的製藥公司同樣會從中受益。美國和其它國家正展開競賽，推銷治療危症的辦法。

2.複製

　　幹細胞研究正在進行當中，目前複製（cloning）已經引起人們的關注。有些科學家說，複製人類是一個遙遠的目標，然而，根據一些報告，美國人已經開始排隊把他們死去愛人的DNA冷凍起來，包括冷凍寵物和賽馬的DNA。好幾家不同的團體已經聲稱，他們正在試圖複製人類。據說，加拿大一位古怪又富裕的科學家Raelians正試圖在美國的一個秘密地點「重新製造」一個死去的孩子。

　　事實上，至少有兩項爭議圍繞著複製和基因科學：第一是複製人類的問題；第二是複製動植物以及使用基因診斷和治療疾病。這兩方面是目前基因科學追求的主要重點。但是複製人類的狂想引起了很多的爭議和恐慌。美國的調查顯示，90％的美國人反對複製人。在其他22個國家和美國的4個州，已經宣佈複製人是非法的。在日本，禁止複製人的法律已經在2001年6月生效。

　　科幻小說把那些對複製人感興趣的人物描寫成瘋子、權利狂、在社會邊緣追逐利益的個人。然而，最近這些幻想人物已經開始了新生活。在2001年3月，一群有爭議的科學家——一個義大利的婦產科學家、一個美國的婦產科研究學者和一個以色列的生物科學家——已經開始了在實驗室裡進行幹細胞研究，並且聲稱，到2003年，複製人將出生。2001年，聯邦FDA對美國一個正在秘密進行複製人研究的實驗室勒令關閉。官方相信這個實驗室是由Clonaid公司建立的，它是世界上第一家複製人公司。其它團體也聲稱，他們正在進行複製人的實驗。

　　關於複製人的另一個變化是治療性複製（therapeutic cloning）。治療性複製也已經引起了一些倫理問題。採用和生產複製羊桃莉同樣的技術，麻薩諸塞州的先進細胞科技公司的Michael Wester博士最近製作了世界上第一個複製胚胎。該公司聲稱不會使用複製胚胎來生產人，然而他計畫取出幹細胞，這是一個能夠損壞胚胎的過程，並且把這些特殊的幹細胞注入人體組織，能夠治療一系列的疾病。對某些觀察家來說，先進細胞科技公司所披露

的情況來自於一個可怕的電影，電影中，由複製產生的人類被當作高科技組織工廠的飼料。但是對 Michael Wester 博士和其他人來說，複製實驗室通往更了不起的新治療辦法、以專利獲利，甚至名垂青史的一扇大門。

有人曾估計人體內的化學物質價值89美分。然而現在，根據一位咄咄逼人、也有人說是震撼性的新書的作家所說，人體和屍體中的器官也許價值百萬。在《屍體市場：生物科技時代對人體組織進行經銷》中，Lori Andrews 和 Dorothy Nelkin 在探討開發新藥、移植器官、在活人和死人身上進行基因研討時，對這些問題的商業化，他們很樂觀。這本書使倫理學家再次提出重要的問題，個人對他們的血液和人體組織擁有「權利」嗎？可以進行人體器官的買賣嗎？如果可以，可以買賣誰的人體器官？

Andrews 和 Nelkin 寫到：「企業正在發展人體組織的買賣，例如：層出不窮的公司從屍體的骨頭製造商品。有些公司把這些骨頭碾成粉末，用於治療活人的斷骨，有助於病人痊癒」。他們辯解說：「對治療研究來說，活人和死人的身體器官是一座金礦」，有些作家在作品中提出了一些企業必須面對而且有爭議的倫理問題：「誰有權處理屍體？當研究者在一個死去多年的人體上進行基因實驗時，應該進行何種道德評估？使用人體的部分組織進行有關治療的練習，這其中的倫理思考是什麼？在德國，一個藝術家例行購買屍體，進行人體組織的造型，重新把這些人體組織裝配起來，把皮膚剝開展示人體的解剖結構，這種做法是否貶低了人體的尊嚴？」。

對複製人可能產生的後果需要進行更深入的探討。2001年，Tom Toles 出版的卡通書中，描繪一個人在辦公室裡把頭放進影印機中，在機器的另一邊出現了被複製的他，牆上的牌子寫著：「2018年7月，倫理上的爭辯，第2,473,561部分」，該卡通所衍生的問題是：「允許員工為個人的事情使用辦公室的影印機嗎？」。

3.基因測試和顯示基因檔案

一個最主要的而且受質疑的生物科技應用領域是「基因測試」（genetic testing）。基因測試源自顯示基因檔案。據說某一天，我們每個人都會擁有一個含有我們所有基因資訊的DNA晶片。這將產生某些正面的意義，因為這有助於我們降低個人健康的風險，有助於醫師瞭解病人對各種治療方法的反應並做出預測。使用基因資訊可進一步開發出與DNA資訊相吻合的藥品，使治療更加準確。顯示基因檔案（genetic profiling）也為確定個人身分提供了完

美的方法，這同時也會產生隱私權的問題。此外，由於基因的因素，也可能產生歧視的問題。

2001年5月，美國公平就業機會委員會在《1990年美國殘疾人法案》的支持下，對職場的基因測試進行挑戰，並解決了第一起法庭糾紛。美國公平就業機會委員會向法院請求，禁止Burlington Northern Santa Fe鐵路公司（BNSF）對員工進行基因測試。這些員工主張保護其權利，他們得了腕骨脈管綜合症，但鐵路公司宣稱這與工業傷害無關。據美國公平就業機會委員會所說，在員工不知情或不同意的情況下，該公司對員工進行基因測試。至少有一位員工被威脅如果不交出血液樣本進行基因測試，則要中止該員工的勞動契約。在法院的裁決下，BNSF同意不對以前蒐集的血液樣本進行分析，也不報復那些反對測試的員工。根據美國公平就業機會委員會所述：「在這個案件中，我們的快速行動使BNSF的員工能夠在不遭受報復的情況下繼續工作，也避免隱私權被進一步侵犯」。

8.5.3　基因改造食品

對企業而言，另一類具有重要倫理意涵的生物科技問題是基因改造食品。這對產值幾十億美元的農產品行業來說尤其是如此。然而，許多批發商和零售商也涉及基因改造食品的配銷系統中。基因改造食品，也被稱為基因工程食品（genetically engineered foods，GEFs）。激進的批評者把基因改造食品稱為「富蘭肯食品」（Frankenfoods）──意指自己創造之物來毀滅自己。現今世界似乎被分成兩部分，一部分人贊成基因改造食品，另一部分的人害怕基因改造食品。此外，有相當多的消費者對基因改造食品沒有足夠的瞭解，他們對基因改造食品的反應通常是基於害怕，而不是基於事實，因為似乎尚未有人受到基因改造食品的傷害。對基因改造食品的倫理意涵而言，有很多狂熱者，也有很多人是不感興趣、冷漠的。

由於這些產品正在進行實地的測試，因此，有關這些產品到底安全還是不安全，社會大眾尚缺乏這方面的資訊。根據食品和農業生物科技公司的副總裁L. Val Giddings所言：「仍未有任何的證據顯示鼻塞或頭痛與消費這些產品有關」。因此，關於基因改造食品的爭論，似乎圍繞在基因改造食品的優勢及劣勢，到底哪一方能夠勝出仍是未知數。除此之外，很多人關心基因改造食品或基因農業工程的配方食品對人類是否有害，是否應該對這些食品進行更嚴格的管理。在這些食品的安全性缺乏可信證據的情況下，主要的爭

論是，含有基因改造配方的食品是否應該貼上明顯的標籤。

有兩個事件曾經引起美國社會大眾注意基因改造食品。第一件發生在2000年9月，基因工程動物用玉米——對人體有潛在的危險——在Taco Bell公司的玉米捲中被發現。後來，在Safeway家族品牌的墨西哥餅皮，這種潛在的危害已顯示出來。基因工程玉米被稱為Starlink，此種成分是一種能夠抵抗蟲害的產品，它含有一種特殊的蛋白質，可能對人體是安全的，但是含有一些能夠引起人體變異的化學物質，這種物質會讓人體產生輕度的過敏反應甚至讓人體產生致命的休克。當然，不管它是不是基因改造食品，動物飼料都不應該進入到人類的食物當中。雖然，這種事情的發生是偶然的，但它代表對基因工程的農作物進行特別的追蹤，可以使企業確定含有基因配方的穀物，並且去除這些穀物。

第二個事件發生在歐洲，社會大眾幾乎一致反對基因改造食品，特別是在歐盟的國家，歐洲人民對基因改造食品的抗議已經有3~5年了。在過去3年中，歐盟禁止新的基因工程種子和糧食，並且正在制訂法律，管理生物科技產品的銷售和配銷。對美國穀物種植者來說，這個主要的結果使他們退出了每年價值2億美元的市場。歐盟正在制訂嚴格的新措施，控制基因改造食品的銷售。這項舉動對美國農產品公司行業具有重要意義，很可能對蓬勃發展的生物科技行業是一項嚴重的打擊。在歐洲，民意調查顯示，大多數的人相信，基因改造製成的產品對健康是有害的。

美國人種植和消費基因改造食品已經有一段時間了，特別是一些抗除草劑的大豆和抗蟲害的玉米，沒有證據顯示這些產品對人體健康和環境有害。然而，美國FDA仍持續對這些少數聲稱對基因產品有過敏反應的消費者進行調查。

迄今為止，幾乎沒有報告顯示基因改造食品對消費者的健康有明顯的危害。在科學和環保領域，基因改造食品的安全問題是一個引起熱烈爭論的議題。但美國的民意調查發現，大眾對這個問題是高度關切並且深感興趣。蓋洛普調查公司於2001年夏天在全美進行的民意調查顯示，美國人對農業和食品加工應用生物科技的反應基本上是肯定的。在這項民意調查中，有52％的受訪者支持這種應用；有53％的受訪者懷疑這種科技的應用會對消費者有嚴重的危害；大約有1/3的受訪者反對基因改造食品。總的來說，這項民意調查發現，社會大眾對生物科技應用的意識仍然較低，但社會大眾對食品供應的信心是較高的。但是，社會大眾對生物科技愈來愈熟悉之後，消費者是否

會對生物科技在食品生產中的應用抱持激烈反對的態度？根據蓋洛普的民意調查顯示，熟悉似乎不會導致關注。這項民意調查發現，對生物科技食品持高度反對態度的人屬於收入較低的以及教育程度較低的民眾；那些具有大學程度和高收入的人最有可能支持這項科技，不認為這項科技對人體有什麼危險。

標示

關於基因改造食品，經常引起爭議的一個話題是標示的問題。很多消費者運動人士認為，含有基因工程的食品至少應該貼上標籤。例如：美國消費者聯盟出版了一項報告，建議對基因改造食品實行強制性的標示政策，還提出了加強對美國生物科技食品進行管理的其他辦法。到目前為止，食品和藥物管理局還沒有要求基因改造食品必須貼上標籤。在2001年，食品和藥物管理局考慮新的管理辦法，要求在新產品投入市場以前，生物科技公司要和聯邦管理者面談。但是，他們並沒有要求對這些產品貼上特殊的標籤，食品和藥物管理局正在制訂新的政策，努力讓消費者對基因改造食品的安全性放心。更進一步，食品和藥物管理局計畫對企業進行指導，使企業以自願的方式對基因改造食品貼上標籤。

儘管食品和藥物管理局的行動不是特別積極，但標示議題仍然沒有消失。強制性標示的支持者認為，消費者有權瞭解產品的成分。並且，消費安全權利組織聲稱，他們有權知道這些知識。在食品行銷當中，與此相關的一個主要趨勢是非基因改造食品標示，即標示該產品「非基因改造食品」。僅僅在幾年前，「非基因改造食品」在美國還不為人所知。然而，現在當公司試圖採取策略上的優勢以表明他們的產品不含基因改造成分時，這個字眼經常出現。現在，非基因改造生物的標示能夠在成千上萬的產品上看到，例如：麵食、早餐麥片、冷凍主菜、調味品和飲料等。產業經理們相信這是一個快速成長的市場領域，雖然標示不是強制性的，但仍然有一些消費者被這種產品的特色所吸引。

反對對基因改造產品進行強制性標示的人辯解說，沒有證據顯示基因改造產品對健康有任何的危害，要求對基因改造產品貼上標籤對這類食品是一種刁難，並且產生了本來不存在的安全問題。他們指出一個事實，那就是食品和藥物管理局已經做出結論，基因改造食品「在本質上和傳統食品是相似的」。因此，沒有必要對基因改造食品貼上標示或進行安全測試，他們以此來支持他們的論點。

　　基因改造食品的安全問題和標示問題不可能消失，在這場爭議中，雙方的利益團體都持續進行各項活動並擁護他們各自的觀點。農產品行業繼續辯解，他們認為基因改造食品是安全的，對於基因改造食品進行強制性的測試和標示是沒有必要的。然而，消費者保護組織把環境保護者、生物農場主、廚師和宗教領袖都召集在一起，為基因改造食品進行嚴格的安全測試和標示準備例證。可以肯定的是，所有消費者和利害關係人都可能受到這場爭論結果的影響，所以，在不久的將來，這場爭論仍會持續地進行。

本章摘要

　　現代企業對科技的應用是如此的豐富且多樣，所以，這個話題值得用單獨一章進行討論。在本章中，對科技和科技環境等基本的概念進行了介紹和界定；討論科技的利益以及科技的副作用以及危害，還勾畫了社會沉迷於科技的各種症狀。進一步討論有關科技倫理的兩個主要領域，這兩個領域是資訊科技和生物科技。

　　資訊科技領域，是現今對企業影響最大的領域，相關的議題包括電子商務、透過電子商務侵犯個人隱私、政府對網路侵犯個人隱私的管理以及企業採取的創新作法。本章提出一些受質疑的做法和受質疑的科技應用，其中包括一些特殊的行業，比如色情行業、網路賭博和網路音樂服務行業。在工作場合中，電腦科技是最重要的一項科技應用，這種科技被用來監督E-mail和員工使用網路的行為。企業對員工還有其他形式的監督。本章還討論了新科技的倫理問題，比如使用手機的倫理問題。

　　最後討論生物科技領域的社會和倫理涵義。在這個領域中，關鍵的議題包括生物科技倫理這項新領域。本章確定並討論生物科技的兩個主要領域──基因工程，其中包括幹細胞研究、複製、基因測試與基因檔案的討論。由於不同的利益團體對基因改造食品是否恰當提出了疑問，關於基因改造食品和標示問題的爭議在未來幾年將會持續下去。

關鍵字

bioethics 生物倫理學
biotechnology 生物科技
chief privacy officer(CPO) 隱私長
cloning 複製
electronic commerce 電子商務
embryonic stem cells 胚胎幹細胞
genetic engineering 基因工程
genetic profiling 顯示基因檔案

genetic testing 基因測試
genetically modified foods(GMFs) 基因改造食品
information technology 資訊科技
surveillance 監視
technological environment 科技環境
technology 科技
therapeutic cloning 治療性複製

問題與討論

1. 還有哪些科技在企業中的利益或副作用本章沒有提到？請討論。

2. 你是否同意社會沉迷於科技？這對企業在科技倫理方面是否產生了特殊的問題？這種沉迷是否會阻礙人們對倫理的思考？

3. 你是否認為企業濫用權利，侵犯消費者和員工的隱私？你如何看待監測員工？你認為哪些做法最受質疑？

4. 手機使用的企業倫理意涵是否太誇大？請從正、反兩面討論這項問題。

5. 你認為基因改造食品對健康是有害的嗎？政府機構，例如食品和藥物管理局是否應該採取更多的行動，要求對基因改造食品進行安全測試？你認為警示標籤是否對基因改造食品有不公平的對待，而且會使消費者對其安全提出疑問？這對基因改造食品行業是公平的嗎？

個案評述

　　本書附贈的光碟提供了許多的個案，與本章相關的個案有個案12、個案13以及個案14，您可以搭配本書第八章的內容探討以下的個案：

個案12「P2P與智慧財產權之爭」

　　1999年，東北大學的新生Shawn Fanning創立Napster網站。Fanning的發明掀起「對等網路文件共享」（P2P）普遍化的開端，P2P允許用戶在網路上傳或下載音樂，而且品質不受影響。到了2001年，Napster的註冊用戶已經增加到5,800萬。Napster的成功引起一系列的官司，指控Napster的P2P服務違反了著作權法，侵犯智慧財產權。在輸掉官司之後，Napster改變以前的免費服務形式，買下Napster的軟體公司Roxio把Napster改為收費服務。這種滿足消費者需求的作法是否合適？這些作法是否會侵犯個人隱私權或是他人的智慧財產權？科技在這個個案中扮演何種角色？是否符合倫理？

個案13「豬隻器官移植是否該上市？」

　　異體移植（xenotransplantation）指的是將某種動物的活細胞、組織或器官移植到另一種動物上，例如將豬器官移植到人身上。被移植的物質稱為異體移植物，正是異體移植業的技術基礎。

　　異體移植的歷史可以追溯到1906年，第一起案例是移植豬腎臟到人身上，其他的實驗包括從山羊、綿羊和黑猩猩身上移植腎臟，從狒狒身上移植肝臟和骨髓，以及從豬身上移植心臟和皮膚。1982年，一個加州的嬰兒靠著從狒狒身上移植過來的心臟存活了3週。這個個案是否過度強調科技發展主義？公司應該持續嗎？本個案符合倫理的規範嗎？有哪些倫理原則可以支持本個案？

個案14「有毒的玉米捲？談基因改造食品」

　　2000年9月，一個環保與消費者聯盟——基因改造食品預警聯盟（Genetically Engineered Food Alert Coalition）指出，Taca Bell公司販賣的玉米捲使用StarLink的基因改造玉米。食品藥物管理局已經證實，StarLink玉米只適合動物食用，人類不應食用。此一事件促使大眾檢視300種玉米食品，並警告大眾基因改造食品的潛在危險。

　　自從StarLink事件後，關於基因改造食品的爭論與日俱增。Montreal臨床研究所生物倫理中心的David Roy表示，這些爭論時常會模糊焦點，情緒多過理智。基因改造食物爭論的主要危機之一，是雙方都不願意聆聽對方的

意見，結果爭論的兩方「使分歧愈來愈嚴重」。

　　科技與倫理各扮演何種角色？你認為誰是對的？支持基因改造食品的人？還是反對基因改造食品的人？有沒有可能兩方都是對的？什麼倫理原則可以幫助你做決定？有辦法弭平兩方的分歧嗎？假如有的話，弭平分歧有何優點和缺點？假如你正在制訂基因改造生物（GMO）的公共政策，你將會制訂什麼內容？

第九章
全球舞台中的
倫理問題

本章學習目標

▶▶ 閱讀完本章後，你應該能夠：

1. 確認並描述企業國際化和全球化的概念。
2. 對支持和反對全球化的論點進行評析。
3. 解釋多國籍企業在全球環境中不斷進化的角色和多國籍企業的問題。
4. 瞭解在多國環境中，企業經營所面對的倫理挑戰。
5. 瞭解ISCT和高標準以及道德自由空間的概念。
6. 探討提高全球倫理的策略。
7. 列舉在全球範圍中，提高多國籍企業經營的七種道德指導原則。

　　在過去50年中，國際商務的快速成長是世界經濟成長與發展的重要因素。這個時期的特徵是，在國外直接投資的資金、人力及物力快速的成長。這些進行投資的國家包括：美國、西歐國家、日本和其它工業化國家。在美國，由於國際化趨勢日益明顯，加上國內市場的問題也十分複雜。因此，企業國際化也產生了許多獨特的問題，國際市場不再被看成是可以追求或不用追求的市場機會。相反的，公司想要維持競爭優勢，就必須攻佔國際市場。只是最近社會大眾對企業全球化產生了激烈的反應。2001年9月11日，恐怖份子對世界貿易中心的襲擊是迄今讓人最震驚的事件，很多人把這個事件看成是對全球資本主義以及美國資本主義的反撲，這個事件有可能對全球化企業的經營實務有所影響，但是比較明顯的是：企業倫理這項議題似乎變得愈來愈重要。

　　Peter Drucker將市場擴張定義為「跨國經濟」（transnational economy）。他接著說，如果企業希望在一個國家建立和保持領導地位，他們必須努力在世界所有的已開發市場中保持領導的地位。這個觀點顯然有助於解釋在全球範圍內跨國投資的熱潮。對「跨國經濟」或「全球經濟」而言，一個較廣為大家所接受的定義是：商品及服務的貿易；勞動力、資本和資訊的國際性流動。

　　人們普遍認為,跨國經濟和國際商務所帶來錯綜複雜的狀態,會導致倫理問題的浮現。當我們與一種文化打交道的時候,就會出現企業倫理的問題。一旦我們將兩種或更多種文化納入考慮範圍的時候,問題將會變得更加複雜。管理者不但要與不同風俗、外交禮儀或經營方式打交道,而且還必須在倫理的基礎上釐清不同的法律和概念,以及什麼是可以接受的、什麼是不可以接受的。由於世界政治問題的存在,使得這些問題都將變得更加複雜、日趨惡化。例如:一家企業為了不牴觸當地的風俗民情,公司試圖賄賂政府官員,這有可能導致兩國之間國際政治的問題而出現緊張的情況。

9.1 國際企業的新新世界

　　據某一位國際企業專家所述,二次世界大戰以後的10年(1945~1955年),在國際企業方面,經歷了幾個不同的時代,包括:成長的年代(1955~1970年)、紛擾的年代(1970~1980年)以及國際新秩序年代(1980年至今)。國際企業的新新秩序和企業倫理大概始於1999年秋天。當時世界貿易組織(WTO)在西雅圖開會,舉行大規模示威和抗議的人群湧上街頭,由於5萬名示威者的騷亂表達了反對企業全球化的觀念。反對全球化的浪潮繼續蔓延:2000年4月在華盛頓、2000年秋天在捷克首都布拉格、2001年4月在魁北克、2001年夏天在熱那亞,都爆發了大規模的示威活動。

　　如果這些反對貿易全球化的抗議代表了國際企業新新世界中的一個里程碑,第二個里程碑可能就是在2001年9月11日所發生對紐約世界貿易中心和華盛頓五角大廈的恐怖攻擊,這次恐怖攻擊導致大規模的傷亡和破壞,有幾個觀察家聲稱,對世界貿易中心雙子大樓的恐怖攻擊,「代表了挑戰美國在全球企業中所具備的領導地位」。雖然我們很難驗證這種說法是否恰當,但是很多人感受到恐怖攻擊意味著世界貿易和企業的格局從此將產生明顯的變化。這種造成大規模傷害和破壞的行為無疑地會改變全球貿易的局面,而且最終將對全球企業倫理和全球企業成員的互動關係產生影響。

　　第一,重新思考一下全球化企業究竟隱含著什麼好處;第二,對全球化進行大規模抗議背後的意見進行簡要思考是有幫助的。因為我們不能忽視世界對新形勢的態度,也不能忽視有關全球資本主義的問題。

9.1.1　全球企業的概念

在過去的幾十年中，有好幾個名詞被用來描述企業全球化的趨勢，其中最重要的幾個包括：國際化、全球化、全球主義和全球資本主義。如今，有無數的企業已經變得更加國際化了，但不見得是全球化。「全球化」（internationalization）可以被認為是：「公司為了增加其未來國際活動的影響力，因此必須和來自其它國家的公司進行交易的過程」。國際化的其它特徵包括：出口、向其它國外的公司授權、和其它外國公司在國外建立合資企業、在國外建立自己的企業。

相反的，全球主義（globalism）或全球化（globalization）的概念代表了全球經濟的整合。全球化是指：「將國內的經濟與全球的經濟進行整合」。透過自由貿易，特別是透過資本的自由流動以及移民的移動，這種整合的可能性將大為提高，而國際化的結果也將造成愈來愈多國家之間的依賴與相互瞭解。全球化是為了達到經濟目的，有效的跨越國界。雖然國際化和全球化之間存在一些差別，但是我們必須清楚，當人們談到全球化時，他們是否僅僅將它當成是企業國際化的另外一個用語，還是將它看成是全球經濟的整合。有時候，觀察者認為全球資本主義是在世界範圍內資源自由流動的制度。顯然，真正的全球化是一種尚未達到極端的狀態，很多人堅信全球資本主義是一種終極的願望。

根據《商業週刊》所述，如今全球化是一個包羅萬象的名詞，從「貿易擴張」、「在全世界流動的工廠」到「為全球經濟設定規則的國際團體」。（例如：世界貿易組織、國際貨幣基金和世界銀行）。從我們這個角度來說，《商業週刊》關於全球主義或全球化的寬泛概念可能是最恰當的，它包含國際化和向全球化進軍的趨勢。然而，我們應該特別注意，我們必須經常深入瞭解一般企業界人士是如何運用這些名詞的，因為這些名詞針對不同的人來說也許意味著不同的概念。

9.1.2　反對全球化的浪潮

前面我們談到，自從1999年秋天在西雅圖反對世界貿易組織活動的全球化示威之後，反對全球化的趨勢愈來愈明顯了。對西雅圖會議中的示威者有幾種不同的描述，他們被認為是：極端右翼份子和左翼份子、貿易工會會員、激進的環保主義者、堅持從經濟發展中拯救開發中國家窮人的市民代

表，這些人構成了一種奇特組合。這些示威者還被描述成介於勞動者和環保者之間的一種組合。簡而言之，這些示威者是誓言阻止全球資本主義和全球貿易擴張的特別利益團體。

在西雅圖開始的反對全球化浪潮已經成為一個劃時代的里程碑。西雅圖會議已經成為一個重要的全球性會議。在西雅圖會議之後，2000年4月，華盛頓召開了國際貨幣基金和世界銀行的會議。環保團體和反貧困團體指責這些組織將災難和貧困帶到開發中國家。接下來，在2000年秋天，國際貨幣基金和世界銀行在布拉格召開了歐洲會議。2001年4月，34個國家的首腦在魁北克召開會議討論北半球自由貿易區。

2001年夏天，在義大利熱那亞召開了世界上最富有的八個國家所組成的八國高峰會上，抗議和示威達到最高峰。暴力衝突持續至少兩天，造成了死亡和破壞。抗議八國高峰會的暴力活動震驚了世界，這次會議的一個正面結果是，將反全球化的人分成了兩部分，一部分是希望對全球資本主義進行和平改革的人士，另外一部分是企圖破壞的無政府主義者。

其它抗議的集會在2001年9月在華盛頓舉行，但是這些會議由於世界貿易中心和五角大樓的恐怖活動被延遲了。示威者們承諾，在未來的會議上，他們會繼續進行抗議。他們說對紐約和華盛頓的攻擊是美國外交政策的直接結果，只有停止全球資本主義才能保證美國的安全。當然，在恐怖主義的背後不僅僅是反對全球企業，但許多人認為恐怖攻擊就是針對全球企業。

目前，對那些反對或者支持全球化的人來說，全球化的新新世界已經值得業界或學界深入思考。許多觀察者認為，全球化是不可避免的，一個反對群體認為「全球恐懼症」已經開始流行了。隨著美國轟炸阿富汗，人們對全球企業的看法已經轉向恐怖攻擊了，我們不能因此而分散了對全球化的注意，對全球化的爭議可能還要持續一段時間。

2000年出版由《商業週刊》和Harris所進行的民意調查顯示，多數美國人喜歡全球化（68%的人認為全球化對消費者有好處），但社會大眾似乎在全球經濟進程是否在破壞環境和工作方面產生了分歧的看法。

2001年，美國企業研究中心出版了幾個關於支持和反對全球化的重要報告。他們認為，一方面，我們看到「全球主義者」積極支持，對在全球範圍內自由發展的私營企業開放市場。他們相信由於全球化，投資者、消費者、員工和環保主義者有了更好的發展空間。另一方面是「反全球主義者」，他

們湧上街頭，抗議全球企業的擴張和貪婪，他們認為全球化是當地環境惡化、破壞人權、破壞當地文化、破壞國家主權的罪魁禍首。

　　反對全球化的人還貶低了一些國際組織的力量，例如：世界貿易組織、國際貨幣基金和世界銀行。圖表9-1彙整了在全球化問題上兩派看法的一些觀點，其中涉及消費者、員工、環境、開發中國家和人權。從這些支持和反對全球化的觀點當中我們可以清楚地知道，全球化對利害關係人是一個重要的倫理議題。

圖表9-1 支持和反對全球化的觀點

		全球主義者	反全球主義者
衝擊	消費者	開放市場可以使商品和服務進行自由貿易、降低成本、提高效率、使商品價格更低、服務更加多樣化、有助於提高生活水準。	使富人更富，使窮人更窮，加大了全世界財富的差距，對低收入的消費者是有害的。
	員工	經濟增長更快、工資更高、有更多的人就業、提高工作條件。	全球主義將利潤凌駕在人們之上——壓低工資、開除員工、侵害工人的權利。
	環境	全球資本主義意味著全球經濟快速成長，有必要淨化環境、發明更多如有效降低二氧化碳的技術、保護生態系統、降低污染。	出於企業的貪婪、導致對生態系統的開發和破壞、忽視了對環境的不利影響、污染加重，特別是二氧化碳的過多排放加速了全球暖化。
	開發中國家	開放市場，跨國投資對國家的經濟發展是重要的。更高的生活水準、更好的工作條件、更清潔的環境。	全球資本主義、世界貿易團體、世界金融機構共謀使開發中國家處於負債的狀態下，破壞當地經濟，使人們更窮了。
	人權	自由和開放的市場產生了支持法律規則和言論自由的文化及制度、將經濟和政治的自由擴展到世界的各個角落（比如韓國）。	在盲目的追求利潤中，全球企業忽視對人權的侵害。包括政治和宗教壓迫、非法監禁、拷打，侵犯言論自由、濫用工人，特別是婦女和兒童。

資料來源：摘自Robert Batterson and Murray Weidenbaum, *The Pros and Cons Globalization* (St. Louis: Center for the Study of American Business, January 2001), 3-12.

9.2 多國籍企業和全球環境

在全球企業環境中，不是所有的經營問題都可以歸屬於多國籍企業（multinational corporation，MNC），然而，多國籍企業已經變成了問題的核心。因為它們代表國際企業形式的原形。我們把重點放在美國的多國籍企業上，但是，我們要記住，其它國家的多國籍企業也面臨同樣的挑戰。事實上，來自於各個國家多國籍企業的存在將使得經營的環境更加複雜。

9.2.1 變化的範圍和美國多國籍企業的特徵

在過去的幾年，無論是從範圍還是從特徵來說，美國的多國籍企業都發生了變化。在20世紀早期，聯合水果公司在美國中部種植香蕉，並且獲得了「侵犯」宏都拉斯的壞名聲。多國籍企業的另一股浪潮在冶煉行業（油、石油、礦產）。如今在全球企業範圍內，許多行業類別例如金融機構、化學公司、製藥公司、生產工廠和服務公司正如火如荼的在擴展中。

在過去的30年或更久以前，美國多國籍企業的投資是相當驚人的，早就已經達到幾十億美元了。我們應該注意到，對多國籍企業來說，最具有挑戰性的形勢，是在所謂的新興國家、開發中國家或者未開發國家（less-developed country，LDC）中經營。在這些國家進行企業經營，常被指責為剝削或者利用廉價的勞動力似乎是有道理的，反全球化的人士經常引證這些情形作為控訴美國帝國主義的基礎。

9.2.2 在多國環境中進行經營的潛在挑戰

當公司試圖在多國環境中進行運作時，至少有兩種潛在且相互關聯的挑戰和問題。第一個問題是當多國籍企業在國外經營並尋找角色定位時公司合法性的問題，另外一個問題是在本國和地主國，公司面臨了不同的世界觀問題。這兩個挑戰有助於公司在面對全球環境並處於不同階段時所可能面對的倫理問題。

1.公司合法性問題

在地主國眼中，被認為是合法的多國籍企業必須承擔它的社會責任。正如我們前面所討論的，這些責任包括：經濟、法律、倫理及慈善方面的責任。特別是大公司被看成是外來的國家，人們對大公司的期待比對那些名不見經傳的小公司還要大。更進一步來說，兩個國家之間文化上的異同也影響

了對合法性的理解。舉例來說，一個在加拿大經營的美國公司，不太可能經歷多麼重要的問題，然而在伊朗經營的美國或西方公司可能被認為是不相容的。對這兩個國家的管理者而言，不同的價值觀和生活方式可能會造成嚴重的合法性問題。如果地主國發現美國管理者的生活方式或價值觀是讓人討厭的——許多未開發國家發現美國管理者追求物質享樂的生活方式和價值觀令人反感——如此一來，就很難達到合法性。

達到合法的另外一個障礙或者更基本的一個障礙是：多國籍企業和地主國之間內在利益的衝突。多國籍企業樂觀地看待全球化，而地主國政府樂觀地對待當地化，這對在先進國家進行營運的多國籍企業來說也許不會構成太大的困難，因為這些國家的總體經濟或管理政策是成熟、適當的。但是，在未開發國家，這也許會造成嚴重的問題。因為這些國家認為多國籍企業超越了當地政府的控制。在後面的情況中，經常會看到當地政府實施各種控制措施，例如本土化的法律要求當地企業控制大多數所有權、禁止外國公司參與某些行業、限制外國員工甚至徵收高稅額。

多國籍企業要達到合法性具有困難的部分原因是：公司的利益和地主國政府的利益所存在真正或潛在的衝突，就是將多國籍企業視為「非贏」的觀念。如果多國籍企業努力帶來一些最新、節省勞動力的技術，在未開發國家失業率較高的情況下，這也許會與創造就業機會產生衝突。如果多國籍企業將它大部分的利潤匯入國內，這也許會被視為是剝削當地經濟。如果多國籍企業將利潤再投資到當地，這也許會被視為是對經濟的進一步貢獻。如果多國籍企業支付市場同等級的工資，這也許會被當成利用低工資剝削勞動力。如果多國籍企業為勞動力支付高額工資，這也許會被視為是破壞薪資行情，這樣會損害那些不能支付高額工資的當地企業。結果，無論多國籍企業怎麼做，對來自利害關係人的批評，多國籍企業都是一個很方便的靶子。在這種有些敵意的環境中，合法性是難以符合而且短暫的，它難以達成且更難以保持。

2.多國籍企業和地主國之間不同的世界觀

與合法性問題緊密關聯的是，多國籍企業具有與其地主國相當不同的世界觀。西方工業國家及其多國籍企業將世界觀的重點放在經濟增長、效率、專業化、自由貿易和競爭優勢之上，相反的，未開發國家具有相當不同的觀念，對他們而言，其它更重要的目標也許包括：更平等的工資分配，或者增加經濟的自主決策。

　　這些不同的價值觀造成了一種緊張的環境，有時會導致地主國單方面採取嚴格的措施。例如在20世紀70年代，多國籍企業在未開發國家的投資環境變得更加嚴峻了。地主國採取的嚴格行動包括：徹底沒收（比如曾經發生在石油行業當中的）和潛在控股。其它限制包括：對利潤的限制。作為多國籍企業所面臨的兩難境地的結果，人們很容易理解為什麼哲學家Richard DeGeorge曾經說過：「第一世界的多國籍企業是第三世界的希望，也是第三世界的災害」。

　　這樣一來，有愈來愈多的多國籍企業發現它們處於不利的情境之中，那就是它們的合法性存在問題，而且它們的世界觀和地主國的世界觀存在明顯的差異。使正常經營問題變得更加困難的是國外的不同文化、不同語言、不同法律制度、各式各樣利害關係人和不同的社會價值觀，人們也許會爭論倫理問題是否已經融入到這個環境當中了。多國籍企業正在試圖縮小兩種不同文化之間的差距，然而，當他們試圖適應當地風俗和企業運作方式時，他們在本國會受到指責，指責他們沒有堅持與本國一致的標準、行為、法律或者倫理。的確，這對多國籍企業造成了倫理的兩難境界。圖表9-2描述了多國籍企業在本國以及一個或更多地主國，在特徵上和期望方面所遭遇到的兩難處境。

圖表9-2 多國籍企業的兩難處境

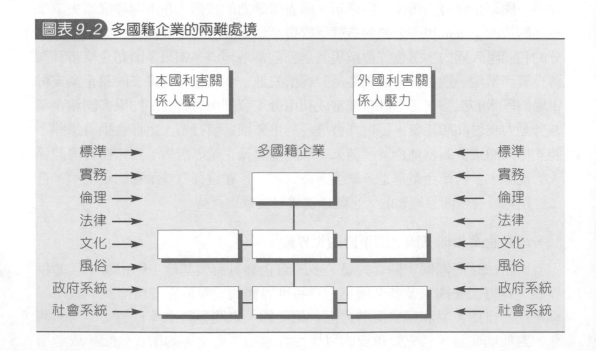

9.2.3 多國籍企業面對地主國的挑戰

根據《全球經濟的繁榮──世界等級》一書所說，全球化是「20世紀末，對國家、企業、職場、社區和生活最有力和最廣泛的影響因素」。最近的研究顯示，全球問題是執行長最關切的問題之一。根據執行長Richard Cavanagh所述：「目前我們正在通過全球化管理的迷宮」。根據上述的說明，企業在社會價值和倫理領域所面臨的挑戰已經變得非常重要了。

在多國籍企業和地主國之間所存在的問題是如此之多，以致於我們不可能對這些問題一一描述。然而，在本章中，我們可以將重點集中起來，在討論下一節的幾個倫理問題之前，我們至少先確定一下這些挑戰是什麼。我們將要涉及的問題包括：全球企業文化方面的問題、在全球經營中的企業與政府的互動問題、在全球經營中的管理和資源控制問題；最後，我們還要討論一下全球市場的開發問題。

1.面臨的文化差異

在外國文化環境中，多國籍企業管理者們失敗的最主要原因是他們沒有能力與當地文化協調。人們對此觀點存在爭議，在面對與他們自己文化和語言截然不同的情境之下，多國籍企業的管理者們會經歷文化上的衝擊，文化已經變成了多國籍企業經營一個最重要、成敗關鍵的因素。文化、風俗、語言、態度及制度因國家而異，有時候，這些差異對多國籍企業的成功造成了難以逾越的障礙。

2.企業及政府的差異

除了文化的差異，企業和政府部門的互動對多國籍企業的管理者也形成挑戰。根據世界的地區和行業不同，企業與政府的互動程度也有很大的變化，例如：在世界金融領域，直到20世紀80年代，政府都進行嚴格的管理，後來，美國開始對金融領域解除管制，這種做法後來也擴散到其它國家。解除管制的規定最先發生在世界銀行領域中，然而，目前有些國家又開始加強管制了。

在某些國家，政府是非常重要的，例如「日本有限公司」指的是與日本政府有密切關係的私營部門。相反的，在美國政府和企業的關係是敬而遠之的。在韓國，政府總是最有威信的，只是在最近幾年，銀行部門才開始民營化。在歐洲，政府已經開始涉足企業和銀行領域。在英國，很多重要的行業已經實行國有化了，這主要根據哪個政黨在執政。

在地主國和多國籍企業之間，產生衝突是很正常的，這些衝突通常與對跨國公司的經營實施控制的程度有關，並與地主國政府對多國籍企業在經營過程中產生利潤而進行控制有關係。地主國政府通常對這樣的問題感興趣，例如：技術移轉的管理問題、多國籍企業進行貿易的價格問題。

3.跨國經營的管理和控制

這裡有兩個問題值得一提，第一個問題是組織的結構和設計，另一個問題是人力資源管理。在市場中，多國籍企業必須採取多樣化的組織方法，這主要決定在地主國的管理。當公司在A國獲得執照，在B國建立合資企業，在C國家進行貿易時，多國籍企業的管理問題變得十分複雜。在每一種環境中，企業面臨不同的組織挑戰。需要一提的第二個主要話題是恰當地使用人力資源。人力資源涉及的問題是，該如何策略性地使用地主國和本國的人力資源。對企業而言，每一種方法都意味著不同的成本和好處，其它重要的人力資源問題包括：招募、甄選以及培訓。

4.國際市場的開發

這部分最後一個話題是國際市場的開發，這對多國籍企業與地主國之間是一個重要挑戰。雖然美國的多國籍企業佔領世界市場有一段相當長的時間了，但這種情況不會一直持續下去。今天，我們所面臨的是一個全球各公司之間激烈競爭的世界。在過去20年，日本和歐洲經濟，還有其它一些國家和地區的經濟都有了明顯的復甦（比如中國、韓國和拉丁美洲）。在這個普遍的話題中，一個主要問題是，多國籍企業擴展新的外國市場所採用的策略選擇，各種策略涉及產品推銷。在策略規劃中，相關的因素包括：產品功能或者滿足顧客需求、產品的使用條件、消費者的購買能力以及溝通策略。

另外一個主要問題是，圍繞著對第三世界市場開發的追求，亞洲、非洲和拉丁美洲一些國家的行銷概念，和我們所熟悉的美國行銷概念，也許有明顯的不同。連結到我們所討論的全球倫理問題，這類問題是相當重要的，因為對多國籍企業獲取利潤、提高競爭力來說，這些對未開發國家是非常有誘惑力的。學者Richard D. Robinson認為我們需要關心這些有關國家長期利益的論點。他認為要在三種層次上關心。第一是多國籍企業的管理，應該注意產品的調整和再設計。這樣將使得產品更適合預期的市場，這方面的例子是一個卡車生產商調整其卡車的設計，使卡車更適應土耳其粗糙的地面、高熱和高海拔。第二是管理者們要關心產品的影響，特別是產品對非西方市場長期利益的影響，比如豪華產品和那些節省勞動力的產品對一個有發展意識的

外國政府來說，無論如何不會有多大的吸引力。第三是企業管理者應該關心，在多大程度上，他們的產品在政治上容易受到攻擊。在政治上脆弱的產品可能導致工人動盪、公共管理（比如，固定價格和分配配額）、國有化或是政治爭議。在過去曾經導致政治爭議的產品，包括鹽、糖、石油、煤油、輪胎和藥品。對其它國家的產銷保持敏感，為我們討論全球企業環境中倫理問題提供了一個適當的基礎。從這些討論當中，我們應該清楚的是，來自文化條件的倫理問題或衝突不是多國籍企業最先經歷的。進一步說，我們要對這些重要的問題進行詳細討論，這些問題包括：市場行為、工廠安全、可疑的報酬和開發中國家廉價勞動力工廠的剝削問題。我們應該對倫理兩難的事實保持警惕，在這些領域可能出現的問題包括：經營管理、財務管理、勞動關係、全球策略管理。

9.3 全球企業環境中的倫理問題

對許多公司而言，在全球企業環境中，所產生的倫理問題與在國內環境中產生的倫理問題是類似的。這些倫理問題涉及所有的功能領域：生產經營、行銷、財務和管理。這些問題涉及公平對待利害關係人——員工、消費者、社區、競爭者，這些問題涉及產品安全、工廠安全、廣告活動、人力資源管理、環境問題等等。

在已開發國家中，倫理問題似乎少一些，但仍然存在。在未開發國家或開發中國家，倫理問題更嚴重，因為這些國家正處於市場經濟發展的早期階段。這種情況造成了一種環境，這種環境更適合沒有標準或者是低標準，因為政府沒有法律法規來保護利害關係人的利益，或者沒有積極的群體來保護他們的利益。依據未開發國家的情況，有問題的企業和經營管理者都有很大的進步空間。

我們要舉幾個明顯的例子，來說明在跨國範圍內的倫理問題，讓企業瞭解這些問題的發展。我們要討論涉及有問題的行銷和安全行為兩種倫理問題。接下來我們將討論「榨取工人血汗的工廠」問題（在開發中國家使用廉價勞動力）。在20世紀90年代的十年中，這個話題是國際企業的主要問題，並且在新千年，這個話題會繼續引人注目。接下來我們要討論賄賂、腐敗和有問題的報酬等問題。三十多年來，這些問題一直是美國的倫理問題。從這些例子，我們可以對多國籍企業以及一些其它全球企業所面臨的挑戰有正確的認識。

倫理的實踐

是無知的洩露嗎？

在我的家鄉丹麥Randers的一個加油站，我在那裡擔任助理管理員。那個加油站的地理位置非常好，從每天大排長龍的車陣可以證明。值班人員通常是獨自管理加油站，站在櫃檯後，操作收銀機。每天幾千美元的營業款就放在加油站保險櫃中，加油站有6個工作人員，年齡都在18歲左右，管理者每隔3天打開保險櫃，把裡面的錢存到當地的銀行，但是如果某一週因為節日放假，存款將會被延遲，因此會有一大筆錢放在加油站內。

有一個職員瞭解這種情況，並且將這件事透露給他的朋友，同時他答應透露藏鑰匙的地方。他的朋友後來闖進加油站找到了鑰匙，偷走了17,000~19,000美元。

這位員工和他的朋友認為，保險公司會賠償管理者的損失，因此，除了保險公司以外，各方都滿意。他們認為保險公司對這些損失不在乎，因為他們認為「誰都知道這些保險公司是多麼有錢」，問題的關鍵是保險公司沒有賠償，因為盜竊發生的時候，保險箱和鑰匙放在同一間房子。這個故事的倫理問題就是這樣，如果你知道沒有人會發現這個員工不負責任地將藏鑰匙的地方告訴別人，而保險公司也能夠很輕鬆地支付賠償，這意味著各方都能得到滿意（而你也能變得稍稍富裕一點）。

(1)這個故事的倫理兩難是什麼？它是丹麥的企業所獨有的嗎？

(2)如果這個員工透露藏鑰匙的行為永遠不會被發現，在某種程度上，他的行為會被認為是無知的洩露嗎？為什麼？討論這裡所涉及的倫理原則。

(3)假設職員洩露藏鑰匙的地方的行為永遠都不會被發現，如果我們假定管理者會得到賠償，你也會選擇像他那樣做嗎？我們繳了很多錢給保險公司，為什麼不能稍微拿回來一點呢？

（由Anders Braad提供）

9.3.1 有問題的行銷和工廠安全問題

關於有問題的行銷行為，一個典型的例子是嬰兒配方奶粉問題。這個問題發生在20世紀70年代，又一直延續到20世紀80、90年代，並且至今仍然是個讓人關心的問題。關於工廠的安全問題，用一個最好的例子說明：就是1984年末聯合碳化物公司博帕爾的危機，這個問題一直持續到20世紀90年代，並且直到今天還沒有完全解決。

1. 有問題的行銷：嬰兒配方奶粉的爭議

關於嬰兒配方奶粉的爭議（infant formula controversy）可以很透徹地說明在國外經商所產生的倫理問題。我們簡要回顧一下James Post對這個典型案例的觀察。幾十年來，在熱帶地區工作（很多未開發國家）的醫生發現一些嬰兒存在嚴重的健康問題，這些孩子本來應該吃母奶，但是卻用奶瓶餵食牛奶。這些國家通常缺乏冰箱或者衛生條件，飲用水也不純淨，因此用這些水調製的奶粉含有細菌，這很可能導致用奶瓶餵食的嬰兒患病或者腹瀉。因為這些未開發國家通常很窮，導致母親們在用水沖奶粉時，沖得過稀，這樣大大的減少了嬰兒所需要的營養。一旦母親開始用奶瓶餵養，她分泌乳汁的能力很快就會下降。由於窮，母親們會用一些廉價的替代品放在奶瓶中，比如全奶粉或者玉米糊等不能被嬰兒吸收的替代品。它們的營養不充足，而且不適合嬰兒的消化系統。

20世紀60年代後期，在未開發國家，使用奶瓶餵養的現象愈來愈多，而使用母奶餵養卻大大減少，營養不良和患病的嬰兒數量明顯增加，其中使用奶瓶餵養應該是一個主要的原因。有幾家嬰兒配方奶粉公司在推銷產品時意識到上述的問題，仍然積極地推廣用奶瓶餵養嬰兒，這樣就產生了倫理問題。這些行銷行為有大量的廣告、海報、廣播廣告，還有免費樣品。這些推銷活動通常將那些使用其產品的嬰兒描述得健康又強壯，這與上面所提到的現實形成鮮明的對比。

最糟糕的行銷行為之一被稱為「牛奶護士」——穿著護士服裝的女士在婦產科醫院督促母親們使用奶瓶餵養她們的嬰兒。實際上，這些婦女是奶粉生產公司以佣金雇用的銷售代表。一旦嬰兒開始使用奶瓶，母親分泌乳汁的能力就下降了。

雖然好幾家公司都存在這種有問題的行銷行為，但是在1974年發表的一篇文章當中，雀巢公司被瑞士的一家社會活動組織視為攻擊的目標，這篇文章的題目是〈雀巢殺害嬰兒〉。幾乎同時，在英國發表了一篇題目為〈嬰兒殺手〉的文章，從此開始了一場曠日廢時的論戰。這場論戰在以雀巢為首的嬰兒配方奶粉生產商與代表利害關係人的一系列組織之間展開，這些組織提交了決議案，對嬰兒配方奶粉公司進行訴訟。在這場論戰當中，最積極的組織有教會組織，比如美國教會委員會、UNICEF、世界衛生組織（WHO）、嬰兒配方奶粉行動聯合會（INFACT）。雀巢公司之所以成為被攻擊的對象，是因為它在世界市場中佔有率最高，還因為即使在世界衛生組織制訂了與之

相反的銷售規則以後，在開發中國家，雀巢公司仍然是最積極在推銷奶粉。

1977年，INFACT和ICCR組織發起了反對雀巢公司的全國性聯合抵制活動，這場活動大約持續了7年。70多家代表教會、醫生、護士、教師和其他專業人員的美國組織參加了這場聯合抵制活動。這些組織發起了一場國際運動，目的在於改變在未開發國家發生的讓人討厭的行銷行為。1984年，在花費了上千萬美元的聯合抵制費用之後，雀巢公司終於和抗議者達成了一個協議，雀巢公司同意在它的商業行為當中做出四項改變：

(1) 限制免費樣品的發放活動。
(2) 使用雀巢的商標，說明母奶餵養的好處和奶粉餵養的危害。
(3) 雀巢承諾，督促醫院在使用其產品的時候，必須遵守世界衛生組織的規則。
(4) 雀巢同意取消向醫務人員贈送禮物，以鼓勵他們推銷嬰兒配方奶粉的政策。

相對地，這些抗議者同意終止他們的聯合抵制活動，但是對雀巢的表現仍然進行監督。

關於嬰兒配方奶粉的爭議貫穿了整個20世紀80年代，並且一直持續到20世紀90年代。1991年，雀巢公司（佔世界市場的40%）和美國家用產品公司（大約佔世界市場的15%）在持續10年的聯合抵制和爭議之後，宣佈它們計畫不再向開發中國家提供免費的樣品和低成本的嬰兒配方奶粉。

透過這次的行動（也是有史以來最積極的），雀巢公司試圖平息因為它向第三世界國家的醫院大量傾銷嬰兒奶粉，而違反了世界衛生組織的行銷限制所引發的長期批評。在嬰兒配方奶粉的爭議中，產品的行銷一直是一個讓人關注的問題。在雀巢公司發表這項聲明之前，雀巢公司一直根據要求供應嬰兒奶粉，但是，它計畫在未來幾年之內，根據世界衛生組織的規定，只向那些有需要的孩子供應奶粉。雀巢公司和美國家用產品公司的這些誓言被視為是世界上最大的兩家嬰兒奶粉製造商在這場嬰兒配方奶粉爭議中的一個分水嶺。

嬰兒配方奶粉的爭議涉及很豐富的案例，例如社會活動組織和政府所採取的行動和力量、多國籍企業所採用的各種策略。然而，從我們的角度出發，它說明了公司所採用的問題行銷行為的特徵，在一個國家被認為是正常的行銷行為，在異地環境之下，也許就成為有問題的行為了。嬰兒配方奶粉的爭議還說明在全球範圍內某些倫理問題的長期性。

最近的一項調查顯示，好幾家網站仍然致力於嬰兒配方奶粉的爭議，這些網站上有一些相關的資料，顯示對雀巢的聯合抵制今天仍然持續著

（http://www.infactcanada.ca、http://www.whn.org、http://www.essential.org/monitor）。

2. 工廠安全和博帕爾慘案

1984年末的聯合碳化物公司博帕爾慘案（Bhopal tragedy）使人們對多國籍企業在外國，特別是未開發環境中的經營兩難問題給予高度的關注。在寫這本書的時候，圍繞這個事件的法律問題還沒有得到完全的解決，也許在未來幾年內仍然無法解決。1984年12月3日，甲基異氰酸樹脂氣體的洩漏事件被稱為「歷史上最嚴重的工業事故」。這次氣體洩漏事件導致了兩千多人死亡，20萬人受傷。這起慘案給多國籍企業帶來了數不清的法律、倫理、社會和技術問題。調查這起慘案的觀察員認為，死亡和破壞的數量的比官方公佈的數字還要多好幾倍。

在事故發生之後，根據專家的看法顯示，事故的責任應該由該公司和印度政府共同承擔。根據聯合碳化物公司自己的檢查員說，博帕爾工廠沒有達到美國的標準，並且有兩年多沒有被檢查過。印度政府允許上千名居民住在工廠附近，並且沒有疏散撤退人員的辦法。

由博帕爾慘案造成了很多問題，在這些問題當中，比較重要的包括：

(1) 無論地主國的法律存在什麼樣的漏洞，在多大程度上，多國籍企業應該在國外與在本國保持統一的標準？

(2) 當勞動力缺乏技術，而且當地居民對危險的工廠所包含的內在危害十分無知的時候，在這樣的地區設立一個複雜、有危險的工廠是明智的嗎？

(3) 要求工廠全部由當地職員任職的法律是合理的嗎？

(4) 由於當地的條件使那些本來安全的產品變得充滿危險，這時候政府和公司的責任是什麼？（這個問題也適用於嬰兒配方奶粉的爭議。）

(5) 在討論了這些問題之後，這類工廠應該在開發中國家設立嗎？

這些問題的中心是，在世界不同的地區採用不同標準的問題。在20世紀70年代，當美國公司不斷出口那些在美國受到限制的藥品和殺蟲劑時，這樣的兩難問題就出現了。殺蟲劑，例如DDT和其它一些與癌症有關的產品被運往未開發國家，當地的農民在使用這些產品時不瞭解這些產品的危害，也不知道在使用這些產品時應該小心防護，顯而易見的，中毒事件就發生了。在1972年，上千名伊拉克人死於來自美國受汞污染的穀物。1975年，由於使用了美國製造的殺蟲劑，很多埃及農民死亡或者受到傷害。有好幾個國家設立

了違反美國標準的石棉和殺蟲劑製造廠，因為在地主國，這些公司通常沒有違反法律。但是，很多專家說博帕爾慘案告訴我們，企業有道義上的責任執行高標準，特別是在那些開發中國家。這些國家往往沒有做好管理這些公司的準備或沒有能力管理這些公司。

有些觀察家說，導致博帕爾慘案的一個主要原因是地主國要求主要投資方是地主國一方，聯合碳化物公司只擁有博帕爾印度子公司50.9%的股份，有人認為這降低了聯合碳化物公司的積極性，使其不能保證博帕爾工廠的工業和環境有足夠的安全性，這大大地降低了母公司的控制，導致從母公司派往當地工廠的技術專家也減少了。如果開發中國家繼續堅持降低多國籍企業對生產廠家的控制，這也許將打擊多國籍企業轉讓環境管理和安全管理的積極性。

博帕爾爆炸案說明的另一個問題是，開發中國家通常意識不到新技術的傷害，正如一個專家所說，印度這樣的國家沒有把「技術內化吸收的文化」。另一方面，未開發國家需要技術，是因為它們認為技術對它們的經濟發展非常關鍵，但是它們的理解和管理新技術的能力讓人懷疑。

對受害者、印度政府和聯合碳化物公司而言，博帕爾慘案至今仍然沒有得到解決。 1989年，聯合碳化物公司同意支付給印度政府4.7億美元以支付受害者及其家庭的賠償金。至此，聯合碳化物公司才從這場糾紛中得以解脫。在救援活動中，印度政府過重的負擔造成其陷入管理不利和腐敗的泥沼。有人觀察，幾乎印度的每一級救援組織都涉嫌貪污，印度官員向那些希望得到賠償金、沒有文化的受害者索取賄賂金，醫生也從受害者那裡索取賄賂金，以此作為受害者在法庭上做證的條件。貪婪的經紀人聲稱，他們可以使受害者的案件在眾多的卷宗中獲到優先辦理，並以此要求賄賂金。直到1992年，法庭對於受害者最後的賠償仍然無法解決——這是在慘案發生的8年後。法律專家和官員說，有可能再過20年，這個案件才能得到解決。

Dow化學公司所發表的最新資訊顯示，從工廠洩漏的氣體是出自於一位對工司不滿的職員故意破壞一批汽油，在油箱裡加了水。公司認為他應該對此事件承擔道德責任，即使這是一場陰謀破壞的活動。聯合碳化物總公司仍在印度的聯合碳化物公司出售了其50.9%的股份；並且捐資在博帕爾建立了一家醫院。http://www.bhopal.org、http://www.bhopal.net和http://www.bhopal.com網站顯示，即使在21世紀的前10年，博帕爾慘案仍然是人們深度關注的焦點。

博帕爾慘案的教訓有很多，而且關於這個慘案的爭議將會持續。在全球經營的公司中，該慘案引發了對國外經營的爭議。可以肯定的是，倫理和法律問題是討論的核心，然而關鍵的是，不僅僅是國外的企業行為，更重要的是國外企業帶來的問題。根據聯合碳化物公司瓦解的最終結果，多國籍企業也許會意識到在國外經營的風險是很大的。

9.3.2 榨取勞工血汗的工廠和虐待勞工

自從20世紀90年代早期起，在全球企業倫理的爭論中，多國籍企業在發展中國家那些廉價勞動力的工廠中，雇佣、虐待女工和童工是最突出的問題。這場爭議涉及一些知名度很高的大公司，例如：Nike、Wal-Mart、Kmart、Reebok、J. C. Penney 和 Disney。存在這些問題的國家和地區包括：東南亞、巴基斯坦、印尼、宏都拉斯、多明尼加、泰國、菲律賓和越南。在美國，這些血汗工廠也沒有銷聲匿跡。

以童工、低工資、惡劣的工作條件、虐待工人、違反健康和安全規定為特徵，並榨取工人血汗的「血汗工廠」（sweatshop）已經存在幾十年了。由於過去幾年內全球競爭的白熱化，企業不得不到世界一些偏遠地區生產，以降低其成本，提高生產力，這些血汗工廠在數量上持續增加。1996年，一個具代表性的事件使得血汗工廠的問題引起了人們的高度關注，Wal-Mart的Kathie Lee聯合會（一個服裝生產線）的工人權利組織透露，在美國一個著名的脫口秀節目當中，主持人所推薦的服裝是在宏都拉斯由縫紉女工以每小時31美分的工資、一天工作20個小時辛辛苦苦縫製出來的。這個事件的曝光使本來不瞭解衣服生產條件的主持人變成了反對血汗工廠的積極份子。Nike公司也變成了關心海外生產條件、標準和倫理的社會活動份子的避雷針。出現這種情況的主要原因是這些公司有很高的知名度，大量做廣告，生產昂貴的鞋。Nike的代言人Michael Jordan賺了上千萬美元，而公司的承包商付給印尼工人的日工資僅為2.23美元，兩者之間形成了鮮明的對比。

聯合國的前大使將最近關於童工的爭論稱為「世界的下一個道德改革運動」。他們將榨取工人血汗的問題與人權運動做類比，反對不公正地對待那些無助的兒童和貧困的婦女。為了支持他的觀點，他們引用了1997年UNI-CEP的出版物《1997年世界兒童狀況》，該文獻記錄了幾百萬童工被迫忍受的苦難。關於印度，該文獻記錄：

地毯工廠的幾十個孩子或者被綁架或者被微薄的工資所誘惑。許多孩子受到監禁、毒打，一天被迫連續工作20個小時。小孩每天從早到晚縮著身體蹲在地上幹活，這對成長期的孩子來說，嚴重地阻礙了他們的生長發育。

據國際勞工組織報告，世界上童工的數量是前所未有的，大約25,000萬。國際勞工組織估計，這是它以前估計的2倍。在亞洲大約有15,300萬名童工，在非洲有8,000萬名童工，在拉丁美洲有1,750萬名童工，所有這些孩子的年齡在5~14歲之間，幾乎有一半都是整天工作。

多國籍企業勞工活動的批評者包括社會活動組織和群眾組織，這些組織批評企業虐待工人，這已經引起社會大眾的關注。這些批評者聲稱，相當多企業在剝削童工和女工，剝削的方法有：給這些工人很微薄的工資、高強度的勞動、因為一點小小的違紀就處罰工人、違反健康和安全的標準、使工人和他們的家庭分離。這些被批評的公司辯解道，說他們付給童工和女工的工資是較高的，他們說雖然根據已開發國家的標準他們給的工資是低的，但是這些工資已經相當於或者超過了當地法定的最低工資或者平均工資。他們進一步說，因為在未開發國家，有很多工人在農業和農場工作，這些工人賺的工資低於平均工資。在很多國家，微薄但合法的最低工資使這些在血汗工廠工作的工人獲得的報酬在當地還算蠻高的。

血汗工廠問題在過去幾年中是如此的醒目，使得許多被批評的公司努力提高其形象或改善其處境。這些公司努力改善工作條件。發起聯合行動，為他們自己或者他們的承包商制訂行為標準或規範，進行社會或倫理的審查或者採取其它行動。1996年，美國前總統柯林頓共同幫助建立「公平勞工協會」（Fair Labor Association，FLA），該協會是一家服裝公司、工會及人權團體的組織，該組織的目的在於消除世界上剝削工人的工廠。該組織的成員包括L. L. Bean、Nike、Liz Claiborne、Nicole Miller和Reebok，這個組織的建立是因為一份調查顯示，美國3/4的購物者要為那些標有「沒有剝削」商標的服裝和鞋子付出更高的價錢。

有一項新的提議也有助於消除血汗工廠，這個提議呼籲服裝公司和他們的承包商遵守行為規範，禁止使用童工、勞工，禁止虐待工人，制訂健康和安全法規，保護工人加入工會的權利，將每週的工作時間限制在60個小時之內（除了在例外的商業環境下），堅持在製作服裝的每一個國家，工人至少要拿到法定的最低工資（或者「標準的行業工資」）。在這項提議之下，服裝業應該建立一個協會，來保證大家都遵守這項提議。

然而，這項提議也有一些缺點，比如，在很多開發中國家，法定的最低工資低於貧困的標準，另外，「標準的行業工資」可能是一個方便的逃避條款。有些組織還關心該提議有效地處罰那些每週工作超過60個小時的工廠，然而在符合當地法律的情況之下，這項提議仍然允許低於14歲的童工在工廠工作。另一個重要的問題是，在國外如何監督對此項協議的執行，例如：Liz Claiborne有200家承包商分佈在25個國家，在有些國家，像菲律賓、馬來西亞、泰國、越南的工廠在剝削工人方面想盡辦法。他們隱瞞商業的交易，使用假證明證明他們支付了最低工資，並且暗示工人保持沉默。

紐約的經濟優先權委員會（Council on Economic Priorities，CEP）提出另一項提議，以改善血汗工廠的條件。經濟優先權委員會包括很多重要的公司，它提出了被稱為社會責任8000或者SA8000的新大綱。該大綱的制訂以IS08000國際標準品質檢查體系為基礎，現在大約有80個國家在使用該大綱。

SA8000提議在1997年秋天被提出，該提議涉及美國一系列的公司，比如：Avon、Sainsbury、玩具反斗城和Otto Versand，還有勞工和人權組織、KPMG-Peat Marwick和SGS-ICS。該組織通過了一項提議，制訂工作條件的標準，這些工作條件的標準包括：

- 不使用童工或者被脅迫的工人。
- 提供一個安全的工作環境。
- 尊重工人加入工會的權利。
- 每週工作時間不超過48個小時。
- 付給工人足夠的工資，使他們能夠滿足基本需要。

那些想執行SA8000標準的公司，可以向一個第三者的審計機構申請資格證書。經濟優先權委員會已經建立起一個仲介機構來認定審計者的資格，很多審計者是會計公司。雅芳和玩具反斗城，希望他們的工廠得到資格證書，並且希望他們的供應商也得到資格證書。經濟優先權委員會的懷疑者包括人權組織和勞工組織，他們認為，在那些血汗工廠中不會發生實質性的變化，這些懷疑者害怕企業將使用經濟優先權委員會的監督過程作為掩護，而真正的變化不會出現。從這個角度來看，經濟優先權委員會認為其制度將發生效果，並且成千上萬的消費者最後要購買SA8000認定的產品。

對血汗工廠進行改革的第三項提議是由美國服裝製造商協會（AAMA）

提出。美國服裝製造商協會是一個貿易行業組織，它計畫對工廠進行監督，但是它似乎缺乏嚴格的制度。美國服裝製造商協會計畫呼籲公司支付最低的法定工資，然而在有些國家，這些法定工資太低了，沒有什麼意義。

剝削工人和虐待勞工與世界各國家得與失形成鮮明的對比。在已開發國家，由於用低廉的價格，消費者就可買到由廉價勞工製作的產品，他們大大地受益。如果由於多國籍企業在未開發國家提高工資標準和條件，導致產品漲價，已開發國家的消費者是否還會對剝削工人持反對態度還有待觀察。多國籍企業所面臨的新的不穩定的倫理問題不可能消失，他們的利潤、社會大眾形象和名譽，也許以他們如何對倫理問題做出反應為基礎。在多年的追求中，多國籍企業必須處理一個新的兩難問題，在利害關係人的利益和擴張的願望之間做出平衡。

9.3.3 腐敗、受賄和有問題的付款

20世紀70年代之前，腐敗、受賄和可疑的工資支付現象已經存在幾十年了。然而，在20世紀70年代中期，向外國政府官員、政黨和其他重要人士支付報酬的方式存在很多問題，這種現象有蔓延的趨勢，這使得腐敗、受賄等問題引起人們的重視。存在類似問題的公司有Lockheed、Gulf Oil、Northrop、Carnation以及Goodyear，而且這些公司自己承認有上述問題且涉及龐大的金額。例如：Gulf Oil公司承認向當時韓國總統的政黨支付了420萬美元。Gulf Oil公司還在巴哈馬設立了一個分支機構，該分支機構成為唯一非法政黨捐款的管道。Lockheed公司承認在中東向官員們支付了2,200萬美元。

最著名的一個案例是Lockheed公司為了向All Nippon Airways航空公司銷售價值43,000萬美元的飛機，行賄1,250萬美元。Lockheed公司的總裁辯護道，在日本，這種支出是正常的現象，並且官員們也希望得到賄賂。大額行賄的新聞在日本引起的騷動比起在美國的騷動還要大，田中角榮總理和其他四名官員最後被迫辭職，並且受到嚴厲的審判。關於這個案例，另外的一個關鍵處是Lockheed公司沒有主動行賄，而是日本人透過談判索賄。這個事實引發了一個長期存在的問題：「那些答應提供賄賂的人和那些索賄的人，罪名是相同的嗎？」。

在國際企業中，腐敗（corruption）問題仍然是一個主要的問題。腐敗問題的起因是由於直接賄賂政府官員以及向政黨捐款而存在的問題。除此之外，還有其它一些活動也屬於貪腐：為政黨利益濫用公司資產、回扣、收保

護費、政府官員公費旅遊、秘密的定價契約、內線交易等等。所有這些活動有一個共同點，它們都試圖影響決策的結果，並且這些影響的性質和程度不對大眾公開。實際上，這些行動屬於濫用權利。受賄（bribes）比其它任何形式的腐敗更容易引起人們的關注，它一直是一個持續爭議的話題，而且值得進一步的重視。

倫理的實踐

Ethics in Practice

我愛我的工作，不要問我是如何得到工作的

　　去年春天，我的一個好朋友MBA畢業。在畢業前的最後一個學期，她向好幾家公司求職，然而沒有找到工作，畢業之後，她決定向其它公司求職。其中一家公司，她被預選上了，並且參加最後一輪的面試。最後的面試結束之後，公司通知她，公司的決定會在六週之內寄給她。我朋友的父親恰好認識這家公司的總經理。接下來的五週，公司並沒有回信，我朋友的父親決定問問總經理，總經理查看了一下人力資源部的資料，並且通知我朋友的父親，說她女兒的名字沒有在最後的名單上。因此，他女兒最後沒有得到職位。

　　大約在五天之後，我朋友的父親再次打電話給總經理，但是這次是為了別的事情，他決定向這個當總經理的朋友行賄，以幫助他的女兒得到工作。在我的國家，向高層管理者行賄來得到工作，是一種可以接受的做法。我朋友的父親最後向總經理送了一大筆錢。四週之內，我的朋友獲得了管理培訓的職位。在那裡工作了一個月之後，我的朋友向我透露了整個過程，並且很感謝她父親為她所做的一切。她熱愛她的工作，她說如果換了別的工作不可能比在這裡更好。她還告訴我，不要向任何人透露這件事，因為這會損害她家的名譽。在我的國家，行賄是一種可以接受的做法，但是不能公開。

(1)在一個國家，僅僅因為每個人都這樣做，或者是一種可以接受的行為，就行賄或受賄是道德的嗎？

(2)如果行賄是一個可以接受的做法，為什麼這個朋友不想讓大家知道？

(3)雇用員工應該以美德為依據，還是以他行賄的多少為依據？

(4)如果你是我的朋友，你會接受這份工作嗎？

（由Radhika Sadanah提供）

1.支持及反對行賄的論據

　　贊成行賄的依據通常包括下列幾種：(1)為了做生意，有必要行賄；(2)每個人都行賄——它總是會發生；(3)在很多國家，行賄是一個可以接受的做法——它是正常的，並且是被期待的；(4)在不同文化之間做生意，賄賂是一種佣金、稅收或補償的方式。

反對行賄的論點包括：(1)在本質上，行賄是錯誤的，無論在任何情況下，行賄都是不能接受的；(2)在美國行賄是非法的，因此在其它地方，行賄也是不公正的；(3)一個人不應該因為行賄損害了個人的信譽；(4)管理者不應該和腐敗的政府進行交易；(5)行賄的活動一旦開始，就不會停止；(6)個人應該對忠誠、道德和倫理表示明確的立場；(7)那些接受賄賂的是唯一獲利的人；(8)賄賂的產生依賴在腐敗的個人和國家；(9)賄賂欺騙了利害關係人，並且將成本轉嫁給消費者。

賄賂和其它形式的腐敗成本很少被人們徹底理解或描述清楚。有幾項研究說明了這些腐敗行為的經濟成本。當政府官員因為發放執照接受「送來的錢」或是「有油水的報酬」，經濟成本會比執照費高出3%~10%。當稅務官員為了獲得賄賂答應謊報收入，收入稅的利潤也許會降低50%。當政府官員收受賄賂，產品和服務的價格也許會高出20%~100%。除了這些直接的經濟成本之外，還有一些間接的成本——道德敗壞、憤世嫉俗，對政客和政治制度的道德反感。由於賄賂和腐敗，巴西、義大利、日本和韓國曾經罷免了一些政客。

2.外國貪腐行為法案

在1977年外國貪腐行為法案（Foreign Corrupt Practices Act，FCPA）通過之前，在美國，多國籍企業的很多報酬和賄賂不是非法的。即使這樣，公司還有可能從事非法活動，這依賴於這些報酬是否向IRS進行報告以及如何向IRS進行報告。然而，由於通過了外國貪腐行為法案，這個法案變成了防止美國公司代表為了獲得生意而向外國政府官員行賄的一個手段。假如一家公司或者是管理者被發現違反外國貪腐行為法案，該法案有一系列具體的罰款條文和監禁的條文。通過這個法案不僅是出於道德的原因，而且是出於對美國在國外形象的關心。

外國貪腐行為法案是歷年來都被爭議的議題。該法律沒有禁止所謂「有油水的報酬」（grease payments），或者是監督官員們所獲得的報酬，而官員們獲得這些報酬是讓他們做本來他們應該做的事。在很多國家，這些報酬是常事，真正的問題是有些形式的報酬是不允許的（例如賄賂），但是其它形式的報酬（例如有油水的報酬）是沒有被禁止的。在賄賂和有油水的報酬之間的區別，法律有時是模糊不清的。為了獲得生意而必須行賄（不同於有油水的報酬），是違反外國貪腐行為法案的，這代表某種金錢交易。在抽象的意義上來說，和政府官員進行腐敗的金錢交易，在概念上是明確的，但由於

付款的具體情況，很容易模糊什麼是可以接受的有油水的報酬（例如：給錢是為了讓對方趕快進行信件的分揀和投遞、在文書工作上加快速度等），什麼是非法的賄賂，讓人搞不清這兩者之間的界限。對管理者而言，最安全的策略是小心行事，當問題出現的時候應該尋求法律援助。·

圖表9-3彙整了外國貪腐行為法案反賄賂提議的一些主要特徵。基於外國貪腐行為法案，圖表9-4提出了賄賂（是被禁止的）和有油水的報酬（是不被禁止的）之間的基本區別。

圖表9-3　外國貪腐行為法案中反貪腐提議的主要特徵

- 一般而言，外國貪腐行為法案禁止美國公司為了獲得或者是保持生意而向外國官員支付腐敗的報酬。
- 司法部是執法的主要機構，安全和交易委員會（SEC）扮演合作的角色。
- 外國貪腐行為法案的反貪腐提議涉及兩種行為：(1)直接進行賄賂；(2)透過中間人進行賄賂。
- 該法案應用到任何具體的公司、官員、管理者、員工和代表公司的機構及所有利害關係人。
- 付款的個人或批准付款的個人必須有貪腐的企圖，並且該付款的意圖是引誘接受付款的人濫用其權利，和付款人進行直接交易，使付款人獲利。只要其目的是非法的，貪腐行為不一定非要成功才算貪腐行為。
- 禁止支付提供、承諾支付、批准支付金錢以及任何有價值的東西。
- 對貪腐性付款的禁止只涉及針對外國官員、外國政黨或政黨官員，或者是外國政府部門的候選人，或任何在政府部門行使權利的人。
- 禁止透過中間人進行貪腐活動。
- 犯罪活動會受到下列的處罰：公司被罰款達200萬美元；官員、管理者、員工和代理商被罰款10萬美元，並且判處監禁5年。針對個人的罰款不能由公司來支付。

資料來源："Foreign Corrupt Practices Act Antibribery Provisions," U.S. Department of Justice, http://www.osec.doc.gov/ogc/occic/fcparev.html.

3.貪腐的趨勢：不斷增長的反貪腐運動

當我們進入千禧年的前10年，在國際商業中，貪腐和賄賂仍然是一個流行的話題。在過去的10年裡，隨著全球競爭、自由市場和民主政治的不斷增加，反貪腐和反賄賂運動是顯而易見的。在過去的10年裡，有兩個發展值得一提，這兩個發展對「反貪腐運動」（anticorruption movement）都是有貢獻的。

(1)國際透明組織

1993年，首先在柏林成立了一個新的特別利益團體——國際透明組織

圖表 9-4 賄賂及有油水的報酬

定義	例子
有油水的報酬	
為了讓下級官員做下列的事情，所支付的相對且較少的一筆錢。 ● 做他們本來應該做的事。 ● 做他們本來應該更快去做的事。 ● 做他們本來應該做得更好，但是不給錢就不好好做的事。	為了使計畫順利進行，給下級官員（秘書、隨從、海關檢查員）一些錢，這種形式的報酬有助於讓產品或服務順利通過政府的檢查。
行賄	
為了影響政府官員做出本來他們可能不做的決定，或讓政府官員採取一些本來他們可能不採取的行動，給這些人相當多的錢，如果官員只考慮事情真相，他們或許會做出不同的反應。	這筆錢經常支付給高層官員，目的是使這些人從行賄的公司購買產品或服務。給錢也許是為了逃稅，預告不利的政府干涉、保證獲得更好的待遇等等。

（Transparency International，TI）。該團體是仿照國際人權組織建立的。國際透明組織把它自己設定成世界反貪腐遊說團，它有70多個國家的分部，這些分部是由當地的熱心人士來管理，每年對商人、政治分析家和大眾進行調查，編輯年度的貪腐報告。世界地圖上的各種不同顏色代表世界上「最貪腐的國家」和「最不貪腐的國家」。國際透明組織的貪腐印象指數（Corruption Perception Index，CPI）以各種方式對國家進行描述。在2001年的貪腐印象指數中，最不貪腐的國家是芬蘭、丹麥、紐西蘭、冰島、新加坡、瑞士，在上榜的91個國家中，美國在最不貪腐的國家當中排在第16位。根據貪腐印象指數，最貪腐的國家是印尼、雅加達、尼日和孟加拉。無疑的，國際透明組織希望向社會大眾曝光國家的貪腐情況，給這些國家和企業帶來了許多的壓力。

(2)經濟合作發展組織的反貪腐倡議

在不斷成長的反貪腐運動中，第二個發展是由29個工業國家組成的「經濟合作發展組織」（Organization for Economic Cooperation and Development，OECD）所提出的一個新反貪腐條約和倡議。在1997年後期，又有5個國家也加入了條約。經濟合作發展組織的成員國同意禁止國際賄賂，並且要求每一個成員國仿照美國外國貪腐行為法案的模式制訂法律。

該條約的主要目的是打擊非法向外國政府官員行賄，這些官員管理的範圍很廣，從介紹合約、基礎設施項目到投標等等。

對付賄賂的最好辦法是在貪腐沒有發生之前就將它制止。一種重要的觀點是，經常從非法報酬中獲利的人（政客）首先要透過法律或是制訂標準，以此治理賄賂。另外一個因素是賄賂和貪腐需要被曝光，向社會大眾曝光比其它任何措施都有可能使這些有問題的報酬得到控制。這意味著要向社會大眾公開政府的行為。在這方面，新的貪腐感覺指數應該有所幫助。除了這些措施之外，應該讓管理人員意識到，賄賂影響他們的最大利益。賄賂不但腐蝕了經濟制度，而且腐蝕了商業關係，並且導致所做出的商業決策是依據一些基本因素制訂的，這些決策最終會侵害相關的組織。在某種意義上，經濟合作發展組織的新公約表明了目前成員國已經瞭解這個問題的重要性。該條約不會根除賄賂，但是該條約代表減少賄賂、控制賄賂的重要一步。

我們不可能涵蓋在全球企業環境中所涉及的所有倫理問題。我們所討論的話題是重要的、值得社會大眾高度關注的話題。最近，其它方面的問題也變得重要起來了，並且其重要性還有可能繼續提高，這些問題包括：國際競爭、貿易保護主義、行業政策、政治風險分析和反恐怖主義。這些問題和國際利害關係人有重要的關係，其它涉及倫理的問題是：國家安全及利益、在一個國家中使用內部轉讓價格來逃避高稅收的問題、海底探礦問題、對恐怖份子進行保護等等。由於篇幅所限，不能對這些問題進行詳細的討論。

9.4　改善全球企業倫理

到目前為止，從這些討論當中得到最明顯的結論是，在全球層次上的企業倫理比在國內層次上的企業倫理更為複雜。這種複雜性的產生是由於在全世界存在一系列不同的價值體系、利害關係人、政府的形式、社會經濟條件、道德行為標準，認識到道德行為標準有差異是非常重要的。但是，如果我們假定，美國公司在經營時，應該更接近美國的標準而不是外國的標準，在全世界實行倫理領導的策略上確實是一個頗具挑戰性的問題。由於美國以及美國的多國籍企業在世界事務中扮演領導者的角色，因此，美國公司承擔重要的職責，特別是在未開發國家。在全球市場上，美國的公司負有嚴肅的倫理職責，那就是更大的道德責任感和社會意識來自於其所擁有的更大力量。

在這一節，首先，我們要討論在本國的道德傳統和地主國之間的道德傳統進行平衡。我們這麼做主要是透過討論 Enderle 的四種全球類型和 Donaldson 與 Dunfee 的「整合社會契約理論」（Integrative Social Contracts Theory，ISCT），接下來，我們要討論 Laczniak 與 Naor 在外國環境中經營企業的四種建議行為過程：(1)制訂世界範圍的行為規範；(2)把倫理納入全球策略；(3)當面臨不可逾越的倫理鴻溝時，延遲行動；(4)發佈定期的倫理影響聲明。

另外，在第七章討論權利原則的基礎上，Donaldson 還對十項基本的國際權利進行了詳細的說明，這些內容都是值得思考的。另外，DeGeorge 還要在這節討論為多國籍企業提供的七項「道德指引」。

9.4.1 對本國和地主國的企業倫理傳統的平衡與調和

當企業在外國經營時，也許所面臨的最大挑戰之一，是在他們本國的文化、道德標準與地主國的文化、道德標準之間進行協調。在經營過程中，企業應該遵守本國的倫理標準，還是遵守地主國的倫理標準？面對這個問題我們總是無法簡單地回答。圖表9-5總結了當企業在全球範圍中經營時，所面臨的極端選擇。

一個極端是被有些人稱之為「倫理帝國主義」（ethical imperialism）的立場，這個觀點認為，即使是在另外一個國家經營，多國籍企業也應該繼續遵守本國的倫理標準。因為相對於其它很多未開發國家的標準來說，美國對待員工、消費者、自然環境的標準是相當高的。這就不難理解為什麼管理者們發現這種觀點是有吸引力的。

在最近幾年，隨著對外國工廠依賴的激增，惡劣的工廠條件被媒體曝光，有愈來愈多的公司，例如：LeviStrauss、Nordstrom、Wal-Mart、Reebok等公司，支持在外國工廠執行更高的標準，這些標準涉及工資、安全、工人權益和組織等問題。這些標準幾乎接近美國對待利害關係人的標準，高於地主國的標準。這些高標準已經被外國所接受，然而，當美國試圖在地主國執行其高標準時，就獲得「倫理帝國主義」的美譽了。

在圖表9-5中，另外一個極端是被稱為「文化相對主義」（cultural relativism）的觀點。這個觀點的特徵是：外國直接投資者（多國籍企業）遵守地主國的倫理標準，用一個有名的諺語描述這種做法，叫做「入境隨俗」。

這個觀點認為，進行投資的多國籍企業應該把它本國的倫理標準拋在一邊，去遵守地主國的倫理標準。例如，如果沙烏地阿拉伯堅持管理職位雇用婦女是非法的，那麼，進行投資的多國籍企業就應該接受並且遵守這個標準，即使這個標準不符合其本國的標準，或者，如果地主國沒有保護環境的法律，這種觀點認為，多國籍企業也沒有必要關心環保的標準。

正如Tom Donaldson曾經論述的：文化相對主義堅持沒有哪一個文化倫理優於其它文化倫理，因此也就沒有放諸四海皆準的對或錯的標準。如果泰國容忍政府官員的受賄行為，那麼，泰國的容忍就不比日本或德國的不容忍壞到哪裡去。如果瑞士不認為內線交易在道德上是討厭的，那麼瑞士的寬大自由也不比美國的約束差。許多倫理學家發現，文化相對主義是一種道德或倫理相對主義，因此，對多國籍企業而言，這是一種不可接受的姿態。

圖表9-5　在本國及地主國環境下的倫理選擇

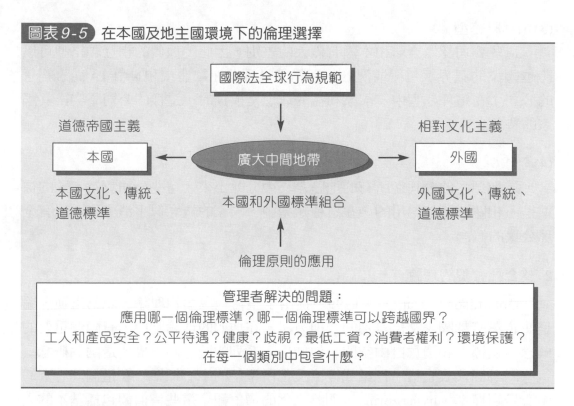

1. 全球類型的象徵主義

國際商務專家George Enderle根據公司應用本國的倫理標準還是地主國的倫理標準，將全球企業公司分成至少四種類型：

● 外國型。

- 帝國型。
- 相互聯絡型。
- 全球型。

(1)外國型

假如地主國的倫理標準是適當的，這種類型的公司遵守當地的風俗和倫理，這種方法代表道德或文化的相對主義。

(2)帝國型

這種類型的公司應用本國的倫理標準，不去認真適應地主國的標準，這些公司以批發的方式輸出其價值觀，經常忽視這種做法的結果。數千個典型的例子發生在1947年之前，英國在印度和其它地方的做法。這種方法代表道德帝國主義。

(3)相互聯絡型

這些公司認為全球和本國有極大的差別，因此，他們的相互聯絡型可以跨越國家的疆界。這種情況的一個例子是那些在歐盟或和NAFTA從事經營的公司，在這種類型中，國家利益的概念是模糊的，這樣的公司不突出其國家的特色。

(4)全球型

這種類型的公司從所有的地區差異中分離出來，這些公司認為本國的標準是不相關或不能應用的。在這種類型中，國家的概念似乎消失了，只有全球公民的概念。

2.整合社會契約理論

Donaldson與Dunfee（1999）提出了整合社會契約理論，認為這種理論是使企業跨越國家文化差別的一種方法。在他們的理論當中，有兩個重要的概念：超標準和道德自由空間。他們用一系列的同心圓來描述這兩個概念，這些同心圓代表企業、行業或經濟文化所堅持的中心標準，在這個同心圓的中心是超標準（hypernorm），即跨文化的價值觀。這些價值觀包括基本的人權或者對許多重要的宗教來說明共同的指令。他們認為，所有文化和所有組織都可以接受這些價值觀。

離開這些同心圓的中心，下一個是一致的標準（consistent norm）。與那些處於中心的價值觀相比，這些價值觀在文化上更加具體，但是和超標準以

及其它合法的標準是一致的。下一個中心是道德自由空間（moral free space），在這裡，人們可以發現，這裡的標準至少和其它經濟文化中的合法標準是不一致的，即使這些標準和超標準能夠並存，這些標準也可能與超標準有輕微的衝突。在具體國家當中，這些標準是被堅持的文化信念。最後，最外層的圓圈是非法的標準（illegitimate norm），這些標準與超標準是不融合的。與此相關的一個例子是讓工人在有可能致癌的環境下工作。

Donaldson與Dunfee利用不同層次的標準評價Enderle的四種企業類型。關於外國型，他們認為對地主國的自由道德空間沒有什麼限制。因此，如果一個地主國接受政府的貪腐行為和環境惡化行為，那麼對誠實的人和環境的整潔同樣有害。全球型和帝國型可以成功地避免外國型強烈的相對主義，但是它們也許會陷入相反的敗局。因為這兩種類型都有它們自己對或錯的標準，這些標準也許破壞地主國的道德自由空間，沒有為當地的合法標準留下空間。帝國型是道德帝國主義的一個版本，全球型也許會將本國的道德強加在地主國的文化上，因此將全球的道德強加在地主國身上。

根據Donaldson與Dunfee的觀點，只有相互聯絡型的公司才能滿足整合社會契約理論，因為該類型既承認統一的道德限制（超標準），也承認社區有為自己設立道德標準的能力（道德自由空間）。在平衡保持當地特色和承認超越具體社區的價值觀方面，這種類型比其它類型做得更好，因此，這種類型比其它三種類型在平衡道德原則和道德自由空間方面更具說服力。

總之，整合社會契約理論應用道德自由空間的原則並且堅持超標準，以此作為跨越全球的協調辦法。當尊重超標準的時候，企業不必簡單地應用入境隨俗的理念，但是，企業確實需要對跨文化價值的意涵更加敏感。而且，道德自由空間的概念，使得企業在理解地主國文化面更優越。當然，真正的結果是，在全球範圍內經商時發生道德衝突就成為家常便飯了。

說多國籍企業需要在某種廣闊的中間地帶（把本國的倫理標準和地主國的倫理標準融合起來）去運作，聽起來也許像一種過於簡單的解決辦法，對管理者們來說，挑戰是確定如何組合倫理標準以及如何制訂決策。管理者們需要問一問自己，在他們所面對的環境下，哪一個道德標準更適用。利用倫理原則，比如在前幾章討論有相互關聯的對錯、公正、功利主義以及金科玉律，這些原則仍然是適用的。管理者們需要決定哪一個倫理標準可以跨越國界，並且代表超標準安全？健康？歧視？自由？管理者們還需要確定涉及各式各樣的問題，他們應該以哪些標準代表他們的最低道德底限？國際法和全

球行為規範將會使得這些決策變得更容易些。雖然可以利用某些國際法或全球行為規範，但這些指導原則是否易於被應用是值得懷疑的。在過渡時期，管理者們需要用倫理概念被指導，也許下面我們將要討論的一些方法對此有所幫助。

9.4.2 改善國際企業倫理的四種行為

學者提出了四種行為，多國籍企業在進行全球經營時，這四種行為可以幫助多國籍企業在其行為和決策過程中保持倫理的敏感。現在，我們要討論這些行為，並且利用這些行為討論由一些專家提出的建議事項。

1.全球行為規範

討論全球行為規範可以用兩種方法。第一，個別公司制訂的具體的公司全球行為規範；第二，由各種國際組織制訂的全球規範或指導原則。這兩種方法都值得進行討論。

(1)公司全球規範

在第七章曾經討論過的行為規範在全球範圍內也能適用。當在全球範圍內經營時，多國籍企業受到嚴厲的批評，這是由於他們在不同的國家經營時，採取分歧的倫理標準，這給人一種印象，他們試圖利用當地的環境。有愈來愈多的多國籍企業，比如：Chiquita Brands International、Caterpillar Tractor、Allis Chalmers、Johnson's Wax和Rexnord已經制訂並且使用適合全球範圍經營的規範。

在這些準則當中，最早的和最著名的一個是Caterpillar公司制訂的，該準則由其委員會主席發佈，題目是「全球企業行為規範」。這個準則探討了很多細節問題，並且有一些主要的章節涵蓋以下的重要領域：所有權和投資、企業設備和員工的關係、產品品質、技術共享、會計和財務報告、不同的企業行為、競爭行為、遵守當地法律、企業倫理和公務員的關係、國際企業。在它的前言當中明確地說明了該準則的目的：

本修訂版的「全球企業行為規範」是在幾個標題下提出的。它的目的仍然是在更廣泛的倫理意義上，指導我們所有的全球企業活動，當然，這個準則不是對每個企業所有的行為開出行動的處方，本準則是試圖抓住各地Caterpillar人所觀察到的基本原則。

其它一些公司沒有提出其國際運作的綜合規範，而是提出一些準則，包

含指導國外行為的章節，例如：General Dynamics 在它的「企業倫理和行為總體動態標準」中，有一節題為「國際企業」，這節中的一段摘錄對我們討論的觀點進行說明：

　　我們的原則是，在我們經商的所有國遵守當地的所有法律。如果在我們經商的國家中，可接受的行為標準低於我們堅持的行為標準，我們將遵守在這個小冊當中所提出的、我們自己的標準。

　　比如，20世紀90年代由 Mattel 有限公司制訂的全球行為標準，該標準的目的在於提高工作場所的條件和工人的生活水準。該公司是一個玩具生產商，年產值45億美元。據當時執行長所述：「就像我們關心產品的品質和安全一樣，我們關心公平對待生產我們產品的男女以及他們的安全，我們新的全球生產原則展現了我們對這種理念強烈的責任感」。Mattel 有限公司在全世界36個國家設有分廠，產品在150個國家銷售。跨國公司需要並且能夠執行全球行為規範，Mattel 就是一個典型例子。

(2)由國際組織制訂的全球規範和標準

　　除了由具體公司制訂的公司規範之外，還有一些國際組織也制訂了全球規範或標準，這些國際組織希望企業能夠採用或者遵守。這些規範聚焦於一些具體的問題，很多規範對一系列問題領域提出標準。圖表9-6簡要彙整了一些重要的標準。

2.倫理和全球策略

　　本文所推薦的策略是多國籍企業應該考慮、並納入高層策略規劃系統和行為準則的倫理問題。Carroll、Hoy 與 Hall 曾經論述道，企業社會政策應該被納入策略管理領域。在公司的高層決策層級上建立企業策略，在這個層次上所制訂的企業應該承擔的義務將決定企業所擁有的基本特徵和特性。企業應該在策略的層次上制訂公司總體的道德風格和決策行為，管理者需要保證社會和倫理的要素不會迷失在行銷機會和競爭因素的先入為主之觀點中。

　　如果在策略層次上倫理沒有被考慮進去，那麼在執行這個層次上的策略時，倫理是否被考慮到是值得懷疑的。不幸的是，目前有很多行為趨向於將倫理和社會責任視為多餘的因素。在全球範圍內處理倫理問題需要更高度的關注。在全球範圍內，受倫理思考影響的策略決定包括下列因素（但還不僅限於這些因素）：產品/服務決策、工廠位置、生產制度、行銷制度和行為、人力資源管理策略。

圖表9-6 由國際組織制訂的全球標準或行為規範

		簡要描述
標準或行為規範	Caux原則	Caux圓桌會議在1994年發佈，包含來自歐洲、日本和北美的高層企業領導，該原則提出一系列建議的企業行為，在全世界範圍內，尋求有責任的企業行為應該遵循的倫理標準。該原則提出企業行為對當地社會的影響以及遵守當地的原則和倫理。
	全球報告發起	在2000年由環保經濟聯合再版發行，包括非政府機構、公司、顧問、會計公司、商業協會、學術組織及其它機構。該報告是一個全球報告標準，由企業自願執行，涉及經濟、環境、行為的社會意義、產品和服務。
	Sullivan全球原則	1999年，已故的Leon Sullivan提出這些宏觀的標準，涉及幾個各國籍企業，這些原則包括對勞動、倫理、多國籍企業以及其商業夥伴的環境活動指導原則。
	OECD對多國籍企業的指導原則	修訂於2000年，作為自思的原則和標準，政府向多國籍企業推薦，政府擁護該指導原則，無論公司在哪裡經營，政府都鼓勵企業遵守該指導原則，該指導原則2000年修訂版進一步強調人權和環境問題。
	全球公司責任原則基準	1998年由公司責任（美國）、企業責任泛宗派中心、教會和公司責任（加拿大）以及公司責任全基督教委員會（英國）修訂，這些原則的制訂提供了一個模式架構，透過該架構，利害關係人可以評估企業的行為準則、政策和行為，在評估企業的行為表現方面，這個標準包含60個原則和基準。
	聯合國全球協定	1999年聯合國全球協定，2000年正式發表。包括具體支持該原則的企業執行的具體標準。

資料來源：摘自*Comparison of Selected CSR Standards* (San Francisco: Business for Social Responsibility, November 2000), 10-11。欲知詳情請參閱各組織的相關網站。

　　在做策略決策時，Levi Strauss公司考慮到倫理因素，對上述的說法是一個強而有力的證明。因為Levi在很多不同的國家和文化中經營，所以，它認為在選擇承包商和生產的國家時需要特別地小心，只有這樣才能保證產品是用一種符合其價值和聲譽的方式製造出來。20世紀90年代初，該公司制訂了一套全球原材料指導原則，要求其承包商必須達到這個標準，例如：其指導原則禁止使用童工和監獄的工人。該指導原則有普遍的環境標準，工資必須符合當地的法律或者最少要達到當地普遍的最低工資。透過將道德因素納

入決策過程，Levi認為自己獲得了重要的短期和長期的商業利益。

另一個把倫理思考納入公司決策的企業是位於西雅圖的星巴克咖啡公司。1998年，該公司開始了一個創新的試驗項目，星巴克計畫使其咖啡的價格高於市場的價格，利用所獲得的利潤，提高咖啡工人的生活水準。它將剛開始所賺取的報酬送給瓜地馬拉和哥斯大黎加的農場和製造廠，共同資助建設健康保健中心、農場學校，為農場工人的孩子設置獎學金。星巴克這個具有誘惑力的項目是更大的「行動準則」之一部分，它計畫執行1995年所制訂的行為規範。

3.中止行動

也許有時候多國籍企業會發現，本國的倫理標準和地主國的倫理標準有不可跨越的障礙。當這種情況發生的時候，調停似乎是不太可能的，多國籍企業應該考慮在地主國停止其經營行動。例如幾年前，由於印度在國家所有權和控制方面的立場，IBM和可口可樂停止了其在印度的經營。

在秘魯，Levi公司還停止過原材料的供應，主要是出於關心員工安全問題。後來，由於條件得到提高，Levi公司取消了其中止行動。最近由於人權問題，Levi公司從緬甸撤出。中止在國外的商業行為不是公司能否或應否認真採取的決定，但它是那些希望執行更高道德標準公司的自由選擇。每一個國家有自由擁有自己的標準，但這不意味著美國的公司必須在這些國家經營。

4.倫理影響聲明

多國籍企業應該瞭解，它們對社會特別是外國社會所造成的影響，這樣做的途徑是定期評估公司的影響。企業對外國文化有一系列的影響，倫理影響只不過是其中的一部分。影響聲明的概念可能有部分來自20世紀70年代初美國環境保護機構所倡導的環境影響聲明的做法。這些聲明與企業社會審計類似，在第四章中，我們已經討論過企業社會審計問題。社會審計是「有系統的確定、分析、測量（如果可能的話）、評估和監督一家企業的運作對社會的影響（那就是具體的社會組織）和對社會大眾利益的影響」。倫理影響聲明（ethical impact statement）努力評估企業行為的基本道德以及這些行為的結果。假如影響聲明建議這些改變是有必要或者是應該考慮的，則多國籍企業可以根據這些行為的資訊調整或改變他們的企業活動。

　　有些公司在監督它們公司遵守企業的全球倫理規範時，採用倫理影響聲明這種形式。例如Mattel為其規範制訂了一種獨立的審計和監督制度。Mattel的監督制度由一個委員會小組執行，該小組選擇了一些公司的生產設備進行年度的審計。在一次審計當中，Mattel中止了與其設備承包商的關係，因為這家印尼的承包商不能證實其員工的年齡。這些審計行動的監督行為不像道德影響聲明那樣具有綜合性，但它們的目的是一樣的。

9.4.3　基本的國際權利

　　在全球範圍內進行的企業經營活動要維持道德的一種主要方法是公司堅持各種國際權利或道德指導原則。Thomas Donaldson提出了10項基本的國際權利，他主張所有進行全球經營的公司都應該遵守這些權利，包括國家、個人和企業，他論述道：這些權利有助於幫助所有的國際經濟代理機構在行為上保持「道德的最低限度」。Thomas Donaldson的10項基本權利說明如下：

(1) 自由行動權。
(2) 保護個人財產的權利。
(3) 不受折磨的權利。
(4) 公平審判權利。
(5) 免受歧視對待的權利（例如不受種族歧視和性別歧視）。
(6) 保證人身安全權利。
(7) 言論和集會自由的權利。
(8) 基本受教育權利。
(9) 政治參與權利。
(10) 生存權利。

　　在某種程度上，上述所列的權利只是普通的權利，還有很大的解釋空間。然而，這個權利的列表有助於使多國籍企業以此為出發點，評估他們在國際市場上所負的責任。這些權利和以前我們所討論到的超標準是類似的。

9.4.4　七項道德指導原則

　　多國籍企業在全球範圍內經營時還應該遵守某些道德指導原則。根據Richard DeGeorge所述，在全球運作中，多國籍企業應該遵循7項道德指導原則。這些指導原則當中有一些是相當直接和普通的，但是，這些指導原則對提高多國籍企業在全球範圍內的經營是相當有助益的。正如前面所討論到的權利原則，這些道德指導原則和前面討論的超標準是類似的。

- 多國籍企業不能進行直接故意的傷害。
- 多國籍企業為地主國帶來的好處應該大於其帶來的壞處。
- 多國籍企業應該透過它們的活動,對地主國的發展做出貢獻。
- 多國籍企業應該尊重員工的人權。
- 多國籍企業應該照規章納稅。
- 在當地文化不違反道德標準的情況下,多國籍企業應該尊重當地的文化,並且與其保持一致,而不是違反當地文化。
- 在制訂和執行基本公平的制度時,多國籍企業應該和當地政府保持合作(比如稅務制度、健康和安全標準)。

Richard DeGeorge不是把這7項準則當成靈丹妙藥提出來,但是,他認為,如果這些準則能夠幫助多國籍企業處理其所面臨的困境,多國籍企業最少能夠避免批評者的道德指責。這7項道德準則的精神如果被採用的話,在提高地主國和多國籍企業關係方面仍然有很長的路要走。

正如前面曾經提到過的其它原則那樣,對那些立志在全球範圍內進行道德決策的管理者來說,這些準則只不過是基本的準則。然而,這些準則對多國籍企業的責任提供了一系列有代表性的、共同的思考方向。

 本章摘要

　　對企業來說，道德困境帶來了困難。當企業在外國進行營運時，與此相關的困難相當複雜。目前，反全球化浪潮一浪高過一浪，對世界貿易中心的恐怖攻擊造成了一種不穩定的全球環境。本章對過去幾十年在全球企業倫理方面所產生的主要問題進行了簡略的論述。這些論述顯示全球企業倫理問題已經成為最著名的新聞故事了。關於嬰兒配方奶粉的爭議、博帕爾慘案、貪腐和賄賂問題、對血汗工廠的關注、多國籍企業在第三世界國家的開發問題，都結合企業批評家提供了在全球範圍內批評企業倫理問題的機會。這些問題的產生有多種原因，但是不同的文化、價值觀、政府的形式、社會經濟制度以及邪惡的、動機不良的企業剝削都是其產生的根源。

　　利用整合社會契約理論、全球行為規範、把倫理思考納入公司決策中、選擇中止行動、在地主國和本國標準之間進行協調、利用道德影響聲明、堅持國際權利和道德指導原則，這些給企業更好地進行經營帶來了一些希望。儘管最近發生恐怖攻擊，但目前的趨勢顯示，在跨國經濟方面，企業的經營仍處於上升的態勢，雖然也有證據顯示有人強烈反對全球化。在未來，這些問題將變得愈來愈重要，而不是愈來愈不重要。事實上，在全球層次上，企業最大的道德挑戰在未來會更大。

 關鍵字

anticorruption movement 反腐敗運動

Bhopal tragedy 博帕爾慘案

bribes 受賄

consistent norms 一致的標準

corruption 腐敗

Corruption Perception Index(CPI) 貪腐印象指數

Council on Economic Priorities(CEP) 經濟優先權委員會

cultural relativism 文化相對主義

ethical impact statements 倫理影響聲明

ethical imperialism 倫理帝國主義

Fair Labor Association(FLA) 公平勞工協會

globalism 全球主義

globalization 全球化

grease payments 有油水的報酬

hypernorms 超標準

illegitimate norms 非法的標準

infant formula controversy 嬰兒配方奶粉爭議

internationalization 全球化

less-developed countries(LDCs) 未開發國家

moral free space 道德自由空間
multinational
corporations(MNCs) 多國籍企業
sweatshops 血汗工廠

transnational economy 跨國經濟
Transparency International 國際
透明組織

？ 問題與討論

1. 對於第六章討論過的道德管理、非道德管理、不道德管理等概念進行分析，對在嬰兒配方奶粉爭議當中的雀巢和在博帕爾慘案中的聯合碳化物公司進行分類，看它們屬於上述的哪一種類別。

2. 當多國籍企業在本國和地主國的倫理標準之間尋求平衡和協調時，衝突不可避免地產生了。當管理者試圖確定是利用本國的倫理標準還是地主國的倫理標準時，你認為應該考慮什麼標準？

3. 解釋 ISCT 和超標準及道德自由空間的概念，在應用這些概念時，管理者會遇到什麼困難？

4. 分別舉例說明賄賂和有油水的報酬之間的區別。

5. 利用 Donaldson 的基本國際權利，在這 10 項權利中，你認為哪些應該排在前五位？請列出這五項並解釋原因。

6. 在 DeGeorge 的 7 項道德指導原則當中，確定你認為對多國籍企業來說最具有實用價值的指導原則，並針對你的選擇做簡要的解釋與說明。

個案評述

　　本書附贈的光碟提供了許多個案，與本章相關的個案有個案15、個案16以及個案17，您可以搭配本書第九章的內容探討以下的個案：

個案15「洪多市的污染」

　　George Mackee 自認為是個開朗、精力充沛、潛力無窮的人。他總是想：「有什麼事能難倒我呢？」4年前，George 與妻子 Mary 帶著4個孩子從 El Paso 搬到德州的洪多市（Hondo），現在是洪多市 Ardnak 塑膠工廠的經理。這是一家小型工廠，主要生產小型設備所需的塑膠零件，工廠裡有幾百名工人，佔了洪多市人口很大的比例。Ardnak 塑膠有限公司在其他城市擁有幾家規模類似的小型工廠。George 與德州奧斯汀的老闆 Bill 處得很好。公司對洪多市該負什麼樣的社會責任？公司對墨西哥該負什麼社會責任？

個案16「全球（不）平等？ Merrill Lynch 的性別歧視」

　　Stephanie Villalba 正位於事業最高峰，2002年5月，在 Merrill Lynch 的16年優秀表現之後，她被拔擢為首席副總裁兼歐洲個人事業部負責人，負責管理歐陸與英國的財經專員，總共超過250人。執行長在不同地方工作其薪資應該一樣嗎？這個個案對於全球管理的議題提供了哪些啟示？

個案17「Nike」

　　2001年1月，Jonag Peretti 上 Nike 網站訂作自己的 Nike 鞋子。Nike 允許顧客製作個人的 Nike 產品，他們可以選擇想要的顏色和專屬的16種個性圖案。Peretti 為他的 Nike 球鞋選擇"sweatshop"（血汗工廠）這個字。這個個案牽涉的倫理和社會議題為何？ Nike 為什麼要為不屬於自己的工廠負責？ Nike 有責任確保工廠的員工得到「生活工資」嗎？ Nike 在廣告上投入幾百萬美元，而 Nike 的工廠員工每天卻只得到幾美元，這樣做合乎道德嗎？當初 Nike 應該如何防止公司聲譽受損？ Nike 將來應該採取什麼措施？ Nike 承認自己過去錯誤並承擔更多社會責任這件事，是門「划算的生意」嗎？ Nike 對自己行為的辯護屬於廣告或政治言論嗎？你的決定對於 Nike 及整個商業界會有什麼長期影響？

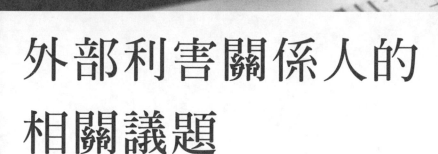

Part **4**

外部利害關係人的
相關議題

第十章
企業、政府和管制

本章學習目標

▶▶ 閱讀完本章後,你應該能夠:

1. 瞭解政府與企業之間的關係以及其所扮演的角色與歷史演進。
2. 瞭解企業、政府和社會大眾三者之間複雜的互動關係。
3. 確認並描述政府的非管制性影響,特別是產業政策和私有化(民營化)的概念。
4. 說明政府管制並探討管制的主要原因、管制的類型及管制所引發的問題。
5. 說明私有化(民營化)與國營化(公營化)的觀點以及發展趨勢。

在過去的四十多年中,政府干涉企業的程度、範圍和方向使得政府和企業的關係成為當今討論的熱門議題。政府的角色,尤其對企業的管制方面,使得政府成為主要的利害關係人。因此,如果企業要生存和發展,必須和政府建立良好的互動關係。

企業一向不喜歡政府在建立企業營運規則方面扮演太過積極的角色。相反地,公共利益卻有週期性,聯邦政府有時候被認為享有太多的權力,但有時卻被認為應該扮演積極的角色。雷根總統在1980年上任,當時社會大眾已經有點厭倦聯邦政府過度積極的角色。整個80年代,聯邦政府所扮演的角色愈來愈不積極,尤其在監督和管制企業方面。因此,1989年末《時代》雜誌刊登標題為「政府死了嗎?」的封面文章是不無道理的。在這種不積極的情況下,「雷根革命」使得社會大眾又重新期盼政府扮演積極的角色。在上述背景之下,喬治布希在1988年當選為總統。

在老布希當政時期(1988~1992年),聯邦政府支出比例的成長超過了雷根時期。柯林頓政府提倡政府在國際政治和社會事務中扮演更為積極的角色,同時採取其它積極的措施來控制聯邦支出。在90年代初期經濟出現反

彈,「和平股息」(指冷戰結束,軍備縮減而節約下來的資金)產生了很大的助益,縮減成本措施開始見效,政府支出比例大幅減緩。政府總支出由1990年佔國內生產總值的20.4%縮減到2000年的17.6%,達到1948年以來的最低水準。

布希政府上任時的施政綱領是聯邦政府扮演非積極的角色,但是世貿中心被攻擊卻改變了一切。正如《商業週刊》中的文章題目所述:「突然間華盛頓的錢包打開了」。襲擊的影響,使得政府在支出及干預企業活動兩方面均急速擴張,包括對陷入困境的航空業採取緊急財政援助、對其它衰退行業的潛在救濟、軍隊開支的增加以及機場安全的維護。依照哈佛商學院教授Rosabeth Moss Kanter的說法:「我們已經經歷了一個持續繁榮的十年,設想一下,無論發生什麼事情,繁榮都會繼續下去,政府應該擺脫危機,現在一切都已經過去了」。

在本章中,我們將探討企業和政府之間關係的議題,儘管一般社會大眾在上述討論中也擔任著重要的角色。本章的中心議題是政府在影響企業方面所扮演的角色。對上述關係的詳細探討將會圍繞在企業和政府複雜的交互作用上,並適時的提供正確的評價。從成功經理人的觀點來看,有必要理性地瞭解在處理上述問題時的策略運用,因此,我們必須對上述問題有所瞭解。不幸的是,人們對問題實質的瞭解遠遠超過對解決方案的瞭解,這一點在處理複雜的社會問題時很普遍。在下一章中,我們將討論企業如何影響政府和公共政策。

10.1 政府角色的簡要歷史

早期的美國政府採取加徵關稅的方式以保護國內的幼稚產業。在19世紀後半葉,政府將大片的土地授予民營企業,鼓勵它們修建鐵路。一些鐵路公司透過合併使得規模更大,人們開始利用鐵路,因為它們的服務快捷、價格低廉而且更有效率。這導致其它替代的運輸方式如公路、航運和運河的利用率下降。許多鐵路公司開始濫用它們的優勢。例如:對一個特定城鎮,在服務上具有壟斷地位的鐵路公司可能會索取不公平的高價收費。鐵路公司之間有時候也會達成協議,收取高額的費用。短程運輸通常收取較高的費率,而且偏好大運量者甚於小運量者。

1887年《州際貿易法》的頒佈即是因應社會大眾對濫用權利行為的批評而制訂的，該法案旨在阻止鐵路公司的歧視和權利的濫用。該法案標榜聯邦政府應對州際貿易進行更加廣泛的管制。該法案不僅促成了州際商業委員會的成立，而且該機構也成為第一個聯邦管制機構並成為未來機構發展的典範。

在19世紀後期，很多大型的製造業和採礦業也開始濫用權利，並且歧視消費者，常見的行為譬如避免競爭和制訂過高的價格。在這個階段，很多大型企業組成托拉斯組織。托拉斯是一種聯合大部分的競爭者，在一個共同的控制之下，運用各種手段，包括採取降低價格的方式打垮其它未加入的競爭者，以逼迫未加入的競爭者退出市場活動的組織。屆時，托拉斯組織的成員再限制產量並提升價格。基於此種情況，國會在1890年通過了《謝爾曼反托拉斯法》，這是最早在不同產業領域中抑制壟斷的行動，《謝爾曼反托拉斯法》將「為了限制貿易而達成的任何協議（合同）」、「聯合」或「共謀」等行為宣佈為不合法，同時禁止在任何市場中採取壟斷的行為。在20世紀初，政府利用《謝爾曼反托拉斯法》拆解了標準石油公司、美國菸草公司和其它幾個濫用經濟權力的大公司。

《克萊頓反托拉斯法》於1914年通過，可以補《謝爾曼反托拉斯法》之不足。該法將其它濫用權力的行為納入。例如：對其它公司沒有優惠卻對有優厚條件的用戶給予優惠的價格，這種差別取價被認定為不合法。此外，提出禁止反競爭合同的概念，也就是不可限定供應商不能出售產品給競爭對手，該法案禁止這種反競爭的行為。同時，國會成立了聯邦貿易委員會，該委員會旨在維持公平合理的競爭以及保護消費者免於受到不公平的待遇和誤導。

在經濟大蕭條及30年代緊接的新政時期，發生另一個管制的高潮。在此時期，重要的管制法規包括1933年的《證券法》以及1934年的《證券交易法》。這些法案的目的在避免證券市場上的權力濫用、穩定市場及恢復投資人的信心。同一時期，政府在某些新的領域也發揮了重大的影響力，例如勞動法規的頒佈，有1926年的《鐵路勞工法》、1932年的《諾瑞斯─拉古地亞法》和1935年的《瓦格納法》。

在20世紀30年代的新政時期，政府與企業的關係展現出新的面貌。藉由市政的工程項目，政府積極扮演恢復繁榮和促進經濟成長的角色。在1946年，政府的新角色可以藉由《充分就業法》的制訂表達出來。

在20世紀50年代之前，大多數影響企業的國會立法通常都是侷限在經濟面。然而，至此開始，國會的立法已經有很大程度是涉及到生活品質的問題，例如1964年的《公民權利法》、1965年的《水品質法》、1970年的《職業安全和健康法》、1972年的《消費者產品安全法》、1975年的《擔保法》及1990年的《美國殘疾人法》。

由於政府選擇立法的領域已經有所改變，因此，政府所扮演的角色開始具有多元性，也就是說政府與企業之間的關係更加地複雜。政府與企業之間的關係所扮演的不同角色更值得深入地探究，因為這些角色代表著現存的影響、交互關係以及複雜性。這些角色是指政府：

(1) 為企業制訂遊戲規則。

(2) 是企業產品和服務的重要購買者。

(3) 運用訂立契約的權力調控企業。

(4) 是企業的主要推動者和補助者。

(5) 是龐大數量生產設備和財富的擁有者。

(6) 是經濟成長的締造者。

(7) 是財政（金融）專家。

(8) 是企業剝削社會各種利益的守護者。

(9) 是大部分民營企業的直接管理者。

(10) 是社會良知與資源重分配中值得信賴的角色。

在探討和評估這些不同的角色之後，我們也許可以正確地評價企業和政府之間的密切關係，以及讓企業和社會大眾完全理解政府應該扮演何種角色。

10.2 政府和企業的角色

在本章中，我們不想花大量的篇幅來說明政府與企業關係中的完美角色，因為這已經超出利害關係人的架構了。然而，我們仍須努力瞭解當前重要關係的議題。為了有效地管理，政府身為重要的利害關係人，應深入地加以瞭解。

貫穿整個關於企業與政府關係的基本問題是：「在我們的社會經濟體系中，企業和政府被期望扮演的個別角色是什麼？」。這個問題問起來簡單，但卻很難回答，不過在仔細研究之後，我們便可以漸漸的瞭解這些重要問題的內涵。

這個問題可以從不同的角度加以說明：列出社會正常運作所必須完成的所有任務，而這些任務中哪些必須由政府完成？哪些又必須由企業完成？這樣處理之後，問題就很明顯了，但是還有一些其它的問題需要回答。例如我們決定在社會中由企業扮演生產和流通的角色，接下來的問題就是：「我們願意給企業多大的自主權？」。如果我們的目標僅僅是產品和服務的生產和流通，我們就不必嚴厲地限制企業。然而，目前在生產和流通功能上也附加了其它目標，例如：從事生產作業人員的安全工作環境、平等的就業機會、公平的報酬、清新的空氣、安全的產品及職工權利等等。當這些目標被附加在基本的經濟目標時，企業的任務將變得更為複雜而且具有挑戰性。

由於這些原因，許多社會導向的目標便無法融入企業的決策制訂和流程，因此，這項任務通常會落在政府部門的身上，以確保這些反映社會大眾利益的目標能夠實現。因此，有鑑於市場決定經濟生產決策，所以社會大眾對政府的認知是制訂並保護大眾利益的代表之一。

10.2.1 倫理信念系統的衝突

多年以來，部分對立關係的難題所引起的衝突存在於企業和政府之間。這個問題被稱為「倫理系統的衝突」。兩個倫理系統（信念體系）是指企業的個人主義倫理（individualistic ethic of business）和政府的集體主義倫理（collectivistic ethic of government）。圖表10-1歸納了兩個倫理系統的特徵。

圖表 10-1 企業和政府倫理系統的衝突

企業信念	政府信念
● 個人主義倫理	● 集體主義倫理
● 對自身利益的最大讓步	● 個人目標和利益服從集體目標和利益
● 使社會強加在個人身上的責任最小化（個人自由）	● 使個人承擔的責任最大化，且不鼓勵個人利益
● 強調個人不平等	● 強調個人平等

這兩種倫理系統的衝突部分解釋了為什麼目前企業和政府的關係在本質上是相互衝突的。在詳細說明企業與政府關係的對立本質時，Jacoby進行了以下的評論：

政府官員在個性上自認為是問題解決者、督察員、稅收員、管制者以及企業違法的懲罰者。企業人員一般把政府機構視為阻礙、限制和延誤，並認

為正是他們妨礙了經濟發展,政府機構大多數的權力用於阻止而僅有少部分的權力用於開始。

企業和政府之間的關係不僅變得相互對立,而且已經惡化。現今的多元社會,在目標和價值上變得更為複雜、數量更多、相互關係更為密切、結果更加難以協調。各種利益團體間的衝突日益增加,導致兩難的決策更加難以制訂。在這個過程中,建立社會的優先次序變得更加困難,在許多案例中要達成共識幾乎是不可能的。

10.2.2 社會的、技術的和價值變化

當我們試圖理解這一切為什麼會發生時,從社會和技術環境的變化中尋求解釋是很自然的情況。依據Daniel Bell的觀點,從第二次世界大戰之後,四個主要的改變對美國社會產生普遍而且深遠的影響,尤其是影響企業和政府之間的關係:第一,超越本地和地區社會真正的全國性社會出現;第二,我們看到「共同社會」的出現,重視公共財和外部成本內部化的特性;第三,日益上升的期望,此種變革帶來了人們對於應該享有事物的需求,例如:好的工作、寬敞的房子和其它享受品;第四,人們對改善生活品質的關心逐漸提高。

除了上述原因之外,其它六個社會價值的變化也促進企業和政府關係的形成。這些變化是青年運動、消費者保護運動、生態運動、公民權運動、婦女解放運動和爭取平等運動。

在某種意義上,最後一個運動——爭取平等運動包含上述所有的運動,因為,它代表為了在美國生活中的所有面向建立良好的平衡所付出的努力。因此,這種價值的變化已經使得政治決策的數量成倍數成長,而這些決策與市場中制訂的決策數目有關。在政治決策影響企業的程度上(確實影響很大),我們可以理解在個人主義和集體主義信念系統中又一次發生了基本的衝突。無論是觀念還是運作的方式上,政府對社會發生變化的反應都與企業相反。儘管有人會提出質疑,認為在現行的社會中,兩種信念系統的衝突已經不像以前那麼嚴重,但是構成兩種系統的基本分歧依然存在。

10.3 企業、政府和社會大眾之間的交互作用

本節將針對企業、政府和社會大眾之間的相互影響關係進行探討,此有助於理解制訂公共政策決策過程的本質和目前企業與政府關係的特性。圖表10-2舉例說明了這些關係的相互影響模式。

有人可能會問「為什麼要包括社會大眾?」。社會大眾不是由政府代表了嗎?在一個理想的社會中,這可能是正確的。為了幫助我們正確的理解政府功能與社會大眾功能的差異,將分別繪圖說明,此外,社會大眾有自己的影響方式,也需要區別開來。

圖表10-2 企業、政府與社會大眾之間的互動

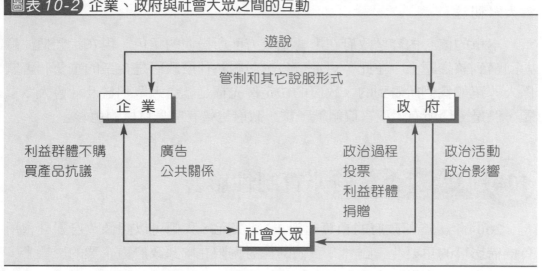

10.3.1 政府/企業的關係

政府藉由管制、稅收和其它說服管道來影響企業,我們將在下一部分詳細闡述。企業同樣有自己影響政府的方法,這一點我們將在第十一章加以說明。遊說,是企業影響政府的主要方式之一。

10.3.2 社會大眾/政府的關係

社會大眾利用投票和選舉(或罷免)官員的政治過程來影響政府。社會大眾也藉由成立特殊的利益團體(例如:農人、小企業主、教育家、資深公民、司機、製造商等)來運用其影響力,使其更具有目標性。政府依次利用競選活動、公共政策的形成和其它政治方式影響社會大眾。

10.3.3 企業/公共關係

企業藉由廣告、公共關係和其它的溝通方式來影響社會大眾。社會大眾透過市場或形成特殊的利益群體（例如：美國退休人員協會、地球之友、美國公民自由聯盟）和抗議組織來影響企業。

前面我們已經提出政府是否可以真正代表社會大眾的問題。這個問題可以用另一種方式來表達：「誰決定什麼是社會大眾利益？」。在我們這個社會裡，決定社會大眾利益並不是一件簡單的事情。就政府是社會大眾的官方代表而言，我們不能以直接的方式假定政府就是代表。正如從圖表10-2所看到的，社會大眾同時對政府和企業行使自己的主動權。因此，三個主要群體都涉入此動態的相互影響過程，而這一過程決定了什麼是目前最被認定的社會大眾利益。

本章的核心內容是政府在影響企業方面所扮演的角色，現在我們把注意力回歸到該議題上。在此，更進一步地討論為什麼政府是企業的主要利害關係人。正如我們所看到的，政府的法定優先權是社會大眾利益及社會大眾意願。但是，像所有大型官僚組織一樣，政府也帶有自身目標的色彩。

10.4 政府對企業的非管制性影響

2004年，聯邦政府的預算超過2.2兆美元，我們可以想像政府對社會所有機構影響的重要性。雖然，我們的探討侷限在聯邦政府對企業的影響上，但也必須注意到州和地方政府的存在和影響。

廣義地說，我們將政府對企業的影響分為管制性和非管制性。在其它章節中，將著重探討政府的管制性影響，但在本節，我們先瞭解政府對企業廣泛的非管制性影響。

在探討政府用來影響企業特定的政策工具或機制之前，有兩個議題值得考慮與探討。這兩個主要的議題是：(1)產業政策；(2)私有化。產業政策主要是關係到政府在國際貿易領域中所扮演的角色，民營化是將問題集中在目前的公共功能（例如：公共教育、公共交通、社會安全、消防服務）是否應該轉變成私（民營）部門。這兩個議題都對政府和企業的關係有著重要的影響。兩者都很重要，因為這是目前的趨勢。

10.4.1　產業政策

對於這項重要的議題，首先要瞭解：「產業政策的含義是什麼，為什麼它會成為一個激烈爭論的問題呢？」。產業政策（industrial policy）的定義如下：「政府為了防止或推動經濟結構改變的所有選擇性措施」。

這種廣泛性的定義可能還無法很清楚地理解，讓我們更進一步地說明。某一學派認為產業政策是英國模式的某種變形，在那種模式中，政府對夕陽產業和衰退產業提供協助。因此，當一家美國鋼鐵公司的高層管理者要求免稅收和免關稅，以使他們能夠生存並與外國企業競爭時，他們的請求即是一種產業政策。

另一個學派的觀點則以Robert Reich及其著作《美國的下一個新領域》為代表，他認為國家的產業政策是確認盈利（或新興）產業並促進這些產業的發展。至於虧損（或夕陽）產業，產業政策的目標在於將資源轉投入具有成長潛力的領域。

這些主題的變化產生了不同的產業政策學派。五大學派可以使我們深入地瞭解產業政策，這五大學派包括：加速者、調整者、目標者、中央計畫者和銀行家。加速者（accelerationists）試圖精準地確認有希望成為在國際上強而有力的競爭產業，並對此進行定位以快速進入世界市場。他們的目標是加速這種已經在市場上出現的變化。調整者（adjusters）認為應對衰退的產業提供調整幫助，以換取他們縮減規模、進行現代化的承諾，並且協助他們的員工重新安置以及新的技能和工作上的培訓。

目標者（targeters）是指有選擇性地定位一些部門或產業（例如：高科技、農業、能源、金融、健康照護設備），並且注入成長的動力。中央計畫者（central planners）擁護成長導向、類似於綜合計畫的總體經濟政策。最後，銀行家（bankers）將啟動由聯邦支持的產業發展銀行，該銀行提供高風險的事業5~10年甚至更長時間的資金支持。

關於產業政策的爭論在1983年隨著Reich《美國的下一個新領域》一書的出版和1979~1982年期間意識到毫無生機的經濟狀況而變得更為熱烈，當時美國讓位於日本，失去了在產業擴張世界中領導者的地位。面對日本及其它工業化國家對國外競爭的大量補貼，使得很多專家意識到美國的經濟已經岌岌可危。實際上，在1987年，美國和日本已經就這些問題所產生的貿易不平衡採取了貿易對抗的行動。

在雷根（1980~1988年）和老布希（1988~1992年）當政期間，不看好產業政策的觀點。這兩屆政府都採取了自由市場的態度，而不是由政府透過產業政策扮演積極的角色。然而，柯林頓總統推行很多行動都是積極產業政策的典型代表。例如：柯林頓政府採取積極的態度創建全球電子商務架構來促進網路的發展。這個架構勾畫出政府支持電子商務發展的重要原則，確定了需要進行國際發展的重點，並指定政府機構負責領導這些有待努力的活動。這麼做是因為企業擔心涉入還是新事物的網路，因為他們不確定其法律環境，而且害怕政府的管制和稅收會阻礙電子商務的發展。

布希政府上台之後準備追隨雷根和老布希政府的後塵，採取自由市場的政策，使政府的干預最小化。然而，2001年911事件發生之後使得上述的政策也有所改變。在世貿中心被襲擊之後，就連主張自由市場政策的忠實捍衛者也改變了他們的觀點。眾議員 J. D. Hayworth（亞利桑那州議員）說，他曾經是保守黨立法小組的成員，以前曾為通過平衡預算的憲法修正案而努力過（但失敗），但是他現在已經有所改變了。

10.4.2　支持產業政策的論證

產業政策（政府在企業部門扮演更為積極的角色）的支持者引用大量的例證支持自己的觀點。第一個論點理所當然是美國在國際市場上競爭力的下降和受到威脅；第二個論點是世界上其它國家的政府，包括德國、英國、法國和義大利等皆有擬定產業政策；第三個論點是美國雖然已經有產業政策，但它是無計畫的稅收、關稅、管制性政策以及研究與發展政策。我們現行的系統被稱為特別的產業政策，因為在美國，當特定的產業出現緊急情況時，政府都會進行干預。

在2001年世貿中心被襲擊之後，遭到重創的航空業請求240億美元的緊急財政援助。國會通過了150億美元的財政援助計畫，其中50億美元是立即付現援助，100億美元是貸款擔保。其它受到影響的產業也很快地請求政府援助。政府介入並挽救處於危難中的產業已有很長的歷史。1971年，洛克菲勒公司從國會獲得2.5億美元的貸款擔保。在1976年，聯邦政府合併了東北部七個經營失敗的鐵路公司，並出資70億美元使合併後的企業正常營運。1979年，克萊斯勒公司獲得高達15億美元的貸款擔保。最後，1989年，政府為了儲蓄貸款危機付出1,240億美元的代價，關閉了一千多家儲蓄貸款社。

一些政府干預並沒有如預期般的成功。克萊斯勒公司提前7年還清了貸

款，政府從中獲得3.5億美元的利潤。然而，其它公司卻充滿問題。洛克菲勒公司的貸款從一開始就存在問題。當洛克菲勒公司向外國行賄一事被揭露時，政府撤換了該公司的兩名高階管理人員並對該公司的活動進行嚴密的監控。

10.4.3　反對產業政策的論證

產業政策的批評者也有重要的理由支持自己的觀點。他們認為政府的干涉會降低市場的效率。如何使政治跳脫原本應屬於經濟決策的事情？一些政治家和專家認為美國應該將重點放在拯救鋼鐵和其它夕陽產業上。另一些則認為應該促進正在崛起的新興產業，例如高科技產業的突破性產品。

反對產業政策的人認為，國外產業政策的成功有很大的不確定性。例如：日本政府的發展機構，國際貿易和產業部（MITI）成功和失敗的情況參半。MITI在促進日本電腦、半導體和鋼鐵產業發展方面是值得稱道的，而在促進石油化學、海運及商務航空產業方面卻是失敗的。經濟學家Gary Saxonhouse指出，日本在支持研究與發展方面不如美國。他說，在日本，非防禦性企業的研究與發展由政府融通資助不足的2%，而在美國這一比例達到22%。更進一步地，日本較為有利的產業政策與終身雇用制相結合，很難在經濟衰退時生存；日本的企業體制已經很少產生富有企業家精神的冒險者。

最後，形成產業政策的過程中，對瀕臨破產的企業進行緊急財政援助，準備大量的補助金、貸款擔保並對特殊的公司和產業進行特別的稅收優惠，被批評是不合理、不具有協調性並納入許多自願的限制因素。因此，在這種情況下所構成的產業政策。有人會提出疑問，這種建構在過去的經驗和以過去的決策制訂為特徵的公共政策，美國政府難以制訂出成功和有計畫的產業政策。

產業政策概念會隨著政府的變動和外部環境的變化產生利益的變動。最初引起爭論的很多問題依然存在。再加上很多新問題的出現使得這項議題變得更加複雜。產業政策是政府影響企業強而有力的非管制性工具，而且將是今後爭論的熱門議題。

I0.4.4　私有化

　　廣義地說，私有化（privatization）是指將以前由政府機構管理的一些功能和服務轉移到私有部門（或企業）來管理。已超過7,000億美元的資產私有化，佔新興經濟的40%。私有化是21世紀已開發國家和開發中國家整體發展策略的其中一部分，其目的是符合自由市場運行規則以及承擔風險的企業家精神。

　　為了瞭解私有化，我們需要區分政府執行的兩個功能：(1)生產服務；(2)提供服務。

1.生產和提供服務

　　如果市政府在國家籃球錦標賽期間雇用一家私人保全公司進行維安工作，它就是在提供一項服務。如果市政府在國家籃球錦標賽期間由自己的警察提供安全服務，那麼它就在生產服務。聯邦政府透過國家醫療照護方案對老年人提供醫療照護服務。醫療照護的生產可以來自私人醫生。如果政府雇用自己的醫護人員，就像軍隊那樣，那麼政府是提供和生產醫療照護服務。這兩個術語很容易混淆，但必須明瞭它們之間的差別，因為有時候政府提供服務（有一項服務計畫並實際為這項計畫付費），而有些時候它也生產服務（由政府的員工從事這項活動）。

2.私有化的爭論

　　在美國和歐洲，私有化的支持者都建議官僚機構的功能需要簽約委外給私有部門。他們堅持認為各級政府部門涉入數以千計的企業，而這些企業並不具有真正的比較優勢，而且也沒有合理的理由被涉入。他們也認為公營企業與極具競爭力的私有企業相較之下缺乏效率和靈活性。反對者則認為某些特定的活動由私有企業處理是不夠安全和不具有效率的。在世貿中心被襲擊之後，他們要求機場安全要聯邦化（federalization），機場的安全置於聯邦管轄之下，重歸政府負責。

　　私有化的努力總是希望能夠提高效率和整體的績效。在某些情況下，上述希望可以實現，而在其它情況下卻不能實現。平均而言，一個私有化後的企業績效提高了，但是這些企業在私有化後的績效有相當大的差異。這些變異可能是由企業實施私有化計畫的方式不同所引起的。高階管理者的本質、董事會的功能和企業採取的策略行動都可能影響私有化策略的成功與否。

產業政策和私有化這兩項議題在某種程度上沒有獲得解決，因此，這些議題將繼續被討論和爭論。正如同我們所看到的，私有化的成功與否決定於當時的情境、環境以及實施的方式。顯而易見的，產業政策和私有化在未來將對企業和政府的關係產生重要的影響。現在我們再回來討論政府如何運用不同的政策和機制來影響企業。

10.4.5 政府對企業其它的非管制性影響

政府對企業的一項重大的影響是它擁有龐大的應付薪資，而且本身就是一個主要的雇用者。各級政府雇用了數以百萬計的人員，這些人員成為政府的員工之後會從政府的角度來看待問題。政府同時也處於標準制訂者的地位。例如：8小時工作制最早就是從聯邦政府開始採行。在經歷了10年的私有化之後，面對世貿中心被襲擊事件的回應，政府扮演的角色當然開始擴張：對陷入困境的產業進行緊急財政援助、防禦開支的增加、研究與發展資金轉向防禦採購、對社會安全開支大幅增加，這一切將使得政府在美國經濟中扮演更加重要的角色。

政府是私人企業產品和服務最大的購買者之一。某些關鍵產業，例如：航太業、電子業、造船業，對政府購買的依賴性很大。政府可以透過要求雇用少數民族、支援不景氣的領域、支持小型企業等對私人企業進行控制。政府政策的改變將大大地影響企業的經營環境。對一些市場比較狹小的企業，政府控制了這些企業，實際上將決定以後它們能否繼續生存。

政府運用不同的補貼方式來影響企業的行為。針對一些產業給予豐厚的補貼，例如：農業、漁業、運輸業、核能業、住宅業及一些特殊類型的組織，少數民族擁有的企業以及在經濟不發達地區的企業，這些補貼通常都有附加的特殊條件。

政府也藉由轉移性支付功能來影響企業，儘管這種影響不是直接的。政府為了社會安全、福利和其它保障計畫提供每年總額高達數千億美元的支出。這些影響是間接的，但它對企業的產品和服務的市場影響是相當大的。

政府是企業的主要競爭者。某一些組織，例如：TVA與私人電子產品供應商競爭、政府印刷辦公室與一些民營的商業出版和印刷企業競爭、美國國家郵政服務局與民營的快遞公司競爭。在某些領域，例如：健康、教育、娛樂和安全，政府和民營企業之間的競爭遍及各個層次，包括聯邦、州和地方。

政府貸款和貸款擔保也是重要的影響因素。政府直接借款給小型企業、住宅提供者、農場主和能源企業，這些貸款經常是以低於民營競爭者的利率發放。貸款擔保專案，如前面提到給克萊斯勒公司的貸款，是政府影響的另一種方式。

藉由國內稅收服務，稅收成為政府影響的另一例證。租稅減免、稅收誘因、折舊政策都是政府使用的工具。政府使用稅收權力的例證是1990年代早期在減少財政赤字計畫中的一項措施，即課徵「奢侈品稅」。這個新增的奢侈品稅對遊艇製造業造成了很大的傷害，導致大量的解雇員工，更進一步影響到相關的產業。諷刺的是，奢侈品稅帶來的稅收收入反而少於這些產業創造的稅收收入。

儘管貨幣政策是由聯邦儲備系統管理，但還是對企業產生深遠的影響。儘管聯邦儲備系統在技術上獨立於執行部門，但它經常回應總統的領導和行動。

最後，道德勸說也是政府的工具之一，它是指政府試圖（通常是透過總統）勸說企業站在公共利益的立場上採取或不採取某些行動。這些公共利益的呼籲一般包括：將高漲的價格壓低的請求、對工資和薪資的提升進行限制、或是實施一種或其它種自願限制等。當紐約市市長Rudy Giuliani在世貿中心襲擊事件後督促企業重新開張、消費者重返購買及旅遊者返回紐約時，他就是在運用道德勸說。

10.5 政府管制對企業的影響

政府管制一直是政府和企業關係中引起最多爭議的問題。政府管制實際上影響到企業營運的每個面向，它影響到企業與其競爭對手進行競爭的條款和條件。它涉及企業決策的整個過程，從產品生產到包裝、流通，市場行銷及服務的每個環節。大多數的人認為某種程度的管制是必要的，因為這樣將可確保消費者和員工得到公平的待遇，避免暴露在不合理的危險，而且也能受到保護。然而，他們也認為政府管制的範圍太廣、成本太高，不可避免地造成繁文縟節。

企業人員比一般社會大眾更能感受到這些缺點，而且必須忍受試圖達到政府期望所帶來的挫敗感。安達信顧問公司的調查發現，在中等規模的企業中，「政府關係」在所有問題中最具有挑戰性，超過了健康、保險和賺取利

潤。調查進一步指出，公司有36％的時間用來遵守政府管制。在對富有企業主的另一項調查中發現，有85％的企業主認為「政府政策」威脅了他們的民營企業。政府政策被認為比吸引並留住有技能的員工所遇到的困難、利率的增加、低成長和通貨膨脹更具威脅性。

10.5.1　管制的含義

通常管制（regulation）是指按照法規或在法律或法定機構控制之下的統治、指揮的活動。關於聯邦管制的定義雖然沒有一致的說法，但我們仍可以仔細查看由參議院政府事務委員會數年前對聯邦管制機構進行的定義。它描述的聯邦管制機構如下：

(1) 有制訂決策的權力。
(2) 建立有關利益的標準或指導原則並對企業行為強行限制。
(3) 在國內企業行動的範圍內按規則運作。
(4) 由總統任命其領導者或成員（通常由參議院批准）。
(5) 有自己的法律程序，該法律程序一般由行政程序法規定。

美國憲法的商業條款規定政府具有進行管制的法定權力。在上述管制機構中，監管機構的組成和功能是不同的。有些是由一位行政長官負責，在執行部門內辦公，如聯邦航空航太管理局（FAA）。其它則是由一位主席和多位成員組成獨立的委員會並在執行和立法機構以外辦公，如州際商業委員會（ICC）、聯邦通信委員會（FCC）及證券與交易委員會（SEC）。

10.5.2　管制的原因

由於各種原因，管制已經出現多年。一些企業的經理人認為政府官員只是坐在辦公室努力尋找干涉企業的理由。有幾個合法的理由解釋政府管制發展的原因，儘管這些經理人對這些理由不能夠完全認同。在某種程度上，政府管制的出現是由於市場失靈（market failure）（自由企業系統的失敗），而政府代表社會大眾的利益採取糾正措施。我們應該清楚地認識到，很多管制的產生主要是由於特殊利益群體成功遊說的結果。美國政府的決策制訂過程是國會回應特殊利益團體的壓力和市場失靈從而做出立法的反應。

四個主要的管制理由如下：(1)控制自然獨占；(2)控制外部不經濟；(3)實現社會目標；(4)其它原因。

1. 控制自然獨占

　　政府察覺到需要進行管制的最早一種情形發生在自然獨占出現的時候。在市場上，當最大的廠商因規模經濟大到可以擁有最低的成本，因此能夠打敗其它的競爭者時，自然獨占（natural monopoly）就出現了。這樣，一家大企業可以比幾家小型企業更有效率、更便宜地供應整個市場。地方電話服務就是一個很好的例子，因為並連的電話線意味著花費較高的浪費和重複。

　　這樣的壟斷看起來很「自然」，但如果聽任行事，獨占企業將會限制產量以提高價格。這種可能濫用獨占權利的情況證明了對獨占管制的正確性。因此，我們看到公共事業由公共事業委員會進行管制。由該委員會決定獨占企業應向消費者收取的合理費率。

　　與自然獨占類似的是當政府認為企業有違反競爭的行為時，它將會進行干預。最近的一個案例是司法部對微軟涉嫌反競爭貿易事件的調查。美國上訴法院在混合判決中推翻了最初的裁定，建議微軟應當一分為二。上訴法院譴責了公開批評微軟的法官，但是支持下列事實的認定，即微軟視窗作業系統構成個人電腦市場上的壟斷並且其市場策略違反了《謝爾曼反托拉斯法》。微軟以在其視窗作業系統中附加新程式的方法進入新的市場。他們之後設計的作業系統僅與微軟的產品相容，而與其它公司的軟體產品不相容──按照法院的說法，這是微軟一個明顯、不公平的行銷優勢。《商業週刊》的社論指出，法院應該堅持視窗作業系統是通用的載體，必須對競爭者開放，就好像電話線和電纜⋯⋯微軟必須接受法律認定其為獨占的裁決。因此，它有義務向它的競爭者開放作業系統。如果它這樣做，它就做了一項很重要的事情──在其視窗作業系統中，增加消費者需要的程式。

2. 控制外部不經濟

　　政府管制的另一個重要理由是控制外部不經濟（negative externality，或稱溢出效應），它是生產或使用一種產品時未預料到或無意間給其他人造成副作用（而不是生產者或消費者）的結果。這些外部不經濟的例子像是空氣污染、水污染和對有毒廢棄物的不當處理。這些外部不經濟的後果是生產者和消費者都不直接「支付」這些由產品的生產而帶來的「成本」。這些成本由社會大眾承擔，包括難聞、令人不悅的空氣、疾病和由此導致的健康照護成本。有些人稱它們為「社會成本」（social costs），因為它們是由社會吸收而不是納入生產成本來計算。

防止外部不經濟的開銷相當大，很少有企業自願承擔這些額外的支出。這一點對生產無差異產品的產業特別明顯，例如鋼鐵業，該行業保護環境需要數以百萬計的金錢投入，這樣會增加產品的成本而對購買者無任何利益。在這種情況下，政府的管制就被認為是正當的，甚至是受歡迎的，因為它要求既定產業內的所有競爭企業根據相同的遊戲規則來運作。透過法規迫使所有企業承擔成本，藉由管制使得競爭環境變得公平。

就像企業不願意承擔環境保護的高額支出一樣，個人通常也是如此。例如，汽車排放廢氣是空氣污染的主要原因之一。但是如果排放控制系統是自願安裝的，有多少人會自願這樣做呢？像這樣的情況，要求每個人都遵守管制的政府標準才可能喚起社會大眾對空氣污染的關心。

3.實現社會目標

政府不但透過管制達到控制市場失靈和治理外部不經濟，同時也藉由管制協助實現某些被認為代表社會大眾利益的社會目標（social goal）。這些社會目標與外部不經濟有關。在某些意義上，政府試圖糾正可能被特殊利益團體視為外部不經濟的問題。這方面的例子像是危險物品的有害後果或由於歧視少數民族而受到不公平的就業待遇。這些外部不經濟不像空氣污染那麼明顯，但是它們確實存在。

政府的另一個重要社會目標是使人們有充分的資訊。有人認為不充分的資訊是嚴重的問題，政府應當利用其管制的權力，要求企業向消費者透露特定類型的資訊。因此，消費者產品安全委員會要求企業透過在標籤上標明，以警告消費者潛在的產品危險。對於這種不對稱資訊的其它管制要求包括：分級標準、重量和尺寸資訊、廣告真實性的要求、產品的安全標準等等。最近，標籤要求的一個主要例子可以在雜貨店中的罐裝商品和其它商品上看到。大部分罐裝產品上標有「實際營養成分」的標籤，它為消費者提供關於熱量、脂肪、每單位數量中鈉含量、膽固醇、碳水化合物、蛋白質和維生素含量的資訊。

其它被提及的一些重要的社會目標包括：國家安全存量（油價的放鬆管制是為了減輕對進口的依賴性）、公平和平等的考慮（就業歧視法）、保護那些提供重要服務的人（農場主）、稀少資源的分配（汽油配額）、保護消費者不受高價格上漲的危害（天然氣管制）。

4. 其它原因

政府管制還有一些其它原因。一個是控制超額利潤（excess profit）。在這裡的管制要求是轉移收入以實現經濟公平的目的。例如：1973~1980年阿拉伯石油禁運的結果，石油股票突然上升10個百分點。有人認為，這些生產商獲得的超額利潤在某種程度上是不應該得到的，是十足的運氣，而不是因為聰明的投資決策。因此，在這樣的情況下，利潤突然間瘋狂上升，而且是不合常理的增長，人們認為政府應該進行管制。

另一個常見的管制理由是對付過度競爭。這種觀點的基本理由是過度競爭（excessive competition）將導致價格會訂在無利潤的低水準上。這種行為會迫使企業退出市場最終將導致昂貴的產品，因為生存下來的企業會將價格提到很高的水準，社會大眾的處境會比以前更糟。

10.5.3 管制的類型

廣義地說，政府管制的採用主要是為了兩個目的：實現特定的經濟目標和特定的社會目標。因此，通常需要區分兩種不同的管制類型：經濟管制和社會管制。

1. 經濟管制

在美國，可以追溯到1800年，典型的或傳統的管制形式即是經濟管制（economic regulation）。這種管制可以以老式的管制機構為最佳範例，例如1887年國會成立負責管制鐵路的州際商業委員會（ICC），1940年成立的國內航空委員會（CAB）和1934年成立的聯邦通信委員會（FCC）——它對州際通信以及後來的無線電、電話、電報聯合施加管制。

這些管制機構主要用於產業範圍內，藉由對經濟或市場變數如價格（最高或最低）、進入或退出市場、能夠提供的服務種類等進行控制和影響，以達到管制企業行為的目的。據估計，受聯邦機構和州機構經濟管制的產業佔國民生產總值的10%。

現今，聯邦管制預算中，經濟管制的主要成本是：(1)財政和銀行（如聯邦儲蓄保險公司和現金機構）；(2)特定產業的管制（聯邦通信委員會和聯邦能源管制委員會）；(3)一般企業（如商務部、司法部、證券交易委員會及聯邦貿易委員會）。

後面我們將討論管制解除，這對於過去的100年裡主導企業和政府關係的老式經濟管制形式有重要的影響。

2.社會管制

1960年代出現了一種新的管制形式，對現代企業經理人的真正含義是它使所有的實用目標變成管制的重點。這種新的管制形式逐漸被稱為社會管制（social regulation），因為它主要在推動社會目標的實現，這與以前將重點放在市場或經濟變項上的作法是不同的。舊式的經濟管制集中在市場，而新的社會管制重點集中在企業對人們的影響。它強調人們身為員工、消費者和公民角色的需求。

身為消費者，社會管制用來保護人們的一個例子是1972年成立了消費者產品安全委員會（CPSC）。這個機構的目標是保護社會大眾免於受到消費產品傷害的風險。身為公民或社區居民，保護人們的社會管制的一個例子是1970年環境保護管理局（EPA）的創立。環境保護管理局的目標是協調為環境保護所做的各種努力以及制訂一個統一的國家級政策。

圖表10-3歸納了經濟管制與社會管制的實質及相關的例子。

圖表 10-3 經濟和社會管制的比較

	經濟管制	社會管制
焦點	市場條件、經濟變數（進入、退出、價格和服務）	人們作為員工、消費者和公民的角色
受影響的產業例證	有選擇性（鐵路、航空和通信） 國內航空委員會（CAB） 聯邦通信委員會（FCC）	幾乎所有的產業 平等就業機會委員會（EEOC） 職業安全和健康委員會（OSHA） 消費者產品安全委員會（CPSC） 環境保護管理局（EPA）
目前的趨勢	從管制到解除管制；解除管制產業	穩定——沒有顯著的增加或減少

鑑於舊式的經濟管制主要是針對在特定產業中競爭的企業，新的社會管制談到了影響所有產業的企業行為。另外，有一些社會管制是在特定行業裡，例如國家高速公路交通安全管理局（汽車）與食品與藥物管理局（食品、藥品、醫療服務和化妝品）。圖表10-4總結了美國主要的獨立管制機構和它們成立的日期。除此之外，我們還應該記住有些管制機構是在政府內部

的執行機構。以下的案例說明了各種分類的基礎：

機　構	部　門
食品和健康管理局	健康和人類服務
反托拉斯部	司法
藥品實施管理局	司法
職業安全和健康委員會	勞動
聯邦公路委員會	運輸

圖表 10-4 美國主要的獨立管制機構

機　構	成立年份
州際商業委員會	1887年
聯邦儲備體系（管理者委員會）	1913年
聯邦貿易委員會	1914午
國際貿易委員會	1916年
聯邦家庭貸款銀行委員會	1932年
聯邦儲蓄保險公司	1933年
農場信貸管理局	1933年
聯邦溝通委員會	1934年
證券與交易委員會	1934年
國家勞動關係委員會	1935年
小企業管理局	1953年
聯邦海事委員會	1961年
環境質量委員會	1969年
成本會計標準委員會	1970年
環境保護管理局	1970年
平等就業機會委員會	1970年
國家信貸聯盟管理局	1970午
職業安全和健康檢查委員會	1971年
消費者產品安全委員會	1972年
商品期貨交易委員會	1974年
工資和價格穩定委員會	1974年
核管制委員會	1974年
聯邦選舉委員會	1975年
國家交通安全委員會	1975年
聯邦能源管制委員會	1977年
阿拉斯加天然氣運輸系統聯邦檢查辦公室	1979年
運輸安全管理局	2001年

在過去30年，政府管制出現的新浪潮是藉由使用社會管制的形式，對社會產生全面的影響。它標榜政府在企業相關的事務中承擔新的、不斷增加份量的角色。結果，如今沒有管理人員（無論他是經營一個小的社區雜貨店還是管理《財富》500大的企業）能夠豁免於政府所制訂的許多各種不同的標準、指導方針和限制措施。因此，必須對這些問題給予足夠的重視，就如同對做出傳統的管理決策那樣重視。要更深入地評價政府管制對企業所造成的影響，審慎考察政府管制的直接後果以及所帶來的一些問題。

10.5.4 與管制相關的議題

考慮政府在管制企業時，由於政府角色不斷增強所產生的相關問題是很重要的。一般而言，經理人很關心「管制不合理」的現象。我們期待企業能夠儘早不必跟這些管制機構打交道。因此企業的一些回應，與一系列複雜的限制因素有關。此外，我們也必須重視過去幾年來不斷產生的法律相關問題。

毫無疑問，政府管制是有好處的：員工受到更加公平的對待並享受更加安全的工作環境、消費者可以購買到更加安全的產品並獲得關於商品的更多資訊、社會各階層的人們都可以呼吸到更新鮮的空氣、並且有更清澈的河水和湖水供其遊樂。這些好處是實際存在的，但是卻難以衡量其確切的品質。此外，管制的成本也是難以衡量的。當我們研究新建機構的數目、總體花費和負責管制的聯邦機構預算的成長模型時，管制的直接成本（direct cost）是最容易看到的。在1930年以前有14個主要管制機構，1950年超過24個，到1980年代早期達到57個。最快速的擴張是在1970年代。

除了管理管制機構的直接成本外，還有一些「間接成本」（indirect cost），例如企業為了滿足政府管制機構的要求而製作的表格、報告、調查表等。這些政府管制的成本最終將以更高的價格轉嫁給消費者。最後，還有所謂的「勸誘成本」（induced cost）。雖然管制的勸誘效果非常漫長而且難以捉摸，但是它們確實構成了管制過程中最有力的一些結果。那麼在真實的意義上，這些勸誘效果應當被視為成本，有三個效果特別值得研究，說明如下：

(1) 影響創新。當企業的預算必須將重點放在「防禦性研究」上時，會使得某種創新無法產生。企業在某種程度上必須投入相當多的科學資源以滿足政府的要求，此將導致進行新產品研發和創新的可用資源變少了。醫

藥產業就是受到上述因素影響的行業之一。經濟學家估計，FDA的嚴格管制嚴重的阻礙了醫藥產業的創新，結果導致供應新藥進入市場的步伐變慢而且數量減少了。

(2) 工廠和設備的新投資受到影響。企業在某種程度上必須使用資金以遵守管制的目標；這些資金不能再用於擴大產量。根據估計，環境和工作安全的要求使得年生產率可能降低1/4。值得一提的是，未來管制的不確定性對新產品和生產過程的導入也有不利的影響。

倫理的實踐

遵守還是不遵守政府管制

過去四年的每個暑假和聖誕節假期我都在基爾曼紙業公司的維修部門。在那裡工作可以在經濟上幫助我完成大學學業，我也看到了很多實務上的問題，最有趣的問題之一是「遵守安全管制」。

職業安全和健康管理局要求一個人在進入受到限制的區域之前要在進入許可上簽字，並且只要有人在的時候，就必須安裝並開啟嗅探器（一種用來檢測氧氣不足和其它有害或易燃氣體的裝置）。一個有限的空間可以定義為：「沒有適當的通風條件，或超過5英尺深的任何區域」，例如：坦克和煤窯就是受到限制的空間。

每次一個人進入或離開受到限制的空間時，都要將姓名簽在進入許可上。這是對工人身體的保護，也是公司善盡保護的義務。如果有的工人被發現違反規定，他們將遭受譴責或被當場解雇。

在這些受限制空間工作的經驗中，我發現大部分的情況不是工人違反這些政策。拿到工人的許可並讓他們簽名是管理人員的責任，使用嗅探器也是如此。有時候管理人員和工人們會忘記我們正在一個受到限制的空間裡工作，這樣也就忘記了許可的動作和嗅探器。當有人意識到我們正在一個受限制的空間裡工作時，管理人員通常要我們在各種不同的地方簽上姓名的首寫字母以表示許可，就好像進行了許可的動作一樣。

當我們在這些區域裡工作時間很長，嗅探器的電池也會經常沒電。管理人員並沒有遵守管制並離開封閉區域直到安裝好嗅探器。相反的，管理人員經常要求員工留下，而且常說：「空氣很好，你們不需要嗅探器」。

我的問題是：當我知道這些許可不真實時，我應該簽字嗎？或者我應該做正確的事情讓職業安全和健康管理局知道這些管制被一次又一次地違反嗎？畢竟，我還不是一個全職的員工，我為什麼要惹這些麻煩呢？

(1)這個個案的利害關係人是誰？什麼是他們的利益？

(2)在這種情況下我應該做什麼？是管制重要還是政府的繁瑣程序重要呢？我應該與管理人員同流合污嗎？

（由Dale Dyals提供）

(3) 小企業受到不利的影響。儘管不是故意的，但是很多政府管制對小企業多少都有一些不利的影響。大公司有更多的人員和資源，因此可以比小企業更有能力完成政府的工作。一項針對小企業所有者/管理者的調查，進一步提出他們對政府的期望。在九個選擇的列表中，對小型企業減免稅賦位列第一位，其次是從政府管制中得到豁免。與其它企業相比，小企業似乎更受到政府管制的影響。

　　許多小企業主和經理人對政府管制的不諒解可以從Frank Cremeans的經歷得到驗證。某天，四個不同聯邦和州管制機構的官員訪問了俄亥俄州Cremeans水泥供應公司的所有人。他們是順道訪問，並沒有事先通知，在一月份的同一天到達了水泥公司。這四個機構是環境保護管理局（EPA）、職業安全和健康管理局（OSHA）、地方健康部門和自我檢查機構。Cremeans先生說他簡直不能相信，他被迫停止其它工作，並且花了一整天的時間應付這些官員的要求。小企業主經常抱怨政府管制，在柯林頓政府加強管制計畫並提高強制健康照護之後，他們的心情更跌落谷底。Cremeans先生努力轉變形勢，在1994年參選並且選上新一屆的國會代表，國會在與共和黨的競爭中以壓倒多數的優勢獲勝。然而2年後，他的職位被其他人所取代。

10.6 解除管制

　　在正常情況下，事物都是正、反兩方交織在一起的。管制的反面就是解除管制（deregulation）。有很多理由可以解釋這種重疊，但是一般而言它們與經濟和政治因素有關。從經濟面來看，是為了給予企業自由或進行控制，以達到對社會最有利的平衡點上，進行不斷的努力。從政治方面來看，達成不同社會目標和方式持續不斷的交互影響。結果產生了經濟和政治決策的混合體，該混合體處在不斷變化的狀態之中。因此，在經濟體系的任何時點，兩種對立的趨勢可能同時並存。這種情況是在各種競爭力下，尋求均衡的自然結果。

　　這就可以解釋解除管制的趨勢為何會在高度管制的環境中發展。解除管制代表一種意圖以保持經濟平衡，這也代表了在導入期和成長期較為普遍的一種政治哲學。

解除管制或許被視為管制改革的另一種形式。但是,由於它很獨特並且與先前討論的管制改革相當不同,我們將單獨對它進行討論。解除管制的產生主要是針對經濟管制,因此,獨立的解釋將很有助益。

10.6.1 解除管制的目的

解除管制背後的基本理念是把某些產業從過去的舊式經濟管制中解脫出來。解除管制的目的(或者是管制水準的降低),是要增加競爭力以獲得更高的效率、更低廉的價格以及促進創新的活動。這些目標尚未完全實現,而且仍然無法確認解除管制是否是一種可以使社會利益極大化的方式。

10.6.2 解除管制的趨勢

1980年代解除管制的趨勢開始出現時,金融業、電信業以及運輸業(公路、航空和鐵路)最具有代表性,它代表企業在50年裡首次改變主要的方向。這個結果看起來像是利益和問題的混合體。在利益方面,隨著競爭者數目和創新性產品與服務的增加,有許多產業在價格上的確下降了,而有些產業出現了更好的服務。

某些問題也出現了,儘管價格下降並且有很多的競爭者進入這些產業,但是有愈來愈多的競爭者無法和支配的企業競爭。最後,經營失敗、破產或被大企業購併。某些產業的進入障礙非常高,而且通常被低估了,這些案例發生在航空、公路、鐵路和長途電話方面。最為明顯的是儲蓄與信貸產業的危機事件,最終導致美國政府史無前例以1,240億美元緊急進行財政援助,這被普遍認為是解除管制的結果。

另一個出現的問題是某些關鍵產業演變成由少數幾家企業所控制。這種趨勢在運輸業很明顯,在此產業中,主要的鐵路、航空和公路運輸企業在1980年代大幅度的提高它們的市場佔有率。在這段時間,位居前六位的鐵路公司從大約56%的市場佔有率增加到大約90%。位居前六位的航空公司市場佔有率約從75%增加到85%。位居前十位的卡車公司市場佔有率約從38%增加到58%。在美國電報電話公司(AT&T)被劃分之前,它大約佔80%的國內市場佔有率而且幾乎壟斷了長途電話、大企業和海外市場。

10.6.3　解除管制的困境

　　解除管制意謂對產業管制的解除，因此，有利於自由競爭，但其目的不是要解除對健康和安全的要求。解除管制的困境是如何在不犧牲社會管制的條件下提高受影響行業的競爭力。這是關於解除管制第二項需要探討的問題。不幸的是，經濟解除管制帶來損人利己的競爭迫使很多企業走捷徑，這種方式使得消費者的健康和安全受到威脅。這種情況發生在任何解除管制的產業中，特別是在公路運輸和航空業更為明顯。

1.公路運輸業

　　為了在解除管制的產業中生存，很多卡車司機者延遲了基本維修的時間並且把太多的時間花在駕駛上。依照一些行業專家的說法，有1/3的長途司機求助於非法藥品來幫助他們度過路上筋疲力盡的時間，另外一些司機求助於酒精。統計數據顯示，在1980~1986年，卡車交通事故的數量急劇上升，而且在每年的路檢中，有30%~40%的受檢卡車存在嚴重的問題。

2.航空業

　　航空業的變化也有各種專家關注。調查1980年代大量的空難後得知，主要的原因是缺乏維修或是機場愈發擁擠。儘管主要的航空公司的安全和維修標準從來就高於FAA規定的最低標準，但持續不斷的價格戰迫使最好和最大的公司放棄原來的標準以削減成本。因違反安全規定，FAA徵收的罰金在三年多的時間內增加了20倍。其它危及安全的削減成本措施，包括廣泛地使用未經批准的零組件和減少空服人員的數量。

　　公路和航空業解除管制的20年後，前景看起來更加明朗。在公路運輸業，聯邦公路委員會（FHWA）已經致力於卡車安全問題，並且有一些成功的案例。例如：酒醉駕車導致嚴重交通事故的百分比從1984年到1994年下降了25%。在航空業，對解除管制的關注也在減少當中。從1929年之後，飛安事故呈現下降的趨勢，這一趨勢不受解除管制的影響，而且從最近的調查顯示，航空公司的獲利能力和航空安全之間並沒有顯著的關係。然而，考慮到沒有獲得應有服務的小社區和低成本的小運輸業者的生存，敦促國會議員考慮立法，藉由重新分配機場時間和限制剝削行為的方式對部分產業進行再次管制。

3.電信產業

自從1984年美國電報電話公司被劃分之後，電話費率下降一半，而且實力強大的競爭者例如MCI和Sprint，已經迅速採用電纜和其它改善服務的措施。但是1996年的《電信法》並沒有完全實現對低費率和更佳服務的承諾。實際上，在該項法案實施之後，有數以千計的鄉村電話用戶享受不到電話服務。在該法案以前，透過交叉補貼（由城市電話用戶和主要的長距離用戶支付額外費用）以確保能夠提供普遍性的服務。儘管新法案推出一項新的補貼系統，但是法律上的爭論卻減緩了執行的速度。相反地，企業和城市消費者是新寬頻服務的首批受益人。

4.電力產業

從1996年開始，很多州通過了電力改造的議案，而且國會也考慮提案，將競爭性帶入電力產業。如果電話解除管制是真實的，則消費者也期望能夠節省金錢，但這些省下來的金錢在本質上被認為是一種抵換關係。因為電力公司傳統上會提供特殊計畫以幫助有需要的社區和人們，而這些特殊方案的成本將分攤到所有的消費者身上。

最後無法公平分配節省金錢的問題就出現了。相反的情況發生在加利福尼亞州，問題變成如何分配損失——在18個月的期間內產生350億美元的超額成本。依照《華爾街日報》的說法：「如果錯誤是如此昂貴，電力市場改造值得冒這樣的風險嗎？」。

陪審團對於解除管制的疑問仍然存在這樣的觀點：這是一種很差的策略？還是一種很好的策略卻被執行得很差？加利福尼亞州電力解除管制的問題有部分是因為產業的特殊性質。電力是一種特殊的商品，因為它不能被儲存，所以沒有很多過剩的能源可用。鼓勵公共事業部門賣掉它們大部分的發電廠，然後利用現貨市場來購買能源，這種狀況導致更加惡化的結果。如果有其它不同的決策，例如固定價格、設定產能、為消費者提供選擇以及為不可預見的事情做準備，就可能避免上述問題的發生。

 本章摘要

　　政府在企業中扮演重要的角色，而且很難置身事外。儘管這兩種組織在信念體系上相互對立，但是在社會經濟系統中卻是互相關聯的。此外，社會大眾也在企業、政府及社會大眾複雜的關係模式中扮演著重要的角色。政府在對企業的非管制影響中發揮很大的作用。總體導向的影響有兩種，包括產業政策和私有化（民營化）。另一個特定的影響是政府是主要的雇主、購買者、補貼者、競爭者、融通者和勸說者，政府在扮演這些角色上對企業造成很大的影響。

　　政府對企業最具爭議的干預是直接管制。政府為了某些法律因素而管制企業，在過去的20年裡，社會管制已經比經濟管制更具主導地位。政府管制雖然有很多好處，但也產生各種不同的成本。對管制問題的回應是解除管制。然而，在重要產業，例如：公路運輸、航空、儲蓄與貸款、銀行及公共事業中的不良經驗使得許多人思索，是否政府在這條路上已經走過頭了。

　　世貿中心被襲擊之後使得社會大眾坦然接受政府在私部門扮演積極角色。國營化的說法甚至取代了私有化。來自「911事件」的不確定性可能使社會大眾不接受私有化承擔風險的觀點，但是社會大眾的觀點總是隨著時間在這兩個極端之間來回擺盪。

 關鍵字

accelerationists 加速者	indirect costs 間接成本
adjusters 調整者	individualistic ethic of business 企業的個人倫理
bankers 銀行家	
central planners 中央計畫者	induced costs 勸說成本
collectivistic ethic of government 政府的集體主義倫理	industrial policy 產業政策
	market failure 市場失靈
deregulation 解除管制	natural monopoly 自然獨占
direct costs 直接成本	negative externalities 外部不經濟
economic regulation 經濟管制	
excess profits 超額利潤	privatization 私營化
excessive competition 過度競爭	regulation 管制
federalization 聯邦化	social costs 社會成本

social goals 社會目標   targeters 目標者
social regulation 社會管制

 問題與討論

1. 簡要說明企業和政府如何存在倫理系統的衝突（信念系統）。你最認同哪個觀念？解釋其原因。大部分商管科系的學生會認同哪個觀點？解釋其原因。

2. 解釋為什麼在企業、政府和社會大眾的互動過程中，社會大眾被視為一個單獨的群體看待。難道政府不代表社會大眾利益嗎？社會大眾利益應該如何表示？

3. 什麼是管制？為什麼政府有管制的必要？如何區別經濟管制和社會管制？你認為什麼樣的社會管制最重要？為什麼？什麼樣的社會管制應該被取消？解釋原因。

4. 概述政府管制主要的益處和成本。一般而言，你認為政府管制的益處大於成本嗎？此外，在什麼情況下成本超過益處？

5. 什麼是私有化（民營化）和國營化（公營化）之間的抵換關係？這兩種方式在何時採用比較適當？這兩種方式可預見的問題是什麼？

個案評述

　　本書附贈的光碟提供了許多個案，與本章相關的個案有個案4、個案15以及個案18，你可以搭配本書第十章的內容探討以下的個案：

個案4「遭遇一場爆炸事故」

　　Hermann Singer 正從自己的70歲生日派對回家，結果同時間發生一起意外事件——他擁有的一家紡織公司鍋爐爆炸，造成27人受傷，3棟大樓倒塌，這個爆炸事故成了全國新聞。由 Hermann Singer 的祖父所創辦、擁有90年歷史的 HFS 公司突然間前途未卜。Hermann Singer 應該怎樣做？為什麼？他應該重建工廠還是應該退休？

個案15「洪多市的污染」

　　George 與妻子 Mary 帶著4個孩子從 El Paso 搬到德州的洪多市（Hondo），現在是洪多市 Ardnak 塑膠工廠的經理。這是一家小型工廠，主要生產小型設備所需的塑膠零件，工廠裡有幾百名工人，佔了洪多市人口很大的比例。Ardnak 塑膠有限公司在其它城市擁有幾家規模類似的小型工廠。George 與德州奧斯汀的老闆 Bill 相處得很好。George 的工廠始終有個大問題，就是工廠的廢氣排放量一直超出環保署（EPA）的標準。幾個月前 George 接到 Bill 的電話說，環保署通知他這個問題，並且要罰款。George 承認這一直是個問題，但是由於公司總部未能花錢安裝新的煙囪淨化器，所以他不知道該怎麼處理。Bill 回答說公司資金有限，沒有錢安裝新的淨化器，另外，Bill 也說，其它條件更差的工廠都能達到環保署的標準。誰是這件事的利害關係人？他們的利益是什麼？Ardnak 塑膠有限公司對洪多市有什麼社會責任？這個案例牽涉什麼倫理議題？George 應該怎麼做？為什麼？

個案18「解除管制：電話訂價之爭」

　　1996年訂定的《電信法》（The Telecommunication Act）是近62年來，美國史上第一部全盤檢驗通訊法規的法案。《電信法》要求各州開放地方電話服務的競爭，同時要求地方電信業者開放部分或全部網路系統給競爭者使用，價格由聯邦通信委員會（Federal Communucation Commission, FCC）制訂。FCC 的目標在追求全國統一的訂價政策，不過允許各州因地區差異做些微調整。根據 FCC 的規定，地方電話業者無法向競爭對手收取高額租金，有時租金甚至無法支付成本。FCC 在公佈決定後吃上一連串官司，但是1999年1月25日最高法院裁定 FCC 有權制訂價格。針對地方電信業的電話網路所造成的進入障礙，你將如何平衡他們的所有權？開放一個壟斷行業以鼓勵競爭、或者鼓勵一項新技術的開發，這兩者何者重要？Grandall 認為 FCC 的訂價政策會限制對新技術的投資，你同意他的觀點嗎？假如你是 FCC 的委員你會怎樣做？

第十一章
企業對政府與公共政策的影響

本章學習目標

▶ 閱讀完本章後，你應該能夠：

1. 描述企業的政治參與。
2. 區分企業進行遊說的不同層次。
3. 解釋政治行動委員會（political action committees，PACs）的發展歷史、活動規模、支持與反對的理由。
4. 定義「聯盟」（coalition），並解釋聯盟在企業參與政治時的角色。
5. 討論《跨黨派競選改革法》（Bipartisan Campaign Reform Act）以及政治獻金相關的問題。
6. 描述企業主要使用的政治參與策略。

正如我們之前討論企業策略時所提到的，政府是企業的重要利害關係人。政府對企業而言，有相當強的利害關係，而且層面很廣，政府與企業有生意往來時將會擁有相當大的權力，主要是因為政府代表了社會大眾的法律和道德權利。

目前由於政府有許多影響企業活動的方式，因此對企業所有人與管理者帶來了相當大的挑戰與壓力。政府不僅制定了企業運作的規則，也以競爭者、融資者、購買者、供給者和監督者等多重角色影響企業。現在企業在某種程度上可以與政府追求共同目標，但是企業必須找出與政府合作的有效策略，才能達成自身目標、有利可圖。在企業與政府合作的過程中，面對政府的期待與規定，企業要遵守國內法律和道德規範，否則企業就會有與政治掛勾的嫌疑。隨著法令日趨嚴格且複雜，社會變化迅速，企業往往沒有其它選擇，只能選擇參與政治活動。

美國的企業會試圖影響政府，這是公共政策的重要過程，而且為大眾所接受。利益團體會努力達成自己的目標，這些團體的積極參與是美國政治體制的原動力。因此，人們瞭解且預期企業會為了自己的利益而採取積極的行

動。其它組織也會向政府追求自己的特殊利益，包括：勞工組織、消費者團體、農民團體、醫生組織、不動產經紀人組織、軍事組織、婦女權利組織、環境團體及教會團體。目前的多元主義使得所有團體都必須努力影響政府。在追求特殊利益的過程中，唯有多股力量得到平衡，而且這些組織守法、符合道德原則，公眾的利益才能受到保護。

11.1 企業的政治參與

廣義來說，「政治參與」（political involvement）指的是參與各級政府公共政策的形成與實施。因為現代政治決定目前與未來的社會發展，也決定了私部門角色，所以就跟其它利益團體一樣，企業發現自己有必要加強政治參與。

以往企業只參與單一政治議題，沒有全盤目的、目標或策略。企業表現得很被動，只有在議題變成威脅的時候才會開始處理。但是因為社會變遷，這種方法已經不適用了。現今，在政治上成功與在商場成功同樣重要。過去企業學到競爭策略是成功的必要條件，現在企業則學到政治策略也是成功的必要條件之一。

11.1.1 得到教訓

大多數立法得以通過必須建立在特殊利益集團與政治活動的基礎之上，甚至像微軟公司這樣的企業巨人也不得不成為積極又有效的參與者。在成立20年之後的1995年，微軟成立了第一個遊說辦公室。當時這個辦公室只有Jack Krumholtz一名員工，一位33歲的律師，沒有在華盛頓遊說的工作經驗，也沒有秘書。從他的辦公室看不到波多馬克河，因為他的辦公室位於微軟聯邦銷售辦公大樓，在郊區購物中心對面，離華盛頓特區的市區7英里。某位說客把微軟的遊說辦公室稱為「Jack加上吉普車」，因為吉普車是Krumholtz到達郊區的唯一工具。

在美國司法部控告微軟公司觸犯反托拉斯法後，微軟開始意識到孤立主義政策是行不通的。除了增加政治獻金，微軟雇用一個關係良好的說客團隊和公關，把自己的訴訟案呈給立法機關和社會大眾。2000年《商業週刊》的文章描述微軟如何清除障礙。Krumholtz及其同事搬到杜邦集團的現代化大樓，工作人員增加到14人，而且他們認為說客提供很大的幫助。2000年的

總統大選，微軟為兩黨提供幾百萬美元的政治獻金，雇用布希和高爾的顧問做說客，並且成為美國選舉捐款排名第九的公司。他們在全美宣傳的廣告強調「溫暖且柔美」的比爾蓋茲形象，並且花了數百萬美元宣傳公司的慈善活動。支持微軟的智庫收到大量捐款，反對者則得不到任何捐款。他們甚至把法律工作交給華盛頓特區大部分的律師事務所，讓他們無法為微軟的競爭者工作。在國內外與反托拉斯訴訟纏鬥幾年之後，2004年微軟成功的讓旗下一名頂尖律師，成為美國律師協會反托拉司部門的負責人，這個部門對反托拉司政策與法律的制訂具有重大的影響力。

微軟的努力有些成效，政府撤回對微軟的訴訟，之後美國司法部同意結案。但是不久之後，2004年微軟的競爭行為又受挫，唯一不同意撤回訴訟的麻州決定討論司法部的判決是否偏祖微軟。緊接著歐盟也要判決微軟的media-player軟體是否有壟斷行為，依靠大批使用微軟作業系統的「客戶」獨占市場。同時日本公平貿易官員突擊微軟的日本總部，懷疑微軟違反反托拉斯法。許多觀察家認為微軟只能因為自己與政府的關係而怪罪自己。《經濟學人》社論認為：「微軟會一直壟斷市場」，而且「只有切割微軟才能影響微軟的行為」。eWeek的編輯補充道：「微軟應該擺脫舊日的企業模式，致力於改善自己的產品，而非鎖定在競爭者身上」。當Linux這類開放程式碼的軟體日益成熟時，微軟壟斷市場的行為應該就比較不會引起爭議。目前日本與南韓都正試圖加入中國的計畫，提升對Linux的研究。

微軟在吃過苦頭之後才知道政治參與是必要的。他們回應的方式是持續各種提升自身利益的活動。為了更瞭解美國企業如何參與公共政策形成的過程，有必要瞭解企業影響政府利害關係人的方式。我們將重點放在以下幾個主要方式：(1)遊說；(2)政治行動委員會；(3)建立聯盟；(4)政治策略。目前把重點放在這些方法的內涵、優缺點、企業使用時的成功與失敗情況。然而，我們還必須同時小心可能的權力濫用或者違反道德規範。

11.1.2 企業游說

遊說（lobbying）是透過影響公職人員，促成或阻止立法通過的過程。遊說也用於公職選舉，以確保某候選人當選或落選。說客關心的是自己的利益。他們的目標是促成對自己組織有利的立法通過，並阻撓不利於自己組織利益的立法通過。企業利益團體、勞工利益團體、種族和少數族裔團體、職業組織以及追求意識形態目標的組織，都會遊說聯邦政府、州政府及地方政

府。我們將重點放在企業遊說聯邦政府的部分，不過仍須記住，遊說也一直發生在州政府和地方政府中。

H. R. Mahood把遊說定義為「職業化的說服藝術」。遊說有幾個目的，不只是希望獲得立法支持或機關同意，達到調整政策、案件裁定或修改、通過立法的目的，遊說也可能為了加強或阻撓既定的政策。聯邦、州和地方立法者的選舉也是遊說的重點。說客可能是律師、公關專家、曾擔任政府機構負責人或公司主管，或曾當選官員。因此我們可以說沒有典型的說客。然而，顯然有愈來愈多的企業等特殊利益團體尋求說客的協助，以提升自己的公共政策參與程度。有幅漫畫描述說客影響力增加的情況，老師問班上學生：「誰在管理美國？」，她給學生三個選擇：「總統、最高法院或國會？」，一位聰明的同學回答：「說客」。

11.1.3 遊說的組織層次

企業界以各種組織層次從事遊說活動。最廣泛的層次是代表美國企業共同利益的總組織（umbrella organization）。總組織的最佳例子是美國商會（Chamber of Commerce of the United States）和美國製造商協會（National Association of Manufacturers，NAM）。以這兩個組織為基礎，另外有些小型企業組織，例如代表美國大型企業的企業圓桌會議（Business Roundtable），又如代表著美國小企業的美國獨立企業聯盟（National Federation of Independent Businesses，NFIB）。

第二個層次是同業公會（trade association），由某一產業或行業的眾多企業組成。例子包括：美國汽車商協會（National Automobile Dealers Association）、美國家庭住房建造商協會（National Association of Home Builders）、美國不動產經紀人協會（National Association of Realtors）和菸草協會（Tobacco Institute）。最後還有企業遊說（company lobbying）活動，通常以個別公司的名義進行遊說，在華盛頓建立自己的辦公室，雇用自己的員工，以遊說為唯一目的，或者雇用位於華盛頓或州首府的專業遊說公司及顧問，之前提到的微軟就是個別公司遊說的例子。圖表11-1描述企業所使用的遊說方式以及政治利益組織。

圖表 11-1　企業可使用的各種遊說組織

▶▶ 代表性最高：總組織
- 美國商會
- 美國製造商協會
- 企業圓桌會議
- 美國獨立企業聯盟
- 州商會
- 市商會

▶▶ 代表性次之：同行、專業協會與聯盟
- 美國汽車商協會
- 美國不動產經紀人協會
- 美國石油協會
- 美國貨車運輸協會
- 美國醫療設備供應商協會
- 菸草協會
- 健康救濟金協會
- 美國電信協會

▶▶ 代表性最小/最特定：企業層次的遊說
- 華盛頓與州府辦公室
- 以遊說為專業的律師事務所
- 公共事務專家
- 政治行動委員會
- 民間遊說
- 以公司為基礎的聯盟
- 前任政府官員

現在我們將仔細探討這幾種層次的遊說。

1.職業說客

說客有時被戲稱為「有影響力的小販」，他們有各種頭銜、各樣的背景。有些人的頭銜是律師、政府事務專家、公關顧問或公共事務顧問，有的則是華盛頓大型同業公會的員工，另外還有說客專職代表在華盛頓設有辦公室的特定公司。另外，還有一些人是職業說客，任職於華盛頓的大型律師事務所或顧問公司，這類公司專門代表客戶與立法者打交道。

華盛頓的遊說顧問往往是前任政府官員。其中有些人曾在國會工作或曾經擔任國會議員，還有些人以前是總統助理或高階政府官員。其中許多人受

到法律規定，在離職後一年內禁止與白宮相關人士討論私人企業的事務。然而，對於有心致富的人而言，一年其實是很短的。曾任政府官員，離開政府部門後擔任說客的例子有Michael Deaver（前雷根辦公室副主任）、Richard Allen（前安全顧問）、Jody Powell（前白宮新聞秘書）及Robert Dole（前參議員）等。David Heebner和John M. Keane這兩位有三十年工作經驗的老將，在退休後加入General Dynamics公司。在本文撰寫的同時，路易斯安那州的眾議員Billy Tauzin，同時也是擬定新版醫療處方藥物法案的主要人物，同意擔任製藥業的遊說工作。專家認為Billy Tauzin必定能得到大筆收入，因為新版醫療法案能讓製藥業獲得許多利益。

企業說客都做些什麼呢？說客提供的服務很廣泛，包括起草立法、製作廣告與郵寄宣傳品、提供諮詢，其中最重要的是接近立法者。接近或聯繫立法者似乎是新興說客的主力商品——回覆電話、與重要立法者的打場網球，或者與白宮發言人來趙高爾夫球之旅。由於目前在華盛頓有很多利益之爭，所以透過各種方式表達你的觀點就成為重要的優勢。說客的重要角色還包括：向忙碌的立法者指出複雜法案的優點與缺點。圖表11-2總結企業說客的服務內容。

圖表 11-2 企業說客的服務內容

- 接近關鍵立法者
- 監督立法
- 與管理機構建立溝通管道
- 在出現意外立法時保護企業
- 起草立法、製作廣告和郵寄宣傳品
- 提出立法活動預期效果的議題報告(issue paper)
- 溝通協會或公司對主要議題的觀點
- 影響立法結果(促進有利益的立法，阻止有害處的立法)
- 協助各種可能有共同關心議題的團體建立聯盟
- 協助國會議員當選連任
- 組織基層

2.民間遊說

除了直接利用職業說客進行遊說外，企業也利用民間遊說（grassroots lobbying）。民間遊說指的是動員「基層」——受立法活動直接影響最大的公民——進行政治活動的過程。同業公會與總組織也會積極使用民間遊說。提出優質企業民間遊說計畫的公司，通常其領導者瞭解民眾是企業最大的潛在政

治資源來源。儘管沒有人能命令民眾參與政治，但是可以說服和鼓勵民眾這麼做。

同業公會常要求其成員與自己的代表聯繫，以取得基層的支持。同業公會也會組織集會、郵寄給特定人士、製作廣告，並且使用電腦化的電話銀行。然而，民間的回應必須是真實的，或者至少像是真實的。假冒的「阿斯特羅草皮遊說」（astroturf lobbying）這種老掉牙招式不再有效。若是一天內打幾百通電話或寄幾千封同樣的明信片，是很難收到效果的。

有些組織或同業公會創立看似民間發起的組織，但其實主要是某組織或同業公會所創立與資助的。在2000年的總統選舉期間，一個「美國人支持技術領先」（Americans for Technology Leadership, ATL）團體進行一項民調，結論是美國大眾對微軟涉嫌違反反托拉斯法這個案件不太感興趣。然後，當19個州的檢察長在考慮該如何判決時，ATL的另一項民調發現，大眾希望各州檢察長把心力放在微軟之外的議題上。ATL也雇用電話行銷人員打電話給民眾，詢問他們是否願意寫信給國會，要求司法部撤回這個違反反托拉斯法的案件。電話行銷人員將提供草稿，並把這封信寄給國會議員－這些人只需同意對方使用自己的名義。ATL是什麼？這是一個為微軟尋求民間支持的團體，由微軟提供資金，雇用幾位員工。現在人們可以透過網路偽造團體，也可以創造出不存在的消費者。同時因為現在有許多公司專門提供名單，所以企業可以編造假的上網紀錄和留言。

民間遊說是個別企業、協會和聯盟最常使用也最有效率的方法。討論在企業層級成功進行民間遊說的例子，將有助於理解民間遊說的力量。例如，在北美自由貿易協定制定期間，福特汽車公司等汽車製造商創立一個包括32家大型汽車供應商及其員工的網路，透過寫信和打電話給國會支持貿易協定。福特汽車也呼籲旗下5,000家經銷商支持民間遊說活動。隨即北美自由貿易協定就獲得通過。最近全美信用合作社（credit union）利用民間遊說，要求國會支持《信用合作社成員資格法》（Credit Union Membership Access Act），放鬆信用合作社成員的資格規定。除了利用傳統訴狀和信件，數千名信用合作社成員還直接遊說國會山莊的立法者。這些努力帶來壓倒性的贊成票，通過這一法案。

技術革命使得網路遊說（cyberadvocacy）成為一種新的民間遊說形式，電腦與網路使得溝通變得更容易。現在出現許多新興的書籍與諮詢服務，協助組織使用網路蒐集民間支持，並教導民間支持者如何與立法者聯繫。電子

郵件的使用存在危險。朱諾遊說網路（Juno Advocacy Network）的Stella Anne Harrison說：「大量寄送的電子郵件可能會被歸為垃圾郵件，因此被忽略。然而，給特定目標且具體的電子郵件就不一樣」。她建議遊說者寫上自己的姓名和住址，這樣立法者就會知道這是來自選民的聲音。

3.同業公會遊說

大多數的大公司是同業公會的成員，並且以同業公會的名義進行遊說。同業公會是代表特定行業的組織，該行業的企業加入後會支付會費，提供工會資金。《協會百科全書》（*Encyclopedia of Associations*）列出所有已註冊的美國國內和國際協會，在2001年，美國註冊的協會數量高達2萬2千個。其中將近4千個協會屬於「貿易、經營和商業」類。

在行業或協會層次上的民間遊說很常見。最近值得注意的成功例子是，製藥業成功阻止國會制定價格控制，阻止較廉價的藥物進口。在2003年，美國藥學研究與製造協會（Pharmaceutical Research and Manufacturers of America， PhMRA）以850萬美元的代價，成功阻止醫療處方藥物法案的進口條文通過。製藥公司也各自花費幾百萬美元，例如Eli Lilly & Co.（220萬美元）、Bristol-Meyers Squibb Co.（260萬美元）、Johnson & Johnson（220美元）。製藥業在2003年花了2,900萬美元進行遊說，是全部行業之冠。這樣具規模的花費在2004年很可能繼續，因為各州正計畫展開進口計畫，目的在降低藥價。此外，國會也預計制定另一個聯邦藥物進口法案。因為製藥業的說客大軍及大手筆，佛蒙特州的眾議員Bernie Sanders認為上述法案不太可能通過。在2002年，整個製藥業從138家不同公司雇用675名說客，平均7名說客專攻一名參議員，總共花費9,140萬美元。

同業公會有時在遊說國會時會彼此競爭。信用合作社與銀行業之間的衝突就是一個例子，因為雙方對於信用合作社能允許提供服務的範圍有不同意見。信用合作社認為自己為個人和小企業提供服務，這是傳統的銀行所不願提供的服務，並主張信用合作社應該能擴大服務對象。銀行反對的理由是，信用合作社有不公平的競爭優勢，因為信用合作社不用繳稅，並且不需要承擔《團體再投資法》（Community Reinvestment Act）中銀行和儲蓄銀行所應盡的義務。銀行堅持，大型、非單一擁有者的信用合作社應與銀行繳同樣的稅、遵守《團體再投資法》的規則，並符合銀行等級的安全要求。最後國會通過《信用合作社成員資格法》，放鬆信用合作社成員的限制。

4.總組織

總組織也是協會。與同業公會不同的是，總組織有廣泛的成員基礎，這些成員有各種規模，來自幾個不同的行業。在歷史上美國有兩個主要的總組織，一個是美國商會，另一個是美國製造商協會。另外還有兩個著名的組織：企業圓桌會議和美國獨立企業聯盟。每個團體都將政治行動當做自己的主要目標之一。

(1)美國商會

身為企業和商業組織的聯盟，美國商會成立於1912年。除了公司、企業和專業成員之外，美國商會擁有數千個地區、州和地方分會、國外美國商會，以及幾千個同業與專業協會。其成員的多樣性顯示美國商會是一個總組織。

美國商會曾是一個立法機構，有影響公共政策的能力，但這種能力逐漸消失。當Thomas Donohue成為商會會長時，承諾「讓這個沉睡的巨人醒來，並且避免參與重要紛爭」。在擔任五年的會長與執行長之後，2003年Thomas Donohue成功復興商會的「財富、成員與影響力」。他的成功策略之一是，支持那些不想和遊說扯上關係的公司。Wal-Mart、Daimler Chrysler與美國人壽保險公司理事會（American Council of Life Insurers）等組織各自捐款100萬美元，支持對企業友好的法官。從2000年到2003年，美國商會在這項活動上花費超過1,500萬美元。

(2)美國製造商協會

美國製造商協會（NAM）描述自己是「美國最古老、最龐大且成員最廣泛的工業同業公會」，有14,000名成員。雖然以往美國製造商協會的成員大多來自工業，但是現在，除了350個協會會員之外，還有10,000家中小型企業，在每個行業和全美50個州都有會員。

美國製造商協會遭遇一些困難：2002~2003年製造業的復甦是有史以來最緩慢的，共減少200萬個工作機會。2003年美國製造商協會的研究顯示，與生產無關的成本，如企業稅、員工福利、侵權法律、法規承諾與能源，為美國製造商增加22%的勞動成本。就如協會會長Jerry Jasinowski在2004年會員大會所發表的談話：「人們不關心製造業，也沒有意識到我們面對的成本議題」。除了經濟問題，美國製造商協會現在也面臨中小型企業會員的挑戰，因為他們認為協會比較關心全球公司的需求。其中一個問題是，小型公司的考量通常與大型公司不同，尤其自由貿易這一議題最容易引起爭論。大公司通常支持自由貿易，與美國製造商協會立場相同，但是小公司希望得到政府保護。

(3)企業圓桌會議

企業圓桌會議成立於1972年，儘管有很嚴格的會員資格限制，但還是經常被視為總組織。協會成員是大型公司的執行長，這些公司必須同時具備兩個條件：一是在美國的員工超過1,000萬人，二是盈收要超過3億7千萬美元。之前企業圓桌會議一直被視為沉睡的巨人，但前任主席John T. Dillon與現任主席John Castellani把協會變成「遊說卡車」。這股新活力吸引HP、福特汽車和IBM等新會員加入。

企業圓桌會議不同於美國商會和美國製造商協會等團體，其特色在於執行長的參與程度。企業圓桌會議的目的不是在推動一些利益有限的小型議題。相反地，圓桌會議把重點放在「影響整個國家經濟發展的問題」。企業圓桌會議之下有負責特定議題的工作小組，致力於「支持確保經濟繁榮、活躍全球經濟、提供優質美國勞工的公共政策，以確保未來競爭力」。

(4)美國獨立企業聯盟

在20世紀末期，小型企業的成長引起媒體注意。因此我們可以想像，由小型企業組成的美國獨立企業聯盟（NFIB）具有一定影響力。我們可以把美國獨立企業聯盟當作小型企業的總組織。根據《財富》雜誌最新版的「25大遊說團體」（Power 25 Lobbying Groups）名單，美國獨立企業聯盟排名第三，影響力則是全部商業團體之首。

想要瞭解美國獨立企業聯盟的勢力，可以檢視其近期成功的民間遊說活動。美國獨立企業聯盟反對前總統柯林頓的健康照顧計畫，因為其強有力又成功的遊說一戰成名。這一計畫要求「雇主支付」（employer mandates），即要求大部分雇主為員工支付健康保險。NFIB與其60萬名支持者展開民間遊說活動，最終阻止「雇主支付」這項規定，並協助擱置整個健康照顧計畫。此外，小型企業的遊說活動也顯示，美國獨立企業聯盟在華盛頓的公共政策角力中扮演著重要的角色。

11.2 建立聯盟

在公共政策形成過程中，有一個值得注意且日益茁壯的政治參與機制，也就是創立、使用聯盟（coalition）來影響政府的決策過程。當不同的團體或不同黨派發現它們之間有共同點，而且結合之後力量會增強（至少暫時增

強），就會形成聯盟。更常見的是，不同團體對同一議題抱持類似態度，因此可能結成聯盟。

對於想要完成政治目標或影響公共政策的企業，組織聯盟成為一種標準做法。如果某企業或協會想要促成或阻止一項立法，就需要尋求有相似立場的個人或組織的支持。聯盟成員在面臨困難時，能夠分享資源並集聚力量。聯盟的功能還包括讓某公司可以推動自己有興趣的議題，但不必使用自己的公司名稱。

因為聯盟形成的基礎通常是議題取向，所以敏銳的政治策略家透過分析過去、現在以及將來可能出現的聯盟，可以預測並管理聯盟的行為。MacMillan與Jones建議的步驟是：

(1) 管理處理問題的次序。決定優先順序與重點後，可以適當分配力量，滿足組織的利益。

(2) 增加某些議題的能見度。這樣一來策略家能集中焦點，達成目標。

(3) 把議題分解成較小的子問題。這樣進展雖然緩慢，但策略家可以確保每次完成一個步驟，因此確保達到目標。對於整體而言，最後結果可能更成功。

根據特定議題建立聯盟的最佳例子是「經濟成長與美國工作聯盟」（Coalition for Economic Growth and American Jobs），其支持者包括美國商會、企業圓桌會議、美國銀行協會、美國製造商協會等許多貿易團體和公司。該聯盟在2004年總統大選使企業外包成為熱門議題，並支持各州與聯邦保住國內工作機會、限制全球化的行動。

11.3 政治行動委員會

到目前為止，對遊說的討論集中在人際接觸與說服。現在我們要把重點放在政治行動委員會（political action committee，PAC），這是企業利用金錢影響政府的一種主要方式。PAC屬於遊說的一種，但是因為PAC的影響很大，所以有必要單獨提出來討論。

11.3.1 政治行動委員會的發展

PAC的存在行之有年，但是直到過去20年來才發揮深刻的影響。這也許

是因為金錢不只代表商業勢力，也代表政治勢力——誰有錢、有多少錢，就能產生同等影響。這常被稱為政治的黃金法則（Golden Rule of Politics）：「誰有黃金，誰就擁有規則」。

PAC出現於70年代初期，也就是在1974年修改《聯邦選舉活動法》（Federal Election Campaign Act，FECA）之後。根據這項法律，具有類似目的的組織（如企業、勞工或其它特殊利益團體）可以一起成立一個PAC，用以籌募金錢，並且把這些金錢捐給公職候選人。PAC得於每次選舉中捐款5,000美元給每位候選人——包括初選、第二輪選舉、大選或特選。PAC的總捐款額並沒有設限。5,000美元的限額較個人捐款限額寬鬆，因為個人給每位聯邦候選人的捐款上限為2,000美元。

在2004年有3,868個PAC正式向聯邦選舉委員會登記，相較於2001年的4,000個數目有些減少。企業類的PAC數目最多，共有1,538個。在2000年的選舉中，PAC總共捐款2億美元給眾議院和參議院，另外在地方與各州的選舉中捐款2億美元給大型政黨與候選人。從1996年到2000年的總統大選，民主黨與共和黨募得的政治獻金是過去的兩倍。這些捐款還不包括不受聯邦競選財務法約束的「軟錢」（soft money），這類捐獻不屬於特定候選人，但卻直接影響候選人的競選活動。然而，已通過的《跨黨派競選改革法》（Bipartisan Campaign Reform Act，BCRA，通常被稱為McCain-Feingold）改變對這類獻金的規定，PAC在之後大選的操作方式也要跟著改變。圖表11-3列出捐款給聯邦候選人的前10大PAC。

圖表 11-3 捐款給聯邦候選人的前10大PAC

PAC	總金額	民主黨	共和黨
全國房地產經紀人協會	1,329,700	52%	47%
Wal-Mart店家	1,250,500	16%	84%
辯護律師協會	1,041,499	91%	9%
美國家庭住房建造商協會	996,500	39%	61%
勞工協會	964,250	81%	19%
木工工會	927,500	61%	39%
國際電工聯誼會	922,700	96%	4%
全國汽車經銷商協會	918,100	30%	70%
聯合包裹公司UPS	907,685	30%	70%
機械師/航空工人	902,000	98%	1%

資料來源：The Center for Responsive Politics (http://www.opensecrets.org). Based on data released by the FEC on Monday, February 9, 2004.

11.3.2　支持PAC的理由

可以想像的是，PAC的支持者基本上是募集、捐出獻金者（如企業界），以及接受捐款者（眾多國會議員和公職候選人）。企業認為透過PAC可以積極、有效地參與政治過程，並認為透過PAC，企業、勞工等利益集團可以組織其捐款有些企業認為，企業捐款會剛好等於勞工與其它特殊利益團體的捐款。

許多接受PAC捐款的國會議員也支持PAC。然而，國會的聲音不如企業這麼一致。公職人員其中一個反應是，他們對自己可能被收買的說法感到不悅。更大的問題是政治人物愈來愈需要PAC的捐款才能當選。總之，國會議員似乎支持PAC捐款，因為他們的競選活動需要藉此募得資金。然而，對於很多政治人物而言，改革PAC法律也顯得愈來愈必要。

11.3.3　反對PAC的理由

現任與卸任國會議員是PAC的主要反對者之一。Paul Simon和Bill Bradley這兩位資深立法者表示，自己離職的主要因素是為了得到更多的金錢。前任參議員Robert Dole的評論正好可以總結許多國會議員的挫敗感：「在PAC提供金錢之後，所盼望的不只是一個好的政府，還想要其它的回報，這使得立法變得非常困難。我們可以說，如果人人都期待用PAC的錢換取自己想要的東西，我們最後會一事無成」。Robert Dole也擔心富人與窮人會得到差別待遇：「窮人不會捐款，如果現在出現一個窮人PAC，結果可能大不相同」。《金錢》雜誌的一篇文章支持Dole的觀點。在這篇文章中，Ann Reilly Dowd估算平均每戶捐款給特殊利益團體的金額。根據近期政策改革研究所（Progressive Policy Institute）的一項研究結果顯示，美國的納稅人為企業的稅賦減免與補貼支付了477億美元，平均每戶支出483美元。糖、紡織品及其它貨物的進口配額總共為1,100億美元，平均每戶支出1,114美元。因此根據保護公司和富人的相關法律規定，平均每個美國家庭總共支出1,600美元。儘管有些稅收減免和補貼的確是合理的政策，但Dowd提出一個有趣的觀點。無疑的，很多稅收減免、補貼和配額都與PAC的獻金有關。

1.政治行動委員會與買票爭議

很多研究計算PAC捐款與國會選舉的關聯性。關聯性不一定證明有因果關係。然而，關聯性的確很具說服力，PAC的批評者總會藉此大做文章。有

些政治分析家使用更精密的統計分析技術，而不只是簡單指出其相關性。這些研究能夠控制政黨意識形態與過去投票記錄等變數，來確定捐款的影響。

這些研究結果並不一致，因為每次的情況都不一樣，所以研究者尋求解釋差異的特殊事件。2003年Jeffrey Cohen與John Hamman研究PAC捐款對有線電視法規的影響。結果與其假設相同，他們發現PAC捐款在眾議員候選人身上發揮的影響力大於參議員候選人。他們提出兩個解釋：首先，因為眾議員選舉的舉行次數較為頻繁，使候選人較容易考慮政治獻金這個因素。其次，因為眾議員選舉的選區（相較於參議員選舉）較小，所以眾議員必須接觸的利益團體較少。同樣的道理，研究還發現，如果該議題所影響的是規模較小的利益團體，PAC捐款就會發揮較大的影響，而當議題的範圍擴及整個眾議院或參議院時，捐款的影響力就會被稀釋掉。

2. 廉政中心的研究

位於華盛頓的廉政中心（Center for Public Integrity）於2003年發表一篇研究指出，在過去兩年的期間，針對阿富汗與伊拉克戰後工作，共有超過70家美國公司獲得總值超過80億美元的合約。大部分獲得合約的公司長久以來參與在華盛頓的遊說活動，透過政府行政部門、國會議員或軍事高層，公司的員工或董事會成員與兩個主要政黨保持密切的往來。在1990年之後，這些公司總共捐出將近4,900萬美元給全國性政治活動與政黨。在獲得14筆金額最高訂單的公司中，有13家雇用卸任政府官員或者與政府關係密切的人。接到訂單的這14家公司從1990年到2003總共捐出將近2,300萬美元的政治獻金。

在某些情況下，PAC捐款似乎是最有效的方式。這些情況包括：

(1) 當議題的可見度不高時。此時，PAC捐款較可能發揮效用。換句話說，此時社會大眾與媒體尚未全面關注這個議題。
(2) 在立法過程的早期階段。議程還未確定，而且委員會還在討論時，大眾、新聞界以及監督集團不會十分在意這個議題。
(3) 當議題比較侷限、專業或者不被反對時。與影響廣泛的國家問題相比，PAC捐款對專業或不被反對的問題較有效果。
(4) 當PAC結成聯盟時。PAC結合聯盟一起努力，就會掌握相當大的權力。
(5) 當PAC根據捐款策略採取遊說方式時。成功的PAC在捐款的同時也會利用民間遊說。

Ethics in Practice

倫理的實踐

影響地方政府

　　我的朋友在亞特蘭大市經營一家生產明礬的小型化學公司。明礬有多種用途，淨化水質就是其中之一。這家公司長年與Fulton郡簽約，多年來這家化學公司透過公開招標得到這份合約，今年仍是如此，這家公司今年在投標時再次提出最低價格。可是一家大公司的喬治亞州分公司得到這份合約，雖然其投標價格高出了3%。過去如果是因為品質或交貨出問題，這種情形是可以被接受的，但是這次情況並非如此。

　　我的朋友與該市前任官員會面，想瞭解事情的原因並且希望得到建議。這位官員認為這裡面有私下協議，並且建議我的朋友起訴市政府及採購經理。問題是合約金額其實不高，而訴訟的費用一定會高於合約的金額。

(1)起訴是這家化學公司影響市政府委員會的最佳方式嗎？這家公司有哪些選擇？

(2)現在的企業為了得到生意必須遊說政府嗎？企業需要透過PAC捐款嗎？這是行賄還是給回扣？

(3)這家小型化學公司應該採取什麼行動？

（由Jack Rood提供）

11.3.4 政治行動委員會與資助競選活動

　　由於PAC容易募得金錢，這說明為什麼PAC透過捐款發揮很大的影響力。再加上立法者為了當選或連任所需花費的金額愈來愈高，結果是不容忽視的。立法者日益依賴PAC捐款，部分原因在於競選的費用增加，部分原因是PAC捐款得來容易。當選的代價急劇上升。在1992年的選舉中，民主黨與共和黨總共募得5.079億美元，2000年則增加到12.36億美元，在僅僅8年的時間增加了243%。

　　對PAC捐款的依賴不是唯一的問題，其它問題包括，有愈來愈多的證據顯示，大部分的捐款進了現任者的口袋。Common Cause這個公民遊說團體研究PAC的捐款模式。根據這份研究顯示，在2000年的參議員選舉中，PAC給現任眾議員的捐款為每人8美元，但給非現任候選人的捐款為每人1美元；同時，給每位現任參議員的捐款為每人6美元，而給非現任候選人的捐款則為每人1美元。Common Cause的主席兼執行長Scott Harshberger說：「對於國會議員而言這個系統是棵搖錢樹，對於特殊利益集團而言這個系統則是張飯票，很多利益團體希望得到回報」。因為這種優勢，不令人意外的是，有高達98%的現任眾議員和82%的現任參議員在2000年的選舉連任成功。

公民遊說團體與愈來愈多的立法者逐漸警覺到PAC的影響力。一般大眾也不相信PAC，認為PAC危害著國家的政治過程。S. Prakash Sethi與Nobuaki Namiki發現，對PAC的負面觀感與社經及人口統計因素、政治意識形態或政黨關係無關。在一個全國的調查中，發現：(1)17.6%的受訪者認為PAC是好的；(2)43.1%的受訪者認為PAC是不好的；(3)35.6%的受訪者認為PAC有很大的影響力；(4)45.8%的受訪者認為PAC有一些影響力。Sethi與Namiki總結道：「如果企業想要保持其參與政治的社會正當性，就必須採取大量促進溝通的措施，以改善大眾對PAC活動的觀感」。圖表11-4以恩隆案為例，說明企業運用政治獻金的負面效應。

1. 有關選舉捐款的數據

《跨黨派競選改革法》於2002年11月6日生效，代表「四分之一個世紀來美國競選募款系統的重大變革」。這個法案的目的是在移除「軟錢」（選舉捐款）對於全國性公職候選人的影響。「軟錢」是給政黨而非給候選人的政治獻金。以前這種捐款沒有上限，而且通常用來在選前製作「議題廣告」（issue ads.）。相反地，以前的法律規範「硬錢」（hard money），也就是直接捐款給候選人的政治獻金。《跨黨派競選改革法》則禁止捐獻「軟錢」，也禁止特殊利益團體在選前播放議題廣告，同時提高對「硬錢」的限制。在《跨黨派競選改革法》通過後不久，幾個團體在法庭質疑該法案違憲。美國總工會（the AFL-CIO）、美國公民自由協會（American Civil Liberties Association）、美國商會、全國槍枝協會（National Rifle Association）宣稱這個法案侵犯它們的言論自由。2003年5月，聯邦法院裁定禁止軟錢的規定違憲，重新賦予政黨募款的權力，不過同時對議題廣告的播放設限。最高法院隨即上訴。2003年9月8日，最高法院的裁定保留軟錢，並根據《跨黨派競選改革法》公布對議題廣告的限制。

雖然新的法案針對競選募款提出較為進步的規定，但問題仍然存在。如同共和黨的說客Ron Kaufman所言：「競選資金的問題永遠不會消失」。兩黨仍然接到大筆政治獻金，同時民主黨與共和黨成立新的團體取代政黨。有人擔心這些團體會比法令制訂之初的政黨更難控制。這些非利益組織（通常因為繳稅代號被稱為527s）能夠募集政治獻金，並將之花費在競選活動上。聯邦選舉委員會對其使用政治獻金的方式設限，但是不打算完全禁止──在本書撰寫的同時有新的法律正在制訂。

　　企業面對競選募款改革的另一個對策是「聯合」（bundling），也就是蒐集個人捐款後一次大筆捐給候選人。常見的情況是，高階主管負責一次募款活動，邀請高階員工參加，每位員工則捐出不超過2,000美元的捐款。募得最高金額的主管可能會得到金錢獎勵。「聯合」不是新現象，但在2004年總統大選達到新高峰，並成為布希的最大資金來源。在2004年1月26日，總統大選前八個月，布希的募款團隊已經透過這種方式為布希募得950萬美元，都是聯合捐款的小額支票，每張不超過2,000美元。競選募款改革對「聯合」這種行為的影響是很明顯的：在2000年的大選，布希42%的競選資金來自於個人捐款，但是在2004年，98%的獻金來自於個人。顯然競選募款改革沒有預期到會把政治獻金的壓力從企業轉移到員工身上。

圖表 11-4　影響政府策略的規避行為

　　Enron的破產案在這波企業醜聞中第一個爆發，徹底摧毀大眾對美國企業的信心。然而，破產只是冰山一角。公民監督賦稅正義團體（Citizens for Tax Justice Watchdog Group, http://www.ctj.org）的研究發現，雖然Enron在2002年沒有繳稅，但還是因為員工兌現股票選擇權而得到賦稅減免，拿回2億7,800萬美元的退稅。這份研究同時發現在1996到2000這四五年間Enron都沒有繳稅，其間Enron總共拿到3億8,100萬美元的退稅。這份報告強調閱讀註腳的重要性。Enron的財務報告記載著公司在近年支付數百萬美元的稅款，不過財務報告的註腳顯示的又是另外一回事。Enron利用海外子公司與股票選擇權為手段，使自己在美國完全不用繳稅。財務報告中記錄的稅款有的是繳給外國政府，有的遭延期。這些省下來的稅金說明了為何Enron能夠提供大筆政治獻金，在1990到2000年間Enron給聯邦候選人與政黨的獻金是600萬美元。過去十年來，共有71位參議員及186位眾議員收到Enron的政治獻金。Enron不是唯一一家規避賦稅的企業。公民監督賦稅正義團體針對半數《財富》五百大企業所做的研究顯示，在1998年有24家企業不需繳稅，1997年13家，1996年則有16家。

　　避免繳稅不是企業唯一規避政府規定的行為。2004年在一集「60分鐘」新聞節目中指出，美國主要公司都與「流氓國家」有生意往來。美國法律規定不許與支持恐怖主義的國家有貿易往來，包括伊朗、敘利亞與黎巴嫩。但是「60分鐘」指出，有三家《財富》列出的五百大企業在伊朗和敘利亞進行商業活動，分別是Halliburton、Conoca-Phillips與General Electric。這些公司懂得鑽法律漏洞，因為美國法律沒有禁止海外子公司在這些地方經營，只要子公司的總裁不是美國人即可。

資料來源：David Ivanovich, "Investigators: Enron Taxes 'Eye-Popping,'" Houston Chronicle (February 13, 2004); 60 Minutes (January 25, 2004), http://www. cbsnews.com; Citizens for Tax Justice, http://www.ctj.org.

2.政治行動主義的策略

我們已經討論過企業參與政治活動的某些方法——遊說、PAC和聯盟。當然還有其它方法，但是主要是上述方法。我們在討論時把這幾種方法當作策略的一部分。對於政治行動主義者而言，擬定策略時一定要知道，管理者不僅要找出有用的方法，而且要知道在何時、何種條件下使用會帶來最佳的效果。我們不想談太多，因為這已超出本書的範圍，但是我們還是必須對政治行動主義的策略有些瞭解，因為這樣有助於完成利害關係人的分析架構。當管理者設計、實施政治策略時，可以根據他們的決定看出他們利害關係人的管理能力。

John Mahon曾經指出在政治與社會領域經歷失敗與意外的組織，因為應付過快速變化的社會、政治環境，所以其實是在擴展其策略視野與行動。Mahon認為政治策略的目的在於：「在既定的規定中確保其優勢地位；控制一種思想或一種活動，防止其偏離企業；透過重要議題與地方團體往來」。這種策略通常不實施於法律層面。要追求政治策略最好使用下列兩個方法：(1)避免讓議題成為大眾關心的話題，避免成為鎂光燈的焦點；(2)協助尋求公共議題。如果企業做不到第一點（這是一種封鎖策略），那麼企業應該努力做到第二點，這樣企業可以稍微控制議題形成的過程。如果這兩種方法都失敗，公司就得尋求適應策略（coping strategy）。

我們現在要來考慮其它幾個有關政治策略的方法：法規的生命週期、權變和企業政治企業家精神。

11.3.5　法規的生命週期

之前已經討論過幾個連結公司政治策略與關鍵問題/變數的高明方法。Arieh Ullman提出法規的生命週期（regulatory life cycle）與政治策略運用間的關係。他認為法規的生命週期分成五個階段（形成、制訂、實施、管理和修改），企業需要根據議題的不同階段調整其政治策略。他總結道，舉例來說，在後面的階段掌握重要官員才有意義，而企業的民間活動只有在早期階段具有優勢。

11.3.6　權變

針對企業的政治策略與立法決策，Gerald Keim與Carl Zeithaml則提出權變方法（contingency approach）。他們的模式考慮兩個重要變數：(1)立法

地區顯著議題的數目；(2)關於選民對這些問題的態度某立法者所掌握的資訊。Keim與Zeithaml認為，企業在針對特定議題選擇有效的企業政治策略時，這兩項資訊十分有幫助。如果企業能找出對重要決策有關鍵作用的立法者，那麼企業接下來的任務是：(1)找出每個選區的顯著問題；(2)找出選民對該議題的可能立場。這樣企業可以預測每位立法者的可能立場，並且選擇適當的政治策略（例如，要遊說、建立選區或透過PAC捐款）。

S. Prakash Sethi認為，企業要根據下列因素選擇其政治活動：(1)企業的反應模式要適合所在環境；(2)企業內部情況；(3)預期的政治風險。企業可能會發現自己有三種模式可以選擇：(1)防禦模式；(2)適應模式；(3)積極行動主義。

「防禦模式」（defensive mode）指的是企業認為自己的目標完全合法，任何反對這些目標的人都是自己的敵人，而且在政治領域會單獨行動。在這種情況下，公司的主要目標是維持政治、立法和法規的現狀。建議的策略是特別典型且被動的。當然在這種模式中，企業會認為外部環境和企業內部條件有助於自己採取防禦姿態。

「適應模式」（accommodative mode）指的是企業認為自己的政治目標是要讓其它團體支持自己的觀點。如果所結盟的聯盟可以獲得主導的話，採取這種模式的企業願意結盟。這種模式不需要偏離傳統的目標和策略太多，但是更能針對變動的政治環境和結構做出反應與調整。在目前的環境中，適應模式似乎是最低的要求。

「積極行動主義」（positive activism）指的是公司的重點不再是回應內部壓力，而是回應全國議題的行動與發展，在制訂公共政策的過程中扮演更積極的角色。企業積極領導社會與政治的變化，而不再只是針對外部因素做出反應。這種模式的本質是積極的，目標在於預測、左右未來的事件。

在目前的環境中，或許企業至少需要採取適應模式才能獲得政治上的成功，而最理想的方式是採取積極行動主義模式。在某些情況防禦模式仍然適用，但是那些情況將逐漸消失。如果企業或行業所面臨的競爭日趨激烈，就應該選擇積極行動主義。此外，如果管理階層瞭解企業在社會所扮演的重要角色，也瞭解企業成功的關鍵因素，此種策略最適合這種創新、積極、專業的管理階層。

 本章摘要

2001年911事件之後出現新的政治環境。原本認為要減少政府干預的行政部門開始參與企業緊急援助、整合性服務，以前這些是私人部門的工作。經濟不景氣，以前熱門的立法議題讓位，現在重要的是因世貿大樓悲劇而產生的問題。以前創下預算盈餘新高，現在則是預算赤字不斷增加，以前我們是個和平的國家，現在我們參與戰爭。企業的政治參與在目前的環境更加重要。

《跨黨派競選改革法》改變企業影響候選人與政黨的方式。然而，遊說與企業政治獻金仍然會扮演重要的角色。在多元化的社會中，企業追求利益的行為是維持權力平衡的重要部分。不過，企業追求的方式必須合法且合乎倫理，才能真正的維持平衡。《跨黨派競選改革法》的制訂就是考量到，政治獻金讓企業在政策制訂的過程中握有太多權力。當不平衡出現時，就會有新的立法來處理這些新的問題。這是政策制訂過程的特色。

 關鍵字

accommodative mode　適應模式
astroturf lobbying　阿斯特羅草皮遊說
Bipartisan Campaign Reform Act《跨黨派競選改革法》
bundling　聯合
coalitions　聯盟
company lobbying　企業遊說
contingency approach　權變方法
cyberadvocacy　網路遊說
defensive mode　防禦模式
527s　527s
Golden Rule of Politics　政治的黃金規則

grassroots lobbying　民間遊說
hard money　硬錢
lobbying　遊說
political action committees (PACs)　政治行動委員會
political involvement　政治參與
positive activism　積極行動主義
regulatory life cycle　法規的生命週期
soft money　軟錢
trade associations　行業公會
umbrella organizations　總組織

問題與討論

1. 用自己的話來解釋何謂遊說？描述遊說的不同層次，為什麼總組織缺乏一致性？

2. 什麼是政治行動委員會？贊成政治行動委員會的理由有哪些？對政治行動委員會的主要批評為何？你認為企業應該透過政治行動委員會影響公共政策的形成過程嗎？你認為政治行動委員需要哪些改革？

3. 解釋政治行動主義的法規生命週期方法，法規生命週期與權變方法有何差異？

4. 討論《跨黨派競選改革法》以及該法對未來的選舉可能造成的影響。你認為競選募款需要哪些改革？

5. 討論企業如何規避政府規定。鑽法律漏洞這件事合乎倫理嗎？

個案評述

本書附贈的光碟提供了許多個案，與本章相關的個案有個案19、個案21以及個案22，你可以搭配本書第十一章的內容探討以下的個案：

個案19「CALA報告：進行遊說的道德責任」

這個案例討論的是假造的基層團體，也就是空殼團體。這些組織的名字聽起來像是消費者主動發起（如「公民支持健全經濟」），但是事實上是由企業成立、贊助的。企業透過這樣的命名方式隱瞞自己支持商業活動的立場，這麼做合乎倫理嗎？團體的命名應該反映其資金來源嗎（畢竟企業為自己的利益從事遊說這件事並沒有錯）？需要有這類的規定嗎？如果要的話你會訂立什麼樣的規定？

個案21「當烈酒和啤酒碰在一起……」

這個案例談論的是烈酒產業與啤酒產業的遊說戰爭。Diageo買下Smirnoff後，規模足以挑戰Anheuser-Bush的政治力量。Diageo支持烈酒產業遊說團體DISCUS，因此後者開始反對烈酒與啤酒產業目前遭受的不同待遇，包括繳不同的稅、有不同的廣告規定。DISCUS堅持烈酒與啤酒沒有什麼不同，提出這樣的論點合乎倫理嗎？烈酒與啤酒產業應該受到不同待遇嗎？產業團體透過遊說以提高酒精飲料銷售量，這麼做合乎倫理嗎？

個案22「菸草業的新抗爭」

在這個案例中，廣告業遊說團體成功的阻止政府進一步限制菸草廣告的規定。廣告業關心的不只是自己在煙草業的損失，還考量到自己有廣告任何商品的權利，擔心下一個會被限制的產品。下一個會是高熱量的食品或酒類嗎？廣告業捍衛自己廣告菸草的權利，可是這麼做合乎倫理嗎？政府應該對菸草廣告設下更多限制嗎？政府應該對其它產品的廣告設下更多限制嗎？你會怎麼決定？

第十二章
消費者利害關係人：
資訊議題與回應

本章學習目標

▶▶ 閱讀完本章後，你應該能夠：

1. 列出消費者《大憲章》並且解釋其意義。

2. 列出消費者運動的演進。

3. 列出濫用廣告的主要方式，並且討論引起爭議的廣告議題。

4. 闡述並且討論其它與消費者利害關係人相關的產品資訊議題。

5. 描述聯邦貿易委員會的角色與功能。

6. 討論廣告業他律與自律的優缺點。

消費者身為利害關係人究竟有多重要？根據管理大師Peter Drucker的說法，企業只有一個目的：創造顧客。當然，留住顧客也很重要。在《忠誠的效應》（*The Loyalty Effect*）一書中，Frederick Reichheld證明，只要多留住一點顧客就能增加許多利潤。在目前的競爭市場中，企業如果想要成功，增加顧客和留住顧客顯然是必要的。因此，毫不意外的是，顧客關係管理（customer relationship management，CRM）將成為行銷聖經。顧客關係管理是「有效辨認、獲得、增加與保留忠實且又帶來利潤顧客的能力」。由於顧客關係管理已經成為企業處理顧客關係的指導原則，因此人們期待顧客應該會喜歡自己所受到的待遇，至少感到滿意。遺憾的是，實際情況並不是如此。消費者仍然「經常被忽視」；實際上，顧客關係管理被視為「只有空談少有行動」。

2003年一項由顧客關懷管理與諮詢團體（Customer Care Measurement and Consulting）所進行的全國調查發現，45%的受訪者在過去一年中遭遇嚴重的顧客問題或曾提出申訴，其中60~70%的人因此控告那家公司。所以，可以預料到的是，在一項最近的調查中，45%的執行長坦承自己的公司無法獲得顧客的忠誠度是應該的。沒錯，美國顧客滿意指數（American Customer

Satisfaction Index）在2003年上升了1.2%，可是該指數的評分對象是產品與服務的品質，不是顧客遭受對待的方式。這些數據似乎暗示著，雖然產品與服務的品質有改善，但是顧客受到的待遇卻變差，這將嚴重影響競爭力。在一項針對顧客忠誠度的兩年研究中，Frederick Reichheld測試各種調查項目，發現其中一個簡單的問題最能測量顧客忠誠度：「你會將這項產品/服務推薦給你的朋友嗎？」他發現在大部分的產業中，這個問題的答案與公司的成長率有直接的相關。

在討論企業與企業社會責任時，企業與消費者利害關係人的議題十分重要。產品與服務最容易看出企業表現，因此，我們需要仔細檢視企業與其消費者利害關係人的全面議題。我們用兩章的篇幅來探討這項議題。本章的重點是消費者運動的演進與成熟、產品的資訊議題，尤其是廣告。在第十三章中將討論產品問題，特別是產品安全與責任、企業對其消費者利害關係人的回應這兩個議題。

12.1 消費者運動

消費者大憲章（consumer's Magna Carta）闡述消費者運動的基本期望，甘乃迪總統在〈保護消費者利益的特殊訊息〉（Special Message on Protecting the Consumer Interests）一文中也清楚地說明四種消費者的基本權利，包括：安全權、知情權、選擇權和被傾聽權。

安全權（right to safety）所關心的是：事實上許多產品（殺蟲劑、食品、藥品、汽車、家電）是危險的。知情權（right to be informed）與行銷和廣告密切相關：消費者有權知道產品的功用、使用方法與注意事項。這項權利包括行銷的全部內涵：廣告、保固、標示和包裝。選擇權（right to choose）指的是要確保有效的競爭，不過目前大眾對這項權利的關注不如前兩項權利。第四種權利是被傾聽權（right to be heard），之所以提出這項權利，是因為許多消費者認為無法有效的與企業溝通其願望，感到特別不滿。

儘管這四項基本權利未能包含企業對消費者利害關係人的全部責任，但是已經包含企業對消費者的基本社會責任。今天的消費者希望錢能花得「值得」，也就是產品要能滿足「合理」的期望，充分告知產品（或服務）的具體情況，產品/服務的廣告要真實，產品要安全並且經過適當的安全檢驗。消費者也期望，太危險的產品應該不准販賣，或者應該採取一些適當措施。

　　過去幾十年來一直有人大聲抗議企業未能善盡對消費者的責任，忽視或未能善待消費者。消費者行動主義可以追溯到1906年，當時Upton Sinclair出版著名的《屠場》（*The Jungle*）一書，揭露肉類包裝業者不衛生的內幕。然而，當代消費者行動主義開始於50年代晚期，在60年代成形，70年代轉趨成熟，一直到今天為止仍以各種不同形式持續進行著。以下關於「消費者主義」（consumerism）的定義揭示消費者運動的基本內涵：

　　消費者主義是一種社會運動，尋求增加購買者相對於銷售者的權利與權力。

　　Henry Assael提出更詳細的解釋：消費者主義是「獨立的消費者組織和消費者行動主義者提出的一系列活動，目的在保護消費者。消費者主義關心的重點在於確保消費者在交易過程中受到保護」。他也指出，我們必須瞭解「消費者運動」一詞意味著許多團體的共同付出，不是單一消費者組織的努力，否則使用時會造成誤導。

　　雖然一般人常認為消費者運動始於Ralph Nader出版的《任何速度都不安全》（*Unsafe at Any Speed*）一書，此書批評通用汽車公司，但是消費者運動的興起其實是因為複雜的環境因素。有關消費者主義，Philip Kotler論述道：

　　這種現象的產生並不是因為單一原因。消費者主義之所以再生，是因為所有促成成功社會運動的條件正好存在。這些條件是：有結構的利益、有結構的負荷、一般信念的成長、沉澱因素、行動的動員與社會控制。

　　圖表12-1列出消費者聯盟（Consumers Union）會長Jim Guest所提出有關消費者運動所得到的五大教訓。

圖表 12-1　消費者運動得到的教訓

　　在擔任消費者聯盟會長一年後，Jim Guest對「美國消費者大會之消費者聯盟」（Consumer Federation of American's Consumer Assembly）發表演說。在演說中他列出目前在市場上，因為濫用消費者信任所得到的重大教訓。以下是五大教訓：

(1)雖然消費者運動已經擁有重大影響力，但是消費者運動對於達成所有人的公平、正義市場仍然扮演著重要的角色。

(2)在下列情形中有效的公共監督是必要的：
　　a. 企業缺乏自律行為的動機。
　　b. 關係到健康、安全等其它特別議題。

(3)我們的產品安全網與消費者保護基本面有嚴重漏洞。為了有效監督，社會監督團體必須有足夠的資源、權威與大眾支持。

(4)消費者運動必須更努力爭取平價產品與服務、公平籌資行為以及滿足最低生活標準的公平機會。政府必須照顧那些沒有獲得公平機會的人。許多消費者仍然無法負擔基本需求。

(5)美國的消費者必須改變浪費過度的消費行為，這已經威脅到整個環境。

　　在這場演說最後，Guest認為目前消費者運動同時面臨危機與機會：已經有許多成就，但仍有很長的一段路要走，因為還有一些嚴重的問題尚待解決。

資料來源：Remarks by Jim Guest, President, Consumers Union of U.S., Inc., "Consumers and Consumerism in America Today," Consumer Assembly of the Consumer's Federation of America (March 15, 2002).

12.1.1 Ralph Nader的消費者主義

　　Ralph Nader對消費者運動的產生、成長與成熟做出很大的貢獻。Nader在距今40多年前嶄露頭角，目前仍是公認的消費者運動之父。1985年Ralph Nader與朋友及崇拜者一起慶祝《任何速度都不安全》出版20週年，這是一本揭露汽車安全內幕的書。這本書相當具有影響力，促成汽車安全法規與汽車安全設備的產生（包括：安全帶、安全桿、強化的門鎖、頭枕、安全氣囊等），同時創造一個新的時代──消費者的時代。Nader本人頓時也成為全國知名的人物。

　　《任何速度都不安全》這本書批判整個汽車行業，尤其是通用汽車公司。Nader尤其駁斥通用Corvair這款車的安全性。通用汽車公司不明白Nader的動機，所以在1966年雇用了兩位偵探來跟蹤他，試圖破壞他的聲譽。通用汽車公司否認自己在調查時用女人為「性誘惑」。最後通用汽車在國會聽證會上向Nader道歉，並且因為侵犯隱私支付他48萬美元的賠償金。

　　Nader把這筆錢投入消費者保護工作，造成廣泛的影響。他的大批熱心支持者被稱為「Nader特攻隊」（Nader's Raiders）。

　　Nader與消費者運動促成70年代消費者相關法令的通過，不過80年代並沒有成為消費者的年代。因為整個時代氛圍，更因為消費者運動已經大有斬獲，所以有觀察家認為在稍後的年代Nader不再能引起話題，而且已經被定型。不過在80年代末期，就如《新聞週刊》所形容的，Nader「二度崛起」。Nader成功抵制加州的汽車保險金調漲，並阻止國會調薪，這些勝利使得Nader享有多年的卓越聲望。2000年Nader代表綠黨參選美國總統，競選重點在建立第三大黨、打擊企業財富與保護環境。不過因為Nader未能跨過5%的得票門檻，所以綠黨未能獲得聯邦對2004年大選的補助。在競選的過程中

Nader激怒了民主黨員、勞工領袖、女性主義者與環境保護者，他們稱呼他為「程咬金」，害得選舉結果最後倒向布希。當他在2004年2月宣布第二次參選總統時，綠黨拒絕支持，而有民調顯示有三分之二的美國人不希望他再參選。

消費者的抱怨並未因為Nader而消失；相反地，抱怨更加嚴重了。有人說，Nader使消費者的抱怨受到尊重，事實上消費者對企業的抱怨激增。我們無法列出所有的抱怨，不過圖表12-2列舉了消費者對產品和服務的主要顧慮。

圖表12-2 消費者對企業的不滿

- 許多產品價格高昂
- 許多產品品質低劣
- 許多公司刊登不實廣告
- 差勁的售後服務
- 許多產品在拿回家之後就出問題
- 不實包裝或不實標示
- 消費者的抱怨感覺上像是浪費時間，因為達不到實質效果
- 缺乏足夠的品質保證和保固
- 公司不能適當處理抱怨
- 許多產品具危險性
- 缺乏可靠的產品資訊和服務資訊
- 如果買的產品出問題不知道該怎麼辦

12.1.2　21世紀的消費者主義

消費者運動是許多團體組成的鬆散聯盟。消費者的力量並非來自有組織的團體遊說，而是來自基層的努力。民間的消費者行動主義力量強大。在英國，一個規模不大的消費者團體為了抗議天然氣的價格，成功的使整個國家停擺。他們設置路障淨空道路、關閉學校，並且使民眾因恐慌到超市搶購。網路使消費者團體能更快的反應問題，造成更大的影響，消費者能夠得知消息，並進行動員、採取行動。全球公司特別需要注意這一點。在《行銷》（*Marketing*）雜誌中，Cordelia Brabbs指出：「全球公司發現自己受消費者的監督，如果公司出了一點差錯，消息可能在網路上快速的散播開來」。

在進一步探討企業該如何回應消費者運動以及消費者利害關係人之前，我們要先仔細探討企業/消費者關係中的熱門議題，以及主要聯邦管理機構處理這些議題時所扮演的角色。大致上可以把議題分成兩類：產品資訊（product information）與產品本身。正如前面所說的，本章的重點是廣告、保固、包裝和標示等產品資訊議題；下一章的重點是產品本身。請讀者記住，服務也是產品的一種。

12.2 產品資訊議題

為什麼企業對產品的社會責任與倫理責任總是會引起爭議？大部分的消費者都知道答案。企業希望把產品形容得無懈可擊，這是可以理解的，然而，太強調產品的優點很容易讓人誤解為產品特性。消費者聯盟（Consumers Union）是一個獨立的非營利產品檢驗與資訊組織，成立的宗旨在保護消費者的利益。消費者聯盟進行獨立的產品檢驗，將結果刊登在《消費者報告》（*Consumer Reports*）以及網路上。「Selling It」是《消費者報告》的一個單元，專門「紀念誇大的行銷」。以下是2004年的內容：

- Croyden速食湯（Croyden House Instant Soup）的包裝寫著它的雞湯「喝起來就像自己煮的一樣」，可是又接著說裡面不含雞肉。不過，就像《消費者報告》所下的評語，除非你家的雞湯的主要成份是樹薯澱粉，否則它的雞湯喝起來不可能像是自己煮的。
- 你在Hungry Jack藍莓煎餅與鬆餅組合（Hungry Jack Blueberry Pancake and Waffle Mix）裡看到的藍色小點並不是藍莓，而是「葡萄糖、部分氫化黃豆與棉籽油、漂白麵粉、纖維膠素、藍色與紅色色素等其它不會長在藍莓欉上的東西」。
- 爆破奶油（Blastobutter）爆米花承諾要「挑戰你的味蕾」，不過其實成分沒有奶油，而是部分氫化植物油、天然與人工香料。

這些都是問題產品資訊的真實案例。我們不知道提供上述資訊的企業是否存心欺騙，但是一般人還是會認為企業多少有點想要誤導消費者。不管企業的動機為何，企業都有提供完整、正確資訊的法律責任與倫理責任。

廣告是產品或服務資訊的重要議題，另外與資訊相關的還有品質保證或保固、包裝、標示、使用說明以及直銷商所使用的銷售技術。

12.2.1 廣告議題

大眾對廣告在社會所扮演的角色已經討論幾十年了。大多數的觀察家關心廣告在市場機制的經濟功能，但是，對於廣告成為一種企業功能究竟是利

是弊，大家有不同的觀點。批評者認為廣告是一種浪費、無效率的企業工具，如果沒有廣告的負面影響，我們現在的生活水準會更高。這些批評者認為廣告的主要效果是傳播非必要的訊息，產品標示或店頭人員甚至可以把這些訊息解釋更清楚、費用更低，因此廣告是非必要的成本，產品與服務的價格因廣告而提高，而且這樣的大筆花費沒有為消費者帶來任何利益。支持廣告者回應，廣告是市場機制的一部分，會帶來利益，生活水平的提高與消費者滿意度的提高可能要歸功於廣告。這些人認為，整體而言廣告是傳遞資訊的一種有效方式，因為消費者需要知道的產品種類太多，而且其數量還在不斷增加當中。若要讓消費者認識最新的產品，廣告是一種有效而且相對廉價的方式。

有人認為即使廣告的目的不在傳達資訊，但是仍然會提供消費者許多資訊。廣告會吸引許多人到店裡，讓人們覺得這樣做是對的。進到商店的顧客愈多，商店就愈能提供較多的商品，並刺激商店投資降低成本的技術，例如電腦庫存管理、現代化的倉庫、大量買進的折扣，因此可以降低邊際成本。雖然有的廣告沒有提供產品資訊，但仍然告知消費者哪裡有大型、低價又提供多樣產品的商店，廣告因此能夠提高效率。經濟學家認為 Wal-Mart、Home Depot 和 Circuit City 這樣的大型零售商店就是很好的例子。從這個角度來看，廣告被視為是社會的淨剩餘，因為廣告通常能降低價格，增加商品的多樣性。

倫理的實踐

拖鞋在哪裡？

　　過去六個月我在一家室內拖鞋生產商的電話訂購部門擔任會計經理。這家企業最近嘗試向小型零售商開放電話訂購，這些零售商的銷售量沒有大到能夠吸引地區代表。傳統上 9~12 月是最忙碌的時候，因為零售商會訂購存貨為聖誕節的購物季做準備。去年我們接到的訂單出乎意料的多，而貨物到港需要將近一個月的時間。客戶必須在 11 月底下訂單，否則來不及在聖誕節前上架。

　　然而部門經理卻鼓勵我們接受較晚的訂單，並且承諾在聖誕節前交貨，可是我們知道這些商品要到一月初才能送到。如果零售商知道實際的交貨時間可能就不會下訂單。經理這麼做是因為需要提高部門銷售量，讓管理階層在試賣期結束時看到我們的成功。換句話說，這次銷售結果將會影響我們的工作；同時，我們每失去一筆訂單就少一部分佣金。

(1) 你會怎麼定義我們企業正在從事的行為？

(2) 電話訂購部門員工的工作比倫理原則更重要嗎？

(3) 我應該聽從經理的指示並且從事我認為是欺騙的行銷活動嗎？如果我們有可能可以準時供貨，那麼這樣的行為仍然完全不可取嗎？

（由 David Alan Ostendorff 提供）

　　究竟廣告是有益還是浪費，這場爭論無疑還是會繼續。不過在現實世界裡，廣告已經成為自由企業系統的生命泉源。廣告刺激競爭，使消費者在購買時能比較商品資訊；廣告也為競爭者提供競爭所需的資訊，並且讓企業能直接改變銷售方式以回應競爭。所以儘管有人批評廣告，但是廣告的確為美國帶來許多的社會和經濟利益。

　　由於商品數目眾多且日益複雜，今天的消費者有必要得到清楚、正確且足夠的產品資訊。清楚的資訊（clear information）指的是直接、易懂的資訊，沒有欺騙且未經操縱。正確的資訊（accurate information）指的是真實的資訊，不是半真半假，沒有誇張和暗示。足夠的資訊（adequate information）為潛在的消費者提供足夠的資訊，讓他們在選擇商品時能夠做出最佳的選擇。

　　除了提供資訊，廣告的另一個正當的目的是說服。今天大部分的消費者認為企業廣告的目的是說服他們購買產品或服務，並且接受廣告為商業的一部分。事實上很多消費者喜歡公司不斷努力提出有趣的銷售方式。我們常看到人們談論最近他們所看到的有趣廣告。因此，開始出現鼓勵傑出或有趣廣告的獎項，甚至也有人頒獎給不良廣告。不過資料顯示大眾愈來愈沒耐心。2004年Yankelovich Partners這家行銷研究公司的調查顯示，60%的受訪者對廣告的觀感較兩年前為差，61%的受訪者相信自己失去耐心，69%的受訪者想要避免買自己看到的廣告產品。

　　當公司試圖向消費者利害關係人提供資訊並說服他們時，通常就會產生廣告的倫理問題。常見的「廣告醜惡面」一詞指的是廣告的濫用所產生的經濟與社會成本，本章前面已經舉出一些例子，讀者一定也有更多親身經驗。

1.廣告的濫用

　　William Shaw和Vincent Berry列出四種引起倫理議題的廣告濫用：語意含糊的廣告、隱瞞事實、誇張宣傳和心理吸引。大多數對於廣告的批評都已經包括在這四類的廣告裡面。

(1) 語意含糊的廣告

　　一種文明的企業欺騙方式是推出語意含糊的廣告（ambiguous advertising）。這一類廣告可以有好幾種解讀方式，未能提供明確產品或服務的相關資訊。

　　呈現語意含糊的廣告有好幾種方式，其中一種方式是使用含糊的詞語（weasel word），讓觀眾有機會自行推敲字義。這些詞語本身的意義含糊，因此公司可以宣稱自己沒有誤導消費者。「幫助」就是一個意義含糊的詞語。「幫助」這個字可以用在廣告的任何地方，而且公司會聲稱自己無意欺騙。我們可以看到這類的廣告詞「我們能夠幫助你保持年輕」、「幫助預防蛀牙」或者「幫助我們保持家裡清潔」。想想你在廣告中看到多少這類的用詞：「幫助防止」、「幫助預防」、「幫助克服」、「幫你感覺」、「幫你觀察」或「幫你成為」。其它含糊詞語包括「像」、「確實」和「可達」（例如，止痛「可達」8小時）。這類詞語讓廣告變得很含糊。其它的含糊用語包括「超」省、「低」價和「淡」煙。

　　讓廣告意義含糊的另一種方式是使用複雜、含糊的術語，如法律術語。《消費者報告》中的Selling It專欄提供一家百貨商店的廣告詞：

　　Kohl's的特價商品或列出過去與未來價格的商品，指的是價格較過去或未來低廉（不管實際銷售例子是否存在）。中盤商的折價可能會列入考慮。出清商品不包括在庫存項目之列。

(2) 隱瞞事實

　　有一類廣告濫用是隱瞞事實（concealed fact），指的是廣告未能告知完整事實，或者故意不提供消費者做決定所需的資訊。換句話說：「某個事實被隱瞞後，消費者較可能需要、購買或使用某項產品」。這是個難解的問題，因為很少有人認為廣告商有義務告知「每件事」。例如：止痛藥廠商可能會宣稱自己的產品藥效最久，但是不會說市面上許多產品也有同樣療效；或者保險公司可能會強調自己的保險所能提供的保障，但是不會詳列自己不給付的情況。

　　很少人真的希望企業能夠告訴我們全部事實。身為消費者我們可以決定想要知道的事情，例如競爭者的產品、價格等。這裡之所以會出現倫理議題是因為企業透過廣告傳遞選擇性的事實，因此創造一種不實信仰。面對不實廣告所帶來的挑戰，我們需要有足夠的判斷力來決定哪些廣告創造出不實信仰。一家位於大學城的墨西哥捲餅餐館在報紙上刊登一則很幽默的廣告：用很大的字寫著「免費啤酒」；在下面則用小字寫著：「將不會被供應」。沒有人會指控這家公司做出不實的陳述；然而，並不是所有隱瞞事實的例子都能被諒解。

最近一種流行的隱瞞事實廣告是置入性行銷（product placement），也就是讓產品出現在電影或電視節目中。置入性行銷到處可見。電視節目「美國偶像」（American Idol）的評審喝的是可口可樂，參賽者本來等候的「密室」（green room）現在變成Coke Red Room。Regis Philbin在「百萬大富翁」（Who Wants to Be a Millionaire）節目打電話給「在AT&T的朋友」求援，特務Sydney Bristow在「雙面女間諜」（Alias）影集中一邊使用Nokia手機，一邊跳上福特的汽車。在Everybody Loves Raymond影集中，Ray Barone在超市跟蹤自己的老婆，結果撞上一堆Ragu微波食品（Ragu Express Meals），掉得滿地都是。製藥業也使用各式的置入性行銷，其使用方式也可以被稱為是「代言人置入性行銷」（spokesperson placement），Lauren Bacall、Rob Lowe和Kathleen Turner之類的名人宣揚某些藥物的好處，但是沒有告知大眾其實他們收取藥廠支付的酬勞。另外一種稱為「情節置入性行銷」（plot placement），廠商支付金錢，使得自己的產品可以出現在電視節目的情節裡。Revlon在ABC電視台All My Children節目中扮演重要角色，Avon也成為NBC電視台Passions節目的一部分。這些廣告形式都是為了回應所謂的「TiVO效應」：因為TiVO這類數位錄影設備（digital video recorder，DVR）的普遍，消費者觀看廣告的時間愈來愈少。數位錄影設備讓觀眾更容易快轉廣告，迫使廣告商尋求引起消費者注意的新方式。就連可口可樂這類每年廣告預算超過3億美元的大公司也計畫減少傳統廣告，增加出現在DVD與電動遊戲的置入性行銷。

2003年9月，消費者團體「商業警報」（Commercial Alert）向聯邦貿易委員會與聯邦通訊委員會請願，要求全面禁止置入性行銷。然而廣告與媒體組織聯盟「自由廣告聯盟」（Freedom to Advise Coalition）抨擊此提案違反憲法中的藝術創作自由。他們表示如果一出現置入性行銷就要打上標示，電視節目將不忍卒睹，並表示目前的規定允許公開商業關係的置入性行銷，此一規定經過時間考驗，而且已經足夠。在本文撰寫的同時聯邦委員會尚未做出回應。

近期另一個引起關注的例子是搜索引擎網站刊登廣告的方式。「商業警報」正式向聯邦貿易委員會提出訴訟，點名Alta Vista、AOL Time Warner、Direct Hit Technologies、iWon Inc.、LookSmart Ltd.、微軟和Terra Lycos S.A.。「商業警報」指出兩種搜索引擎的網路廣告：付費置入（paid placement）與付費列入（paid inclusion）。付費置入指的是廣告出現在另一個欄目；付費列入指的是廣告出現在實際搜索結果裡。「商業警報」指控這些公

司讓其它公司花錢把自己的商品放在醒目位置，但消費者卻不知情。Google清楚標明其付費置入是「贊助連接」（Google沒有提供付費列入），因此Google不在被起訴的公司之列。2002年聯邦貿易委員會要求搜尋引擎要清楚標示付費置入。Google仍然是唯一一個完全符合聯邦貿易委員會建議的搜尋引擎。圖表12-3詳列搜尋引擎的不同做法，包括被起訴的公司。

圖表 12-3　搜索引擎的做法

純搜索	付費置入	付費列入
搜尋引擎根據各種標準列出一連串搜尋頁面。	廣告商競標各種商品的刊登位置。	公司支付費用使自己的網站出現在搜尋引擎上面。
搜尋結果根據標準排序（每天的結果都會不一樣）。	付費置入出現的位置鄰近非付費置入，但是用不同顏色標明，或者有「贊助連接」等標示。	搜尋引擎表示整個過程公正公開，但是2003年《商業週刊》的分析顯示有付錢的網站出現在沒有付錢的網站上方。
被列出來或被點選的網站不用支付搜尋引擎費用。	網站根據點選次數支付費用（每次從0.1~10美金不等）。	網站根據點選次數支付費用（每次從0.15~0.75美金不等）。

(3)誇張宣傳

企業也可能因為誇飾產品與服務的好處而誤導消費者。誇張宣傳（exaggerated claim）指的是廣告內容未經證實，例如宣稱某種止痛藥「藥效是阿斯匹林的1.5倍」或者「優於其它藥品」。

有一種誇張的廣告被稱為吹捧（puffery）廣告，簡單來說就是誇張的說法，通常使用「最高」或「最好」這類的用詞。Budweiser真的是「啤酒之王」？Wheaties真的是「早餐冠軍」？通常使用最高級的形容詞就是吹捧，這是可允許的。然而，企業還需要確定自己沒有進行直接比較。律師D. Reed Freeman說：「在2000年這些行之有年的宣傳方式不再適用。做出這些吹捧的行銷人員必須以理性消費者的角度來解釋這些言論，並設法證明這些解釋是合理的」。

因為這種宣傳方式十分普遍，所以多數人不會受到吹捧廣告的影響，消費者知道企業的說法太誇張，而且每家企業都會吹捧自己的產品是最好的。然而有人認為這類誇張的言詞：(1)是引誘人們購買自己用不到的產品；(2)因為企業被迫做出一個比一個誇張的廣告，因此損害廣告效率；(3)會排擠優秀廣告；(4)使消費者不再信任廣告，因為消費者已經習慣企業誇張的產品功能。

(4) 心理吸引

心理吸引（psychological appeal）指的是利用人類情感和情感需要（而非理性）來說服消費者的廣告。這類型的廣告和其它廣告一樣涉及許多倫理議題。其中一個原因是因為產品很少能帶來廣告所承諾的結果（例如：權力、聲望、性、男子氣概、女人味、讚許、接受等其它心理滿足）。另一個原因是因為心理吸引透過操弄引起同感，似乎是趁人之危。

在911事件之後，有些企業在原本刊登廣告的版面上表達哀悼之意。當布希總統和紐約市朱利安尼市長要求美國人回到正常的工作和生活時，企業藉機表示顧客如果購買自己的產品或服務就是愛國。一家整形診所宣稱：「為了貫徹布希總統重回企業工作的精神，我們仍每月召開研討會」。前任勞工部長Robert Reich稱這個診所是「市場愛國主義」，並且說這樣「繼續長久以來的奢華生活是一種奇怪的犧牲」。

在911事件之後，很多公司重新採用心理吸引作為廣告手法，主旨是愛國。通用汽車公司用「讓美國繼續前進」（Keep America Rolling）作為汽車銷售的新口號。紐約體育俱樂部（New York Sports Club）的健身房提供折扣，吸引消費者加入會員「讓美國更壯大」（Keep American Strong）。在Tommy Hilfiger的廣告背景中，國旗上的星星與橫紋都在飄揚。百貨公司櫥窗中的Ralph Lauren模特兒胸前橫掛國旗。很多人認為利用愛國主義販賣產品並不合宜。「在罹難者及其家庭的墳上銷售產品很惡劣」。《廣告時代》（*Advertising Age*）的Bob Garfield說：「這些是可恨的行銷活動，建立在國家對這場悲劇的情緒上」。這個議題在2004年總統大選再次出現，因為當時布希總統在政治廣告中使用911的相關圖片。有些罹難者家屬表達憤怒，但有些人覺得此舉並無不妥。這類廣告是否合宜？大眾有不同的看法，但是有一件事是可以確定的：「使用心理吸引的廣告的確能引起消費者注意，尤其是在悲痛期間」。

2. 幾個有爭議的廣告議題

我們已經探討四種不實廣告：語意含糊的廣告、隱瞞事實、誇張宣傳和心理吸引。在這四種廣告之中還可以再細分，但是我們的觀點已經很清楚了。接下來將探討聯邦貿易委員會如何確保廣告內容真實無誤。不過我們將發現，不實廣告的定義隨著時代變化，從來沒有定論，如何證明廣告內容不實並提出補救措施特別是如此。這就是為什麼如果企業誠摯地希望公正、誠實的面對消費者利害關係人，則企業責任將扮演關鍵的角色。

現在，讓我們探討近年來特別引起爭議的七個廣告議題：比較廣告、利用性和女性的廣告、針對兒童的廣告、酒精飲料的廣告、菸草廣告、健康與環境宣傳、廣告蔓延。

(1) 比較廣告

比較廣告（comparative advertising）已經成為一種引起爭議的廣告技巧，而且可能產生負面影響。比較廣告指的是直接比較某產品與競爭者的產品。例子包括：可口可樂v.s.百事可樂、漢堡王的華堡v.s.麥當勞的麥香堡、雪碧v.s.七喜、Avis v.s. Hertz。最近的例子是Pizza Hut與Papa John's這兩家公司之間的激烈競爭。Pizza Hut的廣告號稱顧客再也找不到更好吃的比薩，Papa John's隨即進行口味試驗。Papa John's的廣告號稱自己有最新鮮的醬料，Pizza Hut馬上以整版的廣告表示Papa John's使用濃縮的罐裝醬料，並表示自己的比薩最受歡迎。Pizza Hut派員工刺破上面有Papa John's標誌的袋子，Papa John's則在電視廣告上嘲笑這種行為。特別吸引人注意的是，Papa John's請出Frank Carney——Frank Carney是Pizza Hut的創始人之一，現在是Papa John's 53家加盟店其中一家的老闆——證明Papa John's的比薩比Pizza Hut好吃。

美國一度禁止在廣告中提及競爭者的名字或競爭者的產品。多年來電視台一直不允許這麼做，所以企業不得不稱呼競爭對手為「其它領導品牌」或「X牌」。大約從1972年起聯邦貿易委員會開始相信直接比較的廣告能夠提供消費者更多更好的資訊，因此開始接受這類型的廣告。電視台配合政府取消禁令，美國因此進入比較廣告的新時代。由於歐盟持支持的態度，西歐的企業也熱衷於這種廣告形式。

不管是出自於自尊或企業利益，有愈來愈多的企業在競爭過於激烈時開始反擊。企業可能把廣告呈給法院、聯邦貿易委員會或志願協會，如商業改進協會之全國廣告分會（National Advertising Division of the Council of Better Business Bureaus）。最近的例子是P&G公司，P&G採用激進的廣告宣傳，因而在13個月內面臨5起訴訟案。Kimberly-Clark控告P&G在廣告中嘲笑Kimberly-Clark的好奇（Huggies）紙尿布。其它提出訴訟的包括：Georgia-Pacific、Playtex Products和Johnson & Johnson。最近Colgate-Palmolive也控告P&G，因為廣告中的女性發現某個白色條紋品牌的牙齒美白產品很難用，而白色條紋正是Colgate-Palmolive的標誌。

比較廣告將持續存在，解禁比較廣告是世界的趨勢。比較廣告在英國也

很普遍，2000年因為競爭對手使用比較廣告所提出的訴訟案有171件，到了2002年則增加為799件。歐盟已經對這種廣告行為提出警告。此外，在紐西蘭之類的國家本來禁止在廣告中使用競爭對手的商標，現在也已經跟隨國際潮流放寬規定。

比較廣告有利也有弊。P&G的執行長A. G. Lafley也曾表示：「老實說，從顧客的立場來說，我覺得企業可信度開始受創」。所以比較廣告在什麼時候發揮效用？McCann-Erickson的歐洲總裁Robert Howell表示，市場領導品牌不該淌這場渾水，否則企業會顯得以強凌弱。Bruce Buchanan建議競爭的兩方，不管是比較廣告的犧牲者或獲利者，都該思考一些問題，例如：「消費者真的因此開始比較這兩個品牌嗎？」、「抽樣的對象真的能夠代表消費者嗎？」、「研究中的樣品能夠區分要比較的產品嗎？」。如果企業想要以可靠的研究方法作為比較廣告的基礎，那麼就有必要思考上述的問題，否則就會受到大眾和競爭者的批評。

(2) 利用性和女性的廣告

利用性和女性的廣告曾經是眾人熱烈討論的倫理議題。70年代早期美國航空公司一系列的電視廣告引起婦女團體的不滿，因此把這個議題推上火線。1971年美國航空公司引起爭議的廣告詞為：「我是Cheryl，讓我飛起來吧」。這家航空公司接著製作下列的廣告：一位女性空服員誘人地注視觀眾，並且說「我將給你前所未有的飛行體驗」。此議題在今天不會引起什麼爭論，因為性與性暗示在美國廣告已經很普遍了。研究消費者行為的Bruce Stern教授說：「有些事在幾年前會冒犯我們，但現在我們對那些事的感覺愈來愈麻木了」。

最近一次由Market Facts為《美國人口統計學》（*American Demographics*）所做的調查顯示，31%的人看到以性為賣點的廣告會感到被冒犯；此外，61%的人說，他們比較不會購買利用性來作廣告的產品，只有26%的人會因為這類廣告而購買產品。即使廣告中的性沒有造成冒犯，也不一定會使產品賣得更好。如果廣告中的性與產品無關，會使消費者忽略原本要推銷的產品或服務。有些大牌流行設計師在2004年的廣告中避免使用性，最值得注意的是Abercrombie 與 Fitch停止使用內容暴露的商品目錄，不是因為冒犯到什麼人，而是因為這些目錄無法吸引消費者。

(3)針對兒童的廣告

過去幾十年一個受到熱烈探討的議題是針對兒童的廣告，特別是電視廣告。在美國的典型週五下午或週六上午，會有數百萬的小孩癱在地板上盯著電視。2~17歲的小孩平均每週看25小時的電視，玩7小時的電動玩具，上網4小時。有人估計每年孩童可能觀看高達4萬件電視廣告。

孩童是未來的消費者，所以企業渴望吸引孩童的注意，建立孩童對品牌的忠誠度。商人開始為未來的成人、現在的孩童建立品牌忠誠度，電視廣告也因此進入一個新階段。「酷購物芭比」有自己的玩具萬事達卡、收銀機（上面有萬事達的標誌），還有一個可以讀卡的終端機。根據「創意解決方案」（Creative Solutions）這家廣告與行銷機構的William F. Keenan說：「M&M說如果你讓7歲的小孩認識某個品牌，他們這輩子會一直支持這個品牌。孩童是散播行銷種子最佳的對象」。這一點讓人感到不安，因為2004年美國心理協會（American Psychological Association）的工作小組發現，8歲以下的孩童其認知能力尚未能瞭解他人試圖說服的意圖，使得孩童很容易被說服。

1990年《兒童電視法》（Children's Television Act）通過，禁止在播放產品或產品特徵相關節目的同時播放該產品的廣告，並且限制兒童節目的廣告時數。批評者表示聯邦通訊委員會沒有制訂嚴格的執行方式，顯示委員會並沒有嚴肅地看待這部法律。這部法律還要求電視台訂定兒童教育節目時間。當然在這部法律通過後社會發生許多變化。網路興起後成為企業針對孩童進行廣告的新方式。超過2/3的兒童與青少年網站依賴廣告取得收入。標語式的廣告不能吸引兒童，因此網站採取遊戲、電子郵件和無線技術等創意方式。例如：Nabisco's Candystand.com就很自豪推出一個受歡迎的高爾夫球遊戲。

因為大眾的關注，1974年商業改進協會之全美廣告分會成立兒童廣告評論機構（Children's Advertising Review Unit，CARU）。1997年CARU修改其「兒童廣告自律原則」。圖表12-4的七個基本原則就是這些指導原則的摘要。

CARU的指導原則詳列需要特別關注的領域，希望避免兒童接收到不實訊息。CARU的基本工作是檢視、評比媒體中以兒童為對象的廣告，如果發現有誤導、錯誤或不符合指導原則的情況，CARU希望廣告商能配合修正。1997年CARU針對互動電子媒體（如網路與線上服務）提出指導原則。這些指導原則由通訊廠商、電視台代表、電信公司、政府部門、CARU學術顧問小組與CARU商務顧問小組共同制訂、提出。

圖表12-4 兒童廣告原則

▶▶關於以12歲以下兒童為對象的廣告，CARU的指導原則為：

(1)廣告商應該考慮廣告對象的知識層次和成熟度。兒童評估資訊可信度的能力有限，同時可能無法理解所接受的資訊有何特性。因此廣告商身負保護兒童的特殊責任。

(2)因為兒童想像力豐富，也因為角色扮演遊戲在成長過程的重要影響，因此廣告商應該特別小心，避免濫用兒童的想像力，避免用直接或間接的方式刺激兒童對產品品質或功能的不合理期待。

(3)不適合兒童使用的產品和產品內容不應直接對兒童廣告或推銷。

(4)因為廣告可能會對兒童教育發揮重要影響，所以廣告商傳達資訊的方式應該真實、準確，使用兒童可以完全理解的語言，因此兒童可以從廣告學習攸關健康的行為。

(5)廣告商應該盡量把握廣告影響行為的潛力，製作帶來正面社會行為的廣告，例如：友誼、善良、誠實、正義、慷慨和尊重他人。

(6)為了呈現積極、有益社會的角色與模範，廣告商應在廣告中為大眾與其它團體著想，避免使用刻板印象和偏見。

(7)雖然許多影響兒童人格與社會發展的因素很多，但是教導兒童仍是父母的主要責任，廣告應該促進父母與子女的關係。

資料來源：Children's Advertising Review Unit. Reprinted with permission of the Council of Better Business Bureaus, Inc., copyright 2003.

雖然CARU的規定不具強制性，但是必要時仍可採取一些手段。CARU曾檢視 lilromeo.com 網站的管理紀錄，發現該網站嚴重違反CARU以及《聯邦兒童線上隱私保護法》（Federal Children's Online Privacy Protection Act）的規定。當網路管理公司拒絕合作時，CARU把案子提到聯邦貿易委員會，委員會命令網管公司配合，並處以40萬美元的罰款。

(4) 酒精飲料的廣告

針對成人的廣告也有特殊議題。近年來引起爭議的是酒精飲料的電視廣告。1996年，Seagram & Sons公司打破48年來不做電視烈酒廣告的自願禁令。這家公司認為一杯標準份量的烈酒所含的酒精與啤酒或葡萄酒相同，而後兩種酒都可以做廣告。美國蒸餾酒協會（Distilled Spirits Council of the United States，DISCUS）因此修改行為準則，允許其蒸餾酒商會員播放電台和電視廣告。雖然電視台隨即禁止這類廣告，但是Seagram & Sons的決定引起各方要求改變的聲浪。啤酒商和葡萄酒商努力與蒸餾酒行業劃清界線，希望恢復以前的規定，也就是只有啤酒和葡萄酒公司可以刊登廣告，蒸餾酒商不能刊登廣告。廣告商不願選邊站，只希望能取消禁令。當然現在電視不是唯一的選擇。烈酒業正逐步轉向網路，利用遊戲、影片和聊天室來吸引消費者。在Absolut Vodka of Sweden的網站上，消費者可以製作自己的影片、觀

看廣告，甚至可以剝掉一個瓶子的橘子皮，露出柑橘口味的伏特加。

烈酒不是唯一的問題。Ralph Nader的「商業警報」組織指責Anheuser-Busch的廣告使用大量卡通人物。他們引用KidCom的市場研究表示，就像抽菸的Joe Camel曾經是兒童的最愛，現在Budweiser的百威蛙是美國小孩「最喜歡的廣告」。2003年9月，David Boles III向幾家大型烈酒公司提出訴訟，因為他們的疏忽，他們的廣告以兒童為對象。2004年2月，美國兩大酒商Anheuser Busch與Miller Brewing公司被控引誘兒童喝酒。

(5)菸草廣告

菸草產業的產品、行銷和廣告一向最受抨擊。正如《時代》雜誌某篇文章的結論所說的，香菸廠商「面臨四面楚歌」。目前關於菸草廣告的爭論有兩個主要議題。首先，大眾普遍反對促銷危險的產品。就像健康與人類服務部的前任部長Louis Sullivan所說的：「香菸是唯一使用過量會致死的合法產品」。第二個倫理議題是菸草業以年輕人和教育程度較低的消費者為廣告對象。

關於第二個議題，其中一個例子是消費者團體經常引用R. J. Reynolds（RJR）的Joe Camel廣告。一個經常被引用的研究是《美國醫學協會》雜誌的文章，這項研究發現超過一半的3~6歲兒童能夠連結Joe Camel的圖案和菸草圖片。6歲的小孩對Joe Camel的熟悉程度幾乎等同於他們熟悉米老鼠的程度。或許最能表現Joe Camel廣告影響力的是一個對年輕吸菸市場的統計。根據一個健康團體聯盟的資料，在1987~1997年期間Joe Camel成為RJR的吉祥物，R. J. Reynolds在18歲以下的市場佔有率從0.5%激增至33%，在18~24歲的市場佔有率從4.1%上升到7.9%。1997年聯邦貿易委員會以3比2的票數裁定，Joe Camel的廣告違反不得以18歲以下兒童為對象的規定，並且要求撤銷所有兒童可能會看到的卡通廣告。RJR停止這則廣告。不久，政府要求Philip Morris公司停止以Marlboro男子為形象的廣告。

雖然Joe Camel已經消失，但是以年輕人為對象的廣告問題仍然存在。正如《廣告時代》的編輯所說的：「沒有人說做對的事很容易，但是如果談到年輕人吸菸這個議題，Philip Morris可以告訴你如何以錯誤的方式做一件對的事」。Philip Morris公司贈送幼稚園與中小學學生1.25億份書套，上面的主題是「反思信任——要思考，不要抽菸」。書套上有彩色圖形、醫生的警告和Philip Morris的公司名稱。《廣告時代》說，把彩色圖形、醫生警告和商標放在一起後，這些書套看起來「就像是彩色的香菸包裝」。

對於兒童的菸草廣告這個問題可能會逐漸改善。從1998年起菸草公司開始自願對自己的廣告設限，承諾不在兒童閱讀的雜誌上刊登廣告。不過問題仍然存在。RJR因為在 *InStyle*、*Spin* 與 *Hot Rod* 等雜誌上刊登廣告而違反上述的宣言。歐盟採取更嚴厲的手段來解決這個問題。歐盟國家的衛生官員同意禁止報紙、電台和網路上的菸草廣告，此禁令從2005年8月起生效。

(6)健康與環境宣傳

號稱產品能維護健康和環境安全的廣告或標示一向飽受批評。這些問題之所以成為焦點，重要原因之一是美國食品與藥物管理局、聯邦貿易委員會和州檢察長聯手打擊會誤導消費者的言論。自從90年代健康與環境意識高漲以來，這些問題一直受到重視。因為消費者希望買到促進健康且保護環境的產品，因此這些議題自然受到許多關注。

由於健康與環境宣傳能吸引顧客，所以行銷人員會捏造事實以推銷產品。營養餅乾每年有10億美元的市場，吸引各家企業瓜分大餅。2001年食品與藥物管理局檢視18家營養餅乾廠商的成分標示。根據《洛杉磯時報》的報導，測試結果顯示高達60%的營養餅乾成份與標示不符。Consumerlab. com測試30種營養餅乾的脂肪、鈉與碳水化合物含量，結果有18種營養餅乾的含量高出標示，而這些成份正是減肥者想要避免攝取的；只有12種營養餅乾的成份與標示相符。7種營養餅乾的鈉含量是標示的兩到三倍；4種營養餅乾含有的飽和脂肪含量超過標示。有一半受測營養餅乾的碳水化合物含量超過標示。

2003年聯邦貿易委員會檢驗肯德雞的產品，因為肯德雞號稱自己的有機炸雞脂肪含量比漢堡王的華堡少，而且有利於低碳水化合物的飲食法。這只是企業不實宣傳產品功用的例子之一。企業還可以藉由改變每份攝取量的大小，隱瞞產品的脂肪、碳水化合物和熱量含量。許多產品的標示並非單份產品的含量。比如說，Stouffer雞肉餡餅和Maruchen拉麵所標示的熱量其實只有一份產品的一半。許多消費者不知道自己如果吃完整份食品，所攝取的熱量是標示的兩倍。

減肥產品經常做出不實的健康宣傳。聯邦貿易委員會指控Enforma System公司的行銷人員廣告不實，最後他們同意支付1,000萬美元補償消費者。Enforma System被控不實宣傳自己的產品Fat Trapper和Exercise in a Bottle，利用前棒球選手Steve Garvey所主演的廣告，號稱「不用減肥就會瘦」、「吃你想吃的」、「永久阻斷脂肪吸收」。除了罰款，聯邦委員會還規

範該公司的未來行為。2003年聯邦貿易委員會研究300則減肥廣告，發現40%的廣告至少提出一項不實的內容。貿易委員會警告刊登或播放廣告的報紙、雜誌和電視台，強調它們也是問題的一部分，並表示它們可能會和廣告主一起受罰。不過2003年底聯邦貿易委員會表示，媒體已經減少刊登「顯然不實」的廣告，而且會繼續這項自律行動。聯邦貿易委員會並提出判斷減肥廣告真實性的新原則。

另一個引起爭議的行為是，有的公司宣稱自己的產品或產品包裝對環境無害。DuraLube同意賠償消費者200萬美元，因為聯邦貿易委員會發現這家公司做出對環境無害的不實宣傳。在此以前聯邦貿易委員會就曾指控其它6家機油添加劑廠商，其中包括STP與Valvoline這兩家公司。聯邦貿易委員會發現DuraLube做出不實的產品功效與環保訴求，事實上其產品不能減少污染排放，而且含有氯化合物。此外，DuraLube還號稱自己的產品通過美國環保署的檢驗，這也與事實不符。除了200萬美元的賠償外，DuraLube還必須親自告知經銷商聯邦貿易委員會的裁決，同時更換所有的標籤和包裝。

(7)廣告蔓延

廣告蔓延（ad creep）指的是廣告出現在愈來愈多的地方。一般估計，每人每天看到約3,000則廣告。《震撼世界的20則廣告》（*Twenty Ads That Shook the World*）作者Jim Twitchell說，廣告蔓延會日益嚴重。他認為平均每人每天接觸到5,000則廣告，約從1915年以後，沒有人可以一整天看不到一則廣告。Twitchell說「這跟10年後的情形相比簡直是小巫見大巫」，「我們現在已經把廣告鋪在雜貨店的地板上，印在家政課的學生作業單上，放在購物推車的電子螢幕上。最後，我們將在汽車煞車燈上看到廣告，就連飲料的泡沫也會浮現廣告」。廣告也進駐以往認為不適宜的地方。校車、教科書、醫生辦公室和歷史紀念碑上面都有廣告。曼哈頓23街的花壇上有Old Navy的標誌，廠商贊助Sacramento市發起「首府精神」活動。以前形容這些出現在非傳統地方的廣告「到處都是」（ambient），但是現在使用「廣告蔓延」一詞，既反映廣告的成長方式，也反映人們對此現象的觀感。

造成廣告蔓延有許多因素。電視觀眾減少，網路轉趨興盛，再加上電視頻道增加，向觀眾傳達訊息因此變得困難。TiVO這類數位錄影設備使觀眾更容易快轉廣告，此外，廣告蔓延造成更多的廣告蔓延，因為人們對於出現在傳統地方的廣告感覺麻木，所以廣告商尋求嶄新的獨特地方，為的就是要吸引顧客的注意。關於個人關注廣告的時間長度，英國有個很好的例子。一

家倫敦的廣告公司雇用大學生，把商標放在他們的前額，每小時的代價是4.2英鎊（約6.83美元）。這些商標是種暫時的刺青，這些大學生可以洗澡但是不能摩擦前額。Cunning Stunts Limited公司的John Carver想出這個點子，以應付香菸廣告的眾多限制。當然，他說這只適用於「合適又迷人」的前額。

這七種引起爭議的廣告方式只是冰山一角。最近的爭議還包括，製藥業透過雜誌和電視廣告直接向病人做廣告。這些廣告鼓勵病人要求醫生為其開處方藥，困擾各地的醫生。其它爭議還包括槍支和彈藥的行銷，特別是在Wal-Mart和Kmart這類家庭商店。第一頻道（Channel One）電視台在美國境內提供教育節目給學校，因為把廣告和教育節目放在一起而受到批評。這些觀眾沒有辦法轉台，被迫觀賞電視台放在預告片中的廣告，為此感到不滿。今天廣告所引起的爭議不勝枚舉。精明的商人必須小心應付，以確保自己的行為不會太過分以致於激怒顧客。

12.2.2 保固

討論過五光十色的廣告後，現在我們要討論聽來不那麼光鮮亮麗的保固。最早使用保固（warranty）的是製造商，目的在縮短必須為產品負責的時間。久而久之，消費者認為保固的功能是保護消費者，避免消費者買到有瑕疵的產品。大部分的消費者曾經在買回吹風機、音響、電腦、冰箱、汽車、洗衣機、電鋸等產品後，發現產品有問題甚至完全不能使用，此時保固和品質保證就變得很重要。

法律把保固分為兩種：隱含的保固和明確的保固。隱含的保固（implied warranty）是一種非明言的承諾，保證產品品質達到一定水準，而且功能符合預期。明確的保固（express warranty）指的是在販賣產品時明確表明會提供的保固，從廣告到正式證明，不論口頭或書面，都屬於明確保固。

1975年通過《Magnuson-Moss保固法》（Magnuson-Moss Warranty Act），有助消費者瞭解保固的本質。這部法律的目標在於釐清對保固的各種誤解，尤其關於全面保固（full warranty）是否有效，以及廠商是否可以不保固產品的某些零件或某些瑕疵，也就是有限保固（limited warranty）。同時還需要討論的是，如果因為瑕疵或服務需要，產品必須送回工廠，此時消費者是否必須支付運費？如果企業宣稱提供全面保固，必須要符合某些規定，並且要在「合理的時間範圍內提供維修以及免費運送」。否則根據這部法律的規定，企業就必須明白標示自己提供的是有限的保固。

保固隨著電子商務的興起成為重要的議題。企業發現當自己透過郵件行銷，保固或品質保證變成必要的。網路促使商業國際化，提出新的挑戰。管理國際電子商務的法律很寬鬆，專長電子商務法的律師Scott Nathan警告這種情況很快就會改變。雖然保固長久以來一直是國際商業活動的挑戰，但是Nathan認為「快速且便利」的網路突顯保固這個問題。「因為現階段沒有規範保固的國際法，所以你要準備在外國為你的產品辯護」。

當然，如果企業都能提供優質產品，不玩文字遊戲，那麼保固問題就不會是問題。很少公司做得到這一點，但是L.L. Bean是個很好的例子，其保固說：「我們的產品保證在各方面都讓消費者100%滿意。如果你不滿意，我們將會為你換新產品或退錢。我們不希望你從本公司買到不滿意的產品」。

倫理的實踐

一個背包的「一生」

過去幾年我在一家銷售高級背包的運動用品店工作。有一天我在櫃台工作，登記銷售並回答顧客問題。一位男士帶著一個老舊的背包進來，這個背包顯然因為長久使用而破損。這位男士把背包遞給我，並且說他把背包拿回來，因為這個背包有「終生保固」。這是個高級背包，製造商很有名，在廣告中強調自己的保固。

我向顧客解釋：「終生保固」指的並不是不管使用多久都能把背包退回。保固時間不是顧客的一生，而是背包的一生。接著我解釋，根據製造商的說法，一個背包的壽命大約是四年。

這位顧客聽了很生氣。他說保固的用語欺騙顧客，廠商不應使用這樣的文字遊戲，消費者也不應該要看過公司網站才能明瞭保固的真正含意。他把背包丟在我臉上，就這麼離開了。我想他真的是太粗魯了，所以我跟著他走到停車場告訴他這件事。在我們談話時，我解釋說這些資訊可以在網站上找到，他則質疑為什麼要他在買東西之前先上廠商的網站查資料。

他離開後我想了一下他的憤怒和論點。他是對的嗎？保固的用語騙了他嗎？如果保固就是四年，為什麼不明說呢？如果這是一種欺騙，我是否也是共犯？雖然可能使得顧客購買其它產品甚至到別家店購買，但我是否應該提醒顧客保固的意義呢？我應該對誰負最大的責任？

(1)「終生保固」是不實廣告嗎？

(2)商店員工有責任提醒消費者嗎？

(3)商店有責任釐清保固的意義嗎？

(4)如果是你，你會怎麼做？

12.2.3 包裝與標示

在1967年《聯邦包裝和標示法》（Federal Packaging an Labeling Act）通過之前，包裝濫用和標示濫用非常普遍。這部法律的目的是禁止某些消費品的不實標示，並且要求標示某些重要資訊。這部法律由聯邦貿易委員會負責實施，要求該委員會規定廠商標示產品成份、名稱，以及包裝商、經銷商或製造商的名稱與地址。這部法律並授權，必要時聯邦貿易委員會可以制訂更多規定，目的在避免消費者受騙，讓消費者瞭解產品成份、包裝的填充物和包裝大小。這部法律賦予聯邦貿易委員會監督消費產品與化妝品的責任，後者的規定由食品與藥物管理局制定。就像之前提過的，廠商對健康與環境的宣傳使得包裝與標示重新引起人們的關注。

12.2.4 其它產品資訊問題

我們很難列出所有與產品訊息相關的消費者議題。可以確定的是，廣告、保固、包裝和標示是這些議題的重點。然而，除了這些議題，我們還必須簡單地提出其它幾個議題。直銷業者以不實的資訊為銷售手段是一定要談的。其它規範資訊議題的法律還有：

(1)《平等信用機會法》（Equal Credit Opportunity Act），禁止在擴張消費者信用時有歧視行為。

(2)《借貸誠信法》（Truth-in-Lending Act），要求所有消費信貸提供者完整公佈所有信貸條款，並且允許與消費者住宅抵押相關的所有交易都有三天的緩衝期，如房屋淨值貸款（home equity loan）。

(3)《公平信貸報告法》（Fair Credit Reporting Act），確保消費者報告機構能以公平公正的方式為消費者提供資訊。

(4)《公平債務催收實踐法》（Fair Debt Collection Practices Act），用來規範債務代收機構的行為。

12.3 聯邦貿易委員會

我們已經討論過產品資訊的三個主要領域——廣告、保固和包裝/標示。聯邦貿易委員會和食品與藥物管理局與這些議題有很密切的關係。現在我們要仔細研究聯邦貿易委員會這個重要的政府機構，確保企業履行對上述領域

的責任。事實上聯邦貿易委員會有很大的權力，本書之後還會提到該委員會如何涉足其它領域。消費品安全委員會和食品與藥物管理局也是主要的管理機構，我們將在下一章深入探討產品與服務。

我們要先瞭解聯邦貿易委員會的成立背景與演變，以便於理解「政府行動主義」以及「政府行動主義」與當時華盛頓各主要政黨之間的關係。聯邦貿易委員會是一個歷史悠久的聯邦機構，負責監督商業行為。聯邦貿易委員會成立於1914年，起初用來執行反托拉斯的工作，1938年委員會進一步負責打擊「不公平或不實的商業行為」。

聯邦貿易委員會有兩個主要的工作：(1)維護自由公平的商業競爭；(2)保護消費者免於不公平對待或不實資訊。如果認為某公司從事違法活動，聯邦貿易委員會可以勒令其停業。如果法院沒有駁回這項命令，企業就必須停止經營。聯邦貿易委員會公佈貿易規章，指導企業的貿易活動，同時從事各種保護消費者的活動。如果出現疑似不實廣告，聯邦貿易委員會則監督該廣告，並可能要求廣告商提供相關證據。如果聯邦貿易委員會判定某則廣告為不實或會造成誤解，就可能會命令廣告商撤回廣告，或以「修正版」廣告向大眾澄清之前廣告的不實資訊。廣告商如果違反聯邦貿易委員會命令也可能被罰款。

在過去幾年，國會授權聯邦貿易委員會負責執行各種與消費者相關的法律，諸如重要的《借貸誠信法》、《公平的包裝與標示法》、《公平信貸報告法》和《平等信用機會法》等。國會授予聯邦貿易委員會很大的權力，因為他們擔心一旦列出一個禁令清單，企業可能會認為只要不在清單上的就是可以做的。圖表12-5概述聯邦貿易委員會的願景、任務與目標。聯邦貿易委員會的消費者保護局內有部門分別掌管廣告、貸款、執法、行銷和服務業。

圖表12-5　聯邦貿易委員會的角色

▶▶ 願景、任務與目標

　　聯邦貿易委員會負責執行各種聯邦反托拉斯法和消費者保護法，任務是確保國內市場的興盛、競爭和效率，而且不受不當的限制。委員會也致力於消除不公正或欺騙的行為，保持市場的順利運作。總之，委員會努力讓消費者在選擇之前能獲得充分的資訊。最後，委員會進行經濟分析，作為自己法律行動的依據，並供國會、行政機構、其它獨立機構、州與地方政府做為決策的參考。

　　除了負責執法，委員會也以憲法修正案為基礎，提出成效顯著、非關執法的活動，例如消費者教育。

資料來源：Federal Trade Commission, http://www.ftc.gov.

12.3.1　早期聯邦貿易委員會的行動主義

事實上1941~1969年期間聯邦貿易委員會並沒有發揮什麼功用，Thomas G. Krattenmaker稱這段時間為「被忽略的年代」。1970~1973年則是「希望年代」，在尼克森總統任命Miles Kirkpatrick擔任主席後，聯邦貿易委員會成為「行動主義者」。Kirkpatrick與一群年輕進取的律師同事使聯邦貿易委員會嶄露頭角，態度積極到引發委員會與企業間「日益激烈的鬥爭」。鬥爭起源於聯邦貿易委員會的積極態度、定位模糊但廣泛的權力、管理不一致，以及委員會對於何謂適當企業行為的觀點。

1977年起Michael Pertschuk擔任主席，聯邦貿易委員會持續採取行動主義。Pertschuk在職期間為70年代末期到80年代早期，包括之前探討的兒童電視節目時期。雖然許多爭議在他就職之前就已經出現，但是許多人把他和若干爭議劃上等號，不過其實他真的與這些爭議有關，因為在他擔任主席之前，曾經擔任參議院商業委員會的主席與首席律師長達12年的時間。他實際促成並起草所有重要的消費者立法，包括《Magnuson-Moss保固法》。遺憾的是，人們認為Pertschuk反商業，這一點嚴重損害了他與企業界的關係，從來未能改變。

12.3.2　行動力減弱的年代

在Pertschuk之後擔任主席的是James C. Miller III，由雷根總統任命。正如許多選後換新主管的政府機關一樣，聯邦貿易委員會改採雷根的立場。Miller讓聯邦貿易委員會變成一個比較不積極的機構，有些媒體稱呼他為雷根的「解禁沙皇」。Miller認為70年代聯邦貿易委員會為消費者採取的行動主義「太過分」，並且選擇遵循雷根的原則。在Miller之後的Daniel Oliver採取同樣作法。人們稱Miller和Oliver為解禁者，他們自動刪減聯邦貿易委員會的預算和編制。

12.3.3　90年代聯邦貿易委員會重新定位

在近10年的雷根時代後，除了放鬆管制，聯邦貿易委員會的人員減少一半，執法效力也大減，執法方向有時與以往不同，不過聯邦貿易委員會在90年代初期開始重新定位自己的角色。當時的主席是Janet D. Steiger，在她的領導之下聯邦貿易委員會重新復興，雖然不如70年代的全盛期，但透過一系列引人注目的案例，聯邦貿易委員會開始重新定位自己的角色。有位觀察家

說，聯邦貿易委員會開始恢復雷根執政前的特色，不再是80年代的紙老虎。

聯邦貿易委員會在90年代參與的重要案件有：阻止電玩廠商Nintendo限制價格（price fixing），因而大出風頭；提供900服務電話，處理以兒童為對象的廣告；控告某些大學和Capital Cities-ABC共謀，限制大學足球比賽轉播的市場。

聯邦貿易委員會的行動還包括，反對某些製鞋廠商宣稱自己的鞋子是「美國製造」，但其實有時是在美國「組裝」，而且使用部分進口半成品與材料。這項重要行動反對的是New Balance和Hyde Athletic Industries，這兩家公司使用「美國製造」為賣點。儘管大多數人同意「美國製造」的內涵很重要，但是很多人也同意，因為經濟日趨全球化，因此不可能有100%美國生產的產品。美國豐田汽車的發言人曾說：「如果你把聯邦貿易委員會的標準用在我們這一行，那麼不會有所謂的美國車」。

1995年4月，貿易管制與反托拉斯法專家Robert Pitofsky成為新任主席，其任命案點出該機構的重要改變：雖然廣告等行銷問題仍然重要，但是反托拉斯成為首要之任務。1998年6月，聯邦貿易委員會控告英特爾公司違反反托拉斯法，因為英特爾向競爭對手隱瞞重要的技術資訊。Pitofsky擔任主席期間是聯邦貿易委員會最具行動力的時期之一。

12.3.4　21世紀的聯邦貿易委員會

2001年6月4日，Timothy Muris宣誓成為聯邦貿易委員會的新任主席，他曾擔任委員會內三個部門的主管，先後掌管計畫辦公室（1974~1976）、消費者保護局（1981~1983）以及競爭局（1983~1985）。Muris大致延續Pitofsky的方向。在向美國反托拉斯協會發表演說時，Muris表示他與Pitofsky的共識多過於歧見。

在Muris擔任主席期間，聯邦貿易委員會提出「請勿來電號碼登記」（National Do-Not-Call Registry）制度，對消費者的生活產生重大影響。此制度從2003年6月開始實施，電話行銷業者不能打電話給登記電話號碼的消費者。聯邦貿易委員會同時規定，使用電話行銷的公司要讓公司資料出現在消費者的來電顯示上，如此一來消費者可以通報違反規定的公司。目前看來聯邦調查委員會傾向與企業合作，但是如果企業無法自律，委員會也會處以罰款或懲罰。

12.4 廣告自律

在美國，不實或不公正廣告主要是由聯邦貿易委員會來處理。然而，在政府管制之外，過去20年間企業開始進行自律。政府管制指的是透過各種規定來管理廣告行為，凡違反者就必須受罰。另一方面，自律（self-regulation）指的是企業自行控制自己的行為表現，不須政府或市場力量介入。

12.4.1 自律的種類

企業有幾種自律方式。第一種是自我約束（self-discipline），指的是企業自己約束自己的廣告；第二種是純粹自律（pure self-regulation），指的是某產業監督該產業的廣告；第三種是共同自律（co-opted self-regulation），指的是產業在處理規範的制訂、應用和執行時，自願邀請非產業相關人士（如消費者或公民代表）參與；第四種是協商自律（negotiated self-regulation），指的是產業在處理規範的擬定、利用和實施時，自願與外部組織（如政府部門或消費者協會）協商；第五種是授權自律（mandated self-regulation）（聽起來似乎很矛盾），指的是政府命令或要求產業必須擬定、利用和實施規範，可能獨立處理也可能與外部組織合作。

12.4.2 美國廣告分會的計畫

談到廣告行業的自律行為，最突出的例子莫過於企業改善局之美國廣告分會（National Advertising Division, NAD）所提出的計畫。NAD和美國廣告審查委員會（National Advertising Review Board, NARB）於1971年由美國廣告聯盟、美國廣告機構協會、美國廣告公司協會以及企業改善局理事會共同成立，目的在協助維護美國廣告的真實性和正確性。

NAD的工作包括進行調查、決定議題、蒐集與檢視資料，並且做出初步決策，決定某廣告是否屬實。如果NAD認為某廣告屬不實廣告，就會要求廣告公司修改或中止這一則廣告。如果NAD無法解決某爭議可以上訴NARB，BARB有超過50名委員，分別代表全美的廣告公司、廣告機構和公部門。NARB的主席會針對每個案子挑選5名委員成立公正小組。各方要在公聽會上簡報自己的觀點以供討論，公聽會結束後公正小組將提出公開報告。

在本章的最後，為了提出一些有用的見解，將根據第四章的三種管理模式來討論消費者利害關係人。圖表12-6概述不道德、超道德和道德管理者對利害關係人的可能態度。

圖表 12-6　三種道德管理模式及其對消費者利害關係人的態度

道德管理模式	對消費者利害關係人的態度
不道德的管理者	顧客被視為剝削的對象，可以供個人或組織獲利。交易行為普遍缺乏倫理標準；實際存在蓄意欺騙、詐騙或誤導。所有行銷決策（關於廣告、定價、包裝和流通）的目的都在盡可能地利用顧客。
超道德的管理者	管理階層沒有徹底思考其決策和行為的倫理結果，只求遵守法律並獲得盈餘。管理階層重視的是自己的權利，不重視顧客是否認為公平，也不思考涉及消費者關係的倫理議題。
道德的管理者	顧客被視為交易的平等夥伴。顧客在交易時提出自己的需要/期望，且受到公平對待。管理階層的重點在於為顧客提供合理價值、充分資訊、合理保固與滿意。消費者的權利受到合理解釋和尊重。

本章摘要

　　消費者是最重要的利害關係人。在一個消費取向的社會，企業必須特別注意消費者關係中出現的問題。消費者主義出現的同時，企業界發現行銷是企業成功的關鍵，這兩件事並不是巧合。消費者大憲章包括安全權、知情權、選擇權和被傾聽權。然而，消費者的期望不僅止於此，因此出現了消費者運動（或消費者主義）。Ralph Nader 是消費者運動之父，使消費者的抱怨受到重視。

　　在企業與消費者利害關係人的關係中，產品資訊是一個重要的議題，其中最重要的是廣告。語意含糊的廣告、隱藏事實、誇張宣傳和心理吸引等廣告的濫用導致許多問題。某些引起爭議的廣告類型包括比較廣告、利用性和女性的廣告、針對兒童的廣告、酒精飲料廣告、菸草廣告、健康與環境宣傳和廣告蔓延等等，但還有其它爭議。其它產品資訊議題包括：保固、包裝和標示。主要規範產品資訊議題的機構是聯邦貿易委員會。食品與藥物管理局和州檢察長近年來積極處理這類議題，而企業也進行各種自律行為。

關鍵字

accurate information 正確的資訊
ad creep 廣告蔓延
adequate information 足夠的資訊
ambiguous advertising 語意含糊的廣告
clear information 清楚的資訊
comparative advertising 比較廣告
concealed facts 隱瞞事實
consumerism 消費者主義
consumer's Magna Carta 消費者大憲章
co-opted self-regulation 共同自律
customer relationship manage-ment(CRM) 顧客關係管理
exaggerated claims 誇張宣傳
express warranty 明確的保固
full warranty 完全保固
implied warranty 隱含的保固
limited warranty 有限保固

mandated self-regulation 授權自律
negotiated self-regulation 協商自律
plot placement 情節置入性行銷
product information 產品資訊
product placement 置入性行銷
psychological appeals 心理吸引
puffery 吹捧
pure self-regulation 純粹自律
right to be heard 被傾聽權
right to be informed 知情權
right to choose 選擇權
right to safety 安全權
self-discipline 自我約束
self-regulation 自律
spokesperson placement 代言人置入性行銷
warranties 保固
weasel words 含糊的詞語

問題與討論

1. 除了消費者大憲章所提出的基本消費者權利,你認為消費者利害關係人對企業還有什麼期望?

2. 你對消費者主義運動有什麼看法?這個運動正蓬勃發展還是已經成為過去?提供你觀察到的證據。

3. 根據自己的觀察和經驗舉一個廣告濫用的例子。身為消費者你對這則廣告的看法為何?

4. 在各種引起爭議的廣告議題中你最關心的是哪一個議題?為什麼?

個案評述

本書附贈的光碟提供了許多個案，與本章相關的個案有個案20、個案21、個案21以及個案23，你可以搭配本書第十二章的內容探討以下的個案：

個案20「直銷：促銷藥品的爭論」

這個案例討論製藥業的廣告：製藥業直接向消費者廣告，希望消費者要求醫生開立廣告中的藥品。這樣的廣告可能造成什麼問題？這樣的廣告不違法，但是否違反倫理？我們應該允許這樣的廣告嗎？誰是這個案例的利害關係人？你會如何顧全這些人的考量？

個案21「當烈酒和啤酒碰在一起……」與個案22「菸草業的新抗爭」

這兩個案例探討的產品受到兩個極端的評價，有些人熱愛，有些人巴不得將之列為非法產品，還有很多人不知道該持何種立場。這些產品廣告可以引起許多倫理兩難。如果你負責管理這些產業，你會對這些產品的廣告設下什麼限制？

個案23「大藥廠的行銷策略」

這個案例討論的是製藥產業所使用的不當廣告策略，包括給醫學院的學生和醫生禮物以影響定價、給予回扣等金錢誘惑。藥廠有權推銷自己的產品，但是醫藥業天生背負額外的社會責任，在這兩件事之間你將如何取得平衡？如果你要為製藥業的廣告設限，你將會如何規定？

第十三章
消費者利害關係人：
產品與服務議題

雖然產品資訊是企業和消費者利害關係人之間的關鍵議題，但產品和服務議題，如品質和安全，仍然佔相當重要的地位。為了應付市場競爭和日益強大的消費者力量，企業不斷尋求改善產品和服務品質。另一個推動產品安全的力量是產品責任訴訟，企業害怕訴訟案會減少獲利、破壞商譽。

　　談到產品品質與產品安全的潛在威脅，福特汽車公司就是一個著名的例子。福特公司執行長Jacques Nasser在2001年年底離職，他在兩年任期中是一片混亂。在2000年8月Firestone輪胎問題爆發之前，福特的產品品質就已經影響新產品上市。雖然最後證實輪胎問題是來自Bridgestone/Firestone，但是因為輪胎廠商控告福特公司，加上福特公司大量召回其它車輛，是對福特公司的形象雪上加霜。根據市場研究公司J.D. Power and Associates的說法，在底特律汽車製造業裡，福特的品質在短短三年內從最好變成最差。福特的利潤減少11%，是其它美國汽車製造公司的兩倍。當然，獲利減少不只是因為產品品質和安全，失敗的多元化經營也是一個因素。然而，對於一家曾經號稱「品質是首要任務」的公司而言，被J.D. Power降低排名一定很難受。2001年秋天所有的汽車公司都很難熬，但是因為福特公司面臨的問題千頭萬緒，使他們更難撐過低迷的經濟。正如《新聞週刊》所評論的：「兩年前福

特還是美國最佳汽車製造商，這對他們來說的確是個大難題」。到了2003年，福特的新車品質改善18%，十分令人激賞，不過整個汽車製造業的平均進步幅度是25%。這件事顯示，即使企業有心努力改善，品質與安全問題並不容易解決。

本章我們將專注於探討產品品質和安全議題。安全方面我們將討論產品賠償責任和侵權改革，也將討論「消費品安全委員會」與「食品藥物管理局」。最後將深入探討企業對消費者利害關係人做出的反應，這在第十二章和本章都會有詳細的介紹。

13.1 兩個中心議題：品質和安全

本章討論的是過去十年來受到高度關注的產品和服務議題：品質和安全。當然，品質和安全不是獨立的概念——安全是品質的一部分。然而安全的重要性值得我們將它獨立出來進行討論。

13.1.1 品質的議題

目前眾人之所以關注產品品質有下列幾個特別重要的原因。首先，一般家庭收入增加，需求也隨之增加，因此人們開始關心品質議題。由於父母都長時間在外工作，消費者要求更高品質的生活方式。此外，人們沒時間去店家修理東西，也沒時間整天在家等待服務人員上門。因此產品必須發揮應有的功用，耐用而且容易保養和維修。網路也使得消費者容易分享對產品的好評或不滿。《時代》/CNN的一項調查顯示消費者對技術創新和有迷人設計的關心程度，不如他們期待產品發揮應有的功能、耐用以及容易保養和維修。Walker Research的家戶調查發現在影響企業聲譽和消費者購買的因素中，排名第一到第三分別是品質、價格和服務。

另外一個相關因素是全球競爭。企業正面臨一個過度競爭的環境，多國策略取代全球策略，以前有用的方法未來將不再管用。由於企業企圖在過度競爭的市場中取得一席之地，因此必須增加產品或服務的價值以吸引消費者。價值（value）是每單位價格（price）所呈現的品質：Sears Craftsman 19.99美元板手的品質應該高於Wal-Mart 4.95美元的板手，與價格成正比。為了增加價值，公司試著以相同價格提供比競爭對手更高的品質，以較低價格提供相同品質，或者結合這兩種策略。每當有競爭者提高品質和（或）降

低價格，其它競爭者也會趕緊跟上，障礙因而提高。競爭愈激烈，公司就會採取愈積極的手段，障礙也就愈高。沒有持續提升品質的公司一定會落在後頭。前面福特公司的故事告訴我們，在如此高度競爭的氛圍中，聲譽良好的公司也可能迅速被判出局。

　　要強調我們是同時討論產品與服務的品質。美國顯然已經成為服務經濟，而粗糙的服務品質是消費者不滿意的主要因素之一。不過我們仍然有理由抱持希望。密西根大學2003年美國消費者滿意指數顯示，在多年下滑之後，消費者滿意度首次提升。負責主持調查的Claus Fornell教授表示：「我們還有很長的一段路要走，不過因為生意愈來愈難做，所以企業愈來愈努力」。

　　面對這種新經濟，服務——大膽、快速、富想像力、客製化——是企業的終極手段。今天的消費者似乎把分享差勁服務的恐怖故事當成一種儀式和發洩，例如：不斷拜訪汽車經銷商、冰箱製冰機沒裝好，維修人員來修過好幾次、到超市退貨時受到不禮貌的對待、糟糕的旅行安排、地毯鋪設草率、在你最愛的百貨公司櫃檯前找不到店員，低劣的服務將付出慘痛的代價。一份調查顯示：54%的受訪者表示，如果員工不禮貌又冷漠，他們將對這家公司失去忠誠度。10%的人說如果公司不願傾聽他們就會走人。

　　如果企業希望對產品和服務品質做出有效的回應，至少必須瞭解品質的八個重要面向：(1)性能；(2)特徵；(3)可靠性；(4)符合性；(5)耐用性；(6)服務性；(7)美感；(8)知覺的品質。

　　性能（performance）指產品的主要運作特性。對汽車而言包括：操作、駕駛和舒適度；特徵（feature）補充產品的基本功能；可靠性（reliability）反應產品故障的可能性；符合性（conformance）是產品或服務滿足既定標準的程度；耐用性（durability）用來衡量產品壽命；服務性（serviceability）是指維修的速度、禮貌、能力和便利程度；美感（aesthetics）是一個主觀因素，指一個產品看起來、使用起來或品嚐起來的感覺；最後，知覺的品質（perceived quality）是消費者對一系列有形和無形產品特性所做的主觀判斷。為了處理產品或服務品質的議題，管理者必須敏銳的意識到不同的品質標準之間複雜的動態交互作用。

　　一個重要的問題是，品質究竟是一個社會或倫理問題，或者只是企業為了追求市場成功必須強調的競爭因素。Manuel Velasquez根據我們對品質倫理的理解，提出三種倫理理論：契約理論（contractual theory）、適當照顧觀點（due care view）和社會成本觀點（social costs view）。契約理論強調企業

和消費者之間的契約。企業有責任遵守銷售原則,告知消費者產品特性,避免任何形式的錯誤訊息,不以任何形式強迫消費者。適當照顧觀點強調消費者的相對脆弱性,相較於企業,消費者擁有的資訊與專業知識較少,並承擔較少的倫理責任。消費者被動倚賴提供產品或服務的企業履行諾言,提供適當資訊以避免消費者受到傷害。第三個社會成本觀點超越以上兩個觀點,認為如果產品造成傷害,即使企業已經履行契約內容,提供適當的照顧,並採取所有合理的預防措施,企業仍應支付所有的費用。我們之後會討論到,而這種看法是嚴格賠償責任和絕對賠償責任的基礎。

13.1.2 安全的議題

企業顯然必須對購買產品和服務的消費者利害關係人負責。安全的定義是「避免傷害或危險」或「不受危險、傷害或損失的威脅」。然而在現實生活裡,幾乎使用任何消費者產品或服務都會帶來一定程度的危險或受傷的可能性。

19世紀的法律觀點是購者自慎(caveat emptor,「讓消費者注意」)。這個概念背後的基本觀念是,對於自己要買的東西,買方與賣方擁有一樣多的知識,同時市場將懲罰任何違反規定的人。到了20世紀這個觀點逐漸失去支持者和理論依據,因為消費者愈來愈難完全瞭解人工生產的產品。今天生產者要對市場裡的所有產品負責。新版本的購者自慎(「讓消費者注意」)較不強調買者的責任。

因為一系列法律的發展和社會價值觀的改變,企業已經對產品安全負起極大責任。現在的法院判決和法律規定要求公司賠償對消費者造成的傷害。然而這並沒有回答以下的難題:「對於產品安全生產者應該做到什麼程度?」。我們不可能製造出百分之百安全的產品;經驗顯示消費者常在無意間傷害了自己而不自知,而其中許多傷害是無法預料的。因此,管理者面臨的挑戰是盡力製造安全的產品,同時讓消費者能夠買得起,並對消費者有幫助。圖表13-1列出公司避免召回產品常見的十種方法。

圖表 13-1　十大安全原則

(1)將安全融入產品設計。

(2)為所有可能的危險進行產品安全試驗。

(3)瞭解並實施最新的產品安全。

(4)就產品安全對消費者進行教育。

(5)追蹤、處理產品的安全表現。

(6)徹底調查產品安全事故。

(7)及時報告產品安全缺陷。

(8)如果發現缺陷，迅速制定全面召回計畫。

(9)與消費品安全委員會（Consumer Product Safety Council，CPSC）合作，確保召回計畫有效。

(10)從自己和別人的錯誤中學習。

資料來源：Speech given by former CPSC Commissioner Ann Brown to the Defense Research Institute, a national organization of product liability attorneys, challenging industry to implement a "Top 10 List" of safety principles aimed at reducing product defects that lead to recalls.

倫理的實踐

要不要檢驗雞肉？

　　在聖誕節假期，我回到一直服務的速食店工作（從高中到現在）。這家速食店販賣許多雞肉三明治。我們必須每小時測量雞肉的溫度，以確保溫度低於華氏40度（我認為這是因為之前曾經發生肉的溫度太高，結果滋生細菌導致消費者死亡）。任何負責絞碎雞肉的人必須負責測量溫度：把溫度計插在雞肉裡，測量底層、中間和上層的溫度，每個地方停留約10~15秒。整個過程最多只需要幾分鐘。每天將這些資訊送到速食店總部。

　　不幸的是，並非每個人都照規定測量溫度。身為襄理，我負責確保溫度的測量，但是當我有其它事情要忙時這就成為難題。例如，當我在收銀台工作時，我不能將顧客丟著，跑去確定負責絞肉的人是否正在測量溫度。在輪班結束時，我有時會看到一張紙上記著幾個溫度，有時則完全空白。如果店長知道我自行捏造溫度，他會很生氣，但如果紙上沒有記錄任何溫度他會更生氣。這時他會虛構呈報給總部的溫度紀錄，當然所有的數字都會低於40度。我曾經看過店長在處理絞肉時忘記按每小時測量溫度，事後再虛構溫度。

(1)本案例的倫理議題為何？是產品品質、產品安全還是不實行為？

(2)在這種情況下，速食店對消費者應該負什麼責任？

(3)身為襄理，面對這種情況我該怎麼辦？

（由Jason Greene 提供）

Ethics in Practice

今天大眾關心各種危險，例如基因改造食品愈來愈多、住家鄰近有毒廢棄物或核電廠、炭疽的威脅等等。不論是真實或想像，食品恐慌（food scares）已經引起大眾的高度關切，雖然世界各地都有這種情形，但是歐盟的消費者尤其恐慌。比利時的食品發現致癌物質後，許多國家暫時停止從比利時進口食品。之後可口可樂公司召回在比利時兩個工廠生產的250萬瓶飲料，因為兒童喝完後抱怨胃疼、嘔心和頭疼。牛腦部海綿組織病變（bovine spongiform encephalopathy，BSE），或稱狂牛症，迅速對歐洲畜牛業造成危機。歐盟15個成員國的牛肉消費量下降了27％，在希臘更下降50％。2001年的口蹄疫對該行業的衝擊更是雪上加霜。在2003年12月美國發現一起狂牛症案例後，日本禁止美國牛肉進口。布希政府拒絕日本政府所提出的要求，亦即採用與日本相同的檢驗措施，在宰殺前檢驗每頭牛是否染病。在這起案例發生前，美國的做法是在每1,700頭牛中抽檢一頭牛。Creekstone Farms Premium Beef公司正在研發一種符合日本標準的檢驗方式，以便出口產品到日本。該公司的舉動與政府以及所屬產業的立場不同，後者雙雙認為這樣的檢測是不必要的。

對製造業而言，產品安全也是重要的議題。製造業的產品之所以危險，不僅是因為產品設計不安全，也因為消費者沒有得到充分的訊息，不夠瞭解產品使用的危險。因此，產品賠償責任的訴訟案經常做出多項指控。首先，消費者可能指控產品製造不良，製造商在產品生產過程中無法給予應有的注意，而直接導致意外或傷害。其次，如果產品製造過程沒問題，可能是設計有缺陷，如果在生產時使用另一種設計就可以避免意外。再者，可能是製造商未能提供令人滿意的說明和（或）警告，如果能提供類似訊息就能避免意外或傷害。最後，消費者可能控告製造商無法預見產品合理和預期的誤用，並對這種誤用提出警告。為了全面瞭解危險商品，消費品安全委員會追蹤在醫院急診室治療的傷害事故，並提出下列經常導致傷害事故的消費者產品種類（依出現頻率）：

(1) 運動和娛樂活動及設備
(2) 住宅結構和建築材料
(3) 住宅家具和屋內的固定裝置
(4) 居家用品
(5) 個人用品
(6) 家用工具和裝置
(7) 家用產品的包裝和容器
(8) 玩具

不論我們談論的是可能造成意外或誤用的消費品，或者是對人體可能存在潛在健康威脅的食品，產品安全都是重要責任，也是對企業持續的挑戰。看來，無論企業再怎麼謹慎處理，產品賠償責任訴訟的威脅本身已經成為一個產業，並與產品安全的討論緊密連結。所以，我們必須把注意力放在這個重要議題上。

1. 產品賠償責任

產品賠償責任（product liability）在美國之所以成為重大的消費者議題，有下列幾個原因。

(1) 對產品賠償責任日益關注的原因

第一個原因是因為產品導致大量疾病、傷害或死亡的案例，因此產品賠償責任成為一個重大的議題。第二個原因是美國社會愈來愈熱衷訴訟。愈來愈多的美國公民一遇到不高興的事就會上法院。

在美國，除了訴訟案的數目持續增加以外，法院判定的賠償金額也持續增加。在產品賠償責任這類的訴訟案中，創下先例的裁決出現在1978年，一名19歲的男子在13歲時受重傷而獲得1億2,850萬美金的賠償。當年他和朋友駕駛福特的Pinto汽車，被車子從後面撞上，油箱破裂而車內起火，他的朋友被燒死，他自己則受到90%的嚴重燒傷，先後做了五十多次手術。陪審團要求福特公司賠償身故的司機家屬66萬6,280元美金，賠償受傷男子280萬美元的醫藥費，以及1億2,500萬美元的懲罰性賠償。Pinto案創下先例，之後賠償金額開始增加。陪審團判定的平均賠償金額從1993的52萬美元增加到2002年的120萬美元，增加120%。

據估計，每年社會為這類訴訟付出的成本是2千億美元，其中超過一半是用來支付法律費用，有些則用來雇用更多的教師、警察與消防隊員。有人認為企業在訴訟案的花費約是一個折梯價格的30%、足球防護帽的50%、兒童疫苗價格的95%。這種問題大多發生在美國。美國DuPont公司每年接獲國內近5,000件個人傷害訴訟案件，但在國外地區則不到20件。儘管DuPont有一半的銷售收入來自海外，但95%的法律成本花費在美國國內。

自從Pinto案後，幾百萬美元的賠償金額變得稀鬆平常。有些公司因為訴訟案件的關係，被迫申請第十一章提到的聯邦破產法的保護。其中一個著名的案例是Johns Manville公司，面臨石棉相關的大量訴訟，總數達16,500件，賠償金額超過120億美元。另一個著名的案例是A. H. Robins公司，面臨

超過5,000件產品賠償責任訴訟案,因此申請破產保護,在這些訴訟案中女性指控其Dalkon Shield(一種子宮內避孕器)對人體造成傷害。矽膠乳房填充物的主要製造商Dow Chemical公司,在1995年正式申請聯邦破產法的保護。這種策略延續至今。2001年4月W. R. Grace公司申請破產保護,以規避與石棉相關的指控。然而2004年3月法院失去耐心,拒絕第六次延長其破產保護。其它面臨大型訴訟的公司包括Union Carbide公司,它的有毒氣體在印度Bhopal發生爆炸;Dow Chemical公司的Agent Orange脫葉劑;Bridgestone/Firestone公司的輪胎有缺陷。圖表13-2列出最近幾項重大傷害賠償。

圖表 13-2　重大傷害判決

賠償金額	被告	案件內容	最後結果
$28,000,850,000	Philip Morris, Inc.	64歲患有肺癌的老婦控告Philip Morris公司沒有事先警告消費者吸菸的害處	最後陪審團裁定為二千八百萬美元
$11,863,600,000	ExxonMobil Corp.	公司違反與阿拉巴馬州之間的租賃合約,從地下水區抽取天然氣	上訴中
$10,100,529,196	Philip Morris, Inc.	公司被控告Marlboro與Cambridge淡菸所含的焦油與尼古丁含量較低	上訴中而未決
$4,931,000,000	General Motors	1979年Chevrolet Malibu的車款在車禍中油箱起火燃燒	最後陪審團裁定為一億一千萬美金
$3,006,00,000	Philip Morris, Inc.	Richard Boeken是個長期吸菸的老菸槍,他控告Philip Morris害他得癌症	最後陪審團裁定為一千萬美金

資料來源:Stuart Taylor, Jr., and Evan Thomas, "Civil Wars," *Newsweek* (December 15, 2003), 48. From *Newsweek*, December 15, 2003, ©2003 Newsweek, Inc. All rights reserved.

　　產品賠償責任之所以成為重大的議題,最後一個原因是嚴格賠償責任(strict liability)觀念以及這種觀念對判決的影響力。正如前面提到的,產品品質的社會成本觀點是嚴格賠償責任的基礎。簡單地說,嚴格賠償責任認為如果因為產品本身的缺陷而產生不合理的危險,在產品價值鏈上的任何人對使用者都有責任,包括:設計、製造或販賣不良產品的人。除了製造之外,

法院裁定原告不需要承擔販賣、廣告、促銷和物流等責任。例如：交通部認為雖然倉庫依賴客戶（存放物品者）在填寫單據時所提供的訊息，但倉庫仍要對危險物品負責。換句話說，除非法律嚴格規範法律賠償責任的適當審查（due diligence）內容，否則只要產品因為已知或應該得知的缺陷對消費者造成危險，讓產品存在於市場上的相關人士都需要負法律責任。為了落實適當審查，企業必須採取每個可能的防範步驟，並符合該產業標準。

(2) 嚴格賠償責任規則的延伸

在有些州和某些國家，標準比嚴格賠償責任更高，這種標準被稱為絕對賠償責任（absolute liability）。這個新觀念在1982年由紐澤西高等法院在Beshada v. Johns Manville Corporation一案的裁決中宣佈。Beshada一案的原告是Johns Manville等公司的員工，他們由於在工作場所接觸到石棉而罹患相關疾病。雖然在產品製造、販賣的當時，科學仍不瞭解產品的危險性，但法院仍判決製造商因為沒警告產品的危險性而須負絕對賠償責任。因此，企業不能因為已經使用當時的最高標準就不用負法律責任。在這樣的判決下，即使製造商無法知道產品日後是否會出問題，仍然要承擔賠償責任。《華爾街日報》因此創造「石棉侵權魔點」（asbestos tort blob）一詞，靈感來自電影《幽浮魔球》裡的綠色怪物「史萊姆」，它會吃掉所有自己遇到的東西。在2003年出現超過10萬件石棉訴訟案，創下歷史紀錄。

雖然美國人常被形容為好訴訟，但是其它國家在此議題的情況也不相上下。例如：印度最高法院判決公共運輸業者須負絕對賠償責任，亦即Patel Roadways公司須賠償火災中損失的貨品，而且原告不需證明業者有疏忽之處。同樣的道理，英國的重要慈善機關也督促英國首相在引進基因改造食品之前，先制訂嚴格的金融與法律賠償責任制度。

化學物品或藥物經常出現絕對賠償責任的案例。例如：藥廠可能（經政府核准）販賣某種藥物，而且基於現有的知識認為該產品是安全的。根據絕對賠償責任的概念，企業要賠償幾年甚至幾十年後出現的副作用或健康問題。這使得生產過程存在許多不確定性。此外，企業與產品之間的關係也可能很薄弱。四十年前Crown Cork and Seal曾與Mundet Cork這家製造可樂瓶蓋的公司有過短暫的合作，可是Crown Cork and Seal很倒楣，因為Mundet同時擁有一家小型絕緣材料公司。Crown Cork and Seal投資Mundet七百萬美元，結果讓自己面臨數千件與石棉相關的訴訟案，至今已經支付的賠償金額超過3億5,000萬美元。

　　嚴格賠償責任的另一種延伸被稱為市場佔有率賠償責任（market share liability）。這個概念源自於延遲表現案件（delayed manifestation case）——在消費或使用這種產品幾年後才出現的反應。市場佔有率賠償責任來自一個加州的案件：一群先天有缺陷的婦女宣稱自身缺陷是由DES這種藥物所引起的，因為她們的母親在懷孕時服用該藥物。這些婦女無法說出母親所服用的廠牌名稱，但是1980年加州最高法院判決，除非藥廠能夠證明那些母親服用的不是自己的產品，否則六家生產DES藥物的廠商應按照其市場佔有率，按比例承擔責任。陪審團做出裁定後，企業界指出這個判決可能會帶來的負面影響，然而他們的擔心沒有成真。在之後大多數的案例中，不管是非DES案件或第二代DES案件，都沒有採用市場佔有率賠償責任。只有DES適用於這種賠償責任，因為DES是一種普遍的產品，整個製藥業使用相同配方，而且每位製藥業的成員都投入促銷。之後有人嘗試在石棉產品、血液製品、心臟移植、DPT疫苗、脊髓灰質炎疫苗、汽車鋼圈、含鉛塗料和苯等案件中採用這種賠償責任，可是都沒有成功。

2. 產品篡改和產品勒索

　　另外兩個關於產品賠償責任的議題是「產品篡改」（product tampering）和「產品勒索」（product extortion）。在1980年代最著名的案例是Tylenol——第一起出現在1982年，有七位芝加哥人因為服用受污染的強效Tylenol膠囊而喪命，另一起是1986年，在紐約發現一個Tylenol的瓶子裡含有少量氰化物，並且導致一位女性死亡。Johnson & Johnson公司的董事長James Burke將這起事件稱為「百分之百的恐怖主義」。因為這類事件的關係，企業開始使用防止產品遭篡改的包裝。雖然改進包裝的確減少藥品篡改，但問題仍未消失。2000年，兩個澳洲藥廠收到黑函，勒索者在藥局購買止痛藥，下毒後將藥品放回貨架上。四個人因此住院，公司花費數百萬美元收回國內產品。

　　不是只有藥物會被下毒，在911恐怖攻擊之後人們開始關心炭疽，以及可能的勒索或恐嚇方式。在奧勒岡州的波特蘭市，Stoel Rives公司的律師寄出五萬張卡片，隨信附有一些種子。有些收信人看到這些種子因而打電話報案。Publisher's Clearinghouse公司寄給消費者粉末狀的清潔劑，在郵寄過程中也引起恐慌。除了郵件的恐慌，現在人們開始擔心恐怖份子可能會危害食品安全。在911事件之後，食品公司花費數億美元加強產品安全，並開始調查員工背景，裝設照明和錄影設備。

3．產品賠償責任改革

因為上述的問題，許多團體開始呼籲進行「產品賠償責任改革」（product liability reform），又稱為「侵權行為改革」（tort reform）。然而，並非每個人都認為有必要改革。一方面，企業團體、醫藥協會、地方和州政府及想要改變現狀的保險公司認為，在賠償責任的訴訟案中原告獲得高額賠償和不公平的優勢。另一方面，消費者團體和支持目前體系的律師則希望捍衛憲法所賦予的權力，保護受到不公平傷害的人。

企業界對現行規定的批評點出某些爭論。目前美國國內各州有不同規定，但企業界希望有統一的聯邦法。企業界同時希望，除非原告能提出更好的證據，否則企業不須支付懲罰性賠償金，因為在大部分的州，只要企業能符合政府規定就可以免責。企業認為藥物、醫療器材和航空器只要符合政府規定，就應絕對免責，不需要支付懲罰性賠償金。最後，企業希望被告只需為自己所造成的傷害負責。問題的另一端是消費者、公民團體和其他支持現行規定者，後者宣稱對產品賠償責任的批評太過誇大。支持者同時指出在消費者受到的傷害中，有些最嚴重的案例得以解決是因為訴訟，而不是法律規定。這方面的案例包括Dalkon Shield避孕器，導致數千名婦女不孕；Pinto汽車油箱爆炸；工人因接觸石棉而受到傷害；此外還有很多較不知名的案例。Ralph Nader認為審判律師是「唯一可以讓肇事者負責的辦法」。

賓州共和黨參議員Rick Santorum或許引起最大的爭議。Santorum公開支持侵權改革，贊助幾件限制醫療疏失被告的立法，包括限制非經濟傷害賠償金額不得超過25萬美元。他同時持續投票反對《病患權利法》（Patient Bill of Rights）通過，該法案允許病患控告其健康照顧組織（HMO）。然而之後他的妻子在看過脊髓按摩師之後，背部和腿部出現麻痺情況，因此求償50萬美元，Santorum並出庭為她作證，表示她受傷後無法協助他競選連任。之後陪審團判決Santorum的妻子可獲得35萬元的賠償，法官則將賠償金額降至17萬5千元，雙方最後庭外和解。就跟Santorum一樣，大部分的人希望能減少訴訟引起的社會成本，同時在自認為遭受不公時，希望自己提起訴訟的能力不受限制，換句話說，我們希望魚與熊掌可以兼得。

《公共利益的崩解》（*The Collapse of Common Good*）一書的作者Philip K. Howard大力支持侵權改革。他協助成立Common Good網站（http://www.cgood.org），這是一個致力於改革司法系統的團體，宣稱黨派中立，其顧問包括George McGovern和Newt Gingrich，分別來自政治光譜的兩

端。Common Good的作法不是推動賠償金額限制，而是希望推動法律制度改革，刪除司法系統中教育與健康照顧訴訟的部分。這類案件將交由專家組成的委員會處理，他們能區別案件是否有成立的必要。Howard表示這麼一來我們可以限制訴訟的社會成本，又可以讓消費者獲得應得的賠償。雖然獲得朝野支持，還是有人不認同Howard。Ralph Nader和美國律師協會（Association of Trial Lawyers，http://www.atlanet.org）批評Howard犧牲原告的利益而偏袒被告。

產品賠償責任的法律爭論可能會持續下去。企業宣稱現行規定本身缺乏效率，增加訴訟成本，並因為限制創新以及妨害競爭，所以現行規定使消費者無形中繳交更多的稅金。消費者團體認為現行規定迫使企業生產更安全的產品，傾聽消費者的聲音。最近的調查顯示雙方的說法都是事實：法律促進安全，但也阻礙創新。大眾希望產品賠償責任能持續受到關注，並希望企業能持續內化產品安全的概念，妥善處理企業與消費者之間的關係。

我們接下來要討論兩個主要負責產品安全的政府機構：消費品安全委員會和食品藥物管理局。

13.2 消費品安全委員會

消費品安全委員會（Consumer Product Safety Commission，CPSC）是一個獨立的管制機構，依據1972年的《消費者產品安全法》而建立，透過以下的作法可以減少消費者產品導致傷害和死亡的危險：

(1) 與產業一同制訂自願標準。
(2) 公佈並實施強制標準。
(3) 如果某種產品或服務缺少可行標準，無法充分保護大眾，則禁止該產品或服務。
(4) 處理產品召回或維修。
(5) 對潛在的產品危險進行研究。
(6) 透過媒體、州和地方政府、私人組織和消費者的要求，提供消費者資訊，教育消費者。

消費品安全委員會自豪的指出，自委員會成立以來，消費品導致的死亡和受傷減少30%。圖表13-3列出幾個消費品安全委員會協助制訂的自願安全標準。

圖表13-3 消費品安全委員會：自願標準的發展

自願的安全標準			
室內空氣品質	兒童產品	火/電	其它
一氧化碳感應器：新的一氧化碳感應器必須列出一氧化碳濃度和暴露時間。	雙層床架：包括防止床墊和底座坍塌的防護措施，以及防止兒童因床體結構而困住或窒息的防護措施。	全國電子產品規範（National Electrical Code）：在家用洗手台四周增加漏電保護措施，要求水療設備和浴盆也要使用漏電保護措施，並增加電熱帶（譯注：特殊設計可保持恆溫的包覆帶，包紮於有時會受凍的管路上，當氣溫降至35℉(5.4℃)時，電熱帶即啟動）的安全證明。	車庫自動開門裝置（兩次修改）：貼上警告危險的標示。
碎木板中的甲醛含量、硬木及裝飾合板中的甲醛含量（兩個標準）：規定甲醛揮發量。	兒童衣服上的綁帶：在消費者安全委員會證明對兒童有害的4個月後，廠商自動停止採用該種裝飾品，並承諾日後用更安全的設計代替，如黏扣和按扣。	手持式吹風機：要求使用極化插頭，規定貼上勿靠水使用的標籤，採用不論是否開啟，淋濕時都不會觸電的設計。	游泳池：提供推薦使用的圍欄，以防止兒童溺水。

資料來源：U.S. Consumer Product Safety Commission, http://www.cpsc.gov.

　　在一連串行動之後，60年代是消費者運動的高峰，消費品安全委員會即成立於此時。約翰遜總統於1968年成立產品安全國家委員會（National Commission on Product Safety），該委員會建議成立一個永久機構。這個委員會做出這個建議是因為委員會發現每年約有2,000萬名美國人因消費者產品而受傷。尼克森總統上任時消費品安全委員會是否成立尚未有定論，尼克森支持成立，但不是作為獨立機構。國會賦予消費品安全委員會罕見的高度獨立地位，並要求其作業要公開，因為常常有人批評管制機構最後被自己管制

的產業牽著鼻子走。國會的目的在於與企業保持距離,並讓消費者參與消費品安全委員會的決策。

隨著主政者的改朝換代,消費品安全委員會也歷經一番改變,在70年代成長,70年代後期引起爭議,1980年雷根當選總統後則權力大減。消費品安全委員會在雷根年代(1980~1988年)的特色是大幅度刪減預算、大量縮編人員,最後整個機構彷彿癱瘓。幾次有人試圖裁撤消費品安全委員會,但委員會都倖存下來。我們可以從消費品安全委員會的預算看出它在雷根年代走下坡:從1980年的4,060萬美元持續下降到1988年的3,260萬美元,直到1988年後預算才又增加。

在後雷根年代,就像其它管制機構一樣,消費品安全委員會在90年代開始重新扮演積極的角色,這大部分要歸功於主席Ann Brown,她在1994年上任,2001年11月辭職,是史上任職最久的消費品安全委員會主席。在Brown任職期間,消費品安全委員會的資金成長超過25%,國內懲罰數量成長2500%。消費者產品安全委員會每年平均宣佈超過300件產品召回。Brown離開該機構後隨即成立「更安全的美國」組織(Safer America for Everyone),這是一個非營利組織,致力促進消費者的健康和安全。Brown最著名的是致力於產業自願合作。在她任職期間,消費品安全委員會通過的自願標準是強制標準的五倍。

2001年6月,布希總統提名Mary Gall為消費者安全委員會主席與委員。兩個月後,民主黨在國會動員,以投票方式否決這次任命案。民主黨指控Gall的管制哲學是「不干涉」,重視企業的利益勝於消費者安全。Gall偏好行業自律和消費者責任,較不贊成政府干預。共和黨和白宮譏諷這次投票為「純粹的政黨政治」,他們指出Gall是前任總統柯林頓任命的,當時的國會也通過,等於同意她現在的立場。2002年4月,新墨西哥州前任檢察長Harold Stratton被任命為主席,並獲國會通過。Stratton雖然相信自由市場,但是他保證必要時將命令企業停業,以確保不安全的產品不會進入市場。到目前為止Stratton的評價有好有壞。Stratton在上任第四天就對General Electric處以100萬美元的罰款,因為其洗碗機容易起火。然而在2003年11月,Stratton投下關鍵的一票,決定Daisy不需召回750萬支BB槍。Daisy訴訟案正是由前任主席Ann Brown所提出的,因為BB槍設計不良,彈匣容易卡彈,造成至少15人死亡,171人重傷,其中喪生的80%是16歲以下的兒童。雖然曾兩次拒絕,但消費品安全委員會最後同意Daisy提出的和解:Daisy將貼上較大

的警告標誌，並推動為期五年的安全宣導。委員會成員反對此一和解案，因為該和解案沒有提出改善產品缺陷的行動。反對的 Thomas H. Moore 委員表示：「重點是我們不是企業保護機構」。

消費品安全委員會持續扮演重要角色，保護消費者不受危險產品的傷害。對關心產品安全的消費者而言，管理15,000種產品的消費品安全委員會是唯一的訊息交換所，也是唯一一個可以召回危險產品的機構。圖表13-4列出消費品安全委員會成員所面臨的新挑戰。

圖表13-4　產品安全網的漏洞

消費者協會（Consumer Union）這個致力於公共安全的組織指出，消費品安全委員會面臨四個問題。

公權力不彰	企業必須通報已知或可能的產品安全問題，但很多企業都沒有做到。因為缺乏充分訊息，消費品安全委員會監督企業的能力有限。
公眾得知重要訊息的管道受限	在通知廠商並等待答覆的20天內，委員會不能透露任何訊息。其它機構（如環保署EPA、食品藥物管理局FDA、國家高速公路交通安全管理局NHTSA、職業安全與健康管理委員會OSHA）則沒有這種限制。
未能通知所有消費者	要召回產品有賴於充足的資訊。產品保固卡是獲得消費者姓名和地址的最佳方式，但是許多消費者沒有填寫保固卡，因為許多生產商詢問太多私人問題。
資金不足	儘管過去二十年來委員會擔負的責任增加，但是消費品安全委員會員工減少三分之一，考慮通貨膨脹的因素後，預算等於減少超過一半。

資料來源：Jim Guest, "Holes in Our Product Safety Net, "*Consumer Reports* (October 2001), 7. ©2001 by Consumers Union of the U.S., Inc. Yonkers, NT 10703-1057, a non-frofit organization.

13.3 食品藥品管理局

食品藥物管理局（Food and Drug Administration，FDA）之所以成立，是因為19世紀末著名化學家Harvey W. Wiley所做的食品安全實驗。在其中一項實驗裡，自願者服用低劑量的毒藥，這些毒藥的成分與當時食品防腐劑的成分相似。這些自願者被稱為「毒品小組」（Poison Squad），他們促使大眾意識到食用加工食品的危險。Wiley的著名實驗直接促成1906年的《食品與藥物法》（Food and Drug Act）。在1931年前，該法案一直由Wiley執掌的

化學局負責,直到1931年食品藥物管理局成立為止。《食品與藥物法》的目的在保護大眾,避免大眾因為食品、藥物、化妝品和醫療設備的成分有害或標示不清而傷害健康。之後食品藥物管理局負責的法規包括1938年的《食品、藥物和化妝品法》(Food, Drug, and Cosmetic Act)、1944年的《公共健康服務法》(Public Health Service Act)、1968年的《健康與安全幅射控制法》(Radiation Control for Health and Safety Act)、1966年的《公平包裝和標示法》(Fair Packaging and Labeling Act)以及1984年的《藥品價格競爭與專利恢復法》(Drug Price Competition and Patent Restoration Act)。因為這些相關法律的規定,食品藥物管理局管制的對象為州際貿易中的食品、藥物、化妝品和醫療設備。圖表13-5是1977年《食品藥物管理局現代化法案》(FDA Modernization Act)所定義的食品藥物管理局的任務。

圖表 13-5 食品藥物管理局的任務

(1)透過迅速有效的臨床研究,適時對管制產品的行銷活動採取適當的行動,以促進公共健康。

(2)在尊重產品的情況下,確保產品的安全、營養、衛生、適當標示,以保護公共健康;確保人類用藥和動物用藥都安全有效;提供合理的保證,確保用於人體的設施安全、有效;確保化妝品的安全與標示;確保電子產品幅射不會危害公共健康和安全。

(3)透過適當的程序,與其它國家的代表合作,以減少管制的負擔、協調法律規定,並制定適當的互惠協定。

(4)由國務卿裁定,採取下列適當做法以執行第(1)、(2)、(3)項任務:與科學、醫學和公共健康領域的專家協商,並與管制產品的消費者、使用者、生產者、進口商、包裝商、經銷商和零售商合作。

資料來源:http://www.fda.gov.

因為若干法律或修正案,食品藥物管理局的權力增加。1985年對《食品、藥物和化妝品法》的德拉尼修正案(Delaney Amendment)尤其著名。德拉尼修正案要求食品藥物管理局禁止使用動物實驗證明致癌的食品或色素添加物。1962年的修正案要求藥廠在進行行銷活動之前證明產品的有效性和安全性。另外,食品藥物管理局獲權可以下令從市場上撤回危險的產品。在1976年,國會通過立法,要求管制複雜的醫藥產品和診斷設備。

食品藥物管理局設於健康和人類服務部,負責三大類活動:分析、監督和糾正。在80年代,大部分時間的重點是消除官僚的延宕和程序,加快機構

決策的速度，撤除不必要的管制。80年代食品藥物管理局面臨重大打擊，當時四位食品藥物管理局的員工被指控收取回扣，從一家生產基因藥物的大型廠商那裡收受現金等非法禮物，之後給該廠商特別優待。在老布希政府時期，食品藥物管理局面臨的主要挑戰包括：愛滋病、醫療設備的管制、食品安全、脂肪替代品、營養成份標示和非處方藥檢查。1991年，在新任主席David Kessler的領導下，食品藥物管理局開始對不實產品標示進行嚴厲制裁，這項工作引發許多爭論。在1991年初，食品藥物管理局以兩個常見的產品和公司為目標，以達殺雞儆猴的效果，分別是Procter & Gamble公司的Citrus Hill「新鮮選擇」柳橙汁，以及Ragu公司的「新鮮義大利」比薩醬，這是全美番茄醬的領導品牌。食品藥物管理局強迫這兩家公司不得在產品名中採用「新鮮」一詞，因為他們認為這樣是不實的產品描述。

藉此，食品藥物管理局的確清楚表達其立場。不過現在不會採取這種作法，雖然這種作法在80年代很普遍，許多涉嫌違法的企業因此長年與食品藥物管理局進行談判，雙方不斷交換，再否決各種提案。食品藥物管理局把自己的角色重新定位為：一個對違法者採取迅速行動的機構。除了上述兩個案例，食品藥物管理局也寄警告信給Listerine、Plax和Viadent漱口藥的製造商、Weight Watchers和Kraft無膽固醇美乃滋的製造商、Fleischmann低卡人造奶油的製造商，以及其它產品的製造商。食品藥物管理局認為這些廠商的廣告對產品特色的描述有誤。

食品藥物管理局可能是近年來引起最多爭議的管制機構。在David Kessler的領導下，食品藥物管理局積極緊盯那些它認為沒有遵守政府規定或欺騙消費者的公司。食品藥物管理局的支持者為其公正不阿大聲叫好。1997年Kessler博士辭職，之後被任命的是新墨西哥大學副校長Jane Henney博士。Henney的任職歷經布希和柯林頓政府，獲得兩黨國書。共和黨參議員發現，身為共和黨員，Kessler管制的動作太快，但通過藥物和設備的動作太慢，然而Henney若能上任將帶來威脅。激烈辯論後Henney獲准任命。在Henney任職期間，墮胎藥RU486受批准上市。布希上任後Henney遞上辭呈，隨即被批准。雖然有人極力游說要挽留她，但顯然她沒能像共和黨的David Kessler一樣，由老布希政府任命，並受民主黨的柯林頓政府留任。觀察家認為因為Henney未能阻止RU486的批准通過，注定她不可能再次被任命。2002年底Mark McClellan成為食品藥物管理局主席，不過十五個月後，2004年三月他隨即轉任負責聯邦醫療保險計畫（Medicare）。在短暫的任期中，

McClellan因為簡化新藥申請流程而受好評——因為冗長的申請流程讓食品藥物管理局被詬病已久。在McClellan之後接任的是Les Crawford，擔任代理委員。

新任委員會主席將繼承一系列的挑戰。以往食品藥物管理局主要關注的是藥效，現在食品藥物管理局逐漸開始管理營養補充物產業。支持更嚴格管制的人認為，食品藥物管理局不能准許不安全的產品（如麻黃素ephedrine）上市，尤其因為營養補品很容易被濫用。反對者則表示，食品藥物管理局只針對維他命廠商開刀，以保護勢力強大的製藥業。因為Atkins與South Beach飲食法的普及（譯注：Atkins博士提倡吃肉減肥法，或稱低碳水化合物飲食法，South Beach Diet也是一種限制醣類的飲食方式），食品藥物管理局正試圖釐清碳水化合物的定義，並評估食物的GI值（glycemic index）是否可以有效測量食品營養。其它食品藥物管理局正在處理的熱門議題包括：魚類含汞、狂牛症、進口藥物、生物恐怖主義、偽藥以及醫療照護的線上購買。

倫理的實踐

Ethics in Practice

企業應該停止這種不正常的消費者行為嗎？

在我已屆退休時，在一家大型零售商店工作。這份工作最令我驚訝的是，消費者居然能夠輕易退回已經用過的東西並獲得退款。其中一個很好的例子可能是「超級盃狂熱」。人們購買最大台的電視，是為了在週末觀賞超級盃足球賽。然後在隔週的週一早晨便退回電視並要求退還所有金額。此外，我還很驚訝，有些消費者沒有收據也要求商店全額退款，那些商品不只是被用過，有時候甚至已經使用了好幾個月。然而，很多時候消費者馬上可以獲得退款，如果他們沒有帶收據一樣可以拿到支票。

(1) 企業究竟欠消費者什麼？這是不是一個濫用消費者滿意的例子？

(2) 對消費者而言，這麼做符合倫理嗎？企業「應該」讓消費者達到這樣的滿意程度嗎？

(3) 零售商應該採取行動來控制這個情形嗎？應該採取哪些行動？

13.4 企業對消費者利害關係人的回應

企業對消費者主義和消費者利害關係人的回應隨著時間而有所不同，一個極端是差勁的公共關係策略，另一個極端是設計完善、妥善施行的計畫，比較具有代表性的像是：全面品質管理和6σ。在過去，企業對消費者的回應，呼應了企業對消費者運動的重要性、滲透性、有效性和長期性的深度瞭

解。在消費者運動出現時，企業並不以為意，其回應可能只是象徵性的，幾乎沒有效果。現今消費者運動已經成熟，企業與消費者利害關係人的交互作用逐漸成為常態。企業已經意識到，今天的消費者比過去更有毅力、更有把握、更可能採取各種上訴管道來提升滿意度。消費者行動主義者獲得更大的權力，迫使企業必須付出更誠摯的努力，提供消費者發言的機會，包括：設立免費服務熱線、容易使用的網站、消費者服務代表等。全面品質管理與 6 σ 這類型的方案則是策略上的一種回應。

13.4.1　全面品質管理方案

全面品質管理（total quality management，TQM）有許多不同的特色，但基本上指的是整合企業全部功能的一種概念，內容包括：品質、團隊工作、產能、瞭解消費者和消費者滿意。圖表13-6列出全面品質管理的原則、實務和技巧。需要注意的是，顧客（或消費者利害關係人）是這個過程的核心。

圖表13-6　全面品質管理的原理、實務和技巧

	顧客中心	持續改進	團隊工作
原則	• 消費者是最重要的 • 提供滿足消費者需要的產品和服務；整個組織都要以顧客為中心	• 唯有不斷改進對生產產品和服務的過程，才能獲得持續的顧客滿意	• 為了達到以顧客為中心和持續改進，最好的方法是組織的通力合作，以及與消費者和供應商合作
實務	• 直接與顧客接觸 • 蒐集關於顧客需求的資訊 • 利用上述資訊來設計並傳遞產品和服務	• 過程分析 • 流程再造 • 解決問題 • 計畫/執行/檢查/行動	• 尋求過程中有利於所有部門的方法 • 組成不同類型的小組 • 群體技能訓練
技巧	• 顧客調查和焦點群體 • 使用品質功能發展（將顧客訊息轉化為產品規格）	• 流程圖 • 柏拉圖分析（Pareto analysis） • 統計流程控制 • 魚骨圖	• 組織發展方法，例如名目群體技術（nominal group technique） • 團隊建立方法（如角色澄清和小組回饋）

資料來源：James W. Dean, Jr., and David E. Bowen, "Management Theory and Total Quality: Improving Research and Practice Through Theory Development," *Academy of Management Review* (Vol.19, No.3, July 1994), 395.

　　全面品質管理的重要假設和前提之一是：顧客是產品品質的最後裁判。因此，全面品質管理過程的第一部分是「根據顧客的期望和要求定義品質」。圖表13-7列出幾種常見的品質定義及其優缺點。

　　隨後顧客的期望和要求被轉化成標準和規格。最後，整個組織被重新整合，目的在確保達到符合的品質（conformance quality，符合標準和規格）和知覺的品質（符合或超過顧客期望）。在全面品質管理中，「顧客滿意」顯然是管理人員努力的目標。

圖表 13-7 品質定義的優缺點

定　義	優　點	缺　點
卓越	• 優勢的行銷和人力資源利益 • 普遍認可——固定的標準和高成就	• 實施者獲得的實際指導很少 • 難以衡量 • 優秀的定義可能出現重大且迅速的改變 • 必須有夠多的顧客願意付錢購買優秀的產品或服務
價值	• 價值的定義有很多種 • 強調公司內部效率和外部效果 • 可以比較不同的目標和經驗	• 難以取得個人價值判斷 • 有問題的接納（questionable inclusiveness） • 品質和價值的結構不同
規格的遵守	• 有助於精確的測量 • 提高效率 • 全球策略的必要條件 • 強迫顧客需求崩解 • 對一些顧客而言是最簡潔、適當的定義	• 顧客不知道或不關心內部規格 • 不適用於服務 • 可能降低組織的適應性 • 在快速變化的市場上規格可能很快過時 • 強調內部
符合和/或超過期望	• 從顧客的觀點進行評鑑 • 適用於所有的行業 • 回應市場變化 • 完整的定義	• 最為複雜的定義 • 難以測量 • 消費者可能不知道自己的期望 • 個別反應 • 購買前的態度影響之後的判斷 • 短期和長期評價可能有所不同 • 混淆顧客服務和顧客滿意

資料來源：Carol A. Reeves and David A. Bednar, "Defining Quality: Alternatives and Implications," *Academy of Management Review* (Vol.19, No.3, July 1994), 437.

他人的肯定有助於推動品質的提升。在美國等工業化國家，採取品質管理行動並成功執行的企業可獲得Malcolm Baldrige獎、ISO 9000和Deming品質獎，這些獎項能提高企業聲譽。然而，全面品質管理在80年代成為熱門術語，許多相關的口號，例如「第一次就做好」被認為是陳腔濫調。當時也是其它工具出現的時候，如即時生產（just in time，JIT）和企業流程再造（business process reengineering，BPR）。當然，也有許多人討論全面品質管理的缺點，例如頂尖全面品質管理顧問Phil Crosby說道：「全面品質管理從未定義品質，只是遵循標準」。接下來我們要簡短介紹6σ，其訴求之一正是提出更精確的品質定義。

13.4.2　六標準差

六標準差（6σ）屬於全面品質管理的一個分支，已經成為許多公司的生存之道。基本上，6σ是個總稱，底下有一群方法論和技巧。許多大公司採用6σ作為提高品質和降低成本的方式，仰賴6σ的大公司包括：Dow、DuPont、Sony、Honeywell、Nokia、GlaxoSmithKline和Raytheon。GE前執行長Jack Welch說：「6σ這一項突破性的策略是GE採用過最重要的措施……是我們未來領導精神的一部分」。儘管有些人嘲笑6σ是「速成全面品質管理」，但在21世紀，6σ已經為品質帶來新的承諾和能量，有人甚至說它對品質而言：「比80年代中期的全盛期更重要」。

Motorola公司首先開發6σ，Allied Signal公司後來對它進行實驗，但是大部分的觀察家認為是GE電器公司使它達到完善的地步。σ是用來測量變異量的統計方法，σ值愈高代表缺陷愈少。6σ的作業水準表示每100萬單位中有3.4個缺陷。大部分公司追求4σ的水準，也就是每100萬單位中有6,000個缺陷。採用這項技術的企業必須發展「黑帶」，也就是被訓練來扮演保證人角色的人，要提供協助，並徹底瞭解整個方案。企業也必須在高階管理人員中找到「冠軍」，負責在需要時監督方案的進行。

6σ的優點之一是過程和實施步驟都很清楚。然而，6σ代表的不只是一套明確指令，也代表一種強調顧客重要性和測量謹慎性的概念。6σ的實踐者追求的是事實而不是觀點，相信修正過程而非修正產品。當然，這些重要原則是全面品質管理等品質管理的基礎。所有理論的基礎都是顧客滿意。圖表13-8列出消費者利害關係人的滿意模式。

圖表13-8　消費者利害關係人的滿意模式

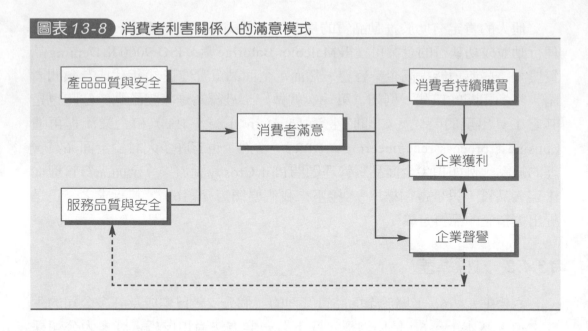

本章摘要

　　消費者利害關係人開始關心產品品質和安全，主要的原因是因為企業無法滿足消費者在這兩方面的需求，不管是在製造業或服務業都是如此。一個重要的挑戰就是要區別並理解品質議題所有不同的面向。在今天，品質指的可能是性能、特色、可靠性、符合性、耐用性、服務性、美觀、知覺的品質以及這些面向的組合。

　　一個相當重要的法律和倫理議題是消費者獲得安全的權利。對企業而言，產品安全已經成為最重要的消費者議題之一。產品賠償責任危機是企業對此缺乏關注的結果。其它導致產品賠償責任危機的因素是：危險產品案件的激增、社會漸趨好訟、法院判決的賠償金額增加，以及保險費率上升。這些現象帶來其中一個重要結果，也就是對侵權行為改革的呼籲。產品篡改和產品勒索也是安全相關議題。近幾年來，因為食品、藥物和醫療設備相關的健康和安全議題，消費品安全委員會及食品藥物管理局扮演著重要的角色。

　　全面品質管理和6σ等改善品質的措施沒有解決所有的問題。然而，如果能妥善設計和實施，這類技術可能是解決這些問題的重要方式。除了這些具體回應，如果要有效處理消費者關心的事情，管理階層必須真正為消費者著想。在現今的企業環境中消費者的選擇性很多，因此如果公司想要成功，內化「以消費者為核心」概念是唯一的選擇。

關鍵字

absolute liability 絕對賠償責任

Consumer Product Safety Commission(CPSC) 消費品安全委員會

contractual theory 契約理論

delayed manifestation cases 延遲表現案件

due care theory 適當照顧觀點

Food and Drug Administration(FDA) 食品藥物管理局

market share liability 市場佔有率賠償責任

product liability reform 產品賠償責任改革

Six Sigma 六標準差

social costs view 社會成本觀點

strict liability 嚴格賠償責任

tort reform 侵權行為改革

total quality management(TQM) 全面品質管理

問題與討論

1. 列出品質的各個面向。舉出一種產品或服務的例子，說明在這個例子中上述的每一個面向都很重要。

2. 我們應該採用什麼倫理理論才能更深入的解釋品質議題？試討論之。

3. 找出產品賠償責任危機出現的主要原因。有沒有哪些原因被忽略？試討論之。

4. 區別嚴格賠償責任、絕對賠償責任及市場佔有率賠償責任。這些觀點對企業界和未來可能出現的產品和服務有哪些影響？

5. 根據目前企業和消費者的態度，你認為消費品安全委員會和食品藥物管理局的未來為何？你認為政治將扮演什麼角色？

個案評述

　　本書附贈的光碟提供了許多個案，與本章相關的個案有個案14、個案24以及個案25，你可以搭配本書第十三章的內容探討以下的個案：

個案14「有毒的玉米捲？談基因改造食品」

　　我們不知道這個個案中消費者的安全是否被犧牲。意見不同的雙方各執一詞。歐盟的情況更加分歧，正說明這個議題所造成的分裂。在這樣的情況之下，管理者必須決定基因改造食品所扮演的角色。基因改造食品有人贊成有人反對，誰才是對的？選邊站後會帶來什麼影響？

個案24「Firestone與Ford經歷一場輪胎胎紋崩裂的慘劇」

　　在這個案例中，因為Ford的SUV上面裝有不良的Firestone輪胎，導致汽車造成死傷，Ford與Firestone都必須做出回應。本案例描述之後的訴訟案以及兩家公司的反應。是否其中一家公司過錯較大？在這個情形裡，國家公路交通安全管理局（NHTSA）應負什麼責任？利害關係人是誰？他們受到什麼影響？為了處理目前情況並避免未來類似的事情發生，你會建議採取哪些行動？

個案25「舉世聞名的咖啡傷人案」

　　著名的麥當勞咖啡訴訟案中，有名婦人被咖啡潑到後造成三級灼傷，因此控告麥當勞，本案例提供鮮為人知的細節，也提供之後出現的類似意外。當消費者喜好與消費者安全出現衝突時，企業應如何取捨？陪審團的決定適當嗎？你會對麥當勞做出什麼建議？

第十四章
自然環境也是利害關係人

本章學習目標
▶▶ 閱讀完本章後，你應該能夠：
1. 討論自然環境問題為什麼如此複雜。
2. 描述八個主要的自然環境問題。
3. 描述NIMBY環境問題。
4. 討論企業和政府在環境問題上所扮演的角色。
5. 解釋環境倫理的概念。

如果我們未能認知到自然環境是一個活靈活現的有機體，就無法清楚的瞭解它。土地可能是健康的，也可能是有問題的，可以是肥沃或是貧瘠的、富饒或是不足的、妥善培植或是蒼茫一片的。現今，我們對土地所有權和土地使用的態度及法規顯示出我們對於私有財產觀念的濫用。今日，你可以因私人利益而濫殺土地，你可以將濫殺後的殘骸留給大家看，沒有人會真的報警處理。

Paul Brooks《追求原始》（1971）

14.1 自然環境的簡介

和其它的術語一樣，環境對不同人而言，代表著許多不同的事物，它可以指後院的樹、一個家庭最喜歡的度假場所、牧場上一匹母馬和牠的小馬、山野裡游著鱒魚的小河、太陽系裡的地球、其它星球和宇宙物體。本章將著重於自然環境，特別是何謂自然環境、為什麼自然環境如此重要、自然環境為何成為人們關心的主題，同時探討企業和組織對自然環境做過些什麼以及為自然環境做了些什麼。本章也說明了「環境」（environment）一詞的意

義,並且解釋為何此一名詞會成為當代最重要的社會議題之一。同時,也將描述組織(包含企業)面對該問題的不同反應。綜觀本章,我們將強調兩個主軸:人類是自然環境的一部分;環境本身、環境問題和人類的相關反應都是極為複雜的,無法以簡單的方法來分析。

為了協助讀者制定完美的企業環境決策,我們將提供許多的事實和數據,其中某些事實和數據具有相當高的技術性和科學性,而且與環境問題和組織反應相關。加入的事實和數據是用來協助讀者瞭解現今複雜的企業和公共環境問題。受到企業、政府、環境利益團體以及個人的影響,媒體經常討論這些術語和概念,而我們在探討企業和社會的議題中也常常提到這些觀點。不論是企業、政府還是個人,在制定決策時,都必須具備這些基本的知識。如果沒有一些基本的技術知識,負責潛在利害關係人管理的主管,便無法在面對組織生存、人類生存和自然環境生存等重要抉擇點上,做出完美的決策。圖表14-1列出一些有關環境的重要術語,相信對讀者而言是相當有幫助的。

圖表 14-1	有關環境重要的術語
環境	廣義言之,是指一個實體的任何外在或內在事物。對人類而言,環境可以包括外在的生活、工作、娛樂空間和自然資源,也可以包括內在的身體、腦力和情感狀態。
承載量	是指有機體在不破壞環境未來適宜性(suitability)之下,於特定時間和地點維持其生存所需消耗的能量之額度和密度。資源的承載量是有限的,為了將來能夠持續使用,我們必須予以尊重。
亂度	對能量失序的一種衡量,表示回收之後再利用的可行性程度。能源每次被使用之後,能量將會變得更低。例如,1,000瓦的電,一旦它被製造出來使用之後,就再也不可能作為電力使用了。如果將其儲存起來,將來可用的電力會遠低於1,000瓦。
生態系統	係指某一特定地點現存的所有有生命和沒有生命的物質,這些物質通常會交互作用。
生態棲位	有機體在自然環境中所扮演的角色,包括它吃的食物以及它所要求的生存條件。棲息地和生態棲位是兩個相關的概念。
循環	水、空氣和各種營養物質,例如環境中的氮、磷、硫等,所持續進行之迴圈狀循環。這樣的循環可能在其扮演演化角色時,進行淨化或是提供養分,因為人類的過度污染和破壞而遭到損害。
起增點	是指以前受到壓制的特定現象突然開始恢復活力的某一特定點,例如,當人口超過承載起增點時,就會因發病率和死亡率的增加,而減少或急劇下滑。

污染	係指物質和能源經歷轉化的過程，在特定時間、特定地點，被視為不想要的或失去價值的東西。
不可逆性	在相關的時間幅度內，人類和大自然無法將環境條件恢復到以前的狀態。與環境相關的人類活動呈現不可逆性的例子有：對雨林和野生環境的破壞以及物種的滅絕。
永續性	一個實體的特徵，例如經濟或環境系統，探討是否能在某一段可接受的時間內生存和繁榮的能力。

14.2 企業對自然環境的影響

　　不幸的是，企業是污染和消耗自然環境的主要殺手。事實上，每個國家的每個產業都會消耗大量的原料和能量，而且也會造成廢棄物堆積和資源惡化。例如：專門處理鈾、煤和石油等原物料的林業，在萃取、運輸和加工等階段，都會產生嚴重的空氣、水和土地的污染問題。而鋼鐵、石化及造紙等製造工業，長期以來也被視為是空氣和水污染的主要來源。然而，大多數的產業都難免會產生大量的污染。

　　顯而易見地，製造和營運的過程，很容易造成空氣、水和土壤的污染，但事實上，幾乎企業內每個部門都有可能會影響自然環境。例如：實驗室和工程部門可能生產大量的環境污染物，而這些污染物將隨著製造部門生產出有毒、無法再生的產品。使用不正確會計數據的財務部門，可能會使公司高層運用短期指標的概念來做決策，當然，這些決策無法將破壞環境所造成的成本估算進來。人力資源部門可能在人員招募、遴選和發展的決策中忽略了環境因素，而晉升那些和組織環境價值觀不一致的員工。最後，行銷部門可能會推廣或促銷可能對環境有害的產品和服務，然而他們的顧客可能知道，但是也可能因為不瞭解實情而受到傷害。

　　當然，每件事都有一體兩面。企業的權力和生產力能夠破壞環境，當然也可以減輕對環境所產生的負面傷害。在本章後面的部分，我們將介紹一些對於支持環保不遺餘力的企業。不過，在此之前，我們首先必須先詳細說明我們所面對的環境問題。

14.3 自然環境問題

　　有愈來愈多人認知到全球環境問題日益惡化，新一波的環境論也隨之興起。以下是八個主要的全球環境問題：

- 臭氧減少
- 全球暖化
- 固體和有害廢棄物
- 淡水的數量和品質
- 海洋環境惡化
- 森林砍伐
- 水土流失
- 生物多樣性受到威脅

　　我們將簡要的討論每一個環境問題，以便讓讀者瞭解這些日益受到重視的問題的複雜性和緊迫性。

14.3.1 臭氧減少

　　臭氧是一種與氧氣相關的氣體。靠近地球表面的臭氧對生命有害，但是在平流層中，臭氧能阻擋來自太陽的有害紫外線輻射，是不可或缺的物質。1985年，美國航空暨太空總署（NASA）的科學家觀測到南極上空的臭氧大幅減少，接著，他們又發現臭氧層已經破了一個大洞，面積和北美洲一樣大。他們的測量結果顯示，臭氧破洞下的紫外線照射量很明顯地增強。這種現象導因於人類所產生的化學物質氟氯碳化物（CFCs）——此物質用於制冷，消防器材中的海龍（halon），當然，還有其它破壞臭氧的化學物質。1987年，國際社會通過「有關損耗臭氧層物質之蒙特婁議定書」（United Nations Montreal Protocol），對這些氣體的使用加以嚴格控制。科學家的報告顯示，大家的共同努力應該會獲得成功，臭氧破洞在50年內可能會自行修復。大氣研究專家以及Aerodyne公司的總裁Charles Kolb說：「我們能夠確認問題，而且國際社會也能夠加以回應，這是令人感到十分驕傲的事」。不過，國際社會間卻逐漸出現裂痕。2004年，布希政府要求取消使用溴化甲烷（methyl bromide）的禁令，因為美國擔心，不使用溴化甲烷，他們的草莓農將無法有效的和墨西哥草莓農競爭。很諷刺的是，美國在全球暖化議題上的政策倒退卻使得歐盟得以選擇不會破壞臭氧的替代性化學物質，因而成功地提早減少氣體排放量。

14.3.2　全球暖化

　　許多可靠的資料顯示，大氣正處於暖化的危機之中。根據 *Fortune* 雜誌科學證據顯示天氣極可能快速而且劇烈的改變，這使得五角大廈內的策略規劃人員積極模擬各種情境下的回應措施。「溫室效應」（greenhouse effect）即大氣所吸收的太陽熱量無法再返回大氣中的現象，這會加快暖化的速度，速度之快是在地球過去一萬年中從未出現過的。燃燒化石燃料是造成這種現象的主因（75％），土地使用方式的改變，如森林砍伐，則是其它的原因。2001年，聯合國的科學家預測，溫度將從攝氏1.4度上升到攝氏5.8度。近來的溫度上升大約達到地球過去一萬年來整個溫度上升量的一半。科學家指出，天氣的改變已使得100種物理、450種生物發展進程產生變化。溫度升高導致俄國北極圈內的永凍層開始溶化，五層樓高的層基整個倒下。全世界的洪水氾濫、暴風雨和熱浪的現象日益嚴重。天氣變化的規律完全被打亂，河水在冬天延遲結冰，在夏天亦提早溶化；樹木提早開花，昆蟲較快出現，鳥類也提前下蛋；冰河溶化，海平面上升。在未來100年內，天氣變化的速度將是人類歷史上前所未有的。我們不知道這些變化的嚴重程度和影響層面到底有多大，也不知道生態系統和生物及人類對這些溫度變化帶來的影響之適應程度將是如何。我們也還不知道我們是否已經超越起增點，之後可能會有更嚴重、更具威脅性的因素在等著我們。圖表14-2顯示，從1996到2002年，美國溫室氣體排放量不斷地增加。吸收量（sinks）是指吸收二氧化碳的量，和排放量相反。

圖表 14-2	美國溫室氣體排放量與吸收量

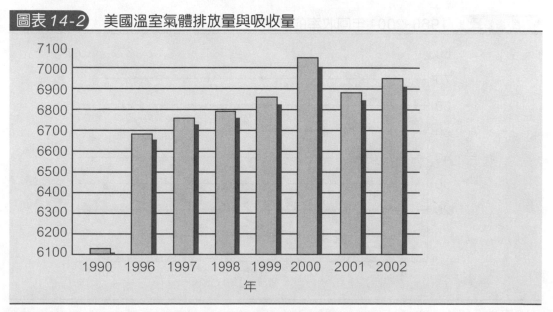

資料來源：United States Environmental Protection Agency (2004).

14.3.3　固體和有害廢棄物

2001年，美國城市居民、企業和政府共產生了超過2.29億噸的都市固體廢棄物，估計每人每天大約製造了4.4磅重的廢棄物，比起1960年每天每人的2.7磅增加超過60％。圖表14-3顯示1960~2001年都市廢棄物的製造趨勢。美國產生的都市廢棄物數量是很可觀的，不過，如果6,800萬噸的廢棄物沒有透過回收，而是進入垃圾掩埋場和焚化爐，那麼2001年都市固體廢棄物的數量還會更大。圖表14-4顯示出1960~2001年的回收率增加了12倍。

圖表 14-3　1960~2001年都市廢棄物的製造趨勢

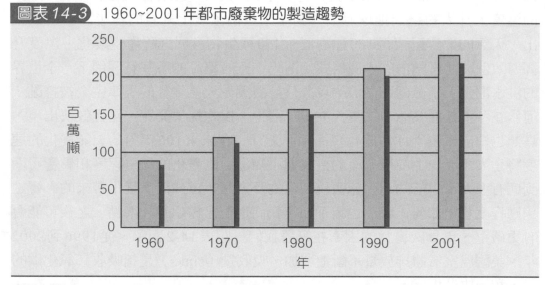

資料來源： United States Environmental Protection Agency (2004).

圖表 14-4　1960~2001年回收率的增加

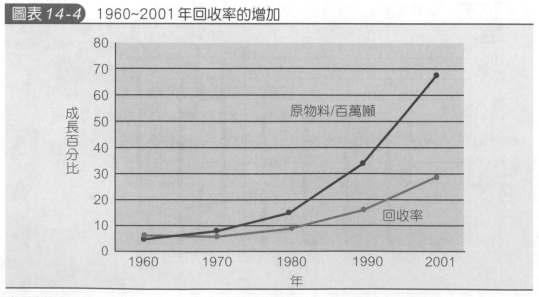

資料來源： United States Environmental Protection Agency (2004).

全球大約有90％的有害廢棄物，也就是那些為了保護人和環境，進而需要特殊處理的廢棄物，主要是來自於工業化國家。暴露在這些有害廢棄物的環境當中，不論是藉由空氣、水、食物或土壤，都會導致癌症、先天性疾病和其它許多的問題。因為某些地區對廢棄物處理採取嚴格的管控，有害廢棄物常常合法或非法地被運到管制不嚴格的地方傾倒。另外一個令人憂心的是，許多新的化學物質的毒性效應逐漸出現在我們的環境當中，但由於這些都是新的物質，我們對於其影響以及如何保護人類健康及環境安全的因應措施也是所知不多。

14.3.4　淡水的品質和數量

都市下水道污物、工業廢水、都市排放、農業排放、空氣中的落塵和過度耕種將會導致全世界海洋和河川遭到破壞；另外，水庫淤泥沉積、森林砍伐、過度放牧和過度灌溉也都會造成海洋環境的惡化。雖然水污染是一個全球的議題，現在先讓我們看看美國企業和都市所造成的影響。在美國，超過1/3的河川、湖泊和河口三角洲是不能安全游泳或垂釣的，也無法提供魚類和水中生物一個健康的棲息地。全美超過40％的河川都不符合《清潔水法》（the Clean Water Act）的規定，被認定是污染很嚴重的河川，然而，數百萬磅的危險和有毒化學物質每年仍合法地被傾倒在河川、湖泊和沿海水域中。公眾利益研究團體（the Public Interest Research Group）將這些違法傾倒的現象歸咎是預算縮減和人力縮編導致政府執法不彰。

由於全球淡水分配不均，在水資源缺乏的地區，淡水供應早就嚴重不足，這也因此降低了人類生活所需要的淡水品質，連帶造成開發中國家的乾旱、沙漠化、水傳染疾病，和已開發國家大規模的河川、湖泊、海灣和可取得地下水污染等問題。水資源缺乏的區域包括在中國快速縮減的地下水面，在前蘇聯鹹海面積減少了2/3，以及美國西部大約有一半的河水被過度使用。2025年以前，世界上2/3的人口可能會居住在面臨缺水壓力的國家中。

14.3.5　海洋環境的惡化

許多影響淡水的因素同樣的也對海洋環境產生影響。每年，上兆加侖的下水道污水和工業廢水被傾倒在海裡。這些廢水和其它如石油和塑膠等污染物，共同對海洋生態系統，包括鹹水沼澤、紅樹林、三角洲與珊瑚礁造成極大的破壞，因而使得當地和區域性的有殼水中動物喪失棲息地、魚類數量減少、與海洋食物相關的疾病增加、抵禦洪水和暴風雨的海岸線變短。富含毒

物和營養的廢水導致藻類植物茂盛；拖網捕魚損壞了海床；天氣變化使海水暖化，珊瑚礁死亡。除此之外，現在捕魚船隊的數量也超過海洋所能承受的40％，因此，1/3的主要經濟魚種之數量正在下降，這似乎也就不足為奇了。

14.3.6 森林砍伐

雖然人類仰賴森林獲得建築材料、燃料、藥品、化學物質、食物、工作和娛樂，但是世界上的森林還是迅速地被各式各樣的人為因素給消耗殆盡。森林砍伐（deforestation）加重了土壤侵蝕問題，也成為溫室效應的主因。被砍伐的樹木無法再吸收二氧化碳，而有時為了清理土地或是獲取木炭，必須燒掉這些被砍伐的樹木，反而製造更多的二氧化碳。在砍伐森林的活動中，溼度和養分生態循環系統也會遭到嚴重的破壞，進而對附近的土地和水文系統產生負面的影響。已開發國家和開發中國家都同樣有森林砍伐的問題。美國森林協會（American Forests）這個保護性團體研究了位於華盛頓的大巴爾的摩地區，因森林砍伐所帶來的影響，並評估了砍伐森林的經濟後果。樹木減緩暴風雨水的移動能力，減少引發洪水的危機。這個研究顯示，華盛頓大巴爾的摩地區的森林砍伐，減緩了19%的暴風雨水的流動。利用工程系統取代樹木阻擋暴風雨水的流動得耗資10億多美元。樹林面積的縮小也使得從空氣中去除重約930萬磅的污染物質變得更加困難，為了彌補這種情況，預計要花費24年、2,400萬美元來控制空氣品質。2030年以前，世界上25％的靈長類動物可能會消失的主因也是因為熱帶雨林的砍伐。還好，眼前有一些好消息。聯合國糧食及農業組織（FAO）的報告指出，有明顯的指標顯示，砍伐森林的速度正在下降。從1980~1990年，森林砍伐每年造成1,550萬公頃的林地損失。最近的一份報告看出了一些希望。近十年來，熱帶雨林砍伐的速度已降低了10％。

14.3.7 水土流失

另一個令人困擾的環境問題是水土流失的問題。根據聯合國的環境計畫，水土流失包含沙漠化、森林砍伐、過度放牧、土地鹽化和鹼化等多種層面，另外，土壤酸化、都市擴張、土壤封填及工業土壤污染都屬於水土流失的一部分。聯合國千禧年宣言（U.N. Millennium Declaration）指出：「大約有20億公頃的土地，也就是約加拿大和美國兩國的合併面積，受到人類引起的水土流失問題的影響，使得將近10億人的生活面臨危機。每年，有2千萬公頃的農地不是退化得太過嚴重而無法耕種，就是因為都市擴張而消失」。

雖然許多水土流失問題存在於第三世界國家，但已開發國家也歷經土地生產率下降的難題。全球水土流失的問題影響了60％的非洲和亞洲、11％的歐洲以及8％的北美洲。隨著世界人口持續地增加，損失有生產力的土壤所導致的問題也將會增加。

14.3.8　生物多樣性受到威脅

在大多數的時間裡，一個物種平均存活100萬年，而物種死亡率約是每100萬年有一個物種滅絕。目前物種的滅絕速率是正常的100~1,000倍。此外，不但滅絕率在上升，新物種的出生率也在下降。除了大型哺乳類，例如大象、非洲黑犀牛和鳥類以及加利福尼亞神鷹和捕蚊鳥等數量十分稀少外，全世界約有2萬種因濫補濫殺而瀕臨絕種的動物。因為農業和都市開發，當然，還有污染的問題，使得生態系統和棲息地遭到破壞，不但威脅野生動物，也威脅到許多有益的植物。人類藥品大約有一半來自於植物，然而，在生產量特別高的地區，例如世界的雨林區，個人和組織的過度活動卻嚴重破壞了生態系統與生物物種。

14.3.9　其它環境問題

除了八個主要的環境問題以外，全世界也出現了威脅人類健康和自然環境的其它問題。根據民意調查，這些問題中以室外和室內的空氣污染（air pollution）位居前茅。據估計，開發中國家約有5,000萬名兒童由於煙霧而飽受慢性咳嗽之苦。

除了引起人類健康問題之外，周遭的空氣污染也導致酸雨（acid rain）的現象，對數個國家的自然環境產生各種極大的負面衝擊。酸雨是當燃燒石化燃料時，空氣中的有害物質，如氨和硫酸，沉積所造成的，型態可以是濕的（如雨和霧）或是乾的（如灰塵）。這個燃燒石化燃料所造成的破壞使得挪威約80％的湖泊和河流失去作用，64％的英國森林受到損害，以及瑞士中部超過40％的針葉林遭受毀壞。酸雨使得自然環境和人體結構極度惡化，影響所及包括：美國賓州、加拿大新斯科系亞省（Nova Scotia）、印度的Agra、東京、中亞和巴西的聖保羅（Sao Paulo）。酸雨的形成主要為硫化物的排放，它是會移動的。近年來，硫化物的排放在美國降低了40％，但在亞洲預計於2010年以前會增加3倍。

室內空氣污染（indoor air pollution）是另一個日益受到關注的環境問

題，主要發生在工業化國家。美國在學校和其它建築物使用石綿作為絕緣物已經有很多年了，但是人們發現到，吸入石綿纖維會引起一種無法治癒的肺部疾病，叫做石綿沉著病（asbestosis）。其它主要的室內空氣污染物包括：氡、菸味、甲醛（formaldehyde）、農藥殘留物和與乾洗有關的高氯乙烯（perchloroethylene），這些物質主要來自於某些建築材料和家庭用品，如塗料、地毯和瓦斯爐，它們與人類的各種健康問題，小從嘔吐大到癌症都有關聯。

第三個環境問題是能源使用的低效率（energy inefficiency），或是浪費寶貴的不可再生能源。不可再生能源，如煤、石油和天然氣，是幾百萬年前，在獨特的溫度、壓力和生物現象等條件下形成的（因此叫做石化燃料）。一旦這些能源被用盡，很明顯地，它們將永不再生。除此之外，因為這些能源分配不均，導致世界權力的極大不平衡，引起對人類和自然環境產生極大災難的武裝衝突。

不可再生能源的問題可部分透過實施能源保護措施，盡可能減少這些能源的使用來加以解決。除此之外，轉而使用可再生能源，例如：太陽能、風力、水力和生物形式的能源，對於工業和農業社會而言都是相當具有吸引力的選擇。可再生、低污染的能源利用技術在經濟上與不可再生能源相比，十分具有競爭力。然而，即使支持使用太陽能和風力的人聲稱人類已可大量應用這兩項能源，但是美國一半的電力還是來自於不可再生的、高污染的煤炭。與前面所述相關聯的另一個環境問題，因其潛在的危害，值得我們特別關注：就是有毒物質（toxic substances）（不管是我們想要的最終產品，或是我們不想要的副產品）的生產。根據環境保護署（EPA）的定義，有毒物質是對健康或環境可能產生大量危害的化學物質或混合物，包括：殺蟲劑、除草劑、溶劑、燃料、放射物質和其它許多物質。不論有毒物質是否被視為廢棄物，他們一般對於人類和自然環境都有重大的負面影響。這些物質，如苯甲基氯（benzyl chloride）、氫氧酸（hydrogen cyanide）和甲基氫酸（methyl isocyanate），所帶來的問題是，即使只有很小的劑量，它們也不相容於生物組織，會破壞細胞功能，最終引起生物系統的全面停擺。

如果我們的社會覺得有需要生產上述物質，並極端謹慎地為之，仍會存在兩個問題。第一，我們不知道每年暴露在成千上萬的化學物質下會有什麼影響，特別是長期的、交互的影響。例如，環保署並未對其列示的7萬種化學物質提供長期的影響健康資訊。其中最令人憂心的1萬至1萬4千種大量使用的化學物質的相關數據更是少之又少。即使是毒性已知、在美國禁止銷售

的化學物質，例如：殺蟲劑DDT，仍然能夠在美國生產出口，當含有這些化學物質的製成品被銷回時，這種化學物質又回到美國。

第二，有毒物質與工業事故呈現高度的相關，這些工業事故帶來無法預料的大範圍生物破壞。1984年印度博帕爾化工廠（Bhopal）的洩漏事件；1986年前蘇聯車諾比核電廠（Chernobyl）的反應爐遇熱融毀事件；1989年Exxon Valdez郵輪的1,100萬加侖原油在阿拉斯加漏油，是三件著名的有毒物質環境災難。大家比較不知道的是每年都有1萬4千加侖的原油外洩。雖然Exxon Valdez郵輪的漏油覆蓋了阿拉斯加1,300英里長的海岸線，約三個足球場那麼大，這個漏油事件僅在世界漏油事件中排名第五十三。不過，到現在，漏油的影響仍持續中。一份2003年的報告指出，Valdez郵輪在漏油事件14年後的今天仍繼續對阿拉斯加王子威廉峽灣（Prince William Sound）的海洋生物造成嚴重的破壞。

和之前相較，有三種大家最近較少關注的污染，它們是氡污染（radon）、噪音污染（noise pollution）和美感污染（aesthetic pollution）。氡是一種放射性氣體，源自土壤或建材中特定物質的自然放射衰變，愈來愈多是發現在住宅結構中。在美國，氡被認定是吸菸後導致肺癌的元兇。噪音污染存在於任何有不想聽到的聲音的地方，但噪音污染常常來自於特定區域的重機械操作。工廠、建築工地和機場都被普遍認為是噪音污染區。嚴重的噪音污染可能損害人們的聽力並干擾其它物種的棲息地。當視覺感受受到侵犯時，就產生了美感污染，一般和建築、招牌及景觀相關。商業建築物的外觀、室外大型廣告和其它雜七雜八的東西在過去都是某一地方重要的問題。我們之所以談到這些污染源是為了說明環境問題隨時間而改變，也會隨地點而變化，期望我們對環境管理能採用較為靈活的方式。

14.4 環境問題的責任

煙霧、有毒廢棄物和酸雨等問題常被描述為「令人厭惡的問題」，也就是說，這些問題具有相互關聯、複雜、不確定、模糊、衝突和社會強制的特質。要為這些混亂的情境找出元兇似乎是不太可能，這些「令人厭惡的問題」其解決方案很難做到完整或是令所有的人都感覺滿意，因此我們將無法列舉出解決問題的唯一方案。例如：氟氯碳化物（CFCs）曾被認為可以安全的替代其它毒性較大的制冷劑，然而，這樣的技術卻反而造成對臭氧的破壞。

14.4.1 NIMBY問題

有關責任問題常見的一個例子就是「NIMBY」，也就是「不在我家後院」（Not In My Back Yard）的概念。這個縮寫字在保險桿、會議議程表、報紙上的文章、大學課程和許多其它溝通工具上都可以看到，它是人類濫用環境卻又不願負責的表現。NIMBY的例子像是：某個社區用電量不斷增加，但卻又不想在住家附近設立電廠。另一個例子則是：某一家公司製造愈來愈多的廢棄物，但是又不願意支付全額的廢棄物處理金。從本質上來看，NIMBY建立在逃避和不願意負責任的基礎之上。當涉及環境管理的領域時，NIMBY這種態度將會引起很大的麻煩。

NIMBY所產生的最大困擾是：引起環境污染或惡化的實體（包括個人、組織或是兩者）有時候並不會被認為是問題的根源，因此沒有人針對這種現象採取任何的行動來減輕問題所產生的後遺症。NIMBY現象迴避而且否認了破壞的根本原因，只表現出一種不負責任的態度：「雖然我製造了環境污染的問題，但是我希望不是由我自己來解決」。

14.4.2 環境倫理

自然本身就是一個污染者和破壞者，地核透過各種有毒的重金屬不斷地污染水和空氣。聖海倫斯火山（the Mount St. Helens）的爆發造成華盛頓州嚴重的空氣污染。自從生命演化以來，一直不斷有物種的滅絕，因為在未曾停歇的生死循環中，自然扮演著自我毀滅的角色。如果上述所言為真，那人類對於環境敏感度的意義為何呢？人類必須消耗一些植物和水來維持生命。如果人類和人類組織為了生存，則他們可能會污染和破壞若干自然環境。如此一來，破壞的程度是否存在絕對的標準呢？非人類的其它物種有任何自主的權利嗎？如果有，是什麼樣的權利呢？它們的權利要如何和人類的權利相互妥協呢？在人類權利和環境方面，我們要如何評價個別環境下的道德標準？在人對人的統治（例如：一個國家、種族或某一種性別對另一種性別的統治）以及人對自然的統治之間，存在任何的關聯嗎？後者對許多環境倫理的思想尤其重要，包括：社會生態學、生態女權主義和環境正義。

用誰的標準來決定什麼是道德或不道德呢？民意似乎是支持環境保護的。一項2003年的Gallup民調指出61%的受訪者表示正積極參與或贊同環境保護。然而，大眾會盡多少努力或堅持多久，持續支持政府和企業做好環保，這仍然是一個未知的問題。空氣和水需要多乾淨？而大眾又願意支付多

少成本來滿足這項要求？如同我們前面對於企業倫理的討論，價值觀扮演了一個重要的角色，在不同的角度、情況和時間下，價值觀所涉及的廣度和深度也相當不同。

環境價值或綠色價值（green value）是什麼？根據一項與綠色行動有關的資料顯示，許多環保人士以四項信念作為基本價值的依歸：(1)地球上的生命應該延續；(2)地球上的人類生命應該延續；(3)應維持自然正義；(4)生命的品質（非物質上的）是值得追求的。「整體而言，綠色目標是讓每個人在分享世界上有限的資源以維持生命存在的同時，能夠有機會過著充實的生活、相互關心、彼此分享，並顧及後代和其它物種的生存」。

在探討過第六章與第七章的倫理模式之後，我們可以加入其它的環境議題，針對何謂環境倫理及環境倫理如何實踐進行更深入的探討以發展出更佳的觀點。例如：Kohlberg道德發展模式（Kohlberg's model of moral development），即可由發展階段來決定與環境相關的態度和行為。在環境倫理的道德成規前期（嬰兒期）（pre-conventional），人類和組織僅關心自己或自己的物種和棲息地。在道德成規期（青春期）（conventional），人類可能涉及對自然的一些鑑賞，但僅限這些鑑賞普遍成為一種潮流時才會出現。道德成規後期（成年期）（post-conventional）的環境倫理可能包括更多成熟普世的態度和行為（涵蓋所有的物種和棲息地）、考量的時間較久（包括尚未出生的新一代）、更具有一致性。（如果我們人類也是一種物種並享有生存的權利，那為什麼不是所有物種都擁有這項權利呢？）同樣地，功利主義的道德原則——追求最大多數人的最大利益——能夠被擴展到環境倫理上，也就是追求大多數物種和生態系統的最大利益。黃金法則可以這樣被改寫：「己所不欲，勿施於其它物種」。「最佳自我」（Best Self）的倫理測試包含下列問題：「與自然環境相關的行為和決定，不僅和自我最佳表現的觀念相符，而且也和展現人類最佳表現的觀念不互相牴觸」。

價值觀很重要，但是價值觀可能不足以限制人類的行為。缺乏適當地控制和限制個人及企業利用資源的方式，「共有資源的悲劇」（tragedy of the commons）可能會發生。「共有資源」是一小塊共有的土地。當土地夠大，所有人都有地方住時，沒有任何問題會發生。但是，如同牧羊人不斷增加他的牲畜一樣，共有資源的承載量愈來愈受限。雖然放牧總量不可避免的會破壞這塊共有土地，每位牧羊人只顧及自己的利益放牧羊群。共有資源可類推到整個環境或環境中的組成份子。我們只須看看公園的情況就可以知道，未

加限制的使用方式對共有資源會造成多大的傷害。如同Garrett Hardin在其經典文章「環境中共有資源的悲劇」中所論及的,共有資源的使用必須加以限制,因為缺乏限制,自我利益會驅使個人及組織以扼殺共有資源的方式恣意行為。

環境倫理是企業倫理一個重要且吸引人的子課題,它逐漸引起學術和企業界的注意。然而,不論就個人或組織的環境倫理來看,都提醒精明的企業環保人士不要太自以為是。「正確的生態」(ecological correctness)概念是一個很棘手的問題(因為自然和人以及人類技術是千變萬化的)。它甚至會阻礙那些希望變得更具環境敏感度的人。

回到是誰確立了環境規範這一個問題,答案可能與「是誰確立了社會規範」這個問題相似——我們每個人都參與其中。這意味著如同面對倫理問題一樣,解決環境倫理問題的最好方法是忍耐、以別人的觀點看世界、繼續對自己和他人的環境價值觀提出質疑。

14.5 在環境問題中政府所扮演的角色

如前所述,自從開始有了環境問題之後,政府就扮演著一個相當重要的角色。政府取得、分配並開發適合居住的土地和其它資源;對屬於自然環境的地區進行保護、課稅並將它們劃成特定區域;近年來,還採取法律措施規範自然環境的利用。在本節中,我們將進一步探討美國政府如何因應環境所帶來的挑戰,此外,還深入瞭解不同國家以及國際社會的實際做法。

14.5.1 美國政府的回應

雖然從1899年開始,美國聯邦政府就已經開始介入環境政策,當時雖訂有將有害物質排放到可航行水域須經政府許可的規定,但是,美國政府卻對環境問題深度介入,這種情形開始於1970年所簽署的PL 91-190《國家環境政策法》(NEPA)。此法案的第二部分詳細解釋該法案的目標:「此法案鼓勵人與環境之間達成有效、愉悅的和諧;並致力於防止或消除對環境與生物圈的損害、增進人類健康與福祉、增進對生態系統以及對重要自然資源之運用」。

除了建立這些廣義的政策目標之外,此法還要求聯邦政府機關準備環境

影響說明書（environmental impact statement，EIS），來說明聯邦政府的任何提案和明顯影響人類環境品質的重大處分。環境影響說明書是一份研究報告，針對一些不正確的做法和不當的資源使用所造成的環境影響進行解釋和評估，並針對上述做法和資源使用提出詳細、合理的替代方案。

　　企業在許多方面受到《國家環境政策法》（NEPA）的影響：第一，聯邦政府每年花錢請私人顧問撰寫價值數百億美元的環境影響說明書（EIS）；第二，因為聯邦政府是美國最大的土地擁有者，私人企業希望取得砍伐木材、放牧牲畜、開採礦山、建設高速公路、堤防以及核能電廠的執照和許可，而這些都可能是環境影響說明書的內容；第三，與聯邦政府簽約的私人企業基本上必須參加環境影響說明書的準備工作；第四，很多州政府將「國家環境政策法」當作範本，因此，與州和地方政府簽訂重大合約的企業都有可能涉及環境影響說明書的準備過程。

　　1970年，美國設立了環境保護署（Environmental Protection Agency，EPA），這個獨立機構的成立乃為了研究環境污染問題、協助州和地方政府進行環保工作並執行聯邦環境法案。這些法案可分為三個部分——空氣、水和土地。當然某個特殊的污染或惡化的問題（例如酸雨），有可能會涵蓋二到三個部分。

1.空氣品質法案

　　重要的聯邦空氣品質法案為《空氣清靜法》（Clean Air Act），該法案於1990年進行大幅度的修正。法案的制訂方式與其它聯邦法案，例如安全和健康法相似，都是先確立標準並制訂實施的時間表。在空氣清靜法中有兩項標準：第一項是設計來保護人類健康的主要標準；第二項是保護財產、植物、氣候和美感價值的次要標準。EPA對於各種空氣污染物，包括：鉛、微粒、碳氫化合物、二氧化硫和一氧化氮等都設定了主要標準（基於對健康的影響）和次要標準（基於對環境的影響）。直接生產這些物質的企業（例如電力公司）以及間接產生這些物質的企業（例如汽車製造商），都必須在一定的時間內使這些物質的排放量降低至標準範圍內。

　　州政府必須就如何達到標準和環保署共同擬定方案。視產業別和污染排放量的多寡，企業需投資各種最先進的控制技術以符合標準。例如：1990年的空氣清淨法便要求燃煤發電的電廠在2000年以前，要將和酸雨有關的二氧化碳排放量減半，因此，許多電力公司為符合標準便裝配新的洗滌塔和靜電集塵器或使用含硫成分低的煤。

在《空氣清淨法》中有一個引人爭議的觀點——排放權交易制度（emissions trading）（亦被比擬為氣泡）。這種制度企圖將一整個工業區內某種污染物的所有來源都視為整體，好像放在一個氣泡內加以處理，以減少該地區內污染物的排放量。因此，如果一家公司能夠減少某一廠區排放的二氧化硫，那麼它便能夠增加另一廠區二氧化硫的排放量。此外，如果將上述氣泡概念往外延伸，企業可以將減少的排放量與其它想要增加排放量的企業進行交易。氣泡觀點和排放權交易制度的擁護者讚譽這項政策為「自由市場的環境論」（free market environmentalism），而反對者則譏笑此制度為「合法污染的許可證」。一些企業（尤其是公共事業）相當懂得善用此制度，不過也有一些企業（例如3M）拒絕和其它企業交易它們的排放權，造成更多污染，反而還放棄排放權，讓其它企業不能利用它們的配額製造污染。1993年，環保署開始拍賣排放配額。

極具爭議性地，布希政府提議以「淨化天空法案」（Clear Skies Initiative）來取代現存的《空氣清淨法》。這項法案涵蓋排放權交易制度且對一氧化氮、二氧化硫和水銀的排放有更嚴格的標準，不過已遭國會否決。然而，環保人士認為「淨化天空法案」較《空氣清淨法》寬鬆。民主黨人士現在正督促環保署盡快規範二氧化碳的排放，布希當局對此表示反對。

2. 水品質的立法

美國政府的水品質管制措施和管理空氣品質採取類似的模式。《清潔水法》（Clean Water Act）（又稱為聯邦水污染防治法）於1970年代早期通過，涵蓋廣義的環境品質目標和實行系統，聯邦政府與州政府都在法案設計內，共同促進目標的達成。《清潔水法》是要做到讓水的品質能保護魚類、貝類和野生動物，人類有安全水上休閒娛樂的目標。更具體的目標是要消除排放到可航行水域的污染物，範圍包括美國大多數的江河湖泊。這些目標將透過一個名為「國家污染物排放消減系統」（the National Pollutant Discharge Elimination System）的污染許可制度來加以完成。該制度明確指出可允許的最高排放量和最先進的污染控制設備安裝時間表。另一個於1972年通過，名為《海洋保護、研究和保護區法》（Marine Protection, Research, and Sanctuaries Act）的法案則建立了一個類似的系統，用以管控排放到美國鄰近海域的污染物。環保署施行的第三個水品質法是1974年的《安全飲用水法》（Safe Drinking Water Act），該法案確立了飲用水的最高污染量。

2004年，Wal-Mart因違反《清潔水法》，在9個州的24個工地排放過多

的大雨廢水而被判賠310萬美元。Wal-Mart亦同意改善其200多個建築工地的廢水排放管制系統。環保署和司法院判決Wal-Mart違規的理由是該公司未事先取得排放許可、缺乏排放管制計畫以及未裝設排放控制設備。廢水的排放是一個嚴肅的環保問題，其所挾帶的泥沙和沉積物一旦流入河川將造成魚群死亡，棲息地將受到破壞；此外，廢水中也會含有農藥、化學物質、有機溶劑和其它有毒的化學物質。

3.土地相關立法

　　土地污染和水土流失問題與空氣污染和水品質問題不同，此乃因為土地的流動性小，比空氣和水醒目，而且比較能以當地或地區性的問題解決方法加以克服。因此，美國聯邦政府在1965年的《固體廢棄物處理法》（Solid Waste Disposal Act）中認定，地區、州和地方政府要對無毒廢棄物的管理負主要的責任。環保署在土地問題中所扮演的角色僅限於研究和為下級機關提供技術與財務協助。不過，在1976年，該法案的修正案──《資源保存和回復法》（Resource Conservation and Recovery Act）中則建立了一個聯邦規範系統，以追蹤和通報企業有毒廢物的製造、運送和最終處理。

　　不過，提到有毒廢棄物，美國政府在這方面就扮演較多監督的角色。1976年的《毒性物質管理法》（Toxic Substances Control Act）便要求化學製造和運輸公司必須確認所有對人類有重大風險或對自然環境產生危害的化學物品。該法案同時要求在產品商品化之前要先進行化學測試，而且，如果某種產品具有相當的風險，也可能要求其停產。由於全美使用中的化學物品超過7萬種，而每年又有超過1,000種的化學物品上市，因此，環保署列出必須優先測試的化學物質，將焦點集中在可能引起癌症、新生兒缺陷或基因突變的物質。

　　美國政府對有毒廢棄物採取的另一項重大行動為1980年的超級基金法案（Superfund），更正式一點可以稱之為《全面性環境應變、補償及責任法》（CERCLA）。超級基金法案是致力於清理全美2,000多個有害廢棄物傾倒場和排放地，有些地方甚至在19世紀就已經是廢棄物棄置場所。該法案的實行經費來自於對化學物品和石油課徵的稅收，當中訂有一份「全國優先順序表」，以將重心擺在最危險的場址，並指定適當的機構負起這些地方整治的法律和財務責任。除此之外，CELCRA同時要求通報未經核准有害廢棄物的排放，並有權命令應當負責的組織進行清理工作。

　　「超級基金法案」最重要的一項修改法案是1986年的《緊急規劃及社區

自治權利法》，該法要求製造業每年在500多種有毒化學物品和化學混合物中選擇，並向聯邦政府報告該物質對環境之所有排放量。政府將報告整理並向大眾公佈（網站是：http://www.epa.gov/triexplorer），目的是要知情的大眾對生產者施加壓力，以減少這些有毒物質的排放。

在2000年，超級基金法案慶祝成立20週年的紀念日。超級基金法案完成的任務包括採取超過6,400項行動、757個超級基金資助場址完成清理工程以及獲得私人機構超過180億美元的訴訟和解金。然而，到了2004年，大家卻憂心忡忡。因為根據公共利益團體（Public Interest Group）的一項報告指出，雖然1/4的美國人仍居住在離超級基金法案清理資助區不到4英里的地方，布希政府仍硬生生地將整治比例削減一半。

4. 瀕臨絕種之物種

環保署並不是美國政府環境保護工作的唯一參與機構。儘管環保署和其所執行的重要法律是最顯而易見的，但是幾乎聯邦政府的每個主要部門對環境品質都有實際或潛在的影響。兩個影響較大的機構是美國內政部漁類和野生動物署（Fish and Wildlife Service）以及商業部的《全國海洋漁業法》（National Marine Fisheries Act），兩者負責執行1973年的《瀕危生物法》（Endangered Species Act，ESA），此項聯邦法對防止傷害「瀕危物種」（亦即瀕臨絕種的物種）或「受威脅物種」（可能瀕臨絕種的物種）進行規定。截至2001年1月31日為止，在美國有1,244種物種列入保護，當中包括508種動物和736種植物。當物種的原始棲息地已經遭受人類活動破壞時，保護物種有時意味著把它們遷移到安全的地方去，但對物種的保護通常也牽涉到在棲息地遭受破壞前即禁止。諸如採礦、建築和捕魚等活動。由於人類以外的物種滅絕速度不斷加快，因此對於上述商業行為預期將會繼續有所限制，但這有時候會導致商業利益團體和環境保護組織之間的激烈衝突。某些環保人士指責布希政府漠視《瀕危生物法》，因為事實證明，在老布希及柯林頓總統任內，每年分別有平均50及65種物種列入保護範圍，而在布希執政的這幾年，每一年平均只有9.5種物種列入保護名單中，僅僅只有半英畝面積的土地被指定為重要棲息地，而原屬於漁業及野生動物署的重大決定權亦被撤銷，改由其它部門負責。

14.5.2　國際社會對環境的回應

　　雖然美國在製造和回應環境問題上的重視，使這些議題成為許多環境議題的核心。但是，許多自然環境問題的全球性本質也促使國際機構在當中扮演重要的角色。多年來，一直領導國際社會認識全球環境問題並努力尋找解決方案的一個國際機構就是「聯合國環境規劃署」（UNEP）。自從1972年該組織成立以來，它一直站在我們前一章所提到的八個主要環境領域的最前線。早在1977年，UNEP就已經對臭氧問題進行研究，並開始為1987年的「蒙特婁議定書」（Montreal Protocol）進行前置作業。在該議定書中，世界上絕大多數氟氯碳化物（CFCs）的製造和消費國都同意迅速分階段終止使用這些破壞臭氧的物質。結果，從1994~2001年，全世界對這些物質的消費量降低了近75％。UNEP在報告中指出，有鑑於「蒙特婁議定書」的實施，到2060年以前，估計能避免150萬個黑色素腫瘤的病例。

　　UNEP亦資助研究經費並在環保及國際水源永續使用的資訊交換上盡一己之力。其全球水源評估報告（Global Waters Assessment）的內容包括：檢視跨國界之共同水源問題、發展未來水源狀況的模擬情境，並對不同的政策選擇進行分析。同時，UNEP也是推動全球有害化學物質管理的幕後推手。管理有害化學物質是鹿特丹會議的一部分；該會議要求在有害化學物質通過一國邊境之前，要徵得該國的同意。UNEP也致力於保護全世界生物的多樣性；透過他們的努力，大象也從絕種的邊緣被拯救回來。

14.6　其他的環境利害關係人

14.6.1　環境保護團體

　　在今日的社會中，可以說沒有其它力量比環保團體對世界諸國的「綠化」付出更多心力，他們促成了眾所周知的「環保運動」。藉由一連串的行動，包括遊行、抵制、公眾教育、遊說和研究，這一群非營利組織和智庫團體對倡導政府、企業和一般大眾負起環保責任可說功不可沒。

　　環保運動的歷史是很有意義的。在20世紀初的第一波綠色運動時，有一些美國團體成立了，例如：National Audubon Society、Izaak Walton League以及Sierra Club。接著，20世紀60年代末期到70年代初期的第二波環保運動中，許多大型的全國和國際環保團體紛紛設立，例如Environmental

Defense Fund（現在稱之為Environmental Defense）、Greenpeace和National Resources Defense Council。從那時候起，這些大大小小、數以百計的團體都不斷增加規模和影響力。不過，到20世紀80年代末期的第三波環保運動，許多團體才獲得信任，有權且合法地成為全球環境政策制定的參與者。

第三波運動中，環保團體明顯在影響企業政策上助益良多。例如：Environmental Defense和麥當勞共同研究策劃一份詳盡的減少廢棄物方案，最終的目標是希望減少該公司80％的廢棄物。環保團體和企業之間的其它合作成果包括：公司遴選環保團體代表在公司董事會和高階管理職務中任職、相互參與環保活動以及企業大力贊助環保團體的環境保護計畫。這種兩相對立團體的相互合作趨勢是第三波環保運動（或稱綠色浪潮）的特徵，使其和前兩次運動截然不同。Sierra Club的前任主席依據環保團體和企業合作的模式，將美國主要的環境組織分為三類。第一類是以對質行為為特徵的團體，稱為激進型團體（radicals）；第二類為結合對質和合作兩種行為尋求務實改革的團體，稱為主流型團體（mainstreamers）；第三類是避免對質、對企業更有信任感的團體，稱為適應型團體（accommodators）。

激進型團體之一是一個名為「雨林行動網路」（Rainforest Action Network，RAN）的團體。RAN在促使大企業改變的做法上特別成功。關於其達成目標的方法羅列於圖表14-5中。RAN只是一個僅有預算240萬美元和25位職員的小團體，然而，它卻有辦法贏得大企業的注意，這是大型環保團體都望塵莫及的。人們將RAN比擬做「帳篷內的蚊子」——一開始只是讓人覺得討厭，但等你醒來，就會發現被叮得滿頭包。

有一個日益重要的新型環保團體，稱為「生態恐怖份子」（ecoterrorists）。生態恐怖份子和前述的激進型環保團體有別。激進型環保團體偏好對質，而生態恐怖份子為企圖達到目標不惜採取暴力行為，對人和財物進行實際、威脅性的破壞。美國FBI估計全美已有超過600件的生態恐怖攻擊行動，財物總損失將近5,000萬美元。現在，美國已有20幾個州通過生態恐怖主義相關法案（ecoterrorism laws），針對生態恐怖攻擊行動所涉及之破壞公物、縱火和非法入侵加重懲罰。不過，新法是否太過嚴苛，已爭論四起：一名22歲，名叫Jeff Luers的男子因涉嫌連續三次在Oregon州Eugene市，一家雪佛蘭汽車經銷商的小貨車上縱火而被判刑23年；但反對此判決的人指出，在1998年，一名Oregon的消防隊員為了賺取加班費而涉嫌30起森林縱火，危害120名消防隊員的生命卻只被判刑3年。本書出版時，2004年生態恐怖主義法（Ecoterrorism Act，HR4454）正在美國眾議院討論中。

圖表14-5 「帳篷內的蚊子」策略

街頭劇	在聖誕假期間，RAN在公園大道（Park Avenue）的花旗銀行（Citigroup）總部前集結，將聖誕鈴聲（Jingle Bells）這首歌改編成「石油井」（Oil Wells），大聲歌唱，示威抗議。RAN還取得Home Depot內部通話裝置的密碼，對店內顧客廣播，警告他們買東西要小心自己的步伐，不要在第13行走道踩到來自亞馬遜河雨林被砍下樹木所流的血。
著名人士背書	在花旗銀行年度股東會前的晚上，RAN開始在電視上播放一系列名人剪掉花旗銀行信用卡的宣傳廣告，Ed Asner、Susan Sarandon、Darryl Hannah和Ali MacGraw都參與其中。
聯盟	RAN並非勢單力薄，他們和其它環保團體、投資大眾、自由慈善家以及有共鳴的公司內部人員（這也是RAN取得Home Depot通話密碼的管道）共同合作。
網路號召	RAN利用網路來宣傳他們的訴求，同時也在網路上聲援其它環保團體。

資料來源：Marc Gunther, "The Mosquito in the Tent," *Fortune* (March 31, 2004), 158-162; Lisa Gerwitz, "It's Not Easy Being Green," *Deal.com* (March 8, 2004), 1.

14.6.2 綠色消費者、綠色員工和綠色投資者

除了環保團體外，至少還有三個利害相關團體使得企業愈來愈重視最新一波的綠色運動：綠色消費者、綠色員工和綠色投資者。所謂綠色消費者通常是指在工業化國家裡，偏好對環境有利的產品、服務和企業的實際與潛在消費者。基於研究這些偏好的優點和調查消費者的購買行為，這些國家內的市場行銷調查公司發展出一套綠色消費主義（green consumerism）。Roper Starch的「綠色標準報告」（Green Gauge Report），提出「淺綠色」消費者（又名「鈔票支持型」）的概念，用以指那些願意支付較高價格購買綠色產品勝於透過義工服務來支持環保運動的人。他們是市場潮流的帶領者——年輕、高收入、高教育水準、網路通、女性為主，且多數為專業人員或白領階級。專家預測在未來15~25年，隨著Y世代（指在1977~1994年之間出生的人）崛起，會有更多綠色消費者。幾乎所有的Y世代都在學校接受過環保教育，而成年人中只有19％接受過類似的教育。因此他們比他們的父母更有可能花錢購買對環境有利的產品。

第二個大多數企業都會在意的利害關係團體是綠色員工，雖然大眾傳播媒體對綠色員工沒有像對綠色消費者那樣地注意，但證據顯示，員工在工作

中推動環境保護主義方面扮演了重要的角色。除了工會和普通員工會關注工廠、倉庫和辦公室環境的安全健康之外,許多企業的員工也協助管理階層超越傳統範疇,開始關心污染防制、回收、能源與環境審核以及社區環境方案等領域。成功的「綠色小組」(Green Teams)一直在Goldman Sachs、Ace Hardware、Eastman Kodak和Apple Computer等各種企業中發揮作用。綠色員工想要工作地點能反映他們的環境價值觀。Vishay Siliconix的Jon Whiteman說:「從工友到執行長每個人都給我們壓力,要確定我們是否盡到份內之責。就像是在選舉,你要確信你會為每個人做一些事」。

另外一個環境問題中的重要利害關係人是綠色投資者。與有興趣於社會事業的投資者相似,個人和組織有時想透過金融工具「把他們的錢投資在能體現其環境價值觀的公司」。近年來,愈來愈多的共同基金、股票、債券、貨幣市場基金以及其它金融工具也把環境因素涵括在內。單單2004年的前兩個月,就有51個股東提案關於能源和環境的議題,這些議題所關切的範圍涵蓋有毒氣體的排放、資源回收和核廢料的處理,不過,其中有一半的提案是處理氣候變遷的問題。投資者責任研究中心(Investor Responsibility Research Center)主任Meg Voorhes說:「氣候變遷已躍升成為最近三年內最廣泛受到大家關注的議題」。一些美國最著名的投資者都是提起這些議案的人,包括康乃迪克州、紐約州、緬因州和紐約市公務人員退休基金經理人。

Hilary French在《消失的邊境》(*Vanishing Borders*)一書中主張,環境管理較強的公司有可能勝過環境處理不善的公司。根據French的觀點,新的溝通技巧使得投資者能夠發起合作運動,對抗不誠實的企業。她要求提高企業環境報導的品質和數量。Baxter Health Care就是French想要找的企業環境報告模範生。由於Baxter清楚的環境目標以及誠實的結果報告,它榮獲《企業倫理雜誌》(*Business Ethics*)2003的環境報導獎(Environmental Reporting Award)。

在Exxon Valdez油輪漏油事件之後,數個環境、勞工和社會投資者團體組成了一個名為「環境責任經濟聯盟」(CERES)的組織,並制訂宣言和一套具有十項政策的「Valdez原則」(後改稱為CERES原則)。這些原則之後變成企業表達和實踐環境敏感度的模式。這些原則的摘要羅列於圖表14-6之中。為這些原則背書的企業包括:American Airlines、Bank of America、Coca-Cola、General Motors、Polaroid Corporation以及Sunoco公司。

圖表 14-6 CERES原則

透過原則的採用，我們公開宣揚我們的信念，那就是企業要以保護地球的方式運作，對環境負責。我們相信企業不能為了自己的生存而犧牲未來一代的生存。我們將持續不斷更新技術並對健康及環境科學有新的認識。與CERES合作，會發現我們所推動的是一個動態過程，以下十項原則已經考量到技術更新和現實環境等層面。原則的實施要有一致的、可衡量的進展，並將其應用到全世界的各個層面。

(1)生物圈的保護：減少並期望最終能消除任何對空氣、水、地球或所有棲息物種產生破壞的物質。在保護生物多樣性的同時，我們將捍衛所有受人類行為影響的自然環境，並保護開放空間和野生棲息地。

(2)自然資源的永續使用：確保可更新自然資源，例如水、土壤和森林的永續使用。透過有效使用和詳盡規劃，保存不可更新的自然資源。

(3)廢棄物的處理及減量：透過減少污染源和資源再利用，減少並期望最終能消除廢棄物。以安全和負責任的方式處理所有的廢棄物。

(4)能源的保存：保存能源，並提高產品、服務和內部作業的能源使用效率。使用對環境安全且具備永續性的能源。

(5)風險的降低：努力將員工和社區的環境和健康安全風險降到最低；以安全的技術、設備、作業流程並為緊急情況做好準備來實現上述目標。

(6)安全的產品和服務：減少並消除使用、生產和銷售破壞環境或威脅健康安全的產品服務。告知顧客公司的產品和服務對環境所造成的影響並努力更正不安全的使用方式。

(7)環境的回復：迅速、負責地改善危害健康、安全或環境的情況。在可能的範圍內，補償對人及環境所造成的損害，並回復環境本來的面貌。

(8)告知大眾：及時告知每位可能受到企業影響而有健康、安全或環境危險的每個人。定期透過對話諮詢廠區附近的居民。對於向上級或主管機關通報危險事故或情況的員工，不予以處分或採取任何行動。

(9)管理的承諾：確實實施十項原則。確保董事會和CEO充分瞭解相關環境問題並為環境政策負全責。對環境的承諾為董事會選舉的一個考量因素。

(10)審計和報告：執行十項原則的年度自我進度評估。CERES支持及時建立一般公認環境審計準則並每年準備CERES年度報告，對大眾公佈。

資料來源：CERES, http://www.ceres.org.

14.7 企業環境保護主義

　　3M所採取的環境政策方案，具備詳盡和高標準的特色，是跨國公司中最著名的一個案例。始於1975年的「防止污染賠付計畫」（Pollution Prevention Pays program），是一個跨產品、跨流程的製造方法。在計畫實施的第一年，藉由重新規劃產品、重新設計設備、流程修正和廢棄物回收，

3M避免了73,000噸的廢氣和2,800百噸的污水排放,並靠著污染源減少污染物質而省下了7億多美元。3M將這些環保成就歸功於(他們也享有實質的金錢獎勵)開發了超過4,500個子計畫的員工。3M內部的科學家也因為研發出HFE來代替CFC而獲得了1997年「化學英雄獎」(Heroes of Chemistry Award)。截至2000年,3M揮發性有機氣體的排放已減少了85%,污水排放減少80%,固體廢棄物排放減少了20%,整體廢棄物減少了35%。因此,3M獲頒2003年《企業倫理雜誌》的「環保卓越獎」(Environmental Excellence Award)讓人一點也不意外。1970年代,3M專注於減少排放;在2004年,3M努力將環保意識加入產品生命週期的每一個階段,其「生命週期管理」方案便是從產品設計到顧客使用、處理都盡力減少對環境的衝擊。《企業倫理雜誌》讚許3M在環境保護上連續30年持續承諾、創新並發揮永續的影響力。

優酪乳製造商Stonyfield採行一項氣候變遷方案。透過該方案,公司降低了能源使用,而且每磅的銷售產品減少了超過25%的溫室氣體排放。他們的方法是藉由改進燈光設計、回收利用熱水以及更新設備。同時,Stonyfield投資於森林、可更新燃料和燃料轉換等事項上,抵銷了生產過程中二氧化碳的排放。此外,該公司在產品包裝上印上如「讓我們阻止全球暖化」等文案,藉此教育消費者。由於他們對環境的付出與努力,使其獲得2000年「重建美國獎」(Renew America Award)。如本章之前所描述的,該公司的產品是數量日益增多的「碳平衡」(carbon neutral)產品之一。

小企業也會致力於推動綠色的產品和服務。小型公司因為規模小易於管理,其生產過程可以成為環境保護的新起點。位於那米比亞Tsumeb地區的Tunweni釀酒廠是首家將「零排放研究方案」(ZERI)應用於商業領域的公司。他們方案中的一部分做法包括:透過培育蘑菇,從用過的穀物上萃取纖維、用剩菜上的蛋白質餵養蚯蚓、在滿是廢水的河流養魚。在維吉尼亞州,McLean的Ecotech Autoworks是美國首批綠色汽車修理廠之一。Ecotech回收所有汽車所產生的液態物質,特別是CFC的冷氣清潔液,並按照顧客要求使用回收的汽車零件。接下來的一項創新性服務是使用回收輪胎店的地毯和具一氧化碳吸附能力的吊藍(一種植物),並在顧客休息室內提供各式各樣的環境相關雜誌。現在對環境有利的汽車修理廠在美國到處可見,而且已經有一套計畫來協助其它的修車廠跟隨它們的綠色腳步。

企業的綠化是一個全球化的現象。豐田(Toyota)推動太陽能汽車生產

運動，而三菱（Mitsubishi）則配合Daiei超市集團的環境聯名卡，發起馬來西亞雨林的再造活動。環境聯名卡是由兩個日本著名的環保團體所設計的，它將消費者帳單金額的0.5%用於20種不同的環保目標上。PlanetBound是一家位於東京的公司，專門致力於環保意識的網路溝通。它建立了一個名為「生態500的計畫」（the Eco500 project）。在該計畫中，公司研究了世界上數個最大公司的網站，企圖評估不同產業及市場中的公司對其環境責任和保存等承諾傳達的重視程度。電子巨擘NEC在名單中名列前茅，它是唯一一家被該網站打了滿分100分的公司，但是也有多家企業得了零分。

企業環境保護主義也在歐洲大陸蓬勃發展，歐洲在環境問題的處理上差別很大。北歐國家、德國和荷蘭的環境法規十分嚴格，對環境也非常關注。極端相反的是前蘇聯和東歐諸國，它們由於多年來對環保漠視及缺乏資金解決環境問題，目前正面臨著嚴重的環境破壞。其它歐洲國家則介於兩者之間。為解決東歐所面臨的挑戰，西歐各國的環境部長與東歐各國配合，共同解決污染問題。隨著綠色運動獲得政治上的支持以及西歐消費者願意支付高價購買綠色產品和服務，環境問題無疑在未來數年將成為歐洲企業關注的焦點。

14.7.1　環境和財務成效

精明的企業管理者可能會問：「雖然保護地球可能是實行環境管理的好理由，但企業能因此獲利嗎？」。這裡有許多企業因環境方案而賺錢的故事。其中一個就是一家位於麻州的照明器具製造公司Lightolier的例子。該公司重新設計燃氣鍋爐，以回收使用2萬加侖的廢棄液壓油，因此而省下了4萬美元，在不到一年的時間裡，投資就獲得回收。在Pamela Gordon的《精簡與綠色：為你的企業獲取利潤》（*Lean and Green: Profit for Your Workplace*）一書中，描述了企業因健全的環境管理而提高利潤的20種情形。「精簡」不僅來自於成本降低，同時藉由提高聲譽和銷售額，避免了法律訴訟和罰款。在半導體產業中，積極支持環保的企業，例如英特爾（Intel Corp.）和超微半導體（Advanced Micro Devices）的表現都比他們的競爭對手為佳（不重視環境導向）。另一項Miles和Covin的研究亦顯示，做好環境管理會提升企業聲譽，從而使企業的行銷和財務面受益。

雖然成本效益分析（cost-benefit analysis）經常使用在公共、私人資本預算、投資等領域中，在決定自然環境政策時，也愈來愈重視成本效益分析。例如：大部分「國家環境政策法」（NEPA）所要求的環境影響報告都涵

蓋一個以上的成本效益分析，這些都將成為許多環境決策的依據。成本效益分析的概念是：在理性規劃的前提之下，組織都會想要確保環境計畫的投資報酬率。成本被加總並與總收益相比較。如果收益大於成本，該計畫就會被實施；反之，計畫就會被擱置、修改或取消。美國許多建壩計畫、污水回收利用計畫和土地開發計畫的決策制訂都善用成本效益分析來決定這些環境計畫的價值。環保團體可以利用成本效益分析來進一步改善其訴求。如前所述，雨林行動網路（RAN）就藉此促使許多大企業的營運方式有了大幅度的改善。基本上，RAN是在成本效益的概念上著手的。藉由提高對漠視環境的成本，企業將因此而相信，成本效益分析的結果將使得環境績效提升。

全世界的企業都開始採行「三重盈餘」（triple bottom line，TBL）的觀念，不僅重視經濟績效同時也將社會和環境績效納入企業經營績效的考量。TBL促使企業專注於財務績效，同時也重視其對環境和社會的影響。《會計期刊》（*CPA Journal*）2003年的一項評論就建議美國證管會基於美國企業的長久利益，要求公司提供TBL報告。肩負社會責任的企業因為對外公佈而獲利；而不善盡社會責任的企業則必須面對自己所鑄下的錯誤。儘管證管會強制公開TBL報告仍有待時日，但是已經有愈來愈多的企業自動定期對外公佈該項報告。

14.7.2 企業對環境挑戰的系統性應變

在選擇和擬定環境策略時，有許多的管理方法可供運用，包括前面章節中所討論過的「一般性管理方法」和一些針對自然環境問題的「特殊性管理方法」。一般性管理方法涵蓋：危機管理、問題管理和利害相關人管理，這些主題我們已在第四章和第五章討論過，在此將只說明其在環境管理中的應用。至於特殊性管理方法包含永續性和策略性環境管理，在本章中，我們將更全面性的探討。

1.一般性管理決策的工具

管理者可以將危機管理的兩個因素：預防和緊急應變計畫運用在環境領域中。正如在Exxon Valdez一案中，Exxon、Alyeska等公司、聯邦政府與州政府很明顯地並沒有盡力防止1989年阿拉斯加漏油意外，也沒有在漏油發生時馬上採取適當的緊急應變措施。雖然大家有注意到小小的漏油就會帶給阿拉斯加脆弱的自然環境極大的衝擊，但是這個事故顯然是被低估而且忽略的。可議的是，不論Exxon或Alyeska都認為自己已經受到漏油事件的傷

害。而且，兩家公司未能在第一時間協調合作解決漏油問題，足見應變計畫充其量不過是一隻虛有其表的紙老虎，而且從來沒有確實的執行過。如果兩家公司和政府都能遵循基本的危機管理原則，包括傷害評估和模擬演練，結果對這些組織或是對威廉王子峽灣都會有不同的結果。

問題管理可以用來追蹤自然環境問題中的公共利益，而且可以用來制訂實施確保環境問題減到最小、企業有效應變每一階段環境問題生命週期的計畫。環境問題能夠發展成為環境影響報告的過程或是策略規劃環境分析過程中的一部分。

同樣地，利害相關人的管理應用於環境管理時，可以用來辨認環境利害關係人與其相關利益，包括：環境中的大眾、環境中的規範者、環保團體和整個自然環境中各種不同的實體（人類和非人類）。利害關係人管理的後續階段就可以執行利害關係人的規劃與互動。這樣一來，每位被辨認出來的利害關係人都能夠獲得充分的重視。

雖然危機管理、議題管理和利害關係人管理可以作為環境管理的一般性方法，還有其它更多積極特殊的環境管理方法可供使用，這些方法是永續性和策略性環境管理。

2.永續性

永續經營的定義有許多種。在此，我們將借用聯合國「環境與發展委員會」（World Commission on Environment and Development）的定義，將永續經營企業定義為：「符合現在需求但不犧牲下一代滿足需求能力的企業」。永續性的焦點在於透過繁榮經濟、生態生存和社會正義的平衡為人類自己、其它物種和下一代創造良好的生活品質。當中的觀念就像是走過不留痕跡、只拿走必要的東西和留給後代子孫足夠的資源。

Fetzer Vineyards的前任總裁Paul Dolan常被視為「永續大師」。他在1992年升任Fetzer Vineyards總裁之前，已在釀酒業有好幾十年的時間。他讀了Paul Hawken所寫的《商業生態學》（*The Ecology of Commerce*）一書，並塑造出他的未來計畫。Dolan說：「突然間，我領悟到永續性是唯一的一條道路。因為酒所傳遞的概念和其它產品不同，我們可以成為一個領導者，可以改變農業的傳統作法」。

Dolan可能尚未改變農業，但他確實已經改變了釀酒業。永續性現在已經是產業的熱門術語。加州種植釀酒葡萄農民協會（Association of

Winegrape Growers）及洋酒協會（Wine Institute）共同發展出一套名為「永續釀酒實行準則」（Code of Sustainable Wine Growing Practices）的自我評量工具。一半的加州釀酒商和40%所生產的葡萄都做過這份將近500頁的自我評估報告。這項運動甚至擴展到了華盛頓州。今天，Fetzer是美國最大的有機葡萄栽種商，它其中的一項品牌Bonterra只使用有機葡萄。Fetzer其它部分共2,000畝的農園都是有機種植或正轉為有機栽種中。該公司同時也鼓勵其外包葡萄農採用有機栽種法。而現在Fetzer 97%的廢物都經過回收處理。Dolan說：「我們不再有垃圾袋，當你用完一餐，你所剩下的不是一個紙袋、塑膠袋，就是一個金屬袋或廚餘袋」。

2004年4月，Dolan從Fetzer Vineyards卸下職務，並成立了一家合夥企業，買下一家位於Mendocino縣，名為Parducci Cellars的小型釀酒廠。Parducci剛獲准成為有機加工農。Dolan計畫種植30畝的Syrah品種葡萄和舊有的Petite Syrah品種葡萄，並打算將其申請為有機葡萄。他同時寫了一本書，書名為《酒桶上的企業家》（*True to Our Roots: Fermenting a Business Revolution*），其中他描繪出Fetzer Vineyards經營的六大原則，此六大原則表列於圖表14-7。

圖表14-7 永續成功的六大原則

(1) 企業是巨大系統的一部分。
(2) 企業文化取決於你所創造的環境背景。
(3) 企業精神體現於員工心中。
(4) 真實的力量存在於你所知的一切。
(5) 你無法預測未來但你可以創造未來。
(6) 理想總有辦法實現。

資料來源：Paul Dolan, *True to Our Roots: Fermenting a Business Revolution* (New York: Bloomberg Press, 2003).

3.策略性環境管理

這裡作者所闡述的最後一個解決企業環境挑戰的管理方法是一個著名的組織效率管理工具，該工具能夠協助管理者發展並實施解決自然環境問題的所有方案。這個模式被稱之為「策略性環境管理」（Strategic Environmental Management，SEM）。有了這樣的方法，組織就能夠隨時因應環境的挑戰並整合各種應變方法，實現有效管理環境的目標。

從圖表14-8可知，SEM運用了麥肯錫7S架構作為基礎，在該架構中整

合了組織成功必須具備的七項典型構成要素，並給予每一個構成要素——「7S」數項綠色的建議。企業能夠把它們環境構成的要素反映在公司中的最高目標、策略以及架構等面向，以發展出整體的組織環境應變計畫。舉例來說：某一家企業的使命可以將環境保護列為最高目標之一，而公司所採取的策略可以是發展或購併具環境敏感性的企業。對管理者而言，使用此模型的關鍵是在每項S中確認發展環境應變計畫的機會，並確保這些應變計畫都能夠相互協調與支援。

　　使用這種方法，管理者比較會關心環境，並在所有的組織部門及層級都能採取具環境敏感度的行為。例如：使廢棄物降至最低，這一個共同價值能夠被解釋為低成本策略，藉由環境品質循環架構、生產設備的能源保存系統，以及具備環保技能達到個人環境目標而獲得獎勵，或被具環境敏感度的主管鼓勵而使員工努力達成目標。正如前面幾章所述，每個組織部門在組織與自然環境的互動過程中都扮演著重要的角色。研發部門可以與製造部門的員工共同合作，改變產品和生產流程，限制污染或避免能源耗盡。財務和會計部門可以開發有效的環境審計系統，估算破壞環境方案的潛在成本，並儘可能以降低成本為目標。人力資源管理人員可以在人員招募和培訓計畫中將環境因素納入考量，努力在組織中建立一種「環境文化」。市場行銷人員可以確定顧客「真正的需求」，而不是顧客對產品服務的膚淺慾望（常對環境有潛在破壞性）。並且在運輸、包裝和標籤上調整通路體系，以推廣環境敏感度。策略性環境管理與工業生態（industrial ecology）的概念和被稱為ISO 14000的國際環境管理標準相似。工業生態指的是「要求工業系統和周圍的系統相互協調，而非獨立分離」。國際環境管理標準包括：組織環境目標、問題、政策、系統和文件，其目的是「持續改善環境管理過程，提高環境成效」。

　　SEM的限制與麥肯錫的7S模型限制相似，包括內部導向（並未明顯強調非組織的利害關係人和其它外在力量）可能太過複雜。再次強調的是，審慎的管理者要記住這些缺點，並用本節提到的其它方法加以彌補。注重外部影響力的利害關係人管理可以與內部為重心的SEM妥善搭配運用。事實上，我們可以把「利害關係人」當成第8個「S」加到該模型中，這樣就可以將環境為導向的供應者、顧客、投資者、主管機關和自然環境全部都納入考量了。

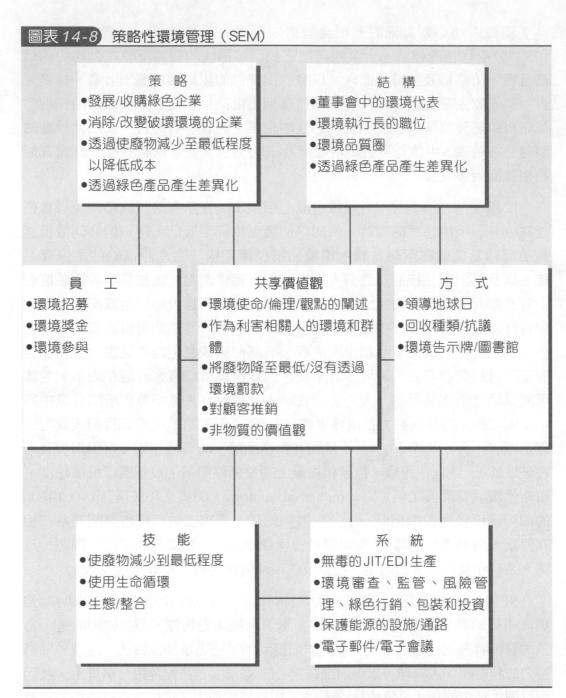

圖表 14-8 策略性環境管理（SEM）

資料來源：M.Starik and A.B. Carroll, "Strategic Environmental Management: Business as if the Earth Really Mattered," *Proceedings of 1991 International Association for Business and Society*, Sundance, UT (March 22-24,1991),28.

14.8 企業的未來：綠化或成長

在未來，我們都需要回答這個重要的環境問題：「多少是足夠的？」事實上，企業和大多數社團的公共政策目標都是追求經濟成長。基本上，企業和社團需要不斷的增加物質或能源（或二者），以實現其經濟成長的目標。與人口的限制相似，不論在宏觀或微觀層次，成長的限制還沒有被廣泛討論。如果技術或人類不能在一個世代中產生顯著的變化，全世界經濟成長所帶來的潛在問題將是使環境問題日益嚴重的元兇。

世界人口將持續成長，對食物和燃料等資源的需求可能會更大。已開發國家和開發中國家都需要繼續為這一個難題傷透腦筋。西方國家和日本繼續大量使用物質和能源以維持高品質的生活方式，而世界其它國家則繼續將這些已開發國家視為發展典範。兩個比較迫切的問題是：(1)地球能夠在世界人口持續成長的情況下，繼續提供高消費的生活方式嗎？如果不能，(2)對企業來說，這意味著什麼？企業管理者應該如何因應？

本章摘要

我們已經探討了各式各樣的環境挑戰，以及面對這些挑戰的幾個實際和潛在的應變措施。本章中探討了哪些研究主題對未來的管理者有所幫助呢？第一，許多科學家、政策制訂者、公共利益團體、個人和企業都認知到自然環境對人類生存至關重要，許多複雜相關的人類活動可能正在威脅我們的環境。例如：人類對森林的破壞、污染和人口膨脹等問題，都對其它生物物種和生態系統造成潛在的威脅，當然也降低了人類的生活品質。個人和他們的組織，包括企業，都被認為應該負直接或間接的責任。

第二，對這些問題將來會如何發展？以及該用什麼方法來解決這些問題？明顯存在許多不同的觀點。關心環境退化的個人和組織(包括企業)，應採取彈性謹慎的方法，保持一定程度的瞭解，而且應該或多或少採取某些行動，遵循「輕輕在地球上行走」的原則。不增加人為污染和破壞這個最低的底限，有可能是達成共識以及建立環保意識的一個開端。

關鍵字

acid rain 酸雨

air pollution 空氣污染

CERES Principles 環境責任經濟聯盟原則

Clear Air Act《空氣清淨法》

Clean Water Act《清潔水法》

cost-benefit analysis 成本效益分析

deforestation 森林砍伐

ecoterrorists 生態恐怖份子

emissions trading 排放權交易制度

Endangered Species Act(ESA)《瀕危生物法》

energy inefficiency 能源使用的低效率

environment 環境

environment impact statements (EISs) 環境影響說明書

Environment Protection Agency(EPA) 環境保護署

green values 綠色價值

greenhouse effect 溫室效應

indoor air pollution 室內空氣污染

ISO 14000 國際環境管理標準ISO 14000

Montreal Protocol 蒙特婁議定書

NIMBY「不在我家後院」的現象

ozone 臭氧

Strategic Environmental Management(SEA) 策略性環境管理

Superfund 超級基金法案

toxic substance 有毒物質

Toxic Substances Control Act《毒性物質管理法》

tragedy of the commons 共有資源的悲劇

Triple bottom line(TBL) 三重盈餘

 問題與討論

1. 什麼是自然環境？

2. 目前受到世界關注的幾個最重要的環境問題是什麼？

3. 造成環境污染和耗損的幾個原因是什麼？

4. 自然環境的未來展望是什麼？

5. 誰有責任解決環境問題？

6. 倫理如何應用到環境問題的應變措施當中？

7. 能否舉幾個企業環境保護主義和解決環境問題決策模式的例子？

8. 企業和社團應該繼續將焦點放在無限制的經濟成長上嗎？

個案評述

　　本書附贈的光碟提供了許多個案，與本章相關的個案有個案26、個案27以及個案28，你可以搭配本書第十四章的內容探討以下的個案：

個案26「哈德遜河的清理與GE電氣公司」

　　通用電氣公司已將PCBs倒進哈德遜河有超過30年的時間，在當時這樣的做法是合法的，不過，也導致哈德遜河上游成為美國歷史上超級基金法案的最大補助地區。環保署判定通用電氣公司必須清理污染區域，並自付清污成本。傾倒廢物的行為在當時合乎法令規定，該公司仍應花費大量的清理成本嗎？誰該為河川整治負責呢？通用電氣公司、環保署或紐約市政府呢？現在應該如何處理呢？

個案27「安全？安全為何？」

　　這個案例是正在興建廠房的一家公司，正決定其廢棄物處理設備是否要符合環境標準。該產業的標準比聯邦標準嚴格，其它同行廠商都僅僅達到聯邦的標準，在設計新廠房時，建造符合產業標準的設備將使公司花費大量成本，因此，管理階層做出了只符合聯邦標準的決定。助理主計員Kirk對此決定感到十分困擾，誰是本案例中的利害關係人呢？你將會如何排列優先次序呢？當公司對環境做出負責的行為時，卻因此而處於競爭劣勢，公司應該怎麼辦呢？

個案28「許可的排放量太少還是過多？」

　　Bryan最近受一家化學公司聘雇，負責監督建造新廠房，因為主管機關允許該公司傾倒化學物質，因此，該公司傾向設計時不加入新製造流程。Bryan感到十分沮喪，因為他知道這個決策是錯誤且短視的，錯誤的是此決策會對環境產生很大的衝擊，而短視的是該公司在未來很可能因為排放化學物質而惹上麻煩，Bryan是對的嗎？當主管機關鬆綁法令，給公司較大空間時，該公司應如何看待呢？

第十五章
企業與社區利害關係人

本章學習目標

▶▶ 閱讀完本章後,你應該能夠:

1. 確認並探討企業捐贈的兩種基本方式。

2. 探討進行社區參與的理由、各種類型的社區計畫以及對社區利害關係人的管理等問題。

3. 解釋企業慈善公益的優缺點,簡述企業慈善公益的歷史,並說明企業捐贈的原因及對象。

4. 區分策略性慈善、與慈善有關的行銷和慈善有關的品牌。

5. 說明企業外包和工廠關閉的性質、規模、原因及影響。

6. 說明一家企業或廠房在做出關閉決定之前所可能採取的步驟。

7. 說明一家企業或廠房在做出關閉決定之後所可能採取的策略。

提到「社區」,我們通常直接是指企業所在的鎮、城市或州等地方。然而,在現代企業全球化的時代裡,即時通信和快速的交通使得地區、國家甚至整個世界變成了休戚相關的一個社區。從歐洲的狂牛病到非洲的愛滋病,或從中國的天安門事件到紐約世貿大樓911恐怖攻擊慘劇,企業身受世界事件的影響。傳統的地域疆界,因通訊技術和高速旅行而相形失色,企業社區現在已涵蓋整個世界了。

當我們想到企業和其社區所有的利害關係人時,有兩種主要關係映入眼簾。一是企業對社區做出積極貢獻,這些積極貢獻的例子包括:自願性服務、公司捐贈及對教育、文化、都市發展、藝術、公民活動以及健康與福利計畫的贊助。另一方面,企業也可能對社區所有利害關係人造成危害,包括:環境污染、因外包或關廠而使居民失業、濫用權力或剝削消費者和員工。

　　在本章中，社區利害關係人的議題將著重於社區參與和企業慈善。此外，我們將討論外包和企業或工廠關閉等主題。經由這些討論，我們應該有機會去探究企業/社區關係的正面和負面影響。我們將從正面影響開始著手。

　　除了盈餘獲利、遵守法律和符合倫理道德之外，一家公司可以透過兩種基本方式進行捐贈而對社區產生正面影響：(1)公司管理者和員工奉獻時間和才智；(2)財務捐助。第一種稱為社區參與（community involvement），本身強調在社區進行一系列廣泛的自願性活動；第二種牽涉到企業慈善或是企業捐贈。我們應當注意，這兩種方式有明顯的重疊之處，因為公司在贊助一項計畫時，經常是既奉獻時間人才，又給予財務援助。首先，我們將討論社區參與和企業提高社區生活品質的各種方式。

15.1 社區參與

　　提高社區參與最強有力的主張之一是由勤業眾信會計師事務所前總裁和執行長J. Michael Cook所提出的。他說：

　　我們對居民生活和工作的社區有相當大的利害關係。如果我們有好的教育系統、安全的環境和完善的活動規劃，我們將更能有效地吸引和留住高素質的人才。

　　因此，不僅為了一個更健康的社會，也為了企業自身的福祉，企業對於人類的需求必須願意付出並且對生產和利潤需求同等的關切。Norton Company前任總裁Robert Cushman列出企業社區參與的六項原因：

(1) 企業人是有效的問題解決者。
(2) 員工從社區參與計畫中得到滿足，並提升士氣。
(3) 在社區中所塑造的正面形象有利於人才招募。
(4) 企業若能積極參與社區事務，便能在社區中贏得聲望及較高的接受度。
(5) 企業的社會責任可以取代政府法規。
(6) 支持有利於企業永續發展的機構能使企業自利。

　　企業的社區參與能夠為企業帶來極大的利益。在幫助他人的過程中，企業也能幫助自己。這一項企業的雙重目標清楚地說明了獲利和社會關懷並不會相互牴觸。除了自利之外，其它理由乃為社區參與提供一個道德辯護。例如：用功利主義來支持公司捐贈者，乃主張：改善社會結構會創造大多數人

的最大利益。這個說法並不會與自利的原則相矛盾，因為公司將是所有受益社群的一員。儘管我們可以從不同觀點來為企業的社區參與提供辯護，但有一件事卻很清楚：企業與社區建立良好的公共關係，而它也必須敏感地知道它對週遭世界的影響。

此觀點藉由Eli Lilly藥廠《社區服務報告》的簡介可以很清楚的看到：

因為Eli Lilly藥廠普及世界全人類的生活，因此我們知道我們有一個特別的責任，那就是要成為社區中的優良企業公民，並為後代子孫保護環境。這項承諾反映出公司的基本考量，及奠基在為人類爭福祉、為生活求品質的企業根本要求。這是共享Eli Lilly的成功、投資於未來並回饋社會的方式。這是公司的部分使命。

15.1.1 自願服務計畫

企業社區參與最常見的活動之一就是自願服務計畫。在社區對自願服務需求日增的今日，企業的自願服務計畫反映了企業的資源豐富度和應變靈活度。有許多企業透過自願服務而改造社區。Longaberger Company承諾要連續五年為美國癌症協會製造銷售裝有乳癌防治刊物、名為「希望地平線」（Horizon of Hope）的花籃。Miller Brewing舉辦一項「一日關懷」（a day of caring）的活動，在那一天，全公司的人都犧牲時間奉獻給Milwaukee的一個社區。Philip Morris/Kraft的員工能任選一個慈善團體，對其服務滿50小時後，公司就會捐贈1,000美元給該團體。美國運通（American Express）也鼓勵員工服務於其所選擇的慈善團體，之後，該公司的全球志工行動基金會（Global Volunteer Action Fund）將會提供高達1,000美元的錢給志工個人及2,500美元給志工團隊。MONY的員工一週有一天會利用午餐時間，到當地小學讀故事書給小朋友聽。MONY也有一個志工激勵獎（Volunteer Incentive Award），以獎勵六個月內在所選的非營利機構至少服務5小時的員工。

這些自願服務所帶來的影響是無遠弗屆的。GE電氣公司所支持的一項社區活動就讓位於East Harlem區一所已經關閉、名叫Benjamin Franklin的中學轉型成為科學及數學中心。GE除了讓這所學校不輸給全美最好的學校之外，還安排所屬員工到學校指導學生或進行課後輔導。這所學校的學生進大學的比例是該城市較高的學校之一，而GE的這項活動開啟了日後「前進大學計畫」（College Bound initiative），當然也使得GE獲頒多項獎項。

　　社區很明顯地從自願服務計畫中獲益良多，但公司如何透過員工的自願服務而獲利呢？一個非政府組織——商業社會責任（Business for Social Responsibility）詳細列出自願服務對公司的好處：

- 增加員工訓練及技能。
- 鼓勵員工團隊合作。
- 培養領導才能。
- 發展勞力庫。
- 招募員工、留住人才。
- 提升企業聲譽。

1.美國承諾

　　當美國前國務卿同時也是美軍前參謀長聯席會議主席鮑威爾（Colin Powell）被問道：「什麼是當前美國最大的威脅時？」他說：「對美國的威脅就是那些脫離美國生活的年輕人，他們不再相信美國夢」。雖然鮑威爾說的是美國，同樣的情形卻正在全世界經濟已開發國家上演著。由於這個原因，協助年輕人一直是企業的優先考量。這類的協助，在柯林頓總統和鮑威爾召開的名流「服務高峰會」（Summit on Service）時達到最高潮，該會議主要是要解決青年弱勢、不抱幻想的問題。與會人士有柯林頓總統和夫人、副總統高爾（Gore）、除了雷根（Ronald Reagan）（夫人南茜代表他出席）以外的所有前任在世總統；名人歐普拉（Oprah Winfrey）、約翰屈伏塔（John Travolta）、州長、市長、神職人員和多位企業執行長。會議的目的是要企業和公眾領袖能允諾共同合作，實現五項對兒童的承諾。這五項承諾是：(1)關心成年人；(2)安全的地方和有組織的活動；(3)為健康的未來打造一個健康的開始；(4)培養合乎企業需求的技能；(5)有機會透過服務，回饋社區。此次會議的入場費用就是專門用來幫助處於邊緣狀態的青少年。

　　自從開始以來，美國承諾（America's Promise）聯盟的成員數已超過400個全國性團體，包括：企業、基金會、青年服務組織和聯邦及州等政府機構，以及400多個區域性團體。企業提供財務、設備和人力來協助「美國承諾」實現任務。圖表15-1列出一系列的成員承諾，並舉例說明公司所參與的活動。

圖表 15-1 「美國承諾—青年聯盟」之範例

公司	社區服務的承諾
財務資源	
福特汽車公司基金會	投資500萬美元發展設立承諾站（Promise Stations），提供大眾在網路上分享援助兒童和青少年的資訊、意見、活動等等資源。
希爾斯百貨	捐助資金以強化承諾社區（Communities of Promise）的功能。
MBNA	承諾捐出200萬美元來幫助美國執行承諾。
設備資源	
薩比紙業公司	提供美國承諾印製承諾書（Promise Letter）和年度報告的用紙。
集太公司	為全美課後輔導計畫設立課後「輔導優勢」（ASA）電腦中心。每個電腦中心估計擁有價值2萬5千美元的專屬軟體和技術設備。
微軟	提供價值48萬美元的軟體來幫助美國承諾消弭數位落差。
人力資源	
喜達屋國際飯店集團	推動全公司的社區服務計畫，鼓勵員工服務所屬的社區，幫助社區發展。
瓦喬維亞銀行	該公司員工自1997年以來，在學校的服務總時數已超過240萬個小時，服務項目包括擔任課後輔導員、教師和志工團團員。在2004年底，員工志願服務時數又增加300萬小時，公司每月提供員工四小時工時從事自願服務。
CVS連鎖藥妝店	提供年輕人藥品業工作見習與實習的機會。社區的CVS連鎖藥局與社區組織合作。

資料來源：America's Promise——The Alliance for Youth Fact Sheet (2004).

2. 以資源為基礎的捐贈

　　日益競爭的全球環境突顯了各方面所面對的效率壓力，包括社區服務。企業社區服務的關鍵目標就是要從捐贈的每一分錢中盡可能獲取最大的利益。他們發現，獲取最大利益的方法通常是透過提供符合本身資源和能力的服務。例如：眼鏡連鎖企業LensCrafters提供眼睛保健的服務，就是因為它比其它不專門從事眼睛保健的公司在這方面更具效率和效益；同樣的，VH1音樂頻道每天與音樂和音樂家打交道，因此他們擁有專業知識和資源來支援公立學校的音樂教育。

　　以資源為基礎的捐贈（resource-based giving）牽涉評估一家企業的資源和能力，及判斷在何處分享其資源和能力才能實現最大利益。世界貿易中心

的攻擊事件之後，救難人員經不起手機電池沒電，卻沒時間也沒電力可充電。在那種必須24小時使用手機的情況下，電力燃料公司（Electric Fuel Corporation）捐贈了500個隨身充（Instant Power）手機充電器和電池，以確保正常通話。該公司位於下曼哈頓的總部。距離意外現場只有10分鐘的路程，因此能將全部的存貨交到救災隊手中。另一個以資源為基礎的捐贈例子，是位於明尼亞波里斯和聖保羅的空中通信公司（Aerial Communication）捐了無線電話和免費通話時數給這個雙城市的民間犯罪防制組織。無線電話通信公司在全美捐贈非營利組織所無法提供的設備和通話小時數，對公共安全和教育貢獻良多。資訊科技公司體認到很多人需要他們的資源協助，因為許多非營利組織往往科技技術落後，企業的技術和資源恰好對非營利組織有極大的幫助。資訊科技產業貢獻的對象十分多元，例如新漢普夏的華盛頓山氣象觀測台（Mount Washington weather observatory）、加州的伯克萊交響樂團（Berkeley Symphony）以及位於內布拉斯加州阿馬哈市的愛得蒙森青年外展中心（Edmondson Youth Outreach Center）。

藥品公司也發現他們可善用其不同於其它產業的資源做出更多的貢獻。在和世界衛生組織（WTO）共同合作之下，史克美占製藥公司（SmithKline Beecham）推動一個長達20年、耗資17億美元的計畫，希望將感染1.2億亞洲、南美和非洲人的象皮病徹底根除。該計畫是每年提供世界上11億感染的高風險群驅蟲藥albendazole。為達此目標，史克美占製藥公司將捐贈數十億劑量的藥品，並提供技術支援和健康教育服務。同時，默克藥廠（Merck）也與WTO合作，免費提供抗寄生蟲藥ivermectin以治療非洲的河盲症患者，並以實際行動捐贈ivermectin供臨床實驗，以確定該藥物與albendazole合併使用對治療象皮病的效果。

15.1.2 社區參與的管理

為了便於討論，我們將「社區參與管理」和「企業慈善管理」做一區分。但是，應該記住的是，這兩種管理重疊性很大，在現實社會中是不可能將其清楚劃分的。企業慈善主要牽涉財務資源的捐贈，而企業參與著重企業／社區關係中的其它議題，特別是管理階層和員工時間才智的貢獻。下一部分將討論社區參與等廣泛問題，後面再對企業慈善的管理進行較具體的討論。

1.社區中的企業利益

當我們和公司社區公共事務部門的管理人員討論並檢視社區事務手冊和公司其它出版刊物時，會深刻的瞭解到為何企業需要對這些社區需求的議題、問題和相關變化保持關切。其中一個主要的理由乃與自我利益和自我保護直接相關。例如：企業通常在社區中建有大型建築物，也想保護公司的投資。對他們來說，利益問題就是地區環境保護條例、鄰里關係惡化、企業房產稅、社區稅稅基和適當訓練的勞動力。

公司需要瞭解社區需求和問題的第二個主要原因是：某些社區議題涉及公司直接或間接利益，可能的例子包括：健康服務、社區服務、實體環境、社區外觀和整體生活品質。第三個原因和公司在社區的聲譽與形象有關。例如：公司想得到居民、員工和競爭對手的認同，認為它是負責任的企業公民，而且，公司本身具有解決社區問題的專業能力，並希望在社區建立良好的商譽。

2.發展社區行動計畫

當我們考慮到企業的社區利益時，自然而然就會產生「發展社區行動計畫」（community action program）的動機。同樣地，社區是一個企業的主要利害關係人之一。因此，企業就有更強烈的動機，想要系統化處理它和社區的關係。誠如諾頓公司（Norton Company）所解釋的，發展社區行動計畫有四個步驟，此四步驟由管理面出發，為企業親近社區提供了一個有用的架構。這四個步驟是：

(1) 瞭解社區。
(2) 瞭解公司資源。
(3) 選擇方案。
(4) 監督方案。

無論是正在考慮特定社區方案的企業或是正試圖與社區利害關係人建立長期強而有力關係的公司，這些步驟都將助益良多。

(1) 瞭解社區

發展有價值的社區參與計畫，關鍵就是要瞭解企業所在的社區。這個步驟屬於研究階段，管理階層必須妥善評估當地特色。每個地區都具備塑造社群參與計畫的獨特特徵。誰在這個社區裡生活？它的族群組成份子為何？它的失業率是多少？有老舊市區和貧民區等問題嗎？其它組織的活動近況為

何？該地區真正迫切需要的社會需求是什麼？社區的整體士氣如何？

　　瞭解社區的領導階層是另一個要素。他們的領導風格積極嗎？領導階層是團結一致還是各有派別？如果各有派別，那麼公司就必須很困難地在其中做出一個選擇。如果社區處理社會問題的現行方式很上軌道，那麼企業只須跟隨主流。反之，如果社區的領導方式雜亂無章，企業可能就必須對其提供再造、活化領導的刺激或建議。

(2)瞭解公司資源

　　想要有效地解決各種社區需求，企業就必須瞭解、評估公司的資源和能力。資源的種類、組合和範圍有多大——人力、財力、空間、設備和後勤補給為何？許多公司願意讓員工參與或支援社區計畫，形式包括管理協助、技術支援或人力投入。在大多數的組織中，我們都可以找到各式各樣的能力、技術、興趣、潛能和經驗，然而，要將這些東西整合起來，就必須知道企業有哪些資源、資源可得的程度、可提供的項目及時間。

(3)選擇方案

　　企業社區參與的方案選擇來自於將社區利害關係人的需求配合公司的資源。通常，可相配合的項目眾多，因此，公司必須在當中謹慎選擇。有時，公司發展、修正其政策或指導方針以協助選擇過程順利進行。這些政策非常有用，因為他們進一步描述了公司可能涉及的社區參與領域並為組織資源的使用提供建議。Frank Koch 詳細解釋發展社區參與策略的指導方針。下面針對其中一些指導方針簡要說明之：

- 企業必須妥善規劃、整合社區參與，關注的心力和精神不能亞於企業其它事務。
- 社區計畫的投資應與企業在研究、行銷、生產和管理的投資一樣，符合相同的成本效益衡量標準。
- 公司應該善用其人才和資源。負責的人員應參與其熟稔的事務。企業應專注於影響公司營運的社會問題。
- 員工應參與社區計畫。計畫的內容應部分關注於影響員工及員工感興趣的事情上。
- 公司應參與它熟知的社區、最瞭解的人群、最有可能達成的需求及社區最首要的需求目標。
- 公司一方面在尋覓新方案的同時，政策上應持續支持已建立的目標。
- 最好的支持行動是利己又利人的支援行動。

　　政策和指導方針可更進一步朝合理化和系統化企業社區參與的方向前進。企業應發展出這樣的政策說明，並將其對組織上下詳加解釋，以使公司整體的努力有一致的焦點。

　　我們在這裡仔細挑選出一個符合大多數指導方針的絕佳社區參與計畫並進行探討，那就是麥當勞公司贊助的麥當勞叔叔之家（Ronald McDonald House）。興起於1974年，麥當勞叔叔之家每年為50萬個病童提供一個庇護所和心靈安慰。截至2004年，麥當勞在25個國家設立240個這樣的臨時家園，每一個都採用相同的模式，屬於非營利組織，除了一個有給職的管理人員之外，其他所有的職員都由義工擔任。每個臨時家園皆坐落於兒童醫院附近。如果家庭狀況許可，只須象徵性地付出一點費用；若是家裡情況不好無法負擔的話，就無須支付任何費用。只要家中子女還在接受治療，他們都可以繼續住下去。

(4) 監督方案

　　監督企業方案牽涉審核和控制，要確保方案能依據計畫和進度確實實行，後續追蹤動作不可少。在計畫過程中，各階段的回饋提供管理階層監督進度所必須的資訊。在後面的章節中，我們將詳細解釋處理各種社會問題的管理方法。然而，前面所提到的指導方針對於發展企業和社區利害關係人的關係提供了一些獨特的見解。如我們前面所說的，社區參與在企業社會績效模型（corporate social performance model）中是一個自由裁量服務活動（discretionary activities）或是慈善活動，需花費昂貴的成本，但其潛在的利益對公司和社區都十分可觀。如同企業的其它功能一樣，我們也應該謹慎管理之。美國波士頓學院的「企業公民中心」（The Center for Corporate Citizenship）已發展出七項符合全球社區參與卓越標準的一套實務、程序和政策，詳見圖表15-2。

15.1.3 外資企業的社會參與

　　另一個在企業與社區關係中日益微妙的問題，是美國外資企業的社區參與政策和實務。有愈來愈多的資料顯示，美國的直接外部投資正不斷地在成長，有些觀察家質疑直接外部投資所造成的社會結果。因此，很自然地，研究人員試圖釐清這些企業在程度上有多少是符合優良「企業公民」的定義。

圖表 15-2　企業社區參與的卓越標準

標準1：領導
高階主管帶頭支持、承諾和參加社區參與活動。

標準2：議題管理
公司辨認並監控對公司營運和聲譽至為重大的議題。

標準3：關係建立
公司管理階層體認到和社區建立並維持互信關係是公司的重要的策略和營運要素。

標準4：策略
基於公司和社區雙方的問題、目標和考量，發展出一套針對社區方案和應變的策略性計畫並確實實行之。

標準5：責任
為達成社區參與的目標，組織內上上下下都擔任一個特定角色並肩負某項責任。

標準6：基礎建設
公司整合各系統和政策，以支持、溝通和制度化社區發展目標。

標準7：衡量
公司建立一套持續性的程序，以評估社區參與策略、活動及計畫以及對公司及社區的影響。

資料來源：Center for Corporate Citizenship at Boston College, http://www.bc.edu/ corporatecitizenship.

研究人員針對在美國的外資企業進行調查，以瞭解他們社區參與的觀點和實務。在這些企業中，我們發現：

- 81%擁有社區參與政策。
- 71%認為社區的期望是企業計畫中「非常重要」或「重要」的一部分。
- 外資企業的捐贈水準與模式和本土企業大致是相同的。
- 超過一半的企業對於公司的社區計畫感到滿意，但也有多數（39%）的公司認為他們應該多多參與社區活動。

在社區參與的動機方面，外資企業與美國企業的高階主管提出相近的理由，即：

- 參與社區是一項道德義務（61%）。
- 為回應社區期望（56%）。
- 社區參與強化企業形象（56%）。
- 此乃一項自利的行為（50%）。

在訪談中，這些高階主管表示社區活動做得好，企業就會被社會接受，成為有價值的社會成員，有利於它在顧客、員工、政府和廣大社群中的形象。雖然外資企業的社區參與主要是透過現金捐贈，但他們也推動了其它的社區計畫，例如員工自願服務和贊助活動（像是藝術和體育活動）。

在另一項針對外國直接投資者「企業公民」實務觀點的研究中，Pinkston和Carroll指出，這些投資者具備與美國企業十分相似的「企業公民傾向」。基於這些研究，他們的結論是對於在美國數量不斷增加的外資企業，我們不需過度擔心。外資企業努力融入，視社區參與為融入過程中關鍵且不可或缺的一個部分。

15.2 公司慈善或企業捐贈

英文中慈善——philanthropy這個字來自於希臘文中的「philien」和「anthropos」，意思分別是「去愛」和「人類」。因此，字典把慈善（philanthropy）定義為：「渴望以仁慈的行為幫助人類；對人類的愛」。慈善另一個較狹隘的當代說法是企業捐贈。在本節中我們將著重在企業自願性的財務捐贈。字典上對慈善的定義有一個問題，那就是他們都以仁慈、博愛和慷慨為捐贈動機。實務上，我們是很難評估企業或任何個人捐贈行為的真實動機。

可以確定的是，我們都十分珍視企業的慈善行為。一份2004年企業社會責任（Business for Social Responsibility）的報告引用相關研究指出，企業的慈善活動對公司聲譽有正面影響。例如：Cone, Inc.的一項研究發現，84%的受訪者認為企業的社會承諾會影響其歡不歡迎企業進駐該社區。此外，77%的人在選擇雇主時會考量其社會承諾，另外有66%的人表示在投資時會將企業的社會承諾納入考慮。同樣地，一項在2002年由美國基金會聯合會（Council on Foundations）委託研究機構WalkerInformation所做的調查顯示，企業公民的理念使利害關係人對公司產生較正面的態度，而這也進一步產生正面效果，諸如：員工流動率低、顧客忠誠度高，而社區的領導人也將公司視為好鄰居。

15.2.1 企業慈善之簡史

我們可以追溯到好幾十年前企業的各種慈善活動。透過有組織的企業慈善活動將「管理的新社會意識化為行動」肇始於1920年代。早在第一次世界

大戰之前，就已經有人採取措施為社區服務建立系統化、聯合的基金籌募活動。YMCA、戰爭資金、社會救濟聯合會、社區公益金、各大專學校以及醫院成功的推動了企業的公益活動。企業幫助社區的做法各不相同。大型企業，像是「貝爾電話網路系統」（Bell Telephone System）其分支機構、辦公室和子公司遍佈上千社區，對成千上萬的民間社會組織貢獻良多。小型企業，例如在北卡羅萊納州一個小工業城鎮裡的公司，也支援學校、居民住宅、宗教活動和社區福利機構，其服務的熱誠超過了19世紀盛行的慈善父權主義作風（paternalism）。

倫理的實踐

柔性勸導還是強迫捐贈？

當我在一家大公司工作的時候，收到很多電子郵件，都是關於公司參與大型慈善捐贈基金會的事。公司極力鼓勵所有員工參與市政廳會議，聽取其它員工和管理階層講述基金會如何改善社區生活，並觀看基金會的成果錄影帶。公司的高級主管也趕來市政廳，除了推動公司的募款活動，亦鼓勵所有員工都能參與。他們要我們詢問其他同事捐錢了沒有，因為公司的目標是100萬美元，每個人都應該要捐一些，主管當然也不例外。甚至，在公司的內部網站上，還公告捐錢指南。雖然公司說所有的捐贈者（或未捐贈者）都匿名保密，且不會影響升遷和工作績效，但是許多人仍多少會質疑。這不是第一家極力鼓動我捐錢的公司，我想也不會是最後一家。

(1) 公司為什麼參與慈善基金會？是為了獲得社會認同，還是為了完成一項志業，還是都有？不同的企業參與慈善基金會的動機是否各不相同，為什麼會這樣呢？

(2) 公司要求員工自願性地捐獻是符合道德的嗎？員工真是發自內心自願捐獻的嗎？如果是，應該如何設計實施這些捐款活動？分寸又該如何拿捏？

(3) 如果公司不再介入慈善基金會的募款活動，對慈善活動有何影響？你的答案會有所不同嗎？

(4) 如果你是這家公司的員工，你會如何處置？理由為何？如果你決定捐款，你的動機是什麼？

（由Melissa S. Magoon提供）

Ethics in Practice

1918~1929年間的公司捐贈主要是為了籌募社區公益金。 1929~1935年間，政府打算讓有捐款的企業扣除5%的稅前淨利。由於1935~1945年間發生了經濟大蕭條和第二次世界大戰，企業捐贈的幅度沒有增加。從1945~1960年，企業責任的概念展露新曙光，且大約從1960年開始，社會責任的理念蓬勃發展，不再是單純的企業捐贈而已。不過，在此，我們關注的是公司對社區的金錢捐獻，因此，其它肇始於1960年代的廣義性慈善活動，我們將不予以討論，我們將著重於探討企業是否應該捐款？如果是，應該捐贈多少錢？

另一個備受爭議的議題是，有一項聯邦新法案，在其通過之後，將會要求公司揭露其所贊助的慈善團體及捐贈的金額。雖然透過基金會所為之捐贈，基於基金會的免稅優惠，公司必須對外公佈，但是企業無須揭露對其它慈善團體所為之直接捐贈。這延續了長久以來對企業社會角色的爭論。支持企業必須揭露所為之捐贈者，認為公司的錢屬於股東的，股東有權決定錢的使用方式。共和黨俄亥俄州參議員Paul Gillmor說他一直擔任公司董事，親眼目睹公司管理當局忽視股東權益，任意將公司資產分配到他們所喜歡的慈善活動上，因此，在同是共和黨俄亥俄州參議員Michael G. Oxley和民主黨紐約州參議員Thomas Manton的共同支持下，Gillmor提出公司捐贈揭露法。Gillmor的想法得到了法律教授們的認同，當中如Stetson University的Charles M. Elson教授說，除非公司的慈善活動真能加惠於企業，否則它通常只是讓管理者享有美名、浪費公司資產而已。同時，一些非營利組織如美國紅十字會（American Red Cross），也認為揭露公司捐贈是一項好政策。就連美國基金籌集高級人員協會（National Society of Fundraising Executives）也支持立法揭露，他們認為這對近年來身受醜聞危害的慈善公益形象有所幫助。儘管支持聲浪不斷，大多數的公司和非營利組織卻擔心揭露的規定會讓公司對捐獻有所卻步，其主張包括：慈善捐贈是一項企業決策、揭露會為競爭者透露企業策略、揭露可能引起企業和特殊利益團體間的衝突，而且揭露的相關文書工作也將是行政上的一項負擔。 2000年3月，參議員Gillmor撤銷了企業責任法案。

在安隆（Enron）、世界通信（WorldCom）相繼爆發會計醜聞後，有關企業責任的議題又浮上檯面。這兩家公司都發現有大筆資金流向公司管理階層所屬意的慈善事業。舉例來說，安隆曾大手筆地捐錢給一家由公司審計委員會委員擔任董事長的醫院。因此，在修法改革的同時，企業責任的強化亦被納入考量。參議院所提出的一項法案中就要求，若公司董事或董事之直系親屬為某非營利組織董事會之董事，該公司應對該非營利組織所為之捐贈提

出報告，且在過去五年間，公司或公司任何主管超過1萬美元之捐贈或公司對此非營利組織提供「重大利益」之其它活動進行說明，例如遊說，亦適用之。美國參眾兩院針對企業責任的議題分別提出兩個不同版本的法案，也都各自獲得通過，因此，兩院組成協商委員會來討論兩種版本法案之異同。最後出爐的就是2002年的「沙賓法案」（Sarbanes-Oxley Act），但法案中並未納入原先參議院版本的慈善捐贈揭露要求。

儘管修法上遭遇挫敗，各方仍持續要求公司捐獻透明化。有人指控，慈善捐贈的基金已部分流入恐怖組織之手，有鑑於此，企業慈善捐贈現在必須遵守「美國愛國法」（USA Patriot Act）和行政命令13224號（Executive Order No. 13224）的規定。這兩項法律要求，若所為的捐贈屬於政府關切之範圍者，捐贈者必須取得所有受贈組織董事及高階主管之詳細個人資訊，並應附上受贈組織下游承包商的姓名，提供這些資訊之後會和官方所列之恐怖活動相關人名和組織相互對照。此外，捐贈者有義務指出受贈組織的銀行往來關係，並基於洗錢相關法律評估有往來的金融機構。根據企業捐贈推行委員會（Committee to Encourage Corporate Philanthropy）（http://www.corphil-anthropy.org）的調查，由於法令對捐贈的規定將增加公司法律責任及額外的行政成本，許多企業現在考慮縮減屬於政府關切範圍的捐贈計畫。

另一項要求捐獻透明化的理由是，有些非營利組織被用來規避選舉時有關捐贈「軟錢」（soft money）的法律規定。舉例來說，「美國國家公益慈善回應委員會」（National Committee for Responsive Philanthropy，NCRP）和「共同使命」（Common Cause）這兩個組織，向國稅局（IRS）和參議院道德委員會（House Ethics Committee）提起訴訟，指控參議院多數黨領袖、德州參議員Tom DeLay利用一個非營利組織滿足其政治目的。DeLay的「歡慶兒童」（Celebrations for Children）慈善基金會被指名就是買通DeLay和其他知名政客的高層管道。NCRP的執行總裁Rick Cohen表示，政治獻金假借慈善之名以規避競選籌款的相關法律規定。企業現在依法無需報告所為之慈善捐獻，而其捐獻到底觸及多少政治人物亦無需對外說明。

15.2.2 對第三部門──非營利組織之捐贈

根據慈善家John D. Rockefeller III的理論，企業對所謂「第三部門」──非營利組織的捐贈是必須的。屬於第一部門的私人企業和第二部們的政府機關藉由營利和稅收得以生存，而第三部門，包括：成千上萬的教堂、博

物館、醫院、圖書館、私立大專院校和藝術表演團體等，仰賴慈善捐贈的支持。慈善捐贈的籌資方式給了這些非營利機構最寶貴的一項資產，那就是獨立性。

1. 公司為什麼要捐贈？

　　瞭解公司為什麼捐贈給慈善事業或許比瞭解企業的捐贈金額更有價值。有許多方法可以讓我們進一步認識公司捐贈的動機。看看圖表15-3由「全國企業慈善名錄」（National Directory of Corporate Charity）所提供的五種企業捐贈計畫，我們即可得到初步的認識。企業贊助社區傳統或創新型活動的動機很廣，可能是純粹自利，也可能是單純渴望實現企業公民的責任。

圖表15-3　企業捐贈計畫的類別

(1)完全不捐贈者——未有證據發現公司有慈善捐贈的行為。
(2)「捐贈有何好處」型的捐贈者——大多數的捐贈與公司的直接利益或員工福利相關。
(3)「公司總裁說了算」型的捐贈者——大多數的捐贈與公司的直接利益、員工福利或管理階層的利益相關。
(4)「我們是好公民」型的捐贈者——公司的捐贈主要是贊助傳統的非營利機構。
(5)「因為我們關心」型的捐贈者——部分的捐贈資金流入新型非營利組織或處理非傳統議題的舊有組織。

　　Saiia、Carroll和Buchholtz發現，管理企業捐贈的主管都認為他們的公司在捐贈計畫中愈來愈具策略性，高階主管亦日益要求公司捐贈計畫需有策略性責任。同時，他們也觀察到愈是暴露在開放環境下的企業，也就是對環境較開放、較易受到刺激的公司，就有較高的可能性參與策略性慈善公益活動。在另一項研究中，Fry、Keim和Meiners發現，企業捐贈受利潤考量的驅使，連帶影響了廣告支出和公司捐贈的金額。他們的結論是：企業捐贈補充廣告不足，因此是一項以利潤為動機的支出。我們若觀察菸草商Philip Morris就可證實該項觀點。該公司有一年捐獻7,500萬美元從事慈善事業的同時，也花費1億美元的廣告費用宣傳其慈善活動。

　　經濟壓力和強大的國際競爭力迫使公司更加關注盈收的問題。因此，利潤動機和企業慈善計畫的崇高目標並存，並不讓人感到訝異。在本章後面的部分，我們將顯現慈善活動的「策略性」，這也意味著企業捐贈與公司的經濟和獲利目標是可以相連結的。

2.公司捐贈對象為何？

在任何一個預算年度，公司都會收到許多要求捐贈的申請。公司必須針對質、量等因素進行衡量，以決定其捐贈對象。透過仔細觀察公司捐贈的受益者，我們就能概括瞭解企業對社區中不同社會需求的評價為何。

企業捐贈的資料顯示，企業捐贈主要有五種對象，依其重要順序排列分別是：(1)教育；(2)健康和人力服務；(3)公民和社區活動；(4)文化和藝術；(5)其它。這五種捐贈對象由美國經濟諮商局（Conference Board）定期衡量，其重要性的排列順序一直沒有改變。以下分別對這五種對象概要說明之，相信有助於解釋企業參與慈善活動的本質。

(1)教育

在這一類別中，大多數的企業捐贈都流向高等教育——學院和大學，主要有資本門補助（包括基金會）、未限制用途的營運補助、部門與研究補助、獎學金、研究獎學金和員工對等捐贈。同時，小學、中學、教育團體，例如，黑人大學聯合基金會（United Negro College Fund）和教育財務資助委員會（Council for Financial Aid to Education）等也是捐贈對象之一。

如前所述，企業支持高等教育最常被提到的理由是增加人才庫，這種解釋明顯可信，因為高等教育機構確實是企業管理和專業人才的來源。雖然對教育機構的捐贈是企業捐贈對象的前幾名，公司並不是盲目捐贈，不圖回饋。關於企業是否應該捐贈給不支持自由企業價值的教育機構已爭論了好多年。這個問題基本上必須回歸到支持教育應該是「有附帶條件的」，還是「無附帶條件的」。

那些堅持企業對教育的捐贈應是無附帶條件的人認為：「限制教育機構基金的用途將會造成機構和企業之間的衝突」。化學材料製造商Cabot公司的前任董事長Louis W. Cabot認為：「企業對支持自由企業價值的教育機構之捐贈予以限制是既不明智，也不具有任何益處」。他相信公司的自利標準是不切實際而且深具危險性的。因為事實上，我們不可能要求全國教職員普遍化，而限制企業捐贈也會使企業對教育捐贈有打退堂鼓的危險。另外，他相信，如果一家公司真的想幫助教育發揮最大功能，它應全面支持教育而不是企圖控制其基金的使用。另一方面，有些人卻認為企業應該慎選捐贈對象。化學工業FMC公司前任董事長Robert H. Malott認為：「公司的自我利益應作為企業教育捐贈的指南」。他特別擔心對講授極左派經濟思想和企圖以犧牲自由企業壯大政府的學校進行捐贈的情形。

不過，可惜的是，沒有數據告訴我們，這兩種極端相反的哲學觀點，哪一種最為有效。折衷的做法是企業在教育捐贈上有所選擇的同時亦顧及到公司的自我利益，這樣才能達到經濟及社會兩個雙重目標。

(2)健康和人力服務

健康和社會福利成為企業捐贈的一個主要對象，是因為大家習慣通力合作集資給像「聯合勸募」（United Way）這樣的聯合機構。早在推動社會公益金運動的時期，企業就習慣與聯合捐贈體系合作，將這些錢直接用於當地的各個機構。企業往往感受到強大的公眾壓力，期望其支持聯合捐助活動，因此健康和人力服務成為企業捐贈的最大受益對象之一也就不足為奇了。社區和企業都希望這種聯合的方式會使得資源的分配更有秩序。

除了聯合勸募之外，這類受益對象主要還包括：醫院、青少年機構和其它當地健康與福利機構。很明顯地，醫院是大多數社區中最急需資助的機構，其收到的財務資源包括資本投資（新的建築物和設備）、營運基金和對等員工捐贈。青少年機構包括像是：YMCA、YWCA、男童軍、女童軍和男女童軍俱樂部等團體。由於美國1960年代末期至1970年代初期，很多的社會動亂是源自於年輕人心理的不滿，許多年輕人對大公司充滿敵意，因此很自然的，企業將年輕人列為其健康和福利捐贈的重要對象。醉爾思冰淇淋公司（Dreyer's Grand Ice Cream, Inc.）將其慈善活動集中在年輕人身上，使他們能夠「發揮自己的創造力和才能，為社區貢獻，為下一代守護社區價值」。

(3)公民和社區活動

這種類型的企業捐贈範圍極為廣泛，主要有社區改造活動、生態環境、非學術研究組織，例如：布魯肯機構（Brookings Institution）、經濟發展委員會（Committee for Economic Development）、城市聯盟（Urban League）等和地區重建。

當明尼亞波里市（Minneapolis）美好城市（City of Nice）的美名變成謀殺之城（Mruderapolis）時，通用磨坊公司（General Mills）認識到社區參與的重要性。該公司的主管聘請一位顧問分析相關犯罪資料，並發現到在離公司總部5英里遠的霍桑地區（Hawthorne）是明尼亞波里市犯罪率最高的地方。於是，通用磨坊公司和當地居民、社區領袖、政治人和執法人員共同努力，組成所謂的「霍桑聚頭」（Hawthorne Huddle），找出改善的策略。該公司還投入數千小時的員工工時、250萬美元，要幫助霍桑地區擺脫犯罪問題。之後，該地區的謀殺率下降了32%，而搶劫案件減少了56%。老舊破損的建築物得以重建，新的小學也在當地矗立起來了。

玻璃製造商康寧公司（Corning, Inc.）不僅是紐約康寧地區最大的公司，它同時也踴躍從事捐贈、改造土地，甚至可稱他們為社會工程師。過去紐約康寧地區是一個企業城鎮（company town），康寧公司在該地區提供廉價住宅、日間照護設備和新企業的開發。現在該公司更集中心力，打算將一個偏遠封閉的小鎮打造成能吸引專業人士的地方。它的目標是要將康寧地區轉變成一個為單身年輕人提供社會福利、為新家庭提供支持、為少數族群提供文化多樣性的城市。在活動中，康寧買下了鎮上某一區與公司再開發計畫不搭配、年久失修的酒吧；在不斷的遊說之下，花了5,000美元迫使一家垃圾場同意搬遷。康寧公司甚至嘗試開發一個較不仰賴公司總部和其十五個廠區的地方。它買下一個賽車道重新經營，並說服一家連鎖超市進駐。康寧公司不斷努力，吸引新企業入駐此區，並在當地建造了希爾頓飯店、博物館和市立圖書館。2003年，《財富》雜誌將康寧公司列為建築材料、玻璃製品業中全美最受尊崇企業（America's Most-Admired Company）的第五名。

(4)文化和藝術

根據企業藝術委員會（Business Committee for the Arts，BCA）的調查，美國企業在2001年對藝術的相關捐贈總額高達15億6千萬美元。這個金額未考慮通貨膨脹因素，較1997年的捐贈總額增加了1/3。企業界兩個支持藝術最著名的組織是企業藝術委員會和美國藝術與企業協會（Arts and Business Council）。企業藝術委員會成立於1960年代中期，是一個「匯集公司資源贊助藝術需要」的全美私人團體。藝術與企業協會也成立於1960年代中期，最初集中在紐約地區。現在，這兩個組織在全美都設有分會。

探究企業捐贈藝術的原因是件很有意思的事。企業似乎無法從捐贈教育上獲得直接利益，但在企業的其它捐贈項目上，他們都可以提出各種不同的捐贈動機。有的企業站在利他的角度認為，慷慨贊助藝術是因為他們意識到藝術是社會上重要的生命力和創造力來源。德國銀行美國基金會（Deutsche Bank America's Foundation）的總裁Alessandro DiGuisto認為，贊助藝術是維持健康社區的關鍵，這也與德國銀行的社區復興承諾不謀而合。另一方面，也有企業高階主管認為支持藝術至少部分反映了自我利益的實現。SCM Corporation前任總裁Paul H. Eliker表示，公司捐助藝術是為了獲得認同和能見度，也為了整體形象的建立，文藝復興時代最偉大的贊助者——梅迪奇（Medici）和教皇猶利二世（Pope Julius II）亦是因為相同的理由而支持文化和藝術，也就是，把自己和偉大的時代連結在一起。

接受企業藝術捐贈的人不可能因為企業的贊助動機不是純粹利他而予以拒絕。不管捐贈意圖為何,它確實加惠於捐贈者、受贈者以及廣大的大眾。

15.2.3 企業慈善公益活動的管理

隨著企業經營的壓力不斷升高,它們愈來愈需要將注意力轉向管理公司的慈善活動。早期,管理者不需對捐贈進行精確分析,這樣的分析只用於工廠設備的開支、存貨、產品開發、行銷和其它預算項目上。在1980年代初期,由於聯邦政府削減了對慈善事業的支出,增加了企業捐贈的需求,情況便發生了變化。同時,美國又經歷五十年來最嚴重的經濟衰退,企業生存完全仰賴競爭力的提升,我們也就愈來愈清楚為何企業必須在對大眾都很重要的經濟和社會兩個目標之間取得平衡點了。

2001年,企業捐贈的成長又再一次緩慢下來。《商業週刊》(*Business Week*)對此提出幾點解釋。1991年的經濟衰退使得高階管理人員更嚴格的控制慈善公益的支出。由於競爭激烈和售價無法提升,企業在1990年代初期減少慈善公益的支出之後,捐贈數額一直無法回到舊有的水準,同時,合併和併購也減緩了捐贈的速度。美國國家公益慈善回應委員會(NCRP)調查124家公司,發現在46家進行合併的公司中,只有一家的捐贈水準超過前一年。該調查並未詢問企業是否會減少捐贈金額。此外,與慈善有關的行銷觀念使得企業早就將捐贈納入行銷預算中。因此,要評估企業捐贈的真實水準也變得更加困難了。

在世貿中心受恐怖攻擊後的兩週內,企業的救難捐贈金額超過1億2千萬美元,這是史無前例的捐款數額。然而,根據企業慈善年錄(Chronicle of Corporate Philanthropy)的調查,自911之後,企業捐贈水準就降低了。當然我們很難知道影響捐贈水準的真正原因為何。況且,某些企業對非營利機構的捐贈未被記入,像我們之前提到的自願服務就不包含在慈善捐贈的金額之中。此外,與慈善有關的行銷一般視為行銷支出,也就自然不需納入企業捐贈金額的計算了。

1. 公益目的的夥伴關係

隨著企業對其深表重視的經濟和社會兩大目標愈發要求相互協調的情況下,以公益為目的的夥伴關係逐漸形成。當一個營利性組織與一個非營利性組織為了互利而進行合作時,以公益為目的的夥伴關係就產生了。企業在這

種關係中看到同時實現經濟和慈善目標的機會。3M和明尼蘇達大學即為一例。3M捐贈了100萬美元給明尼蘇達大學的MBA課程。不光是捐錢開課而已，3M高層和明尼蘇達大學共同組成一個委員會來討論其合作模式。3M的這個作法很聰明，因為大約有15%的3M員工是明尼蘇達大學的畢業生。

另一個以公益為目的的夥伴關係是麥當勞公司和喬治亞理工大學，他們是一個幾百萬美元的贊助和行銷夥伴關係。這項合作中，麥當勞須捐贈喬治亞理工大學550萬美元，以重新整修總體耗資1,250萬美元的亞歷山大紀念體育館，而喬治亞理工大學舉辦籃球比賽的建築物則須命名為麥當勞中心。此外，麥當勞三個字還須出現在籃球場、球票以及所有體育館的運動賽事上，而其它標誌、廣告和宣傳活動也包括在內。儘管合作關係實際上僅限於麥當勞和喬治亞理工大學運動協會，但麥當勞認為這樣的夥伴關係可延伸至其它學術和研究活動的交流與互動上。

家庭清潔用品製造商Clorox Company和東灣社區基金會（East Bay Community Foundation）在2002年開始合作。社區基金會是專門評估非營利組織、幫助非營利組織尋找基金來源的非營利機構。Clorox Company深知東灣社區基金會擁有瞭解非營利組織的專業知識和技能，能夠協助其管理慈善基金，進一步改善Clorox所在的加州Oakland地區居民生活品質和社區環境。

以公益為目的的夥伴關係有許多不同的形式。當中最重要的兩種形式是策略性慈善（strategic philanthropy）和與慈善有關的行銷（cause-related）。其它形式尚有：贊助、供應商關係（vendor relationships）、授權協議（licensing agreements）和實物捐贈。以下將針對策略性慈善和與慈善有關的行銷深入討論。

2.策略性慈善

策略性慈善（strategic philanthropy）是企業捐贈和企業其它慈善行為以一種最符合公司整體使命、目標或目的的方法加以設計，這表示公司必須瞭解其整體策略為何，也必須要能夠說明公司的使命、目標或目的。所有企業共有的一個目標就是獲利，因此，策略性慈善的第一個條件就是慈善活動本身對於公司財務目標有愈直接的貢獻愈好。慈善活動長期以來被認為具備長期經濟利益，策略性慈善只是更迫切的要求企業捐贈，對公司經濟面的成功有更直接、更即時的助益。

　　第二，慈善要具策略性，重要的是將慈善計畫與企業營運結合在一起。這意味著每一家企業都應該追求對企業成功有直接而非間接影響的社會方案。所以，本土銀行應該在所在的社區中實施以人為導向的計畫；製造商可以進行與環境保護和技術進步有關的計畫。

　　使慈善具策略性的第三要件是要確保慈善活動是被妥善規劃管理的，而不是任意胡亂、不具方向的進行。當計畫的實行具有規劃性時，就表示它有清楚的目標、適當的組織、合宜的人員配置，且依既定政策進行管理。圖表15-4呈現在執行慈善計畫時，企業社會責任的最佳實務建議。

圖表 15-4　有效執行策略性慈善計畫

一個有效的策略性慈善計畫應具備下列的措施：
(1)將慈善活動納入公司策略性目標和使命之中。
(2)將慈善活動連結其它的社區參與計畫。
(3)適當列出慈善活動的預算。
(4)確保基礎建設是有效的。
(5)資金的募集有成文的政策及方針可供遵循。
(6)使員工參與慈善相關活動。
(7)和利害關係人妥善溝通。
(8)發展長期的企業/非營利組織夥伴關係。

資料來源：BST Staff, "BSR Issue Briefs: Philanthropy," Business for Social Responsibility, http://www.bsr.org.

　　策略性慈善必須同時具備社會和經濟利益。在《哈佛商業評論》（*Harvard Business Review*）最近的一篇文章中，Michael Porter 和 Mark Kramer 指出，鮮少有企業能有效利用企業慈善所帶來的競爭優勢。企業慈善對他們來說不過是一個迷思，僅僅幫助公司合理化捐獻。所謂真正的具備策略性，公司慈善活動的內容必須與其競爭力的培養一致，包含以下四個相互關聯的要件：要素條件（factor conditions）、需求條件（demand conditions）、策略與競爭行為（the context for strategy and rivalry）和相關產業與支援產業（related and supporting industries）。

　　要素條件是指生產所必要的投入要素。Michael Porter 和 Mark Kramer 認為夢工廠（DreamWorks）即是善用策略性慈善，有效改良要素條件的一個例子。該公司的慈善計畫是提供低收入及弱勢青少年娛樂工業所需的工作技能。這樣的教育提升計畫帶給社會的好處是很明顯的，不過，這當中，夢工廠也同時增

進了自我人才庫，對整個娛樂產業亦助益良多。前面提到的通用磨坊公司改善總公司周遭社區環境的例子，也是藉由提升社區生活品質以及當地的基礎建設來獲得更好的要素條件。此外，3M和明尼蘇達大學的夥伴關係則是透過人才培訓獲得公司所需的商業人才，進而改善要素條件的例子。

需求條件和公司顧客及市場本質有關。慈善事業能影響當地市場的大小，讓年輕人和教師知道蘋果電腦而擴展了公司的市場。他們同時增加顧客的經驗，加惠於該公司其它差異化產品。另一個是漢堡王（Burger King）的例子，他們將慈善活動集中在受到高度關切的計畫上，幫助學生、老師和學校，也促進目標顧客群的品牌認同度。

策略與競爭行為也會受到策略性慈善的影響。Porter和Kramer指出，許多公司支持國際透明組織（Transparency International）的作法就是利用慈善行為創造一個較良善的競爭環境。國際透明組織的任務是要杜絕及揭發全世界任何公司的舞弊事件。該組織一方面評估舞弊事件並將其對外公開，一方面又推動更嚴格的條款和執法措施。支持國際透明組織，公司等於在創造較佳的競爭環境中助長了一臂之力，這也使得企業能更公平的競爭。

相關產業與支援產業的這個要件亦同時能藉由策略性慈善獲得加強，進而增進公司的生產力。美國運通即是一個最好的例子。該公司持續20年資助中學生的旅遊觀光教育，不僅訓練教師、支援課程，還提供暑期實習和實務界的教師。現在，這個計畫在全球10個國家、3千所學校實行，已經超過12萬名學生參加。旅遊業的興盛帶給美國運通莫大的利益。

Curt Weeden在《企業的社會投資》（*Corporate Social Investing*）一書中，詳細闡明選擇適當的捐贈管理者來監督企業慈善活動的重要性。首先，捐贈管理者應該不只是一名有別於執行長或營運長（COO）的高階主管。他必須具備基本的管理技能並深入瞭解公司活動的盈虧。此外，他還必須瞭解非營利組織、對非營利組織感興趣。最後，捐贈管理者必須能贏得其他高階主管的敬重，並且有能力有效地代表公司。

現在，讓我們把注意力轉向近年來十分流行的特殊型態慈善行為以及與慈善有關的行銷。

3. 與慈善有關的行銷

與慈善有關的行銷是否真為一種慈善行為？目前仍然在爭議當中。Porter和Kramer說，它就是一種行銷。然而，與慈善有關的行銷代表企業

的財務目標和企業捐贈之間有很密切的關係，因此，我們將在此進行討論。簡而言之，與慈善有關的行銷就是把企業的產品和服務直接與慈善機構連結起來，消費者每次使用或購買該公司的服務或產品時，企業就同時對這個慈善機構進行捐贈。因此，與慈善有關的行銷有時候也被看做是「條件式策略性慈善」。

與慈善有關的行銷（cause related marketing）此一術語是由美國運通公司於1983年所創，當時，該公司有一個方案，就是顧客每一次刷卡購物，美國運通就會捐出1分錢用來修復自由女神像。此方案為了修復自由女神像募集了170萬美元，也大大地增加了美國運通卡的使用率。從那時候起，許多公司就使用同樣的方法為當地和全美的各種慈善事業募集數百萬美元的資金。

最近，與慈善有關的行銷已被與慈善有關的品牌（cause branding）新概念所取代。與慈善有關的品牌較與慈善有關的行銷有更長的承諾，同時也與公司的營業項目和目標顧客有直接關係。雅芳（Avon Products, Inc.）就是與慈善有關的品牌中公認的領導者。雅芳的目標顧客是女性，因此該公司發展了一系列的計畫，以提高大眾對乳癌的認識。雅芳籌募基金，提供低收入婦女乳癌教育和免費篩檢。它的產品繫有粉紅絲帶就是要提升大眾對乳癌的警覺，這些產品的銷售收入隨後也捐贈給非營利性機構和大學的相關計畫。

以與慈善有關的品牌作為一種行銷手段是極可能會成功的。最近Cone/Roper的報告《善因趨勢報告：與慈善有關的品牌的發展》（*Cause-Related Trends Report: Evolution of Cause Branding*）顯示，61%的消費者認為公司應該將與慈善有關的品牌列為正規事業的一部分。此外，如果公司能夠支持他們所關心的慈善事業，83%的美國人對其有正向看法；而且，在價格和品質相同的情況下，76%的消費者會選擇較具社會責任的品牌。發展與慈善有關的品牌並不只影響消費者而已，員工也會有所回應。在擁有慈善計畫的公司裡，87%的員工表示對公司有強烈的忠誠度，相較之下，沒有慈善計畫的公司，只有67%的員工對公司有強烈的忠誠度。2000年Cone/Roper的報告顯示：與慈善有關的品牌強化了企業內部文化，對員工榮譽感、士氣和忠誠度皆有所影響。

支持與慈善有關的行銷人說，在與慈善有關的行銷下，每個人都是贏家。透過與有價值的事業相連結，企業促進了公共形象，同時也提高了銷售額。非營利組織則獲得慈善計畫所需的資金，也增加活動的宣傳效果和大眾能見度，這都是藉由企業的專業方可達成的境界。

　　反對與慈善有關的行銷的人則認為，這種方法存在一些具爭議性的問題。對參與的非營利組織來說，與慈善有關的行銷可能會帶來「商業主義的污染」。非營利性組織和被推廣的產品有了直接連結，似乎會讓人覺得是非營利性組織在做產品促銷，有些人認為這有損其「利他」的形象。另外有些人擔心，與慈善有關的行銷一旦普及，會破壞慈善公益的根本美意。他們甚至還擔心公司不以與慈善有關的行銷作為慈善公益之補充，而是利用它代替常規捐贈。這樣一來，在可用基金的總額上將呈現零的淨成長。

4. 全球慈善活動

　　現在正式的國際慈善活動是企業全球策略的一部分。全球十大慈善公益企業表示，它們的捐贈投向那些公司擁有業務和曝光度高的地方。一般而言，捐贈計畫傾向於集中在基礎建設、教育、環境和健康照護。而有一些公司，例如IBM和默克藥廠，則捐贈了大量的公司產品，特別是捐給未開發國家的人民。

　　近來一個全球慈善活動的例子發生在撒哈拉沙漠非洲地區。該地區有1,700萬人死於愛滋病，超過2,500萬人受到感染，在這個地區的公司看到愛滋病大肆奪走旗下員工的生命。常常，一個同樣的工作他們必須培訓兩名人員，以便在員工或其家人生病時有人可以馬上上手替補。因為疾病，員工缺勤是常態。雪佛龍能源公司（Chevron）、可口可樂和福特汽車等公司已採取全面性的行動來解決這個問題。

　　雪佛龍為員工提供愛滋病防治教育、心理諮商和免費的醫藥設備。雖然員工沒有機會接受逆轉病毒治療法的醫治，但是他們成功使用了現有的抗生素來對抗愛滋病普遍存在的伺機性感染。可口可樂的做法包括：贊助為期兩天的愛滋病研討會、在所有洗手間提供保險套、讓所有員工加入健康保險。公司還依據一般合理的補貼基礎提供愛滋病津貼。福特汽車也在提供健康保險的同時，進行教育推廣和預防宣導活動。該公司並採行一個三角方案，涵蓋員工計畫、雇主聯合計畫和社區外展計畫。

　　高階管理人員認為全球捐贈計畫的優點包括：

- 改善公司形象。
- 提高市場滲透。
- 改善人際關係。
- 改善與政府的關係。

　　但是高階管理人員也指出，在不重視自願性服務的文化環境中，慈善計畫的管理是有困難的。此外，要瞭解計畫的影響也是不容易的。如前所述，全球慈善活動預期將會成為企業捐贈活動中不可或缺的一部分，其規模亦會日漸擴大。只要公司持續在本國以外創造收入和利潤，勢必就會繼續參與這些國家和社區的活動。

15.3 失業

　　我們現在將焦點轉向因外包和企業關廠而造成的員工失業現象。在前面的章節中我們看到的是企業對社區利害關係人積極、具建設性和創造性的影響。不過，企業也可能為社區帶來負面的衝擊。當中最全面性的破壞就是因產業外移或企業關廠，而公司又未能仔細考量到受影響的社區利害關係人時，所造成的大規模解雇。

　　20年前，也就是1980年代初期的經濟衰退，是造成企業關廠的催化劑。有些公司處於衰退中的產業、有些公司設備或技術過時、有的遷移至工會功能較不彰的地區、有的則企圖尋覓新市場，另外還有些是合併/併購風潮的受害者，還有更多是屬於全球競爭下的犧牲者。1990年代，企業關廠較不普遍，大多數取而代之的是外包。然而，進入千禧年之後，經濟衰退再度將企業關廠拉回檯面。科技業的急速衰退導致新興網路公司和科技公司突然關閉。911事件更將許多產業，例如：航空、餐飲、旅遊、觀光業等，打入絕望的深淵。這些議題縈繞在每個人心裡，甚至還成為2004年美國總統大選的主要辯論議題。以下我們將先探討企業外包的問題，然後再深入討論企業關廠的議題。

15.3.1 外包

　　「外包」（outsourcing）是指使用外部資源以完成過去在企業內部所完成的任務。以總體的角度來看，外包指的是運用國際資源來完成過去在國內所完成的任務。

　　外包所產生的問題並不讓人陌生。由於高速資料連結和網際網路等新科技的發明，白領階級的工作可以在國外勞工較廉價的地方完成。如同19世紀末，鐵路的問世也導致急速的轉變。1888年，出版社Scribner's的一名作家說，有了鐵路後的75年所造成的改變遠勝過凱薩大帝以來整個社會的變化，

「而這主要都拜鐵路所賜」。鐵路摧毀產業、城鎮和工作，製冰場和肉品包裝工廠應聲倒閉，而美國穀農和棉花農被廉價的埃及和印度棉花打敗，失去市場佔有率，蒸氣輪船黯然失色，苦命掙扎的農人開始怨恨自己對鐵路的依賴。

30年前，外包的問題主要為藍領階級，工廠勞工尤其擔心，此情況遍及全美。而今日外包所影響的範圍包括藍領和白領員工，其影響力在全球所有工業化國家都感受得到。根據麥肯錫全球研究所（McKinsey Global Institute）的估計，境外外包在未來5年將以每年30%~40%的速度成長。外包的問題在政治領域是個燙手山芋。當布希政府的首席經濟顧問 N. Gregory Mankiw 告訴記者說，大多數的經濟學家都相信，外包是件「好事」時，政治上隨即掀起一陣軒然大波。

外包的問題因為白領階級的不斷失業而重獲重視。資訊科技的員工受到的衝擊最大。一名在美國領有8萬美元的程式設計師，他的工作可以在印度以1萬1千美元或在波蘭、匈牙利以8千美元的代價找到人來完成。這對面對全球競爭的公司而言，將可以省下不少錢。然而，除了省錢的好處之外，外包並不是萬靈丹。有些人發現，成本節省的好處將因為外包所衍生的問題而大打折扣。美國第一資本金融公司（Capital One）終止在印度新德里具250人規模的電話服務中心之合約，因為該公司發現當地員工會藉由提供顧客未經授權的信用額度來拉高業績。同樣的情況發生在個人電腦製造商戴爾公司（Dell）上。該公司將一個技術支援中心撤回美國，因為顧客不斷抱怨服務品質差，服務人員口音又重。然而，除了上述的問題之外，外包是勢在必行的趨勢。對於想要在全球市場上一較長短的企業而言，是不可能不在乎外包所節省的成本的。

大多數的經濟學家認為國際競爭提高生產力，且外包的長期好處會大於短期的損失。他們以製造業和服務業生產力增長的差別來進行說明。製造業將工作外包已經有好幾十年的時間了，而服務業的外包是最近的事。美國製造業面臨高成本的情況下，被迫要提高生產力或採取外包。自1954年到2004年，美國服務業的生產力上升47%，而製造業在同期，生產力大大提升了330%。支持外包的人還認為預期失業的數字是過度誇張了，其並未將外包而創造的新工作納入計算，所估計的只不過是一個毛數字，非淨數字。先前對自由貿易的爭議可以用來支持外包的說法。在1990年代，有些人擔心北美自由貿易協定（NAFTA）將會產生強大的吸引力，會使許多美國的工作外移。但是，也有人認為北美自由貿易協定反而會創造數千萬個新的工作機會。

當然，如果你因為工作外包而失業，新工作機會的產生將無法帶給你任何的安慰。外包有助於提升生產力，但生產力的提升是犧牲員工工作機會得來的。畢竟，當提升生產力使一名員工可以完成兩份工作時，勢必只有一人找得到工作，而另一人只能另謀高就，不過，他也往往無法再找到工作。全美已有超過4百萬的失業員工領光失業補助金還是找不到工作。這是美國自1930年代經濟大蕭條以來遭受就業不景氣最長的一段時間。「國際經濟研究所」（Institute for International Economics）的生產力專家Martin Baily說：「在外包的優點預期會發生的情況下，我們要趕快找到工作，才有薪水買得起廉價的進口商品」。如同我們稍後將討論的企業關廠，公司有責任確定外包是其唯一的選擇。如果是的話，那麼，公司就必須盡一切努力降低外包對所屬員工所造成的負面衝擊。

15.3.2　企業和工廠關閉

企業和工廠關閉並非只有單一原因。圖表15-5讓我們瞭解到關廠的衝擊範圍，這是許多社區都正在經歷的情況。圖表中列出北卡羅萊納州西部一小地區部分工廠關閉的情形以及時間和理由。每一次的裁員都嚴重影響失業員工，而每一次的工廠關閉也為公司所屬的社區帶來極大的挑戰。總體看來，關廠是對國家很大的挑戰，因為如果情況嚴重，工人到哪裡也找不到工作。

圖表15-5　美國北卡羅萊納州西部地區企業關廠的情形和原因

日期	產品	裁員人數	原因
Jan. 2004	保險絲	290	經濟情況
Jan. 2004	辦公家具	480	經濟情況
Jan. 2004	家具	351	經濟情況
Dec. 2003	棉紡紗業	53	合併
Nov. 2003	電子開關	313	遷廠至墨西哥
Oct. 2003	製粉廠	625	外國公司的競爭
Sep. 2003	女性睡內衣	77	外國公司的競爭
Sep. 2003	電子配件	139	外包
Sep. 2003	家具	506	外國公司的競爭
July. 2003	工業用線	228	外國公司的競爭
May. 2003	汽車零件	350	遷廠至墨西哥

資料來源：Mark Barrett, "Burnsville Yarn Plant Closing; 163 Workers Get Pink Slip," *Citizen-times.com* (March 1, 2004).

雖然關閉企業或工廠被視為是管理的特權，但是過去20年間企業的關閉，特別是關閉所產生的重大影響，已經引起大家注意到企業權利和責任與員工和社區利害關係人有何關聯。企業社會責任和政策的文獻證明企業對其行動所帶來負面影響的關切。實際上，我們可以從企業過去20年的社會回應模式看得出來。管理大師彼得杜拉克（Peter Drucker）就管理決策的社會影響提出了以下建議：

因為企業必須對其影響負責，所以要盡可能縮小其影響。一個機構在其具體目標和使命之外所帶來的影響愈小，它愈能將自己妥善經營，愈有責任感，也愈像一個公民、鄰居和捐贈者。

因此，問題來了，企業面對工廠關閉及關廠後對員工和社區產生衝擊的責任，是否異於其它企業責任，諸如：員工歧視、員工隱私權和安全、廣告忠實、產品安全以及環境考量。就受影響員工的角度來看，企業關廠的情況無異於其它許多員工權利的問題。

就此問題發表言論的高階管理者中，有幾位認為在企業設立或決定關廠的時候，對員工和社區負有義務。前紐約地產局（Real Estate Board of New York）局長 D. Kenneth Patten 曾說：

一家公司不只要對員工負責，還必須對所屬社區負責。這是身為企業公民的一個簡單道理。就如同一個人的行為須對社區負責，公司亦是如此。事實上，公司所負的責任更大，因為它比個人接受更多的好處。就像一個打高爾夫球的人要更換草皮一樣，公司必須無時無刻不做好準備，準備面對關廠時的一切困難。

其他人也認為企業在關廠問題上負有道德責任。在仔細考量工廠關閉問題後，哲學教授 John Kavanagh 很確定的說，公司道德上無法忽略關廠對員工和社區的影響。他的觀點與其它社會問題的處理觀點相似，即企業應使其行為的外部負面衝擊（非計畫中的副作用）最小。

在關廠情況下，企業基本上有兩個回應員工和社區利害關係人的機會。一是在做出關廠決策前即採取行動，另一個是在做出關廠決策後才採取行動。

1.在做出關廠決策前即採取行動

在一家公司做出關廠決策之前，不論是對自己、對員工或對社區都有責任要徹底、詳細的研究，關閉是否為唯一選擇。關廠前應對各種經濟方案進行詳細合理的調查。

(1)多樣化

　　有時候，公司有可能擴展新財源來因應製造業的微薄利潤。春田控股公司（SRC Holdings）每年的利潤率只有2%~3%，但該公司須有4%的利潤率才能夠有效地和其它公司競爭。SRC的總裁John P. Stack解釋道：「我們將製造業的準則用在服務業上以增加新財源。……沒有這些新事業，我們公司無法生存下去。製造業的毛利率很低，但是，如果公司能夠創新，獲利將十分可觀」。

　　位於威斯康辛州的Menasha Corporation也利用該公司在製造業的專業知識，將有射頻無線辨識系統（radio frequency rdentification technology，RFID）的電腦晶片鑲嵌在標籤上，使公司可以附屬產品或服務的方式銷售該產品。公司發言人Mike Johnson說：「網際網路資訊科技對我們來說也是一項全新的領域；利用製造業的智慧資本來創造新收入，我們得以生存下去」。是的，Menasha的確需要如此，該公司在2003年於5,300個職務中遣散了112人。

(2)找尋新的所有人

　　經過仔細研究，唯一可行的途徑可能是為工廠或企業找尋新的所有人。此時，有兩個基本的選擇：(1)找到一個新的所有人；(2)尋找讓員工成為新所有人的可能性。對於員工和社區，企業有責任要讓公司以繼續經營的型態，而非歇業的情況轉賣給其他人。雖然要做到這樣往往有困難，但是企業應盡力朝這個方向努力。企業最有可能的新買主常常是在該州有住所、長期和社區利害相關且十分樂意做出承諾的人。若當地組織和政府對於願意為社區創造工作機會的公司提供獎勵措施，那將是最理想的狀況了。

　　舉例來說，當Grumman Olson關閉位於賓州里康縣（Lycoming County）的工廠時，數個團體便共同努力要將工作機會找回來。當地商會和州政府通力合作，發展出包括創造工作稅務減免及大學專屬職訓等獎勵方案。Specialized Vehicles Corporation（SVC）最後買下該工廠，並承諾Grumman Olson的解雇員工有優先得到工作的機會。

(3)員工所有

　　為避免工廠關閉而將其賣給員工的構想，是十分具有吸引力的想法。美國10人以上的公司中，有數百家都是員工所有（employee owned）。這樣的安排大部分是為留在該產業繼續生存的最後一招。將公司賣給員工以避免關廠的例子有：通用汽車公司（General Motors）、國家鋼鐵公司（National

Steel）、史貝利藍德公司（Sperry Rand）和包裝公司Rath Packing Co.。

然而，許多將公司賣給員工的經驗並非十分良好。有數不清的例子是，員工必須被迫大幅降低工資和福利，以使得企業呈現獲利的狀況。還有些個案顯示，新所有人和新的管理方式無法創造令員工滿意的士氣和工作條件。

另一個非常戲劇化的個案是，國家鋼鐵公司西維吉尼亞州的威爾頓鋼鐵廠，藉由專業談判代表共同協議而使員工買下該鋼鐵廠。新公司名為「威爾頓鋼鐵公司」（Weirton Steel），是全美最大的員工所有企業，也是鋼鐵的第八大製造商。專家的介入給了該廠一個令人意想不到的成功機會，不過，威爾頓的員工必須因此減薪32%。該廠的工會主席說：「每小時25美元的工資扣掉32%和失業，與一毛也拿不到比起來，算是很多很多錢了」。

然而，當1990年市場對威爾頓鋼鐵公司所生產的鋼板需求急速下降時，該公司發現到不得不解雇一些擁有公司所有權的員工。到了1991年年底，威爾頓在公司8,200個職位中精簡了1,000個，並暫時解聘200名員工，還打算再遣散700人。當了公司十年的所有人，最後還是無法保證不會失業，威爾頓的員工極度沮喪和憤怒。一名員工問了大家都會問的問題：「為什們當了公司的所有人還會被遣散呢？」但是，事實是，即使是一家員工所有的公司還是要不擇手段設法維持公司的償債能力和獲利力。員工所有的主要缺點就是──它不會改寫資本主義法則，底限還是底限。2004年，威爾頓將資產轉賣給國際鋼鐵集團（International Steel Group，ISG）的克里夫蘭廠。威爾頓的執行長D. Leonard Wise為這件事下了一個注解：「知道威爾頓能夠繼續製造鋼鐵真是令人感到安慰。……現在，小型鋼鐵廠要生存下去是件很困難的事。因此，成為美國鋼鐵大廠ISG集團的一部分，在全球鋼鐵公司合併的風潮下，威爾頓將有較大機會可以繼續生存」。

2001年，也就是威爾頓鋼鐵公司學到「員工所有」並非對抗艱難時期保護傘的後十年，聯合航空公司（United Airlines）發現自己面臨和威爾頓鋼鐵公司同樣的情況。1994年，聯合航空公司是美國最大的員工所有企業。在歷經一次有始以來最惡劣、最長時期的企業爭奪戰之後，聯合航空母公司（UAL Corp.）的股東們決議給員工55%的公司股權來交換49億的員工薪資以及對生產力的讓步。美國勞工領袖讚許這種勞工控制的新作法，並認為這是公司經常奮力控制成本以求生存所樹立的另一種典範。勞工秘書Robert Reich的部門是這次協議幕後的推手之一。他說：「如果聯合航空此舉獲得成功，將是美國企業史上的一個重大里程碑」只是新公司並不能保證一定

會成功，因為聯合航空十幾年來存在工人團體的互鬥、連續遭受潛在外來買家和惡意收購的攻擊，早就遍體鱗傷了。打從一開始，就有員工不滿以減薪交換公司55%的普通股股票，也有空服員會因為擔心減薪和其它政策的執行而不想加入員工股票選擇權計畫（ESOP）等問題。衝突在2000年爆發，當時，飛行員在協議期間怠工，技師工會又因威脅罷工而遭到聯合航空起訴。截至2001年底，911事件衝擊整個航空運輸業的同時，聯合航空員工股票選擇權計畫早已終止，而該公司的情況並沒有比無員工所有制度的公司來的好。聯合航空在2002年即向法院申請破產。

有些評論家認為聯合航空員工所有制度的失敗是因為員工誤以為員工所有是指他們不再需要擔心勞資問題。研究顯示員工所有制度可以讓公司具有競爭優勢，然而，該制度要成功，很重要的一點就是員工必須相信在管理公司中，他們是使得上力的。一個正向的「員工所有文化」可以提供員工接觸重要資訊的機會、發揮影響力的權力、公平的感受、擁有所有權和創業家精神的感覺。但是我們必須注意的是，在911事件之後，所有航空公司的處境都很糟，因此我們就所有權制度對聯合航空影響的推論將會受到限制。

2.在做出關廠決策後才採取行動

一旦決定關廠或遷廠，企業能夠採取的行動很多。企業首先要考慮的問題應該是：公司如何盡全力減輕關、遷廠對員工和社區的社會與經濟所造成的影響。不論當時的環境如何，一些基本的規畫能夠減少那些受到影響的人內心的慌亂。管理人員能夠採取的幾項可能行動，包括：

- 進行社區影響分析（community-impact analysis）。
- 提前通知員工和所屬社區。
- 提供員工調職、異地工作和外派的機會。
- 逐步階段性的關廠。
- 幫助社區吸引替代性產業進駐。

(1)社區影響分析

如同管理大師彼得杜拉克所說，若管理階層負起關、遷廠對員工、社區影響的責任，自然就會通盤有秩序地進行社區影響分析。分析的第一步乃是要理性辨認所屬社區受影響的各個層面，可能會問幾個問題：

- 有哪些團體受到影響？
- 如何受到影響？

- 最初和後續影響的時間點為何？
- 影響的程度為何？
- 影響的時間有多久？
- 影響的社區範圍有多大？

　　一旦回答了這些問題之後，管理人員就有較佳的準備以調整計畫，使負面影響降至最低，正面影響擴展到最大。

(2)提前通知

　　企業關廠最常被提及的一項責任就是向員工和所屬社區提前通知。政府對提前通知訂有《勞工調適及再訓練通報法》（Worker Adjustment and Retraining Notification Act，WARN）。該法規定，雇有員工100名以上的企業，在關廠或大規模遣散員工的前60天，即須事前通知員工。有了這個法律，美國和其它許多國家一樣都明文規定關廠前須提前通知員工。加拿大視情況而定，需提前1~16週通知。英國亦視情況，在60~90天前通知。日本則要求「提前通知要有足夠的時間」。

　　提前通知主要是對受影響的員工和社區有利。員工會在情緒上和經濟上有時間對關廠做好準備。研究顯示，員工在還有工作的情況下，有較大的機會再找到工作，因此，若能提前通知關廠，員工會比較容易找到新雇主。提前通知對員工也有激勵效果，因為一旦失業，員工便會傾向靠失業救濟金過活，直到用盡額度不能再領為止。同時，在提前通知的期間，公司較能提供員工就業資訊、再訓練和諮詢等協助。

　　提前通知，特別是很早就做通知的話，會對企業產生不利的影響。一旦關廠的消息在社區走漏，金融機構可能不願再給予公司信用額度，顧客可能對其所購買的產品產生疑慮，而企業上上下下各種活動可能因此急速減緩。提前通知的主要缺點是公司對知道即將要失業的員工很難再產生激勵作用，因此，也就不難預期，員工士氣、工作榮譽感和生產力會節節低落。隨著員工開始找新工作，缺席的情形可能會愈來愈多。此外，由於員工無意也不想再和雇主抗爭，破壞公物、竊盜和不愛惜公司財產等情事都可能會發生。

　　2001年，一家紐約軟體開發公司被員工告上法庭，罪名是公司企圖將大規模的資遣偽裝成個別解雇，好逃避WARN提前通知的規定。合法的大規模解雇和逃避WARN的提前通知規定在作法上是截然不同的。法院企圖判定雇主在資遣員工時的心態。如果法院認定，雇主在解聘員工時就知道會一次開除50名以上的員工，那麼，該公司就違反WARN的規定。員工若成功打贏官

司，最多可望拿回60天的薪水和相關福利。而公司未提前充分告知，一天要賠償500元美元。唯有在下列的情況之下，公司才可以不受提前60天通知的規定：(1)雇主的其它措施若成功，將能夠延遲遣散或不需要遣散員工；(2)在合理的情況下，雇主遭遇未預期的企業環境；(3)天然災害。

(3)調職、異地工作和外派的機會

有遠見的企業愈來愈能發現到，提供員工外派的機會長期而言，是最符合所有利害關係人的利益。若企業行動對企業管理階層、被資遣的員工以及整個社區的生活衝擊能減至最低，對每個人都會比較好。外派，多年來一直是被公司用來裁撤多餘冗員的方法，這種作法對公司的成本和干擾最低，而對所有人的利益最大。現在，這些作法也用在企業關廠的處置上。

(4)逐步階段性的關廠

另一個大大減輕企業關廠衝擊的管理行動是逐步階段性的關閉企業，這種作法可為員工和社區爭取調整和解決問題的時間。

2003年，當半導體產業歷經不景氣之後，新力電子公司（Sony Electronics）知道它必須關閉該公司位於San Antonio的工廠。新力電子公司一面處理剩餘的客戶訂單，一面逐步地解雇員工。所有被遣散的員工都在60天前接到通知，他們並不感到訝異，因為就如同其中一名員工所說的：「大家早就知道公司已經有問題了」。當問到員工的反應時，一名員工表示：「有一些人心裡感到十分沮喪，但其中的一些人還要求在第一階段的資遣中就先離職。他們想要早點拿到資遣費，繼續好好地過生活」。新力公司根據員工年資發給資遣費。同時，該公司還擴大福利方案、外派服務並在可能的情況下，將員工調到新力公司美國的其它廠區。每一位離職員工還收到一台新力的DVD播放機。

(5)幫助社區吸引替代性產業進駐

吸引新產業的主要責任落在社區上，但是關廠企業的管理階層可以提供合作與協助，包括：提供建築物、設備特性及產能、交通方式等資訊，並和產業中其它正在尋覓廠房設備的公司聯繫。提供社區協助以吸引替代廠商的最大好處就是可以迅速填補失去的工作機會。而且，被吸引進來的廠商規模通常比較小，這也能使社區在重獲工作機會的同時，使其經濟基礎多元化。

3. 留職者——一群被遺忘的利害關係人

在遭遇失業問題時，可以理解的是，大家都把焦點放在失業的人身上，以及他們對失業的反應。因為這些人承受了突如其來的衝擊，因此，他們的需求必須被優先考量。但是，那些留職者，不論是公司裁員或合併後所留下來的員工，也都需要支持。留下來的人可能會歷經各種負面行動、感覺和行為，包括：憂鬱、罪惡、壓力、不確定感、忠誠度降低和熱情的衰退。公司若想要在裁員後有更突出的表現，就必須要照顧到留職者的感受。企業能做的是提供：

(1) 情感上的支持——肯定員工的重要性。
(2) 方向上的支持——溝通公司未來的經營方向和員工角色。
(3) 策略性的支持——向員工展現公司的新目標。
(4) 資訊上的支持——回答所有關於裁員和公司未來計畫的問題。

在提供資訊上的支持時，其中很重要的一點是，公司必須清楚完整的回答員工的問題。奧美公共關係有限公司（Ogilvy Public Relations）的資深副總Michael Fox現在正和進行裁員的公司合作，他說：「如果公司一直在資訊上採公開透明的作法，現在是維繫員工忠誠、減少員工焦慮的大好機會。告訴留職者為何會有裁員的決定、裁員是依績效報告而定或者告訴他們公司保留或損失了一個大客戶等。若決策的執行是武斷不明的，會更加深員工的怨恨」。另外很重要的一點是，要讓留職者相信被裁掉的員工受到公平的對待。當聯合科技股份有限公司（United Technologies）替被裁員的員工支付一年的大學學費時，留下來的員工其心裡就會覺得比較好過。

對於定義關廠問題中的利害關係人和相關利益、企業關廠對員工和社區的衝擊、大眾的反應及管理階層所可能採取的因應措施等事情，我們所討論的都只是最基本的。觀察企業關廠所引起關注的其它社會問題，我們知道，企業若要對員工和所屬的社區有所回應，也想進一步符合州和聯邦的法律規定似乎就必須採取正面的步驟。企業在未來勢必要解決企業關廠和關廠負面衝擊等問題，以免在新法或複雜的法規體制之下產生另外一個公共問題。

本章摘要

　　社區利害關係人對公司極為重要。公司可能以兩種基本方式對社區產生正面影響：一是奉獻管理人員和員工的時間和才智（志願服務）；二是財務捐贈。因為企業在社區內具有重要利益，因此企業乃致力於參與各種社區計畫。社區行動計畫是管理社區參與的關鍵部分，其重要的要素包括瞭解公司資源、選擇實行計畫以及監督活動之執行。

　　企業也透過慈善公益捐贈給社區利害關係人。第三部門或非營利部門有賴於企業的支持。企業捐贈的理由很多：有些是利他的，有些是為自利。企業捐贈的主要對象包括：教育、健康和社會福利、公民活動、文化和藝術。因公司企圖管理其慈善活動，我們提出兩種主要以公益為目的的夥伴關係：(1)策略性慈善，是企圖使企業需求和慈善計畫之間更能相互配合；(2)與慈善有關的行銷，乃加強企業利潤和捐贈之間的關係。與慈善有關的行銷代表著企業和慈善機構為了雙方較大的潛在利益而形成的一種獨特聯盟。全球慈善近來已成為一種重要的趨勢。

　　企業對社區利害關係人能產生有利的影響，卻也可能會帶來不利的衝擊。企業或工廠關閉就是一個主要的例子。企業關廠的影響至為廣泛，許多的社區利害關係人，例如員工、當地政府、其它企業和一般人，都會受到影響。企業關廠的原因很多，但主要是由於經濟情勢、企業合併、過時的技術或設備、公司策略改變和國際競爭等。

　　在管理階層決定關廠之前，面對自身、員工和社區，他們都有責任要通盤研究，以確定關廠是唯一且最佳的選擇。為企業找到一個新的所有人或尋找員工所有的可能性都是合理可行的替代方案。在做出關廠決策之後，企業可能採取的行動包括社區影響分析、提前通知、提供調職、異地工作和外派的機會、逐步階段性的關廠以及幫助社區吸引替代性產業進駐。最後，因為公司還要繼續經營下去，留職者的需求公司也要設法予以滿足。公司對於關廠問題必須做出回應。還有另外一個原因，那就是州政府和聯邦政府都在密切觀察公司如何處理這個問題。對社區利害關係人的議題感到敏感的公司，會在面對其利害關係人上，努力更新其對社會的回應態度。

關鍵字

America's Promise 美國承諾
cause branding 與慈善有關的品牌
cause-related marketing 與慈善有關的行銷
community action program 社區行動計畫
community involvement 社區參與
employee owned 員工所有
outsourcing 外包

philanthropy 慈善
resource-philanthropy 以資源為基礎的捐贈
stratedic philanthropy 策略性慈善
third sector 第三部門
Worker Adjustment and Retraining Notification Act(WARN) 勞工調適及再訓練通報法

問題與討論

1. 簡要勾勒出發展社區行動計畫的主要步驟。

2. 解釋社區參與和企業慈善的優缺點,簡要說明企業慈善的歷史,並解釋企業捐贈的理由和對象。

3. 區分以公益為目的的伙伴關係、策略性慈善、與慈善有關的行銷和與慈善有關的品牌。請各舉一個本書以外的例子。

4. 你認為企業外包或關廠的主要取捨是什麼?請概略描述之。當企業大規模裁員時,它對於員工和所屬社區有何責任?

5. 為什麼企業在關廠決策中必須對社區利害關係人負起責任?將你認為的主要理由列舉出來。

個案評述

　　本書附贈的光碟提供了許多個案，與本章相關的個案有個案1、個案4以及個案29，你可以搭配本書第十五章的內容探討以下的個案：

個案1「小鎮商人的噩運」

　　此個案說明公司對所屬社區的責任。批評者指責Wal-Mart運用低價策略讓競爭者無法生存下去，不僅破壞社區市中心的商業秩序，有時還在競爭對手離開市場後即抬高售價。批評者的指責是正確的嗎？若Wal-Mart需要有所改變的話，它能做的是什麼？

個案4「遭遇一場爆炸事故」

　　此個案說明一名企業主與所屬社區的關係。HFS公司已經在社區經營有90年的時間，但卻經歷一場嚴重的火災。該公司的所有人已近退休之年，如果他領走火災保險金，然後就關閉公司，整個城鎮都會受到嚴重的影響。但如果他選擇重新開業，那麼，他在一個該享清福的年紀還要面對重大的挑戰。他該怎麼辦呢？

個案29「Betaseron的決定 (A)」

　　此個案描述Berlex在首度研發一種能夠減少多發性硬化症（multiple sclerosis，MS）復發頻率和嚴重性的藥時，所面臨的挑戰。美國食品藥物管理局（FDA）批准了該藥，但因產能的限制，公司僅能在藥品上市的第一年提供12,000到20,000份的藥劑。罹患多發性硬化症且適用該藥劑的病患有100,000人，但是要經過三年的時間，所有的人才有辦法拿到藥。多發性硬化症的病症高度不可預期，我們無法預測誰會有更高的藥品需求量。Berlex該如何處理藥品分配的問題呢？誰有資格先拿到這種新藥呢？對於負擔不起這種昂貴藥品的人，公司又該如何處理呢？

Part **5**

內部利害關係人的
相關議題

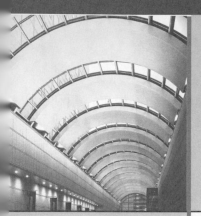

第十六章
利害關係人：員工及工作職場問題

本章學習目標
....
▶ 閱讀完本章後，你應該能夠：
1. 瞭解今日工作職場的主要變遷。
2. 概述雇主與員工之間新社會契約的特徵。
3. 解釋員工權利運動及其基本原則。
4. 敘述並討論雇佣自由原則及其在不得解雇員工的員工權利中所扮演的角色。
5. 討論程序正義與公平待遇的權利。
6. 描述公司為創造一個更友善的工作職場所採取的行動。
7. 解釋言論自由及揭發醜聞兩大議題。

變動的社會價值觀對工作職場有很大的影響。雖然外部利害關係人，諸如政府、消費者、環境和社區等仍是企業主要關注的社會環境面向，但是現在像員工這類利害關係人的地位、待遇、權利和滿意度等，也都獲得很大的關注。其實，這並不奇怪，因為我們都知道，現今絕大多數的成年人都把時間花在工作上。

社會的變遷使得許多社會問題受到關注，也直接影響到員工這類利害關係人相關權利的發展。工作歷史不斷地穩定演進。而今天我們所關心的議題，已不再像昔日奶油、麵包至上的時代了，當然也不僅僅是要求提高薪水、縮短工時、工作穩定和較佳的工作環境而已。這些雖然還是員工會要求的事，不過有更複雜的職場趨勢和議題吸引我們的注意。

在新世紀中，現代員工及雇主的關係似乎以兩大主題和趨勢為特色。首先，我們將討論工作職場中發生的巨大變化。這裡我們要探討的重點是一種新發展成型的「社會契約」（social contract），這種存在於機構和雇主之間的契約乃是全球競爭下的產物，它和過去任何契約都十分不同。其次，我們將看看員工權利的趨勢延伸。上述兩個主題是相互關聯的。我們將說明工作職場的變化如何快速導致員工權利運動的復興。

　　由於這些主題非常廣泛，所以，我們將用兩章的篇幅來描述員工這類利害關係人和工作職場的問題。在本章中，我們將探討過去工作職場的一些變化、新興的社會契約以及員工權利運動；在這裡，特別要討論三種員工權利：無正當理由不得解雇員工的權利、正當程序與公平對待的權利以及在工作職場享有言論自由的權利。而在第十七章，我們將繼續探討員工隱私權、安全與健康等問題。第十七、十八兩章都連續探討員工這類利害關係人的相關議題，所涉及的內容涵蓋經濟、法律及倫理責任。

16.1 新社會契約

　　30年前，員工在同一家公司同一個職務上一待就是好幾年，而公司也以提供員工一份穩定的工作、合理的薪資和良好的福利來回報員工的忠誠。現今，一般人在30歲之前平均換過9份工作。現今的職場流動性高、忠誠度低，也較多元化。員工對雇主的信任在過去20年已經完全崩解，最近的一份調查顯示，只有38%的受訪者認為其雇主對他們負起責任。個體認同（individual identity）獲得解放。這些工作職場的變遷在員工和雇主之間發展出一種新興的社會契約。從執行長到工廠員工，都深知現今工作的易變性，他們將自己視為一個自由工作者，看誰出價高就為誰工作。因此，現今的員工並不指望得到終生雇用的承諾，相反地，他們追求能與人競爭的薪資福利以及專業發展的機會。員工想要的是雇主能為他們提供機會、認同他們的成就，並且能公開誠懇地與之溝通。

　　是什麼因素瓦解了舊的社會契約，成就了新的社會契約？一家再就業服務公司Challenger, Gray and Christmas的執行長John A. Challenger指出，導致過去20年系統性變化的幾個力量造就了今日的企業環境。這些力量是：

(1) 全球化。
(2) 科技及自動化。
(3) 受保護企業的放寬管制。
(4) 利害關係人運動。

　　這些力量創造了一個新的社會契約，其中，員工在勞資關係中對自己的成功和前途須負起較大的責任。工作穩定、工作報酬和工作升遷取決於員工對組織任務的貢獻度。我們從一些專有名詞的改變就可以看出來：以前叫做「人事」的，現在稱為「人力資源」，有時還叫做「人力資本」。企業希望能

像其它資源一樣，妥善利用人力資源，以求公司績效最大化。因此，增加組織價值的概念成為一個關鍵因素：提升生產力就是最終目標。圖表16-1說明新、舊社會契約的一些特徵。

圖表16-1 變化中的員工─雇主社會契約

舊社會契約	新社會契約
工作保障；長期、穩定的職業生涯與勞資關係	少有終身職業的安排；工作經常「有風險」；能增加組織「價值」，勞資關係方能存在
單一雇主的終身職業	較少終身職業；更換雇主的情況是普遍的；動態的工作生涯
職務穩定/工作分配	臨時分派專案
對雇主忠誠；認同雇主	對自己和專業忠誠；認同雇主
父權式的作風；家庭式的關係	較不溫暖也較非家庭式的關係；不再是父子關係
員工對其權利有要求	為自己的職業生涯和工作未來負責
穩定、持續增加的收入	薪資反映對公司的貢獻和為其增加的價值
工作相關的技能訓練	學習機會；員工對自我教育和知識更新負責
著重個人工作成就	著重專案和團隊的建立

上述改變企業環境的力量也為員工和雇主帶來新挑戰。企業需要有知識技能的員工。為此，雇主提供一系列的訓練計畫和學費補助計畫，幫助員工在這變動的環境中都能走在最前端。即使經濟不景氣，納入薪資計算的訓練支出金額仍不斷上升。對已終止勞雇關係的員工提供再就業服務（outplacement）的協助也成為新環境中有倫理觀念公司的重要責任。

同時，這些力量也意味著員工要更能增加公司的價值才行。今日，科技已模糊了工作場所和家之間的界線。如同John Challenger所說：

我們即使人不在公司也逃離不了工作。自從「2001太空漫遊」（2001: A Space Odyssey）這部電影在30年前推出以來，人們就不斷在想，何時電腦能像人一樣，或者比人還能做更多的事情？但是，在我們身上悄悄發生的卻是恰恰相反：人變得愈來愈電子化。手機、呼叫器、傳真機、電子郵件、可攜式CD播放機、手提電腦，甚至連辦公室都無時無刻不跟在我們身邊。

　　衛星科技代表的是：面對工作，人類將無所遁形。我們不再需要每天在家和位於市中心的工作之間往返。唯一可以確定不會被老闆找到的地方是在飛機上，這還得拜聯邦政府的法律規定之賜。由於科技、全球化和日益激烈競爭的種種力量，在家庭和工作之間的平衡對員工日形重要的同時，我們也愈難在這兩者中間找到一個平衡點。科技是一種助益卻也是一種阻礙。雖然科技讓員工有機會早點離開辦公室回到溫暖的家，但它卻也使得人們在家很難完全不受到工作的干擾，這為員工和雇主之間的社會契約演進帶來一種新的挑戰。

　　新型態的社會契約是好是壞還很難說，但和其它事物比較起來，新的社會契約代表的是對變動世界和商業環境的適應。在某些情況下，員工較偏愛新的模型。不論如何，我們可預見的是：自由工作者比過去對公司忠貞不二的員工還更積極關心他們的工作環境。因此，很明顯地，利害關係人——員工將繼續要求公平待遇，而我們也會繼續看到員工權利運動的出現。

16.2 員工權利運動

　　為了正確評價員工權利問題的背景（特別是言論自由和正當程序兩種權利），我們必須先瞭解兩種社會組織：公部門和私部門。公部門的權力必須受到憲法的約束；而私部門，因為受到私有財產（private property）觀念的影響，一般不受憲法控制。私有財產的觀念主張，個人和私人組織能依其意志，自由地使用其所屬的財產。也就是因為社會賦予企業私有財產的權利，因此，從歷史和傳統來看，私人企業並不被要求要認識員工的權利。如此一來，根本的問題就變成我們為什麼要改變甚至削弱企業的私有權利以及改變的程度應該有多大。

　　雖然美國人享有公民自由已近兩個世紀，但這些權利並不存在於公司、政府機構和其它美國人工作的組織。David W. Ewing 曾強硬地說：

　　美國人一旦在上午9點走進工廠或辦公室的大門，那麼在下午5點以前，他幾乎是沒有任何權利的，週一至週五都是如此。當然，員工仍擁有政治自由，但是這些現在都不重要了。在上班期間，和上司、同事及下屬的關係，對員工而言是最要緊的。這些人際關係的不平等才是員工真正在乎的。

　　儘管在Ewing的強烈言論之外，有愈來愈多的例外，但是他的說法的確引起大家注意到這個問題的重要性。他還進一步說：「我們公民自由中關於員工的部分，就像是宇宙中的黑洞，被法律傳統這個像萬有引力的巨大力量所擠壓，向內聚集爆炸；就像物質世界中巨大的黑星球一樣，幾乎沒有光線能夠脫離其重力場」。

　　在這裡，我們要對工會的角色簡單評論一下。一般而言，儘管工會在改善工人的物質生活條件，如工資、額外福利和工作條件等方面的作法是十分成功的，但是，他們對於追求公民自由並不那麼感興趣。然而，他們成功地

倫理的實踐

管理者的權宜之計

　　荷蘭花卉公司（Holland Flowers）的使命就是要提供新鮮富創意的花卉設計。為此，該公司在當地雇用了一批饒富創造力的大學生，並盡一切可能依大學生的生活作息來安排工作。

　　John Smith是一名大學生，同時也是荷蘭花卉公司的送貨員。在1994年8月進入這家公司以前，John便要求在聖誕節前一週要請假休息。12月對荷蘭花卉公司來說，是最忙碌的時期。為了因應業務增加的需求，公司找來一些臨時約聘的雇員。那一年，老闆的兒子Bob也是其中一名約聘雇員。Bob與John和其他司機分配在一起工作。聖誕節前一週，老闆告訴John，Bob生病無法工作，因此，即使先前已經答應John可以在聖誕節前一週請假休息，現在仍希望John能取消休假。儘管百般不願意，John還是答應了。

　　第二天晚上，John在市中心看到Bob手裡拿著一瓶酒，身體狀況顯得還不錯。John於是走上前去，詢問Bob生病不上班的事。Bob說他沒有生病，一副是老闆的兒子隨時都可以請假的樣子。

　　對此，John非常生氣，因為之前老闆還一再強調，說荷蘭花卉公司是奠基在誠實的工作關係上。John認為，這件事違反了公司創立的基本原則。John對於這家公司和公司老闆不再心存尊敬；相反地，他有種被欺騙、被出賣的感覺。當天晚上，John打電話給老闆，告訴他心裡的感受。老闆什麼也沒說，John認為無法繼續再為這家公司工作，於是便辭職了。

(1)個案中，荷蘭花卉公司對待員工的管理方式是合乎道德的嗎？

(2)John質疑老闆對待員工的方式，這樣做是對的嗎？

(3)假如你是John，在這樣的情況下，你會採取什麼行動呢？

（由Christopher Lockett提供）

將傳統上視為管理階層的權利、特權轉變為工人得以參與討論的議題，這方面是值得讚許的。另外要注意的是，目前工會組織似乎逐漸從企業中消失。在1953年，工會人數佔私有勞動力的比例達到最高，有36%；而到了2003年，私人企業的工會人數比例卻下降到只剩8.2%。儘管公部門的工會人數自從1983年以來一直十分穩定，但是它對於我們在這裡所探討的員工權利，並不能有重大的影響。

16.2.1 員工權利的意涵

在我們探討特定的員工權利之前，我們必須先瞭解員工權利（employee rights）的意義。律師可以將員工權利視為法院須強制執行的一種權利。對許多經濟學者而言，權利只是一種法律的產物。然而，更普遍而言，員工權利是指員工在現行政府體制中，透過團體，以特定的方式保護或賦予之合法且具強制力的請求權或特權。以此來看，員工權利可視為個人對某種想要的待遇、情況或資源之合法、具強制力的請求權。

Richard Edwards主張，員工權利或職場權利為工人提供：(1)想要的結果，或者(2)避免不想要的結果。他同時也說，這些權利的根本存在於法律、工會契約或雇主承諾中。法律所保障的權利我們稱為法定權利（statutory rights），包括屬國家級的1964年「民權法案」（Civil Rights Act of 1964），和屬州政府級的麻薩諸塞州資訊透明法（"Right-to-know" law）。該法賦予線上員工對工作場所特定有毒物質知的權利。相較之下，工會契約乃藉由勞資協議（collective bargaining）保障員工權利，這類的例子有年資保障、工作保障機制和申訴程序。

雇主承諾是Edwards所劃分的第三種員工權利的來源。他將這些雇主所授與或承諾的權利稱為企業權利（enterprise right）。企業權利的典型例子包括：越級請願的權利、免於人身恐嚇的權利、抱怨或申訴的權利、懲戒程序正當的權利、績效評估標準清楚明白的權利、工作明確界定的權利、無正當理由不得解雇的權利、不受裙帶關係及不公偏袒的權利等等。

很明顯的，Edwards所分析的這些企業權利乃是由管理人員基於幾個不同的標準所提出的。某些時候，這些權利僅是企業在現行法律下所做的延伸；而有時，他們則提出法律所未能涵蓋的問題。不論如何，這些權利或多或少都來自企業為維持競爭力所必須實行的慣例和實務（因此是具有經濟效益的）。此外，這些權利有時是由某種規範性的倫理原則或推論而來的（例

如，「這才是對待工人的方式」）。在這種情況下，正義、權利和功利主義等倫理原則以及德行倫理學的概念都可作為提供這些權利的基礎。

就此而論，管理人員可以將為員工提供權利，部分視為展現其道德管理，關於這一點我們在第六章已經探討過了。為了進一步說明，圖表 16-2 列出道德管理者、非道德管理者和無道德管理者如何看待員工這類利害關係人。

圖表16-2 管理道德的三種模式以及對待員工利害關係人的導向

管理道德的模式	對待員工利害關係人的導向
道德管理	員工是一種人力資源，有自己的尊嚴，應予以尊重；員工對正當程序、隱私權、言論自由和安全等權利的要求，都應在所有決策中善加考慮；管理人員追求和員工公平的關係。目標是使用諸如協商/參與的領導風格，來達成雙方的互信。管理人員對員工持續承諾。
非道德管理	按照法律的要求來對待員工；激勵的目的是為了提高生產力，而非滿足員工日益成熟的需求；儘管員工仍被視為生產要素，但是所採用的是報酬式的方法；組織在對待員工上看重自身的利益，給予員工最低程度的尊重；組織結構、績效獎金與獎賞以提高中短期的生產力為導向。
無道德管理	為增加管理者個人或個別公司的利益，將員工視為可被任意使用、剝削和操縱的生產要素；毫不關心員工的需要/權利/期望；只著重短期；為高壓、控制和疏遠的環境。

總之，員工權利的正當性可能來自經濟、法律或倫理這三種基礎。有幾個個案中的公司甚至將慈善作為提供員工權利或福利的根據。例如，一些公司以慈善為名，提供員工日托權利與福利。不過，為了配合本章的討論，我們將重點放在法律和倫理的基礎上。此外，在此所有的討論將以組織的觀點作為出發，融合倫理智慧和管理智慧。

常被提及、值得討論的工作相關權利包括：(1)無正當理由不得解雇員工的權利；(2)程序正義和公平對待的權利；(3)享有自由的權利，特別是表達和言論自由的權利。在第十七章中，我們將探討工作職場隱私權、安全權和健康權等問題。

16.3 無正當理由不能解雇員工的權利

「正當理由常規」（good cause norm）相信，公司不可毫無理由任意遣散員工，這個常規在今日的美國普遍被接受。儘管大部分的美國公司只要不是出於歧視，可以任何理由、或是毫無理由地解聘員工，此想法仍繼續存在。Mark Roehling評估關於正當理由常規的研究發現，不論是大學生、研究生還是藍白領階級的受訪者都廣泛認同此常規。Roehling認為，此常規被接受乃因大眾考量人的基本尊嚴和尊重。和「正當理由常規」直接對立的是「雇佣自由原則」，基於此原則，許多雇主相信解雇員工是其權利。員工和雇主之間存在如此不同的觀點，這也就是為什麼許多紛爭會在兩者之間產生。

16.3.1 雇佣自由原則

保護工人運動的中心問題圍繞在雇佣自由原則（employment-at-will doctrine）。此為一長期存在、普世適用的原則，代表雇主與員工之間是一種自願、隨時可以被終止的關係。正如員工可以在任何時候辭職一樣，此原則主張只要雇主不違反聯邦歧視法、州政府法律或工會契約，都可以以任何理由或毫無理由遣散員工，意思就是，如果員工未受任何工會契約（絕大多數的勞工屬於此），或任何一種反歧視法的保護，那麼雇主可以在任何時間、以任何理由將員工解雇。大部分的美國私人企業和員工都屬於雇佣自由原則的關係。

然而，法院的判例正促使雇佣自由原則逐漸崩解。法院有愈來愈多的判決是基於公平的觀點，認為雇主應對員工負責，並對管理人員隨意解雇工人的特權加以限制。勞資關係的詞彙已增加像「不正當解雇」（unjust dismissals）和「錯誤的解雇」（wrongful discharge）等術語。

雇佣自由原則在法律上的挑戰有三：(1)公共政策的排除；(2)契約上的排除；(3)違反誠信原則。

1.公共政策的排除

基於各種原因，法院開始保護員工免於受到不正當理由的解雇。長期存在的雇佣自由原則，現在主要面臨一個新的例外——公共政策的排除（public policy exception）。基於此，若員工因拒絕犯罪而有所不為或依法執行其權利而有所為，公共政策的排除將保護員工不被解雇。法院主張，管理人員不得解雇拒絕從事非法行為的員工（例如，拒絕參與操縱價格的計畫）。在

某一個個案中，一名Ｘ光技師因拒絕為病人進行依據州政府法律只有醫師和合格護士得以執行的醫療行為而被解雇時，得以要求醫院讓其復職。另一個公共政策的排除是，公司不能因員工履行國家義務，如擔任陪審團或提供警察情報，而將其解雇。有愈來愈多的法院判決傾向保護「吹哨者」——揭露公司不法的人不被解雇。我們在本章後面將進一步探討吹哨者。

近幾年來，有很多案件要求引用公共政策的排除，使得大多數的法院必須為身為原告的員工建立一套標準。原告是在法院提起訴訟的人。例如，一名遭解雇的員工除必須明確指明他/她被解雇是違反哪一項法條、規章或法院判決所規定的公共政策外，還必須說明公共政策與解雇之間的直接因果關係。不過，愈來愈多的州立法院接受法律中隱含規定的公共政策，藉此判員工勝訴。現在，美國50州中有43州承認公共政策的排除。

2.契約上的排除

法院也日益保護那些與雇主簽有契約或默示契約（implied contract）的員工，甚至就連雇主本身也不知道的承諾，法院亦要求其遵守。舉例而言，在員工手冊、人事手冊和錄取通知書上的聲明，甚至是口頭保障工作的承諾，現在都漸漸被解釋為一種默示契約，管理人員不得任意違反。有一名員工因為在法院證實聽到雇主說：「在這裡，沒有合理的理由不得解雇任何人」。其權利因而受到保護。另一名員工引用員工手冊的話來作為證詞：「員工不會在無正當理由下遭解雇」。此外，還有一名員工成功地以下面的說法為自己辯護：當公司將通過6個月試用期的員工稱為「永久雇員」時，就是暗示中間的雇傭關係將一直繼續下去。默示契約在美國已被38州所承認。

3.違反誠信原則

法院也認為，雇主和員工往來須符合公平、誠信的標準。這一概念對雇傭自由原則的限制可能最廣泛。基於誠信原則（good faith principle），如果雇主無法證明績效不良的員工在被解雇前有充分的機會改進其績效，那麼雇主就可能有敗訴的風險。誠信原則已被11州所承認，包括阿拉巴馬、阿拉斯加、亞歷桑那、加州、德拉威、愛達荷、麻薩諸塞、蒙大拿、內華達、猶他州及懷俄明。對公司而言，誠信原則乃暗示，公司有必要導入懲戒評量系統或申訴型審核程序。我們在本章後面將探討這種正當程序的機制。

倫理的實踐

走樣的新人招募會

去年夏天，我在一家大公司實習。當時景氣不錯，該公司花了很多時間和金錢來招募新血。這家公司絕大多數的員工，年齡不到30歲，這些年輕、充滿幹勁的員工不久前才進入公司，而招募工作幾乎交由他們來執行。一個星期四的晚上，我應邀和一群員工吃晚餐，當中還有一名參與面試的人。舉辦餐會的動機是要在晚上帶這名公司未來的新血出來解解悶，讓他在初來乍到的時候有點娛樂。第二天一早8點，他將首先會見公司的一名合夥人。

晚上7點整，我們在這名面試者Mike住的飯店大廳和他見面。他給我的第一印象是，他很緊張，很怕和那麼一大群公司員工一起吃飯。當我們到達餐廳時，服務人員給我們一張列滿酒名的單子。如同往常，我們點了幾瓶酒。就在Mike婉拒喝酒時，我的經理告訴他這是沒有關係的。他後來就開始喝了，我們出了餐廳後還到幾家高檔的酒吧，整個晚上Mike喝了不少酒。最後，都過了正常的睡覺時間，我們也都不能再喝了，就陪Mike走回飯店。臨走前還不忘提醒他，隔天一早我們都會頭腦清醒地到飯店和他碰面。

星期五的早晨，經理和我又再度回到幾小時前才離開的飯店，我們推開旋轉門後隨即進入。雖然我們兩個有點宿醉，但是我們都面帶微笑，表現出十分專業的樣子。幾分鐘之後，電梯門開了，Mike蹣跚地走了出來。當他靠近我們時，我們注意到他臉色蒼白，我們不禁在想：他會留給面試主管怎麼樣的印象？當我要和他握手時，他突然頭一轉，就吐在飯店的地板上了。稍微整理一下自己之後，他一再向我們道歉。就在那時，我的經理告訴他，他不用再參加面試了。我著實嚇了一大跳。我們所有的人都玩到那麼晚，為什麼經理僅僅只處罰Mike呢？而且喝酒一事還是經理鼓勵他這麼做的呢！

(1) 經理對於Mike的處罰是不道德的嗎？Mike最初拒絕喝酒，而經理卻鼓勵他喝，這件事是否影響你的答案？

(2) 新進員工的權利與一般員工的權利不同嗎？如果是，在哪些方面是不同的呢？

(3) 如果你是經理，在這種情況下，你會採取什麼樣的行動？Mike一事，你會如何處理？你會避免這種事情再度發生嗎？

16.3.2　管理人員對員工工作請求權的回應

　　對於員工的工作請求權，管理人員需要體認識到兩點：(1)公平地對待員工，只有在具備正當理由的情況下才能解雇員工，這是當今合宜的利害關係人管理政策；(2)今天的法律日趨保護未能享有公平待遇的工人。因此，這些更能說服管理人員，不要因錯誤的解雇而捲入複雜的法律訴訟。在處理這一問題時，管理人員可能要考慮以下四項具體行動：

(1) 站在法律這一邊。管理人員有責任要知法、守法。這是最單純、最佳且最有效率的一種作法。行為誠實、守法的公司最不必害怕不滿的員工。

(2) 以徹底、誠信的態度調查任何一件申訴事件。動機純正的申訴者最可能先將問題和考量向組織內的人報告。因此，公司應對員工的申訴詳細調查。如果確有實情，那麼管理人員有時間關起門來自我修正改進，如此一來，可將對外公開時的負面影響減至最低。

(3) 以誠信面對員工。公司要信守承諾。不論是書面的、或是員工在正常政策、行為或誠信上所要求的合理權利，公司都要遵守諾言。一旦法院認定公司行為違反誠信，員工往往就能打贏官司。

(4) 確信是基於正當理由而解雇員工。這一點可能是所有行動中最好的一項建議。此外，對於解聘員工的理由，要保存完整的紀錄和文件。有效的績效評估、懲戒程序、爭議處理程序以及與員工溝通管道，都是決定解雇是否正當的關鍵。管理人員必須格外小心，避免有不良的濫權式或報復性解雇。如果真的需要解雇某位員工，解雇的理由等相關完整文件應不難蒐集。

　　在解雇員工之前，明智的作法是，管理人員應詢問主管：「如果你必須出庭，你能在法官面前說出這名員工被解雇的原因嗎？」同時，管理人員也應該詢問主管，此一解雇的決定是否無衝突之處？以及這名員工是否知道他的某項作為會使得他被解雇？最後，管理人員還應假定會因解雇員工而吃上官司，而且，當案件進入司法程序時，解雇員工的該名主管可能也離開公司了。因此，解雇員工的所有文件都應該在當時馬上予以完整蒐集。

　　有效的利害關係人管理方法建議：組織應嚴正看待其對員工利害關係人的義務、員工的權利以及其工作期望。不只是法院增加了對員工的工作保護，而且發展中的倫理概念也日益擴展員工的工作權利。想要做到道德管理模式的公司，將必須對這一個問題的態度、觀點、作法和政策不斷地加以檢視。

16.4 享有程序正義與公平待遇的權利

在過去10年中，最常被主張的員工權利之一是程序正義。程序正義（due process）的權利主要是指，申訴的審核和處理都獲得公平公正的對待。在工作職場中，程序正義是員工對其所處之不利情況要求客觀、公正的第三人予以審核的權利。

程序正義的主要困難點是，在某種程度上，此一思想與前面探討過的雇佣自由原則相互對立。然而，也有人反駁說，程序正義與普世的公平待遇權此等民主理想是相互一致的，也可以說，如果沒有程序正義，員工無法在工作職場中享有公平的待遇。而且，從雇佣自由原則逐漸不被法院採納的事實看來，此原則基本上是不公平的。如果這些都成立，程序正義這一個概念就更有意義了。

Patricia Werhane是企業倫理學的權威。她認為，程序正義已超脫簡單的公平待遇，且應該如此陳述：「在被降職、強迫調任或解雇之前，每位員工都享有公聽會、同僚評鑑、外部仲裁或其它公開、相互同意的申訴程序之權利」。由此可知，程序正義的範圍從員工要求被公平對待擴充到賦予員工一個公平的決策系統。

有時，不公平之處如此細微，讓員工很難察覺。例如，如果你的主管因為你目前表現良好，不想失去一位得力助手而不願推薦你升級也不允許你轉調，你該怎麼辦？如果你因拒絕長官吃你豆腐，而被長官打為考績不良，你又該如何證明？程序正義的問題可以是非常難解，也可以是十分微妙的。

在過去30年中，僅僅只有一些大公司特別思考過員工程序正義的權利。有史以來，主管對員工幾乎可以為所欲為。在很多情況下，不公平的對待並非出自於故意，而是慌亂不適任的主管對屬下的不必要傷害所導致。我們也可以很容易理解，非道德的管理人員為何無法向員工提供可接受的程序正義和公平待遇了。若公司不能制定替代方案來解決紛爭，管理者就會錯失避免面對耗時、費力、花錢的長期行政與司法訴訟程序的大好機會。

16.4.1 程序正義

員工公民自由問題的權威David Ewing認為，當員工主張其權力時，程序正義不僅是一項明確定義的權利，而且是保護員工免於被解雇、降職或處罰的一種工具。他進一步列出組織內程序正義系統的必要條件：

(1) 它必須是一套程序；它必須遵照規則；它必須不能是專斷的。

(2) 它必須充分曝光，而且是眾所周知的，可能違反員工權利的人或濫權下的犧牲者都應對其有所瞭解。

(3) 它必須是預期有效的。

(4) 它必須是制度化的——是組織中相對長期的制度。

(5) 它必須被認定是公平的。

(6) 它必須易於使用。

(7) 它必須適用於所有員工。

Ewing還進一步界定公司的程序正義：

一個公平之聽證程序，乃由有力之仲裁者、調查員或委員會所組成，提出申訴的員工享有由其他員工代為出席、提出證據、反駁對方當事人之指控、客觀公正的聽證會、更正錯誤、免於遭受報復、合理的保密、申訴後合理陳訴、獲得及時判決等等權利。

Ewing程序正義的概念是一種理想，公司能否滿足他所提出的所有條件令人懷疑。然而，今天一些公司為了要以公平的態度來對待員工，已經採取了很多程序正義的系統或機制。下一部分，我們將簡單地探討當中的一些方法。

16.4.2 替代性爭議處理機制

針對程序正義，公司可以提供幾種方法予以滿足。在這裡討論的幾種方式，部分是過去30年中普遍採行的替代性爭議處理機制（alternative dispute resolution，ADR）。

1. 一般的方法

最常使用的一種機制是坦誠開明的溝通政策（open-door policy）。這種機制要能運行，必須仰賴高階主管為自認遭受不平待遇的員工敞開溝通大門。另一種方法是，由人力資源部經理來負責研究員工的申訴，然後自行處理申訴案件或將其向高層主管匯報。類似的作法是將此任務分配給董事長助理來執行。從員工的角度來看，這些方法的主要問題是：(1)整個程序是封閉的；(2)總是有一個人在審核事件的發展；(3)組織內會傾向一個主管支持另一個主管的決定。若公司內設有聽證程序，整個過程將能比較開放。聽證程序（hearing procedure）允許律師或其他人代表員工進行申訴，然後由一位中立的公司主管根據證據執行裁決。類似的方法是建立管理申訴委員會，讓多位主管參與裁決過程。

2. 公評人

一項創新、在處理員工問題上蔚為風潮的程序正義機制是公司公評人（ombudsman）的使用，英文又可稱為ombud或ombudsperson。公評人一詞是出自於瑞典語，指的是專門調查已通報的申訴案件並使其達成公平和解的人。自1809年以來，瑞典就已使用公評人的方法來阻止政府對個人濫用權力。在美國，公評人首度於1972年出現在公司制度中，當時全錄公司（Xerox Corporation）在其最大的一家分公司派任一名公評人。GE電氣公司（Gneral Electric）和波音（Boeing）的分公司Boeing Vertol很快就跟進了。

公評人的任務和人力資源部經理的工作不甚相同。聘任、解雇、政策制定和人事資料的建檔都是人力資源部門的工作。相較之下，公評人的工作都不在此，他在形式和實質上都必須維持中立，對申訴人負有保密的承諾。而人力資源部門的員工代表的是資方並且不負保密之責。

自1995年起擔任柯達公司（Eastman Kodak）公評人的Deborah Cardillo說：「員工想自行處理，但又摸不著頭緒。公評人就是要來幫助他們理出頭緒。我們大部分的工作是向員工解釋申訴或司法訴訟的處理方式，如果他們決定申訴，我們也會從中協助，使其遭遇少一點的困難」。現在，已有500家公司和大專院校設有公評人，而且有愈來愈多的趨勢。因恩隆（Enron）和世界通信等醜聞而制訂的沙賓法案涵蓋了一項較鮮為人知的法條，該法條鼓勵員工通報公司的錯誤行為，並禁止公司對員工採取報復手段。員工若發現公司有不法行為並企圖藉由向上通報來防止事態擴大的話，公評人都可以助其一臂之力。

3. 同儕評議小組

同儕評議小組（peer review panel）是現在幾家大公司採用的另一種程序正義的機制。康大資訊公司（Control Data Corporation，CDC）是採行此一方法的先驅之一。30多年前，該公司是美國最早一家引進員工申訴系統的非工會會員的公司。在此一制度中，受委屈的員工可以通過6個管理階層一直上訴到最高當局；雖然該公司試著讓此系統順利運作，但有很多次，不是因為申訴過程繁瑣就是因為案件被推給更高一層的管理人員去處理而使得申訴系統無疾而終；且員工勝訴的裁決也少之又少。公司後來認為該系統欠缺公平性，於是就再加入同儕評議小組的設計。

柯達公司頗為善用同儕評議小組的概念。從2002年到2004年，柯達公司有700名員工參與其中。該公司希望在其精簡4,500到6,000名員工的過程中，同儕評議小組能撫平過渡時期的不適。如同公平就業諮詢委員會（Employment Advisory Council）的法務長Ann Reesman所說：「選擇同儕評議小組而非其他外部人員的好處是該小組熟稔公司文化及公司運作」。同時，同儕間也發現，其他同儕的裁決是很值得讓人信任的。

有時候因為管理階層認為外部評議人員是在對其不熟稔的公司內部問題進行裁決，因而有所抱怨。公司的立場是，一位管理人員不僅必須說服自己和內部主管去相信某項人事決策是正確的，還要使其和整個公司的政策不相牴觸。同儕評議小組能否成功取決於：(1)高階管理階層全力支持公平對待員工的作法；(2)該制度是公司永久性的設計。參與同儕評議制度的決策者必須贏得足夠的尊重、擁有足夠的才幹，甚至使得該制度的運作在大部分公司高層的眼中都是可信的。這一點特別重要，因為同儕評議沒有來自任何外在專業團體所提供的標準或程序方針。

替代性爭議處理機制（ADR）的前景是無止境的。其蓬勃發展的部分原因是因為能避免耗時昂貴的訴訟。布朗路特工程顧問公司（Brown & Root）是一家位於休斯頓的工程建築公司。該公司估計，自從採用ADR後，其法律費用減少了30%到50%，而且70%到80%的公司案件在8週內就獲得解決（40%的案件在1個月之內就解決了）。此外，輸掉的案件比例和判決結果的輕重與透過司法途徑處理所得之結果相比，並無差異。由康乃爾大學爭端防止與解決基金會（Foundation for the Prevention and Resolution of Conflict）以及資誠會計師事務所（Price Waterhouse）共同進行的一項調查顯示：絕大多數《財富》雜誌排名前1,000名的公司都採用了某種形式的ADR。其中，81%的公司認為ADR比訴訟程序「更令人滿意」；同時還有59%的公司認為，ADR「維繫了良好的關係」。Marc Lampe採用女性倫理主義作為利害關係人理論的基礎，並且發現ADR優於先前其它的策略。

最近，雇主開始要求新進員工簽署契約，聲明放棄控告公司的權利，並同意接受爭議前的強制仲裁（mandatory arbitration）；這種情況十分引人關切。在仲裁的程序中，一名立場中立的人負責解決兩造或兩造以上的爭端，裁決的結果並具有強制性。在強制仲裁之下，未發生任何爭端前，兩造雙方就必須同意接受仲裁。批評者認為，此項作法無疑剝奪了員工程序正義的權利。他們認為強制仲裁的架構設計偏袒組織而非員工個人。但是，支持者卻

認為仲裁過程與透過司法審判一樣公平,而其所耗費的時間和金錢則少得多。在寫書的同時,法院一般偏向支持強制仲裁,而國會卻正考慮通過2004民權法案(Civil Rights Act of 2004)來禁止採用強制仲裁。

員工程序正義的未來會如何,我們目前仍不得而知。正如Ewing所說:「程序正義是對抗對員工制度性漠視的一種方式。這種漠視主張,組織目標應著重於生產力和效益,對任何妨礙目標達成的人必須予以犧牲」。公司也日益認知到,在滿足員工期望與要求的同時,他們不只需要將程序正義視為員工權利,也必須將其視為倫理管理的實踐。

16.5 工作職場的言論自由

Henry Boisvert在專門製造布萊德雷戰車(Bradley Fighting Vehicle)的FMC Corp.擔任測試主管。這種戰車是設計用來在戰場上載送士兵的,必要時還能渡水過河。當Boisvert測試Bradley戰車在池塘中的移動能力時,他發現這種車很容易進水。對於此一發現,他寫了一份報告,打算寄給軍方,但FMC Corp.的主管要他不可將信寄出去。後來,Boisvert因拒絕在一份偽造的測試結果報告上簽字,就被解雇了。

就在Boisvert發現這種戰車的水中性能欠佳時,空軍上校James Buron還看到其它的問題。當這種戰車遭受敵軍炮火襲擊時,其鋁製裝甲外殼會熔化,使戰車內充滿有毒煙霧。雖然開發了17年、耗費140億美元在研究與模型開發上,Bradley戰車並不適合作戰。Burton還發現,他們在測試戰車時,偷偷將油箱裝水,將彈藥箱裝入不能燃燒的沙子,使得戰車不容易爆炸。同時,Burton也努力拒絕上級將他調到阿拉斯加工作。就在他不屈不撓地改良Bradley戰車後,當時企圖阻止他繼續調查的上級主管都升遷了,Burton卻被迫提前退休。

對於大部分的告發人而言,故事可能到此就結束了,但是Boisvert和Burton在改良Bradley戰車上卻打了漂亮的一戰。經過12年的法律訴訟,Boisvert獲得聯邦案件中最高的賠償金額,具體數額超過3億美元。在訴訟期間,證據顯示員工將被隨機抽檢到的戰車標上「X」記號,並使用修補劑來填補機器上的裂痕,還特別小心照顧這些戰車。Burton的故事也有一個圓滿的結局。國會決議Bradley戰車必須在美國國家科學院(National Academy of Sciences)的監督之下進行檢測,檢測條件模仿真實戰場。經過這些測試,

他們重新設計Bradley戰車，並成功在波灣戰爭中加以使用。Burton將他的經驗寫成一本書，書名為《烈火突擊隊》（*The Pentagon Wars*），後來還被HBO拍成電影。我們很難估計這兩位人士的勇氣和毅力，成功解救了多少士兵的生命。

2004年，另一位軍中吹哨者的勇氣，吸引了全世界的注意。此人將巴格達阿布格瑞比監獄（Abu Ghraib Prison）的虐囚事件公諸於世。他是Joseph M. Darby，為第372憲兵連的一位後備現役軍人，他在主管的門下放了一封匿名信，信中描述發生在監獄中的身體和性虐待醜聞，接著他還遞出一封宣誓過的證詞。記錄這項醜聞的照片震驚了全世界。不過，社會上對於吹哨者的矛盾情節，從Darby家人的評論就可清楚得知：「新聞報導不斷使用吹哨者這一詞彙，我聽起來覺得很負面」。他的家人深怕社會反彈就不再對媒體發表任何言論。

不過，這一個家庭的顧慮是有道理的，因為有些吹哨者都不得善終。研究顯示吹哨者會遭遇像是丟掉工作等下場，還有許多人最後要靠服藥來舒緩壓力，甚至還有人企圖自殺。不過，今日愈來愈多員工有意願勇敢揭發內幕，挑戰管理當局，而且法律亦日益傾向保障他們的權利。

16.5.1　揭發醜聞

如前所述，新一代對忠誠的觀念與權威的接受度和過去大不相同，因此導致了員工揭發雇主醜聞的情況；且案例數量之多也是前所未見的。吹哨者（whistle-blower）一直被稱為揭發醜聞的人，也就是將其所認為組織內不法情事向外揭露的人。

揭發醜聞的意涵是什麼呢？依我們討論的目的，將吹哨者定義為：「對雇主所為之錯誤行為（如非法或違反倫理的行為）有所知曉或有所懷疑，因而將其向某一外在當事人（如媒體、政府和主管機關）報告，此人就被稱為吹哨者」。兩位此議題的專家Miceli和Near提供另外一個類似的定義：「組織成員（在職或離職的）向可能影響組織行為的人或機構揭露雇主非法、不道德和不合理的行為」。

因此，揭發醜聞的過程有四個主要要素：吹哨者、吹哨者所考慮的行為或申訴動作、申訴或通報的對象以及被申訴的對象。雖然我們的定義是說，揭發醜聞的對象為某一外在當事人，不過有很多內在的吹哨者將心中的顧慮通報給管理人員知道，並當作是通報給外在當事人一樣。

重點是，當員工認為公司或管理人員的行為不能被接受時，他有權利大膽說出來。揭發醜聞與我們的傳統文化相違背，傳統上，員工不能質疑主管的決策或行為，特別是不能公開這麼做，且員工對公司雇主應完全忠誠、服從和保密。而員工責任的新興觀點則認為，員工不僅對其雇主、對公眾和對他自己的良知都有責任。如果管理人員對大眾所關切的考量未能有所回應，就後面這一觀點而言，揭發醜聞成為一種員工可行的選擇。圖表16-3描述了這兩種員工責任的觀點。

圖表 16-3 有揭發醜聞的潛在可能時，兩種員工責任的觀點

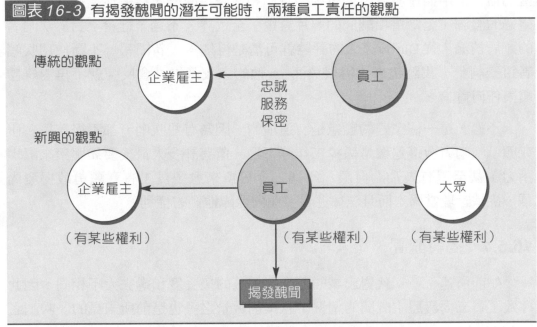

絕大多數的吹哨者是出於真誠、合法的信念，相信組織的行為有誤，而他們是在做一件對的事，才揭發內幕的。他們可能因為被公司要求或脅迫參與不法勾當而知道此事，也可能藉由觀察或檢視公司文件而對公司錯誤行為有所知悉。真正有心的員工一開始可能會先向主管或組織內其他人表達其內心的想法。其他吹哨者揭發內幕的動機，可能是因為某個理由要打擊或報復其公司或特定主管，然而，在一項對吹哨者的研究調查中，Near和Miceli發現，後者的情況是不常見的。吹哨者平均而言，享有較高的待遇，也有較高的工作績效，他們通常擁有管理或專業職務，也有報告不法情事的責任，和知悉揭發醜聞的管道。

2002年《時代》雜誌封面人物的三位女性，就是Near和Miceli所描述的人物類型。這三位被稱為吹哨者的女性分別是：恩隆公司副總裁Sherron

Warkins，她在寫給恩隆執行長Kenneth Lay長達7頁的備忘錄中，對該公司不正確的會計方法提出警告；FBI專職律師Colleen Riley，她告訴調查局局長 Robert Mueller，當明尼亞玻利市當局請求調查911共犯Zacarias Moussaoui時，FBI的官僚是如何置之不理的；世界通信的副稽核主管Cynthia Cooper，她發現公司以做假帳的方式隱瞞38億美元的虧損。《時代》雜誌說，這三名「看似平常行為，卻有異於常人的勇氣和判斷力」的女性，冒著工作、健康、穩私權和理智的風險，為她們所屬的工作環境帶來驚濤駭浪的大變革。有人說將她們稱為吹哨者是不恰當的，因為她們都是組織內部的告發人。《富比士》雜誌的Dan Ackerman在《華爾街日報》中寫道：「所謂的告發者是在一家銀行中看到某項罪刑，並通報給警察。這不是Sherron Warkins的作為。她所做的是向搶劫銀行的人（Kenneth Lay）寫封備忘錄，告訴他他即將被抓，並警告他要格外小心」。不論大家對這三名女性揭發醜聞的意見為何，我們很難否定她們對商業心態的影響。而媒體的大篇幅報導亦大大提升大眾對揭發醜聞的認知和興趣。舉例來說，美國特別檢察官室（Office of Special Counsel）所受理之吹哨者相關案件，從2001財務年度的380件上升到2002年的555件，上升幅度高達46%。

圖表16-4是吹哨者應予以遵循的一份檢查表。

圖表16-4 揭發醜聞前，吹哨者應予以遵循的檢查表

在揭發醜聞前，應先考量：

(1)除了揭發醜聞外別無他法嗎？在向行政管理系統通報問題前，必須先試著解決問題，若仍無法成功，再採取此策。

(2)企圖揭發的醜聞是基於公眾利益，而非個人利益或政治利益嗎？不要因為個人情緒沮喪或遭受不平的待遇而為之。

(3)有沒有想過揭發醜聞會對你自己或你的家人帶來什麼樣的後果呢？要有心理準備，你的朋友、家人或同事有可能不會支持你。

(4)在揭發醜聞的過程中，找出組織內部、外部的支持力量，要確認自身的法律權益，並謀取他人的幫助。

(5)你有足夠的證據嗎？如果你不打算曝光，你甚至會需要更多的證據。

(6)在將心中的懷疑化為揭發醜聞的行動之前，你是否已經辨認並複製所有的相關文件呢？記住，不論在揭發醜聞之前或之後，你都要妥善保存所有文件。

資料來源：Department of Human Services, Victoria, Australia (http:// www.dhs.vic. gov.au/whistleblowers/checklist.htm). *Business Week* (December 16, 2002), (http://www.businessweek.com/magazine/content/02_50/b3812095. htm), The Government Accountability Center, (http://www.whistleblower.org/ getcat. php?cid=32), Kenneth K. Humphreys, "A Checklist For Whistleblowers To Follow," *Cost Engineering* (Octorber 2003),14.

16.5.2 揭發醜聞的後果

揭發醜聞會遭遇什麼後果呢？我們感到很遺憾的是，吹哨者很少會因為對公眾利益有貢獻而獲得獎勵。雖然現在吹哨者有較高的可能性得到某種形式的保護，一般來說，他們往往要為其行為付出高額的代價。除了被解雇以外，吹哨者還會遭遇各種形式的報復手段，包括：

- 工作上較嚴苛的刁難。
- 分派較差的工作。
- 要求其放棄起訴公司的壓力。
- 工作負擔加重。
- 失去額外津貼（例如，電話和停車福利）。
- 不准其參加原本可以參加的會議。

關於吹哨者揭發醜聞後的下場，我們在此舉James Alderson為例。在HCA一個名為Quorum的舊部門取得北谷醫院（North Valley Hospital）的經營權時，James Alderson已經在北谷醫院擔任財務長有17年的時間。Quorum使用兩套帳，並要求Alderson向政府虛報費用，以領取較高的補助。Alderson知道這樣做既違法也不符合倫理規範，因此斷然加以拒絕。5年後，他就被解雇了。Alderson得知Quorum的其它家醫院也有捏造帳冊的情形後，隨即前往華府將此事通報美國司法部。他隨身攜帶著該醫院不實請領補助的證據，最後他依詐欺請領法（False Claims Act）控告Quorum和HCA。在2001年，HCA依判決須賠償8億4,000萬美元，包含7億4,500美元的民事賠償，和刑事罰金9,500萬美元，之後他們還另外因其它的詐欺案件付出8億8,100萬美元。2003年6月，HCA和美國司法部終於取得協議——這距離Alderson被解雇已有13年的時間，政府總共拿到15億美元的罰款，這都要感謝Alderson及其他吹哨者的努力。

在蒙大拿的Whitefish地區並沒有很多家醫院，因此，Alderson被迫離開該地到其它醫院的財務部門找工作。接下來的10年中，Alderson一面蒐集證據一面賺錢餬口。聯邦官員告訴Alderson，他必須證明北谷醫院違法的情事十分嚴重，而且蒐集證據的責任都落在他的身上。證據的蒐集曠日廢時，除了財務上面臨困難外，Alderson也做了許多的犧牲：他錯過了兒子的橄欖球賽，甚至連母親過世時也無法隨侍在旁。Alderson和他的太太，Connie一直十分保持低調。Connie說，他們好像是受到保護的證人，「唯一的不同點是，我們沒有接受任何保護，也沒有人提供金錢上的協助」。一直到1998年，一個美國電視節目——六十分鐘（60 Minutes），為Alderson進行了一項專訪，他們低調的生活才有了改變。Alderson隨後受到整個健康照護產業的

排擠。Alderson說：「雖然我每年替政府大大減少了100億元的健保虛報費用，卻有一位醫院的執行長當著我的面告訴我，我不僅摧毀了整個產業，還讓他們蒙羞」。

在詐欺請領法的規定下，吹哨者可獲得任何判決賠償金額的15％到25％。Alderson的評論是：「我並不否認金錢是個很大的誘因，但它只是部分的動機。Quorum和HCA的行為是錯誤的，我整整花了13年和我全部的生涯來證明。很幸運的是，我拿到足夠的錢可以讓我退休養老」。然而他的太太Connie卻說：「若早知結果是這樣，所花的時間要這麼長，我不確定當初我還會同意這麼做。我想，多少錢都不能彌補我們曾經經歷過的痛苦」。

其它揭發醜聞的案件，包括受雇於空軍基地的Ernest Fitzgerald揭發洛克希德（Lockheed）數十億美元成本浮報的醜聞，以及Roger Boisjoly因為知道溫度太低會使O型圈（O-rings）失效，而企圖阻止挑戰號太空梭發射升空的事情。這兩個告發者最後都遭到解雇。

雖然吹哨者常常因揭發醜聞而遭到解雇，他們的勇氣以及公共政策日益傾向支持他們，使得公司愈來愈有可能採取行動站在他們這一邊。Mark Jorgensen的故事就是一個振奮人心的例子。Mark Jorgensen受雇於美國保德信人壽（Prudential Insurance Co. of America），是一名保德信地產基金經理人。當他揭發公司內部發生的詐欺醜聞時，他只覺得自己是在做一件誠實的事。不過，之後他的世界就完全走了樣。過去像朋友一樣的上司不再搭理他，同事離他遠遠的，公司的律師也指控他違法。Jorgensen過去在公司是一個叱吒風雲，受人尊重的主管，現在大家不准他回到辦公室，只能一個人躲在圖書館裡。他成功的一生似乎只能落得一個悲慘下場。最後，他就被解雇了。

然而，與絕大多數吹哨者不同的是，Jorgensen接到來自公司董事長Robert Winters的電話。Winters想和他碰面，想告訴他一個令人震驚的消息，那就是，現在公司相信他所說的話，並且想請他復職，還打算讓Jorgensen先前指控不實抬高基金價格的那位經理人離職。有這樣一百八十度的大轉變，都歸功於Jorgensen堅持自己的信念，不斷地獨排眾議。在保德信人壽公司承認Jorgensen的指控是對的同時，它發現自己在現在的商業世界，處於一個不尋常的狀態之中，那就是和公司數月打擊、最後解聘的吹哨者站在同一陣線。該公司想要再度聘雇Jorgensen，只是他選擇另謀高就。保德信人壽公司為這個案子支付了一大筆司法和解金。雖然像這樣的結果並不多見，但是知道兩三個有完美結局的案例已經讓人感到十分鼓舞。說到結局，不論好壞，圖表16-5列出好萊塢的電影情節如何地處理吹哨者。

圖表 16-5 好萊塢電影對吹哨者的處理手法

電影片名	演員	故事簡介	靈感來源
衝突 （Serpico, 1973） （以真實人物為片名）	艾爾帕西諾	Frank Serpico是一名紐約市的「雅痞巡警」。他不同流合污，試圖向上級報告警局中貪污腐敗的現象。只是大家都置之不理，最後只好透過《紐約時報》（The New York Times），將此事公諸於世。	由Peter Maas的小說所改編。電影從Serpico的角度，敘述一個真實故事。真實故事中還有另一名重要的吹哨者，名叫David Durk，只是，該部片將他輕描淡寫的帶過。
大特寫 （The China Syndrome, 1979）	邁可道格拉斯 珍芳達 傑克李蒙	一名記者（Fonda飾）、攝影師（Douglas飾）和吹哨者（Lemmon飾）共同揭發核能電廠的危險作業程序。	本片雖然非真實故事，卻是藉由發生在Browns Ferry和Dresden II兩座電廠的核反應爐意外而得到拍片靈感。就在本片上映後幾天，就發生了美國史上最嚴重的三哩島（Three Mile Island）核電廠災變事件。
絲克伍事件 （Silkwood, 1983） （以真實人物為片名）	梅莉史翠普 寇特羅素 雪兒 奎格尼爾遜	吹哨者試圖揭發一家位於奧克拉荷馬州的核能燃料公司之危險作業程序。有一名員工遭受輻射污染。	本片為一真實事件。Karen Silkwood是奧克拉荷馬州Crescent市一家名為Kerr-McGee，專門生產鈽燃料的工廠化學技術員。身為工會會員和一名行動主義者，Silkwood在工安上，扮演重要的角色。
驚爆內幕 （The Insider, 1999）	艾爾帕西諾 羅素克羅 克里斯多福普拉莫	一名成功的科學家因固守原則而遭到著名的菸草公司解雇。電視節目六十分鐘（60 Minutes）本該盡責詳實報導，卻屈服於公司壓力而不播出事件內幕。	出自《浮華世界》（Vanity Fair）一篇名為「一個知道太多的人」（The Man Who Knew Too Much）的文章。敘述Jeffery Wigand遭 Brown & Williamson菸草公司解雇的真實故事。

16.5.3　政府對吹哨者的保護

　　正如員工開始藉由公共政策對雇佣自由原則的排除，來得到法院某種程度的保護一樣，吹哨者也同樣開始得到政府的保護。聯邦政府就是最先試圖保護內部吹哨者的組織之一。1978年的文官改革法（1978 Civil Service Reform Act）中，最引人注目的部分就是要保護揭發政府非法、貪污、腐敗行為的聯邦政府員工。遺憾的是，這項法律效果不彰。因為存心報復的人往往不留痕跡，要保護吹哨者便十分困難。1989年，經由國會通過、總統簽署的「吹哨者保護法」（Whistle-Blower Protection Act）為聯邦政府員工打了一劑強心針。該法施行的目的乃企圖改革聯邦「功績制保護委員會」（The Merit System Protection Board）和「法律事務室」（The Office of General Counsel）這兩個保護聯邦雇員的辦公室。

　　1981年的密西根州吹哨者保護法（Michigan Whistle-Blowers Protection Act of 1981）是第一個設計用來保護私人企業的員工，在向政府機關通報公司可能違反聯邦、州政府或地方法律時，免於遭受不公平的報復。雇主對受到質疑的不公平對待要證實其具有適當的人事標準或提出合理的商業理由。密西根州的法律使其它州起而效法。明確立法保護吹哨者的州有：California、Connecticut、Delaware、Florida、Hawaii、Louisiana、Maine、Michigan、Minnesota、Montana、New Hampshire、New Jersey、New York、North California、Ohio、Oregon、Rhode Island、Tennessee和Washington。某些州，包含華盛頓特區，認為揭發醜聞是公共政策對雇佣自由原則的排除，這些州分別是：Alaska、Arizona、Arkansas、California、Colorado、Connecticut、Florida、Hawaii、Idaho、Illinois、Indiana、Iowa、Kansas、Kentucky、Louisiana、Maine、Maryland、Massachusetts、Michigan、Minnesota、Missouri、Montana、Nebraska、Nevada、New Hampshire、New Jersey、New Mexico、North Carolina、North Dakota、Ohio、Oklahoma、Oregon、Pennsylvania、Rhode Island、Tennessee、Texas、Vermont、Virginia、Washington、West Virginia、Wisconsin和Wyoming。2003年，加州通過了一個名為SB777的法案，為吹哨者提供新的重要保護。該法案將保護範圍擴張到員工和任何申訴者，而且把蒐集證據的責任轉移到雇主身上，任何觸犯法律的人最高可處1萬美元的民事賠償。美國司法部長的辦公室並設有吹哨者專線。雇主須設有吹哨者保護辦法，並將專線號碼張貼出來。

大多數的州立法院承認公共政策的排除觀念，因此，吹哨者已受到某種程度的保護。對員工的非法解雇，一般的補救措施是請該員工復職，並補發薪資、在身心靈的損害上由陪審團判給一些同情性的賠償。保護吹哨者的法律最常見的問題就是內容太過零散。某些州政府和聯邦法律，在例如環境、運輸、健康、安全以及公民權利等條文上，已立有保護吹哨者免於遭受報復的條款，不過，相對而言，只有少數幾個州設有保護私人企業員工的法條，而且，這些條文在性質和保護範圍上相去甚遠。

吹哨者相關的保護條款極端複雜，使得員工難以安全地對公司的非法行為有所著墨。在某些州，吹哨者能任意地被解雇；而在某些州，吹哨者必須在法條中抽絲剝繭，仔細地找出是否有相關的保護條款。不過，2002年通過的沙賓法案使情況有了改變。

16.5.4 沙賓法案對吹哨者的保護

政府會計計畫（Government Accounting Project，GAP）的法務主任 Tom Devine 將沙賓法案描述為「在強化企業對股東及員工本人的責任上，是一項如登上月球般的壯舉。為言論自由上，公司責任和法律改革突破性的里程碑」。沙賓法案使得醜聞的揭發更為容易。吹哨者只需向上司、執法機關或國會調查員揭發內幕，就會對公司的股價有「重大影響」。之後，美國勞工部就會負責調查被停職、降職或騷擾的員工之申訴。沙賓法案對申訴的保護行動包括：

- 廣泛地含括所有公開上市公司的員工。
- 廣泛地含括任何形式的歧視或騷擾。
- 公司任何會威脅股東權益的行為。
- 透過行政調查、臨時救濟或正當程序的聽證會，即時加以回應。
- 若在180天內未接獲行政裁決就有權訴諸陪審團加以判決。
- 減輕員工蒐集證據的責任。
- 損害和司法費用的賠償。
- 報復性行為最重可處10年以下有期徒刑。
- 審計委員會需建立回應申訴的程序。

儘管大家都發現沙賓法案對吹哨者的保護有很大的進展，某些人仍然覺得還不夠。批評者認為，僅僅只有公開上市公司的員工在保護範圍之列，因此，對私人企業員工的保護仍然有限。同時，該法案並未提供詐欺請領法所提及的財務性獎勵措施。

16.5.5　詐欺請領法

　　為增加對吹哨者關心公共利益的獎勵而通過之一項具激勵性的聯邦法律是1986年的詐欺請領法（False Claims Act）。詐欺請領法設有「公益代位」（qui tam，拉丁文的縮寫，原意為以國王的名義並為自己提起訴訟者）的條款，允許員工揭發政府承包商不實請領的非法行為，揭發者可和政府共享財務賠償。該項法律可追溯至南北戰爭，當時軍方想揪出藉由出售同一匹馬兩次或以鋸木屑充當槍枝矇混而獲取暴利的非法之徒，並加以起訴。所有人都可以代表政府提起訴訟，並且還可獲得50%的賠償金額。1943年，政府大大地減少潛在的賠償金，因此該項法律就很少被使用了。1986年，政府對該法進行修正，簡化賠償程序也增加了賠償金額，藉以鼓勵吹哨者揭發政府承包商之不實請領。1986年詐欺請領法的修訂乃因80年代中期有關軍事承包商詐欺和虛報的報導，引起人民極大的憤怒，例子像是價值600美元的馬桶座和鄉村俱樂部的會員費都由政府來買單。

　　1986年的詐欺請領法特別惹人爭議的是，員工可藉由揭發醜聞而獲得巨額的財務獎勵。獎勵金額視情況而有所不同。如果政府介入訴訟，告發人可獲得15%~25%的受償金分配；如果政府拒絕介入，告發人可獲得25%～30%的受償金分配。因此，在對抗私人承包商的案件中獲得勝訴的吹哨者能得到數百萬美元，甚至數千萬美元的獎勵，而政府也因此能節省一大筆的資金。位於田納西州，專門提供健康照護的HCA和政府所達成的兩筆司法和解金是史上最高的，分別是2000年12月的7億3千1百萬美元和2003年6月的6億3千1百萬美元，總金額超過15億美元。

　　由於1986年詐欺請領法的實施，揭發私人企業不實請領的風氣復甦了起來。司法部追回了創紀錄的金額，而吹哨者變成了百萬富翁。John Phillips是洛杉磯一位擅長公共利益的傑出律師，他曾說服國會強化1986年詐欺請領法的功能，目前法律業務蒸蒸日上。其訴訟對象有GE電氣公司、生產感應器的Teledyne和美國健康實驗室（National Health Laboratories）。他同時也介入先前所提到的HCA司法和解案。

　　寫作本書時，1986年的詐欺請領法已為聯邦政府追回近120億美元的資金。經立法機關和法院的不斷檢測，該法仍持續發展中。2003年，最高法院一致判決市政府屬詐欺請領法下的「當事人」，若其對聯邦政府有不實請領的情況，亦應負起支付罰金和損害賠償的責任。州政府被認定和聯邦政府一樣享有主權，因此不受制於詐欺請領法的規定；而市政府屬社團法人，因此法院認定其應比照其它法人組織，接受該法的規範。

介紹了沙賓法案和詐欺請領法後，我們清楚知道，醜聞的揭發對私人部門而言是一項隱憂。因此，在思考如何回應吹哨者和揭發內幕的情況時，公司管理當局有必要認真思考並謹慎地採取行動。

16.5.6 管理當局對潛在的醜聞揭發所應有的回應

組織如何和員工共同努力，減少醜聞的揭發呢？Kenneth Walters 提出企業必須時時牢記的五項建議：

(1) 公司保證不干涉員工基本的政治自由。

(2) 組織的申訴程序應合理且富有效率。如此一來，當申訴未能迅速公平地被處理時，員工就其所揭發的內幕方能被直接、具支持性的聽取。

(3) 應重新審核組織社會責任的概念。確信此概念不被單單解釋為慈善捐贈。

(4) 組織應正式地尊重員工個人的道德良知，並溝通此一概念。

(5) 組織應認識到，態度強硬地對待揭發醜聞的員工可能會引起大眾不必要的反感。

公司正認識到，如果管理人員在傾聽和回應員工所關切的問題上做出明顯的努力，那麼內幕的揭發是可以避免的。一個具體的方法是將公評人制度列為程序正義機制的一環。關於公評人，我們在前面已探討過。公司亦可藉由公評人制度來處理員工對公司的申訴。企業公評人協會（Corporate Ombusman Association）的成員包括全球最大的啤酒公司Anheuser-Busch、康大資訊公司、麥當勞和以研究開發為主的製藥公司普強（Upjohn）等；該協會甚至備有醜聞揭發情境模擬的訓練教材。根據一項報導，企業公評人之間都會流傳著，哪位公評人又避免了哪件足以登上報紙頭條的醜聞。在這方面投入金錢的公司都表示，這樣的投資是十分值得的。

不論是否設立公評人，管理人員都應以正面態度回應員工中的反對者和異議份子。至少，想要對此類員工有所回應的公司應該採取下列四種行動：

(1) 傾聽。管理人員必須非常謹慎地聆聽員工所關切的問題，特別要注意那些有根據的論點。感激員工勇於表達並對其考量展現真誠的尊重。建議公司能儘量引導反對者說出其內心的關注。

(2) 探究員工想要起訴或進行爭論的原因。確定反對者的動機能幫助你洞悉訴訟的合法性，找到最佳的處理辦法。

(3) 尋找能夠同時滿足反對者和公司雙方利益的解決方式。

(4) 努力建立一套能公平地衡量未來行動的工具。想要突破僵局，雙方合意的客觀測試或準則優於堅持己見和談判協商。

在一套互有關聯性的建議中，《商業週刊》和國會協商委員會為一標準的吹哨者政策提出四個要素。這四項行動建議如下：

(1) 直接嗆聲。公司應積極公開其通報政策，以鼓勵員工對公司的錯誤行為提出有根據的投訴。

(2) 消弭恐懼。讓員工向其行政管理系統以外的人投訴能消除員工的恐懼。

(3) 立即行動。應立刻由組織內部或外部的獨立團體對投訴進行調查。

(4) 對外公開。一有結果，馬上對外公開。員工才能知道投訴是被認真看待的。

大膽說出事實真相的渴望，在員工和法院的眼中看來，已日趨成為一種權利。因此，管理階層須小心評估其立場。我們愈來愈明顯地可以看得出來，尊重員工公開和管理高層唱反調，事實上能符合組織長期的利益。然而，我們也應記住，公司亦需自我保護，不要被行為不正當的員工所影響。

本章摘要

今日，由於各種原因，員工這類利害關係人，對員工權利問題較以往都來得敏感。此議題根本上是來自雇主與員工之間社會契約的改變。本章所討論的員工權利中心問題涵蓋：無正當理由不得解雇員工的權利、程序正義和公平對待的權利以及言論自由的權利。

不可無故解雇員工的論點根本上是來自法院消弭了雇佣自由原則的概念。法院做出的判例，有愈來愈多的例子是排除這項長久存在的普通法原則。主要的三項排除是公共政策的排除、契約上的排除和違反誠信原則。社會對公平對待的觀念亦同時在改變中。

程序正義的權利主要是考量公平對待。面對此一問題，管理人員一般的回應方式包括坦誠開明的溝通政策、人力資源專家、申訴委員會以及聽證程序。企業日趨流行設立公評人，而且，同儕評議小組也在最近成為一種受歡迎的程序正義的機制。幸有沙賓法案的通過，使得過去只有公部門的員工才能享有的保護現在也適用在私部門的吹哨者身上。如果管理階層想要避免醜聞和長期訴訟，就應該真誠地關切員工的權利。這種強調和員工之間倫理關係的利害關係人方法應能引起企業對此議題的注意和關切。

關鍵字

1978 Civil Service Reform Act 1978年的文官改革法	mandatory arbitration 強制仲裁
alternative dispute resolution(ADR) 替代性爭議處理機制	Michigan Whistle-Blowers Protection Act of 1981 1981年密西根州的吹哨者保護法
collective bargaining 勞資協議	ombudsman 公評人
due process 程序正義	outplacement 再就業服務
employee rights 員工權利	open-door policy 坦誠開明的溝通政策
employment-at-will doctrine 僱佣自由原則	peer review panel 同儕評議小組
enterprise rights 企業權利	private property 私有財產
False Claims Act 詐欺請領法	public policy exception 公共政策的排除
good cause norm 正當理由常規	social contract 社會契約
good faith principle 誠信原則	statutory rights 法定權利
hearing procedures 聽證程序	whistle-blowers 吹哨者
implied contracts 默示契約	

 問題與討論

1. 依據工作職場中，各項變遷對員工權利運動重要性之不同，將其排序。並簡單解釋一下你將這些變遷如此排序的理由。

2. 解釋何謂雇傭自由原則。描述此一原則日趨消弭的原因。你認為此原則的消失會使美國的就業環境更健全或更不健全？說出你的理由。

3. 用你自己的話來解釋一下程序正義的權利。在工作職場中，管理人員主要用哪些方法來確保程序正義？

4. 如果你只能選擇一種，你認為哪一種替代性爭議處理機制在滿足程序正義上是最有效的方法？請解釋之。

5. 在讀過有關揭發醜聞的內容後，你對揭發醜聞的觀感為何呢？你現在是較支持或較不支持吹哨者呢？請解釋之。

6. 你對1986年詐欺請領法的評價為何？你對沙賓法案保護吹哨者的評價又是如何？

個案評述

本書附贈的光碟提供了許多個案，與本章相關的個案有個案11、個案31以及個案32，你可以搭配本書第十六章的內容探討以下的個案：

個案11「家族企業」

這個個案是關於一名在家族企業擔任薪資部門經理，名叫Jane的例子。Jane發現，和其他的技術服務人員比較起來，老闆給予其弟弟較高的佣金、較容易的工作。家族企業的成員可以獲得較優渥的待遇嗎？或者說，某些技術服務人員能夠分配到比別人還要好的工作，這種情況是公平的嗎？

個案31「全球最大零售商Wal-Mart及其員工：有效的管理者還是卑劣的雇主？」

本個案和Wal-Mart有關。描述大眾對Wal-Mart雇主的身分和其對待員工的方式有愈來愈多的批評，包括：超時工作、性別歧視和雇用非法勞工。Wal-Mart只是儘可能達到有效率的營運抑或它的行為根本是不正當的呢？這是否只是反映了工作職場社會契約的改變呢？Wal-Mart應該怎麼做呢？

個案32「『歸屬公司壽險』：精明的企業作法還是陰險的詭計？」

本個案是有關歸屬公司壽險。「歸屬公司壽險」（corporate-owned life insurance，COLI）又慣稱為「dead peasant」保單，主要是公司大量為低階員工所投保的壽險。員工通常不知道，公司亦未取得其同意就幫其投保，而保險公司亦積極推銷此項保險商品。幫員工投保歸屬公司壽險的公司，是否僅是努力要擴展投資受益的來源，故為一項好的商業作為呢？或者就像批評者所說的，在這背後有不正當或甚至更不人道的行為呢？

第十七章
員工利害關係人：
隱私、安全與健康

本章學習目標

▶▶ 閱讀完本章後，你應該能夠：

1. 說明在工作場所內員工隱私權所涉及的問題。

2. 分析將測謊器、誠實測驗和毒品測試作為管理手段的優缺點。

3. 探討員工的職場安全權以及其應有之權利，並且總結美國職業安全衛生署的職責與其扮演之角色為何？

4. 論述員工在工作場所的健康權，特別針對有關職場禁菸、愛滋病與良好工作環境等方面來加以探討。

員工利害關係人不僅涉及我們在上一章所探討的問題，而且也涉及其它的一些問題。這些問題可視為在第十六章論述的員工權利概念之延伸。在本章中，我們將深入探討員工的隱私權、安全權以及健康的工作環境權利。

隱私權利主要是屬於心理學範疇，而健康與安全權利則是屬物理範疇。截至目前為止，對於員工在職場上隱私權的界定仍未完備。憲法對隱私權的保護像是禁止不合理的搜索和竊取員工私人資訊。這些規定僅適用於政府的行為，卻不適用於私人企業。以法律的角度來看，保護隱私涉及眾多員工的權利，也涉及不同的法律法規。這些法規所涉及的問題不同，而且不同的州法其具體條款也不盡相同。因此，確實需要管理階層對這項重要的領域進行道德上的思考，並且制訂標準。

員工的安全權利與健康權利也逐漸受到重視。在今日的工作場所裡，不管是身處工廠還是辦公室，員工都有可能受到意外或是職業傷害的影響。如果說工作場所內一般的有害物質並不足以構成威脅，那麼工作場所發生的暴力衝突進而威脅到工作場所的和平與穩定時，管理階層就要認真關注此問

題。此外，恐怖主義的威脅也使員工的職場安全問題亮起紅燈。而工作場所是否應禁菸與愛滋病等問題也是目前員工在健康方面的隱憂。公司的管理階層也必須要瞭解《探親假與病假法案》（Family and Medical Leave Act，FMLA）中規定員工的法定權利為何，並試著為員工打造一個良好的工作環境。

為了重申上一章的觀點，並區別前面幾章所探討的問題。以下所要探討的問題將有助於達成我們的目的。體認這一點之後，讓我們繼續探討近年來有關員工利益的重要社會與倫理問題。如果管理階層想要成功地滿足員工的需求，並把員工視為利害關係人而且公平的對待，那麼，就必須從現在開始重視這些議題。

17.1 員工職場隱私權

員工廁所曾經是員工躲避公司監視的秘密場所。但是在 Net/Tech 國際公司推出的「衛生監視系統」後，公司經理可以清清楚楚得知員工在洗手間內的一舉一動。假設員工在如廁後未確實洗手，給皂機與水龍頭上的感應器可以偵測到。配戴在員工身上的接收器會不停閃爍，而且公司的電腦主機也會記錄下來。由於科技的進步，公眾場合和工作場所的監視系統更為簡便與經濟。因此，職場監視愈來愈多而所引發出的倫理問題也更為棘手。美國管理協會（AMA）的人力資源部長Ellen Bayer曾說：「員工在職場的隱私權界定很模糊不清」。因此，隱私權已經成為各企業「炙手」的問題。

什麼構成隱私？怎麼樣才是侵犯隱私？法律上並沒有明確的界定；但是當發生在自己身上時，似乎每個人都有自己的看法。大多數的專家認為，隱私意味著自己的事情只有自己知道的權利，並且有權知道自己的資訊怎樣被使用。企業倫理學家Patricia Werhane提出了對隱私更廣泛的定義。她認為隱私包括：(1)不受管的權利；(2)相關的自主權；(3)個人和團體有權自己決定在什麼時候、以什麼方式、在多大的範圍內、有關他們的資訊可以告知他人。美國 *Wired Magazine* 邀請一群專家學者針對大型企業如何對待員工隱私權進行評比。圖表17-1列舉前五大最重視與後五大不注重隱私權的企業。

然而，以這種方式界定隱私權並不能解決問題。在今日的世界裡，要實現這種想法非常困難，而且在判定有關是自己隱私還是他人權利時，需要進行很多的調查。身處電腦和科技化的世界中，這個問題更加複雜。電腦與其

圖表 17-1　員工職場隱私權調查排名

最佳企業		最差企業	
(1)IBM	60年代即落實正式隱私權政策。現在，IBM公司更要求其員工健保醫療單位不得記錄公開其員工之社會福利編號。	(1)Eli Lilly	911恐怖攻擊事件後，對兼職工人展開身家調查。對全職員工的調查更為嚴格。
(2)HP	設立6位秘密監察員定期向隱私長（CPO）報告如何保障員工隱私安全。並要求員工接受如何保護職員檔案安全之特殊訓練。	(2)Wal-Mart	因對員工不當搜索與監視而數度遭起訴。並將經理間的對話錄音下來。
(3)Ford	採取更嚴格的歐盟隱私標準。實行特殊程序以避免公司人力資源的機密遭到盜取。	(3)New York Times Co.	公司醫生以未得到病人之同意為由，拒絕提供該病人之病例，因此遭公司解雇。醫生對此向公司提出告訴。該名醫生之後勝訴。
(4)Baxter Healthcare	建立符合美國與歐盟標準的「安全港」計畫。設置35個「隱私聯繫」以確保該計畫順利進行。	(4)Burlington Northern Santa Fe	要求基因檢測與否決員工之補償申訴。36名員工對此提出告訴，並獲得220萬美元賠償金。
(5)Sears	禁止使用社會福利編號來辨別員工之身分。例如，不在識別證上標示員工之社會福利編號。	(5)Hilton Hotels	洩漏敏感的員工檔案，並且在多家飯店內設置隱藏監視器對員工進行身家調查。

資料來源：Dustin Goot, "Ranking Privacy at Work." Originally published in *Wired Manazine* (October 2003).Copyright ©2003 by Conde Nast Publications, Inc. Reprinted by permission. All Rights Reserved.

它新技術使得我們獲得可觀的利益，但是我們也因此付出許多代價。付出代價的部分是：很多機構都有我們個人的資料，包括聯邦機構（美國國稅局與社會安全局）、州立機構（執法部門與機動車委員會）與當地部門和企業（各級學校、信用局、銀行、人壽保險公司以及快遞公司）。

員工隱私是我們在這裡關心的核心問題，工作場所涉及的隱私問題如下：

(1) 個人檔案中員工資料的蒐集與利用。

(2) 對員工做出決策時，使用測謊器。

(3) 誠實測驗。

(4) 毒品測試。

(5) 利用電子儀器對員工工作、行為、交談與其所在位置進行監控。

還有其它涉及隱私保護或侵犯的問題。但是，這裡所列舉的五個項目是我們目前最關心的隱私問題。因此，這些問題值得個別進行深入的探討。

17.1.1 雇主對員工資料的蒐集與利用

員工資料的蒐集、利用和可能的濫用，是一個值得深思的重要公共政策問題。目前美國政府的資料庫包含了各種機構提供的資料，形成了國民資料網。《隱私法》（Privacy Act of 1974）對政府蒐集、利用與共享個人資料訂定了某種程度的限制。此外，由於911事件世貿中心遭襲，2001年10月26日，《美國愛國者法》（USA Patriot Act）經國會通過成為法律。儘管部分人士認為該法賦予政府過多權力干涉個人隱私，但是它對於政府蒐集、利用與共享個人資料的權限仍有所限制。相較之下，保障個人在工作場所隱私權相關的法律就略顯不足。根據美國管理協會AMA於2002年的調查：77.7%的美國知名企業有監視和記錄員工行為的現象，比起1997年的數據相比較整整多出一倍。

當美國平等就業委員會（EEOC）指控Burlington Northern Santa Fe公司對那些患腕隧道症候群而向公司索賠的員工秘密進行基因測試時，訂定有關公司如何蒐集員工資料的規定更顯得重要。當工人Gary Avery成功地進行了腕骨穿刺手術後，到醫院做追蹤檢查時，這些實驗曝光了。他的妻子Janice是一位護士；當她得知丈夫被要求要抽七小瓶血液時，她開始起疑心。她後來被告知這些血液是用來做實驗，以確定她的丈夫是否具有腕隧道症候群的遺傳體質。最後，這些被公司秘密進行基因測試的員工打贏了這場官司，共獲得220萬美元賠償。

雖然目前有一些有關蒐集員工資料的方針，但是訂定這些資訊該如何被蒐集的方式可能更為重要。最近，美國衛生和人類服務部（HHS）發佈了一個規定，建立了保健方面的隱私標準。當此規定正式啟用時，美國總統柯林頓表

示：「新的隱私標準讓醫療紀錄更容易被那些應該看到的人看到，而使那些不應該看見的人當然就看不見了」。希望醫療單位能嚴守病患的資料，沒有病人的授權，病歷資料不能被運用在非醫療的用途上。例如透露給雇主進行人事決策，或是透露給金融機構。對於那些在公司內進行醫療計畫的雇主而言，嚴守這些規定格外重要。稍後在第十八章將會介紹《美國殘障人士法》（ADA），也要求雇主保護求職者和員工醫療資料的機密，並規定公司不得因求職者或員工之醫療紀錄（並不影響員工履行工作之能力）而做出人事決策。

指導公司如何蒐集與利用員工資料的最重要原則是公司應該只蒐集那些絕對必要的員工資料，而且必須以適當的方式加以利用。公司應該留意，不要濫用這些資料另作他途。另一個重要的原則是，雇主應體認到蒐集到的員工資料不應作為一種商品去進行交換、出售或公開。因此，未經員工之同意私自將其資料告知房東、徵信人或任何第三者，都可視為是侵犯隱私權。最後一個重要的原則是，關於員工接觸公司的人事檔案或其它紀錄系統中有關自己個人資料的問題。也就是說，員工應該有某種方式知道他們有哪些資料已經被做成紀錄，而且他們應該有機會去更正不正確的資料。

17.1.2　測謊器的使用

在侵犯隱私權這一方面，企業中測謊器的使用引發許多的爭議。以下幾個案例描述了員工的經歷，而這些經歷促使1988年《員工測謊器保護法》（EPPA）的誕生。該法禁止絕大多數私人企業使用測謊器。案例如下：測謊器被放置在一張臨時用的桌子上，一位受聘的測試員把電板連接到28歲的Sandra Kwasniewski身上，並開始詢問她：「妳曾在商店裡偷過東西嗎？妳與誰住在一起？妳的男朋友住在哪裡？你們約會都做些什麼？妳喝酒嗎？」Kwasniewski小姐是位於美國東部一家加油站的經理，她為自己辯護說，沒有什麼東西被偷或不見。但是，在測謊後兩天，她就遭到解雇了。

歷史學家告訴我們，測謊器這一概念存在已久。很久以前，阿拉伯半島的貝多因人就知道，當一個人說謊時，罪惡感和恐懼會引起某些生理上的變化。他們觀察到的顯著變化為：說謊者會停止分泌唾液。他們研究出一種簡單的測試方法；將一個加熱過的刀片放在一位被懷疑說謊的人的舌尖上。如果是無辜的，那麼嫌疑犯會正常分泌唾液，這樣他的舌尖就不會被燙傷；如果這個人在說謊，那麼他的舌尖就會被燒傷。無獨有偶，古代的中國人使用乾白米磨成的粉末。把一把乾米粉放入被懷疑說謊的人嘴中，如果吐出來的粉是濕的，那麼就證明他說的是真話；如果吐出來的粉末是乾燥的，那麼就得知這個人在說假話。

倫理的實踐

Ethics in Practice

你善於說謊嗎？

　　就讀於高中的後兩年，我在一家鄉村俱樂部兼職當送貨員。有一天，我被告知，前一天高爾夫球場裡的一家店被盜走了10,000美元，所有的員工都必須在這天接受測謊。身為少數幾位有這家商店鑰匙並且知道警報器密碼的員工之一，我認為我自然會被高度的懷疑。不過，我也很想知道這種測試的準確度。

　　我決定講真話來證明自己的清白。回答了幾個簡單的問題之後，我期望被問到丟錢一事。相反的，我卻被問到以前是否曾偷過什麼東西、是否在工作時吸過毒，是否在這家俱樂部偷過什麼東西之類的問題。我承認我曾經在飲料車拿過不含酒精的飲料，也曾經丟棄過舊車上的高爾夫球，但是很多人並不認為這些行為是偷竊。之後，我被叫進了負責人的辦公室，並且因拿了俱樂部的「財產」而受到責難。我差一點就被開除。我應該在測謊時說謊嗎？結論是，真正的小偷永遠都抓不到。

(1)這種情況下會有什麼倫理問題？
(2)俱樂部有權利提出與竊盜事件不相關的問題嗎？
(3)如果你是處於作者這樣的情境，你會做什麼？為什麼？

（由Shaun M. Bank提供）

　　目前，測謊器的批評者可能會認為，現在的測謊儀器並不比古代的技術精明多少。現在大家知道測謊器是在1929年由John Larson研發製造出來的。但是，有人認為關於這種儀器可以追溯到更早的時間。測謊器測量的是血壓、呼吸和汗水的變化，有時被稱為「皮膚電反應」（GSR）。測謊器的依據理論是，說謊引起緊張，這樣就可以透過觀察到的生理變化表現出來。接著，檢測者或是儀器操作者，根據受測對象對特定問題的反應，推測受測對象的回答是否屬實。

　　儘管《員工測謊器保護法》禁止絕大多數的私人企業使用測謊器，但是目前還在被使用，因為很多雇主及其求職者並不受這一法律的約束。測謊器可能仍被私人企業使用，作為提供安全服務、設施保護、放射性或有毒廢物的運輸或儲藏、公共用水供應設施、大眾運輸、貴重物品或行為規範的資訊。此外，那些加工、配送或分銷管制物質的雇主，也可能使用測謊器對其中一些員工進行測試。而政府部門也不受禁止使用測謊器這一項法律的約束。在與各政府部門或機構簽定合約時，聯邦政府可能也使用測謊器對顧問或專家進行測試。2000年，美國國會通過了一部法律，授權把測謊器用於能源部的20,000名工人。憤怒的工人寫了抗議信，並且在所穿的衣服上寫著：

「正義不需測謊器」。2001年，聯邦調查局宣佈，將要求500名工人提供機密資料來進行有爭議的測試。然而，正如Aldrich Ames在監獄裡寫的信中所談到，雖然他成功地通過了測謊器的測試，但實際上，正是他把美國的機密賣給了俄羅斯。

由於在某些環境中使用測謊器仍然是合法的，因此，我們必須瞭解其優、缺點。測謊器的支持者認為雇主有權保護自己的財產，與其它的方式相比，測謊器更可靠而且更經濟。他們引用了測謊業公佈的數據，宣稱測謊器的準確度高達95%~100%。支持者進一步指出，儘管員工和求職者犧牲了部分隱私，但是，公司仍有合法權利知道這些合理的測試所能夠蒐集到的資料。反對者引用了他們研究的數據，指出其不準確率高達50%。反對者也指出測謊會造成在某些方面對隱私進行更深入的調查，嚴格來說，這是個人的私事而且與工作無關。而這些個人的私事包括：員工的性生活、社團關係、財務狀況、政治傾向與宗教信仰等。

新的測謊科技推陳出新，因此，測謊的相關議題也將持續存在。現在有對於利用「核磁共振造影大腦掃描」（MRIs）來進行測謊的實驗，也有專家試著利用聲音模式科技發展出類似測謊器的儀器。甚至也有人發明測謊眼鏡以辨別真實、緊張與愛。由於現在有愈來愈多有關測謊的新發明，因此，員工需要更多新的隱私保護來因應這些測謊手段。

倫理的實踐

Ethics in Practice

給我想要的，不然就向董事長告狀

現在假設你是一家銀行人事部門的主管。現在公司的政策是，任何人事檔案或是其影本都不可以外流出去。此時，正到了會計暨電腦服務部主管應該提出年度員工評價的時候。他寫了張紙條告知你的秘書，要求提供前一年度員工評價的影本。當秘書將紙條交給你時，你覺得很困擾，因為你覺得該主管應該知道公司有關員工檔案的規定。所以，你決定打電話給主管，通知他你歡迎他在人事辦公室裡參閱前一年對他員工的評價報告。他告訴你，他沒有時間親自前來，並且他將與銀行的董事長談論這個問題。你與這位主管之間的工作關係董事長以前就說明過了。他已經告知你們兩個，自己必須解決好你們之間類似的問題。難題是，你應該為了避免董事長的再次約談而違背公司的政策，讓主管把他員工評價的影本拿到辦公室，還是堅持銀行關於保護員工隱私的政策。

(1)在這種情況下，主要的道德問題是什麼？

(2)你應該向董事長報告會計暨電腦服務部主管威脅你的這件事嗎？

(3)在這種情況下，你會怎麼做？

（由Leah Herrin提供）

17.1.3 誠實測驗（Integrity Testing）

由於測謊器使用的批評聲浪愈來愈多，很多公司打算逐步減少測謊器的應用，並開始使用誠實測驗，也被稱為忠實測試。不過David Nye指責這種測試為「測謊器翻版」。這一項話題具有某些諷刺意味，因為誠實測驗與測謊器受到同樣的批評，因而導致測謊器測試也受到嚴格的限制。

美國國會技術評估局進行了一項研究，其研究結果列在一份名為「實話與誠實測驗」的報告之中。該報告指出了雇主採用誠實測驗的四大理由：

(1) 可以阻止員工的偷竊行為。
(2) 可以避免「粗心大意雇用」所造成的訴訟。
(3) 可以減少徵選員工的成本。
(4) 可以取代被《員工測謊器保護法》禁用的測謊器。

誠實測驗的測驗形式有：紙筆測試、電腦問卷調查、公司內資訊查詢機、電話互動的聲音回應以及互動網頁等。一份基本的誠實測驗包含80到90個贊成或反對的題型，另一些測試則是設計成是非或選擇題型。部分題型如：「如果你知道有一些員工在偷公司的東西，你會向老闆呈報嗎？」、「沒被抓到的小偷佔員工的比例有多少？」、「你從以前的雇主那裡偷了多少現金或所偷的物品值多少美元？」。以上這些問題都可以依公司的需求加以設計，例如有些測試是針對員工的誠實度與非暴力傾向，另一些是測試員工毒品的使用狀況以及公司人事變動等等。

誠實測驗操作簡便，易於評分，而且花費較低，每人僅6至15美元。與每人花費25至75美元的測謊器相比，誠實測驗較為有利。也許與測謊器相比，誠實測驗似乎不那麼具有強制性或脅迫性，因為測謊器是將電線與傳感器直接連接在受測人身上。誠實測驗更像是一道公司既定程序，要求求職者只要填一張表格而不是被審問。

由於測謊器受到多方爭議，許多企業急著尋找替代方式，因此誠實測驗似乎是最好的選擇。批評者認為，這種方式的詢問具有侵犯性，因而違反了隱私權。批評者還認為這種方法極不可靠。但是，雇主卻把此測驗作為測試求職者是否稱職的唯一方法。就算測試過程進行得宜，但是反對者指責當雇主試圖篩選掉不誠實的求職者時，結果往往是把很多誠實的人拒之門外。針對這項指責，測謊公司辯稱該測試能將潛在的說謊者挑出來並且每一個設計出的問題都有其用意。他們也認為「憑感覺選員工」是相當不可靠的方法，

誠實測驗是較為客觀的評審方式。

　　不過，心理學家普遍對誠實測驗的有效性持反對意見。美國心理協會發表一項報告指出：「誠實測驗這項概念優於大多數其它的就業前測試，但是，試題的計算與解釋測試結果的方式需要極大的修正與改良」。一家美國大型零售業在其全國1,900家中的600家分店採用誠實測試以降低員工流動率與耗損。一年之後，採用該測試分店的存貨缺損降低35%，而未使用測試分店的存貨缺損增加10%。同時也發現使用測試分店的員工流動率降低13%，未使用者增加14%。根據上述的數據可能有人會認為誠實測驗確實有效，但是我們仍然要注意這些測試結果該如何詮釋。

　　無論如何，誠實測驗仍須面對與測謊器相同的法律和道德問題。第十八章討論的《美國民權法》（Civil Rights Act）即規定禁止任何對某一團體有負面影響測試的使用。一項名為「Reid Report」的誠實測驗遭到指控，而美國平等就業委員會與其它州立人權機構也發現該測試對於求職者根本沒多大的影響。從《美國殘障人士法》的角度來看，唯有在個人要到另一家公司工作時，公司才得以要求其員工進行體檢。美國平等就業委員會更規定誠實測驗並不屬於體檢的一部分，因此公司不得要求員工接受該測試；另外也規定唯有確定員工患有精神疾病後，公司才得以要求該名員工接受心理檢測。美國絕大多數的州法依循聯邦法對測試工具的限制，但是麻州與羅德島州的規定更為嚴格。麻州州法規定誠實測驗乃屬違法之行為；羅德島州更規定任何測試不得被作為挑選員工的最終依據。

　　儘管與誠實測驗有關之法律問題可能因為案例不同而有所差異，但是相關的倫理道德問題卻相當棘手。雖然誠實測驗可以幫公司找出行為不符合道德規範的員工，但是公司卻也因此必須付出代價，那些被標記為「行為不符合道德規範的員工」很有可能長久以來一直都是一名好員工。用統計術語來說，誣賴清白的人有罪稱為「型一誤差」（type 1 error）；誤認犯罪人無罪稱為「型二誤差」（type 2 error），而誠實測驗的本質不是型一誤差提高，就是型二誤差增加。因此，問題只會更糟而沒有任何實質上的幫助。總歸來說，誠實測驗的使用必須非常小心謹慎而且不能被用來當作是挑選員工之主要依據。

17.1.4 毒品測試（Drug testing）

「毒品測試」是一個廣泛的術語，包括毒品與酒精的測試以及雇主所懷疑的任何其它濫用藥品的測試。工作場所的毒品測試問題與測謊器和誠實測驗一樣，面臨著很多同樣的問題。公司方面認為，他們需要進行測試來保護自己和公眾的權利；而反對者認為，毒品測試並不準確，而且侵犯了員工的隱私權。

多年來，公司都沒有對員工或求職者進行普遍的毒品測試。據說，公司不貿然行動的原因有以下幾點：

- 道德/隱私問題。
- 測試不準確。
- 對員工道德的負面影響。
- 測試只能說明使用，而不能說明濫用。
- 成本高。
- 管理階層、員工與工會的反對。

然而，在過去的十年間，這種情形開始轉變。1987年，調查說明25%的員工表示接受過毒品測試。到了1993年，由美國管理協會所做的一項調查顯示，比例上升到了85%。然而，到了2000年，進行毒品測試公司的比例卻下降到67%，這種下降趨勢並不是毒品使用的情形減少，而是因為經濟不景氣，公司沒那麼多預算進行毒品測試所導致。Quest Diagnostics公司在半年進行一次的「毒品測試指數」（Drug Testing Index）調查中發現，美國職場中員工使用毒品的情形增加到4.6%，主要是因為員工吸食安非他命的情形增加所導致。

1. 支持毒品測試的理由

支持者認為，在工作期間濫用毒品的成本相當高，可能會發生事故、傷害、財產被盜、錯誤的決策甚至賠上性命等。那些由於錯誤可能付出生命代價的行業像是：鐵路、航空、太空、核電站、危險設備和化學工業等，他們也最關心毒品測試的相關手續。Edwin Weihenmayer是Kidder Peabody公司副總，這是一家本部設在紐約的投資銀行公司。他認為在他所處的這個行業進行毒品測試是必要的程序，「我們這一行，客戶將數十億美元的大筆資金委託我們管理，因此，時時保持頭腦清醒以做出正確的決策是很重要的」。因此，雇主進行毒品測試的道德依據是他們必須對自己的員工和一般社會大眾提供安全的工作場所、財產保護以及提供安全的商業交易環境。

2.反對毒品測試的理由

反對者認為毒品測試既是一個正當程序問題，又是一個侵犯隱私的問題。正當程序問題是指對毒品測試的精確度持可疑的態度。儘管一名測試商表示其精確度高達95%，但是一些醫生卻持不同的看法。例如：Tufts新英格蘭醫療中心臨床藥物學主任David Greenblatt醫生認為：「不準確的測試結果達到25%，甚至更高，這種測試基本上毫無價值可言」。此外，一些法律專家認為即使這種測試方法是可靠的，但卻也侵犯了員工的隱私。他們更認為部分公司試圖以此方式控制員工在家裡的行為，因此，這種測試就違反了憲法對人權的規定；因為員工在家使用毒品後幾天，甚至幾週內，這種測試都可以檢測出來。

毒品測試存在著許多法律問題：雇主有權知道員工是否有吸過毒嗎？員工在工作中的表現令人滿意嗎？很明顯地，這裡需要一個適當的平衡，因為雇主和員工同樣都有必須受到保護的合法權利。對於企業而言，這是一個相當新的問題，但是卻也是一個無法避免的問題。因此，如果公司正在進行某種形式的毒品測試，他們就必須認真思考如何訂定相關政策：這些政策不僅要滿足公司的目的，還要公平的對待員工，並且對隱私的侵犯降低到最低的程度。要達到這樣的平衡並不容易，但是仍要盡力而為。否則，後果是降低了員工工作的積極態度、產生愈來愈多的訴訟案件，而且政府會頒佈新的嚴格法規。

3.進行毒品測試的指導方針

如果管理階層認為有必要進行毒品測試來保護其他的利害關係人，那麼就應該認真設計組織的一些活動，以便將侵犯員工隱私權的可能性降到最低。以下這些說明將有助於公司訂定指導方針。

- 管理階層不應該懲罰或解雇某些拒絕接受毒品測試的員工，因為毒測結果並非完全正確。
- 只有在有正當理由懷疑某位員工或工作團隊濫用毒品時，才得以進行毒測。
- 毒測的重點放在員工在工作期間的行為，而不是休閒時的行為。
- 要告訴員工測試的方法和結果，並且為員工提供反駁測試結果的機會。
- 如果某一位員工初步被測出對毒品呈陽性反應，那麼就必須進行另一項試驗以進一步確定結果。

● 在所有的毒測中，員工的尊嚴和隱私權都應該受到保護和尊重。

的確，上述的指導方針也許不盡理想，也有一些其它的指導方針應該被納入。重要的是，在設計與進行毒測時，管理階層需要仔細思考其政策以及實施這些政策的後果。

4.州與聯邦立法

部分州與城市已經頒佈了法律或正在考慮立法，以限制在工作場所進行毒測。這些法律一般都規範了國營企業和私營企業採用毒測的範圍，並且建立起隱私與程序保護。這些法律並沒有完全禁止毒測，但是卻都限制了進行毒測的條件（例如，有正當原因）。美國已經通過毒品測試法的州包括：佛羅里達、佛蒙特、愛荷華、明尼蘇達、蒙大拿、緬因、康乃狄克、羅得島和北卡羅來納等州。這些州規定有正當懷疑理由的前提下才得以進行毒測，並且限制雇主可能採取的懲罰行動。美國其它州也正在考慮這種立法。由於各州立法內容與時間點都不盡相同，以致於雇主毒測程序變得複雜許多。

以聯邦層級來說，受到《美國殘障人士法》（ADA）保護的對象必須要被納入考慮，因為該法對殘疾人士的定義適用於毒品和酒精的嗜好者。《美國殘障人士法》嚴禁公司對這類求職者尚未提供就業條款前，先進行醫療測試。不過，雇用前的毒品測試是被允許的。費城職業律師Jonathan Segal建議雇主在進行毒測前，就該先進行就業條款，因為一個簡單的毒測問題很容易演變為一個醫療問題而引發爭議。他建議形成條款後立刻進行毒測，然後等到測試結果出爐時，再聘雇該員工。如果雇主想要解雇有酒癮或毒癮的員工與求職者，就必須證明這名員工或求職者會對他人造成直接的威脅。此外，如果某人因不準確的毒測失去了工作機會，那麼這家公司就觸犯了《美國殘障人士法》中有關於殘疾人職別的條款。

值得注意的是，聯邦政府現在要求對某些類別的員工進行工作期間的毒品與酒精測試。政府要求每年對25%的運輸工人進行隨機的酒精和毒品檢試，這些須受檢的工人從事的工作像是：貨車運輸、航空、鐵路和管道等與安全相關的工作。此外，聯邦政府也要求大眾傳輸工具的工作人員必須進行接受毒品和酒精測試，而且把測試的範圍擴大到州內的卡車司機和巴士司機。奎斯特國際公司（Quest International）發現，從1998年起，上述種類工作員工的毒品使用比例大約為2.5%，比起一般大眾的比例少了許多。

5.勞工輔導計畫

在處理日益增多的工作場所酒精和毒品的濫用問題時，美國公司採取的一個最重要的策略是「勞工輔導計畫」（Employee Assistance Programs，EAPs）。這一計畫絕大部分的內容起源於40年代、50年代及60年代對於工作期間酒精中毒的處理。到了90年代，這一項計畫已經擴展成包括其它的員工問題，例如：賭博上癮、經濟壓力、情緒緊張、婚姻困難、高齡化、法律問題、愛滋病以及其它心理、情感和社會的困難等等。這項涵蓋範圍更廣泛的計畫有個專門的名稱，稱之為「廣泛涉獵勞工輔導計畫」（broad brush EAP）。對勞工輔導計畫來說，2004年面臨最大的問題就是在中東地區部署大量的軍力對美國國內員工帶來的衝擊。不只是那些被派遣的美軍受到影響，他們的親友也連帶受到影響。因此「勞工輔導計畫」提供資源以協助那些身在異鄉的美國大兵能夠得到慰藉。

公司在處理這些嚴重的問題時，應採取積極、事前的「勞工輔導計畫」。「勞工輔導計畫」的設計理念是基於可信與非懲罰性，其中明確指出三個重要的觀點：(1)員工是珍貴的組織成員；(2)幫助有困難的員工比懲罰或指控他們更好；(3)能改過向善的員工便是好員工。令人鼓舞的是，隨著員工擁有愈來愈多職場相關的權利時，開明的公司能夠提供「勞工輔導計畫」以協助解決勞雇雙方的多重問題。更多有關「勞工輔導計畫」的資訊，可以上勞工輔導計畫協會的網站（網址：http://www.eap-association.org）查閱。

17.1.5　監控工作中的員工

以前，監督人員透過偷看發生什麼事來監督工人的工作進度。接著採用的監督方法是，管理人員透過攝影機和竊聽器等設備，來追蹤遙遠一方的員工正在做什麼。由於電腦的出現，現在，許多員工和人權自由激進份子極為關注採用新技術蒐集工作中員工的動態一事。他們會這麼在意此事不是沒有道理。在2001年的一項調查中，美國管理協會發現，高達82%的中大型企業採用了某種形式的員工監控（employee monitoring）技術。有些情況下，採用的方法較為被動，例如，在大廈內安裝攝影機。然而，絕大多數（高達78%）的企業採用更主動的監控員工的方式，例如，記錄員工通聯紀錄、閱讀員工的電腦檔案或是錄下員工的一舉一動。在短短的三年內，主動的監控活動就增加了一倍，所佔比例從1997年的35%上升到了2001年的78%。由此可見，雇主對員工的監督已經成為今日企業的準則。不過，結果就是，數以百萬計的員工時時都得在冰冷的電子儀器監視下工作。

1.能夠監控什麼？

根據美國管理協會的調查，63%的公司監控員工的網路連線紀錄；47%的公司先儲存而後檢閱員工的電子郵件。幾乎四家公司中就有一家公司，採用關鍵詞搜索來審閱員工的電子郵件。最常搜索的詞彙是有明確的性內容或淫穢言語（占70.2%）。企業搜索電子郵件的名義還有：以目前員工名義的佔18.3%；以客戶名義的佔16.3%；以賣主和供應商名義的佔14.4%；以前任員工名義的佔13.5%。在被調查的企業中，有43%的企業監控員工所打的每通電話與其所花的時間；38%的企業採用攝影監控方式。除此之外，管理人員也會以其它方式對員工進行監控。透過電子竊聽器對員工的電話通話進行監控就是一種很重要的方式。在電信、郵購室、飛機票預訂處和經紀公司工作的員工，特別受到這種方式的監控。監督人員不僅經常偷聽他們的談話，而且電腦也蒐集和分析這些員工工作習慣的資料。

如同先前在第八章所談到的，科技的進步無疑地給雇主提供更多更好的方式來監視其員工。例如：全球定位系統科技（GPS）的出現，讓雇主得以隨時掌握員工的行蹤。2003年12月，麻州鏟雪工人集體在該州議會大廈外抗議，表達他們對於要配戴全球定位系統接收器的強烈不滿。因為這些工人是獨立包商，害怕公路部門會以此而不公平地減縮其薪資。在私營企業方面，UPS快遞公司正考慮要在貨運車上的運送掃描機加裝全球定位系統，以便貨運司機能記錄收貨與運貨資料。此外，照相手機這項新科技未來也很有可能會被雇主利用。不過，已經有一些企業想要禁止在公司使用照相手機，因為害怕會有商業間諜的情況發生。

諷刺的是，就和許多其它的第三世界國家一樣，美國政府對於員工職場的隱私權相關保障法律可說是少得可憐。美國有關隱私權相關保障規章只有1986年通過的《電子通訊隱私權法》（Electronic Communication Privacy Act，ECPA），規定除非經法律承認或政府核准，否則任何經由未經授權或攔截的電報、口頭或電子通訊等管道取得資訊的行為乃屬違法。屬於法律承認例外之一就是企業用途，依企業用途為前提，以上述之管道取得資訊之行為屬於不違法；如得到某人同意，此行為也不違法。因此，有員工表示，該法根本就是在默認工作場所對員工的監視行為。由於《電子通訊隱私權法》規定很多的例外情形，所以，根本無法有效保障員工在工作場所的隱私權。此法唯一對員工的保障就是，雇主不得監聽完全屬於員工私事之電話內容。不過，話說回來，雇主還是得先監聽部分談話內容，才能確定此談話是否屬

於員工之私事。還有些州政府有某種形式的法規，規定雇主要讓員工知道公司的電子監視活動，包括：紐澤西州、麻州、加州、伊利諾州、明尼蘇達州以及阿拉斯加等。只有康乃狄克州有明確的法律，規定雇主在進行任何電子監控之前必須先讓員工知情。

美國對於員工在工作場所的隱私權立法總是一波三折。1993年，參議員Paul Simon（D-IL）提出《消費者及員工隱私法》，該法案試圖要建立資訊使用限制與建立取得資訊之管道。很可惜的是，該法案從未獲得國會一致通過。2000年，州議員Charles Canady（R-FL）與參議員 Charles Schumer（D-NY）聯手提出《電子監視法案》（Notice of Electronic Monitoring Act），就在該法快要成為兩黨聯合法案時，美國竟然爆發911恐怖攻擊事件，而後，該法案也就沒有下文。

2.受監控的後果

侵犯隱私權是監控員工的一個嚴重後果，另一個是不公平對待問題。在這種情況下，既然員工的工作努力程度能夠被測定，那麼他們就會被要求更高的生產效率，因而使其積壓過多的工作壓力與緊張。經常受監控所帶來的壓力也會使許多工作場所的員工精神低落，並有一種對於工作的不安全感。以下的數據更加證實員工對職場監視的憂心：根據2001年美國管理協會的一項調查指出，27%的公司解雇濫發辦公郵件或進行網路連線的員工，65%的員工因這些過錯受到了某些懲罰。

17.1.6　與隱私問題有關的政策指導方針

正如我們已經探討的各種隱私議題一樣，我們已指出為了努力回應員工利害關係人，管理階層應該考慮採取的各種措施。法律暨科技專家，《*The Naked Employee: How Technology is Compromising Workplace Privacy*》一書作者Frederick S. Lane III 制訂《員工隱私權法案》（Employee Privacy Bill of Rights）以作為訂定維護員工尊嚴的隱私權政策與程序的指導方針。為了維護員工權益，雇主應該：

(1) 在取得員工與求職人的個人資訊之前，先徵求其同意。
(2) 從事任何監視活動之前，先行告知員工。
(3) 訂定控管方案，以免資訊意外洩露。
(4) 限制與工作相關的醫療暨保健紀錄的蒐集與使用。

(5) 應先有合理的懷疑，才得以進行毒品檢測。

(6) 尊重與保留員工之家庭與個人休閒生活。

最後我們提出四點政策指導方針，Robert Goldstein 與 Richard Nolan 認為企業應該：

(1) 準備「隱私影響說明」（privacy impact statement）。目的就是要求企業分析各種系統（特別是電腦化的系統）產生對各種隱私潛在的影響。

(2) 創立一個綜合性的隱私計畫。此計畫的目的是從一開始就保證必要的隱私控制，並且能融入一個系統的整體設計之中。

(3) 訓練員工能夠保護自己的資料。要確定這些員工意識到保護隱私、特定程序以及應該遵循政策的重要性。

(4) 使隱私成為社會責任計畫的一部分。公司應該體認到，在設計和實施公司的社會責任時，他們對其員工負有內部責任並且不可忽視這一點。

企業對其員工、客戶及其他利害關係人的隱私保護已經慢慢變成一件很重要的議題。不出所料，一種新型態的職位順應而生，那就是隱私長（chief privacy officer，CPO）。這是一種職位較高的經理人員，負責對企業掌握的隱私資訊進行監控和保護。從 2000 年至 2003 年這一段時間，由於經濟不景氣，因此聘請隱私長的企業不多。擔任 Privacy Leaders（一家專精於隱私領域的搜尋公司）公司的執行長 Herman Collins 就表示：「過去幾年，由於大環境的不理想，因此很少企業聘雇隱私長，所以大家都不太知道他的重要性」。不過最近經濟復甦，公司開始重視與隱私相關的法律與規定時，隱私長一職即將成為注目的焦點。

17.2 職場安全

今日，職場安全愈來愈受到員工的注意。根據 2004 年 SHRM/CNNfn 的調查指出有高達 62% 的員工認為職場安全「非常重要」。與 2002 年的統計數據相比，該數據幾乎是之前的兩倍。美國人力資源管理協會（SHRM）會長 Susan R. Meisinger 也說過：「受到 911 恐怖攻擊與出兵伊拉克的影響，員工職場安全愈來愈受到重視。對所有員工來說，有一個穩定安全的工作環境似乎是他們最關切的事」。

保障員工安全暨健康的最主要法律就是《職業安全衛生法》（Occupational Safety and Health Act），該法要求美國勞工局訂定勞工相關安全與健康標準以保障勞工與其家人之權益。並規定任何從事跨州商業行為的私營企業都必須遵循該法下所制定的法規。至於監督美國勞工安全與健康的聯邦機構則為美國職業安全衛生署（Occupational Satety and Health Administration，OSHA）。圖表17-2列舉職業安全衛生署的職責。美國職業安全衛生署從2003年至2008年對策略管理計畫的目標為：

- 藉由直接介入，以減少職業危險情況的發生。
- 藉由提供協助、合作計畫與堅強的領導能力，以促使安全與健康的職場環境的產生。
- 藉由強化職業安全衛生署的功能與設施，以增加其效能與效力。

在本章節中，我們將檢視職場勞工的安全問題與必須熟知的相關保護法規。之後，將探討有關職業安全衛生署的困難歷程與其現今的局勢。最後，我們將看看有關職場暴力的案件，然後再回到勞工健康議題上，特別是有關愛滋病與職場吸菸的這些問題。最後，將討論如何締造一個家庭式友善的工作環境（family friendly workplace）。

17.2.1　職場安全問題

有兩件事可以作為職場安全問題的基礎。第一件事成為工作安全事件中的一個里程碑。在伊利諾州的埃爾克格羅夫山，底片回收系統公司（Film Recovery Systems）經營一家從醫院用過的X光底片和攝影底片中提煉銀的回收公司。為了提煉出銀，員工們必須先將這些底片放進一個有開口裝有氰化鈉溶液的大缸中，然後再把過濾的殘留物放到另一個大桶中。1983年2月10日，員工Stefan Golab搖搖晃晃地走出公司，然後突然倒下並且失去了知覺。急救失敗後，當地的醫療檢查人員宣稱他的死因為「急性氰化物中毒」。

伊利諾州庫克縣的律師們進行了縝密的調查，揭露了許多不為人知的細節：(1)這家公司的工人們甚至經常沒有穿戴最基本的安全設備；(2)工人們在充滿工業氣體的環境下工作；(3)公司的經理人低估了氰化物的毒性，並且把有毒的指示標籤任意撕除。檢察官根據伊利諾州的殺人犯法令指出被告「造成死亡極大的可能性或嚴重的身體傷害」。包括底片回收系統公司的總經理、工廠經理和領班共三位被指控為殺害Stefan Golab的兇手，並且被判刑25年。這是第一次經理人員因工安意外這樣的事件被指控為殺人犯。因此，

圖表 17-2 職業安全衛生署（OSHA）之職責

　　職業安全衛生署的職責是藉由訂定並執行標準、提供教育訓練與擴大之服務範圍、與其它機構建立合夥關係以及持續改善勞工職場之安全與健康，替美國的勞工朋友建立與加強職場安全暨健康的標準。

▶▶ 服務內容

　　職業安全衛生署與其它州立機構共約有 2,100 位檢查員以及檢視職場歧視調查員、工程師、醫師、教育人士、標準訂定人與其它遍佈全美 200 家辦事處的科技和支援人員，為眾多勞工朋友們提供廣泛與專業的諮詢服務。這些專業人士建立保護標準並努力推動這些標準能實際執行，再藉由科技協助與諮詢方案，來協助勞雇雙方達到規定的職場安全暨健康標準。

▶▶ 服務對象

　　我們服務的對象幾乎遍及每一行業的每位勞工朋友（除了採礦、大眾運輸、公務人員與其他自雇人士不包含在內）。其餘接受職業安全衛生署服務的對象包括：職業安全與健康專業人士、學術單位、律師、新聞媒體工作者與其餘政府實體的工作人員。

▶▶ 改善服務計畫

　　職業安全衛生署試圖以有限的資源達到最大的效應，希冀能刺激勞雇雙方熱烈參與廣泛的職場安全及健康計畫。

▶▶ 檢視成果

　　職業安全衛生署深知自己對社會大眾的職責，因此希望能檢視我們的服務品質以成為一個成功的機構。我們的第一步就是要傾聽每一位顧客的心聲，藉此方式瞭解勞雇雙方是如何看待我們的服務。

　　由於職場檢視是職業安全衛生署主要的活動之一，而且自願改善工作環境品質需要強而有利的推動，因此，我們的調查著重在職場檢視過程。我們隨機抽檢最近受到職安衛生署檢查的員工與雇主，詢問他們對於該檢查的意見、對於職安衛生署的標準以及對其它教育與協助活動的意見為何。

▶▶ 服務標準

　　從勞雇雙方的意見、面談與對全國各領域工作的勞工朋友們的訪談內容中，職安衛生署得以改善其標準。

　　我們的公共服務改善計畫會一直持續下去。我們也會持續蒐集沒有包含在當年度調查中對職安衛生署服務品質的意見，特別是對於我們建設部分的意見。2005 年，我們計畫要更加積極得知大眾對於我們服務與諮詢的品質為何。

資料來源：http://www.osha.gov (2004).

該案件形成管理人員對工作安全承擔責任的一個新紀元。在此案件之後，各種對經理人員的起訴案例叢生。自此之後，我們瞭解在安全的工作環境工作不僅是員工的道德權利，而且如果管理人員不能保證員工受到保護，那麼他們也將面臨被起訴的命運。

第二件事情發生在1984年，印度博帕爾的聯合碳化物工廠（Union Carbide）有毒氣體外洩造成很嚴重的傷亡。死亡人數高達2,000人，有數以萬計的人受傷。全球的人們為工業事故可能造成的後果感到震驚萬分。訴訟賠償金額很快地就比這家公司的事業淨值還高。1991年，印度最高法院裁定該工廠必須賠償4.7億美元，而這家公司也已經支付這筆錢；法院並且免除在1989年對這家公司的刑事起訴。從此之後，聯合碳化物工廠就一直脫離不了災難纏身。到了2001年，該工廠被道氏化學公司（Dow Chemical）併購。

當然，並不是所有的危險都是可以預期的。2001年，世貿大樓遭襲，全世界的人都感到震驚不已。這一悲劇發生後不久，很多人想知道，這件事對世界最大一家經紀與投資公司摩根史坦利的影響究竟有多大。這家公司是世貿中心最大的承租人，在該大樓中有多達3,700名員工。令人驚奇的是，因為此悲劇而失蹤的員工不到10人，而報導受傷的員工也只有50人。公司官員把能夠挽救這麼多員工性命的功勞，歸因於世貿大樓於1993年遭受炸彈襲擊後，這家公司所擬定出來的撤退程序。儘管當時大樓的公共通信系統告知員工繼續工作，不用擔心，但是，這家公司的安全員仍然利用擴音器通知員工趕緊離開。他們讓員工撤退到煙霧瀰漫的樓梯，然後離開了世貿中心。1993年發生的爆炸事件讓摩根史坦利正視自己的弱點，並且採取了必要的措施儘可能地保護更多的員工。雖然這個世界充滿變數，但是，像摩根史坦利公司能如此記取教訓，並且對未來加以防範的例子，值得每一家公司向其學習借鏡。

17.2.2　知情權法律

受到聯合碳化物公司的悲劇和其它較輕微的工業事件的影響，勞工們要求要更瞭解在日常工作場所會接觸到成千上萬種的化學和危險物質。專家們認為，雇主有義務向員工提供工作場所危險化學物質的資訊，並且要確定員工們都瞭解這些資訊意味什麼。自80年代初期，許多州政府都通過了知情權法（right-to-know laws）；並且透過員工、甚至社區，擴大了社會大眾接觸這種資訊的途徑。雖然是由這些州政府帶頭訂定知情權法，不過職業安全衛

倫理的實踐

倫理價值怎樣變化

在聖誕節休假期間，我受雇於位於一個小鎮的ABC公司，該公司為生產防漏物質加工企業。幾乎沒有受過任何教育的Jim Wilson，受雇於該公司的運輸部門工作。公司也培訓他成為一位攪拌工，萬一混合攪拌部門有人辭職、去度假或遭解雇，他可以替代上場。Luis Alberto當時約58歲，是這家公司的包裝工。基本上，包裝工的工作就是操作機台，把水性填封膠裝進藥筒內，然後再把管筒彌封，之後把這些每個10盎司重的藥筒以12個或24個為一箱包裝好。Luis的養女也在這家公司工作，她是這家公司實驗室的藥劑師。她站出來大膽為Luis抱不平，甚至告訴管理階層，應該要為Luis加薪。

在聖誕節休假前，攪拌工人Jim辭職了。Jim負責的工作很辛苦，所以沒有多少人願意接這個位置。Jim的主管還對他說：「由於你沒有高中文憑，又不識字，所以你根本找不到其它的工作；如果你不幹這一行，你就等著餓死吧」。

Luis的主管也沒有對他說過這一個職務的辛苦。Luis的養女確信，主管會在Luis不在場的情況下才公開這職務的秘辛。由於知道了這一特殊工作的危險性，她認為最可疑的是Luis竟沒有被告知這一職位的危險性。也許對於Jim Wilson這樣的工人來說，他只能做工廠中最髒的工作，但卻也不能抱怨什麼。

(1)在ABC公司的這種情況下，涉及什麼道德規範的問題？

(2)如果涉及道德規範問題，那麼應該實施什麼樣的程序？

(3)Jim有什麼選擇？他應該怎麼樣做？為什麼？

(4)如果把員工視為公司利害關係人，讓你來評論一下這種情況，那麼你會做什麼？為什麼？

（由Mystro Whatley提供）

生署（OSHA）也有其計畫。1983年，職業安全衛生署制訂了《危險物通告標準》，並於1985年開始生效。該標準要求有關的雇主能夠識別工作場所的危險化學物質，並且向員工提供這些物質的資訊與其危險性。具體地說，製造商，不管是化學物品製造商，還是化學物品的使用者，都必須採取一定的措施以符合該標準。這些措施說明如下：

(1) 定期檢查工作場所裡的危險化學物質的庫存。

(2) 提供包含所有危險物質在內的物質安全資料表（MSDSs）。

(3) 保證所有的容器和危險化學物質都貼上適當的標籤。

(4) 為工人提供使用危害物質的訓練。

(5) 準備並且妥善保存公司危險物質通告計畫的書面資料。

(6) 考慮到有關商業機密的任何問題，《危險物通告標準》可能會要求公開這些資訊。

(7) 檢視州法對公開危險物品的要求。

除了知情權法律外，員工還有某些按照法律由職業安全衛生署提供與職場相關的安全和健康權利。正如我們在前面章節所探討過的，勞工們理所當然有權要求工作時安全與健康方面的權利。圖表17-3清楚說明了職業安全衛生署有關勞工的職責與權益。

圖表 17-3　職業安全衛生署提出的勞工安全與健康方面的責任與權利

- 每一位勞工必須遵從由職業安全衛生署所提出的每一項標準、規則、法規與秩序。
- 每一位勞工有權利用安全設備、個人保護設備，以及其它由職業安全衛生署所提供的保護設備與程序以維護個人安全。
- 每一位勞工有權向相關主管機關通報不安全或不健康的工作情形或環境。
- 每一位勞工有權參與職業安全衛生署所提供的相關職安活動。

資料來源：http://www.osha.gov (2004).

17.2.3　美國職業安全衛生署（OSHA）的歷史

成立於1971年，從一開始，職業安全衛生署就因其艱鉅的任務而處於困境——僅僅只有幾千名巡視員，卻要監控數百萬工作場所的安全與健康。

1. 挑剔的規則

早些年前，OSHA給自己增添麻煩，頒佈了一些規則和標準。而這些規則和標準與較大的健康、安全問題相比似乎是微不足道。直到1978年，OSHA才決定剔除一些挑剔的規則。其中的一個例子是，要求電話公司只能向線務員提供這樣的安全帶：「其中短小突出的部分必須延伸到用鉗子或工具袋固定的每個D型環下部至少1.5英寸以及環外部3英寸……每條安全帶的工具圈不能多於4個」。這麼麻煩的規則與標準使OSHA的信譽受到質疑。縱使在1978年已經廢除了至少928個這樣的規則，但是，OSHA仍然有很多像這樣找人麻煩的規定。

2. 有污點的紀錄

這些年來，OSHA的紀錄一直是有污點的。80年代中期的某一年，工作場所的受傷、患病及死亡率在前幾年歷經大幅度下降之後開始攀升。導致這種逆轉現象的原因很多，但並不是都是OSHA造成的。80年代初期，經濟相當不景氣，因此，公司在健康與安全方面的支出大幅減少。隨著經濟的復甦，很多雇主雇用沒有工作經驗的工人，使得職安事故數量增加。此外，雷

根政府不再強調操作紀律與安全規則的實施，同時雇主也把重心放在提升競爭力上，因而犧牲安全與健康。

3.恢復活力的OSHA

像我們討論過的許多聯邦機構（FTC、FDA和CPSC）一樣，在後雷根時代的80年代後期與90年代初期，OSHA也煥發出新的活力與熱情。而OSHA活力的恢復正好在一個適當的時機出現，因為在1988年，勞動統計局宣佈，自1983年開始，勞工受傷率就開始不斷上升。官員們承認，該比率增加的部分原因在於統計結果更為精確。

由於一位新任的執行長上任以及預算的增加，OSHA採取重大的行動來對抗這方面問題較嚴重的雇主。但是，OSHA持續宣稱在國會與大眾的強烈期望下，所要做的事情很多，但是，預算和工作人員都極為不足。一位觀察家曾指出，環境保護署（EPA）的預算遠遠超過OSHA預算的21倍。此外，在某些州，對於誰有權負責工作場所的安全問題上，OSHA與州級巡視員常

倫理的實踐

OSHA的意外造訪

暑假期間，Mark Price在喬治亞州雷多格市當地一家製造工廠工作。炎熱7月的某一天，Willie Truit與Mark接到了這家工廠經理秘書的電話，授權他們去處理一批單體物質（一種危險物質）。秘書要求他們把這些廢物移走，不讓巡視員看到。Willie與Mark用袋子把這些廢物裝好，然後倒在垃圾堆中，Mark也不停質疑為什麼他們要這麼做。因為不當處理危險物常常會受到重罰，像這樣的行為大約要被罰款20,000美元。

Mark問Willie，如果他們不做被要求要做的事，他們會有什麼下場。Willie說，他們身處在一個自由解聘的州，如果他們不依照命令辦事，那麼下場肯定就是被解雇。OSHA的巡視員問Mark，是否接受過處理危險物質的培訓，是否被要求做那些正常工作之外的事情。沒有穿合適的制服且不適當地處理這類物質會嚴重危害Willie和Mark的人身安全。當然，這也會危害接觸這類物質而沒有進行適當處理的任何人。

(1)如果Mark不執行交給他的任務，他還能保住這份工作嗎？由於他工作在自由解聘的環境下，他就會失去工作嗎？

(2)如果是你處在這樣的一種道德困境中，你會做些什麼？

(3)對於OHSA巡視員提出的問題，你應該怎麼回答呢？

（由Mystro Whatley 提供）

常起衝突。1991年，北卡羅來納州發生的一件大事正好得以說明此衝突情形。家禽加工廠的一場大火，造成25名員工的身亡。這一事故之所以發生，是因為這一家工廠的管理人員，為了防止偷盜而在緊急出口處上鎖。員工們說，加工廠沒有任何火警出口，沒有緊急灑水裝置，也沒有進行過任何的滅火訓練。甚至長達11年來，沒有任何政府機構對這家工廠進行安全檢視。有些人為此而責備州政府；而某些人則是責備OSHA。無論如何，很明顯的就是，沒有足夠的巡視員來處理所有的問題。因此，工作場所的安全問題就重重地落在企業自己身上。

1995年，OSHA致力於通過協商性規則來制訂企業的安全標準。以擅於調解著稱的OSHA前任執行長Charles Jeffress在他接管OSHA時，仍然繼續調解工作。但是，OSHA在改革方面的努力卻遭到了勞工領袖的批評，他們認為OSHA最關心的是自身機構的運轉，而不是勞工的安全和健康。甚至美國商會也表達質疑的看法，它認為OSHA把太多的精力放在改造自己不良的形象上，而不是放在降低受傷和患病比率上。儘管大眾相當需要OSHA這一個機構，但是，OSHA如何有效地滿足其需要的方式還有待觀察。2004會計年度，編派給OSHA的員工人數僅有2,200人，其中包含1,123名的巡察員，編列預算為4億5,750萬美元。

大眾對於OSHA的成效褒貶不一。有人認為OSHA確實善盡其責，有些則否。針對部分指責，OSHA提出統計數據以表明其在職安問題上的整體成效。OSHA指出，自其成立於1971年至2001年，職場死亡案例減少至少60%，而受傷與患病事件也減少40%。然而，由《紐約時報》的記者David Barstow最近披露的新聞最能一窺事實究竟。記者Barstow發現自1982年至2002年為止，OSHA調查1,242件員工職場死亡案例，而OSHA指稱這些死亡案例的發生是因為雇主「故意違反安全措施」。其中有高達93%的案例，OSHA甚至拒絕對該雇主進行起訴，也有70%依舊我行我素的雇主仍然逍遙法外。即使在一些受害人是年幼無知的青少年的案例中，OSHA依舊沒有與該雇主對簿公堂。雇主這樣的行為已經導致了嚴重的傷亡，而行政法官也指責這種行為為「蓄意犯罪」。

OSHA將202家公司對職安議題的做法，從「故意違反」變成「未經分類」。但是，這樣並沒有實際解決問題，只是讓雇主更有合理的理由能不負責任。OSHA這麼做的用意到底為何呢？OSHA前任地區行政官 John T. Phillips說：「這是因為OSHA懦弱怕事與政治因素介入所導致」。記者

Barstow更指出2,197死亡案例中，雇主被罰對OSHA民事賠償1億600萬美元，而全部案例加起來「總共」才判刑不到30年。其中的20年刑期是屬北卡羅來納州家禽加工廠大火造成的25名死亡案例。以賠償金額來看，WorldCom公司被判賠償7億5,000萬美元給受害投資人；從刑期來看，就2001年，環境保護署提出控告的總刑期年數達256年。在在顯示出OSHA仍須反省與努力。

除了負面新聞不斷，大部分的人都不奢望OSHA在不久的將來會有什麼實質上的變革。產業觀察家認為，OSHA的議程充其量不過是「不痛不癢」的內容，與大眾希望的「主導」形象相差甚遠。美國勞工總會與產業勞工組織（AFL-CIO）的職業安全與健康主席Peg Seminario認為：「OSHA並沒有制訂任何『意義重大』的法令，就算有，在布希總統的團隊下也不會被採納」。

17.2.4　職場暴力衝突

職場暴力衝突的問題日益嚴重，也讓管理階層人員很傷腦筋。《財富》雜誌對1,000家公司進行一項名為「最大的安全威脅」的調查，揭露了這一問題的嚴重性。而公司的安全經理們也把工作場所的暴力情形列為當務之急。根據美國職場暴力研究所（Workplace Violence Research Institute）的報導，平均每一天發生的暴力事件為16,400起，受到襲擊的勞工為723人，受到騷擾的勞工數量更達到43,800人。根據OSHA的相關資料指出，每年有一千多名勞工在工作時間遇害。另外，根據美國司法部的報導，每年都有約200萬名工人受到暴力的襲擊和威脅，而且，有1/4的全職勞工受過騷擾、暴力的威脅和襲擊，並且絕大多數的騷擾都是來自於同事。2003年，對於280家企業所進行的調查更指出，大部分（43.6%）的職場暴力加害人都是自己公司的現任職員，前任職員佔22.5%。把對家庭暴力的怨氣加諸在職場上的加害人佔22.5%，12.5%的加害人是來自於公司的顧客。

正如一位作家敏銳地指出：「暴力已經從城市蔓延到郊區，從暗淡的小巷到陽光下的校園。它惡毒的陰影很快就會蔓延整個工作職場」。另一位觀察家作出這樣的總結：「職場暴力是美國公司的一個新毒瘤」。

1.職場暴力受害人

每年約有200萬名美國勞工成為職場暴力的受害人。雖然沒有任何一位

勞工能倖免，但是，有些勞工卻成為職場暴力的高危險群。根據OSHA的調查，職場暴力的高危險群勞工包括：

- 在金融機構任職的勞工。
- 載運乘客運送貨物或提供服務的勞工。
- 單獨或小群體工作的勞工。
- 在深夜或是清晨工作的勞工。
- 工作性質與大眾有較多接觸的勞工。
- 在高犯罪率地區工作的勞工。

職場暴力的高危險群勞工並不是唯一會受到影響的目標，對於那些受過暴力威脅的員工而言，不僅是他們的親友會受到影響，其餘倖免員工的感受也好不到哪裡去。甚至有些僥倖逃過一劫的員工，之後還要經歷長達好幾年的陰影。有些員工因此害怕工作，有些甚至嚴重到想要辭職。這些員工的腦中會不斷重現之前目睹的恐怖暴力畫面，而且無法忘懷。行銷主管Victoria Spang就曾親身經歷一場職場浩劫。她所任職的法律事務所的一名員工曾攜帶危險武器進入公司，8人因此罹難，6人受傷。當時，Victoria躲在人事室逃過一劫。她說：「沒有人會忘記那件悲劇。當我們每天經過公司的每個處室時，都會引起我們的恐怖記憶。我想，那件事永遠都無法抹滅」。

不僅如此，公司的形象也會大受影響。以美國郵政服務中心（U.S. Postal Service）為例，由於心懷怨恨的郵務工作人員犯下一連串的謀殺暴行，使得人們開始用「變成郵差」（描述一個人發怒而失去控制的情況）這樣的俚語來諷刺郵差，而該俚語讓美國郵政服務中心很不是滋味。儘管後來郵政中心委託調查，郵務工作人員並不是最容易會發生職場暴力的對象，但是，該俚語依然如影隨形的跟著郵政中心。

2.公司的回應

公司是如何回應工作場所的這種新危害呢？研究職場暴力的專家強調事前預期危機的重要性，並且要訂定特殊的程序好讓員工能夠報告潛在的危機，以便公司能夠做出具體的回應。一些公司已經決定，把職場暴力歸屬在一個現存監督員工事務的部門來進行管理。其它的公司甚至決定採取更積極的事前預應策略。例如：郵政服務中心已經訓練出一個9人的調解團隊，一旦緊張情勢升高，這些人就會分派到該郵局以解決衝突。郵政中心對應職者也更加小心，並且鼓勵在職員工透過熱線電話，通報那些被認為是危險的員

工。而杜邦公司的個人安全計畫是一個綜合性的保護計畫，其中包括法律顧問、研討會與24小時專線來共同協助解決職場的暴力事件。杜邦公司和郵政服務中心都宣稱，它們的計畫很成功。在本書的圖表17-4中，列舉了OSHA給雇主該如何解決職場暴力事件以及如何保護其員工的建議。

一個好的利害關係人管理會正視職場的暴力問題事件。直到最近，公司才實行相關安全措施。但是，這些措施在將來會變得更加重要。此外，各企業應盡快擬定因應危機的計畫以及長期改善職場的安全性。

圖表 17-4 OSHA建議該如何預防職場暴力衝突事件

雇主所能提供的最好的保護就是不輕易地饒恕每一個職場暴力衝突事件。雇主應建立預防工作場所暴力計畫，並將其納入公司現有的預防意外計畫、員工手冊或是標準執行程序手冊裡。很重要的是務必做到每一位員工都能夠瞭解該計畫，並且也要讓員工瞭解公司會秉持嚴格調查與細心補救每一件暴力事件的精神。此外，雇主還能提供其它的保護措施，例如：

(1)提供員工安全教育知識，以便讓他們瞭解什麼樣的行為有暴力徵兆；如果目睹或經歷職場暴力，該怎麼應變以及如何保護自身安全。

(2)加強職場安全。如有可能，雇主應添購監視器材、加強工作場所的照明設備以及設置警報系統。另外，藉由使用員工識別證、電子鑰匙與警衛巡邏等措施來預防外人闖入。

(3) 定期取鈔。避免在入夜後與深夜時間，收銀機裡有太多的現金。

(4)對外地工作人員提供手機與手拿式警報器，要求他們準備每日工作計畫表，並且隨時向相關人士報告其目前的行蹤位置。同時也要確保公司提供的交通工具能正常行駛。

(5)警告員工不要進入任何感覺異樣的場所，並且提醒員工在經過危險場所或是在入夜後，應結伴同行或是尋求警方護送協助。

(6)雇主應與家庭醫療護理人員合作，制訂定期到員工家中訪問的公司政策與程序。記錄訪問的過程、到該家庭造訪的人士與訪問期間察覺的異樣等。

資料來源："Workplace Violence," *OSHA Fact Sheet*, http://www.osha.gov.

17.3 職場的健康權利

在這個頗具健康意識的年代，不難想像，美國的企業對健康議題變得非常敏感。為了努力控制每年以10%的速度上漲的健康支出，某些公司採取了一些很激進的政策，其中有一些政策頗具爭議性。吸菸與愛滋病這兩個議題特別受到關注。像我們探討過的其它問題一樣，這兩個問題也涉及員工權利、隱私權與正當程序問題。

17.3.1　在工作場所吸菸

　　美國工作場所的吸菸問題，在80年代開始成為一項重要的議題。在工作場所禁菸的概念源自於社會普遍對吸菸的反感。許多的反菸情緒於1984年更為具體，因為美國的衛生部長C. Everett Koop在這一年號召建立一個無菸的社會。1986年，部長指出吸菸者不僅會傷害自己，也會傷害到他們周圍的不吸菸者；這些不吸菸者經由呼吸空氣間接吸到了二手菸，因而其健康也會受到傷害。Koop認為，該論點的證據是「醫學資料證實：不吸菸者由於處在抽菸的環境中，也會增加得到疾病的風險」。為了證明此觀點，美國國家科學院的一項研究估計，美國每年因吸入二手菸而得到肺癌致死的人數高達2,400人。

　　需要控制工作場所吸菸的證據持續被揭露。2001年刊登在《職業健康與環境醫學》的一項研究中，對蘇格蘭周遭有同事吸菸的不吸菸者進行調查。將研究對象的年齡、身高、性別以及社會經濟地位進行統整後，研究結果顯示，在工作場所吸二手菸者的肺功能受到嚴重的影響。在吸菸最嚴重的工作場所，工人肺功能下降的程度是在沒有吸菸環境下得此病工人的三倍之多。根據美國肺科協會的統計，一位吸菸的員工因直接或間接的健康問題，每年至少要花上公司1,000美元。除此之外，因吸二手菸導致疾病或因而無法工作之員工得以獲取公司賠償補助、失業與殘障的津貼。

公司的回應

　　儘管直到多數大眾強烈反對吸菸時，各公司才開始行動，但是，它們很快地就採用限制吸菸的政策。而公司也漸漸體認到，雇用吸菸者將要付出較高的保險費與曠工率成本。一個非營利的宣傳組織，紐澤西州反吸菸污染團體（Group Against Smoking Pollution，GASP）的執行董事提出，為什麼剛開始公司在限制工作場所吸菸方面的行動有所遲疑呢？這位執行董事說，絕大多數的反吸菸政策要經歷三個階段。第一個階段，管理階層非常憂慮；第二個階段，計畫進行得比管理階層原先所預期的順利許多；最後一個階段，管理階層會獲得來自很多員工的正面反應。

　　當期人口調查（Current Population Survey，CPS）對工作場所吸菸進行調查。1992至1993年間，不到一半的受訪者表示，公共場所或辦公室場所正在進行限制吸菸。到了1996年，不吸菸的工作場所佔的比例已經超過63%了。2000年，美國疾病管制局（Centers for Disease Control and Prevention，

CDC）對17個州和哥倫比亞特區上班的成人進行一項工作環境吸菸比例的調查。發現92.3%的受訪者認為：在公共、共同的或工作場所都有所謂的吸菸管制政策。而那些受過高中教育或更高等教育的受訪者，更有可能擁有一個無菸的工作環境。CPS與CDC的數據雖然無法直接比較。但是，很明顯地，會有更多無菸工作環境的出現，對於那些受過高中教育或更高等教育的員工來說更是如此。

2002年的一項調查更確定無菸工作環境的好處，就是除了能減少被二手菸毒害的員工人數之外，還能幫助一手菸者戒除這種壞習慣。Caroline M. Fichtenberg與Stanton A. Glantz 檢視了26項有關職場吸菸的研究調查，發現在禁菸的工作環境裡吸菸者人數減少了大約4%，而在該環境下的吸菸者每天平均少抽3根菸。無菸工作環境的推廣與身處該環境下逐漸減少的吸菸人數，兩種結果融合在一起，造就香菸使用比例減少29%的成效。為了達到相對減稅，美國因此提高香菸課稅為每包3美元。Fichtenberg與Glantz也對限制吸菸（有些提供專屬吸菸區）的工作場所進行研究，發現比起全面禁菸，限制吸菸的成果不到一半。很有趣的是，該項調查計畫還廣為菸草產業所知。Fichtenberg與Glantz引用菸草產業自行進行的調查內容：Phillip Morris（世界最大菸草公司之一）的內部文件內容：「溫和的工作場所限制，例如：只能在指定區域內吸菸，比起工作場所全面禁菸，對戒菸率的影響小得多，對菸草消費量的影響也很小」。

17.3.2 職場的愛滋病問題

近年來，由於醫學的進步，使得我們對後天性免疫不全症候群（acquired immune deficiency syndrome，俗稱愛滋病）有更突破性的治療方式。儘管罹患愛滋病死亡的人數有下降的趨勢，但是，愛滋病仍居美國職場年齡層25至44歲（約半數的勞工年齡）勞工的前十大死因之一。美國疾病管制局（CDC）企業與勞工愛滋病應變計畫（BRTA/LRTA）的共同主席Peter J. Petesch表示：「我們身處在一個政府對愛滋病議題不夠重視的年代，因而導致愛滋病新案例的不斷增加」。政府的不積極態度與鼓勵大眾進行愛滋病檢測（AIDS/HIV）的呼籲，使得愛滋病一直成為雇主心中最重要的議題。

公司的回應

當愛滋病在80年代早期最先出現時，企業界還不清楚，應該為那些診斷出感染愛滋病的員工負起怎樣的責任。1986年，美國司法部裁定，如果雇主

的機動是為了保護其他員工，則公司可以合法地解雇被診斷患有愛滋病的員工。然而，到了1987年3月，裁定結果大翻轉。當時，聯邦最高法院裁定，罹患傳染性疾病的員工可與殘疾勞工受到不得在工作場所受到歧視之《1973年復健法》（Rehabilitation Act of 1973）的保護。隨著《美國殘障人士法》（ADA）的通過，愛滋病得到了認可，並被列在殘疾的項目中。

證據顯示，企業愛滋病相關的計畫數目正在下降之中，在美國國家愛滋病基金會（NAF）近期的一項調查顯示，22%的公司有愛滋病認知計畫，與1992年28%的比例相比，下降了6%。公司為此忽視付出了很大的代價，也就是有愈來愈多的相關訴訟案件指控這些公司。第一個案例是美國平等就業委員會（EEOC）代表一位愛滋病人對Nippon快遞公司提起訴訟。一位住在芝加哥的男士成功地起訴了他的雇主對愛滋病患者的歧視。這家公司被指控常常指派這位患有愛滋病的員工做一些無關緊要的工作，把他辦公室的電話撤走，並且禁止他與同事談話。在這家公司工作長達6年的員工說，同事們都看不起他，並且給予無情的批評。判決結果要求這家快遞公司支付16萬美元的傷害賠償金、捐款2萬5千美元給愛滋病研究機構，並且要訓練公司管理階層如何處理被診斷患有愛滋病或感染HIV病毒的員工。此外，在2004年，平等就業委員會認為有足夠的理由相信太陽馬戲團（Cirque de Soleil），因歧視一名感染HIV病毒的特技演員，而將其開除。該馬戲團已同意重新聘雇該名特技演員，並且盡快擬定反歧視政策，讓所有感染HIV病毒的演員都能繼續表演。但是，在本書成書期間，上述之承諾都尚未兌現。另一則案例是，一名麥當勞（McDonald's）員工Russell Rich宣稱受到公司要求他辭職的壓力，只因為他的愛滋病檢驗報告結果仍未證實。2001年，民事法院（common pleas court）判決麥當勞應賠償該員工500萬美元，但是，到了2003年，上訴法院扭轉了這項判決，認定麥當勞公司未受到公平的審訊，因此排定該案再審。

伊士曼柯達（Eastman Kodak）公司就是一家具有完善處理職場愛滋病議題政策的公司。自從1988年開始，該公司就已經提供有關HIV/AIDS的一般教育與相關認知方案，還有為直接處理HIV相關議題的經理人員安排特殊的訓練課程。該公司指出，絕對無法容忍職場歧視愛滋病的情況發生，並且將任何違反公司HIV/AIDS政策的員工予以開除。以下的內容是診斷出感染愛滋病的柯達公司員工所寫的，節錄自該公司的訓練手冊：

剛開始，我震驚、膽怯並且害怕，我整個人都要崩潰了。得到愛滋病的恥辱降臨到我的身上，我不知道該如何反應，或者該告訴誰，還有該信任誰……我的大腦一片混亂。但是，我遇見了一位小姐Lydia Casiano，和她說話完全沒有負擔。她在柯達公司的人事關係部工作。她讓我信任柯達公司的隱私政策，並且告訴我，我的工作是穩定的！……今年我升職了，而且公司提供了很多機會讓我自己和我的工作場所得到改善。我們這裡的所有（部門）員工都接受了培訓，我已告訴每個人我有這種病。目前，由於公司管理人員和全體職工的共同努力，我工作在一個對HIV感染者友好的環境中。

其它還有一些提供公司HIV／AIDS因應計畫知名的企業，像是：國際商業機械公司（IBM）、李維‧斯特勞斯公司（Levi Strauss & Co.）、美國籃球協會（National Basketball Association，NBA）和寶麗來公司（Polaroid）等。

那些在發展中國家設廠製造的企業特別容易受到愛滋病的衝擊，現今愛滋病的疫情已經遠遠超過13世紀遍佈的鼠疫與1917年的流行性感冒疫情。根據聯合國愛滋病組織（UNAIDS）的統計，全球感染HIV的人數高達4,000萬人。根據美國波士頓大學公共衛生學院國際衛生學系（Boston University School of Public Health's Center for International Health）的研究學者計算企業對愛滋病的支出、預防與治療染病員工的開銷，以及落實公司預防與治療計畫所得到的利益。他們發現：有效落實公司預防與治療計畫所得到的利益遠遠超過前兩項的花費，對大部分的公司而言，付出都有收穫。對公共衛生有益的措施對企業來說當然也是相當有助益的。

由美國疾病管制局和企業界共同發起的企業愛滋病應變計畫（Business Responds to AIDS，BRTA），協助公司訂定有效政策來因應職場上的HIV/AIDS問題。BRTA建議，公司建立的綜合因應方案至少要包括以下的五點內容：

(1) 工作場所政策。
(2) 培訓（針對管理人員、監督人員與工會領導人）。
(3) 員工教育。
(4) 家庭教育。
(5) 社區的介入。

在愛滋病問題上，公司應該怎樣回應員工利害關係人呢？公司應該密切注意那些患有愛滋病員工的需求。此外，公司應該進行教育訓練，以便讓所

有員工都明白，一般的接觸是不可能會感染愛滋病的。如果管理人員不徹底而且持續地參加教育訓練，他們就永遠無法克服對愛滋病的偏見與恐懼。

公司也要非常注意有關愛滋病方面的隱私和正當程序，因此，非常重要的是，公司要在愛滋病病例尚未在公司出現之前，就預先制訂處理此類病例的政策。而管理人員也需要接受有關如何處理愛滋病病例的培訓。各公司要謹記在心：愛滋病政策的制訂不是一時順應潮流的產物，而是要把它視為處理整個公司的職場健康、安全、隱私與員工權利策略的一部分。

17.3.3 對家庭友善職場環境

近年來，職場員工愈來愈不願意把所有的時間花在公事上，而傾向多花一點時間陪在家人身邊。從最近的兩項調查可以發現這種趨勢：第一項調查統計，年齡在20至39歲的員工而且認為家庭生活是工作以外最重要的人，男性佔82%，女性佔85%。另一項調查顯示，90%職場工作的成人認為他們花在家人身上的時間相當不足。而許多的觀察家也認為，由於911恐怖攻擊事件的發生，讓許多人重新檢討他們的生活模式與生活的重心。因此，企業正在尋求多樣的方式讓員工能達成工作/家庭平衡（work/life balance）的目標，也就是讓員工的私人與專業生活能達到相等的狀態。

儘管許多人認為，公司推出工作/家庭平衡的方案只是為了能有效留住員工的心與順利招募新員工。但是，這些公司辯稱他們這麼做只是為了員工的心理健康著想而已。總之，不論是基於為員工著想，還是為了企業的利益，今日的職場的確是對家庭愈來愈友善了。根據美國人力資源管理協會（Society for Human Resources，SHRM）2003年的福利調查（Benefits Survey）指出，提供對家庭友善（family-friendly）福利公司的比例正持續地增加當中。調查結果發現，前五大對家庭友善福利（以及提供該福利的公司比例）項目為：

(1) 依賴照顧醫療開支帳戶（dependent care flexible spending accounts）（71%）。
(2) 彈性工時（55%）。
(3) 依家庭醫療休假法（Family and Medical Leave Act）的規定：在一般休假外，員工還享有家庭休假期（39%）。
(4) 允許兼職人員遠距離工作/在家工作（34%）。
(5) 縮短工作週數（31%）。

　　儘管不是每個人都認為公司變得像他們所說的那樣對家庭友善，但是明顯的是，有愈來愈多的員工正在談論對家庭友善政策的重要性，並且有很多大型的企業正對員工的需求做出回應。隨著女性、單親父母、雙薪夫妻員工數量的增加，許多員工都面臨蠟燭兩頭燒的情形，家庭與事業都要兼顧。由於現代人家庭的組成方式和以往相當不同，而使問題複雜許多。2002年的調查顯示，現今的社會組成結構承受相當大的工作/家庭平衡壓力，但是，所得到的資助卻是少之又少。因為通常與工作/家庭平衡相關的研究與計畫都是針對那些有另一個配偶或伴侶共同撫養子女的員工，而忽略那些必須獨自扶養子女的單親父母、單身但卻須扶養父母的員工、須扶養孫子的員工或是須扶養前段婚姻所生的子女的再婚員工。

　　上述的情況正是企業目前要面對的社會組成結構。在這裡，我們想探討一部與職場健康問題有關的法律——《家庭醫療休假法》。

家庭醫療休假法

　　《家庭醫療休假法》（Family and Medical Leave Act，FMLA）於1993年通過立法。而制訂這部法律的目的在於使勞工能更容易處理與家庭或是健康相關的問題。

　　家庭醫療休假法，賦予勞工以下的權利：

- 因子女出生或收養，或者當孩子、配偶或父母親有嚴重的健康問題而必須由這名勞工來照顧時，其享有每年12週的停薪假期。
- 休假完畢後，員工得以回到他們原本的工作崗位或相當的崗位工作。在休假期間，雇主得以不提供該勞工升遷或其它的利益。
- 在休假期間，雇主必須持續為員工提供健保津貼。
- 就像其它就業法律一樣，勞工同樣要受到保護而不被報復；如果勞工向他人（甚至新聞媒體）申訴有關雇主的家庭休假政策，雇主仍不得歧視該名勞工。

　　在《家庭醫療休假法》中，雇主也享有其應得之權利。這些權利包括：

- 員工人數不足50人的公司，不在此法的規定範圍內。
- 雇主可以要求員工提供有關需要休假的醫療鑑定和證明，並且可以要求重複鑑定。
- 在休假期間，雇主不必支付員工薪資，但是必須繼續提供健保津貼。
- 如果一名員工及其配偶同在一家企業工作，他們也有休假的權利，但是這兩人總共的假期可能限於12週以內。

　　然而，由於像嚴重健康狀況（serious health condition）、醫療證明（medical certification）、合理的提前通知（reasonable prior notice）以及相當的職位（equivalent position）此類術語定義的認知有所不同，所以，要實施《家庭醫療休假法》並不是那麼容易。在聯邦的層級上，《家庭醫療休假法》讓員工得以因健康與家庭方面的原因停薪休假的權利給制度化。然而，在該法案尚未通過之前，美國有超過35個州政府已有自己的相關休假法規。因此，由於這部法律的實施，很多公司都遭遇一些難題，那就是公司除了要面對與員工議題相關的複雜法律之外，還要面對《家庭醫療休假法》實施後的兩難局面。

　　美國勞工部在2001年進行的一項研究顯示，公司對於《家庭醫療休假法》的意見不一致，大致上來說是持肯定的態度，但是也有一些批評的觀點是值得關注的。好消息是，87.6%的企業回答是，該法的實施有正面的影響，對於企業的生產率、盈利能力或成長率倒是沒有什麼影響。然而，這一數據與1995年調查時的92.5%還要低。而問題可能是出自於書面文件。1995年，僅僅只有24%的企業表示備妥書面文件有點困難。但是到了2001年，比例上升到38%。這一現象可能是因為自從實施該法以來公司已有了7年處理員工休假的經驗，因此公司漸漸發現其中隱藏問題的複雜性。

　　總之，實施此法並沒有像許多人原先預料的那麼困難，並且它帶來了很多的好處。話說回來，如果《家庭醫療休假法》要繼續為勞工們提供家庭與工作兼得的機會，那麼，減少這部法律帶給企業沉重的書面負擔就是最好的努力方向。其它試圖通過對家庭友善職場環境的立法，都因為政黨的利益衝突而未能定案。因此應盡力讓《家庭醫療休假法》更容易實施，以便企業在制訂政策上能有依循的標準。

 **本章摘要**

　　員工利害關係人的重要問題包括：隱私權、安全權和健康權等。這些問題都是在第十六章中所探討的問題以及權利的延伸。

　　隨著新科技的發展，工作場所的隱私逐漸成為職場上一個嚴重的議題。我們可以從報章雜誌與廣播等媒體的報導中發現對職場隱私權的重視程度。正如 Barbara Walters 在美國廣播公司（ABC）的新聞節目中，提醒員工：「你們的時間是屬於公司的，而你們在公司電腦或電話中所做的事情就是公司要管的事」。甚至有新聞媒體報導了以下的例子：有卡車司機受到嚴密的衛星監督，以便公司能夠知道這些司機們駕駛的時間、所在的位置以及駕駛的速度，甚至是油箱中剩下的油量。另一個例子是，有公司雇用偽裝的技術員來監視，甚至測試員工。最後，電子郵件、聲音郵件都能被監控，即使這些訊息被刪除了也依然能受到監控。新科技的發展讓公司能隨時得知員工們的一舉一動，但是，這種監控做法是否會導致員工的不信任與違反道德標準，公司須再三思量其利害關係。

　　對於員工利害關係人而言，另一項頗為重要的議題就是職場的安全與健康問題。

　　職場的安全問題導致了 OSHA 機構的產生。儘管 OSHA 還面臨著許多的困難，但是其仍為聯邦政府保護在職勞工的重要工具。近幾年來，聯邦政府與州政府都已公佈了知情權法，為勞工增加了提供保護的措施，特別是用來保護勞工不在有化學物質和有毒物質這種嚴重危害健康的環境下工作。然而，既有的法律僅僅只能解決已知的問題。隨著世界的變化，對勞工健康與安全的威脅也在發生變化。自從世界貿易中心的悲劇發生以來，恐怖主義的威脅讓很多公司從根本處檢視其公司因應措施。其它無法預料危害勞工健康與安全的問題勢必會出現，同時，這也代表著管理人員即將面臨的新挑戰。

　　在目前的企業與員工關係中，其它重要的健康問題是愛滋病與職場的暴力衝突。現在，愛滋病已成為企業或是我們社會面臨的最嚴重的健康議題。而職場的暴力讓企業付出驚人的代價，所以，企業必須儘快對此提出應變措施。此外，工作場所的吸菸問題以及員工因家庭因素而須休假的情況也都影響了職場工作環境。因此明智的管理人員現在就要在保留隱私與使用正當程序的前提下，制訂新政策來解決這些問題。

關鍵字

acquired immune deficiency syndrome(AIDS) 愛滋病
Americans with Disabilities Act 《美國殘障人士法》
broad brush EAP 廣泛涉獵勞工輔導計畫
chief privacy officer(CPO) 隱私長
drug testing 毒品測試
Electronic Communication Privacy Act(ECPA)of 1986《電子通訊隱私權法》
Employee Assistance Programs (EAPs) 勞工輔導計畫
employee monitoring 員工監控
Employee Polygraph Protection Act(EPPA)《員工測謊器保護法》
Family and Medical Leave Act(FMLA)《家庭醫療休假法》

family-friendly 對家庭友善
integrity tests 誠實測驗
Occupational Safety and Health Administration(OSHA) 美國職業安全衛生署
polygraph 測謊器
Privacy Act of 1974 《隱私法》
privacy impact statement 隱私影響說明
privacy in the workplace 職場隱私權
right-to-know laws 知情權法
smoking in the workplace 在工作場所吸菸
type 1 error 型一誤差
type 2 error 型二誤差
work/life balance 工作/家庭平衡
workplace violence 職場暴力衝突
USA Patriot Act 《美國愛國者法》

 問題與討論

1. 用你自己的話描述隱私的含義以及公司應該給員工哪些隱私保護。

2. 列舉測謊作為決策的一種管理工具的優缺點。在什麼情況下進行測謊是合法的？在什麼情況下測謊是不合法的？

3. 贊成與反對雇主進行誠實測驗的兩個主要依據是什麼？在什麼情況下，管理人員最有法律依據認為進行誠實測驗是必要的？

4. 科技技術如何影響職場的員工隱私權？企業與其員工之間的社會契約有什麼含義？

5. 世界貿易中心發生的悲劇是如何影響工作場所的隱私？這一事件的長期意義是什麼？

6. 你認為前面提到的四項隱私指導方針中，哪二項最為重要？為什麼？

7. 說明一下工作場所的隱私、健康和暴力以及愛滋病等問題。

個案評述

本書附贈的光碟提供了許多個案，與本章相關的個案有個案34、個案35以及個案36，你可以搭配本書第十七章的內容探討以下的個案：

個案34「職場暴力衝突事件 ：誰該負責？」

此案例是有關一位長期無法與人和平相處的男子的故事。他時常與同事起衝突，在一次的突發事件中，他射殺了一位監督員與傷害其他多位人員。該名男子任職的公司，之後被指控未事先採取足夠的措施以避免此悲劇的發生。你認為公司得以預防這種事件的發生嗎？當職場暴力事件發生時，你認為公司應負起的職責為何？

個案35「基於員工安全還是因為歧視而拒送披薩？」

此案例是有關公司拒絕到所謂的危險地區進行外送服務的個案。美國有些城市已立法禁止拒絕外送的行為。公司則宣稱這種做法危害到其員工的人身安全；其他人則是認為拒絕外送是一種歧視的表現。你認為拒絕外送是不合法的做法嗎？

個案36「員工下班後的行為表現 ：Peter Oiler案」

此案例是有關員工下班後的行為表現，以及討論雇主是否有權利干涉員工下班後的任何行為活動。任職卡車司機的Peter Oiler 是一位優良的模範員工，但是，他喜歡在個人休閒時間時，打扮成女性的樣貌。當他的行為被公司發現後，其主管Winn-Dixie開除他。這只是一般的公司開除員工的事件嗎？還是公司未免管太多了？公司對員工的私人生活有什麼樣的影響力呢？

第十八章
就業歧視與平權措施

本章學習目標

▶▶ 閱讀完本章後，你應該能夠：

1. 將美國過去50年的民權運動和有關少數民族的進程按照順序排列。

2. 統整聯邦歧視法的要點，特別是1964年《民權法》的第七章。

3. 列舉有關歧視的兩種不同涵義，舉例說明每一種涵義可能會犯的歧視罪。

4. 詳細闡述與種族、膚色、國籍、性別、年齡、宗教信仰和殘疾相關的就業歧視議題。

5 說明各種對平權措施的不同態度，解釋「逆向歧視」的概念，並提出對最高法院有關平權措施判決的總體看法。

員工利害關係人中的某一個特殊次群體係指那些工作權利受到聯邦、州和地方反歧視法律保護的人。在前兩章中，我們討論到實際上會影響每一位勞工權益的相關問題。而在本章中，我們將重點放在討論那些權利受到歧視法律保護的利害關係人群體。一般而言，那些受保護的群體（protected group）包括：少數民族、婦女、老年人、殘疾人士以及因其宗教信仰在就業方面受到影響的群體。在本章中，我們所討論的問題有許多都是源自於員工在職場應享有的權利而來的。

由於有愈來愈多的人聲稱他們也應該享有與受法律保護團體相同的權利，所以有一些觀察者認為，有愈來愈多處於受害者身分的團體也要求享有受法律保護的權益，因而使得問題更加複雜。Charles Sykes認為，由於有愈來愈多的員工強烈要求享有受保護身分的權利，因此，我們的社會已經變成一個「受害者的社會」。抱持這種想法的並不是只有Sykes一個。 Paul Hollander說：「現在美國社會中，存有這種想法（認為自己是受害者）的人愈來愈多，這不僅誘導了人們要求實際根本不存在的受害者身分，而且還營

造了一種受害者的氣氛，無論這些臆想多麼虛假，都有可能會被想像成事實」。處於這種情況之下，我們有必要在就業歧視與平權措施的議題上深入討論。也必須要瞭解民權運動是一切成效的開端，完完全全合法，但卻始終遲來。

聯邦反歧視法可以追溯到美國憲法，特別是第一、第五和第十四修正案，這些修正案禁止宗教信仰歧視以及禁止未經正當程序而被剝奪的就業權利。此外，1866年、1870年和1871年的《民權法》也是以這些修正案為基礎。然而，這些法案都沒有什麼幫助。只有1964年的《民權法》被大多數的權威人士認為是有效保護勞工運動的開端，尤其是對本章所討論的那些特殊團體更是如此。

受保護團體的民權問題長期以來引發廣大的爭議。儘管對受保護團體享有的工作場所權利的觀念已經達成了基本的共識，但是保護的範圍界線以及政府促進少數民族、婦女以及其它團體進入職場，或進入更高薪職位所採取的政策仍受到大眾普遍的爭議。為了探討這些相關的問題，本章涵蓋以下重要的議題，包括：民權運動與少數民族進程、反就業歧視的聯邦法律、有關就業歧視的各種問題以及職場的平權措施等。

18.1 民權運動與少數民族進程

要完整地描述現代社會第一部重要的民權立法——1964年《民權法》的通過需要花大量的篇幅才能說的清楚。William Glueck 與 James Ledvinka 對於該法案成立的經過做了簡單扼要的分析。他們認為該法案產生於存在已久的矛盾，因為抗議和聯合抵制等活動，使得此矛盾在50與60年代爆發開來。

18.1.1 50與60年代的民權運動

從歷史上來看，美國夢一直是基於「成功終究是屬於肯拚、肯做的人」這種信念而存在。機會均等是每個人與生俱來的權利。然而，黑人和其它少數民族一直沒有完全分享這種美國夢。對少數民族來說，在50與60年代，其理想和現實之間的差異十分明顯。他們逐漸意識到並非機會不均等的事實，而是需要有人勇敢地站出來爭取身為美國公民的權利。

這一切始於1955年12月1日的那一天，一名黑人百貨公司員工Mrs. Rosa Parks因拒絕讓公車位給一名白人男性而被捕。這一事件引發了前所未有的黑人聯合抵制公車行動，此行動的領導人之一是一位年輕牧師——Dr. Martin Luther King, Jr.。繼聯合抵制公車之後，接下來的幾年內不斷發生示威、遊行以及與警方的交戰。電視新聞報導了警方人員用刺牲畜的木棒、警犬和滅火水帶攻擊民權示威群眾的慘忍畫面。伴隨著抗議者和當局之間的正面暴力衝突，人們充分地體驗到當時美國種族之間所存在的經濟不平等鴻溝。

黑人的失業率是白人的兩倍，而且非白人青年的失業率還更高。黑人僅佔勞動力的10%，但是卻佔總失業勞動力的20%和長期失業勞動力的30%。1961年，將近2/3的白人男性都擁有穩定的全職工作，但是，黑人男性所佔的比例大約只有1/2。在黑人和其它少數民族被剝奪了分享公平就業機會的背景之下，毫不意外地，美國國會最後在1964年採取了極有魄力的行動。

18.1.2　70年代：婦女運動的開端

婦女運動始於70年代。婦女團體開始體驗到其職場工作環境不比黑人和其它少數族群好多少。儘管事實上職場的婦女參與人數有逐漸上升的趨勢，但是大部分的婦女仍然從事低薪的工作。雖然有部分婦女躋身於管理與專業職位，但畢竟是少數，大多數的婦女仍處於低薪的「婦女工作」上，例如：銀行出納員、秘書、服務生和洗衣工人。

起初，在70年代早期，黑人在就業和收入方面贏得豐碩的成果。然而，自1973年到1975年的經濟衰退開始，黑人失業人數劇增。到了70年代晚期，與白人5%的失業率相比，黑人的失業率大約為12%，仍高出白人許多。

18.1.3　80年代：成果驗收

在80年代，黑人與婦女的就業困境改善許多，但是，比較起來，婦女比黑人在職場得到的進展更大。從1983至1986年間，所有白人的失業率從8.4%降到6.1%。同期，黑人的失業率從19.5%降到15.1%，而婦女的失業率則從6.9%降到5.4%。從上述的這些統計資料中，我們可以看到，失業率成為黑人的一個主要問題，但對婦女則不然。的確，黑人的失業率一直維持在白人的兩倍之多。

到了80年代中期和晚期，職場的不平等仍是一個很嚴重的問題。黑人的勞動參與率仍然較低，而且毫無疑問的，導致這一問題的某些原因可以歸咎於種族歧視。婦女雖然沒有像黑人勞動參與率的問題，但是她們仍然感到被排拒於較高薪資報酬的管理職位之外。此外，一個更棘手的問題是即使從事相同的工作，男性和女性、白人和黑人之間的薪資仍然是不平等的。

80年代末期，在許多方面上，黑人（或如許多人比較願意被稱為非裔美國人）的處境有了些許的改善。最明顯的改善是教育程度，但是黑人的收入仍然落後於白人。在1990年，與1980年的63%相比，有將近80%的年齡在35至44歲的黑人完成了四年的高中教育。同期，與1980年的80%相比，有89%的白人完成了高中教育。至於大學入學，黑人婦女的入學率從1970年的24%穩定地提升到1988年的31%。而黑人男性的入學比例卻從1970年的29%，下降到1988年的25%。1990年美國黑人的貧困率實際上仍然像過去20年來一樣，佔了將近1/3的比例。

18.1.4 90年代：取得一些進展，但問題仍存在

儘管快要邁進21世紀，與11%的白人相比，有28%的黑人仍然生活在貧困中。雖然在私人企業中有12.9%的員工是非裔美國人，但其中只有5.3%擔任管理職位。姑且不論這些問題，的確有些黑人進階公司最高層的職位。根據美國最有影響力的黑人管理者之一，時代華納總裁Richard Parsons說：

有色人種正在獲得他們父母做夢都不可能得到的職位，其數量也是前所未有的。這種趨勢正在橫掃整個國家嗎？不！還存在著問題嗎？沒錯。但毫無疑問地，在商業領域上，黑人領導者的力量比以往任何時候都更強大。

以下的事件顯示了非裔美國人在職場遭遇到極具諷刺意味的特殊經歷：1994年六名德士古石油公司（Texaco Inc.）的員工，共同控告公司在雇用方式與待遇方面存在種族歧視。1996年，當一捲錄有德士古石油公司管理人員直接以污穢種族的言語攻擊其下屬時，該公司管理人員立即意圖銷毀與此案相關的證物，並試圖阻止原告律師在法庭上公佈該捲錄音帶內容。最後，該案以1.15億美元庭外和解。當該捲錄音帶的內容公佈於大眾之後，一位激進主義人士打電話給第一位任職國家高位、掌管全美最大金額退休基金的紐約州審計處（New York State Comptroller）的黑人官員Carl McCall，問他是否願意到德士古公司總部參加抗議活動，Carl Mccall只是淡淡地回答：「當你手中握有大權時，就不需要那麼辛苦的與這些人抗爭」。後來Carl McCall只

是輕鬆地打了一通電話給德士古公司的主席Peter Bijur說：「主席，我有點擔心這種情況，這樣下去的話……」。從此之後，Bijur定期都會向Carl McCall報告其公司多樣化專案（diversity plan）的最新進展。

18.1.5　21世紀：老問題依然存在，而新挑戰也同時出現

千禧年最重要的問題之一就是勞動力組成的改變。1995年，聯合百貨（Federated Department Store）的多元化方案，最初鎖定婦女和少數民族這兩個族群。2001年，方案包括了：老年人、殘疾人士、同性戀者、虔誠的宗教信徒、無神論者、已婚和單身者等26個族群。該方案引起了許多憂慮，擔心擴大保護族群的作法，是否會轉移人們對仍在蔓延種族主義問題的注意力。根據美國人力資源管理協會（SHRM）主席Lisa Willis Johnson說：「種族是開展多元化運動被犧牲的羔羊，而公司是最大的受惠者」。漠視種族問題也許會導致嚴重的後果，在過去10年中，種族侵犯的訴訟案件急劇上升。而且，許多街道的塗鴉、圖片、笑話和綽號都暗示嘲弄與恐嚇有色人種。種族侵犯最惡劣的方式之一就是絞刑場，這是一種處私刑的象徵。美國公平就業機會委員會（EEOC）在2000年和2001年的前半年就處理了25件「絞刑」案，在這18個月裡，發生的案件比前10年所發生的還更多。

隨著受歧視法律保護的勞工人數和比重的不斷增長，以及當前形勢的發展，民權問題持續是首要的議題。反對這種趨勢的活動表現在許多不滿平權措施的情緒上。因此，企業界所面臨的挑戰將是，一方面要更多元化的招募員工，另一方面在實行平權措施時，又能避免引起他人的反感。

為了要更加瞭解不斷變化的就業歧視相關的公共政策，就必須要去研究禁止歧視聯邦法律的演變。一旦我們對受保護團體的法律地位有了更深入的認識之後，就能更全面地瞭解因歧視涵義的演變及其相關的勞動力（尤其是平權措施）所引發的問題。

18.2　禁止歧視的聯邦法律

本部分概述已通過立法保護勞工的主要反歧視法律。我們將集中討論自60年代以來的聯邦立法。我們將在本章稍後詳細討論各種歧視形式所產生的種種難題。雖然有許多州和地方法律也是著墨在這些問題上，但是在此我們不進行討論。本節的重點是放在反歧視法律與執行這些法律的主要聯邦機構。

18.2.1 1964年《民權法》第七章

　　1964年《民權法》第七章（Title VII of the Civil Rights Act of 1964）修正案，禁止在招募、升遷、解雇、資薪、福利上，對於種族、膚色、宗教信仰、性別或民族實施差別待遇。1964年《民權法》經1972年修正之後，第七章的約束範圍更擴及聯邦、各州地方政府以及各處教育機構，因此有時也被稱為雇用機會平等法（Equal Employment Opportunity Act of 1972）。對民權法第七章的修正案還賦予平等就業委員會有權代表其控訴未獲調解的個人，在聯邦地方法院對私人企業的雇主提起訴訟。此外，在1978年又對第七章進行修訂，加上《懷孕歧視法》（Pregnancy Discrimination Act），該法要求雇主，將懷孕或與懷孕相關情況的女性員工當成殘疾員工對待，並且同樣給予她們健保福利。圖表18-1列舉出民權法第七章的內容概要。

圖表 18-1 1964年《民權法》第七章

　　1964年《民權法》第七章禁止基於種族、膚色、宗教信仰、性別或國籍的就業歧視。

　　該法適用範圍包含私人企業雇主、州和地方政府及擁有15名或15名以上員工的教育機構。聯邦政府、私人與公營職業介紹所、勞工組織以及為了見習和培訓設立的勞工管理聯合委員會（joint labor-management committee），也必須遵守該法。

　　根據民權法第七章，在以下方面實施差別/歧視待遇是屬於違法行為：

- 雇用和解雇。
- 報償、工作指派或員工分類。
- 調動、升遷、臨時解雇或召回。
- 工作廣告。
- 員工招募。
- 測試。

- 公司設施的使用。
- 培訓與見習方案。
- 福利。
- 薪資、退休計畫和喪失勞動能力離職。
- 其它的員工條款。

　　根據該法，必須將妊娠期、生育期和與之相關的健康狀況與任何其它非懷孕的疾病或喪失勞動能力等同視之。

　　民權法第七章禁止對提起歧視指控、參與調查或反對非法雇用活動的個人進行報復。

　　職業介紹所不得在接收、分類與提交就業申請方面或其工作廣告方面實施差別待遇。

　　工會不得在接受會員資格申請、會員編組、提名、培訓和見習方案及工作廣告方面存在歧視。而且工會導致或試圖導致雇主進行歧視的行為也屬違法；反之，雇主導致或試圖導致工會進行歧視也屬違法。

資料來源：*Information for the Private Sector and State and Local Governments: EEOC* (Washington: Equal Employment Opportunity Commission), 6-7.

18.2.2 1967年《就業年齡歧視法》

該法保護40歲或以上的勞工在雇用、解雇、薪資、升遷、福利和其它就業方面免遭任何形式的年齡歧視。該法制訂的用意在於依據勞工能力而非年齡來幫助年紀較大的勞工就業，並協助雇主和勞工找到解決因年齡的影響而衍生的問題。

如同《民權法》第七章的條款，《就業年齡歧視法》（Age Discrimination in Employment Act，ADEA）不適用於要求年齡是「實際職業必備的資格」（bona fide occupational qualification, BFOQ）的領域。資格證明通常會被認定是歧視的依據，除非公司能夠合法地證明年齡要求是該職位的必備條件。此外，該法也不對「雇主根據年齡之外的其它合理因素對員工進行區分」加以限制。

18.2.3 1963年《公平薪資法》

該法禁止，同一家企業對實際上從事相同工作的女性與男性，在薪資支付上進行性別歧視。這一項具有重要意義法案的通過將有利於廣大的婦女群體，因為她們是不公平薪資的主要受害者。該法案的通過也在公平薪資方面創造了劃時代的意義。圖表18-2包含了1963年《公平薪資法》（Equal Pay Act of 1963）的詳細內容。

圖表18-2 1963年《公平薪資法》

《公平薪資法》禁止雇主對在同一企業裡從事類似工作條件的女性和男性在薪資支付上實施差別待遇。還禁止雇主為了遵循該法而刻意降低男女性任何一方的薪資。

對不同性別的前任員工或後任員工支付不同的薪資也屬違法。工會組織不可以使得雇主觸犯法律。

對提起公平薪資歧視指控、參與調查或反對不合法員工活動的個人進行報復也屬違法。

該法實際上是保護所有私人企業的員工，包括：管理人員、行政人員、專業人員和沒有最低薪資與加班法豁免保障的業務人員。此外，該法也適用於聯邦、州和地方政府的員工。

該法不適用於根據除了性別之外的因素，例如：資歷、能力、以生產或加工商品的數量和品質為基礎來計算薪資的制度。

很多違反《公平薪資法》的行為可能也觸犯了《民權法》第七章，因為該法也禁止基於性別的薪資歧視。如果要提起此類指控，可以引據這兩部法的條款內容。

資料來源：*Information for the Private Sector and State and Local Governments: EEOC* (Washington: Equal Employment Opportunity Commission), 9.

18.2.4　1973年《復健法》第503條

該法禁止基於殘疾而產生工作歧視。它適用於持有聯邦承包契約或轉承包契約的雇主。此外，該法還要求這些雇主實行平權措施並雇用殘疾人士，這是我們稍後在本章中討論的一個概念。與該法相關的是《越戰退伍軍人就業援助法》（Vietnam Era Veterans Readjustment Assistance Act of 1974），這一款法律也禁止歧視並要求聯邦契約承包商和轉包商實施平權措施。

18.2.5　1990年《美國殘障人士法》

《美國殘障人士法》（Americans with Disabilities Act，ADA）是15年來頒佈的最重要的勞工與就業法令。雖然該法於1990年7月通過，但是直到平等就業委員會頒佈該法律的基本實施規則之後，於1992年7月才正式生效。《美國殘障人士法》禁止私人企業在員工和公共設施方面，給予身體上與精神上的歧視。另外還要求設置便於殘障人士使用的交通與通信系統。《美國殘障人士法》與《復健法》相同，適用於聯邦契約承包商與受讓人。圖表18-3說明《美國殘障人士法》的詳細要點。

基本上，《美國殘障人士法》賦予殘障人士享有類似於基於種族、性別、國籍和宗教信仰向個人提供的民權保護。《美國殘障人士法》不僅適用於私人企業雇主，也適用於州政府和地方政府、職業介紹所與工會。擁有15名或以上員工的雇主也適用於此案。

《美國殘障人士法》禁止在一切雇員活動中存在歧視或差別待遇，包括：職位申請程序、雇用、解僱、升遷、報償、培訓和其他雇員條款的就業權利。如果一個人的殘疾使其行動不便，對公司不會造成太大困擾的情況之下，希望公司給予合理的照顧。該法適用於任何合格的殘疾人士。合格的人士是指那些能夠承擔工作基本職責的人。不過，我們有時很難去定義所謂的基本職責。舉例來說，高爾夫球選手Casey Martin曾向美國職業高爾夫球協會（PGA）申請在職業高爾夫球協會聯賽中，允許他能在場內乘坐高爾夫球車。此案引發了有關在高爾夫球場有能力走動是否是職業高爾夫球選手一項基本能力的諸多討論。最高法院隨後裁決，Martin可以乘坐高爾夫球車，因為提供該車是合理的照顧，而且使用高爾夫球車對比賽結果並不會有所影響。

殘疾的定義是指在身體上或精神上有所損傷之人，這種損傷在相當程度上限制了一種或以上的生命活動，例如：看、聽、說、行走、呼吸、從事手

圖表 18-3　《美國殘障人士法》概要

　　《1990年美國殘障人士法》的第一章於1992年7月26日生效，禁止私人企業雇主、州政府和地方政府、職業介紹所與工會在工作申請程序、雇用、解雇、升遷、報償、工作培訓和其它雇員條款和就業權利方面對合格的殘疾人士實施歧視差別待遇。殘疾人士是指：

- 有身體上或精神上有所損傷之人，這種損傷在相當程度上，限制此人一種或以上的生命活動。
- 有這種損傷記錄的人。
- 被認為有這種損傷的人。

　　合格殘疾員工或應職者是指，在合理的照顧或無需照顧下，能夠勝任某職位基本任務的人。合理的照顧可以包括（但不限於）：

- 使現有員工所使用的設備，便於殘疾人士得以取得和使用。
- 工作重組，修改工作進度計畫，重新安置空缺職位。
- 獲得或修改設備或設置；調整或修改考試、培訓教材與政策；提供合格的朗誦者或翻譯員。

　　如果合理的照顧不會對雇主的經營活動帶來過分的困難，雇主必須對合格、已知的殘疾應職者或員工提供合理的照顧。過分的困難可以被定義為根據雇主的規模、財力和經營活動的性質與結構等等因素，被認為是相當費勁和需要相當多開支的行為。

　　雇主不必為了做出合理的照顧而降低品質或產量標準，雇主也沒有義務提供個人用品，例如眼鏡或助聽器。

資料來源：*EEOC Fact Sheet* (Washington: Equal Employment Opportunity Commission).

工作業、學習、自理與工作。在《美國殘障人士法》中，不確定的「殘疾」定義，後來則送交到法院去做解釋。1998年6月，最高法院裁定「殘疾」的定義為：「既包括重大也包括輕微的損傷」。根據這一項解釋，《美國殘障人士法》適用於各式的殘疾，諸如HIV、糖尿病、癌症、誦讀困難和背部疼痛。然而在2003年，美國平等就業機會委員會對於「殘疾」的定義又做出了一些限制，規定只有在相當程度上，持續限制了一種或以上的主要生命活動（major life activies）時，才得以被認定為「殘疾」。而主要的生命活動包括：口說、與人互動、學習、思考、專心以及工作等。

　　2004年，美國最高法院接受一起依據《美國殘障人士法》的起訴案件。下半身癱瘓的George Lane被要求不得走殘障專用道或電梯，到達法院的二樓出庭審訊。他沒有辦法爬樓梯，所以只好在地板上慢慢移動身體，極為緩慢地往階梯上去。當Lane被要求再次出庭時，他拒絕用爬的或是被人攙扶到

場。之後，他被法院起訴未到場應訊。對此事件Lane向田納西州政府求償10萬美元。該案最後呈至最高法院，而這也似乎證明高等法院不願讓州政府的權力臨駕於民權之上。

不過，《美國殘障人士法》很快地成為一部受爭議的法律。該法案通過的初期，新聞報導了許多無謂的訴訟案與有關該法案提供過度濫用保護的事件。很多人擔心這種報導會導致對殘疾人士的反感。Kathi Wolfe，一位視力有殘疾的維吉尼亞作家，回憶起一位身體健全的作家對她說：「根據《美國殘障人士法》，我敢打賭報社編輯一定不會拒絕你的稿件！因為怕你會起訴他們」。還有一次，藥店的店員對Wolfe說：「請不要告我們！因為我們沒有使用盲人點字」。當Wolfe得知，雖然國家已實施《美國殘障人士法》，但仍有2/3的嚴重殘疾者處於失業狀態，Wolfe不禁懷疑，《美國殘障人士法》是否讓雇主反而更不敢雇用殘疾人士。

雖然有些關於《美國殘障人士法》的報導是被過度渲染的，不過支持該法實際上也的確是相當薄弱的。在NBC新聞的一篇報導中，John Hockenberry記錄了幾樁眾所周知的「美國殘障人士法傳奇」。例如，一位體重400磅的地鐵工人，由於體型過於碩大，導致他坐不下駕駛座，因而無法擔任列車長一職。之後，他提出告訴。一位習慣帶槍上班的男性以及一位因殘疾使他會不停地抓住婦女的牙醫等案例層出不窮。Hockenberry發現，公平就業機會委員會沒有受理前兩個案子；而牙醫實際上永遠不會被起訴，因為他是一名自雇勞工，所以他永遠不會被解雇。這些案件要在公平就業機會委員會通過極為困難。Hockenberry也發現，在公平就業機會委員會接到的9萬件投訴案中，其中只有250件向法庭提起了訴訟。這些提交法院的案件中，原告獲勝的機會根本微乎其微。美國律師協會（American Bar Association，ABA）回顧了自1992到1998年的約1,200起《美國殘障人士法》案件中，雇主獲法官宣判勝訴的案件佔了92%，由公平就業機會委員會宣判勝訴的案件佔了86%。在傑克遜維港務局（Jacksonville Port Authority）擔任風險管理師的Don Donaldson表示：「根據我長期以來對殘障人士法的觀察，會出現這種數據並不令我訝異。畢竟，如果雇主對殘疾員工提供合理的照顧，那麼法庭就可以根據常理做出判定，並且會做出有利於雇主的判決」。

Donaldson的評論有助於解釋為什麼在一項對公司雇主進行Louis Harris的調查中，《美國殘障人士法》得到了高度的支持。有81%的公司執行長表示，自《美國殘障人士法》生效起，他們公司做了許多修正。估計每位殘疾

員工的設備費用平均為223美元。大約有半數（48%）的管理高層表示《美國殘障人士法》增加了公司的成本但為數不多，82%的人認為成本沒有什麼變化，只有7%的人指出成本增加了「很多」。此外大多數的管理高層認為應該強化《美國殘障人士法》或保持現狀；只有12%的人認為應該削弱或廢除。公司管理高層對《美國殘障人士法》的廣為支持不是沒有原因的。根據2003年美國律師協會的數據顯示：94.5%的雇主獲得法院勝訴；78.1%的雇主獲得公平就業機會委員會勝訴。就像該調查的結論所說的：「法院對《美國殘障人士法》做的解釋反而為原告訴訟人築起了一道難以跨越的障礙」。按照這樣看來，法院現在對「殘障」的定義應為：「在身體上或精神上有所損傷的人，這種損傷限制了一種主要的生命活動，不過仍能履行工作主要的職責」。

18.2.6 1991年《民權法》

1990至1991年間，美國國會對民權議案進行了辯論。所提的議案以恢復與加強民權以及對許多稍早被美國最高法院裁決所推翻的禁止就業歧視的相關規定做出解釋。

最後，一項經過數度修訂的法案經國會通過後，歸結為《民權法》（Civil Rights Act of 1991）。1991年整年，民主黨與共和黨仍為該法案爭執不休。支持立法者認為不需要頒佈雇用限額；而批評者認為在立法實施上，限額是必要的。

無論如何，1991年《民權法》終究還是通過。該法的主要目的是在與性別、宗教信仰、種族、殘疾和國籍有關的刻意歧視案件中，增加財務上的損失賠償金與陪審團（jury trail）審判程序。根據《民權法》第七章，獲判金錢補償金限於欠薪、損失的福利與律師費用等。而新修正的法律則是允許獲判補償性損失金，以及懲罰性損失賠償金。此外，非刻意歧視而遭指控的雇主要辯護將更加困難，因為該法案將舉證的責任轉移到雇主身上。至於，員工能夠獲得的補償性和懲罰性損失補償金的金額設定在5萬至30萬美元。1991年的民權法還改變了幾家最高法院裁定為資方勝訴的部分判決。

我們剛才所討論的法律構成了聯邦政府努力制止就業歧視的保護網。此外，美國總統發佈的幾項行政命令也禁止歧視。不過，因為這些行政命令包含平權措施條款，因此我們將在本章稍後平權措施的部分再進行討論。

18.2.7 公平就業機會委員會

作為一個管理與執行就業歧視法的主要聯邦機構，公平就業機會委員會（Equal Employment Opportunity Commission，EEOC）的地位相當重要。其它的聯邦機構也負責執行歧視法和行政命令的某些特定內容，但我們在此僅討論公平就業機會委員會，因為它是最主要的聯邦機構。

公平就業機會委員會擁有由總統任命、經參議院批准的五名委員和一名法律總顧問（general counsel）。該委員會負責制訂公平就業機會政策及批准委員會接受的所有訴訟案。委員會的工作人員接收和調查有關就業歧視的指控或投訴。如果有合理的理由相信某一非法歧視已經發生，工作人員就會盡力去調解指控或投訴。如果無法調解，委員會可以在聯邦法院對雇主提起訴訟。根據《民權法》第七章，可以對私人企業雇主起訴，但只有司法部才可以因州或地方政府觸犯《民權法》第七章的行為而對之提起訴訟。

為了一窺公平就業機會委員會處理的各種歧視案件，圖表18-4顯示1991年至2003年，向公平就業機會委員會提出的就業歧視種類。總括來看，就業歧視起訴案件自1995年到2002年為數最多，到了2003年案件數明顯下降許多。委員會認為，911恐怖攻擊事件導致2002年的部分投訴案件，該年國籍歧視案件增加了13%，其它的因素包括：年齡老化、更多元化的勞動力以及經濟衰退等。雖然，在2003年投訴案件數有下降。但是，2003年仍為8年以來案件數第二高的一年。

如同我們討論過的其它聯邦管理機構，如美國環保署（EPA）、聯邦交易委員會（FTC）和職業安全衛生署（OSHA），公平就業機會委員會多年來取得了一些成就，其命運、成就和失敗在某種程度上受到時代、政府管理以及其主席人生觀與熱忱的左右。在70年代，工商企業團體認為公平就業機會委員會在從事「政治迫害」，意圖找出企業既往的過錯，並對其進行懲罰。80年代，雷根政府對以下的議題感到擔憂：(1)為了修正種族與民族之間的差異，雇主採用少數民族雇用目標與時間表的作法；(2)大量捨棄集體訴訟，並以統計數據來證明大型企業中普遍存在的歧視現象；(3)使公平就業機會委員會在民權問題上優先於司法部，而居強制性的主導地位。當1992年美國前總統柯林頓執政時，公平就業機會委員會步入了執行企業歧視法的階段，其制裁目標是那些尚未得到解決的歧視訴訟，包括：對大型企業雇主、把垃圾傾倒在少數民族居住環境的污染者、不願貸款給貧困地區的銀行以及其它形式的日常歧視訴訟案。新的努力伴隨著授權範圍的擴大，導致委員會處理的案

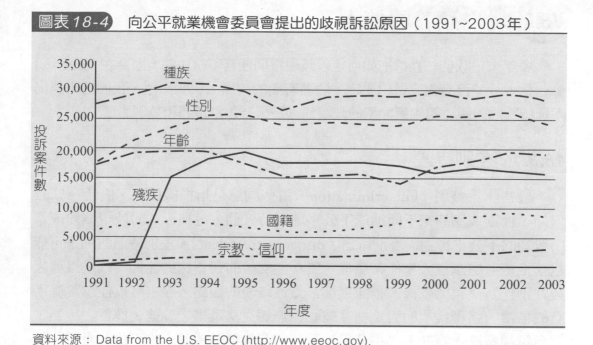

圖表 18-4 向公平就業機會委員會提出的歧視訴訟原因（1991~2003年）

資料來源：Data from the U.S. EEOC (http://www.eeoc.gov).

件激增。1991年財政年度，有63,898起新案件。到了1994年財政年度，則有91,189起新案件。新案件增加的數量與工作人員減少的程度一致，人員配置處於前所未有的低水準狀態。這種趨勢導致了案件的累積，在高峰期甚至達到11萬起。由於國會資金的注入、全面提高效率以及努力採用解決爭議替代方案（alternative dispute resolution，ADR），使得積壓的案件下降了45%，1998年，下降約61,000起案例。布希總統後來提名在1991年率先向勞工部提出「玻璃天花板報告」的Cari Dominguez女士擔任公平就業機會委員會主席。最後，該提名案獲得一致的同意。Dominguez女士認為，管理該委員會最優先的步驟就是針對歧視與歧視情況提出「事先預防」的概念。她也提出應與夥伴或是與專業人士組成協會策略聯盟，以共同努力來達成事先預防歧視的目標。

18.3 歧視涵義的擴大

多年來，我們一直都把如何定義歧視這個任務留給法院，因為在《民權法》第七章中，並沒有對它做出界定。隨著時間的流逝，很明顯地，我們已辨認出兩種特殊的歧視：這兩種類型的歧視通常被稱為差別待遇和差別影響。

18.3.1 差別待遇

最初，「歧視」（discrimination）這個詞意是指根據種族、膚色、宗教信仰、性別或國籍來不同地或不公平地對待人們。這種形式的歧視演變成眾所皆知的不公平待遇或差別待遇（disparate treatment）。差別待遇的例子可能包括拒絕考慮讓黑人擔任某職位、對女性支付的薪資比男性低，或是以種族與性別作為決策的依據。根據這種常識性歧視的觀點，雇主可以任意實施所有的標準。這種歧視的觀點把非歧視與無偏見決策畫上等號，換言之，為了避免這種歧視，意味著必須公平地對待所有的群體或個人，不論其膚色、性別或其它特徵。

18.3.2 差別影響

國會禁止歧視的目的是要消除導致經濟上不公平的實際作法。人們發現，儘管公司可以堅持其歧視的差別待遇，但是這並不能消除經濟上的一切不平等。例如：一家公司可以採用兩種中立、無偏見的標準來進行徵才——高中以上以及標準化的能力測驗。在這樣的標準之下，對待黑人和白人可以是一視同仁的，但同等待遇政策卻在黑人和白人中產生了不公平的結果。當這種結果變得日益明顯的時候，問題就出現了。因為，黑人取得高中文憑的可能性較小，而且黑人參加測驗通過的可能性也比白人低。因此，人們認為應該為構成歧視給予另一種更寬廣的定義。

最高法院在原告 Griggs 對 Duke 電力公司一案中，必須裁決如果一種行為導致了不公平的結果，那麼這種行為是否會構成歧視。Duke 電力公司要求，如果員工想要調到另一個部門，就必須要擁有高中文憑或是通過一般的智力測驗。公司的這項要求，讓很多少數民族員工被排拒在調動的可能性之外。法院也發現，該公司有很多非少數民族的員工，儘管沒有高中文憑，卻仍然能夠依其意願調動部門或是獲得升遷。最後，在本案中，法院裁決確定是否發生歧視是根據雇主行為的後果，而不是該雇主的意圖。如果任何一種

雇員活動或測試對少數民族產生了負面的或不周全的後果，那麼這就是一種歧視的行為。簡單地說，不公平後果或差別影響（disparate impact），是指少數民族在測驗結果或雇用與升遷人數上，少於按少數民族比例計算的期望人數。法院還認為，如果雇主能夠證明產生差別影響的政策或程序是一種商業活動的必要條件，那麼這種政策或程序則是允許存在的。所以，在Duke電力公司的個案中，該公司無法證明高中文憑或是一般智力測驗拿高分與卓越的工作績效之間有什麼關聯。

「不公平影響」（unequal impact）的概念具有十分重要的意義，因為它與很多傳統的徵才要求背道而馳。這裡有許多這樣的例子。有些警察單位對最低身高與體重的要求產生了不公平的後果，法院已下令禁止此要求，因為它傾向於將女性、東方人士和西班牙人士排擠在外。解雇那些被扣留薪資以清償債務的作法也遭到法院的禁止，因為它加重了少數民族的負擔。幾家最高法院的裁決已經提出需要何種證據或驗證才能避免歧視的問題。例如：如果少數民族員工通過某一測試的比例，未達通過測試人數的八成，那麼該程序就會被認定為導致差別影響。如果公司能遵循這種「4/5規則」（four-fifths rule），就不會被認定為引起差別影響。除非公司能自行舉出某種選擇標準是工作的必要條件，否則各公司還是得遵照規則辦理。

管理人員必須特別謹慎地對待至少兩種歧視罪的形式，因為任何公司所採取的行動都有可能會產生歧視的後果。圖表18-5條列出差別待遇和差別影響的特徵。

圖表 *18-5*　兩種就業歧視的形式

定義1　差別待遇	定義2　差別影響
直接歧視	間接歧視
不公平待遇	不公平後果或結果
決策建立在種族或性別的前提或理由之上	決策建立在種族或性別的後果或結果之上
故意歧視	非故意歧視
有偏見的行為	中立或無偏見的行為
對不同的群體採用不同的標準	對不同的群體採用相同標準，但產生不同的後果

資料來源：James Ledvinka and Vida G. Scarpello, *Federal Regulation of Personnel and Human Resources Management*, 2d ed. (Boston: PWS-Kent, 1991), 48.

18.4 就業歧視的各種形式

我們已經認識了歧視法律的重點，而且追溯了歧視概念的演變。這對我們討論各種有關歧視相關議題將會有很大的幫助。此外，也能協助我們指出這些歧視議題可能引發的各種問題。

18.4.1 種族歧視

姑且不論種族歧視是歧視首先形成的類型之一，並且也是各種民權法的主要立法方向。重要的是，種族歧視問題仍為美國與全球職場環境的「頭號」問題。雖然種族歧視都很傷人，不過，實際上，對於不同的種族有不同形式的歧視，也有其不同的影響。

1. 在美國黑人可以分成兩類

在《布魯金斯評論》（*Brookings Review*）最近的一篇文章中，Henry Louis Gates, Jr. 把今日的美國形容成為非裔美籍社群的「最好也是最壞的時代」。Gates是哈佛大學人文學院的W.E.B. Dubois教授與美國黑人研究學系的系主任，他對於因為財富、權力與教育差距所分裂成的「在美國黑人可以分成兩類」作了以下簡要的評論：

美國擁有歷史上規模最大的黑人中產階級和黑人下層階級。1990年，有228萬名黑人男性被關在監獄中、處於緩刑或假釋，在此同時，有23,000名黑人男性取得了大學學位。這一比率為99：1，相較而言，白人男性的比率為6：1。

美國可以分成兩類的黑人的概念反映出黑人研究專家對於整個美國的態度。在《財富》雜誌的一項民意調查中，大多數的黑人表示，他們認為在工作職場中還是普遍存在歧視。但是，超過2/3的受訪者仍對未來的職業生涯感到樂觀。《財富》雜誌將這種樂觀主義和懷疑主義的結合稱之為「後德士古殘餘」（post-Texaco hangover）。

對於Gates「最壞的時代」的論點，不乏統計數據的支持。為了紀念科納委員會報告（Kerner Commission Report）發表30週年（該報告警告美國正在走向「兩個分裂和不平等的社會，一為黑人社會，另一為白人社會」），艾森豪基金會準備了一份名為「千禧年裂隙」的修訂報告。在報告中，作者們譴責美國城市內部的經濟狀況與種族分化。他們發現在「充分就業」的時

代，城市內部的失業情況仍然處於危險的水準。報告還顯示，少數民族的兒童貧困率比起80年代增加了20%。更驚人的是，1998年美國的兒童貧困率是大部分西歐國家的4倍。

令很多人驚訝的是，有關支持Gates「最好的時代」論點的統計數據：上大學的黑人人數從1970年的14.2%上升到1990年的44.2%。從事科技工作的黑人男性的收入幾乎和白人男性一樣多，而受過大學教育的黑人女性的收入超過受過大學教育的白人女性。受過大學教育的黑人男性擔任管理職位的數量與白人大體相當，而受過大學教育的黑人女性經理和主管人員的收入超出同等職位的白人女性約10%。對年輕一輩的黑人而言，這種趨勢也顯示了更有前景的未來。1970年，黑人高中輟學生的人數是大學畢業黑人人數的5倍。現在，黑人學生輟學的比例只有5%，與白人學生4%的輟學率相差不遠。高中三年級黑人學生的吸菸比例也明顯下降，從1977年的24.9%下降到1993年的4.1%。同時期的白人學生，比例只下降了7.5%（從28.9%下降到21.4%）。

也許最能看出黑人有所進展的例子就是在1954年布朗訴教育局（Brown v. Board of Education）開放讓黑人與少數民族學生接受教育。根據美國勞工統計局（U.S. Bureau of Labor Statistics），黑人與其他少數民族在1954年的失業率為9.9%，比總失業率高出80%；到了2002年，黑人與其它少數民族的失業率降為9.2%，高出總失業率60%。雖然有些成果，但是，經過漫長40年來多方面的努力，這種進展仍顯得緩慢。

這兩個現象（美國）可以同時存在，因為同一個玻璃杯可以是半杯滿的或半杯空，就看你取決的觀點為何。例如：黑人學生的教育成績既提供了好消息，也提供了壞消息。1990年，好消息是具備閱讀能力的17歲黑人，人數是1970年的兩倍；壞消息是在1990年只有20%的17歲黑人能夠閱讀，而所評估的所有美國學生中能夠熟練閱讀的人數卻佔了48%。為什麼大家總認為壞消息就是真的，而聽到好消息卻感到納悶呢？儘管，美國大多數的窮人是白人，但是，媒體在報導貧窮時總傾向於集中在黑人身上。政治科學家Martin Gilens，對知名雜誌四年中的報導和大型電視網五年中的新聞廣播進行研究。黑人佔美國窮人比例29%，但是，所有新聞雜誌把大多數的窮人都描述成黑人，從 *U.S. News & World Report* 報導的53%到 *Newsweek* 的66%可以一窺這種現象。在三家主要的電視廣播公司的新聞中所描寫的窮人，黑人佔65.2%。只有當報導是有關於更加令人同情的窮人或老年窮人時，黑人才

沒有成為報導的焦點。儘管有42%的貧窮非裔美國人工作，但媒體僅將其中的12%描寫成「工作的窮人」。相同地，8%的美國黑人是老年人，但是在新聞所報導的老年窮人中，黑人所佔的比例卻不到1%。

2004年，一封署名給《紐約時代雜誌》「倫理家」專欄作家Randy Cohen的信中指出，儘管非裔美國人非常拚命努力，但是仍然面臨著很多困境。信中列舉很多例子，譬如一位想要找架設網站工作的非裔美籍男性總是四處碰壁，而且寄出履歷後，很少家公司會打電話請他來面試。因為他在履歷表上寫著會透漏其種族來源的名字。之後，他轉向在履歷上寫自己的中間名字，結果他發現打電話請他去面試的公司數明顯的增加許多。這位男性的親身體驗指出了許多非裔美人所遭受的困境：比起其它人種，對於許多黑人而言，擁有專業技能與高學歷並不代表就能有更多的機會順利進入職場。

總之，儘管許多黑人正在取得成功與進步，但貧窮仍然籠罩在很多黑人身上，而眾多媒體報導也讓大眾將貧窮直接和黑人畫上等號。民權領袖、政治家與學者們就問題產生的原因與可能的解決方案展開激烈的爭論。甚至是黑人領導團體也至少分化成兩個陣營：一派認為依然存在的種族主義和有限的經濟機會是問題的癥結所在，另一派則認為種族主義不是唯一的關鍵因素。有許多的證據可以證明種族歧視是一關鍵因素：例如，在一項2004年的民意調查中，有半數的受訪者表示在受訪前一個月才剛遭受到某種形式的歧視。認為種族主義不是唯一關鍵因素的人士指出，其它因素還包括：政府應在貧民區提出穩定物價之措施、黑人應自行找出因應方法以及應致力於擺脫貧窮的形象。2004年，歡慶布朗訴教育局50週年紀念會上，知名喜劇演員Bill Cosby（天才老爹）的致詞引發軒然大波，他說：「儘管布朗訴教育局開放黑人能有受教育的機會，但是，並沒有因此終結黑人的貧窮命運」。雖然這些爭議無法在短時間內解決，但是至少有一件事是所有人都同意的，「無庸置疑地，企業扮演著解決爭端的前線角色，不論現在或未來，都是如此」。

2.西班牙裔美國人的例子

我們很難去辨別西班牙裔美國人這個名詞的差異。這一術語是由政府創造出來的，並在1980年的人口普查中首次用於來自拉丁美洲或西班牙人身上。西班牙裔美人是唯一依照語言劃分的主要少數民族。他們可以是黑人（古巴人口58%是黑人）、亞洲人（秘魯前總統Fujimori是100%的日本人）或任何種族的人。據說，許多人比較願意被稱為拉丁美洲人（包括來自葡萄牙的人）或來自他們的祖籍（例如波多黎各血統）。

在美國，西班牙裔美國人的增長比率是美國歷史上最具戲劇性的事件之一。在2000年的人口普查中，調查出西班牙裔美國人人數為3,530萬，這意味每8名美國人中就有1名是西班牙裔美國人，比加拿大的全部西班牙裔美國人人數還多。該數量比起10年前的2,240萬人口增長了58%，這是第一次有更多的人認為自己是西班牙裔美國人（3,530萬），比認為自己是黑人（3,470萬）還多，因此使西班牙裔美國人成為美國人口普查紀錄最多的少數民族。然而，有170萬人將自己視為是部分黑人，部分屬另一種族，而且有一些西班牙裔美國人為黑人，所以群體規模的不同相當明顯。

西班牙裔美國人的主要特徵為其強烈的工作倫理。最初，他們以幾個大都市地區為中心，後來上千名的西班牙裔美國人為了就業而遷移到小型工廠的城鎮和郊區。美籍西班牙男性的勞動參與率在所有受檢的群體中是最高的，高達80%，其中有很多人成為企業家。此外，那些生活貧困要靠領取救濟金過活的西班牙裔美國人，其人數通常都少於黑人或白人貧窮人數。儘管勞動參與率相當高，並且在勞動力人口中獲得了成功，但很多西班牙裔美國人仍然從事低薪的工作。因此，歧視仍是一個主要的問題。根據2003年「拉丁美洲人的國家調查」，受訪的3千名西班牙裔美國人中，有31%的受訪者表示，自己或親友在近5年內都碰過就業歧視的情況；14%的受訪者則是表示自己就是就業歧視的受害人。

3.少數民族的楷模——亞裔美國人

相對於美國少數民族群體而言，亞裔美國人有一個過於積極的固定形象之問題。有關教育成就、職業分佈、家庭年收入以及其它衡量成功的指標資料顯示：亞裔美國人，尤其是東亞裔美國人和亞裔印度移民以及來自儒教國家如中國、日本或韓國的移民後代，有超越其它少數民族群體的傑出表現，並且取得可以與白人勞工相媲美的成就。因此，大眾媒體、眾多的專家學者和各類政策的制訂者都認為亞裔美國人代表了其它少數民族應該效法的一種模範（換言之，亞裔美國人是少數民族的楷模）。

最近，各學科的學者，包括亞裔美國人的研究學者，駁斥了這種特徵。他們認為總體數據資料掩蓋了諸如：高選擇性的移民政策、工作時間長，每個家庭成員較多等關鍵因素的作用。當這些批評家剖析了用來支持模範少數民族特徵的數據資料後，他們發現了一種雙峰式的分佈（bimodal distribution）：一個群體是受過良好的教育、收入較高的亞裔美國專業人

士，在觸及「玻璃天花板」之前都有不錯的工作表現；另一個群體則屬於低技能、低薪資並且通常處於不利地位的階層。

美國民權委員會的一份重要報告總結：「以暴力故意破壞、騷擾和恐嚇，來排擠亞裔美籍人士的活動在全國不斷蔓延」。在90年代，有愈來愈多的亞裔美籍人士訴諸於法律行動，來抗爭歧視與令人憎恨的犯罪行為。這似乎是亞裔美籍人士逐漸覺醒到應訴諸法律行動來為自己惡劣的處境扳回一成的訊號。

2004年的一項調查顯示亞裔美籍人士佔美國總人口數的4.4%，但是只佔《財富》雜誌評選年度世界500大企業的1%。該項調查是委任美國知名華裔團體「百人會」（Committee of 100）來進行，「百人會」認為《財富》雜誌進行的500大評比調查忽略了亞裔美籍人士比起白人，甚至是其它少數民族的人們還更具有高學歷的事實。在德州達拉斯任職律師的Wilson Chu 主導這項2004年的調查，他指出：「人們對亞裔美籍人士總抱持著負面的看法，人們也許會覺得亞裔美籍人士很聰明，但是，總是無法信服他們能夠擔任領導者」。

很多人都在爭論有關亞裔美籍人士的問題，是否是因為他們被塑造出來的少數民族楷模的形象，而引起這些認真、努力工作與高學歷的形象有時會被他人解讀為「被動、順從」。長久以來，亞裔美籍人士為了不和他人起衝突，反而更努力工作並且默默承受這些負面的想法，但是像「百人會」這樣的華裔團體現在正要改變這種情況。的確，亞裔美籍人士的現狀將一直持續下去，所以，有關他們在工作職場的待遇問題將在多年後才會浮現。

18.4.2　性別歧視問題

性別歧視議題與有關種族、膚色和國籍的議題有很大的不同。統計數據指出大量女性正湧入職場並推動經濟成長，對於重整經濟的成效顯著。儘管很多人認為從60年代民權激進主義運動開始，男性和婦女間的收入差距逐漸縮小，但是2003年《紐約時報》的調查顯示女性所得之薪資只有男性薪資的3/4。

今日女性面臨的主要問題是：(1)躋身於專業管理職位，脫身於傳統的男性主導地位；(2)獲得與男性相同的薪資報酬；(3)消除性騷擾；(4)能夠享有產假而不失去她們的工作，上述有關女性所面臨的問題中，部分問題已經有一些進展了。

1.躋身於專業和管理職位

2003年的Catalyst普查發現，女性逐漸由以前男性主導的專業和管理職位中跳脫出來。然而，問題是玻璃天花板仍然阻擋女性升遷至公司最高的管理階層。在2003年《財富》500大公司中的女性高階主管人數共計13.6%；比起1995年的9.6%增加不少。1995年仍有96家《財富》500大公司還沒有女性高階主管；但是到了2003年減少至只有25家公司沒有女性高階主管。此外，1995年有25%或更多女性高階主管的《財富》500大公司只有11家；到了2003年，公司數增加至54家。換句話說，有大部分的（89.2%）《財富》500大公司都有至少一位女性高階主管。

最近的一項調查是向1,000位《財富》500大企業的男性執行長和女性高階主管人員詢問有關為什麼存在玻璃天花板的看法，他們彼此的觀點差異頗大。男性執行長把玻璃天花板的存在歸咎於女性在「晉升管道」上仍缺乏經驗和時間。女性高階主管則強烈地反對這種觀點，表示排他性的公司文化是婦女不能晉升到高階管理職位的主要原因。她們形容說，由於負面先入為主的觀念和刻板印象，使得女性在職場的地位相當不平等。儘管對玻璃天花板的形成原因各有各的看法，但是男性執行長和女性高階主管一致同意，個人和組織雙方都有責任積極推動組織的變革。

2.薪資公平性

薪資公平性可以從兩個方面來實現：同薪資與等價值。同工同酬的觀念是指無論性別如何，從事相同工作的勞工應該獲得相同的薪資。正如前面所談過的，女性的收入大約是男性收入的3/4。有些人試圖解釋這些統計數據包括在延長的產假期間損失了時間和經驗的婦女來解釋這種差異。然而，勞工統計局表示，只有5.1%的女性（出於任何原因）在固定的休假時間外請假超過一週，而有3.3%的男性也是這樣。美國會計總署（General Accounting Office，GAO）2003年的一項研究將一些外在因素也考量在內，例如女性工作較少、女性離開職場時間較久與女性通常任職低薪的工作等因素進行調查，結果發現，整體而言，女性的薪資仍然比男性低很多。然而，紐約州眾議員Carolyn B. Maloney卻說：「儘管將這麼多的外在因素納入考量，本質上，就因為身為男性，所以男性天生薪資就比女性高」。

2001年經濟政策協會（Economic Policy Institute）透過調查高成就的紐約市新媒體工作者，發現女性網路工作者每年收入平均比男性少1萬美元。該調查的一位工作人員Rosemary Batt表示：「如果按照性別來劃分，新經濟似乎與舊經濟體系沒有很大的區別」。

造成這種不公平薪資待遇現象的原因很複雜，包括：意識與無意識的偏見。2003年一系列的調查也許可以說明行為因素如何造成這種現象，那就是女性長久以來不會替自己的權益爭取與辯護。第一項調查發現，畢業於卡內基美崙大學（Carnegie Mellon）的企管碩士生的起薪就有很大的差異：女性畢業生的起薪比男性少了近4千美元（7.6%），這和女性畢業生傾向一開始就接受公司開出的起薪有很大的影響。只有少數7%的女性會與公司商議其起薪價碼，這個比例只佔男性的1/8倍（57%的男性會議價）。第一項調查又在男性女性議價方面的態度做了更深入調查：討價還價之後，譬如說應職者開出3到10美元的薪資範圍，公司方面說，3美元好嗎？比起女性，比較多的男性都會否決公司開出的這種價碼，並且會再與公司周旋以要求更高的薪資。另一項調查對291位男、女性的談判態度進行網路調查：就男性而言，最近一次的談判經驗是在2週前；而女性最近一次的談判經驗則是在4週前；男性第二近的談判經驗是在7週前；女性則是在24週以前。最後網路調查問到，預計將在多久後進行談判呢？男性回答為1週內；女性則為4週內。這項調查顯示：男性不只比女性更常談判，而且更常抓住要談判的機會。進行這項調查的人士指出，導致這種現象的原因有兩種：一為女性被教導不要在年紀尚輕的時候就與他人談判。她們也被教導要將他人的利益放在自己之前；二為女性通常從事談判的結果是不利的。男性談判通常會被認為是「自信堅定」的表現，但是放在女性身上就變成了「愛撿便宜」。以下是對公司經理人該如何縮短薪資差距的建議：

- 讓女性員工知道她們應該且必須明白自己要的是什麼。
- 告訴女性員工談判的好處為何。
- 當女性與男性的成就相當時，給予他們相當的加薪。
- 瞭解女性的態度較不堅定，不要就此不在意她們的需求。
- 彙整一下你以及公司所提拔的女性員工的紀錄。
- 不要只讓那些積極爭取的人拿到好處──試著營造「相同表現，一種獎勵」的工作氣氛。

2003年《應用心理學期刊》的一項研究，更發現了一些有關薪資差距的現象。身為女性並不是唯一引起差異的來源，只是和女性共事，男性與女性的薪資同時都有可能比較低。與較多女性（不論為其下屬或同事）工作的經理人，比起那些與幾乎都是男性職員共事的經理人的薪資來得較低，而且，在各種產業裡都可以發現這種現象。該研究的一位專家Cheri Ostroff說道：「這是同時影響男、女性經理人的一種隱藏現象」。工作環境中，女性人數每

增加10%，經理人的薪資就減少約500美元；都是由女性組成的工作團隊的薪資，比起男女各半的工作團隊的薪資少了9千美元。很明顯地，引起男女薪資大不同的原因極為複雜。因此，清楚找出每一種形成因素再對症下藥，有利於我們解決每一種問題。

「等價值」（comparable worth），是一種廣受爭議解決公平薪資的方法。該觀點認為，如果每位擔任不同職務員工的工作績效具有相同價值（對公司成效盡相同之力），那麼，即便是不同職務的員工其薪資待遇也應該一樣。正如前面所討論的，《公平薪資法》規定擔任相同職位的人應該獲得相同的報酬。儘管有這一項法律的存在，但是男性與女性的薪資還是有差異，這應該歸結於勞動市場分割所造成的薪資不同，藉此也可以說明傳統上由女性承擔的工作所支付的報酬遠遠低於其工作的要求與貢獻。由於男性和女性之間的收入持續不平等，因而促使一些法律學者和女權提倡者提出等價值的建議。等價值的支持者認為，資歷和學歷的不同不能解釋婦女收入通常只有男性收入3/4的這項事實。他們認為某些特定工作的薪資較低，僅僅只是因為傳統上它們都是由女性擔任的工作。反對者反駁說，把等價值運用到私人企業是不切實際的作法，因為私營企業與國營企業在職等的分類上並不相同。2001年的一項研究支持了他們的論點，證明內在工作價值是一個難以進行精確測量的議題。紐約州市是最近美國唯一試圖要著手建立等價值系統的州。《紐約州公平薪資法》（New York State Fair Pay Act）特別禁止公司以不公平報酬率作為增加市場競爭力的手法，而該法與等價值觀念不謀而合。《紐約州公平薪資法》於2002年4月由紐約州眾議院通過，但是，因為有許多企業遊說與政客的反對，使得該法連續5次敗在紐約州參議院委員會上。

3. 性騷擾

由就業法律聯盟（Employment Law Alliance）贊助的2002年調查顯示，21%的女性與7%的男性遭遇過職場性騷擾。此外，20%的受訪者表示，其工作環境中有上司與下屬的職場戀情，並且有54%的受訪者認為如果下屬對於上司的示好不領情的話，很有可能會遭到報復。

我們很難去充分證明性騷擾（sexual harassment）在現今美國企業中重要的程度究竟如何？但是隨著女性勞工人數的增加，可以理解為什麼性騷擾已成為引起很多爭論的問題。自1991年起，性騷擾就一直是一個受人注目的問題，當時最高法院大法官提名人選Clarence Thomas被公平就業機會委員會（EEOC）的一名前任職員Anita Hill指控對其性騷擾。全美上下親眼見證了

該案件的電視聽證會，而且此事件的爆發促使很多女性勇敢地站出來，公開聲稱她們過去受過同事的性騷擾。美國民眾對於10年前Hill是否真的遭受Thomas性騷擾的意見相當兩極，此醜聞也沒有影響Thomas坐上大法官一職。Thomas大法官的性騷擾聽證會像是性騷擾事件的分水嶺一樣，就像印度的聯合碳化物工廠（Union Carbide）爆炸案和艾克索Valdez油輪的石油外洩，使職場安全與環境問題成為全國人民關注的焦點。

公平就業機會委員會的數據報告顯示，性騷擾的投訴案件數正在直線上升。1986年，投訴案約有2,052件；到了2003年，投訴案上升到13,566件。雖然2003年的案件數仍然很驚人，不過，比起1997年的15,889件，還是少了一些。在此背景之下，讓我們來想一想《民權法》第七章和公平就業機會委員會對於性別歧視中的性騷擾說明了哪些內容。

公平就業機會委員會對性騷擾做了以下的定義：

對主動的性表示，以及對性愛和具有性暗示的其它口頭上或身體上的要求的這類行為表示屈從或拒絕，會明顯地或暗自地影響一個人的就業，不合理地干擾一個人的工作表現或營造一種充滿恐嚇、有敵意或令人反感的工作環境時，這種行為就構成了性騷擾。

在此定義中，暗示（implicit）是指兩種常見的性騷擾形式。第一種被稱為「交換型性騷擾」（quid pro quo sexual harassment）（或有人稱為直接性騷擾）。這類性騷擾出現在以下情形：一個人為了得到其它某項東西而給予或接受某樣東西。例如：如果員工想要獲得加薪或升遷，老闆可以向該員工明示或暗示表示希望得到性服務以換取其加薪或升遷的機會。第二種是所謂的「敵意環境型性騷擾」（hostile environment sexual harassment）。在這種形式下，不給予或接受任何東西，由於性傾向行為或是工作場所中所擺設的物品，導致員工感到一種敵意的或令人反感的工作環境。例如：性嘲諷、性笑話或性物品，像是在工作場所裡放置的圖片或卡通圖案等。

為了釐清一般人對性騷擾的錯誤觀念，以下列舉公平就業機會委員會說明性騷擾可能會出現的形式，但不僅限於此：

- 性騷擾受害人或加害人可為男性或女性。受害人之性別不一定與加害人相反。
- 性騷擾加害人可能為受害人之主管、受害人雇主之代理人、受害人公司之其它地區之主管、受害人之同事或是其它非公司職員的人。

- 性騷擾受害人不一定是實際遭受騷擾之人，只要是受侵犯行為而有所影響的任何人都是受害人。
- 儘管未對性騷擾受害人造成經濟上的損失或是未使其被開除都屬非法性騷擾。
- 加害人的行為一定是不受他人歡迎的才屬於騷擾。

圖表18-6列舉了女性通常談到所遭受性騷擾時的種種經歷。

圖表18-6　性騷擾投訴的例子

- 蒙受性暗示的評論和提議。
- 被派去從事不必要的差事，使路過的男性有額外的機會盯著看的工作區。
- 蒙受含有性暗示的言語和性玩笑。
- 在工作時被老闆觸摸。
- 同事「評論」某個人與老闆有性關係。
- 帶有暗示性表情與姿勢。
- 故意碰撞和「關心」。
- 帶有暗示性的身體動作。
- 在辦公室放置有性傾向的物品。
- 在工作區張貼或展示色情卡通圖畫和圖片。
- 強迫約會與得到性愛。
- 在拒絕老闆主動的性表示後，遭受怪異待遇。
- 員工在打字時，老闆摩蹭她的後背。

注：上述的內容都是民眾的「投訴」內容。這些內容在法律的角度上是否構成性騷擾，都應由官方受理或法院審理來確定。

麥瑞特儲蓄銀行對文森案（Meritor Savings Bank v. Vinson）

在1986年以前，性騷擾不構成明確觸犯聯邦法律的行為。然而，在1986年具有里程碑意義的麥瑞特儲蓄銀行對文森案中，最高法院裁決性騷擾觸犯了《民權法》第七章。在該案中，法院裁決，即使沒有對員工造成經濟損害或要求性愛以作為升遷、加薪此類的交換條件，透過性騷擾營造了一種「敵意環境」就是觸犯了《民權法》第七章。受害者可以得到的賠償包括欠薪、情感壓力的損失賠償金和律師費。在此必須釐清一個概念：女性對男性也能夠進行性騷擾，或者同性之間也可以進行性騷擾。

哈瑞斯對福克李特系統公司案（Harris v. Forklift Systems）

　　該案為1993年另一個重要的最高法院判決提供了基礎，人們希望在這一裁決中會對何種行為是構成性騷擾做出更加明確的解釋。法院同意受理田納西州女性Teresa Harris的案子，她聲稱她的老闆（在Forklift系統公司任職）對她的衣著做了性評價，要她從他的褲子口袋裡取回硬幣，並曾經開玩笑說：「到賓館去，談談妳加薪的事」。初等法院沒有受理她的案子，並認為她只是遇到了不愉快的事而沒有遭受「嚴重的心理傷害」。

　　最高法院推翻了初等法院的判決，即使無法證明員工所遭受的心理傷害，還是可以強迫雇主支付損失賠償金。Sandra Day O'Connor法官撰寫了法院全體一致通過的判決，她說只要員工「可以合理地感受到其工作環境是敵意的或猥褻的」，就可以判給他們賠償。

　　最高法院判決的另一個重點就是提出了「根據誰的觀點來判斷性騷擾？」的問題。從歷史上來看，法院一直是使用習慣的「理性男性」概念。1991年一項上訴法庭的裁決認為，當女性指控騷擾時，應該普遍推行「理性女性」的標準。然而，在Harris與Forklift系統公司一案中，最高法院認為應該普遍推行「理性人」的標準，這一標準較為恰當，因為它把焦點集中於行為，而不是受害者。

　　最後，最高法院對「何種行為構成性騷擾」的裁決仍然不太明確。因此O'Connor法官再次寫道：

　　一個環境是否是「敵意的」或「猥褻的」，只有根據所觀察的整個氣氛與情況才能確定。這包括歧視性行為的頻率次數、嚴重程度、是身體上的威脅還是羞辱或僅僅是唐突的語言，以及是否不合理地干擾了員工的工作績效表現。

《民權法》第九章（Title IX）與性騷擾

　　很多人不知道《民權法》第九章中有許多和第七章一樣關於保護性騷擾的條文。《民權法》第九章規定禁止有性騷擾情況的學校獲得聯邦基金補助，它最有名的就是訂定如何判斷學校是否給女性相同的機會來從事體育活動的準則。很多人也不知道，如果學校默許性騷擾的情況發生，該學校會被以違反第九章之條文內容而遭處分損失賠償金。判定學校是否違反第九章的證據為：(1)學校必須已知道性騷擾的情況；(2)學校採取因應措施後，仍無法阻止性騷擾的發生；(3)性騷擾與受教育的機會無關；(4)性騷擾必須是發生在教育環境下。

　　本書成書期間，有一件受到大眾相當注意的案子發生，三位女性依《民權法》第九章向聯邦法庭對科羅拉多大學提起告訴。該案當事人宣稱，科羅拉多大學放任其足球校隊在甄選球員時，營造出一種預期能有性服務以及對女性有敵意的氣氛。這個案子很特殊因為該案涉及不同的被控加害人、不同的受害人以及來自不同年級的球員徵選相關人士。當事人的律師宣稱，該大學深知這種球隊的文化，但是卻置之不理。這個案子的結果將會大大地影響大學校方如何因應性騷擾控訴的方式。

　　1998年，三菱汽車公司同意，將賠償天價3,400萬美元給在伊利諾州工廠工作遭受性騷擾的女性勞工們。一年前，該公司也因為類似的個人訴訟案而賠償950萬美元。上述案例的賠償金額並不少見，因此，全國自治保險公司協會 （National Association of Independent Insurers）在1998年進行了一項調查發現，提供性騷擾保險項目的保險公司已經開始承保更多的保單並預見將有更多的索賠，這就不足為奇了。顯然，公司針對性騷擾問題正在採取兩種措施，一方面採用阻止性騷擾的政策，另一方面保護自己免於遭受可能因性騷擾訴訟而帶來的財務費用。

　　從90年代開始大量性騷擾投訴案件有較為和緩的趨勢，但是案件數仍然很高。最近，最高法院的判決結果顯示公司能致力於反性騷擾是有好處的。因為，最高法院裁定，即使公司不知道有騷擾事件發生，或是公司主管根本沒有從事什麼恐嚇的工作行為，公司有可能還是要為此負責。所以，為了避免更多的損失，公司最好還是趕緊訂定全面性的計畫來保護其員工免於受到騷擾。

　　當公司制訂全面性與清楚的計畫來預防性騷擾時，該公司就能受到法律的保障。最高法院最近就裁決，當公司被提起性騷擾告訴時，公司能以「已經努力防禦修正性騷擾事件」這一點作為免責「積極抗辯」（affirmative defense）的基礎。第二個好處就是，一旦公司有了嚴格與清楚的預防以及修正性騷擾的規定之後，不肖人士就無法有機可乘了。

倫理的實踐

Ethics in Practice

心事

　　最近的一個夏天，我在我最要好的朋友繼父的酒館裡工作。有時，酒館裡就只有我和朋友的繼父。很多次，他對我的身體進行性評價。他還常常「故意」觸摸我的身體。有一次他把我叫進他的辦公室，給我看色情雜誌上女子的裸照，並問我為什麼不能學她搔首弄姿一番。他似乎對女性的身體著迷。明顯的道德問題迫使我掙扎在好友友誼與自尊之間，而那份工作使我的自尊受到嚴重的污辱。我一度曾想說出這些經歷，即使失去最好的朋友，我也不在乎。

(1)在本案例中確實發生性騷擾了，或僅僅只是我的想像？

(2)在這種情形下，換做是你，你會怎麼做？

   a. 不與老闆發生正面衝突，繼續工作。

   b. 辭職並裝做好像什麼也沒發生過。

   c. 反抗老闆，看看情況是否會有改變。

   d. 其它做法（請描述）

4.懷孕歧視

　　產假一直是婦女面臨的一項問題。1987年，最高法院認同一項加州的法律，該法規定懷孕的女性勞工得以享受為期4個月的留職停薪產假，並保證一直為她們保留職位，直到其重返工作崗位。Thurgood Marshall法官認為：「既然加州法令賦予懷孕女性這項權利，那些有家庭的男性也應該等同享有這種權利」。

　　《民權法》第七章修正案──1978年《懷孕歧視法》（Pregnancy Discrimination Act of 1978）規定雇主要將懷孕與懷孕相關的健康狀況，與有關雇員條款上任何在醫學上喪失勞動能力的情況等同視之。然而，儘管公平就業機會委員會一直都授權保護懷孕期的婦女，但是，幾乎沒有任何婦女感受到該法的保護。直到1991年，一場關鍵性案件的勝利，才引起大眾對懷孕歧視議題的重視。在立法13年之後的1991年，公平就業機會委員會宣佈了一項6,600萬美元的賠償金，要AT&T公司對其13,000千名在懷孕期間遭到歧視的員工進行賠償。這是因為該公司對員工產假的限制超出了法律許可的範圍因而受罰。由於《懷孕歧視法》對符合請產假情況的定義和大眾以往的理解有所不同，因而導致一些問題的產生。很多公司也辯稱，在某種程度上，懷孕與暫時失去勞動能力根本就不相同。

　　儘管有立法保障，懷孕歧視仍然很普遍。根據公平就業機會委員會的統計

數據顯示，懷孕歧視的投訴案件在近5年中持續增加，從1992年的3,385件增加至2003年的4,649件。有人認為部分的增加可能是因為人口因素所造成的，即嬰兒潮出生的人開始組成家庭，但同時他們大多數人仍然要工作。另一個原因可能是公司裁員，公司可能認為懷孕的女性員工也許不能再長時間工作，而且孩子出生後，又會為了孩子奔波而無心於工作，所以公司有可能因此先開除這些懷孕女性職員。雖然《家庭醫療休假法》（Family and Medical Leave Act）有發揮保障懷孕婦女之職，但懷孕歧視的問題依舊存在。

5.胎兒保護政策

1991年，由於最高法院裁決胎兒保護政策（fetal protection policies）構成了性別歧視，使大眾認識一種新的歧視形式。此關鍵性的案件是全美汽車工會對江森自控有限公司（UAW v. Johnson Controls, Inc.）案。與其它的大公司一樣，江森公司制訂禁止分娩婦女在她們與其胎兒可能遭受如鉛的有害化學物質影響的環境下工作的政策。該公司強調此政策的出發點是為了要保護婦女和她們未出世的孩子免於遭受化學物質的影響。不過，在1984年，該公司的8名前現任員工及全美汽車工會對江森公司提起集體訴訟，認為該公司的政策具有歧視意味並違反《民權法》第七章。之後，地方法院裁決該公司無罪，而且設在芝加哥的美國第七巡迴上訴法庭（Court of Appeals for the Seventh Circuit）也維持此判決。然而在1991年，最高法院推翻了上訴法庭的裁決，認為單就表面來看，該政策的確具有歧視性，而且該公司也沒有任何證據得以證明女性比男性更有可能因鉛等化學物質而導致生育能力受損。

即使最高法院裁決受到傷害的孩子一旦出世就不能再對該公司提起訴訟，但有幾位專家認為將來這類訴訟案的確是有可能發生的。一位專家說：「一位母親可以放棄她自己訴訟的權利，但她不能放棄孩子起訴的權利。所以，5年或10年之後，你可能會看到生來就有認知殘疾的孩子，他們可以獨自起訴各公司」。全美汽車工會並沒有否認這種可能性，並堅稱此案件應該可以促使公司把工作環境變得更安全。

6.公司對性別歧視的態度

2004年，Wal-Mart因性別歧視與薪資問題遭到數件起訴案纏身，Wal-Mart公司的形象也因此一落千丈。美國國家婦女組織（National Organization of Women，NOW）指出該公司在薪資、升遷與補助方面明顯的有性別歧視，而且不支付女性避孕方面的保險費用。因此該組織更戲稱Wal-Mart為：

「零售業之恥」。國家婦女組織更清楚地指出有關Wal-Mart公司的惡形惡狀：

- 該公司女性職員平均1小時的薪資較男性少1.16美元；女性普遍的升遷速度比男性慢。
- 該公司女性銷售人員1年平均薪資為1萬5千美元——比起其它零售業的一般薪資行情，每小時至少少了1美元。
- 該公司有超過3/5的員工沒有能力支付公司的醫療保險費。

為了平息眾怒，Wal-Mart執行長H. Lee Scott在2004年的股東大會上宣佈新的多元化方案。其中一項方案為如果該公司沒有達到多元化目標，公司就會刪減管理高層的紅利獎金，以此來提升申請管理階層的女性與少數族群的員工數量。執行長Scott表示：「該新方案的推行很清楚的代表Wal-Mart是很有心要做出一些改變，不是只是嘴上說說而已」。該公司也表示將會提高部分員工的薪資而且所有員工的薪資都不會降低，不過，該公司尚未發佈有關這一點的具體實施措施。Wal-Mart現在已設置140名成員的稽核組（Compliance Office）以檢查各分店是否遵循新方案與程序，並且期望全國的Wal-Mart都能早一步達到總公司要求的目標。

18.4.3 其它就業歧視形式

大部分的人都將就業歧視的注意力放在種族與性別歧視上，但是，也有其它一些就業歧視值得我們關注。因此，對於管理前線的經理人而言，應該更加瞭解多樣的歧視種類以及法院對這些歧視議題的態度為何。

1. 年齡歧視

有關年齡歧視的案件每年層出不窮，此外，根據統計，隨著年齡增長，7,600萬嬰兒潮出生的人也導致年齡歧視訴訟案費用的劇增。雖然有關種族、性別與最近的殘疾歧視訴訟案件數比年齡歧視案件數多很多（參見圖表18-4），但是年齡歧視案的和解金與陪審團判賠卻是創下歷史新高。以10年一期來看，年齡歧視案的原告們總共平均獲得21.9萬美元與種族歧視案的14萬7,799美元、性別歧視案的10萬6,728美元，以及殘疾歧視案的10萬345美元的賠償金多出許多。

雖然年齡歧視案件的賠償金高出平均許多，但是這類案件並不容易處理。最典型的年齡歧視就是公司歧視年紀較長的員工，很多員工甚至不到50歲，公司就開除這類的老臣，以便將錢省下來去聘請年資較淺、較便宜的年

輕職員。很多公司為了掩飾該作為，要求被解雇的職員收下遣散費，並要求他們簽下不得起訴的切結書。雖然在1998年最高法院對公司的切結書設下一些限制以保障年長的勞工，但是，最高法院在1993年的判決證明公司因年齡歧視而解雇員工將更為困難。甚至一位專精就業法的律師表示，其公司不太願意受理有關年齡歧視的案件，因為該類案件的勝訴率很低。綜觀職場的年齡歧視現象後，專家Sheldon Steinhauser總結到：

美國的企業絕對無法再繼續存有否定年邁員工的想法，否則後果不堪設想。美國年屆55歲依舊工作的勞工人數高達近1,600萬人，而隨著嬰兒潮出生的勞工年齡漸長，此數量也將大大地增加。此外，種種福利如退休金、未來社會福利的改革、人們更好的健康狀況與學歷的提升將使許多的勞工能工作更久，更重要的是，這許許多多的勞工都將會受到禁止年齡歧視法律的保護。因此那些無法從現實覺醒的雇主將會面臨上百萬甚至是數十億美元由法院裁定的罰款、傷害賠償金與法律費用等。所以，公司長官應該立即採取行動以減少不正當解雇職員的情形以及其未來將帶來的訴訟案件的發生。

職場上年齡歧視的問題依舊層出不窮，根據求職情報服務網Execunet的統計指出，從2001年的78%，到現在高達82%的公司資深主管都認同年齡歧視的問題相當嚴重。此外，94%的受訪者大部分為40歲以上未滿60歲的勞工，普遍都認為自己極有可能就是下一個遭受年齡歧視的受害者，他們認為隨著年齡的增加，自己的工作機會將被剝奪。

2004年，美國最高法院做出了一項被認為是「逆向年齡歧視」（reverse age discrimination）的裁決。該案的導火線是通用動力公司（General Dynamic）與全美汽車工會達成協議，同意讓該公司免於對未來的退休職員提供健保福利，但是對於此時已50歲或以上的員工其公司仍會提供。通用動力公司的一名職員Dennis Cline當時年屆40至50歲，因此他也在限制之內，無法享有退休後的健保福利。Cline與其他幾位有相同遭遇的員工一起向公平就業機會委員會申訴，不過該委員會的協調失敗，因此這些員工轉向聯邦地方法院控告通用動力公司。不過，地方法院卻駁回了這項訴訟，表示《就業年齡歧視法》（ADEA）是保障年齡較長者而不是年齡較輕者。之後，美國第六巡迴上訴法庭推翻這項判決，指出《就業年齡歧視法》是保障任何年齡的人使其免於遭受年齡歧視。通用動力公司不甘心，因而上訴到最高法院，而最高法院也同意審理此案，因為該案的判決呈現各說各話的狀況。公平就業機會委員會向法院提出一有利於原告的「法院之友」（friend of the court）的答辯狀，但是，最後最高法院推翻第六巡迴上訴法庭的判決，裁定《就業年齡歧視法》並沒有禁止保護較年長的勞工。

倫理的實踐

Ethics in Practice

職場中是否允許宗教信仰？

　　我在一家員工30人的地方診所當了6個月的接待員。我的老闆，即該診所的主治醫生是某宗教教派的成員。在營業時間裡，每件事情看來都正常，但在兩個小時的午休時間中，所有的員工都不得不上樓去聽「課程」。這些規定的課程從溝通技巧到辦公室效率無所不有，都是由我的老闆所參加的宗教教派的創建者，一名男性所設計的。雖然說這些課程是商業教學，但是我和其他的職員認為這些課程很像是在「傳教」。

　　例如，這些課程最重要的核心之一就是你必須聽懂每一個字，聽完課後，我們每個人都要接受測驗，以確定我們是否都清楚所有的專有名詞。

　　很多名詞在字典裡都找不到，因為這些字大都來自那名男性的宗教教義。每當我向老闆詢問一個詞時，通常老闆就會長篇大論地闡述有關教派領導人的任務並且要求我閱讀宗教教導的各篇章節段落以「完全理解」其涵義。我覺得似乎是在被洗腦，從那時起，每當在聽老闆的「宗教」課程時，我就一邊安排我的大學課表好打發時間。

　　我的疑問是：醫生有權要求我們服從這種讓我們感到不舒服的「教義」嗎？

(1)在本案例中發生歧視或騷擾了嗎？

(2)在本案例中出現了何種道德問題？

(3)如果是你面臨這種兩難的選擇，你會怎麼做？

（由Allison Grice提供）

2.宗教信仰之歧視

　　相較之下，宗教歧視情形較不常見於職場，但是，其增加的速度很快。在過去10年中，宗教歧視投訴案件增加了75%，從1993年的1,449件增加到2003年的2,532件。比起種族歧視抱怨案件從1993年的31,695件，下降至2003年的28,526件，有關宗教歧視的案件呈現日漸增長的趨勢。公平就業機會委員會的資深法律顧問Jeanne Goldberg指出，宗教歧視案件的增長是因為職場員工的組成有所變動而造成的。Goldberg表示：「移民型態的改變，使得許多來自較不為人知的宗教與其儀式的人民移居到美國。例如：來自亞洲的移民人數從1970年佔全體移民的9%，增加至2002年的26%；同時，歐洲移民人數從1970年的62%，大幅下降至2002年的14%。另一個因素是這些勞工都在老化，一旦人愈老，宗教信仰的寄託對其就更為重要了」。

　　宗教信仰偏見的類型很多，例如，一位信奉耶和華見證會的婦女起訴一家速食連鎖店，因為除非她同意一起唱「生日快樂」這首歌，否則她就不能用餐。但是唱「生日快樂」歌的行為與她的宗教信仰是相牴觸的。之後，她

接受了5.3萬美元的和解金，而該連鎖店也同意將會調整公司宗教相關政策。在另外兩個案件中，某餐館不願讓一名印度錫克教徒員工保留他的鬍子而放寬該公司之清潔政策，以及某公立學校不允許信奉回教的教師穿戴宗教服飾。未來的訴訟一定會為公司、法院和國會在如何解決職場的宗教信仰歧視問題上開闢新局面。

　　為了保護勞工在職場上的宗教信仰權利，過去連續5年都有議員提出「職場宗教信仰自由法案」（Workplace Religious Freedom Act），不過，目前美國國會仍未通過該法案。該法案的目的是要禁止公司任何任意或不合理拒絕職場員工宗教的表現。支持該法案的麻州眾議員John Kerry表示：「沒有任何一位勞工，必須在其工作與其珍愛的宗教信仰間被迫做選擇」。該法案的反對者大部分都是企業界人士，深怕這項法案將會為他們帶來很多麻煩。該法案受到很多宗教團體聯盟的支持，眼見愈來愈多的宗教歧視案件的發生，訂定此法案的目的在於要雇主尊重員工之宗教信仰。該法案也同意讓勞工因宗教因素在特定的某一天請假，或是在不讓安全與健康遭受影響的前提下，允許勞工穿戴其宗教服飾。根據《民權法》第七章，雇主必須對員工之宗教信仰進行合理的配合，除非這樣做造成了「嚴重的困難」。1977年，最高法院裁決，超出最小努力和最低支出的努力都可以被視為是嚴重的困難。因此，「職場宗教信仰自由法案」把嚴重困難的定義提升到「相當嚴重的困難或支出」。

3.膚色偏見

　　膚色偏見引發的問題是職場上的新挑戰。就如1964年《民權法》所規定，基於膚色的歧視行為一直以來都屬於不合法。雖然立法早已規定，但是膚色歧視問題長期被大眾所忽略，直至最近，才開始受到關注。

　　膚色偏見（color bias）指的是對一人皮膚的顏色而非種族的偏好。聯邦法已經規定膚色偏見屬違法，而1964年的《民權法》也規定，禁止任何依「種族、膚色、宗教信仰、性別或國籍」的歧視。很多人都不知道在法律上「種族」與「膚色」是不相同的，並且兩者都受到法律的保護。就因缺乏這項認知，所以很多相關投訴案件都沒有被呈報。舉例來說，某人如偏好膚色較白的非裔美籍人士，該人就屬存有膚色偏見，所以，膚色偏見會發生在同種族但膚色不同的人身上。根據公平就業機會委員會的統計，同種族的膚色偏見案件數正在持續增加中。公平就業機會委員會主席Cari Dominguez女士表示：「我們正處在『混合千禧年』（mélange millennium）中，有許多種族

的人與我們生活在一起。因此,就此觀點,我們要試著找出有哪些就業規定可能會影響勞工的權益」。

4. 性傾向與跨性別的歧視

當 Wal-Mart 將其反歧視保護政策擴大到保護男同志與女同志員工身上時,似乎顯示了現今職場對於同志勞工較為友善的現況。但是很多人還是覺得 Wal-Mart 公司的覺醒太慢,因為很早以前許多企業就已經將同志員工納入保護範圍內。根據統計,截至 2003 年底,名列《財富》500 大的企業中就有 360 家企業,《財富》50 大中更有 49 家企業的公司政策明確禁止性傾向的歧視。此外,500 大的企業中有 200 家,50 大的企業中有 34 家企業提供美國國內員工健保福利。更有近 2 千家的私人企業、學院與大學明確禁止有關性傾向的歧視,大部分的這些組織也都提供其員工健保福利。雖然目前仍無聯邦立法禁止性傾向的歧視,不過包括哥倫比亞在內的 14 個州與數個市政當局倒是有自己的相關法律。

另一項值得我們注意的議題就是企業對待跨性別與變性者員工的態度。「跨性別」(transgender)通常是指那些將自己之性別角色之部分或全部進行反轉的個人、行為與團體;「變性者」(transsexual)則是指正在進行或是已經進行性別轉換手術的個人。跨性別與變性者員工的議題存在已久,早在 1993 年,華盛頓最高法院即審理波音公司在 1985 年開除一名男性軟體工程師一案。該工程師平日穿著女性服飾,並在其進行變性手術期間,在公司堅持要使用女性洗手間。最後,最高法院裁決某人對其生物(天生)性別之不適,不能被認為是一種障礙。自此之後,法院的裁定讓許多公司開始採取新的態度來看待跨性別與變性者的議題。從 2001 年至 2004 年,《財富》500 強的企業中就有 26 家公司禁止以「性別認同與性別表現」(gender identity and expression)為主的歧視,此外,美國也有 67 個城市規定類似的保護。15 個州政府也有相同的立法或是行政裁決禁止性別刻板化(sex stereotype)與性別歧視。2004 年 6 月,美國第六巡迴上訴法庭(轄管區包括:密西根、俄亥俄、肯塔基與田納西州等)受理俄亥俄州一名變性消防隊員遭革職一案。法庭裁定變性者在《民權法》第七章的保護範圍內,而性別刻板化的對象也應包含變性者在內。

18.5 職場平權措施

　　平權措施（affirmative action）是指為了雇用和幫助以前受歧視之群體或個人而採取的積極措施。平權措施的概念於1965年正式被引入企業界，當時Lyndon B. Johnson總統簽署11246號行政命令，目的是要求所有與聯邦政府有商業往來的公司能夠實施平權措施，以加速推動少數民族進入職場的運動。雖然Lyndon B. Johnson總統早已簽屬命令，但是很多人都不知道，直至Richard M. Nixon總統重新生效種族雇用措施後，平權措施才真正上路執行。今日，很多公司會願意採取平權措施計劃是因為他們與政府有商業往來，或是因為與工會達成勞資集體協議，所以才會開始實施。

18.5.1 平權措施的實施態度

　　平權措施的涵義自其首次被引入後就發生了變化。最初，它僅僅是指為了確保遭受歧視的群體之成員獲得公平就業機會而做的特別努力。近來，這一術語已經演變成給予這一群體的成員在決定是否得到以前被排斥在外的職位上某種程度的優先權。

　　Daniel Seligman歸納出實施平權措施兩大分類中的四種態度。他將以下平權措施的態度分為「軟性」或「軟弱」：

(1) 被動的非歧視：這種態度是指自願在雇用、升遷和薪資決策方面對不同種族與性別的人一視同仁。這種態度沒有考慮到過去的歧視讓許多有機會的員工還未意識到或還未為當前的機會做好準備。

(2) 純粹的平權措施：這種態度是指擴大申請人的資格範圍，以排除任何人因為過去或現有的歧視而遭排拒在外。不過，在雇用或升遷決策方面，公司是挑選最合適的申請人，而不考慮其性別或種族。

　　Seligman對「硬性」或「強硬」態度的定義如下：

(3) 優先雇用的平權措施：在此，公司不僅擴大勞工庫（labor pool），而且在實際決策中系統性地偏向少數民族與女性員工。這可以被認為是「軟性」的配額制。

(4) 硬性配額：根據這種態度，公司明確規定必須雇用的少數民族之人數和比例。

在過去的30年中，大眾對平權措施的概念極為混亂，因為從來都沒有弄清楚在上述提到的觀點中哪一種是政府所提倡的。依事後之見，我們現在可以看清楚政府所提倡的立場是以哪一種態度為基礎，或以特定的候選人或當時執政的政黨所提倡的態度。在早期，「軟性」（上述之第(1)與第(2)項）的平權措施較受到提倡。然而，人們愈來愈瞭解到，以這樣的態度要取得其所期望的成果根本是徒勞無功。所以，後來「硬性」或「強硬」的平權措施漸漸受到倡導。但是，大眾卻對平權措施的「優先雇用」（上述第(3)項）與「硬性配額」（上述第(4)項）的推行一直存有爭議。今天，當人們提及平權措施時，他們通常是指某種程度的優先雇用，如上述第3與第4項的態度。圖表18-7列舉最高法院對平權措施的關鍵性判決。

18.5.2　優惠待遇的概念

首先，我們先檢視一些支持與反對優惠待遇（preferential treatment）這一概念的論點。優惠待遇的理論基礎是補償性公義（compensatory justice）原則，認為無論是何時犯下的非正義行為，皆應賠償受到傷害的任一方或多方。許多人認為應該通過積極的平權措施，為過去受到歧視的團體（例如：女性、黑人、北美原住民與墨西哥裔美國人），對其遭受的非正義行為進行賠償。多年來，在少數民族，尤其是在給予黑人的機會上蓄意的設置障礙，阻止他們進入商業、法律、大學及其它期望的專業領域和機構。儘管，政府方面的障礙已解除，但是問題並沒有獲得改善。不公平現象逐漸被納入體制，雖然徵選和升遷機制並沒有特意地歧視某一特定群體，但是這種機制的確是有利於其它群體之嫌。因此，我們應該將優惠待遇視為是一種可行的方式，以逐漸達成經濟與社會平等的目標。

18.5.3　逆向歧視的概念

對平權措施的反對與爭議的主要原因是因為平權措施導致了逆向歧視（reverse discrimination）。這一概念認為在賦予少數民族與女性任何形式的優先權時，可能會對那些主要群體之人（通常為白人男性）造成歧視。近10年來，由於少數民族與女性享有優先權而感到被忽視的白人男性一直不斷地提起逆向歧視訴訟。他們認為《民權法》第七章禁止基於種族、膚色或性別的歧視，也同樣包括禁止逆向歧視。這些情況使得公共政策處於進退兩難的局面：我們怎樣才能在給予少數民族與女性優待的同時，卻又不歧視白人男性

圖表 18-7　最高法院對平權措施的關鍵性判決

日期	案件對象	案件背景	案件結果
1978年	Bakke	大學醫學院入學	溫和地支持平權措施（AA）
1979年	Weber	以配額為基礎的私人企業（Kaiser）培訓計畫	支持平權措施
1984年	Shotts	市政消防部門（孟斐斯市）	平權措施的微小挫敗；同意解雇符合年長資歷規定的員工
1986年	Wygant	密西根州傑克遜市教育局——學校教師	綜合性結果；支持資歷制度，優惠措施並非總是錯誤的
1986年	消防隊員	市政當局（克利夫蘭市消防部門）	支持平權措施；少數民族享有優先雇用權
1986年	板金工	工會	強烈支持平權措施；法院對那些非具體受歧視的受害者給予平權措施的福利
1987年	阿拉巴馬州警察局	州警察隊	強烈支持平權措施；法院可要求升遷的配額
1987年	Johnson	鄉鎮交通部（加州聖塔克拉拉）	強烈支持平權措施；可對女性長期被排斥在某些特定職位之外的損失進行補償
1989年	Richmond v. Crosen	市政府	溫和、有限地支持平權措施
1989年	Martin v. Wilkes	背景不詳	支持「逆向歧視」指控
1995年	承包商 Adarand	聯邦承包商	制定嚴格平權措施審查標準；沒有通過考試的人將遭擱置
2003年	Grutter v. Bollinger等	大學入學許可	該校法學院實施平權措施，但拒絕為特定種族的人加20分。表示：種族只是許多考量因素之一而已

呢？雖說不是不可能，但是，要做到這一點仍極其困難。接著，有關公共優先權的第二個問題又出現了：我們應該是一個追求平權措施的國家嗎？即使在這個過程中將犧牲白人男性某些機會也在所不惜嗎？正反兩方的觀點都各有其道理，所以很難去評斷。

18.5.4　少數民族反對平權措施

儘管平權措施是主流民權議程的重要支柱之一，但在過去的10年中，有愈來愈多的黑人開始高唱反對與平權措施有關的種種政策。

兩位著名的平權措施批評家Thomas Sowell博士和Stephen L. Carter教授各有其看法。Sowell博士認為，如果將我們現在所有的平權措施計畫加以廢除，長遠來看，黑人的處境還會更好些。承認受其種族之惠而進入大學的耶魯法學教授Stephen L. Carter撰寫了一本知名書籍，書名為《一個平權措施嬰兒的反應》（*Reflections of an Affirmative Action Baby*）。Carter教授所關注的似乎是平權措施對試圖要幫助的那些人之影響。據Carter教授所說，平權措施在「最好的」和「最好的黑人」之間設下二分法。卡特回憶起他的老師是怎樣一遍又一遍地告訴他，他是他們學校招進的「最好的黑人」。「最好的黑人症候群」的症狀為無論一個黑人的成就為何，他還是無法脫離如「第一流的黑人」、「唯一的黑人」或「最好的黑人」的這些歸類，或被用其它次一等的標準來評斷其作為。Carter教授並沒有否決所有的平權措施，他贊同一定程度的種族意識，尤其是在大學和專業學院入學招生方面。但是，他認為在某些方面必須全部消除優先權，並且反對將平權措施轉變為代表受排擠群體「觀點」的一種工具。

18.5.5　承包商Adarand案與嚴格審查

1995年，Adarand承包公司對Pena案是平權措施的一個重大轉折點。在該案件中，最高法院以5票對4票來裁定政府所有基於種族的行為必須符合司法評估之嚴格審查（strict scrutiny）的要求。而嚴格審查包括兩項內容：(1)計畫或政策必須符合強制性政府利益；(2)必須對計畫和政策進行詳細之修正，以符合該計畫和政策的目標要求。雖然裁決沒有說明平權措施屬違反憲法，但它為任何一項平權措施計畫的通過都設立了極其嚴格的標準。

Adarand案的判決效應餘波蕩漾。該案判決之後，其它的案件也比照Adarand案的判決，裁定平權措施必須符合嚴格審查的要求。之後的這些案件判決極具重大意義，例如在Hopwood對德州案中，美國第五巡迴上訴法庭裁定德州法學院將種族納入招生的考慮因素將無法通過嚴格審查的要求。1995年6月，前美國總統柯林頓針對在決策中將種族或性別作為考慮因素的所有計畫，發佈了一份備忘錄。該備忘錄指示，如果任何計畫造成限額或優先權，因而導致逆向歧視或者在平等機會目標已經實現後仍延續這些作法，

這種計畫就必須遭廢除。儘管Adarand案的判決僅適用於聯邦政府計畫，但在其它私人企業中也能感受到它的影響，因為該判決清楚地顯示法院對平權措施將採取的行動為何。

18.5.6　公司對平權措施的觀點

要總括企業界對平權措施的看法並不容易。最初，企業界普遍反對這種觀點。然而，隨著時間流逝，由於企業雇主對平權措施計畫頗有心得之後，他們的觀點在某種程度上起了變化。公司似乎不再強硬地反對平權措施，但同時也不願受政府命令的擺佈。

最近對亞特蘭大、波士頓、底特律與洛杉磯3,200位雇主的調查顯示，平權措施如果對勞工的生產力造成負面影響，機率也不大。調查結果也顯示，當公司在招募活動中強調平權措施時，這些公司很可能得隨之實施適當的培訓與嚴密的評估。透過這些努力，公司發現其所雇用的女性和少數民族員工的素質與工作績效之間的關係跟其他的員工沒什麼兩樣。反之，在這些方面沒有做任何努力的公司反而聘雇到素質較低的女性和少數民族員工。不過，研究也發現，這些員工的績效倒是不至於差到哪裡去。

現在，企業界似乎已經把平權措施計畫視為有利的商業政策。有些主管將平權措施的實施目標與時間表視為是衡量公司進步的好方法，另一些主管則將它們視為避免高昂歧視訴訟費用的途徑。特別是消費品製造商和服務業者而言，平權措施在其客戶關係方面具有實質商業價值。多數的大型企業已經確立了平權措施計畫的實施，他們認為如果現在對這些計畫進行修補可能又會激怒女性與少數民族。很多主管認為如果平權措施是必須的而且又是政府所要求的，獲得政府批准的系統化計畫是開展平權措施一種最有效的途徑。

18.5.7　平權措施的未來展望

平權措施的一個重要的戰場無疑就是大學校園，因為最近許多支持平權措施的活動一直指向大學入學標準。加州州民在1996年投票通過209號提案，終結州政府計畫與州立學校中的平權措施。同年，第五巡迴上訴地區法庭裁決德州大學不能將種族納入入學招生的考量因素。1998年5月，美國眾議院擋下了一項取消獲得聯邦資金的大學在入學招生標準中基於種族或性別而給予優先權的修正案，不過該修正案已進入眾議院的投票程序。1998年，華盛頓州州民投票通過創制案200（I-200），此案以加州209號提案為模型，

成為終止州政府和地方政府在雇用、承包與大學入學招生上使用平權措施的手段。有趣的是，大學入學是白人男性一直受益於平權措施的領域。一名女性申請人被喬治亞大學拒絕入學後，發現該校為男性申請人的學生綜合指標總分加分時，她以性別偏見為由成功地以起訴喬治亞大學。2001年，基督教科學箴言報（*Christian Science Monitor*）對入學數據做了分析並走訪了全國的大學招生辦公室，發現大學入學和招生中對白人男性存有偏見的證據。美國教育部民權辦事處的發言人告訴該報，每年有關大學入學性別歧視的投訴案件平均為20件。

2003年，最高法院對密西根大學之平權措施一案的判決無疑是平權措施的最大勝利，但是，該案對其它大學相關判決的影響卻讓人摸不著頭緒。法院認為種族可以是考量入學標準其中的一項因素，因為在學生多元的校園環境內，種族考量可以在教育利益的取得上助長「強制性」利益。但是法院另一方面卻又否決給予基於膚色考量的大學入學應試生加20分的作法，表示應試生必須獲得「真實的個人考量」（truly individualized consideration）。受到該判決的影響，現在很多大學開始重新檢視其特別針對少數族群的獎學金與培訓方案，並且開始開放其他種族基於如社經背景等因素而符合資格的學生也能夠申請這些方案。

由普林斯頓大學前校長 William Bowen 與哈佛大學前校長 Derek Bok 合著的《河流之狀》（*The Shape of the River*）一書，深入探討種族和大學入學的問題。本書中，Bowen 和 Bok 進行一項研究，分析所選擇的28所大學中的45,000名學生這20年來的表現。利用學生數據和長期追蹤的問卷調查，繪製出白人和黑人學生的發展圖（主要集中在黑人學生，因為黑人學生的大量數據較易取得）。與白人學生相比，黑人學生的入學成績較低、學校考試分數較低，而且完成學位的比率也較低。然而，20年後，取得專業學位或博士學位的黑人人數比白人較高。此外，黑人更加活躍於社團服務中，更有可能領導人民團體。根據 Bowen 和 Bok 表示，黑人成為中產階級的主流。同時，黑人和白人學生都認為他們在校園裡獲得的多樣性經驗豐富了他們的大學經歷，進而有助於他們適應職場的環境。

的確，正如作者所承認，統計數據沒有辦法顯示所有的實情，因為無法得到有關因平權措施而不能入學的白人學生和他們可能失去的機會的數據。不管以後大學入學平權措施的決策將如何改變，一定都會有人支持或反對。209號提案的結果造成加州大學少數民族招生額的銳減，導致該校研究生計

畫的「人才外流」。雖然申請加州大學入學的少數民族學生變少，不過倒是有些學院因此撿了便宜，順理成章地利用209號提案來招募那些離開加州大學校園聰穎的少數民族學生。

在美國，平權措施的未來比以往任何時候都更為撲朔迷離。在表明任何種族態度之前，企業界必須等待，直到這一個問題塵埃落定。同時，隨著勞動力結構的不斷變化，以及企業界逐漸體認到其正在承擔與種族、性別、年齡、殘疾與家庭議題相關的法律與道德責任，不可否認的，企業界將會繼續實施多樣化計畫。

公司逐漸感受到其多樣化計畫可以構成其競爭優勢或作為競爭的武器，這一動機是公司持續沿著此方向前進的一個額外理由。諷刺的是，有些公司認為《民權法》既保護白人男性，也保護少數民族與女性，所以部分公司竟然採取特別措施以確保對白人男性提供援助，從而獲得他們的支持，並以此作為該公司多樣化計畫的一部分。

本章摘要

本章討論了那些工作權利受法律保護之員工利害關係人的次群體。由於禁止基於種族、膚色、宗教信仰、性別或國籍歧視的《民權法》通過，為美國帶來了許多相關問題。後來又通過了年齡保護和殘疾人士保護法；又有公平就業機會委員會（EEOC）來負責監督保護歧視法的實施。就像其它聯邦機構一樣，公平就業機會委員會的問題也不少。但是，總而言之，在監管差別待遇和差別影響這兩種歧視的主要形式上，公平就業機會委員會盡了合理的本分。本章討論的歧視議題包括民權運動到社會福利運動；非裔美國人、亞裔美國人、西班牙裔美國人和婦女躋身於專業和管理職位的困境；等價值理論；性騷擾；胎兒保護政策與宗教信仰歧視等。最近廣受注意的歧視如性傾向、性別認同與膚色偏見等，本章先前也加以詳盡的討論與介紹。

平權措施是政府對歧視問題的一項因應方式。對平權措施實施的範圍也存在著相當多的爭議。有證據顯示，對平權措施的反彈聲浪正在不斷地增加當中。然而，公司已通過根據平權措施原則建立的人力資源管理政策來實施平權措施，並且在未來公司將會繼續實行平權措施，避免激起少數民族、女性和其他人的批評。而聰明的利害關係人管理會使公司在其雇員活動中一直保持不偏不倚的公平態度。

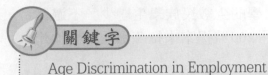

關鍵字

Age Discrimination in Employment Act (ADEA)《就業年齡歧視法》
affirmative action 平權措施
Americans with Disabilities Act(ADA)《美國殘障人士法》
bona fide occupational qualification(BFOQ) 實際職業必備的資格
Civil Rights Act of 1991 1991年《民權法》
color bias 膚色偏見
comparable worth 等價值
compensatory justice 補償性公義
disparate impact 差別影響
disparate treatment 差別待遇
Equal Employment Opportunity Commission (EEOC) 公平就業機會委員會

Equal Pay Act of 1963 1963年《公平薪資法》
fetal protection policies 胎兒保護政策
four-fifths rule 4/5 規則
major life activities 主要生命活動
preferential treatment 優惠待遇
Pregnancy Discrimination Act of 1978 1978《懷孕歧視法》
protected groups 受保護的群體
reverse discrimination 逆向歧視
sexual harassment 性騷擾
strict scrutiny 嚴格審查
Title VII of the Civil Rights Act of 1964 1964年《民權法》第七章

問題與討論

1. 列出主要的聯邦歧視法律並指出它們禁止些什麼。主要負責執行這些法律的政府機構有哪些？

2. 說明歧視的兩種不同的定義並各舉一個例子。

3. 你認為《美國殘疾人士法》（ADA）對企業界會產生何種影響？並解釋之。

4. 解釋平權措施與逆向歧視的兩難局面。你認為在處理這一問題上最高法院有沿著正確的方向前進嗎？並解釋原因。

5. 你認為應該將大學入學優惠資格給誰？並解釋你的答案。

個案評述

　　本書附贈的光碟提供了許多個案，與本章相關的個案有個案16、個案37以及個案38，你可以搭配本書第十八章的內容探討以下的個案：

個案16「全球（不）平等？Merrill Lynch的性別歧視」

　　該個案點出了判定當公司薪資制度模糊與紅利是最主要的補償形式時，這當中是否存在歧視的困難。當Stephanie Villalba的事業在Merrill Lynch（ML）公司如日中天之際，卻在她換到另一部門擔任經理後，慘遭公司開除。Villalba控告公司對她性別歧視、精神傷害、不當解雇和薪資不平等。而公司方面則是回應是Villalba自己的業績表現不好。到底哪一方的說詞才是正確的？如果讓你分別扮演任一方，你的回應又如何？

個案37「依外貌選擇員工的作法是不合理還是歧視？」

　　該個案指出公司依外貌來選擇員工的作法。A&F公司在雇員政策上要求員工要符合某種「外貌」以代表公司品牌的形象。該公司被四個組織控告進行歧視政策。你認為依外貌選擇員工的作法有歧視意味嗎？在何種限度內，這種作法是合宜的呢？限度又在哪？

個案38「上司的騷擾」

　　這個個案是由一位在當地餐館工作的大學生寫的。當四下無人時該學生的經理就會對特定的幾位女同事說一些「噁心露骨的笑話」。該經理主要是管理員工排班，而且素聞他總是無故開除員工。現在，工作難找，而且如果違抗該經理的話又會被革職。到底她應該怎麼做才好呢？

第十九章
所有人利害關係人與公司治理

本章學習目標

▶▶ 閱讀完本章後，你應該能夠：

1. 探討合法性議題與公司治理的相關性。
2. 探討董事會應該遵循的最好措施。
3. 探討改善公司治理方面的問題時，董事會所發生的主要變化。
4. 探討股東行動主義（shareholder activism）對公司管理階層施加壓力以改善治理時的主要方式。
5. 探討有關執行長薪資方面的問題。
6. 探討最近一連串發生的企業醜聞，以及目前的解決措施為何。

曾為美國排名第七大企業的恩隆（Enron）公司，其破產案掀起美國企業界的大幅震盪。之後，世界通信（WorldCom）公司與全球光網（Global Crossing）公司又連續發生破產醜聞，導致許多的投資人開始失去信心。不僅如此，接踵而來的美股崩盤使得投資人的損失高達6兆美元的天文數字。與1997年的92家和1981年的3家公司相比，2002年須重申收益的公司高達250家，此刻，投資人驚覺尋求一個更有效的公司治理絕對勢在必行。美國證交會主席William McDonough對上述公司的醜聞所帶來的影響發表以下感言：「我堅信整個美國的生活系統是正確的，但是當美國人對於這套系統的信心開始動搖時，政府與整個美國的經濟管理就會陷入危機之中」。這些公司的醜聞不僅影響公司本身，也造成外界對整個美國企業界的合法性存疑。

在本章中，我們將探討公司治理以及它的演變方式。首先，我們將探討合法性的概念以及公司治理在企業合法性方面所引發的作用。本章將闡述良好的公司治理如何有效解決所有權分離的問題，並且探討公司董事會如何控制與檢視其所面臨環境的新挑戰。

19.1 合法性與公司治理

為了瞭解公司治理，先瞭解「合法性」（legitimacy）的概念相當重要。雖然合法性有點抽象，但是它在解釋公司章程、股東、董事會、管理階層和員工相對職責的重要性時，卻是極為重要的一部分。以上所提到的每一個體都是現代公司治理體制中缺一不可的關鍵要素。

首先，讓我們針對Talcott Parsons對合法性所下的定義進行說明。他認為：「組織是否合法，大多取決於這些組織的活動以及與社會體制的目標和價值觀是否一致」。由此定義中我們可以看出，當組織活動與社會的期望互為一致時，合法性就普遍存在於組織內。因此，既然合法性是一種狀態，那麼合法化（legitimation）就是企業尋求被社會永遠接受的動態過程。動態過程這一點值得特別強調，因為社會的規範與價值不斷在變化，因此，企業要繼續保持其合法性就必須不斷隨之改變。無論在微觀的公司層次上，還是在宏觀的企業機構層次上，合法性問題都是相當重要的。

微觀層次上的合法性（micro level of legitimacy）指的是，企業各自透過與社會期望保持一致來達到與維持其合法性。根據Epstein與Votaw的研究，公司透過數種方式來尋求合法性。首先，一家公司可能以自己的方式來達到能被認同的標準。舉例來說，如果顧客不認同挨家挨戶親自拜訪這種銷售方式，那麼該公司可能就會停用這種行銷方法；或者，如果一家製藥公司向醫學院學生提供免費藥品樣本，而被認為有行賄嫌疑的話，那麼，這家公司就不應該再使用這種方法。其次，一家公司可能透過廣告和其它方式來改變社會大眾的價值觀與規範，進而使得與公司的準則一致。亞馬遜公司（Amazon.com）就是以此種方式而獲得成功的例子，它透過網路的方式來行銷其商品並讓大眾逐漸適應這種行銷手法。

最後，公司可能透過使自己與社會中有能力影響合法化的其它組織、人、價值或代表的準則一致，來強化自己的合法性。這可能發生在幾個不同的層次，在國家層次上，公司或許驕傲地向外界宣佈，某位名人、前政治家或其他著名人物成為公司的管理階層或董事會成員；在社區層次上，公司可能邀請地方得獎的足球教練進入公司董事會，或者以此人的盛名為公司推銷產品。

宏觀層次的合法性（macro level of legitimacy）是本章的重點。宏觀層次指的是公司的體制，也就是企業的總體。由於美國的企業界是一個大染

缸，每個機構創立的形式、規模與所屬的產業都不相同，所以，要清楚說明這個層次上企業的合法性頗為困難。然而，這卻是一個企業考慮合法性的重要層次。然而關鍵是，企業的存在、承諾和形式將成為社會的一種制度。William Dill曾指出，企業的社會合法性是一個脆弱的東西：

透過創新和試驗，企業不斷地在變化。把企業作為一種社會機構，從來都沒有得到大多數人的認可。作為解決社會中其它問題的方法，允許個體之間透過競爭來追求自身利益的思想一經提出，就成為一種激勵人心的想法；但隨著時間的流逝，這種想法的醜陋面以及可能被濫用的機會變得更為明顯。

一開始，對這種想法的正面評價持續了好一段日子。但是隨著這種想法逐漸消退之後，企業必須承認，這種想法其實很脆弱。企業必須體認到，其合法性通常要經過批准或承認，同時，也必須瞭解，它沒有天生就存在的權利。因為，合法性之所以存在，是因為社會賦予它這種權利。

在比較合法性的微觀與宏觀觀點時，我們可能會注意到，儘管企業努力地使自己的合法性永續的保持下去，但是，很少有公司或企業體制能夠解決這一個問題。這是一件遺憾的事，因為有關企業行為重大問題的分析清楚地說道：「如果企業要繼續生存與發展，對這樣的制度問題進行反思將是必要的程序」。如果企業仍然要繼續保持它生存的正當權利，那麼，就必須記住合法性問題與公司運作是息息相關的。

19.1.1　公司治理相關的問題

合法性問題的直接結果就是公司治理。「治理」（governance）這個字源自於希臘文的steering，意思是操控、掌舵。股東仰賴董事代表他們經營公司。企業如果要合法並且給予公眾合法的形象，它的治理就必須符合公眾的期望。

公司治理（corporate governance）是指企業以統治、指揮、管理或控制的方法以及以此方式達到公司的目標。公司治理的重點在於公司各利害關係人，包括企業所有人、董事會、經理人、員工與其他聲稱為利害關係人的相對功能、權利和責任。

19.1.2 公司治理的構成

為了全面評價合法性與公司治理的問題，就必須先要瞭解構成企業組織的法人形式；唯有如此，我們才能瞭解為什麼這種體制無法如預期般地運作。

1.四個主要團體的功能

這裡我們將探討四個公司主要的群體，包括：股東（所有人與利害關係人）、董事會、管理階層和員工。凌駕這幾個團體之上的是州政府頒佈的「營業執照」（charter），賦予公司能夠存在的權利並且規定其存在的條件。圖表19-1包括州政府頒佈的營業執照以及四個主要群體公司治理職權的等級圖。

圖表 19-1 公司職權等級圖

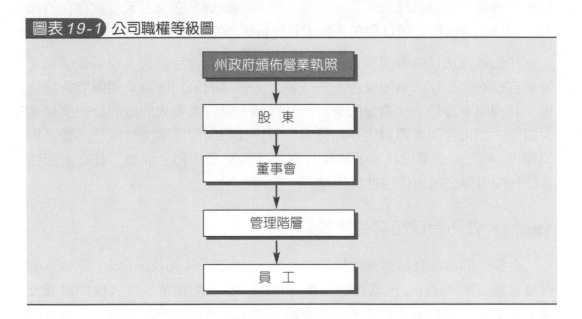

依照美國的公司法，股東（shareholder）是公司的所有人。作為所有人，股東擁有公司的最終經營權，而這種經營權主要表現在股東有權選出公司董事會的成員。一般而言，每位股東權利的大小是依照其所持有公司股票數量的多寡來決定。例如，一位擁有蘋果電腦公司100股股票的股東，在選舉董事會時就有100個「投票權」；而那些擁有1,000萬股大型退休基金的股東，則擁有1,000萬個「投票權」。

由於大公司可能有成千上萬個股東，這些股東就會選舉一個被稱為董事會（board of director）的小團體，來管理與監督公司的管理階層。董事會的職責就是確定管理階層是否把股東的利益放在第一考量。在職權層次中的第

三個主要團體是管理階層（management），由董事會雇用的個人具體地對公司日常的經營與管理負責。最高層級的管理階層會與董事會一起確定公司的總體決策。中低階層的管理階層執行公司的政策，並且對員工進行工作監督。員工（employee）則是指那些被公司雇用來實際操作工作的個體。雖然管理階層也屬員工，但是在這裡我們所指的員工是指那些「非管理階層的員工」（nonmanagerial employee）。

2.所有權與經營權的分開

近幾年來，許多社會與倫理道德問題，把重點放在四個主要群體的職能、權利、責任與義務上。如果我們深入剖析如何解決現代公司內結構以及公司治理的主要問題，那就是將所有權與經營權分離（separation of ownership from control）。在前公司（precorporate）時期，公司的所有人就是公司的管理者，因此，公司體制能夠依照所有人的意願來運作。即使在公司的規模擴展之後，雖然雇用了管理階層，但是所有人還是親臨現場監督管理階層。如果公司身陷困境，那麼卡內基（Carnegies）、美隆（Mellons）或摩根（Morgans）就會開除總經理。

隨著公司的成長與股權的極度分散，所有權與經營權分開已經成為一種普遍的現象了。圖表19-2比較前公司時期與公司時期的情況。所有權分散到成千上萬或百萬個所有人手中，這意味著沒有某一個人或某個團體擁有足夠的股份來操控公司。現代的公司就是處於這種情況，所有人的保障就是選出董事會作為自己的代表，並且讓董事會來監督管理階層。

公司這種演進所引發的問題是將職權、權力和控制權都賦予管理階層手中。公司不能依照既定的模式──「自所有人向下行使職權、權力和控制的計劃」來運作。從技術來說，股東是公司的所有人，但是絕大多數的股東認為，自己是投資人而不是所有人。如果你持有Walt Disney公司100股的股份，而該公司總共有1,000萬股，那麼你可能認為自己只是一位投資人而不是所有人。你只需對你的營業員打通電話，然後賣出你的股票，你的「所有權」身分就沒有了。此外，由於公司的股權極度分散，所以，要公司董事完全善盡監督之責也是不可能的。

另一項增強管理階層權力的要件，就是公司法與傳統習慣讓管理階層控制「代理程序」（proxy process），這裡所謂的代理程序就是股東選出董事會的權利。由管理階層找出相同目標的董事來組織董事會並不困難，這些董事單純只是收取擔任董事的費用以及聽從管理階層的指示。這種過程所導致的結果是：

圖表 *19-2* 前公司與公司時期所有權和經營權比較圖

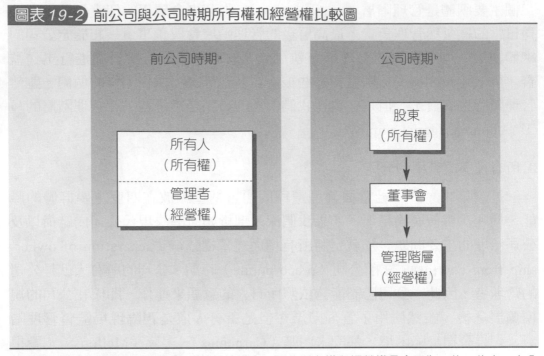

注：a.在前公司時期，所有人同時兼任管理者，因此所有權與經營權是合而為一的。後來，大公司雇用了管理階層，但是所有人仍然直接對公司進行控制。

b.在公司時期，由於董事會的介入，所有權與經營權是分離的。從理論上，董事會應該代表所有人對公司進行控制，但實際上它卻不能做到這一點。

「職權、授權和控制開始從管理階層向上發展，而不是從股東（所有人）開始向下行使」。當股東的利益不再與公司管理階層的利益一致時，加上管理階層也開始追求自身利益時，代理問題（agency problem）就因此而生。

19.1.3 董事會所扮演的角色

從前面的探討中我們可以清楚地看出，由於所有權與經營權的分離，潛在的治理問題開始深藏於公司體制內。同樣明顯的是，董事會的成立目的主要是以所有人的名義對管理階層進行監督。如果要使公司治理依照最初的用意運作，董事會就必須有效率地履行其職能，並且要能確保管理階層是以追求股東最大利益為目標。

董事會做了它們應該做的事情嗎？一般來說，董事會在許多方面有所改善。為機構投資人代理投票的 Proxy Monitor 顧問公司的執行長 James Heard 觀察到，由於機構投資人的施壓，使得董事會因此有了很大的改進，例如：有愈來愈多的董事獨立、有愈來愈多的董事也持有公司股份以及董事會也急欲要求改善等等。2003 年一項針對董事的調查顯示，75%的董事表示他們愈來

愈重視董事會的相關事宜，另外，67%的董事表示董事會的會面時間變長。

　　既然董事會有了改善，那為什麼還會爆發如恩隆和世界通信公司的弊端呢？很多人都將矛頭指向稽查員的疏失：Arthur Andersen同時身為恩隆、世界通信與全球光網三家公司的稽查員。同時身為多家公司的顧問與稽查員其身分是相互矛盾的。例如，在2000年，Andersen稽查恩隆公司而賺取2,500萬美元，此外提供該公司顧問服務也賺了2,700萬美元。除此之外，公司執行長的天價薪資以及同意讓這薪資通過審查的董事會，都讓眾多投資大眾感到憤怒。舉例來說，恩隆的執行長Ken Lay拿到2.2億美元，在全球光網破產前執行長拿到5億美元，讓所有投資人血本無歸，留下一個空殼子的公司。令人驚訝的是，公司的這種作為竟然無法可管。因此，呼籲改進立法的聲音愈來愈強烈，要求立法限制這些公司使其無法再欺騙無辜的投資人。所以，「沙賓法案」（Sarbanes-Oxley Act）由此而生，希冀藉由此法案能夠加強稽查過程。本章稍後會深入介紹此法案。

1. 董事會必須獨立

　　董事會獨立於管理階層之外，是良好公司治理的一個重要環節。在這裡，最能看出內部董事（inside directors）與外部董事（outside directors）差別的重要性。外部董事獨立於公司與公司的最高管理階層之外；反之，內部董事則與公司有某種的聯繫。有時候，內部董事就是公司的管理高層，或是公司執行長的家人或其他有關係的人。大致上來說，這類內部董事對執行長「心存感激」，因此，在必須說出自己的想法時，他們會表現得很猶豫。Courtney Brown是一位經驗豐富的董事，曾在很多公司的董事會任職。他說，他從未看過董事會中的一位下屬對執行長提出的觀點有異議。內部董事也可能從事像律師這樣的職業，與公司簽約；或者是一位銀行家，其所屬銀行與此公司有業務往來，如此就會造成利益衝突。例如，一個銀行家或董事可能期望他擔任董事的這家公司能運用他自己銀行的服務，因此執行長必須報答這些董事的支持作為。

　　此外，管理階層控制董事會的過程也是一個問題。公司執行長常常控制如董事津貼這類的額外津貼和董事的分工。那些持異議的董事可能會發現自己遭到排擠。正如一位匿名董事告訴《財富》雜誌：「這種情形是錯的……董事們知道他們所做的必須與管理階層保持一致，因為如果不這麼做，那麼他們就不會成為董事……。這樣做的結果將使得董事無法真正的獨立。因為執行長不希望有獨立董事的存在」。

19.1.4 與薪資有關的議題

1. 執行長的薪資

管理階層的薪資議題是一個重要的指標，它直接涉及到經理人把自身的利益放在股東利益之上的問題。執行長的薪資存在兩個重大的爭議：(1)執行長薪資與公司業績相關的程度；(2)一般執行長薪資的範圍。

當公司業績下滑，而執行長的薪資卻在飆升時，有愈來愈多的股東對此現象感到不滿。即使在利潤下降、員工被解雇以及股東報酬率降低時，很多管理階層仍然領到令人難以置信的高薪。因此美國證交會支持股東，應該嚴密監督執行長薪資申報的想法。1992年，證交會採用修訂後的薪資申報規則，目的在讓股東能更加瞭解有關公司業績與執行長薪資的相關訊息。根據某項研究結果指出，此規則似乎達到功效。因為，由於該規則的實施，薪酬委員會開會的次數更多了，內部董事的數量也減少，而董事會的規模也更加合理。更重要的是，由於認股權證的採用，使得執行長現在的薪資與公司的核算和市場業績更加一致。有一些證據顯示，董事會正在朝盡責監督者的方向邁進。

薪資應該與公司業績相符並不是執行長薪資的唯一問題，其薪資範圍問題也頗為嚴重。由於執行長薪資的不斷暴漲，使得很多人也開始重視此一問題。由政策研究協會（Institute for Policy Studies）和公平經濟團結組織（United for Fair Economy）每年對執行長薪資的調查結果顯示，執行長薪資與其工作的報酬比率為282：1，比1982年的42：1，整整多出7倍。雖然與2000年的531：1相比，此數據下滑許多，但是此比率還是相當驚人，而且執行長平均薪資也比2002年多出5.9%。與1990年至2003年的執行長最低薪資漲幅相比，聯邦的最低薪資只有多出14.40美元。

支付執行長的部分薪資有些本來是要繳交給政府以支持聯邦、州政府與地方的各項計畫。無黨組織消費監察組織（Citizen Works）編輯一份列舉大部分子公司位於租稅天堂的報告指出，使用租稅天堂企業的執行長之平均薪資比未使用租稅天堂企業的執行長薪資多出87%。租稅天堂不是企業用來避稅的唯一方式，企業還得以不須呈報經理人認股權證的開支來處理。如果不須扣除執行長認股權證的開支，則350家大型企業自1997年到2002年可省下36億美元，這項金額是美國七大州（包括佛州、伊利諾州、賓州、密西根州、紐澤西州與喬治亞州）預算赤字的總額，也同等2003年全美50州醫療補助（Medicaid）基金不足款項的金額。

2.經理人退休方案

經理人的退休金金額一般都未受到公司股東、員工以及大眾的注意。然而，在有些退休金金額被公諸於世之後，現在這些經理人的退休金受到更嚴密的監控。前任GE電器公司（General Electric）總裁兼執行長的Jack Welch，其退休金金額就是在辦理離婚手續時才被大眾發現的。鄉村俱樂部會員資格、名酒和衣物送洗服務、奢華的住所與隨意搭乘私人噴射客機都只是Welch享有額外津貼的一小部分而已。紐約證交所前任主席兼執行長Richard Grasso，其共計1億3,950萬創天價的退休金也引起股東與投資人感到譁然與不滿。大眾對於這些執行長令人瞠目結舌的退休金金額感到相當不平衡，因為一般市井小民的退休金與其相比根本就是天壤之別。普遍低於一半的勞工都沒有退休金可以領，更不用說那些連補助都沾不上邊的小勞工了。

3.外部董事的薪資

之前我們就談過，執行長、經理人與董事會成員的薪資可能有所關聯。因此，毫不驚訝地，董事的薪資也成了一個相當大的問題。董事能領薪資是最近的事。因為，在80年前，美國支付薪資給非管理董事是屬於不合法的行為，這種想法的根據是：既然董事是代表股東，如果以公司的或股東的資金支付董事薪資就會變成「自我交易」（self-dealing）了。1992年Korn/Ferry的調查顯示，董事平均一年花在董事會的時間為95小時；2000年增加到173小時。董事花在處理董事會事宜的時間增加82%，不過薪資卻只有增加23%。所以，2003年《公司治理會員》雜誌（*Corporate Board Member*）的調查指出，高達80%的董事認為由於董事對董事會治理改革的責任日漸加深，所以其薪資也應該相對提高。

19.1.5 公司合併、收購與接管的後果

合併與收購是來自外部的公司治理形式。人們害怕合併或收購後的潛在接管將促使管理高層開始追求自身的利益，並將股東利益拋諸腦後。80年代發生許多公司合併、收購與惡意接管的案例，產生了許多與公司治理相關的問題。由於當時經濟繁榮，伴隨著垃圾債券的興起與其它金融創新工具的產生，使得小型企業與個人很有可能將大公司買下。許多公司的執行長與董事，長時間都在保護其所在的公司不被接管。因此，許多人不贊同執行長與董事這種作法，批評他們過度自我保護，而不是以所有人或股東的名義做出

最佳的決策。因惡意接管（hostile takeover）衍生出最受人質疑的兩種管理作法為「毒藥丸」與「黃金降落傘」。我們將扼要地分析一下這兩項作法，並且看看跟我們正在討論的公司治理問題有什麼關聯。之後，我們將探討內線交易的問題。

1. 毒藥丸

「毒藥丸」（poison pill）是指一種股東權利的計畫，目的在阻止或防範惡意接管。簡單來說，當惡意收購者擁有高出一定比例的公司股票時，毒藥丸提供其它公司股東購股權以稀釋惡意收購者所持有的公司股份比例，使得該公司的收購價格更為昂貴，進而阻止公司被收購。法院判決有些公司的毒藥丸計畫屬違法行為。然而，仍有許多公司採取毒藥丸的方式來因應惡意接管。2001年，雅虎（Yahoo）公司的董事會就採取毒藥丸的方式來阻止惡意接管。例如：當某人或集團收購了雅虎公司至少15%的股票時，就讓該公司的其他股東有權以250美元的價格購買以1股為單位的優先股。該公司辯稱採取毒藥丸方式並不是要用來對付任何被收購的威脅，而是要「嚇阻強迫接管的戰術」。到了2003年，由於公司股東極力地想阻止這種作法，使得毒藥丸計畫不再那麼盛行於企業之間。

2. 黃金降落傘

「黃金降落傘」（golden parachute）是指一種契約，公司答應當公司控制權發生變化之後，公司會付款給重要的職員以作為保障。起初，黃金降落傘的用意是公司對高層經理人開出誘因，以防止在公司接管的過程中，高層經理人把自身利益放在前面而忽視了股東的利益。然而，Buchholtz與Ribbens對400個公開收購股權（也就是收購者試圖出價讓股東以溢價賣出所持有的股票）的案例進行調查，結果顯示黃金降落傘在阻止公司被接管時，完全沒有任何成效。無論是豐厚的退休金，還是為此支付的潛在金額數量為多少，都無法影響執行長對於公司遭受接管的反應。

Cochran與Wartick提出幾個證據來反對黃金降落傘，他們認為公司已經支付經理人足夠的薪資來讓他們維護公司的利益，再給他們另外的報酬便構成了「雙份收入」（double dipping）。他們也認為，黃金降落傘感覺上像是鼓勵經理人失敗一樣。因為，如果經理人把公司治理到股價低到可以讓他人接管，這就證明了經理人是個失敗的員工。所以，獎勵這些失職員工的用意到底為何呢？另一個反對黃金降落傘的依據是，經理人如果在某種程度上控制

了董事會，當然他們也能送自己一個黃金降落傘，這樣的概念就不免會產生相當程度的衝突與矛盾。

3. 內線交易醜聞

內線交易（insider trading）意指從公司內部得到關鍵消息，然後利用這些消息為自己謀取經濟利益。1986年發生了以下一則醜聞，美國證交會對Drexel Burnham Lambert投資銀行公司前經營合夥人Dennis B. Levine提起民事訴訟，指控他非法進行54張股票的交易。後來，Levine也承認對自己的四項犯罪指控，並罰款1,060萬美元——這是到當時為止處罰內線交易最大金額的罰款。為此，Levine也被監禁了17個月。

Levine的案件在華爾街引起了連鎖反應，他的證詞導致證交會對Ivan Boesky判決1億美元的罰款，此人在華爾街是一個非常瘋狂的投機客。同意判決結果後，Boesky答應支付1億美元的罰款，這是至今為止在證交會內線交易案件中判決罰款金額最大的案例。該案因而揭露出Boesky所操弄的金融遊戲，也就是所謂的「風險套利」（risk arbitrage）並以此為職。「風險套利」意指以投機的方式同時買進與賣出那些將被接管的公司股票。Boesky的判決引發了訴訟恐慌，因為該案所揭露出的內幕，使得數十起個人與公司的訴訟案隨後被提出。Boesky之後也抖出任職於Kidder Peabody公司美國最受尊敬的銀行家Martin Siegel也涉案。早在1982年，Siegel與Boesky就開始同謀策劃，在隨後二年中，Siegel向Boesky透露那些將要被接管的公司的內線消息，以此換取70萬美元的佣金。Siegel承認有罪，並且開始與調查人員合作，而且他還進一步揭發了Kidder Peabody公司的兩位前任管理高層與一位Goldman Sachs公司的管理高層。

當指控直指金融界上層的權威人士和薪資結構時，內線交易的醜聞震動了華爾街。似乎每週都有人被逮捕，當時最常聽見的問題就是：「下一個被指控的人是誰？」。1988年，Boesky被判入獄3年。不過，Boesky也幫助檢察官釣出垃圾債券之王Michael Milkin這條大魚。證交會指控Milkin及其雇主Drexel Burnham公司進行內線交易、股票操縱以及觸犯聯邦證交法。在1988年，Drexel Burnham公司承認犯有六項重罪，接受證交會的指控並且支付創紀錄的6.5億美元的罰款。一年之後，垃圾債券市場崩潰，此公司也提出破產申請。1990年，Milkin承認犯有證券詐欺、市場操縱與稅務詐欺等六條重罪。他同意支付6億美元的個人罰款，後來被判了10年的牢刑。但是，他只服刑2年就被釋放了。今日，內線交易事件仍時有所聞。2003年，瑪莎

斯圖爾特生活多媒體公司執行長Martha Stewart被指控四項罪行，包括：做假供與妨礙司法公正拋售英克隆系統公司（ImClone Systems）股票等罪行。該案讓內線交易的問題深入一般大眾的生活之中。

內線交易的指控讓社會大眾開始對穩定與安全的金融環境失去信心。如果這些大型投資人都能擁有小型投資人所沒有的內部消息，那這樣的金融交易不是很不公平嗎？所以在2001年，證交會制訂了新的消息公開規則，目的在幫助那些沒有管道獲得大公司所擁有的訊息的小型投資人。證交會在「公平揭露規則」（Regulation FD）上，對一般公司選擇要公開的訊息做了一些限制。規定如果公司要向股東和證券業專業人士公開重要的消息時，該公司也必須要公開給大眾知道，以便小型投資人也能公平的獲知消息。

19.1.6 董事的職責

考量到來自股東、顧客和員工的法律訴訟案日益增加的情形，因此，董事們紛紛辭職或者拒絕接受這一職務。雖然在每年數以百計的訴訟案中，法院很少讓董事個人承擔責任，但是，在過去的幾年中，卻有幾個案件是由董事個人來承擔其所決策的經濟責任。例如：環聯公司（Trans Union Corporation）董事會的一項協議決定出售公司的價格，但是，後來公司股東認為此價格過於低廉。因此，對此提起訴訟。之後，法院判決，董事必須對出售公司的價格與後來決定交易的「公平價值」之差額負起賠償的責任。除了環聯公司一案之外，辛辛那提天然氣與電力公司（Cincinnati Gas and Electric）的股東對董事與公司高層不當洩漏有關核電廠的消息提出告訴，法院判決該公司須為此賠償1,400萬美元。

最近Caremark公司的案件，更進一步提高了董事對「個人義務」（personal liability）的關注。該公司是一家家庭保健公司，因為不實的宣傳、支付醫生和其它健保商非法的報酬，因而遭受大量的民事和刑事罰款。該公司的董事會被指控未能履行監督之責，放任底下的員工違反數項州法與聯邦法。之後，德拉瓦州大法官法院做出判決，判定公司有效的報告和監控體制是董事會的職責，如果董事會做不到這一點，董事個人應該為他們不能達到適當標準而造成的損失承擔責任。

19.2 改善公司治理

在此，我們先介紹一項重要改善公司治理的立法——2002年通過的「沙賓法案」。之後，再討論為了改善公司治理所做的種種努力，這些努力可被分為兩種主要的類型：第一，對董事會的組織、結構與功能方面的改革；第二，股東自動或是公司管理階層自動發起扮演好在公司治理中的角色。這兩種類型的改進我們都會在此進行深入的探討。

19.2.1 沙賓法案

2002年7月30日，《上市公司會計改革與投資人保護法》（Accounting Reform and Investor Protection Act of 2002）簡稱《沙賓法案》（Sarbanes-Oxley，SOA）正式通過立法。該法的目的在修正證券法以改善公司財務報告，進而提供公開上市公司之投資人更完善的保護。根據「參議院委員會」報告，獨立稽查員相關議題是沙賓法案著重的核心。為了確保稽查員獨立而進行的努力，包括：限制稽查員非稽查相關服務以外的權限、要求稽查公司輪流替換稽查員，以避免某一稽查員服務於特定公司，並且規定在利益衝突的情況下，會計公司所提供的稽查服務是屬於違法行為等。除此之外，沙賓法案對於金融消息的發佈也提出幾項要求，例如：應報告帳外交易、禁止提供管理高層與董事私人貸款，以及要求監察員必須避免公司內部之控制，應做出公正的報告與評估。該法其餘重要的條款包含：要求公司之稽查委員會至少具備一位由執行長或財務長認可的金融專業人士，此人應負起公司財務代表的責任，因為兼任監督公司財務重責，所以此人同時也應該受到保護。該法同時也規定，公司要公開是否對公司資深財務高層採用其特定的倫理規範，如果沒有，必須解釋其原因。此外，因違反沙賓法案而遭受到的處罰相當嚴重，例如，執行長或財務長如有虛報公司財務之行為最高可處以罰金100萬美元，刑期最長可達10年。如果該虛報屬於蓄意之行為，則處罰更為嚴重，最高可處500萬美元罰金，刑期最長可達20年之久。

在2003年沙賓法案通過的後一年，批評人士肯定該法的功效，卻也對部分尚未達成的目標表示憂心。有些人指出公司管理高層與執行長的確努力地向股東報告公司的狀況，但是管理高層的確有愈來愈傾向不願冒險的情形。也有人指出，有愈來愈多的公司轉而成立私有公司，以逃避沙賓法案對上市公司的限制。不過，成立私有公司的費用是該法實施前的三倍之多。根據美國企業圓桌論壇（Business Roundtable）的董事長John Castellani指出，圓桌

論壇的成員預計在成立私有公司上花費100萬至1,000萬美元。Castellani也指出，公司治理的改進與投資人對公司的信心值得他們花上這麼大筆的錢。無論哪種說法才對，許多的觀察家都認為現在就對沙賓法案的成效下定論還言之過早。

19.2.2 董事會的變革

在過去十年中，董事會就開始部分的變革。發生這些變化是因為有愈來愈多的人認為，執行長與管理團隊需要對股東和其他利害相關人承擔更重的責任。在這裡，我們將探討其中的幾種變革以及提出用於改善董事會功能的一些建議。

1.董事會的組成

60年代之前，董事會主要由白人男性的內部董事來組成，直到60年代以後，迫於華盛頓、華爾街和各種利害關係人團體的壓力，董事的組成才開始朝多樣化邁進。40年後，公司的努力開始有了結果，美國公司的董事會中有78%的董事是外部人士。不僅如此，史坦普500家的公司中，有93%的公司至少有一名女性董事。雖然絕大多數的公司象徵性的只有一名女性董事，但是這種狀況似乎正在改變。2000年，有21%的新董事會成員是女性，並且有1/4的美國大型公司擁有一位以上的女性董事。少數民族人士也正在進入董事會，目前，60%的美國公司其董事會都有少數民族董事，其中非裔美國人佔39%、拉丁裔美人佔12%、亞裔美人則是佔9%。整個世界似乎愈來愈重視多樣化與獨立董事的重要性，不過，問題是，好的董事候選卻人愈來愈難找。

愈來愈難找到好董事的部分問題是來自於需求日益增加。機構投資人相當重視公司治理，他們比較願意為具有外部董事治理良好的企業多付溢價（premium）。根據麥肯錫公司（McKinsey）所做的一項調查顯示，委內瑞拉的溢價約28%。儘管各國溢價數據有所不同，不過大致上每個國家的溢價都在15%以上。南韓甚至頒佈一項法律，要求在大公司的董事會中，外部董事至少要佔1/4的數量。這種對外部董事需求的增加將成為董事供給短缺的原因之一。

限制董事供給的另一個因素是，大眾現在對董事的要求較高，因為董事委員會及其附屬委員會現在的職責比以前高出許多。此外，由於公司的全球化，所以董事現在也必須要到國外出公差。最後一個限制董事供給的原因

是，公司體認到，由於對外部董事任職有時間的要求，因此限制其數量以避免自己公司的經理人到別家公司擔任董事。例如，GE電器公司的執行長Jack Welch就不允許他的高級主管在其它公司的董事會任職。

在尋找少數民族或女性擔任董事而使其董事會多元化的同時，這種得到外部董事的困難就更加明顯了。在過去，很多人無法擔任董事，只是因為他們不曾擁有執行長這類響亮的頭銜。現在，招聘董事的新趨勢是，把重點放在經歷而不是頭銜，以助於獨立董事的增加與董事會更多元化。所以，董事候選人的遴選標準因此放寬不少。

目前，在倡導有實力、獨立且多元化的董事會過程中，成功地使公司確信董事會的組成與上述的目標有很大的關係。現在的困難就在於如何把這些建議付諸實施。

2.利用董事委員會

審計委員會（audit committee）主要負責監督內部控制系統是否有效實行以及檢閱財務報表是否屬實。近期的一些醜聞，例如恩隆和世界通信公司弊案，就點出了建立有力的審計委員會的重要性。《華爾街日報》對Cendant公司的證券詐欺集體訴訟案的這一事件進行評論，認為「有很多的審計委員會其實就像是沒有牙齒的老虎（沒有發揮太大的作用）」。2003年的一項調查也指出，有高達81%董事會的成員認為比起其它的委員會，公司應該要付給審計委員更多的酬勞，因為他們承擔的責任比別人多很多。為了減少這種醜聞的發生，美國證交會開始重視審計委員會，並由紐約證交所代為管理這些審計委員會，要求上市公司的審計委員會必須由獨立的外部董事來組成。《新公司董事：對董事會成員與經理的研究》（*The New Corporate Directors: Insights for Board Members and Executives*）一書的作者Charles Anderson和Robert Anthony認為，審計委員會的主要職責如下：

(1) 確保公司公佈的財務報表屬實。
(2) 確保內部控制系統有效實行。
(3) 適時指出公司在物資、財務、倫理和法律方面的不當行為。
(4) 對選出的外部稽查員進行審核。

福特汽車公司的董事和前任總裁Arjay Miller表示，審計委員會和公司的內部稽查員每年至少要開一次會。內部稽查員應該被安排單獨與審計委員會會面，並且有權大膽的說出他的想法。審計委員會也應該在沒有管理階層出

席的情況下，與外部稽查員會面，以便稽查員能在沒有威脅負擔的情形之下說出實情。審計委員通常會問外部稽查員以下的問題：

(1) 你認為還有什麼事情是我們應該知道的嗎？

(2) 你最關心什麼問題？

(3) 你與公司會計人員在哪些方面的觀點分歧最大？

「提名委員會」（nominating committee）應該由外部董事組成，或者至少大部分由外部董事組成，確保所選出的董事既有能力又客觀。美國議會建議，提名委員會最好都由獨立的外部董事來擔任。提名委員會的職能只是提名董事和管理高層的候選人。儘管此委員會擔任提出建議的重責，但是在絕大多數的公司裡，執行長仍對董事的選擇有著很大的影響力。

「薪酬委員會」（compensation committee）主要負責評估管理階層的業績，並且提出對聘雇員工的薪資與要求。這個委員會也應由外部董事組成。此外，紐約證交所與那斯達克也要求薪酬委員會應由獨立董事會成員組成。雖然絕大多數的大公司都有薪酬委員會，但是人們可能會提出以下的疑問：當執行長對董事的選擇有著很大的支配力時，這些董事有可能客觀的工作嗎？

最後，每個董事會都備有一個「公共問題委員會」（public issues committee），或者「公共政策委員會」（public policy committee）。雖然絕大多數的管理架構都會有某種負責公共或社會問題的正式機制，但是公共問題委員會（公共政策委員會）的存在還是相當重要的，因為公司授權給此委員會讓他們對敏感的問題做出回應、領導政策的制訂並且監控管理階層在這方面的表現。目前，絕大多數的大型企業都備有公共問題委員會，主要是處理平權措施、公平就業機會、環境問題、員工健康與安全、消費者事務、政治行動以及其它相關的政治或倫理問題。雖然，許多人仍然對公司究竟在多大的範圍內利用此委員會進行爭辯，但是，這些公司構建了這種正式委員會本身就是值得慶賀的一件事。不過，美國議會也表示，公司說要開發評價系統來幫助監控公司管理階層的社會績效，但是，還沒有看出公司在這方面的努力。

3. 嚴格要求執行長

監控執行長的表現以及緊急情況發生時即刻應變，一直都是董事會的主要職責。從長期觀察來看，當公司經營困難，必須大幅的裁員時，執行長一直是免除於這種危機之外。不過這種情形正在改變，現在開始傾向讓執行長完成某一項任務，或者因為與董事會配合得不好而被解雇。這些改變包括艱難的競爭

經濟時期、外部董事的警覺心提高以及大型機構投資人日益增加的影響力。

在2000年,執行長「像蒼蠅一樣紛紛墜落」。1995年至2000年,全球有2/3的大型企業至少換了一次以上的執行長。到了2003年,執行長開始體認到他們的職位隨時可能不保,不像以前一樣能高枕無憂。回顧2003年,《基督教科學箴言報》評論道:「雖然角落辦公室職位的津貼補助很優渥,但是,工作保障不再是此津貼補助的項目之一」。(角落辦公室:指企業合夥人、執行董事、執行長等高層主管的專用辦公室。)

一些分析家認為,公司頻繁更換執行長一事具有正面的意義。西北大學科洛格商學院的前任院長Donald P. Jacobs表示:「我認為這是一個好現象,因為這代表董事會對執行長的要求比以前更高了」。不過,也有一些學者對這種現象表達關注。哈佛商學院的Rakhesh Kurana認為:「我們把執行長的工作視為一種超級英雄的工作。董事會把執行長當成萬靈丹,堅信這個超級英雄一個人能夠解決公司所有的疑難雜症」。總之,有一件事情是明顯的,那就是我們不能再指責董事會對執行長的作為放任不管。有些人建議應該要建立一個強而有力的董事會,並提升董事的能力以監督管理高層並預警危機的發生。圖表19-3總結了這些建議。

圖表 19-3 改善董事會及其成員

建立一個更好的董事會[a]
- 清楚界定董事會的角色。
- 訂定董事會明確的財務目標。
- 擴充董事會的人才庫,並且持續物色有才能的人士。
- 應廣納諫言,即使某董事所持之意見為反對意見也應重視其意見。
- 劃分與委派工作以便讓不同領域的人士做出更深入的分析。

作為一名好董事[b]
- 願意挑戰公司管理高層。
- 願意私下多做研究功課。
- 控制資訊的流量。
- 在執行長的範圍外,會見其他的董事以及公司較低階的經理人。
- 別為了要配合其他董事,而犧牲自我的意見。

資料來源:a.Colin B. Carter and Jay W. Lorsch, "Director, Heal Thyself," *The Wall Street Journal* (January 6, 2004), B2.

b.Carol Hymowitz, "How to Be a Good Director," *The Wall Street Journal* (October 27, 2003), R1, R4.

19.2.3 加強股東的作用

在80年代以前，民權激進份子、消費者群體以及其他的社會行動主義份子堅持要企業加入他們的事業。目前，公司愈來愈能夠理解這些利害關係人的想法與觀點。然而，當公司要應付兩種主要的股東時，就產生了一個新的難題。第一個難題是，傳統的股東團體主要是對公司的財務業績感興趣。這類集團包括大型機構投資人，例如退休基金。第二個問題是，日益增加的社會行動份子股東的數量。這兩種團體都迫使公司以自己的態度與方式來看待社會事業，例如第三世界的招聘方式、動物實驗、平權措施以及環境保護。

一個重要的問題是兩種股東團體似乎都忽略了顧客，而它們也都正透過各種方式來改變這種狀況。它們都要求實權，想讓管理階層來負責，也都要求進行變革，包括如果必要時將變更管理階層。像公司早期對其他利害關係人行動份子做出的反應一樣，管理階層正力圖阻止。結果就是，經理人與股東爭奪公司的經營權。

最近的一個例子是，一個反對剝削勞工的團體生活工資組織（Living Wage），就是利用股東的決議來提高印度勞工的薪資所得。一個股東必須持有市值2,000美元的Nike公司股票並且至少要持有超過一年以上，才能提出改變公司政策的決議。Jim Keady與Leslie Kredu是這個組織的負責人，此兩人遍尋印度各地，並且在大學演講，為的是能找到捐款贊助的個人與組織。生活工資組織要求Nike公司公開全部工廠的位置、改變禁止穿著Nike服飾的運動員不得批評Nike的狀況、允許勞工權力聯盟來監督工廠，並且要求勞工只能在薪資足以支撐一個小家庭，而且還能有儲蓄的工廠工作。Nike公司發言人Vada Manager質疑這個組織的要求到底有何意義，因為Nike公司在薪資、勞工與環境標準上都已受到嚴格的監督了。2002年9月，Keady在Nike公司的年度大會上詢問該公司為何關閉一間印度的Nike工廠，不過隨後Keady被安警與波特蘭市的警方請出會場。

以上我們探討股東增加的作用圍繞在兩方面之上，第一是股東自己主動要求權利；另一種是公司讓股東成為真正的公司成員。接下來討論股東的主動權，因為其為公司各種活動的開端。

1.股東的主動

這種主動權可以分為三個主要相互重疊的部分：(1)股東權益人士（shareholder activist）團體的興起；(2)在年會上提出的股東決議與行動主

義；(3)股東提出的訴訟。

(1)股東權益人士團體的興起

管理階層與股東關係緊張的一個重要原因是，股東發現組織與掌握權力的利益。股東行動主義（shareholder activism）並不是一種新現象，它可以追溯到約60年前的1932年，當時，一位只持有10股股票的年輕股東Lewis Gilbert，為位於紐約的統一煤氣公司（Consolidated Gas Company）管理階層與股東之間缺乏聯繫溝通的現象所震驚。以遺產作為後盾，Gilbert決定辭去記者的工作，為「這種無聲對其他人金錢進行獨裁管理的現象進行抗爭」。他決定獻身於「公眾股東這一事業」。

股東行動主義的歷史太複雜，因此無法在這裡完整的描述，但是，Gilbert的努力播下了種子，否則股東行動主義的進程會更為緩慢。這場運動的推動力在60年代和70年代早期出現。早期的股東行動主義份子，不可能是一種有凝聚力的團體，而是由專找公司麻煩的人士（corporate gadfly）、政治上的激進份子、年輕的律師、各種教會團體、醫師團體等構成。這種運動是在政治和社會劇變（如公民權利、越戰、環境污染以及保護消費者利益運動）時期發生的。

股東行動主義分水嶺的事件發生在70年代由Ralph Nader所策動「聲討通用汽車公司活動」（Campaign GM），該活動也被稱為「讓通用汽車公司負責的活動」。雖然股東團體沒有達到它全部的目標，但是足以表明，如果努力的程度足夠的話，那麼股東就能夠掌握實權。聲討通用汽車公司活動最著名的兩個早期成果是：(1)該公司在董事會下建立公共政策委員會，由五位外部董事組成，負責監控公司社會績效；(2)該公司指派Reverend Leon Sullivan為第一位的黑人董事。

聲討通用汽車公司活動的一個直接後果是教會行動主義（church activism）的成長。教會團體是公司社會運動早期的主要力量，也是接受通用汽車公司活動提出社會問題策略最早的股東團體。教會團體開始檢視他們的資產與公司業務之間的關係，例如：雇用少數民族員工以及在南非設立分公司等事項。教會團體仍然是最大的機構股東，願意承擔自己認為是正確的管理工作及其壓力。許多教會行動主義份子的努力獲得跨教會企業責任監控中心（Interfaith Center on Corporate Responsibility，ICCR）的配合，該中心調整了大約275份有關宗教因素股東提出的訂單，其投資額高達900億美元。在說服Kimberly-Clark公司停止捲煙紙的生產業務與要求PepsiCo公司撤

出緬甸的這兩件事情上，該中心確實發揮作用。現在，其致力於解決如全球暖化、環境污染以及成衣與製鞋工廠剝削勞工的情況。

機構投資者（退休基金、教會團體、基金會）在市場中佔有領導地位，因為持有巨額股票，所以掌握著相當大的權力。這些機構投資人現在是證券集體訴訟案的主要原告，其訴訟結果通常都具有指標性意義。他們的影響力仍持續擴展，最近，股東行動主義的興盛更為顯著。分析家將這股趨勢歸因於網路的普及：根據在美國勞工總會與產業勞工組織（AFL-CIO）擔任律師的Damon A. Silvers表示：「想一想，如果要寄資料給全部公司的董事要花上多少郵資啊！利用網路你可以跟任何人取得聯繫，不但方便，而且省時又省錢」。

(2)提出股東決議與年會上的行動主義

股東行動主義份子向管理階層表達其觀點的主要溝通工具，就是股東決議（shareholder resolution）的文件檔案或稱為股東提議（shareholder proposal），這種提議像是「公司應該提名女性和少數民族人士來擔任董事」。為了提出一項建議，股東或股東團體必須獲得一定數量的股東簽名連署，以要求管理階層將此提議作為代表聲明書，以便讓全體股東來投票表決。如果未獲大多數股東通過的提議符合證交會再次呈遞的要求，那麼得以再次遞交這些提議。

這些股東的提議，通常都為社會導向；也就是說，它們想對其持有股票的公司施加壓力，促使這些公司做出更多的社會反應。雖然單就個人也可以提出股東提議，但是他可能沒有辦法或以適當的方式來獲得所要求的簽名人數。因此，絕大多數的提議書都是由那些持有較多股份的大型機構投資人，或是雖然持股較少，但卻有金融後盾的其它行動主義團體所提出。基金會、宗教團體、大學和其他類似的大股東比較有實力提出股東提議。在這方面做出努力的著名宗教團體，包括：聖公會（Episcopal Church）、聯合基督教會（United Church of Christ）、美國信義會（Lutheran Church in America）、聯合衛理公會（United Methodists）、聯合長老會（United Presbyterian Church）和美國猶太大會（American Jewish Congress）等。

股東提議中的問題範圍很廣，不過仍著重於有關公司社會績效這一方面。例如，Mobil、Pfizer和Union Camp這三家公司被要求，研究其生產與銷售的菸草添加物在燃燒與被人體吸入後所產生的安全問題。包括American Brands、Kimberly-Clark、Philip Morris與RJR Nabisco在內的幾家公司，被

要求把其菸草與其它公司的業務分開。Wendy's和PepsiCo公司（Kentucky Fried Chicken、Taco Bell和Pizza Hut）被再次要求旗下所有的餐廳都要禁菸。其它的公眾提議已涉及環境問題、在北愛爾蘭經商要遵從麥克布賴德原則（McBride Principles）以及董事多元化（提名更多的女性和少數民族人士擔任董事）。

由於絕大多數的股東決議都未獲通過，所以人們可能會問這些團體為什麼還要持續提出建議。主要的原因在於這些建議能在美國國內廣為流傳，而這是部分抗議團體無法做到的。漸漸地，在進行投票表決之前，公司都會與團體先進行協商。幾年前，Exxon石油公司的管理階層一反常態地建議股東們來投票支持公司必須提供其露天採礦經營的數據資料。該公司事前就同意發起此提議的聯合長老會和幾個天主教教會的要求，但是，這些宗教團體還是想讓此提議經由投票表決的方式獲得通過，該公司最後還是默許了這項要求。Exxon石油公司的例子反映出公司管理階層的細微變化，管理階層開始對大眾的批評更加敏感，更願意在年度股東大會前先與股東商討並且先達成協議。其它的例子如Pfizer公司與Union Camp公司，在Pfizer公司同意訂定一份書面政策來禁止將其產品出售給菸草加工廠商，而Union Camp公司在同意停止促銷其新的菸草產品後，該公司的股東就暫緩其決議。

在過去的十年裡，股東決議劇增的現象與公司年會上行動主義的增加有密切的關係。專找公司麻煩的人士只買進少量的股票，然後大搖大擺地參加公司的年會，咄咄逼人地要求管理階層解釋一些問題。舉例來說，通用汽車公司的股東質問該公司一連串的棘手問題。一些股東想知道，為什麼該公司在其它分公司銷售的汽車裡使用雪佛蘭（Chevrolet）廠牌的引擎，這種變動激怒了很多不知情的消費者。最近，通用汽車公司的股東也要求該公司高層對高層經理人的退休金、其在惡意收購後獲得的職位、工廠關閉、黃金降落傘以及環境議題等棘手的問題進行解釋。

在年度大會上，提出這些問題的動機與股東提出決議的動機是相似的：讓公司管理階層正視問題，並且公開要求其解釋或補救方案。現在，年會上的行動主義已經成為股東要求公司管理高層解釋和說明的一種方法。

因此，對管理高層而言，在年會上為公司辯護已經成為重要的任務。為此，幾家顧問公司甚至對股東可能會問的問題，編制年度股東大會手冊。該手冊的用意在幫助管理階層與董事就他們可能被問到的問題先行計畫屆時該如何應對。

1997年，證交會提出修改股東提案規則的修正案。其中的一些修改使得股東被否決後再次提出提案的過程變得更為困難。一個由340個團體組成的聯盟，包括：聖公會、衛理公會退休基金會（Methodist Church Pension Fund）、美國有色人種促進協會（National Association for the Advancement of Colored People，NAACP）、山嶺俱樂部（Sierra Club）與美國勞工總會與產業勞工組織（AFL-CIO）在內的聯合組織，於華盛頓集會反對此修正案。美國社會投資論壇（Social Investment Forum）的一項研究發現，最初的提案被接受後，有高達80%已執行到第三年的提案將被終止。屈服於「多數的大眾爭論」，最後，證交會只修改對Cracker Barrel公司的判決。1991年，Cracker Barrel連鎖餐廳決定解雇並且不再雇用任何同性戀員工，而股東們極力推翻此政策。證交會裁定，雇用員工屬一般企業決策（ordinary business decision），因此公司得以自行決定。1988年，證交會更改此判決，維持其早期政策，依案件情節之不同再行判決。

(3)股東提出的訴訟

先前我們提過環聯公司（Trans Union Corporation）的股東訴訟案（shareholder lawsuit），該公司的股東起訴董事會同意了一項價格過低的收購要約。股東辯稱董事沒有經過有經驗的投資銀行這個第三方的觀點就草率決定此收購價，因而失職。此案件經審理後，該董事會最後敗訴，須賠償2,350萬美元。環聯公司案可能是最成功的股東訴訟案之一，不過其賠償金額被Cendant公司的證券詐欺集體訴訟案比下去，該案判賠高達28億3,000萬美元。史丹佛大學2003年的調查發現，證券集體訴訟案件激增31%，從2001年的171起增加至2002年的224起案件。隨著這類案件的高漲，很多人想知道這類案件到底是在為誰的利益抗爭。因為，時常到頭來股東的代表律師拿到的律師費要比訴訟股東得到的還多。

股東訴訟案容易提出，但是辯護過程極為困難。一項研究估計，70%的訴訟案是在法院外私下和解的。因此，對公司不當行為的指控很少會獲得解決。這些訴訟案時常可被視為股東對管理階層行為的一種合法反對，因此，以提出起訴來阻止公司的不當行為。不過，從公司的角度來看，這種訴訟是一種昂貴的麻煩事件。所以一些專家認為，在審判過程中導致更多的訴訟案之前，公司管理階層最好還是先快速地解決問題。姑且不論公司是否基於上述顧慮，最後，它們還是會屈服，因為審判中的風險與公開的負面影響都會大大地影響公司的形象。

在1995年，美國國會通過《私人證券訴訟改革法》（Private Securities Litigation Reform Act of 1995），試圖阻止股東訴訟案持續增長的現象，該法使得公司把集體訴訟案件擴展至聯邦法院層級會更為困難。然而，該法並沒有減少股東訴訟案件數，而是使股東改變其庭審地點。該法實施後，向聯邦法院提起的訴訟案減少了，但是向各州法院提出的訴訟案卻明顯的增加許多。為了彌補此法律漏洞，於1998年又通過《證券訴訟統一標準法》（Securities Litigation Uniform Standards Act of 1998）。該法規定：「任何起訴至各州法院的集體訴訟，如果懸而未決，那麼都應該移交給所在管轄的聯邦地方法院審理」。

2.公司的主動

公司需要與其所有人及利害關係人重建一種新關係，就像一旦孩子長大之後，父母親需要與子女重建關係一樣。多年來，有證據顯示公司管理階層忽視所有人，沒有把他們視為這個家庭真正的一部分。隨著股權的分散，所有權與經營權分離有合理的原因，但是，也有證據指出，公司管理階層過於注重自身的利益。在此情況下，公司開始體認到再也無法忽視對股東的責任。所有人正在要求公司善盡職守，他們似乎會一直堅持此信念，在尚未得到滿意的結果之前不善罷干休。

公眾公司同時對其股東與潛在之股東有義務的承擔。完全公開（full disclosure），亦稱為透明化（transparency），即為其中的一項責任。公開應該按照一定的時間間隔定期和經常進行，其中也應包括那些可能會影響股東投資決策的資訊。這些資訊可能包括公司的特點與經營活動、財務與政策事宜、招標以及短程與長程公司將面臨的特殊問題和機會。最重要的是公司要為大眾的利益投資，而不是只為管理階層的利益負責。此外，董事會成員應要避免其個人利益與股東利益的衝突；而公司管理高層與董事有義務避免利用個人優勢獲取不向投資大眾公開的資訊，以及避免任何私人利用公司之財產與權力。

至於公司的接管者，公平的對待股東並提供必要的特殊保護包括：(1)在公開聲明中說明其出價；(2)公開全部的資訊；(3)避免不當的施壓；(4)給予股東充足的時間以做出周全的決策。除此之外，接管者也應以具有建設性的而不是掠奪性的目的來領導公司。公司的大股東是公司的所有人，他們與其它的利害關係人相互依賴，因此，管理階層也應對其他的利害關係人團體負起與股東相同的義務。與股東建立良好的互動關係的股東計畫並不是沒有，Berkshire Hathaway公司在重視其股東方面是出了名的，該公司的執行長Warren Buffett深受其股東的信任與愛戴。從這家公司的年度股東大會上就可

以看見其與股東的良好關係。執行長 Buffett 稱其公司的年度股東大會為「資本家的伍思托克週末音樂會」。在其它公司的股東大會上，你很難看見如 Berkshire Hathaway 公司的這般景象：股東們輕鬆地身穿印有公司標誌的森林綠 T 恤，頭戴棒球帽，活像是參加一場小型棒球比賽。很多人還爭先排隊等著與執行長 Buffett 合影或是要他簽名。

在做出經濟決策時，公司管理階層與董事不應以股東計畫作為暫時安撫或拖延股東訴求的應付手段。而是要以股東計畫向股東表明，管理階層非常重視公司與股東的關係。這些計畫有助於解決公司治理的問題，因為這些計畫能讓股東覺得他們在公司的治理過程中扮演著很重要的角色，而且對公司而言也是很重要的。

本章摘要

美國企業界最近一連串的公司弊案揭露出公司治理的重要性。雖然照理來說股東是公司的所有人，但是，長期以來，股東的確缺乏管道監督公司的各項活動與其經理人的行為。基於此原因，股東須仰賴董事會以其利益為前提，對公司提出建議與監督公司的管理階層。為了保障其利益與確保公司治理有效的執行，股東們自立自強的組成團體以重獲其所有權。機構股東持有大筆的股權因而可使公司董事會與管理高層聽命於他，他們利用這項權力促使公司進行改革。

在許多方面，公司治理有些改進。當公司業績不佳時，執行長也無法再高高在上，置身事外。

公司也無法不顧後果公佈假報告。雖然執行長的薪資很高，不過其薪資範圍還是有受到限制。這些改進值得我們注意，不過還不足以保障企業的合法性。

為了維持合法性，公司就必須按照預期的與法定的方式進行治理。恩隆案不僅是威脅到公司的合法性，而是擴及威脅整個企業界的合法性。為了避免如恩隆案事件的再次發生，美國企業界與政府採取許多方法來應變。但是這種努力必須持續下去，公司要時時警覺到其應為股東的利益負責，並且對公司利害關係人的要求適時地做出回應。

關鍵字

Accounting Reform and Investor Protection Act of 2002《上市公司會計改革與投資人保護法》

agency problems 代理問題

audit committee 審計委員會

employees 員工

full disclosure 完全公開

golden parachute 黃金降落傘

inside directors 內部董事

insider trading 內線交易

legitimacy 合法性

legitimation 合法化

management 管理階層

nominating committee 提名委員會

ordinary business decisions 一般企業決策

outside directors 外部董事

personal liability 個人義務

poison pill 毒藥丸

board of directors 董事會

charter 營業執照

compensation committee 薪酬委員會

corporate governance 公司治理

Private Securities Litigation Reform Act of 1995《私人證券訴訟改革法》

proxy process 代理程序

public issues committee 公共問題委員會

public policy committee 公共政策委員會

risk arbitrage 風險套利

Sarbanes-Oxley Act(SOA) 沙賓法案

separation of ownership from control 所有權與經營權分離

shareholder activism 股東行動主義

shareholder lawsuits 股東訴訟案

shareholder resolutions 股東決議

shareholders 股東

transparency 透明化

問題與討論

1. 解釋公司治理的進化過程。存在著什麼問題？目前的趨勢是什麼？

2. 對董事會主要的批評是什麼？你發現哪種批評是最重要的？為什麼？

3. 解釋如恩隆案這種公司治理失敗的案件是如何發生的。與公司的治理問題又有什麼關聯？

4. 概述已經提出改善公司治理的主要建議。你認為哪些建議是最重要的？為什麼？

5. 在哪些方面，公司主動對所有人與利害關係人的要求做出回應？你認為在哪些地方還有改進的空間？請加以討論。

個案評述

　　本書附贈的光碟提供了許多個案，與本章相關的個案有個案5、個案41以及個案42，你可以搭配本書第十九章的內容探討以下的個案：

個案5「Martha Stewart：是自由交易還是內線交易？」

　　該個案有關主席兼執行長Martha Stewart一手建立的公司。因被指控妨礙公務欺騙調查人員並進行內線交易後，商場強人Stewart女士辭職下台。除了內線交易外，該案也批漏出傀儡董事會遊走在法律邊緣的影響。到底Stewart只是許多人口中的代罪羔羊，或者她是罪有應得呢？

個案41「紐約證交所主席Dick Grasso：薪水太高有罪嗎？」

　　該案描述紐約證交所前任主席兼執行長Dick Grasso令人瞠目結舌的退休金數目。此人退休金金額一公佈之後，立刻引來大眾一片討伐聲浪。依照紐約證交所董事決議為期四年的合約規定，Grasso將可得到遞延報酬金與退休金共計1億3,950萬美元。

　　之後，Grasso因被指控操控董事會通過其天價的退休金，而遭開除。其薪資範圍恰當嗎？如果不然，誰該為此高額退休金款項負責呢？是董事會還是Grasso自己的錯呢？

個案42「社會改革還是利己行為？」

　　本案描述家族企業《西雅圖時報》的出版商Frank Blethen試圖廢除聯邦遺產稅的過程。雖然報社支持某事件的現象不足為奇，但是，這種意見通常都只刊登在社論裡。批評人士指責Blethen在報紙的廣告頁與其報社網站上大幅宣傳其理念的作法有違報社一貫的中立形象。他們也指責Blethen的作法美其名是為了社會改革，其實是為了一己之私。因為一旦Blethen的反遺產稅訴求成功，其家族自然就會獲得數百萬美元的退稅款項。到底報紙出版商對報紙篇幅的權力界線為何？該限制這種作法嗎？還是因為可以大力宣傳某概念，所以該推崇Blethen的行為嗎？